Camionetas Cerradas Ford Manual de Reparación

**por Curt Choate
y John H Haynes**

Miembro del Gremio de escritores del automovilismo

Arnaldo Sánchez Jr: Editor técnico

Modelos cubiertos:

Todos los modelos de tamaño grande 1969 hasta 1991

Con motores de seis - cilindros en línea con 240 o 300 pulgadas cúbicas de desplazamiento & los motores V8 de gasolina de 302, 351, 400 o 460 pulgadas cúbicas

ABCDE
FGHIJ
KLMNO
PQRS

Grupo de Publicaciones Haynes

Sparkford Nr Yeovil
Somerset BA22 7JJ Inglaterra

Haynes de Norte América, Inc

861 Lawrence Drive
Newbury Park
California 91320 E.E.U.U.

Reconocimientos

Estamos agradecidos por la ayuda y cooperación de la Corporación Ford por su ayuda con las informaciones técnicas, ciertas ilustraciones y fotografías del vehículo. Escritores técnicos que contribuyeron a este proyecto incluyen George Bukowinski y Gina O. Shavghnessy.

Un libro de la serie de **Manuales Haynes para Reparaciones Automotrices**

Imprimido en U.S.A. (Estados Unidos de Norte América)

ISBN 1 56392 205 3

Biblioteca del Congreso Número de la Tarjeta del Catalogo 96-75204

Contenidos

Camioneta cerrada Econoline 1981

Camioneta cerrada Econoline 1986 XLT

Acerca de este manual

El propósito

El propósito de este manual es ayudarlo a obtener el mejor valor de su vehículo. Usted puede hacer esto en varias maneras. Puede ayudarlo a decidir qué trabajo se debe hacer, aun cuando usted escoja que la reparación sea hecha por un departamento de servicio automotriz o un taller de reparaciones; provee informaciones y procedimientos para el mantenimiento de rutina y servicio; y ofrece diagnósticos y procedimientos de reparación para seguir cuando un problema ocurre.

Esperamos que use este manual para que usted haga el trabajo. Para muchos trabajos simples, haciendo el trabajo usted mismo pueda que sea más rápido de tener que hacer una cita para llevar el vehículo a un taller de reparación y hacer los viajes de llevarlo y recogerlo. Más importante, se puede ahorrar bastante dinero evitando los cargos que el taller le pasaría a usted para cubrir la labor y los sobre cargos de los costos. El beneficio adicional es la satisfacción de haber hecho el trabajo usted mismo.

Usando el manual

El manual está dividido en Capítulos. Cada Capítulo está dividido en Secciones con números, que se encabezan con letras grandes en líneas horizontales. Cada Sección consta de párrafos consecutivamente numerados.

Al principio de cada Sección numerada, usted será referido a cualquier ilustración que es aplicada a los procedimientos en esa Sección. El número de referencia usado en la ilustración apunta a la Sección indicada y los pasos con esa Sección. Esto sería, ilustración 3.2, significa que la ilustración se refiere a la Sección 3 y paso (o párrafo) 2 en esa Sección.

Los procedimientos, una vez descriptos en el texto, no se repetirán normalmente. Cuando sea necesario referirse a otro Capítulo, se dará como referencia el Capítulo y el número de la Sección. Cruces de referencias dados sin el uso de la palabra "Capítulo" se aplica a la Sección y/o párrafo en el Capítulo. Por ejemplo, "vea Sección 8" quiere decir que es el mismo capítulo.

Referencias a la izquierda o al lado derecho del vehículo se asume que usted está sentado en el asiento del chofer, mirando hacia el frente.

Aunque mucho cuidado se tomó cuando se estaba preparando este manual, ni el publicador o el autor pueden aceptar responsabilidad por cualquier error, omisión de la información que se halla dado.

NOTA

Una **Nota** provee información necesaria para completar apropiadamente un procedimiento o información, que hace los pasos para seguir más fácil de entender.

CAUCIÓN

Una **Caución** indica un procedimiento especial o pasos especiales que se deben de tomar en el curso de completar el procedimiento, en donde la **Caución** es encontrada, es necesario para evitar daño al ensamblaje que se esté trabajando.

PELIGRO

Un **Peligro** indica un procedimiento especial o paso especial que se debe de tomar en el curso de completar el procedimiento, en donde el **Peligro** es encontrado es necesario para evitar que la persona que está haciendo el procedimiento sufra una lesión.

Introducción a las camionetas cerradas de tamaño completo Ford

El Ford Econoline fue primero introducido en el año 1961 como la Serie E - 100. Estaba disponible en forma de camioneta cerrada o vagón de club y con la opción de tres motores de seis cilindros de diversos desplazamientos.

Este manual cubre todos los modelos equipados con motores de seis cilindros en línea y V8 de desde el 1969 hasta el presente. Los motores de seis cilindro en línea tienen un desplazamiento de 240 o 300 pulgadas cúbicas y son los motores de equipo estándar. Motores V8 opcionales, con desplazamientos de 302, 351, 400 o 460 pulgadas cúbicas, también están disponibles, dependiendo del año y el modelo.

La transmisión manual en todos los modelos es de tres velocidades manuales, con un embrague mecánico o hidráulico. Una transmisión automática es disponible como una opción.

La suspensión de las rueda delantera usan un eje llamado I doble que hacen pivote en los extremos interiores y adjuntos al chasis por resortes helicoidales y varillas tensoras. La suspensión trasera es corriente con disposición de resortes de hojas semi-elípticas.

Versiones de distancia entre los ejes largos o cortos también están disponibles, con una capacidad de peso bruto del vehículo que se extiende desde 2300 a 11,000 libras.

Números de identificación del vehículo

Las modificaciones son continuas y publicadas en el proceso de fabricación del vehículo. Debido a que los manuales de piezas de repuesto y listas se recopilan en una base numérica, los números individuales de los vehículos son imprescindibles para correctamente identificar los componentes requeridos.

El número de identificación del vehículo (VIN)

Este número de identificación es muy importante y se ubica en un plato adjunto al rincón izquierdo del tablero del vehículo. El VIN también aparece en el Certificado del Título del Vehículo. Contiene información valiosa tal como donde y cuando el vehículo se fabricó, el año del modelo y el estilo de carrocería.

Placa de identificación de la carrocería

Esta etiqueta se ubica en el montaje de

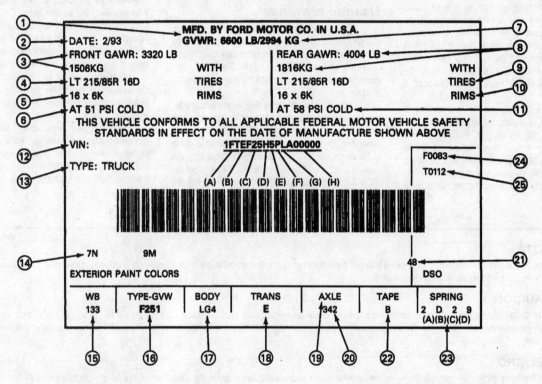

La etiqueta típica de certificación está localizada en la parte delantera del frente del poste

1	Nombre y localidad de la manufactura
2	Fecha de la manufactura
3	Coeficiencia del peso bruto en Libras (LB) y Kilogramos (KG)
4	Tamaño del neumático delantero
5	Tamaño de la llanta
6	Presión de aire del neumático delantero cuando está frío
7	Peso bruto en Libras (LB) y Kilogramos (KG)
8	Peso bruto trasero en Libras (LB) y Kilogramos (KG)
9	Tamaño del neumático trasero
10	Tamaño de la llanta
11	Presión de aire del neumático trasero cuando está frío
12	Número de identificación del vehículo
(a)	Identificación de manufactura mundial
(b)	Sistema de frenos y peso bruto del vehículo (GVWR) para Ford de tamaño completo y MPV. Para autobuses y vehículos incompleto, el cuarto dígito determina el sistema de frenos solamente
(c)	Modelo o línea, Serie del chasis o tipo de carrocería
(d)	Tipo de motor
(e)	Dígito de chequeo
(f)	Año del modelo (camionetas cerradas Ford de tamaño completo y MPV)
(g)	Código de la planta de ensamblaje
(h)	Número de serie secuencial
13	Tipo de vehículo
14	Código de la pintura del exterior (dos números indica una pintura de dos tonos)
15	Distancia entre el eje delantero y el eje trasero en pulgadas
16	Código del modelo y peso bruto del vehículo
17	Moldura del interior, asiento y tipo de carrocería
18	Código de la transmisión
19	Código del eje trasero
20	Código del eje delantero si está equipado
21	Distrito/códigos de orden especiales
22	Código de la cinta de la parte externa de la carrocería
23	Códigos de identificación de la suspensión
(a)	Código para el uso de las opciones/auxiliares (frente)
(b)	Código para el resorte delantero
(c)	Código para el uso de las opciones/auxiliares (trasera)
(d)	Código para el resorte trasero
24	Capacidad de reserva para los accesorios del eje delantero en libras
25	Capacidad total para los accesorios del eje delantero en libras

la cerradura de la puerta del conductor. Como el VIN, contiene información valiosa en lo que concierne a la producción del vehículo, así como también información en la manera en que el vehículo está equipado. Este plato es especialmente útil para comparar el tipo y el color de la pintura durante el trabajo de reparación.

Los números de identificación del motor

El número del motor está ubicado en una etiqueta comúnmente ubicada en la tapa de los balancines. La identificación del motor puede también ser hecha refiriendo a la Etiqueta de Información para el Control de las Emisiones y el numero VIN actual en el pilar de la puerta.

Etiqueta de Información para el Control de las Emisiones

Esta Etiqueta de Información del Control de las Emisiones está adjunta a la tapa de los balancines del motor en los modelos más antiguos y en el soporte del radiador en los modelos más modernos.

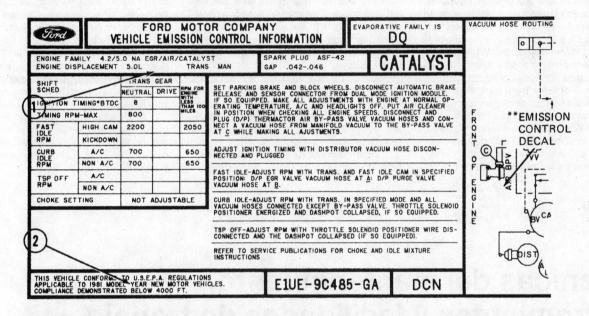

1. **Determine el desplazamiento del motor desde la etiqueta de control de emisiones**
   Entrado en el blanco A de abajo como se muestra en el ejemplo.
2. **Determine el modelo del vehículo en la etiqueta de control de emisiones**
   En el último dígito en blanco B. Vea nota abajo.
3. **Determine el número de base de calibración desde la etiqueta de códigos del motor**
   Entre el número y la letra en blanco C.
4. **Determine la etiqueta de revisiones desde la etiqueta de códigos del motor ***
   En el blanco D

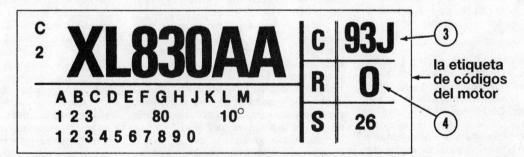

Ejemplo: Motor: 3.3L (200 CID) Calibración 1 - 93J - RO

* Localizado en la tapa de los balancines del motor (letras negras en fondo blanco)

Etiqueta Típica de Información del Control de Emisiones, etiqueta de calibración y Etiqueta del Código del Motor - se demuestra un 1981, otros años son similares

Comprando partes

Las partes de remplazo son disponible de muchas fuentes, que generalmente caen en una de dos categorías - distribuidor de partes para el vehículo autorizados (concesionarios de vehículos) y vendedores al menudeo independientes de partes de vehículo. Nuestro consejo acerca de estas partes es como sigue:

Refaccionarais para partes de vehículo: Buenas tiendas de partes auto-motrices tendrán partes muy frecuentes necesitadas que se desgastan relativamente rápido, por ejemplo componentes del embrague, sistema del escape, partes de frenos, partes para la afinación del motor, etc. Estas tiendas muy frecuente pueden suministrar partes nuevas o reconstruidas en una base de cambio, que puede ahorrarle una cantidad considerable de dinero. Refaccionarias de descuento muy frecuente son lugares muy buenos para comprar partes y materiales necesitados para el mantenimiento general del vehículo como aceite, grasa, filtros, bujías, bandas, pinturas, bombillos etc. También muy frecuente venden herramientas y accesorios generales, tienen horarios convenientes, los precios son bajos y muy frecuente no están muy lejos del hogar.

Distribuidores de partes autorizados: Ésta es la mejor fuente para las partes que son únicas para el vehículo y no generalmente disponibles en otros departamentos de partes (tal como partes mayores para el motor, partes de transmisión, partes para las molduras del interior, etc.).

Información de la garantía: ¡Si el vehículo todavía está bajo de garantía, esté seguro que cualquier parte que compre - sin importar donde la compró - no vaya a invalidar la garantía!.

Esté seguro de obtener las partes correctas, tenga el número del motor y del chasis disponible y, si es posible, lleve las partes viejas con usted para identificación positiva.

Técnicas del mantenimiento, herramientas y facilidades de trabajo

Técnicas para el mantenimiento

Hay varias técnicas envueltas en el mantenimiento y reparación que van a ser referidas atravéz de este manual. Aplicación de estas técnicas, ayudará al mecánico del hogar ser más eficaz, mejor organizado y capaz de ejecutar las varias tareas apropiadamente, que asegurará que el trabajo de la reparación sea completo y cabal.

Broches

Broches son tuercas, pernos, tornillos, espárragos, usados para aguantar dos o más partes juntas. Hay varias cosas que se deben de tener en la mente cuando esté trabajando con broches. Casi todos de ellos usan un tipo de cierre, o una arandela de seguridad, contratuerca, pestaña para bloquearla, o adhesivo en la tuerca. Todos los broches con roscas deben de estar limpios y rectos, sin tener las roscas dañadas o las esquinas en la cabeza hexagonal donde se instala la herramienta dañada. Desarrolle el hábito de reemplazar todas las tuercas y pernos dañados con nuevos.

Tuercas y pernos oxidados se deben de tratar con un flúido penetrante para ayudar el procedimiento de removerlos y prevenir de que se rompan. Unos mecánicos usan aceite trementina en una lata que trabaja muy bien. Después de aplicar el penetrante para el óxido, permítale que trabaje por unos minutos antes de tratar de remover la tuerca o el tornillo. Broches que estén muy oxidados, pueda que tengan que ser removidos con un cincel o ser cortados o romperlos con una herramienta especial para romper tuercas, que se puede encontrar en cualquier lugar donde vendan herramientas.

Si un perno o espárrago se rompe en la asamblea, se puede hacer un hoyo con una barrena y removerlo con una herramienta especial para remover, disponible para este procedimiento. La mayoría de los talleres de torno/rectificación para vehículos pueden desempeñar esta tarea, también como otros procedimientos de reparación, tales como roscas que se hallan barrido.

Arandelas planas y de seguridad, cuando se remuevan de una asamblea, se deben reemplazar siempre exactamente como se removieron. Reemplace cualquier arandela dañada con nuevas. Nunca use una arandela de seguridad en una superficie de metal blanda (tal como aluminio), plancha de metal delgado o plástico.

Tamaños de los broches

Por varias razones, los fabricantes de vehículos están haciendo el uso más amplio de broches métricos. Por eso, es importante poder notar la diferencia entre normal (aveces llamado U.S. o SAE) y métrico, ya que no pueden ser intercambiados.

Todos los pernos, sean normales o métricos, se clasifican según el tamaño del diámetro, ángulo de la rosca y la longitud. Por ejemplo, un perno normal 1/2 - 13 x 1 es de 1/2 pulgada de diámetro, tiene 13 roscas por pulgada y tiene 1 pulgada de largo. Un perno métrico M12 - 1.75 x 25 es de 12 (mm) en diámetro, el ángulo de las roscas es de 1.75 (mm) (la distancia entre las roscas) y es 25 (mm) de largo. Los dos pernos son casi idénticos, y fácilmente se pueden confundir, pero no son intercambiables.

Además de las diferencias en diámetro, el ángulo de las roscas y el largo, los pernos métricos y normales también se pueden distinguir examinando la cabeza del perno. Para empezar, la distancia entre las partes planas en la cabeza de un perno es medida en pulgadas, mientras que la dimensión en un perno métrico es en milímetros (lo mismo es cierto para las tuercas). Como resultado, una herramienta normal no se debe de usar en un perno métrico y una herramienta métrica no se debe de usar en un perno normal. También, la mayoría de los pernos normales tienen ranuras sobresalientes en la parte del centro de la cabeza del perno, que es una

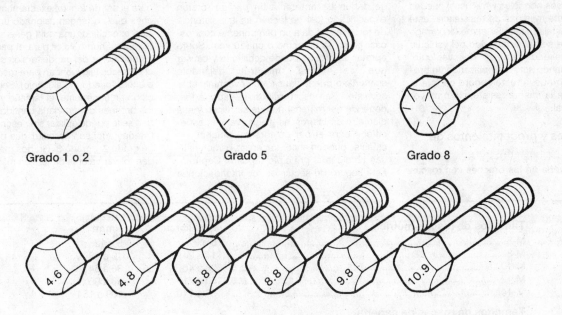

Grado 1 o 2   Grado 5   Grado 8

Marcas de la fuerza del perno (la parte de encima normales/SAE/USS; la parte de abajo métricos)

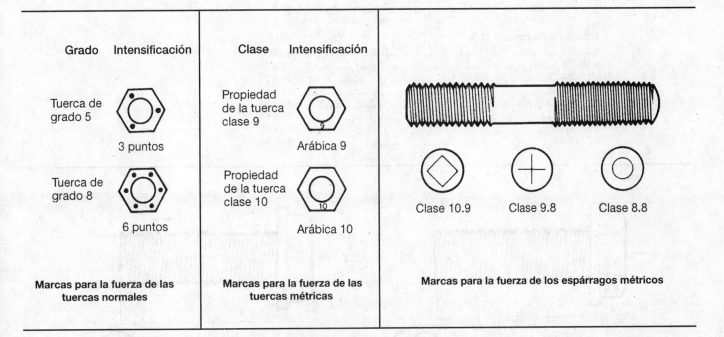

Grado	Intensificación
Tuerca de grado 5	3 puntos
Tuerca de grado 8	6 puntos

Marcas para la fuerza de las tuercas normales

Clase	Intensificación
Propiedad de la tuerca clase 9	Arábica 9
Propiedad de la tuerca clase 10	Arábica 10

Marcas para la fuerza de las tuercas métricas

Clase 10.9   Clase 9.8   Clase 8.8

Marcas para la fuerza de los espárragos métricos

indicación de la cantidad de torsión que se le puede aplicar. La mayor cantidad de ranuras sobresalientes, lo más potente es el perno. Grado 0 al 5 son muy comúnmente usados en los vehículos. Pernos métricos tienen una clase de número de (grado), en vez de tener ranuras sobresalientes, moldeadas en la cabeza para poder indicar la resistencia que el perno puede resistir. En este caso, según más alto sea el número, lo más fuerte que es el perno. Números de clases apropiados 8.8, 9.8 y 10.9 son comúnmente usados en los vehículos.

Marcas de resistencia que pueden obtenerse también se pueden encontrar para distinguir las tuercas normales de las tuercas métricas. Muchas tuercas normales tienen puntos estampados en un lado, mientras de que las tuercas métricas están marcadas con un número. La mayor cantidad de puntos, o el número más alto, lo más resistente que es la tuerca.

Se marcan también en sus fines según su clase la propiedad de los espárragos de acuerdo al grado. Los espárragos más grandes están numerados (igual que los pernos métricos), mientras de que los espárragos más pequeños tienen un código geométrico para poder denotar el grado.

Se debe notar que muchos broches, sobre todo los de calidades de 0 al 2, no tienen ninguna marca de distinción en ellos. Cuando tal sea el caso, la manera única de determinar si es normal o métrico es de medir la rosca o compararla con otro broche del mismo tamaño.

Los broches normales a menudo se conocen como SAE, opuesto a los métricos. De cualquier modo, se debe notar que la referencia técnica SAE, se refiere a un broche que no sea métrico *de rosca fina solamente*. Broches de roscas gruesas que no sean métricos se les refieren como de tamaños USS.

Habiendo tantos broches del mismo

tamaño (ambos normales y métricos) pueden tener diferente medidas de resistencia, esté seguro de instalar cualquier perno, espárrago o tuercá que se halla removido del vehículo en su localidad original del vehículo. También, cuando esté reemplazando un broche con uno nuevo, esté seguro de que el nuevo tenga la misma resistencia o mayor que el original.

Sucesiones y procedimientos de apretar

La mayoría de los broches con roscas se deben de apretar a un par de torsión especificado (par de torsión es la resistencia de torcer aplicada a un componente con roscas, tal como un perno o una tuerca). Sobre apretar un broche puede debilitarlo y causar que se rompa, mientras dejándolo suelto/flojo puede causar que eventualmente se zafe. Pernos, tornillos y espárragos, depende del material de que se hacen y sus diámetro de las roscas, tienen valores específicos para el par de torsión, muchas de estas se pueden encontrar en las características técnicas al principio de cada Capítulo. Esté seguro de seguir las recomendaciones para el par de torsión exactamente. Para broches que no tengan asignado un par de torsión específico, una guía general es presentada aquí como valor para el par de torsión. Estos valores del par de torsión son para broches secos (sin lubricar) para roscas en acero o acero forjado (no aluminio). Según se mencionó anteriormente, el tamaño y el grado de los broches determina la cantidad de torsión que se le puede aplicar sin riesgo. Las figuras listadas aquí son aproximadas para broches de grado 2 y grado 3. Grados más altos pueden tolerar valores de torsión más alto.

Tamaños de roscas métrica	Pies-libras	Nm/m
M-6	6 a 9	9 a 12
M-8	14 a 21	19 a 28
M-10	28 a 40	38 a 54
M-12	50 a 71	68 a 96
M-14	80 a 140	109 a 154
Tamaños de roscas de cañería		
1/8	5 a 8	7 a 10
1/4	12 a 18	17 a 24
3/8	22 a 33	30 a 44
1/2	25 a 35	34 a 47
Tamaños de roscas U.S.		
1/4- 20	6 a 9	9 a 12
5/16- 18	12 a 18	17 a 24
5/16- 24	14 a 20	19 a 27
3/8- 16	22 a 32	30 a 43
3/8- 24	27 a 38	37 a 51
7/16- 14	40 a 55	55 a 74
7/16- 20	40 a 60	55 a 81
1/2- 13	55 a 80	75 a 108

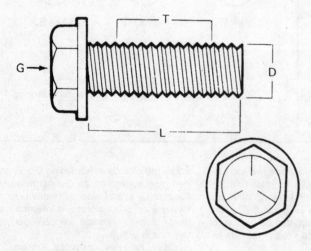

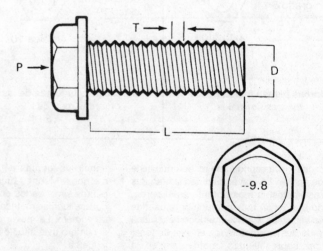

Marcas de dimensiones y de grados de los pernos normales (SAE y USS)

g   Marcas del grado
l   Largo (en pulgadas)
t   Ángulo de la rosca (número de roscas por pulgada)
d   Diámetro nominal (en pulgadas)

Marcas de dimensiones y de grados de los pernos métricos

p   Propiedad de clase (fortaleza del perno)
l   Largo (en milímetros)
t   Ángulo de la rosca (distancia entre las roscas en milímetros)
d   Diámetro

Broches puestos en un patrón en orden, tal como pernos para las cabezas de los cilindros, pernos para la cacerola del aceite, pernos para la tapa del diferencial, etc., se deben de aflojar o apretar en secuencia para prevenir de que los componentes se tuerzan. Normalmente se mostrará esta sucesión en el Capítulo apropiado. Si no se otorga un dibujo específico, los siguientes procedimientos se pueden seguir para prevenir que se doblen.

Inicialmente, los pernos y las tuercas se deben de instalar y apretar con los dedos solamente. Seguido, se deben de apretar una vuelta completa cada uno, en una sección en cruce o patrón diagonal. Después de que cada uno se a apretado una vuelta completa, regrese al primero y apriételo todos una media vuelta, siguiendo el mismo patrón. Finalmente, apriete cada uno de ellos un cuarto de vuelta a la vez hasta que cada broche se halla apretado al par de torsión apropiado. Para aflojar y remover los broches, el procedimiento es el reverso.

Desarme de los componentes

El desarme de los componentes se deben de hacer con precaución y propósito para asegurarse de que las partes se instalarán de regreso apropiadamente. Siempre guarde la sucesión en el orden que se removieron las partes. Tome nota de las características especiales o marcas en las partes que se puedan instalar más de una manera, tal como arandelas de torsión con ranuras en un eje. Es una buena idea poner las partes que se han desarmado afuera en una superficie limpia y en el orden que se removieron. También puede ayudar si se hacen diagramas o se toman fotografías instantáneas de los componentes antes de que se remuevan.

Cuando remueva los broches de un componente, guarde la trayectoria de sus localidades. A veces enroscando un perno en una parte, o instalando las arandelas y tuercas en un espárrago, puede prevenir confusiones más tarde. Si los pernos y tuercas no se pueden instalar de regreso en sus localidades originales, se deben guardar en una caja o una serie de cajas pequeñas. Una copa o vaso de papel es ideal para este propósito, debido a que cada cavidad puede retener los pernos y las tuercas de una área en particular (pernos de la cacerola del aceite, pernos para la cubierta de las válvulas, pernos del motor, etc.). Una cacerola de este tipo es especialmente útil cuando esté trabajando con partes muy pequeñas, tal como el carburador, alternador, tren de válvulas o partes interiores del tablero. Se pueden marcar las cavidades con pintura o cinta para identificar su contenido.

Cuando grupos de alambres, arnés eléctricos o conectores sean separados, es una buena idea de identificar las dos mitades con pedazos de cintas numeradas para que sean fácil de reinstalar.

Superficie para el sello de las juntas

En cualquier parte de un vehículo, se usan juntas para sellar las superficies de las dos partes que se unen y para retener lubricantes, fluidos, vacío o presión contenida en una asamblea.

Muchas veces estas juntas están cubiertas con un sellador de líquido o pasta antes de instalarse. Edad, calor y presión pueden causar a veces que las dos partes se peguen juntas, tan herméticamente que es muy difíciles separarlas. A menudo, el ensamblaje se puede aflojar golpeándolo con un martillo de cara blanda cerca de las partes que se unen. Se puede usar un martillo regular si se pone un bloque de madera entre el martillo y la parte que se va a golpear. No martille en partes fundidas o partes que se puedan dañar fácilmente. Con cualquier parte que esté muy difícil de remover, siempre verifique dos veces para estar seguro de que todos los pernos se han removido.

Evite usar un destornillador o una palanca para separar una asamblea, porque pueden arañar las superficies de las partes donde se instala la junta, quienes deben de estar muy lisas. Si es absoluto necesario usar una palanca, use el mango de una escoba vieja, pero mantenga en mente de que limpieza extra se necesitará si el mango de la escoba se hace astillas.

Después de que las partes se separen, la junta vieja se debe remover con mucho cuidado y limpiar las superficies para la junta. Juntas difíciles de remover se pueden remojar con penetrante para óxido o tratadas con un químico especial para aflojarlas para que sea más fácil de removerlas. Se puede fabricar un rascador de un pedazo de tubería cobre aplastando y dándole filo en una punta. Algunas juntas se pueden remover con un cepillo de alambre, pero sin importar que método se usa, las superficies que hacen contacto deben de estar muy limpias y lisas. Si por cualquier razón la superficie de la junta está rallada, entonces un sellador para juntas lo suficiente grueso para llenar los rayones se deberá de usar durante el ensamblaje de los componentes. Para la mayoría de las aplicaciones, un sellador que no se seque muy rápido o que se seque bastante despacio se debe usar.

Ayuda para remover las mangueras

Peligro: *Si el vehículo está equipado con aire acondicionado, no desconecte ninguna de las mangueras del A/C sin primero dejar de que una estación de servicio o un concesionario de vehículos remueva la presión al sistema del aire acondicionado primero.*

Precauciones para remover las mangueras son casi iguales a las precauciones para remover las juntas. Evite rayar o acanalar la superficie donde la manguera hace conexión o la conexión tendrá fugas/goteras. Esto es verdadero sobre todo con mangueras del radiador. A causa de reacciones químicas, la goma en las mangueras puede pegarse al metal donde se une la manguera. Para remover una manguera, primero afloje la abrazadera que aguanta la manguera. Entonces, con alicates especiales de puntas resbalosas, agarre la manguera en el punto donde está la abrazadera y gírela. Dele vueltas hacia adelante y hacia atrás y de lado a lado hasta que esté completamente libre, entonces remuévala. Silicona U otro lubricante ayudará a remover la manguera si se puede aplicar entre la parte de adentro de la manguera y la superficie donde hace contacto. Aplique el mismo lubrificante al interior de la manguera y el exterior donde hace contacto para simplificar la instalación.

Como último recurso (y si la manguera se va a reemplazar con una nueva de todos modo), la goma se puede cortar con un cuchillo y la manguera ser pelada de su superficie como una naranja. Si esto se debe de hacer, esté seguro de que la conexión de metal no se dañe.

Si una abrazadera de manguera está rota o dañada, no la use otra vez. Abrazaderas de tipo de alambre por lo general se aflojan con el tiempo, es una buena idea de reemplazarlas con las de tipo de tornillo, cuando se remueva una manguera.

Herramientas

Una selección de herramientas buenas es un requisito básico para cualquiera que tenga planes de mantener y reparar su propio vehículo. Para el dueño que tiene muy pocas herramientas, la inversión inicial puede parecer muy alta, pero cuando se compare con el costo alto de un taller de mantenimiento y reparaciones, es una buena inversión.

Para ayudar al dueño en decidir que tipo de herramienta es necesario para hacer el trabajo diseñado en este manual, la lista siguiente de herramienta es: *Mantenimiento y reparación menor, Reparación/completa y Especialidades*.

El novato a la mecánica debe de empezar con el juego de herramientas de mantenimiento y reparación menor, que es adecuado para los trabajos simples hechos en un vehículo. Después, según la confidencia y la experiencia crezca, el dueño puede hacer

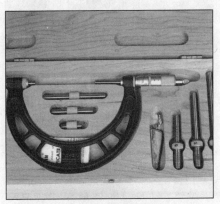

Juego de micrómetros

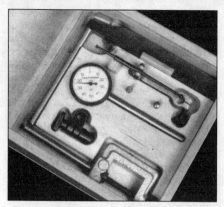

Indicador de tipo reloj

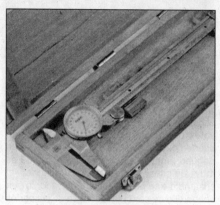

Calibrador de tipo reloj

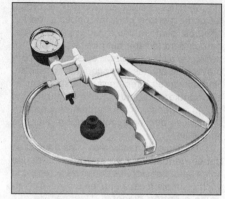

Bomba de vacío operada a mano

Luz para chequear el tiempo

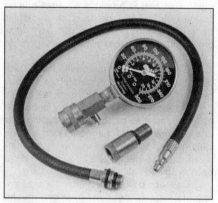

Manómetro para chequear la compresión con adaptador para el hoyo de la bujía

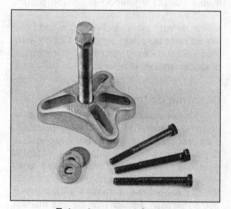

Extractor para volante y compensador armónico

Extractor para trabajos en general

Herramienta para remover buzos hidráulicas

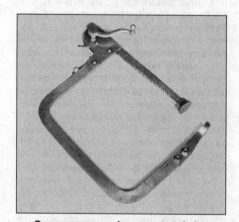

Compresor para los resortes de las válvulas de la cabeza

tareas más difíciles, comprando herramientas adicionales según se necesiten. Eventualmente el juego básico se extenderá dentro del juego de herramientas de reparación completa. Sobre el periodo de un tiempo, el mecánico de hogar recopilara un juego de herramientas lo suficiente mente completo para las mayores reparaciones menores y mayores y agregará herramientas de la categoría especial cuando el sienta de que el gasto es justificado por la frecuencia del uso.

Herramientas para el mantenimiento y reparaciones menores

Las herramientas en esta lista se deben de considerar lo mínimo requerido para poder desempeñar reparaciones rutinarias de mantenimiento, servicio y trabajo de reparaciones menores. nosotros recomendamos que se obtengan herramientas de combinaciones (con un lado cerrado y el otro lado abierto que es una sola herramienta). Mientras que más caras que las herramientas abiertas, ofrecen la ventaja de un tipo de herramienta de dos tipos

Juego de herramientas de combinación (1/4 de pulgada a 1 pulgada o de 6 mm a 19 mm
Herramienta ajustable de 8 pulgadas
Herramienta de bujía con inserción de caucho

Compresor para los resortes de las válvulas de la cabeza

Removedor para la rebarba de los cilindros

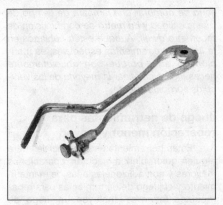

Herramienta para limpiar las ranuras de los pistones

Herramienta para instalar y remover los anillos del pistón

Compresor para los anillos del pistón

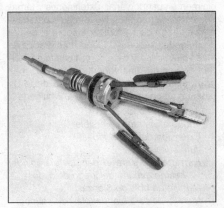

Pulidor para cilindros

Herramienta para los resortes de los frenos

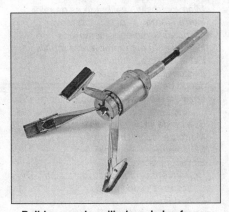

Pulidor para los cilindros de los frenos

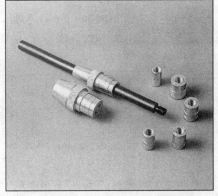

Herramienta para alinear el embrague

Herramienta para ajustar el agujero de la bujía
Juego de calibrador palpador
Herramienta para purgar los frenos
Destornillador normal (5/16 de pulgada x 6 pulgadas)
Destornillador Phillips/de cruces (No. 2 x 6 pulgadas)
Alicates de combinación - de 6 pulgadas
Un surtido de hojas de segueta
Calibrador para la presión de los neumáticos
Pistola de grasa

Lata de aceite
Tela de esmeril fina
Cepillo de alambre
Herramienta para limpiar los postes y los cables de la batería
Herramienta para remover el filtro de aceite
Embudo (de tamaño mediano)
Lentes para la seguridad de los ojos
Soportes (2)
Cacerola de desagüe

Nota: *Si afinación de motor básica va a ser parte del mantenimiento rutinario, seria nece-*

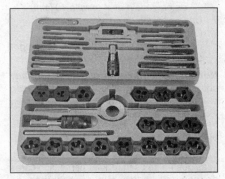

Juego de terrajas hembras y macho

sario de comprar una lampara de tiempo de buena calidad y un metro de combinación de tacómetro/dwell. Aunque estén cubiertos en la lista de herramientas especiales, es mencionado aquí porque son absolutamente necesarios para afinar la mayoría de los vehículos apropiadamente.

Juego de herramientas para reparación menor y mayor

Estas herramientas son esenciales para alguien quien piensa ejecutar reparaciones mayores y son adicionales a las de mantenimiento y el juego de herramientas para reparaciones menores. Incluyen un juego de dados compresivo que, aunque caro, son muy necesarios por su versatilidad, especialmente cuando varias extensiones y tamaños están disponibles. Nosotros recomendamos el juego de 1/2 pulgada sobre el de 3/8 de pulgada. Aunque el juego más grande es más voluminoso y más caro, tiene la capacidad de aceptar una variedad de dados más grande. Idealmente, el mecánico debe de tener un juego de 3/8 y uno de 1/2 pulgada.

*Juego(s) de dado
Triquete/matraca reversible
Extensión de 10 pulgadas
Junta universal
Herramienta para el par de torsión (del mismo tamaño del juego de dados)
Martillo de bola de 8 onzas
Martillo de cara blanda (plástico/caucho)
Destornillador normal (1/4 de pulgada x 6 pulgadas)
Destornillador normal (grueso de 5/16 de pulgada)
Destornillador Phillips/cruz (No.3 x 8 pulgadas)
Destornillador Phillips/cruz (grueso No.2)
Alicates de presión
Alicates regulares
Alicates con nariz de punta
Alicates para anillos de presión (interior y exterior)
Cincel frío de 1/2 pulgada
Marcador
Rascador (hecho de tubería plana de cobre)
Punzón
Punzones de alfiler (1/16, 1/8, 3/16 de pulgada)
Regla de acero de 12 pulgadas
Juego de herramientas Allen (de 1/8 a 3/8 de pulgada o de 4 (mm) a 10 (mm)
Una selección de limas
Cepillo del alambre (grande)
Soportes para el vehículo (segundo juego)
Gato (de tipo tijeras o tipo hidráulico)*

Nota: *Otra herramienta que es usada muy común es un taladro eléctrico con capacidad para barrenas de 3/8 de pulgada y un buen juego de brocas para el taladro.*

Herramientas especiales

Las herramientas en esta lista incluyen esas que no se usan regularmente, son caras de comprar, o las que se necesitan de acuerdo con las instrucciones de los fabricantes. A menos que estas herramientas se usen frecuentemente, no es muy económico comprar muchas de ellas. Una consideración sería, de dividir el costo entre usted y un amigo o amigos. Además, estas herramientas se puede obtener en un lugar donde rentan herramientas en una base temporaria.

Esta lista principalmente contiene sólo esas herramientas e instrumentos extensamente disponible al público, y no esas herramientas especiales producidas por el fabricante del vehículo para distribución a los concesionarios de vehículos. De vez en cuando, referencias a las herramientas especiales del fabricante son incluidas en el texto de este manual. Generalmente, un método alternativo de hacer el trabajo sin la herramienta especial es ofrecido. Donde no haya otra alternativa y la herramienta no se pueda comprar o pedir prestada, el trabajo debe de ser dirigido a un taller de servicio de un distribuidor de vehículos o a un taller de reparaciones de vehículos.

*Compresor de los resortes de las válvulas
Herramienta para limpiar la ranura de los anillos en el pistón
Compresor para los anillos del pistón
Herramienta para instalar los anillos del pistón
Manómetro para chequear la compresión de los cilindros
Removedor de rebaba para los cilindros
Piedra para pulir los cilindros
Herramienta para verificar el diámetro de los cilindros
Micrómetros y/o calibradores de reloj
Herramienta para remover los buzos/levantador hidráulicos
Herramienta para remover las rotulas
Extractor de tipo universal
Destornillador de impacto
Juego de indicadores de reloj
Luz para verificar el tiempo del encendido (captador inductivo)
Bomba de vacío operada a mano
Metro de tacómetro/dwell
Multímetro universal eléctrico
Elevador por cable
Herramienta para remover e instalar los resortes de los frenos
Gato de piso*

Compra de herramientas

Para el que va hacer el trabajo por el mismo y está empezando a envolverse en el mantenimiento y reparación del vehículo, hay un número de alternativas cuando se compren las herramientas. Si mantenimiento y reparaciones menores es la magnitud del trabajo que se va hacer, la compra de herramientas individuales es satisfactorio. Si, en cambio, se planea hacer trabajo extensivo, sería una buena idea comprar un juego de herramientas buenas en una sucursal de cadenas de tiendas mayores. Un juego por lo general se puede comprar a un ahorro considerable sobre la inversión de herramientas separadas, y por lo general vienen con una caja para las herramientas. Según herramien-

tas adicionales se vayan necesitando, juegos para agregar, herramientas individuales y una caja de herramientas más grande se puede comprar para extender la selección de las herramientas. Construyendo un juego de herramientas gradualmente le permite que el costo de las herramientas se extienda por un periodo de tiempo más largo y le da al mecánico la libertad de escoger solamente las herramientas que actualmente se usarán.

Tiendas de herramientas serán por lo general la única alternativa de obtener herramientas especiales que se necesiten, sin importar donde se compren las herramientas, trate de evitar las baratas, especialmente cuando esté comprando destornilladores y dados, porque no duran mucho. El gasto envuelto en reponer las herramientas baratas eventualmente será más grande que el costo inicial de herramientas de calidad.

Cuidado y mantenimiento de las herramientas

Herramientas buenas son caras, así que se deben de tratar con cuidado. Guárdelas limpias y en condición utilizable y guárdelas apropiadamente cuando no se estén usando. Siempre limpie cualquier tierra, grasa o metal antes de guardarlas. Nunca deje herramientas alrededor del área de trabajo. Cuando termine un trabajo, siempre chequee cuidadosamente debajo del capó por herramientas que se hayan dejado olvidadas para que no se vallan a perder durante el tiempo que se prueba el vehículo en la carretera.

Algunas herramientas, tal como destornilladores, alicates y dados, se pueden colgar en un panel montado en el garaje o en la pared del cuarto de trabajo, mientras que las otras se pueden mantener en una caja de herramientas o una bandeja. Instrumentos de medir, relojes, metros, etc. se deben guardar cuidadosamente donde no puedan ser dañados por la interpedie o impacto de otra herramientas.

Cuando se usan las herramientas con cuidado y se guardan apropiadamente, durarán un tiempo muy largo. Hasta con el mejor de los cuidados, las herramientas se gastarán si se usa frecuentemente. Cuando se daña una herramienta o se gasta, se debe de reemplazar. Los trabajos subsecuentes serán más seguros y más agradables si usted hace esto.

Facilidades para trabajar

No se debe de pasar por alto cuando se discute de herramientas, es el taller. Si cualquier cosa más que mantenimiento rutinario se va a llevar a cabo, alguna área adecuada de trabajo es esencial.

Es entendido, y apreciado, que muchos mecánicos del hogar no tienen un taller bueno o garaje disponible, y en fin terminan removiendo un motor o asiendo reparaciones mayores a la interpedie. Es recomendable, que una reparación completa o reparación menor sea completada debajo de un techo.

Un banco de trabajo limpio y plano o una mesa de altura acomodable es una necesidad absoluta. El banco de trabajo debe de estar equipado con una prensa (tornillo de banco) que tenga una mandíbula de por lo menos cuatro pulgadas.

Como se mencionó previamente, se requieren algunos espacios limpios y secos para almacenar las herramientas, igual que los lubricantes, fluidos, solventes de limpieza, etc. que llegarán a ser necesario.

A veces aceite desechado y fluidos, drenado del motor o del sistema de enfriamiento durante mantenimiento normal o reparaciones, presentan un problema de disposición. Para evitar de drenarlos en la tierra o en el sistema de drenaje, vacíe los fluidos en recipientes grandes, séllelos con una tapa y llévelos a un lugar autorizado para ser desechado o un centro para ser reciclados. Envases de plástico, tales como recipientes de anticongelante viejos, son ideales para este propósito.

Siempre guarde un suministro de periódicos viejos y trapos limpios disponible. Toallas viejas son excelentes para trapear derramamientos. Muchos mecánicos usan rollos de toallas de papel para la mayoría de los trabajos, porque son disponibles y se pueden desechar. Para ayudar a mantener el área debajo del vehículo limpia, una caja de cartón grande se puede abrir y aplastarla para proteger el piso del área de trabajo.

Cuando esté trabajando sobre una superficie pintada, tal como cuando se recline a un guarda lodo para darle servicio a algo debajo del capo, siempre cúbralo con una colcha vieja o un sobre cama para proteger el terminado de la pintura. Cubiertas de vinilo, hechas especialmente para este propósito, están disponibles en los auto partes.

Arranque con paso/salto de corriente

Ciertas precauciones se deben de tomar cuando esté usando una batería para dar paso de corriente a un vehículo.

a) *Antes de que conecte los cables para dar el paso de corriente, esté seguro de que el interruptor de la ignición está en la posición apagado (OFF).*

b) *Apague las luces, calefacción y cualquier otro accesorio eléctrico.*

c) *Los ojos deben de estar cubiertos. Espejuelos de seguridad son una buena idea.*

d) *Asegúrese de que la batería amplificadora es del mismo voltaje de la batería que está muerta en el vehículo.*

e) *¡Los dos vehículos NO DEBEN TOCAR el uno con el otro!*

f) *Asegúrese de que la transmisión está en Neutral (manual) o Estacionamiento (automática).*

g) *Si la batería amplificadora no es de un tipo de mantenimiento libre, remueva las tapas de ventilación e instale una tela* encima de la abertura de los agujeros de ventilación.

Conecte el cable rojo a los términos positivos (+) de cada batería (**vea ilustración**).

Conecte una terminal del cable negro al termino negativo (-) de la batería que va a proporcionar el paso de corriente. El otro terminal de este cable se debe de conectar a una buena tierra del vehículo que se va a poner en marcha, tal como un perno o un soporte del bloque del motor. Use caución para asegurarse de que el cable no se ponga en contacto con el abanico, las bandas o cualquier otra parte que se esté moviendo en el motor.

Ponga el motor en marcha usando la batería suministrada para dar el paso de corriente, después, con el motor en marcha mínima, desconecte los alambres para el paso de corriente en el orden de reversa de como se conectó.

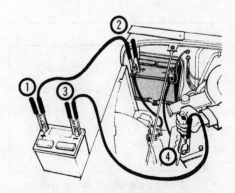

Conexiones para los cables de la batería auxiliar (note que el cable negativo no está adjunto al borne negativo de la batería muerta)

Levantar y remolcar

Alzar

El gato proporcionado con el vehículo debería solamente usarse para levantar el vehículo cuando esté cambiando un neumático o colocando soportes debajo del chasis. **Peligro:** *Nunca trabaje debajo del vehículo o ponga el motor en marcha mientras el gato está siendo usado como medio de apoyo solamente.*

El vehículo debería estar en un piso plano con las ruedas bloqueadas y la transmisión en Estacionamiento (automática) o Reversa (manual). Si un neumático se va a cambiar, hágale palanca a los tapacubos de las ruedas para remover hacia fuera los tapacubos (si está equipado) usando el extremo estrecho de la herramienta. Si la rueda está siendo reemplazada, afloje las tuercas de la rueda media vuelta y las deja en su lugar hasta que la rueda se levante fuera de la tierra.

Coloque el gato debajo del vehículo usando la ilustración para determinar la posición del gato, dependiendo de su tipo de vehículo. Opere el gato con un movimiento suave y lento hasta que la rueda se levante fuera de la tierra.

Después de que la rueda se cambie, baje el vehículo, remueva el gato y apriete las tuercas (si se desapretaron o removieron) en una sucesión de cruce - transversal girando la herramienta al favor de las manillas del reloj. Reemplace los tapacubos (si está equipado) colocándolos en posición y usando el talón de su mano o un mazo de goma para asentarlo en su posición.

Remolque

El vehículo puede remolcarse con todas las cuatro ruedas en el piso, con tal que la velocidad no exceda 30 mph y la distancia no sea más de 15 millas, de otra manera daño a la transmisión puede resultar.

Equipo específicamente diseñado para remolcar ha sido diseñado con este fin y debería usarse adjuntándolo a los miembros estructurales principales del vehículo y no a los parachoques o soportes.

La seguridad es la consideración más importante cuando se está remolcando y todas las leyes aplicables del estado y locales deben obedecerse. Un sistema de cadena de seguridad debe usarse siempre que se remolque.

Si el vehículo debe remolcarse a más de 30 mph o más lejos de 15 millas, entonces las ruedas traseras deben levantarse fuera del piso o la flecha debe desconectarse.

Mientras esté remolcando, el freno de estacionamiento debe soltarse y la transmisión debería estar en Neutro. La dirección debe estar libre sin seguro (interruptor del encendido en la posición abierto). Recuerde que la dirección asistida y los frenos de potencia no trabajarán con el motor apagado.

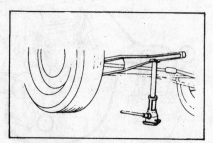

Punto de alzar en el frente para las Series E100 y 150

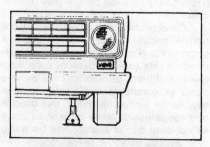

Punto de alzar en el frente para las Series E250 y 350

Punto de alzar en la parte trasera

Puntos para elevar el Econoline; todas las series, parte delantera y trasera

Químicos y lubricantes automotrices

Un número de químicos y lubricantes automotrices están disponibles para usarse durante el mantenimiento y la reparación del vehículo. Ellos incluyen una variedad de productos que se extienden de solventes de limpiar y removedores de grasa a lubricantes y rociadores para proteger el caucho, plástico y vinilo.

Limpiadores

Limpiadores para el carburador y el estrangulador son unos solventes muy fuerte para remover barniz y carbón. La mayoría de los limpiadores de carburador dejan un lubricante con una película seca que no se endurecerá o se hará barniz. Por esta película, no es recomendable de usarlo en componentes eléctricos.

Limpiadores para el sistema de freno es usado para remover grasa y líquido de freno del sistema de freno, cuando superficies limpias son absolutamente necesarias. No deja ningún residuo y muy frecuente eliminan ruidos de los frenos causados por contaminantes.

Limpiadores para sistemas eléctricos remueven oxidación, corrosión y depósitos de carbón de los contactos eléctricos, restaurando el flujo de corriente completo. También se puede usar para limpiar las bujías, espreas del carburador, reguladores de voltajes y otras partes donde una superficie libre de aceite es deseada.

Removedores de humedad remueven agua y humedad de los componentes eléctricos tales como los alternadores, reguladores de voltaje, conectores eléctricos y bloque de fusibles. Estos no son conductores, no son corrosivos y no son flamantes.

Removedores de grasa son solvente para trabajos pesados, usados para remover grasa de la parte de afuera del motor y de los componentes del chasis. Estos se pueden atomizar o ser aplicados con una brocha y, dependiendo en el tipo, enjugados con agua o solvente.

Lubricantes

Aceite de motor es el lubrificante formulado para usarlo en los motores. Normalmente contiene una variedad amplia de aditivos para prevenir corrosión y reducir la espuma y desgaste. El aceite para motor viene en una variedad de pesos (valuaciones de viscosidad) de 5 al 80. El peso del aceite recomendado para el motor depende en la estación del año, temperatura y la demanda del motor. Aceite delgado se usa en climas fríos y donde la demanda del motor es baja. Aceites gruesos se usan en climas calientes y donde la demanda del motor es alta. Aceites de viscosidad múltiple están diseñados para que tengan características de los dos delgado y grueso y se pueden hallar en un número de pesos desde 5W - 20 hasta 20W - 50.

Aceite para los engranes es diseñado para ser usado en diferenciales, transmisiones manuales y otras áreas donde lubricación de alta temperatura es requerido.

Grasa para chasis y baleros es una grasa gruesa usada donde la carga y la alta fricción se encuentran, tal como en los baleros de las ruedas, rótulas y uniones universales.

Grasa de alta temperatura para los baleros está diseñada para sostener las temperaturas alta encontradas en los baleros de las ruedas de los vehículos equipados con frenos de disco.

Grasa blanca es una grasa gruesa para aplicación entre metal y metal donde el agua es un problema. La grasa blanca se mantiene suave durante temperaturas bajas y altas (por lo general de -100 hasta +190 grados F), y no se sale del metal o diluye en la presencia del agua.

Lubricante para ensamblar es un lubricante especial de presión extrema, comúnmente conteniendo moly, usado para lubricar partes de alta fricción/cargo (tal como cojinetes principales, de bielas y árbol de levas) para el arranque inicial de un motor.

El lubricante para ensamblar lubrica las partes sin ser exprimido hacia afuera o ser lavado hasta que el sistema de lubricación del motor esté funcionando.

Lubricantes de silicio se usan para proteger caucho, plástico, vinilo y partes de nilón.

Lubricantes de grafito se usan donde el aceite no se puede usar debido a los problemas de contaminación, tal como en las cerraduras. El grafito seco lubricará las partes de metal mientras se mantendrá fuera de contaminación del polvo, agua, aceite o ácidos. Es conductible de electricidad y no dañará los contactos eléctricos en las cerraduras tal como el interruptor de la ignición.

Penetrantes de tipo moly aflojan, lubrican pernos, tuercas oxidadas, corroídas y previenen corrosión y oxidación en el futuro.

Grasa de calor penetrante es una grasa eléctrica especial no conductiva, que se usa para montar módulos electrónicos de ignición, donde es esencial que el calor se transfiera del módulo.

Selladores

Selladores RTV es uno de los compuestos de juntas más usados. Hechos de silicona, el RTV se seca con el aire, sella, pega, es resistente al agua, llena superficies irregulares, se mantiene flexible, no se encoge, es relativamente fácil de remover, y es usado como un sellador suplemental con casi todas las juntas de baja y mediana temperatura.

Sellador anaerobio es muy parecido al RTV que se puede usar para sellar juntas o formar una junta por si mismo. Se mantiene flexible, es resistente al solvente y llena imperfecciones en la superficie. La diferencia entre un sellador anaerobio y un sellador tipo RTV es como se seca. El RTV se seca cuando se expone al aire, mientras un sellador anaerobio se seca solamente en la ausencia de aire.

Sellador para rosca y pipa es usado

para sellar conexiones hidráulicas, neumáticas y líneas de vacío. Es hecho por lo general de compuesto de teflón, y viene en un atomizador, pintura liquida y como una forma de cinta.

Productos químicos

Compuesto contra el atoramiento de las roscas previene de que se atoren las roscas por oxido, frío y corrosión. Este tipo de compuesto para temperaturas altas, por lo general está compuesto de cobre y lubricante de grafito, es usado en sistemas de escape y pernos en el múltiple del escape.

Compuesto anaerobio para las roscas se usan para mantener las tuercas en su lugar para que se aflojan bajo vibraciones y se seca después de que se instala, en ausencia de aire. Compuesto de media fuerza se usa para tuercas pequeñas, pernos y tornillos que se podrán remover más adelante. Compuesto de una fuerza más grande se usa en tuercas más grande, pernos y espárragos que no se remueven regularmente.

Aditivos para el aceite son catalogados debido a sus propiedades químicas que ayudan a reducir las fricciones interna del motor. Se debe mencionar que las mayorías de los fabricantes de aceite recomiendan no usar ningún tipo de aditivo con sus aceites.

Aditivos para la gasolina ejecutan varias funciones, dependiendo en los compuestos químicos. Usualmente contienen solventes que ayudan a eliminar el barniz que se acumula encima del carburador, sistema de inyección y los puertos de entrada. Estos también ayudan a eliminar los depósitos de carbón que se depositan encima de la cámara de combustión. Algunos aditivos contienen lubricante para la parte de encima de los cilindros, para lubricar las válvulas y los anillos de los pistones, y otros contienen químicos para remover la condensación en el tanque de gasolina.

Misceláneas

Flúido de freno es un flúido hidráulica especialmente formulado, que puede sostener el calor y la presión que se encuentra en el sistema de frenos. Mucho cuidado se debe de tener de que este flúido no entre en contacto con las partes pintadas del vehículo o plástico. Un recipiente abierto siempre se debe de sellar para prevenir contaminación de agua o tierra.

Adhesivo para caucho se usa para pegar caucho alrededor de las puertas, ventanas y el maletero. También aveces se usa para pegar molduras.

Selladores para la parte de abajo del vehículo es una base de petróleo, diseñada para proteger las superficies de metales de la parte de abajo del vehículo de la corrosión. También actúa como un agente para dosificar el sonido insolando la parte de abajo del vehículo.

Ceras y pulidores se usan para ayudar a proteger la pintura y las partes plateadas de la interpedie. Diferente tipos de pinturas pueden requerir diferente tipos de ceras y pulidores. Algunos pulidores utilizan limpiadores químicos o abrasivos para ayudar a remover la capa de encima de oxidación de la pintura (sin lustre) en los vehículos más antiguos. En los años recientes muchos pulidores sin ceras que contienen una variedad de químicos tales como los que son basados en silicona se han introducido. Estos pulidores sin cera son por lo general más fáciles de aplicar y duran un tiempo más largo que las ceras y pulidores convencionales.

Factores de conversión

Largo (distancia)

Pulgadas	X	25.4	=	Milímetros (mm)	X	0.0394	= Pulgada
Pies	X	0.305	=	Metros (m)	X	3.281	= Pies
Millas	X	1.609	=	Kilómetros (km)	X	0.621	= Millas

Volumen (capacidad)

Pulgadas cubicas cubicas	X	16.387	=	Centímetros cúbicos	X	0.061	= Pulgadas
Pinta imperial	X	0.568	=	Litros	X	1.76	= Pinta imperial
Cuarto imperial	X	1.137	=	Litros	X	0.88	= Cuarto imperial
Cuarto imperial	X	1.201	=	Cuarto US	X	0.833	= Cuarto imperial
Cuarto US	X	0.946	=	Litros	X	1.057	= Cuarto US
Galón imperial	X	4.546	=	Litros	X	0.22	= Galón imperial
Galón imperial	X	1.201	=	Galón US	X	0.833	= Galón imperial
Galón US	X	3.785	=	Litros	X	0.264	= Galón US

Masa (peso)

Onzas	X	28.35	=	Gramo	X	0.035	= Onzas
Libras	X	0.454	=	kilogramo	X	2.205	= Libras

Fuerza

Onzas de fuerza	X	0.278	=	Newton	X	3.6	= Onzas de fuerza
Libras de fuerza	X	4.448	=	Newton	X	0.225	= Fuerza de libras
Newton	X	0.1	=	Kilogramo de fuerza	X	9.81	= Newton

Presión

Libras de fuerza por pulgadas cuadradas	X	0.070	=	Kilogramo de fuerza	X	14.223	= Libras de fuerza por pulgada cuadrada
Libras de fuerza por pulgadas cuadradas	X	0.068	=	Atmósfera	X	14.696	= Libras de fuerza por pulgada cuadrada
Libras de fuerza por pulgadas cuadradas	X	0.069	=	Bars	X	14.5	= Libras de fuerza por pulgada cuadrada
Libras de fuerza por pulgadas cuadradas	X	6.895	=	Kilopascals	X	0.145	= Libras de fuerza por pulgada cuadrada
Kilopascals	X	0.01	=	Centímetro cuadrado kilogramo de fuerza por	X	98.1	= Kilopascals

Torsión (momento de fuerza)

Fuerza de libras por pulgadas	X	1.152	=	Kilogramo de fuerza por centímetro	X	0.868	= Fuerza de libras por pulgadas
Fuerza de libras por pulgadas	X	0.113	=	Metros Newton	X	8.85	= Fuerza de libras por pulgadas
Fuerza de libras por pulgadas	X	0.083	=	Fuerza de libras por pies	X	12	= Fuerza de libras por pulgadas
Fuerza de libras por pulgadas	X	0.138	=	Kilogramo de fuerza por metro	X	7.233	= Fuerza de libras por pies
Fuerza libras por pulgadas	X	1.356	=	Metros Newton	X	0.738	= Fuerza de libras por pies
Metros Newton	X	0.102	=	Kilogramo de fuerza por metro	X	9.804	= Metros Newton

Poder

Caballo de fuerza	X	745.7	=	Watts	X	0.0013	= Caballo de fuerza

Velocidad

Millas por horas	X	1.609	=	Kilometro por horas	X	0.621	= Millas por horas

Consumo de combustible *

Millas por galón, Imperial	X	0.354	=	Kilometro por litro	X	2.825	= Millas por galón, Imperial
Millas por galón, US	X	0.425	=	Kilometro por litro	X	2.352	= Millas por galón, US

Temperatura

Grados Fahrenheit = $(°C \times 1.8) + 32$ Grados en Celsius (grados en centígrados; °C) = $(°F - 32) \times 0.56$

Es una practica muy común de convertir las millas por galón (Mpg) a litros/100 kilómetros (1/100), cuando Mpg (Imperial) x 1/100 km = 282 y Mpg (US) x 1/100 km = 235

¡Seguridad primero!

Sin importar que tan entusiástico usted esté con el trabajo que usted va a desempeñar, tome el tiempo para asegurarse de que su seguridad no está a riesgo. Un momento que le falte la concentración puede resultar en un accidente, igual que fallar a observar ciertas precauciones simples de seguridad. La posibilidad de un accidente existirá siempre, y la lista siguiente no se debe considerar una lista comprensiva de todos los peligros. Más bien, están hechas con la intención de ponerlo en alerta de estos riesgos y de promocionar una seguridad en su conciencia en todo tipo de trabajo que realice en su vehículo.

Esenciales SI y NO

NO confíe en un gato cuando esté trabajando debajo del vehículo. Siempre use estantes aprobados para este tipo de trabajo, para soportar el peso del vehículo e instálelos debajo del lugar recomendado o los puntos de soportes.

NO atente a zafar tuercas o tornillos que estén muy apretados (tuercas de las ruedas) mientras el vehículo está en el gato - se puede caer.

NO ponga el motor en marcha antes de asegurarse de que la transmisión está en neutral (o estacionamiento donde sea aplicable) y el freno de estacionamiento aplicado.

NO remueva la tapa del radiador del sistema de enfriamiento cuando esté caliente - déjelo que se enfríe o cúbralo con un pedazo de trapo y permita que la presión se salga gradualmente.

NO atente a drenar el aceite del motor hasta que usted esté seguro de que se a enfriado hasta el punto de que no se va a quemar.

NO toque ninguna parte del motor o del sistema de escape hasta que se halla enfriado lo suficiente para prevenir quemaduras.

NO remueva líquidos en forma de sifón tales como gasolina, anticongelante y fluidos de freno con la boca o permita de que entren en contacto con su piel.

NO respire polvo de los frenos - es potencialmente dañino **(vea asbestos más abajo)**

NO deje aceite derramado ni grasa que permanezca en el piso - séquelo antes de que alguien se resbale.

NO use herramientas que queden flojas u otro tipo de herramientas que se puedan resbalar y causar una lesión.

NO empuje en las herramientas cuando esté zafando o apretando tuercas o pernos. Siempre trate de halar la herramienta contra usted. Si la situación llama de empujar la herramienta (separándola de usted), empujela con la mano abierta para prevenir de golpearse la parte de enfrente de los dedos en el caso de que se resbale.

NO atente a levantar un componente muy pesado solo - pídale a alguna persona que lo ayude.

NO se apresure ni tome caminos cortos para terminar un trabajo.

NO deje que niños ni animales anden alrededor del vehículo mientras usted está trabajando.

SI use protección en los ojos cuando este usando herramientas de fuerza tales como taladros, esmeriladoras de banco, etc. y cuando esté trabajando debajo del vehículo.

SI mantenga ropa y pelo suelto bien retirado de cualquier parte que se esté moviendo.

SI esté seguro de que cualquier tipo de elevador tenga una capacidad adecuada para el trabajo que se está desempeñando.

SI tenga a una persona que chequee en usted periódicamente cuando esté trabajando solo en el vehículo.

SI haga el trabajo en una secuencia lógica y asegúrese de que todo está correctamente ensamblado y apretado.

SI mantenga químicos y fluidos con tapa seguramente sellados y que no lo puedan alcanzar los niños o los animales.

SI se debe recordar que la seguridad de su vehículo afectará a usted y a otros. Si está en duda en cualquier momento, tome consejo de un profesional.

Asbestos

Algunos tipos de fricciones, aisladores, selladores y otros productos - tales como zapatas de freno, bandas de freno, forro del embrague, juntas, etc. - contienen asbestos. Cuidado extensivo se debe de tomar para evitar respirar el polvo de estos productos, ya que es peligroso para su salud. Si está en duda, tome la asunción de que contienen asbestos.

Fuego

Recuerde todo el tiempo de que la gasolina es muy inflamable. Nunca fume o tenga ningún tipo de llamas alrededor cuando esté trabajando en un vehículo. Pero el riesgo no termina aquí. Una chispa causada por un corto circuito, por dos superficies de metal haciendo contacto una con la otra, o hasta electricidad estática acumulada en su cuerpo bajo ciertas condiciones, pueden encender los vapores de gasolina, quienes en un lugar reducido pueden explotar. **NUNCA**, bajo ninguna circunstancia, use gasolina para limpiar partes. Use un solvente aprobado que no sea peligroso y de seguridad aprobada.

Siempre desconecte el cable negativo de la batería (-) antes de trabajar en el sistema de combustible o de electricidad. Nunca arriesgue derramar combustible en un motor caliente o en los componentes del escape. Es muy fuertemente recomendado que un extintor de fuegos esté disponible siempre cerca para usarlo en caso de un fuego eléctrico o de gasolina. Nunca trate de extinguir un fuego eléctrico o de gasolina con agua.

Vapores

Ciertos tipos de vapores son altamente tóxicos y rápidamente pueden causar inconsciencia y hasta la muerte si se respira hasta cierto punto. Los vapores de gasolina entran adentro de esta categoría, igual que algunos vapores de unos solventes de limpieza. Cualquier drenaje de cualquiera de estos fluidos volátiles se debe de hacer en una área bien ventilada.

Cuando esté usando fluidos de limpieza y solventes, lea las instrucciones en el recipiente muy cuidadosamente. Nunca use materiales de un recipiente que no esté marcado.

Nunca deje el motor en marcha en un espacio cerrado, tal como un garaje. Los vapores del escape contienen Monóxido de Carbón, que es extremadamente venenoso. Si usted necesita tener el motor en marcha, siempre hágalo al aire abierto, o por lo menos tenga la parte de atrás del vehículo fuera del área d trabajo.

Si está lo suficiente afortunado de tener

un hoyo en el piso para hacer inspecciones, nunca desagüe o derrame gasolina y nunca mantenga el vehículo en marcha encima del hoyo de inspección. Los vapores, siendo más pesados que el aire, se concentrarán en el hoyo con resultados letales.

La batería

Nunca inicie una chispa o permita que una bombilla sin cubierta se acerque a una batería. Normalmente las baterías despiden cierta cantidad de gas de hidrógeno, que es muy explosivo.

Siempre desconecte el cable negativo (-) de la batería antes de comenzar a trabajar en el sistema de gasolina o eléctrico.

Si es posible, afloje las tapas por donde se llena, cuando esté cargando la batería con una fuente externa (esto no se aplica a baterías selladas o de mantenimiento libre). No cargue la batería a una velocidad muy rápida o se puede estallar.

Tome precaución cuando agregue agua a la batería de mantenimiento libre y cuando transporte una batería. El electrólito, hasta cuando está diluido, es muy corrosivo y no se debe permitir poner en contacto con la ropa o piel.

Siempre use protección para los ojos cuando limpie la batería para prevenir que los depósitos cáusticos entren en sus ojos.

Corriente del hogar

Cuando esté usando una herramienta de poder eléctrica, luz de inspección, etc., que opere con corriente del hogar, siempre asegúrese que la herramienta está correctamente conectada en su enchufe y que, esté apropiadamente conectada a tierra. No use este tipo de artículo en condiciones húmedas y, de nuevo, no cree una chispa o aplique calor excesivo en la vecindad de gasolina o vapores de gasolina.

Voltaje del sistema secundario de la ignición

Un choque eléctrico severo puede resultar tocando ciertas partes del sistema de ignición (tal como los alambres de las bujías) cuando el motor esté en marcha o se esté tratando de poner en marcha, particularmente si los componentes están húmedos o el aislamiento está defectuoso. En el caso de un sistema de ignición electrónica, el voltaje del sistema secundario es más alto y podría probar ser fatal.

Identificación y resolución de problemas

Contenidos

Esta Sección provee una referencia fácil para orientarlo en los problemas más comunes que pueden ocurrir durante la operación de su vehículo. Estos problemas y causas posibles se agrupan debajo diversos componentes o sistemas; es decir Motor, Sistema del Anticongelante, etc., y también se refiere al Capítulo que trata con el problema.

Recuerde que la identificación y resolución de problemas con éxitos no es un arte negro misterioso practicado solamente por los mecánicos profesionales. Es simplemente el resultado de un poco de conocimiento combinado con un enfoque sistemático inteligente al problema. Siempre trabaje con un proceso de eliminación, comenzando con la solución más simple y trabajando hasta la más compleja - y nunca descuide lo obvio. Cualquiera puede olvidarse de llenar el tanque de combustible o dejar las luces encendida toda la noche.

Finalmente, siempre tenga claro en su mente por qué un problema ha ocurrido y tome los pasos para asegurarse que no suceda nuevamente. Si el sistema eléctrico fracasa a causa de una conexión pobre, cheque todas las otras conexiones en el sistema para asegurarse que ellas no fracasan también. Si un fusible particular se continúa quemando, averigüe por qué - no reemplace simplemente el fusible. Recuerde, el fracaso de un componente pequeño puede frecuentemente ser indicación de un fracaso potencial o funcionamiento incorrecto de un sistema o componente importante.

Motor

Nota: *Cuando esté diagnosticando los problemas del motor que puedan ser relacionados con el sistema de combustible en un vehículo con EFI (inyección de combustible electrónica), herramientas especiales y equipo que pueden requerirse, para detectar el fallo del porque es difícil de poner en marcha, marcha rugosa o rendimiento pobre. La información siguiente se aplica solamente a los vehículos equipados con carburador.*

1　El motor no gira cuando se trata de poner en marcha

1　Las conexiones de los bornes de la batería están flojas o corroídas. Chequee los terminales de los cables a la batería. Apriete el cable o remueva la corrosión según sea necesario.
2　Batería descargada o defectuosa. Si las conexiones de los cables están limpias y apretadas en los bornes de la batería, gire la llave a la posición de marcha y el interruptor de los faroles y/o limpiaparabrisas. Si ellos fallan de funcionar, la batería está descargada.
3　La transmisión automática no está completamente en Estacionamiento, el embrague de la transmisión manual no está completa-

mente deprimido o el interruptor de seguridad en neutro funciona mal (Capítulo 7).
4　Cable roto, flojo o desconectado en el circuito de arranque. Inspeccione todos los Cables y conexiones a la batería, interruptor del encendido y solenoide del motor de arranque.
5　Engrane del motor de arranque obstruido en la corona del volante. Si está equipado con una transmisión manual, coloque la transmisión en guía y mueva el vehículo manualmente para girar el motor. Remueva el motor de arranque e inspeccione el engrane y el volante a la oportunidad más rápida.
6　Solenoide del motor de arranque defectuoso (Capítulo 5).
7　Motor de arranque defectuoso (Capítulo 5).
8　Interruptor del encendido defectuoso (Capítulo 12).
9　En vehículos equipados con un sistema de liberación del embrague hidráulico, el interruptor del motor de arranque en el pedal del embrague puede funcionar mal, el arnés del alambre puede estar desconectado o puede requerir ajuste (Capítulo 8).

2　Gira pero no se pone en marcha

1　Tanque del combustible vacío.
2　Batería descargada (el motor gira lentamente). Chequee la operación de los componentes eléctricos como se describen en la Sección previa.
3　Conexiones del borne de la batería floja o corroída. Vea Sección previa.
4　Carburador inundado y/o nivel de combustible en el carburador incorrecto. Esto comúnmente será acompañado por un olor fuerte de combustible desde debajo del capó. Espere unos minutos, apriete el pedal del acelerador completamente hasta el piso e intente de poner el motor en marcha.
5　Control del estrangulador inoperable (Capítulo 1).
6　Combustible no llega al carburador. Con el interruptor de la ignición en la posición cerrada, abra el capó, remueva el plato de encima del depurador de aire y observe la parte de encima del carburador (manualmente mueva el plato del estrangulador hacia atrás si es necesario). Haga que un asistente apriete el pedal del acelerador y compruebe que combustible en el carburador salga en un chorro repentino. Si no, chequee el filtro de combustible (Capítulo 1), líneas de combustible y bomba de combustible (Capítulo 4).
7　Humedad excesiva, o daño a los componentes de la ignición (Capítulo 5).
8　Desgastado, defectuoso o bujías incorrectamente calibradas (Capítulo 1).
9　Cable roto, flojo o desconectado en el circuito de arranque (vea Sección previa).
10　Distribuidor flojo, ocasionando que el tiempo del encendido cambie. Gire el distribuidor lo necesario para poner el motor en marcha, entonces ajuste el encendido adecuadamente lo antes posible (Capítulo 1).

11　Condensador defectuoso, ruptor desgastado o puntos sucios (no todos los modelos - vea Capítulos 1 y 5).
12　Alambres rotos, flojos o desconectados en la bobina del encendido o bobina defectuosa (Capítulo 5).

3　El motor de arranque opera sin girar el motor

1　Engrane del motor de arranque atorandoce. Remueva el motor de arranque (Capítulo 5) e inspecciónelo.
2　Dentaduras del volante o engranes del motor de arranque desgastados o rotos. Remueva la cubierta en la parte trasera del motor e inspeccione.

4　Duro de comenzar cuando está frío

1　Batería descargada o baja de carga. Chequee como se describe en la Sección 1.
2　Control del estrangulador inoperable o fuera de ajuste (Capítulo 4).
3　Carburador inundado (vea Sección 2).
4　Suministro de combustible no llega al carburador (vea Sección 2).
5　Sistema del carburador en la necesidad de una reconstrucción completa (Capítulo 4).
6　Carbón en la tapa del rotor del distribuidor y/o mecanismo de avance mecánico oxidado (Capítulo 5).

5　Duro de comenzar cuando está caliente

1　Estrangulador atorandoce en la posición cerrada (Capítulo 1).
2　Carburador inundado (vea Sección 2).
3　Filtro de aire obstruido (Capítulo 1).
4　El combustible no está alcanzando al carburador (vea Sección 2).
5　Tierra del motor pobre. Limpie el cable de tierra.

6　El motor de arranque hace ruido o es excesivamente rugoso cuando engrana

1　Engrane o dentaduras del volante desgastadas o rotas. Remueva la cubierta en la parte trasera del motor (si está equipado) e inspeccione.
2　Pernos para el montaje del motor de arranque flojos o faltan.

7　El motor arranca pero se apaga inmediatamente

1　Conexiones eléctricas flojas o defectuosas en el distribuidor, bobina o alternador.

2   Insuficiente combustible alcanzando el carburador. Desconecte la línea de combustible en el carburador y remueva el filtro (Capítulo 1). Coloque un recipiente debajo de la línea desconectada de combustible. Observe el flujo del combustible desde la línea. Si poco o ninguno, chequee por bloqueo en las líneas y/o reemplace la bomba de combustible (Capítulo 4).

3   Fugas de vacío en las superficies de la junta del múltiple de admisión y/o carburador. Asegúrese que todas las tuercas y pernos instalados están apretados firmemente y que todas las mangueras de vacío que están conectadas al carburador/inyector de combustible y múltiple de admisión están colocadas adecuadamente y están en buena condición.

8   Poso de aceite debajo del motor

1   Junta del cárter de aceite y/o el sello del tapón del aceite se está escapando. Chequee y reemplace si es necesario.

2   Indicador de la presión de aceite tiene fugas. Reemplace la unidad o selle las roscas con cinta de teflon (Capítulo 5).

3   Fugas en las juntas de la tapa de los balancines en la parte delantera o trasera del motor.

4   Sellos de aceite del motor tienen fugas en la parte delantera o trasera del motor.

9   Marcha mínima irregular o marcha mínima errática

1   Fuga de vacío. Chequee las tuercas y pernos instalados en el carburador y múltiple de admisión para estar seguro que están apretadas. Asegúrese que todas las mangueras de vacío están conectadas y en buena condición. Use un estetoscopio o un pedazo de manguera de combustible contra su oreja para escuchar por fugas de vacío mientras el motor está en marcha. Un sonido como un silbido se oirá. **Peligro:** *No permita que el estetoscopio, manguera, ropa o parte de su cuerpo haga contacto con las partes movibles del motor tales como las bandas, el ventilador, etc., o quemarse usted mismo con las partes caliente del motor tales como el múltiple de escape, EGR (recirculación de los gases de escape), etc.*

2   Escape en la válvula EGR o válvula PCV (ventilación positiva del cárter) obstruida (Capítulos 1 y 6).

3   Filtro de aire obstruido (Capítulo 1).

4   La bomba de combustible no le está suministrando suficiente combustible al carburador (vea Sección 7).

5   Carburador fuera de ajuste (Capítulo 4).

6   Escape en la junta de la cabeza. Si esto se sospecha, lleve el vehículo a un taller de reparaciones o concesionario donde la compresión del motor pueda ser chequeada.

7   Cadena de distribución y/o engrane desgastado (Capítulo 2).

8   Lóbulos de árbol de levas desgastado (Capítulo 2).

10   Falla en marcha mínima

1   Bujías desgastadas o no tienen la separación de la brecha adecuada (Capítulo 1).

2   Tapa, rotor o cables de bujía defectuoso (Capítulo 1).

3   El estrangulador no está operando adecuadamente (Capítulo 1).

11   El motor falla a través de las revoluciones de manejo

1   Filtro de combustible obstruido y/o impurezas en el sistema de combustible (Capítulo 1). También chequee el suministro de combustible llegando al carburador (vea Sección 7).

2   Bujías defectuosas boquetes incorrectos (Capítulo 1).

3   Tiempo del encendido incorrecto (Capítulo 1).

4   Chequee por una tapa del distribuidor agrietada, alambres del distribuidor desconectados y componentes del distribuidor dañados(Capítulo 1).

5   Escape en los cables de las bujías (Capítulo 1).

6   Componentes del sistema de emisiones defectuoso (Capítulo 6).

7   Presión de la compresión de los cilindros desigual o baja. Remueva las bujías y chequee la compresión con el manómetro (Capítulo 1).

8   Sistema de ignición defectuoso o débil (Capítulo 5).

9   Fugas de vacío en el carburador, múltiple de admisión o mangueras de vacío (vea Sección 8).

12   El motor falla en aceleración

1   Bujías contaminadas (Capítulo 1). Limpie o reemplace.

2   El carburador necesita ajuste o reparación (Capítulo 4).

3   Filtro de combustible obstruido. Reemplace el filtro.

4   Tiempo del encendido incorrecto (Capítulo 1).

5   Fuga de aire del múltiple de admisión (Capítulos 4 y 6).

13   El motor se para

1   Marcha mínima incorrecta (Capítulo 1).

2   Filtro de combustible obstruido y/o agua e impurezas en el sistema de combustible (Capítulo 1).

3   Estrangulador inadecuadamente ajustado o atorandoce (Capítulo 1).

4   Componentes del distribuidor mojados o dañados (Capítulo 5).

5   Componentes del sistema de emisiones defectuoso (Capítulo 6).

6   Bujías defectuosas o incorrectamente calibradas (Capítulo 1). También chequee los cables de las bujías (Capítulo 1).

7   Fugas de vacío en el carburador, múltiple de admisión o mangueras de vacío. Chequéelo según se describió en la Sección 8.

14   Le falta potencia

1   Tiempo del encendido incorrecto (Capítulo 1).

2   Juego excesivo en el eje del distribuidor. A la vez, chequee por un rotor desgastado, tapa de distribuidor defectuosa, cable, etc. (Capítulos 1 y 5).

3   Bujías defectuosas o incorrectamente calibradas (Capítulo 1).

4   Carburador no ajustado adecuadamente o excesivamente desgastado (Capítulo 4).

5   Condensador o bobina defectuosa (Capítulos 1 y 5).

6   Los frenos se están pegando (Capítulo 1).

7   Nivel del flúido de la transmisión automática incorrecto (Capítulo 1).

8   Deslizamiento del embrague (Capítulo 8).

9   Filtro de combustible obstruido y/o impurezas en el sistema de combustible (Capítulo 1).

10   El sistema de control de emisiones no está funcionando adecuadamente (Capítulo 6).

11   Uso de combustible de baja calidad. Llene el tanque con el combustible que tenga el octano apropiado.

12   Compresión de los cilindros baja o dispareja. Chequee con un manómetro de compresión, que detectará escape de válvulas y/o una junta de la cabeza explotada (Capítulo 1).

15   Contra explosion

1   El sistema de emisiones no está funcionando adecuadamente (Capítulo 6).

2   Tiempo del encendido incorrecto (Capítulo 1).

3   Sistema secundario de la ignición defectuoso. Aislamiento de las bujías agrietado, cable de las bujías defectuosos, tapa del distribuidor y/o rotor (Capítulos 1 y 5).

4   Carburador en necesidad de ajuste o desgaste excesivo (Capítulo 4).

5   Fugas de vacío en el carburador/unidad de inyección de combustible, múltiple de admisión o mangueras de vacío. Chequéelo como se describió en la Sección 8.

6   Buzos comprimidos con aceite y/o válvulas quedandoce abiertas (Capítulo 2).

16 Detonación o golpeteo durante la aceleración o subiendo una montaña

1   Grado incorrecto de combustible. Llene el tanque de combustible con el octano apropiado.
2   Tiempo del encendido incorrecto (Capítulo 1).
3   Carburador en la necesidad de ajuste (Capítulo 4).
4   Bujías incorrectas. Chequee el tipo de bujías contra la etiqueta de Información del Control de las Emisiones ubicado en el compartimiento del motor. También chequee las bujías y los alambres por daño (Capítulo 1).
5   Componentes del distribuidor dañados o desgastado (Capítulo 5).
6   Sistema de emisiones defectuoso (Capítulo 6).
7   Fugas de vacío. Chequéelas como se describió en la Sección 8.

17 El motor está en marcha con la luz de la presión del aceite iluminada

1   Nivel de aceite bajo. Chequee el nivel del aceite y añada aceite si es necesario (Capítulo 1).
2   RPM (revoluciones por minutos) debajo de las especificación (Capítulo 1).
3   Corto en el circuito del cableado. Repare o reemplace el alambre dañado.
4   Enviador de la presión de aceite defectuoso. Reemplace el enviador.
5   Cojinetes del motor desgastado y/o bomba de aceite.

18 Continúa en marcha después que se apaga el interruptor

1   Marcha mínima demasiado alta (Capítulo 1).
2   Solenoide eléctrico en el lado del carburador no está funcionando adecuadamente (no todos los modelos, vea Capítulo 4).
3   Tiempo del encendido incorrectamente ajustado (Capítulo 1).
4   Válvula térmica para controlar el aire caliente del depurador de aire no está operando adecuadamente (Capítulo 6).
5   Temperatura excesiva de funcionamiento del motor. Causa probable que ocasiona esto es un termostato funcionando mal, radiador obstruido o una bomba de agua defectuosa (Capítulo 3).
6   Sistema EGR (recirculación de los gases de escape) funcionando mal.
7   Acumulación de carbón en la corona del pistón.

Sistema eléctrico del motor

19 La batería no sostiene la carga

1   Banda del alternador defectuosa o no está ajustada adecuadamente (Capítulo 1).
2   Batería descargada o nivel bajo del electrólito (Capítulo 1).
3   Bornes de la batería flojos o corroídos (Capítulo 1).
4   Alternador no carga adecuadamente (Capítulo 5).
5   Cable flojo, roto o defectuoso en el circuito de carga (Capítulo 5).
6   Corto en el cableado del vehículo ocasionando un desagüe continuo en la batería.
7   Batería defectuosa internamente.

20 Luz del alternador no se apaga

1   Avería en el alternador o circuito de carga (Capítulo 5).
2   Banda del alternador defectuosa o no está adecuadamente ajustada (Capítulo 1).
3   Regulador de voltaje del alternador inoperable (Capítulo 5).

21 La luz de la ignición no se prende cuando la llave se enciende

1   Bombillo de advertencia defectuoso (Capítulo 12).
2   Alternador defectuoso (Capítulo 5).
3   Avería en el circuito impreso, alambrado del tablero o sostenedor del bombillo (Capítulo 12).

Sistema de combustible

Nota: *La información siguiente se aplica solamente a los vehículos equipados con carburador. Los vehículos equipados con EFI (inyección de combustible electrónica) se cubren en el Capítulo 4.*

22 Consumo excesivo de combustible

1   Elemento del depurador del aire sucio o obstruido (Capítulo 1).
2   Tiempo del encendido incorrecto (Capítulo 1).
3   Estrangulador atorandoce o inadecuadamente ajustado (Capítulo 1).
4   El sistema de emisiones no está funcionando adecuadamente (no todos los vehículos, vea Capítulo 6).
5   Marcha mínima del carburador y/o la mezcla no está ajustada adecuadamente (Capítulo 1).
6   Piezas internas de carburador excesivamente desgastada o dañadas (Capítulo 4).

7   Presión baja de los neumáticos o tamaño incorrecto de los neumáticos (Capítulo 1).

23 La fuga de combustible y/u olor de combustible

1   Fuga de combustible en un respiradero o suministro de combustible (Capítulo 4).
2   Tanque sobrelleno. Llene solamente hasta que la manguera se pare automáticamente.
3   Filtro del sistema de emisiones obstruido (Capítulo 1).
4   Fugas de vapor desde las líneas del sistema de combustible (Capítulo 4).
5   Piezas internas del carburador excesivamente desgastadas o fuera de ajuste (Capítulo 4).

Circuito de enfriamiento

24 Sobre calentamiento

1   Insuficiente anticongelante en el sistema (Capítulo 1).
2   Banda de la bomba del agua defectuosa o no ajustada adecuadamente (Capítulo 1).
3   Núcleo del radiador obturado o las rejillas del radiador sucias y restringidas (Capítulo 3).
4   Termostato defectuoso (Capítulo 3).
5   Paletas del ventilador rotas o agrietadas (Capítulo 3).
6   Tapa del radiador no manteniendo la presión apropiada. Chequee la presión de la tapa en una gasolinera o taller de reparación.
7   Tiempo del encendido incorrecto (Capítulo 1).
8   Bomba de agua defectuosa (Capítulo 3).

25 Sobre enfriamiento

1   Termostato defectuoso (Capítulo 3).
2   Reloj de la temperatura inadecuado (Capítulo 12).

26 Fuga externa del anticongelante

1   Mangueras deterioradas, dañadas o retenedores flojos. Reemplace las mangueras y/o apriete los retenedores a las conexiones de las mangueras (Capítulo 1).
2   Sello de la bomba de agua defectuoso. Si este es el caso, agua goteará desde el agujero en la bomba del agua (Capítulo 1).
3   Fuga desde el núcleo del radiador o tanque superior del radiador. Esto requerirá la reparación profesional del radiador (vea Capítulo 3 para procedimientos de remover).
4   Camisa de agua o tapones de desagüe del motor con fugas (Capítulo 2).

27 Fuga interna del anticongelante

Nota: *Las fugas internas del anticongelante pueden comúnmente ser detectadas cheque-ando el aceite. Chequee la varilla del nivel y parte interior de la tapa de los balancines por depósito de agua y una consistencia de aceite como un licuado.*

1   Escape en la junta de la cabeza. Ponga el sistema de enfriamiento bajo presión para chequearlo.
2   Cilindro agrietado o cabeza de cilindro. Desarme el motor e inspecciónelo (Capítulo 2).
3   Pernos de la cabeza de los cilindros flojos (Capítulo 2).

28 Pérdida del anticongelante

1   Demasiado anticongelante en el sistema (Capítulo 1).
2   Ebullición del anticongelante debido al recalentamiento (vea Sección 16).
3   Fuga interna o externa (vea Secciones 25 y 26).
4   Tapa del radiador defectuosa. Lleve para que prueben la tapa.

29 Circulación pobre del anticongelante

1   Bomba de agua inoperable. Una prueba rápida es de pellizcar la manguera del radia-dor de encima con su mano mientras el motor está en marcha mínima, entonces afló-jela. Usted debería sentir el flujo del anticon-gelante si la bomba está trabajando adecua-damente (Capítulo 1).
2   Restricción en el circuito del anticonge-lante. Drene, limpie y rellene el sistema (Capítulo 1). Si es necesario, remueva el radiador (Capítulo 3) y límpielo en la forma reversa del flujo original.
3   Banda de la bomba de agua defectuosa o no está ajustada adecuadamente (Capí-tulo 1).
4   Termostato atorándoce (Capítulo 3).

Embrague

30 Falla de liberar (pedal deprimido al piso - la palanca de cambios no se mueve libremente hacia adentro o hacia fuera de Reversa)

1   Ajuste del juego libre del varillaje inade-cuado(Capítulo 1).
2   Horquilla del desembrague fuera de la bola del espárrago. Mire debajo del vehículo, en el lado izquierdo de la transmisión.
3   Plato del embrague torcido o dañado

(Capítulo 8).
4   En vehículos equipados con un sistema de embrague hidráulico, el control o cilindro esclavo no puede funcionar adecuadamente (Capítulo 8).
5   Escape en el sistema hidráulico. Chequee el nivel del flúido del embrague (Capítulo 1), entonces refiérase al Capítulo 8.

31 El embrague se resbala (las rpm del motor aumentan sin ningún incremento en la velocidad del vehículo)

1   Varillaje fuera de ajuste (Capítulo 1).
2   Plato del embrague empapado de aceite o forro desgastado. Remueva el embrague (Capítulo 8) e inspecciónelo.
3   Plato del embrague no está asentado. Puede llegar a tomar de 30 a 40 aplicaciones para que uno nuevo se asiente.
4   Volante torcido (Capítulo 2).

32 Agarrando (vibrando) segúnse desengancha el embrague

1   Aceite en el forro del plato del embra-gue. Remueva (Capítulo 8) e inspeccione. Corrija cualquier fuente de fugas.
2   Calzos del motor o de la transmisión desgastados. Estas unidades se mueven ligeramente cuando el embrague se suelta. Inspeccione los montajes y pernos.
3   Estrías desgastadas en el plato del embrague. Remueva los componentes del embrague (Capítulo 8) e inspecciónelos.
4   Volante o disco de presión torcido. Remueva los componentes del embrague e inspecciónelos.
5   Disco del embrague endurecido o forro torcido.

33 Hace chirrido o vibra con el embrague totalmente enganchado (pedal liberado)

1   Ajuste inadecuado - ningún juego libre (Capítulo 1).
2   Balero de liberación atorándoce en el retenedor de la transmisión. Remueva los componentes del embrague (Capítulo 8) y chequee el balero. Remueva cualquier rebar-bas o mellas, limpie y lubrique antes de la instalación.
3   Resorte de retorno del varillaje débil. Reemplace el resorte.
4   Disco del embrague agrietado.

34 Hace chirrido o vibra con el embrague totalmente desenganchado (pedal apretado)

1   Balero de liberación desgastado, defec-

tuoso o roto (Capítulo 8).
2   Resortes o dedos del disco de presión desgastado o roto (Capítulo 8).

35 El pedal del embrague permanece en el piso cuando es desenganchado

1   Varillaje de liberación o balero de libera-ción atorado. Inspeccione el varillaje o remueva los componentes necesarios del embrague.
2   Resortes de varillaje siendo sobre extendido de su tamaño. Ajuste la varillaje para el juego libre apropiado. Asegúrese que el tope apropiado para el pedal a sido insta-lado (el parachoques).

Transmisión manual

36 Ruido en Neutro con el motor en marcha

1   Eje primario de entrada desgastado.
2   Balero de entrada del eje principal dañado.
3   Baleros del contra eje desgastados.
4   Láminas para el juego axial del contra eje desgastadas o dañadas.

37 Ruido en todos los engranajes

1   Cualquiera de las causas de encima, y/o:
2   Insuficiente lubricante (vea los procedi-mientos de chequeo en el Capítulo 1).
3   Eje de salida o baleros desgastados o dañados.

38 Ruido en un engranaje particular

1   Engranaje desgastado, dañado o denta-duras astilladas en un engranaje particular.
2   Sincronizador desgastado o dañado en un engranaje particular.

39 Se desliza fuera del engranaje

1   Transmisión floja en el bastidor del embrague (Capítulo 7).
2   Varillas de cambio interfiriendo con los calzos del motor o la palanca del embrague (Capítulo 7).
3   Las varillas de cambio no están traba-jando libremente (Capítulo 7).
4   Balero piloto del eje principal dañado.
5   Suciedad entre la transmisión y el motor o transmisión fuera de alineación (Capítulo 7).
6   Desgastado o varillaje inadecuada-

mente ajustado (Capítulo 7).
7　Unidades de los synchros desgastados.

40　Difícil de cambiar velocidades

1　Embrague no liberando completamente (vea ajuste del embrague en el Capítulo 8).
2　Varillaje de cambio flojo, dañado o fuera de ajuste. Haga un chequeo completo, sustituyendo las piezas que sean necesarias (Capítulo 7).

41　Fuga de aceite

1　Lubricante en exceso en la transmisión (vea Capítulo 1 para los procedimientos correctos de como chequearlo). Desagüe el lubricante requerido.
2　Tapa del lado floja o junta dañada.
3　Anillo para retener el aceite del velocímetro o retenedor trasero en necesidad de reemplazo (Capítulo 7).

Transmisión automática

Nota: *Debido a la complejidad de la transmisión automática, es difícil para el mecánico doméstico de adecuadamente diagnosticar y reparar este componente. Para problemas con la excepción de los siguientes, el vehículo debería llevarse al concesionario o un mecánico con experiencia.*

42　Fuga de flúido

1　El flúido de la transmisión automática es de un color rojo profundo. Las fugas del flúido no deberían ser confundidas con aceite del motor, que puede fácilmente ser soplado por el flujo del aire a la transmisión.
2　Para detectar una fuga, primero remueva toda la suciedad y mugre desde alrededor de la transmisión. Agentes de remover grasa y/o limpieza a vapor logrará esto. Con el lado de abajo limpio, conduzca el vehículo a velocidades bajas para que el paso de aire no sople la fuga de aceite muy lejos de su origen. Levante el vehículo y determine de donde proviene la fuga. Las zonas comunes de fuga son:
  a) *Cacerola:* Apriete los pernos y/o reemplace la junta de la cacerola según sea necesario (vea Capítulos 1 y 7).
  b) *Tubo del llenador:* Reemplace el buje de caucho donde el tubo entra en la transmisión.
  c) *Líneas de lubricación de la transmisión:* Apriete las conexiones donde las líneas entran en la transmisión y/o sustituya las líneas.
  d) *Conector del velocímetro:* Reemplace la junta donde el cable del espirómetro entra en la transmisión (Capítulo 7).

43　El flúido de la transmisión está marrón o huele quemado

Transmisión baja de flúido. Reemplace el flúido. No la sobrellene.

44　Problemas generales del mecanismo de cambio

1　Capítulo 7B trata como chequear y ajustar el varillaje de cambio en la transmisión automática. Los problemas comunes que pueden atribuirse al varillaje pobremente ajustado son:
  a) *El motor se pone en marcha en guías a excepción de Estacionamiento o Neutro.*
  b) *El indicador en la palanca de cambio indicando a una velocidad que no está siendo usada.*
  c) *El vehículo se mueve cuando está en Estacionamiento.*
2　Refiérase al Capítulo 7B para ajustar la varilla.

45　La transmisión no tiene cambio descendente con el pedal del acelerador deprimido completamente hasta el piso

El Capítulo 7B trata como chequear y ajustar el cable para la válvula del acelerador (TV) para permitir que la transmisión haga cambios descendentes adecuadamente.

46　El motor se pone en marcha en cualquier engrane con la excepción de Estacionamiento o Neutro

El Capítulo 7B trata como chequear y ajustar el interruptor de arranque en neutro usado en transmisiones automáticas.

47　La transmisión resbala, cambia rugosa, hace ruido o no tiene ningún movimiento en las velocidades hacia adelante o hacia atrás

1　Hay muchas causas probables que pueden ocasionar los problemas de encima, pero el mecánico doméstico debería de tener la preocupación del nivel del flúido solamente.
2　Antes de llevar el vehículo al taller de reparaciones, chequee el nivel y la condición del flúido como se describió en el Capítulo 1. Corrija el nivel del flúido según sea necesario o cambie el flúido y el filtro si es necesitó. Si el problema persiste, haga que un profesional diagnostique la causa probable.

Flecha

48　Fuga del flúido en el frente de la flecha

Sello trasero defectuoso de la transmisión. Vea Capítulo 7 para procedimientos de reemplazo. Mientras esto se hace, chequeando el canal de la horquilla por rebarbas o una condición rugosa que pueda dañar el sello. Si se encuentran, estos pueden removerse con tela de esmeril o una piedra abrasiva fina.

49　Sonido metálico o clon cuando la transmisión está baja carga inicial (tan pronto se pone en marcha)

1　Componentes de la suspensión o de la rueda trasera desconectados o flojos. Chequee todos los pernos y bujes (Capítulo 10).
2　Pernos flojos de la flecha. Inspeccione todos los pernos, tuercas y apriételo a su especificación (Capítulo 8).
3　Cardán desgastado o soporte dañado. Pruebe por desgaste (Capítulo 8).
4　Horquillas del eje secundario desgastada.

50　Sonido metálico consistente con la velocidad del camino

Desgaste pronunciado en el balero del cardán. Pruebe por desgaste (Capítulo 8).

51　Vibración

Nota: *Antes de que pueda presumirse que la flecha está defectuosa, asegúrese que los neumáticos están perfectamente balanceados y desempeñe la prueba siguiente.*
1　Instale un tacómetro en el interior del vehículo para chequear la velocidad del motor según el vehículo se conduce. Conduzca el vehículo y note la velocidad del motor cuando la vibración es más pronunciada. Ahora cambie la transmisión a una velocidad diferente y eleve las revoluciones del motor hasta el mismo punto.
2　Si la vibración ocurre a las mismas velocidad del motor (rpm) sin importar en que engrane la transmisión está, la flecha No es el problema debido a que la velocidad de la flecha varía.
3　Si la vibración desciende o se elimina cuando la transmisión está en un engranaje diferente a la misma velocidad del motor, refiérase a las siguientes causas probable:
4　Flecha doblada o abollada. Inspeccione y reemplace según sea necesario (Capítulo 8).
5　Protector para la parte de abajo de la

carrocería o deposito de tierra, etc. en la flecha. Limpie el eje completamente y pruébelo.
6   Soporte del cardán desgastado. Remueva e inspeccione (Capítulo 8).
7   Flecha y/o brida de acoplamiento fuera de balance. Chequee por contrapesos que falten. Remueva la flecha y reinstálela a 180 grados desde la posición inicial. Pruebe nuevamente. Lleve la flecha para que sea profesionalmente balanceada si el problema persiste.
8   Flecha instalada inadecuadamente (Capítulo 8).
9   Desgaste del buje trasero de la transmisión (Capítulo 7).

Eje trasero

52   Ruido

1   Ruido del camino. Ningún procedimiento de corrección disponible.
2   Ruido de los neumáticos. Inspeccione los neumáticos y chequee la presión del aire de los neumáticos (Capítulo 1).
3   Baleros de las ruedas delanteras flojos, desgastados o dañados (Capítulo 10).
4   Insuficiente aceite en el diferencial (ruido uniforme cuando cambia la velocidad del vehículo).

53   Vibración

Vea causas probables debajo de la flecha. Proceda debajo las guías enumeradas para la flecha. Si el problema persiste, chequee los baleros de las ruedas trasera levantando la parte trasera del vehículo y girando las ruedas con las manos. Escuche por evidencia de baleros rugosos. Remueva e inspeccione (Capítulo 8).

54   Fuga de aceite

1   Sello para retener el aceite del piñón dañado (Capítulo 8).
2   Sellos para retener el aceite de eje dañado (Capítulo 8).
3   Envoltura del diferencial con fugas. Apriete los pernos, instale o reemplace la junta según sea necesario (Capítulo 8).

Freno

Nota: *Antes de asumir que un problema de freno existe, asegúrese que los neumáticos están en buenas condiciones e inflado adecuadamente (vea Capítulo 1), que la alineación de la suspensión delantera esté correcta y que el vehículo no esté cargado con peso en una manera desigual.*

55   El vehículo tira hacia un lado cuando frena

1   Pastillas de los frenos defectuosas, dañadas o contaminación de aceite en los forros del freno de disco en un lado. Inspeccione según se describe en el Capítulo 9.
2   Desgaste excesivo del disco o material del forro del freno en un lado. Inspeccione y corrija según sea necesario.
3   Componentes de la suspensión de la rueda delantera desconectados o flojos. Inspeccione y apriete todos los pernos a la torsión especificada (Capítulo 10).
4   Instalación defectuosa de las mordazas. Remueva la mordaza e inspeccione por un pistón atorado u otro daño (Capítulo 9).

56   Ruido (alto - con los frenos aplicados)

Forro del freno de disco desgastado. El ruido viene desde el sensor de desgaste que hace fricción contra el disco (no se aplica a todos los vehículos). Reemplace las pastillas con unas nuevas inmediatamente (Capítulo 9).

57   El recorrido del pedal de freno es excesivo

1   Fracaso parcial de circuito de los frenos. Inspeccione el sistema entero (Capítulo 9) y corrija según sea requerido.
2   Insuficiente flúido en el cilindro maestro. Chequee (Capítulo 1), añada flúido y purgue el sistema si es necesario (Capítulo 9).
3   Los frenos traseros no están ajustados adecuadamente. Haga una serie de comienzos y paradas mientras el vehículo está en marcha hacia atrás. Si esto no corrige la situación, remueva los tambores e inspecciona los reguladores automáticos (Capítulo 9).

58   El pedal del freno se siente esponjoso cuando se aprieta

1   Aire en las líneas hidráulicas. Sangre el sistema de frenos (Capítulo 9).
2   Mangueras flexibles defectuosas. Inspeccione todo el sistema de mangueras y líneas. Reemplace las piezas necesarias.
3   Tuercas o pernos flojos del cilindro maestro.
4   Cilindro maestro defectuoso (Capítulo 9).

59   Esfuerzo excesivo requerido para que pare el vehículo

1   Amplificador del freno no está operando

adecuadamente (Capítulo 9).
2   Pastillas o forros excesivamente desgastados. Inspeccione y reemplace si es necesario (Capítulo 9).
3   Uno o más pistones de la mordaza o cilindros de las ruedas atorandoce. Inspeccione y repare según sea necesario (Capítulo 9).
4   Forros de las balatas o las pastillas contaminadas con aceite o grasa. Inspeccione y reemplace según sea necesario (Capítulo 9).
5   Las pastillas nuevas o las balatas instaladas no se asentaron todavía. Demorará un tiempo para que el material nuevo se pueda asentar contra el tambor o rotor.

60   El pedal viaja al piso con poca resistencia

Poco o ningún flúido en el depósito del cilindro maestro ocasionado por fugas en los cilindros de la rueda(s), fuga del pistón de la mordaza(s), freno flojo, dañado o líneas desconectadas. Inspeccione el sistema entero y corríjalo según sea necesario.

61   El pedal del freno pulsa durante la aplicación del freno

1   Los baleros de las ruedas no están ajustados adecuadamente o en necesidad de reemplazo (Capítulo 1).
2   La mordaza no se está resbalando adecuadamente debido a obstrucciones o instalación inadecuada. Remueva e inspeccione (Capítulo 9).
3   Rotor defectuoso. Remueva el rotor (Capítulo 9) y chequee por paralelismo y excentricidad excesiva. Lleve a rectificar el rotor o reemplácelo con uno nuevo.

62   El freno de estacionamiento no sujeta

El varillaje mecánico del freno de estacionamiento inadecuadamente ajustado. Ajuste según el procedimiento en el Capítulo 9.

Sistemas de dirección y suspensión

63   Vehículo tira hacia un lado

1   Presión del aire de los neumáticos desiguales. (Capítulo 1).
2   Neumático defectuoso (Capítulo 1).
3   Desgaste excesivo en los componentes de la dirección o suspensión (Capítulo 10).
4   Suspensión delantera en necesidad de alineación.
5   Frenos delanteros arrastrando. Inspec-

cione los frenos según se describe en el Capítulo 9.

6   Baleros de las ruedas inadecuadamente ajustados.

64   Vibración o bamboleo

1   Neumático o rueda fuera de balance o fuera de la redonda. Llévela para que sean balanceadas profesionalmente.
2   Baleros de las ruedas flojos, desgastados o fuera de ajuste (Capítulos 1 y 8).
3   Amortiguadores y/o componentes de la suspensión desgastados o dañados (Capítulo 10).

65   Desequilibrio excesivo y/o rodando alrededor de las esquinas o durante el frenado

1   Amortiguadores defectuosos. Reemplácelo en juegos (Capítulo 10).
2   Resortes rotos o débiles y/o componentes de la suspensión. Inspeccione según se describe en el Capítulo 10.

66   Dirección excesivamente dura

1   Falta de flúido en el depósito de flúido de la dirección asistida (Capítulo 1).
2   Presión de aire de los neumáticos incorrectos (Capítulo 1).
3   Falta de lubricación en las articulaciones de la dirección (Capítulo 1).
4   Dirección delantera fuera de alineación.

5   Aire en el sistema hidráulico de la dirección asistida.
6   Presión baja de los neumáticos.

67   Juego excesivo en la dirección

1   Baleros de la rueda delantera flojos (Capítulo 1).
2   Desgaste excesivo en los componentes de la dirección o suspensión (Capítulo 10).
3   Caja de la dirección fuera de ajuste (Capítulo 10).

68   Falta de asistencia de potencia

1   Banda de la bomba de la dirección defectuosa o no está ajustada adecuadamente (Capítulo 1).
2   Nivel del flúido bajo (Capítulo 1).
3   Mangueras o líneas restringidas. Inspeccione y reemplace las partes según sea necesario.
4   Aire en el sistema de la dirección asistida. Sangre el sistema (Capítulo 10).

69   Desgaste excesivo del neumático (no específico a una zona)

1   Presión de los neumáticos incorrecta (Capítulo 1).
2   Neumáticos fuera de balance. Llévelo para que sean balanceados profesionalmente.
3   Ruedas dañadas. Inspeccione y reemplace según sea necesario.

4   Componentes de la dirección o suspensión excesivamente desgastados (Capítulo 10).

70   Desgaste excesivo del neumático en el borde de afuera

1   Presión de inflación incorrecta (Capítulo 1).
2   Velocidad excesiva en las curvas.
3   Alineación de la suspensión delantera incorrecta (excesiva convergencia). Llévelo para que sea alineado profesionalmente.
4   Brazo de la suspensión doblado o torcido (Capítulo 10).

71   Desgaste excesivo del neumático en el borde interior

1   Presión de inflación incorrecta (Capítulo 1).
2   Alineación de la suspención delantera incorrecta (excesiva divergencia). Llévelo para que sea alineado profesionalmente.
3   Componentes de la dirección dañados o flojos (Capítulo 10).

72   La superficie del neumático desgastado en un solo lugar

1   Neumáticos fuera de balance.
2   Rueda dañada o torcida. Inspeccione y reemplace si es necesario.
3   Neumático defectuoso (Capítulo 1).

Notas

Capítulo 1
Afinación y mantenimiento rutinario

Contenidos

Especificaciones

Nota: *Especificaciones adicionales y recomendaciones para la torsión pueden encontrarse en cada uno de los Capítulos individuales*

Fluidos y lubricantes recomendados

Tipo de aceite para el motor	
1985	SAE grado SE o mejor
1986 en adelante	Grado SAE SF
Viscosidad del aceite del motor	Consulte el manual del vehículo o pídale recomendaciones a su agencia de vehículos local acerca de la viscosidad particular para su área, condiciones especiales para conducir y clima
Tipo de flúido para la transmisión automática	
C6 y transmisiones AOD	
1985	Dexron II Series D (Ford no. ESP-M2C138-CJ)
1988 en adelante	Mercon ATF
Todas las demás	Tipo F (Ford no. ESW-M2C33-F)
Cilindro maestro del freno y del embrague	DOT 3 flúido para los frenos de trabajo pesado (Ford no. ESA-M6C25-A)
Depósito de la dirección de potencia	Flúido para la transmisión automática tipo F (Ford no. ESW-M2C33-F)
Lubricante para la transmisión manual	
1985	SAE 140W aceite de engranaje (Ford no. ESO-M2C83-C)
1988 en adelante	Mercon ATF

Capacidad de la transmisión manual

Mazda M5OD 5-velocidades	7.6 pintas
S5BZF 5-velocidades	3.5 cuartos
Anticongelante del motor	Anticongelante con base de etilene-glicol (Ford no. ESE-M97B18-C)

Lubricante para el diferencial

Dana y Ford (sin cierre)	SAE 90W aceite de engranaje (Ford no. ESW-M2C 105-A)
Dana (con deslice limitado)	Añada el modificador de fricción EST-M2C118-A al aceite especificado arriba durante el relleno
Ford (Traction-Lok)	SAE 90W aceite de engranaje (Ford no. ESW-M2C 119-A)

Lubricación del chasis, varilla del embrague, varillas del freno de estacionamiento, uniones en forma universales de la columna de la dirección, uniones en forma universales del eje de conducir, baleros de las ruedas delanteras y traseras y varillas de la transmisión.............   Grasa con base de Litium, NLGI no. 2 (Ford No. ESA-M1C75-B)

Engranaje de la dirección manual ....   Ford no. ESW-M1C87-A lubricante del engranaje de la dirección o equivalente

Especificaciones de torsión

Pies-libras

Tuercas de las ruedas (1987 en adelante)

Tuerca de 1/2 pulgada	100
Tuerca de 9/16 pulgada (ruedas traseras solamente)........	140

Apriete nuevamente después de 500 millas cada vez que las tuercas de la ruedas se aflojen

Motor

Compresión del motor..	La lectura menor debe de estar dentro del 75% de la lectura mayor

Tensión de las bandas (con un medidor tipo Burroughs)

Bandas de 1/4 de pulgada

Durante el mantenimiento..	30 libras
Instalación usada (después de 10 minutos de operación del motor)...	60 libras
Instalación nueva	80 libras

Bandas de 3/8, 15/32 y 1/2 pulgada

Durante el mantenimiento..	50 libras
Instalación usada (después de 10 minutos de operación del motor)...	110 libras
Instalación nueva	80 libras

Sistema de encendido (Vea página 55 para el número de los cilindros y diagrama del orden de encendido)

Tipo de bujía y calibración..	Vea la calcomanía de afinación o la etiqueta con la Información acerca del control de emisiones en el compartimiento del motor

Tipo de distribuidor

1969 a 1974...	Tipo mecánico de puntos
1975 a 1986...	Electrónico, Dura-spark

Dirección de rotación del distribuidor

Motores de seis cilindros	al favor de las agujas del reloj
Motores V8	en dirección contraria a las agujas del reloj

Orden de la ignición

Motores de seis cilindros	1-5-3-6-2-4
Motores V8 de 302 y 460	1-5-4-2-6-3-7-8
Motores V8 de 351 y 400	1-3-7-2-6-5-4-8
Tiempo de la ignición..	Vea la calcomanía de afinación o la etiqueta con la Información acerca del control de emisiones en el compartimiento del motor

Separación de los puntos

Motores de seis cilindros	0.027 pulgadas
Motores V8	0.017 pulgadas

Ángulo de apertura en grados

Motores de seis cilindros	35 a 39 grados
Motores V8	24 a 30 grados

Embrague

Altura del pedal...	7-1/2 a 7-3/4 pulgadas
Juego libre del pedal	3/4 a 1-1/2 pulgada

Frenos

Grosor mínimo del forro de la pastilla del freno del disco delantero.......	1/8 pulgada
Grosor mínimo de la balata del freno (desde la superficie a la cabeza del remache)	1/8 pulgada

Numeración de los cilindros y ubicación del distribuidor

Distribuidor

FRENTE

Orden de encendido y rotación

Hacia la derecha

FRENTE

Orden de encendido – 1-5-3-6-2-4

Número de cilindros y orden de encendido para los motores de seis cilindros

Especificaciones de la torsión

	Pies-libras
Bujías	10 a 15
Tuerca de la rueda	
Tuerca de 1/2 pulgada	90
Tuerca de 9/16 pulgada (ruedas traseras simples)	145
Tuerca de 9/16 pulgada (ruedas traseras dobles)	220
Tuerca de ajustar el balero de la rueda delantera	22 a 25 (regrésela un 1/8 de vuelta)
Tuerca de ajustar el balero de la rueda trasera (ejes de flotación total)	120 a 140 (regrésela un 1/8 de vuelta en modelos de 1975 hasta 1980; 1/8 a 3/8 de vuelta en modelos de 1981 y más modernos)
Pernos retenedores del eje (ejes de flotación total)	40 a 50
Tapón de la bandeja de drenar el aceite	15 a 25
Tapón del relleno de la transmisión (manual)	10 a 20
Pernos de la bandeja de la transmisión (automática)	12 a 16
Filtro de la rejilla al cuerpo de válvulas (automática)	40 a 50 pulgadas-libras

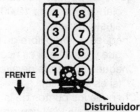

Numeración de los cilindros y ubicación del distribuidor

FRENTE

Distribuidor

Orden de encendido y dirección de rotación

Hacia la izquierda

Número de cilindros y orden de encendido para los motores V8

FRENTE

302/460   351/400

1-5-4-2-6-3-7-8   1-3-7-2-6-5-4-8

Orden de encendido

1   Horario del mantenimiento

Las siguientes recomendaciones están hechas bajo la asunción de que el dueño del vehículo va a realizar la labor de mantenimiento, opuestamente a tener al departamento de servicio de la agencia de vehículos que haga el trabajo. Los intervalos de tiempo/millas están basados en recomendaciones de la compañía que construyó el vehículo. Sin embargo, sujeto a la preferencia individual de cada dueño interesado en mantener a su vehículo en la mejor condición todo el tiempo y con el valor del vehículo al momento de revenderlo, muchas de las operaciones pueden ser realizadas mas frecuente. Nosotros alentamos esta iniciativa en los dueños.

Cuando el vehículo es nuevo debe de ser chequeado inicialmente por un departamento de servicio en la agencia de vehículos autorizados por el fabricante del vehículo para proteger la garantía inicial de la fábrica. En muchos casos el chequeo de mantenimiento inicial es de no costo para el dueño.

Cada 250 millas (400 km), semanalmente y antes de viajes largos

Chequee la presión de las ruedas (en frío)

Chequee la dirección para ver si está operando en forma suave y exacta

Inspeccione las ruedas por uso y daño

Chequee el nivel del flúido en el depósito de la dirección hidráulica

Chequee el nivel del flúido de los frenos. Si la cantidad de flúido a bajado notoriamente desde el último chequeo, inspeccione las líneas y mangueras por fugas y daño

Chequee que la operación del freno sea satisfactoria

Chequee la operación de los limpia parabrisas y del rociador

Chequee la condición del limpia parabrisas

Chequee el nivel del anticongelante del radiador

Chequee el nivel del electrolito de la batería y añada agua destilada si es necesario

Chequee el nivel del aceite del motor

Cada 3000 millas (5000 km), o 3 meses, lo que ocurra primero

Cambie el aceite del motor y el filtro

Chequee y si es necesario reemplazar el filtro del aire

Cheque la velocidad de la marcha mínima

Chequee la condición y tensión de las bandas del motor

Chequee la operación de la válvula que controla el calor del escape

Cada 5000 millas (8000 km), o 5 meses, lo que ocurra primero

Chequee la válvula de desaceleración del combustible (Capítulo 6)

Chequee la operación del solenoide del acelerador (Capítulo 6)

Chequee el nivel de lubricante de la transmisión manual (debería hacerse cada vez que el aceite del motor se cambia)

Cada 6000 millas (10,000 km), o 6 meses, lo que ocurra primero

Chequee el sistema de enfriamiento

Chequee el sistema de escape por componentes flojos o dañados

Lubrique las acopladores de la dirección

Lubrique las acopladores del embrague (si es aplicable)

Chequee las pastillas y forros de los frenos

Chequee el nivel del aceite del diferencial y añada aceite si es necesario

Chequee el nivel del aceite de la transmisión manual y añada aceite si es necesario

Ajuste las bandas de la transmisión automática (ajuste inicial - ajuste cada 12,000 millas o 12 meses después del ajuste inicial)

Chequee el juego libre de movimiento del pedal del embrague y ajústelo si es necesario

Chequee la mezcla de aire/combustible en marcha mínima (si es aplicable)

Chequee los puntos de la ignición

Chequee/ajuste el tiempo de la ignición (excepto con encendido electrónico)

Reemplace el filtro del combustible

Sustituya la válvula EGR (todos los modelos 1987 y más modernos con EFI (inyección de combustible electrónica)

Sustituya el sensor de oxígeno de los gases de escape con calentador (todos los modelos con EFI)

Limpie la válvula de desvío para la marcha mínima (todos los modelos con EFI)

Cada 12,000 millas (20,000 km), o 12 meses, lo que ocurra primero

Lubrique las acopladores del freno de estacionamiento

Chequee los alambres de las bujías

Reemplace los puntos de la ignición

Reemplace las bujías (en motores usando combustible sin plomo)

Chequee y ajuste el espacio libre/franqueo de la válvula

Chequee y si es necesario reemplace la tapa del distribuidor y el rotor (excepto con encendido electrónico)

Chequee la operación del sistema EGR y la válvula de retraso (si está equipado con una)

Chequee y limpie el tapón del respiradero del cárter del cigüeñal

Inspeccione las líneas y mangueras de los frenos

Chequee la válvula PCV

Ajuste las bandas de la transmisión automática

Chequee la operación del purificador del aire controlado térmicamente

Chequee el sistema de control de la chispa y la válvula de retraso (Capítulo 6)

Chequee y otórguele servicio a la batería

Chequee los sistemas de suspensión y dirección

Cada 15,000 millas (24,000 km), o 15 meses, lo que ocurra primero

Chequee el sistema térmico (Capítulo 6)

Chequee el control de la temperatura del purificador del aire y las válvulas de retraso (Capítulo 6)

Cada 18,000 millas (30,000 km), o 18 meses, lo que ocurra primero

Chequee el tiempo de la ignición (encendido electrónico solamente)

Chequee la tapa y el rotor del distribuidor (encendido electrónico solamente)

Apriete los pernos/tuercas del sistema de admisión de aire a la torsión especificada

Reemplace el filtro ventilación del cárter del cigüeñal

Reemplace el flúido de la transmisión automática

Reemplace las bujías (en motores usando combustible sin plomo)

Chequee que el estrangulador del carburador opere apropiadamente

Añada aceite a la taza del eje del distribuidor (si está equipado)

Chequee y empaque los baleros de las ruedas delanteras

Cada 24,000 millas (40,000 km), o 24 meses, lo que ocurra primero

Drene y rellene el sistema de enfriamiento

Drene y rellene la transmisión manual

Drene y rellene el diferencial

Chequee la tapa para el relleno del combustible

Chequee el depósito de las evaporaciones del sistema de emisiones y reemplácelo si es necesario

Chequee la compresión del motor

Reemplace las mangueras de debajo del capó con nuevas

Operación en condiciones severas

Condiciones severas de operación son definidas como sigue:

Periodos extensivos en marcha mínima o en operación a baja velocidad

Halando remolques hasta 1000 libras (450 Kg) por largas distancias

Operando cuando la temperatura del ambiente esta por debajo de los 10 grados F (-12 grados C) por un periodo de 60 días o más

Cuando la mayoría de los viajes que usted hace duran menos de 10 millas

Operación en condiciones severas de polvo

Si su vehículo es operado en estas condiciones severas mencionadas anteriormente, el horario de mantenimiento debe de ser cambiado como sigue:

a) *Cambie el aceite y el filtro del motor cada 2 meses o 2000 millas (3200 km)*

b) *Chequee, limpie y vuelva a colocar en su espacio las bujías cada 4000 millas (6400 km)*

c) *Dele servicio a las bandas de la transmisión automática cada 5000 millas (8000 km), drene y llene la transmisión con flúido fresco cada 2000 millas (3200 km)*

d) *Si el vehículo es operado en condiciones severas de polvo, chequee el elemento del filtro del aire cada 1000 millas*

f) *Chequee y reemplace el filtro del combustible frecuentemente cuando opere en condiciones severas de polvo*

2   Introducción

Este Capítulo fue diseñado para ayudar al mecánico del hogar a mantener su vehículo con las siguientes metas en mente de máximo funcionamiento, economía, seguridad y durabilidad.

En las siguientes páginas usted encontrará un horario de mantenimiento, junto con procedimientos específicos para cada uno de los artículos en el horario. Incluidos están chequeos visuales, ajustes y reemplazos de los artículos.

Haciendo el mantenimiento a su vehículo siguiendo el horario de mantenimiento de tiempo/millas y siguiendo los procedimientos paso a paso resultará en un programa de mantenimiento planeado. No olvide que es un plan en donde todo está incluido. Manteniendo solo algunos de los artículos en los intervalos especificados no producirá los resultados deseados.

Usted encontrará que cuando haga el mantenimiento muchos de los procedimientos se pueden, y se deben, agrupar juntos, debido a su naturaleza. Ejemplos de estos son los siguientes:

Si el vehículo esta elevado para la lubricación del chasis, por ejemplo, chequee los sistemas de escape, suspensión, dirección y combustible.

Si los neumáticos y las ruedas son removidos, como cuando se hace una rotación rutinaria de las ruedas, chequee los frenos y los baleros de las ruedas al mismo tiempo.

Si usted debe pedir prestado o rentar una herramienta de torsión, reemplace las bujías y chequee la torsión en el perno del sistema de admisión de aire también para ahorrar tiempo y dinero.

El primer paso en este, o en cualquier, plan de mantenimiento es prepararse usted mismo antes de iniciar el trabajo. Lea todas las Secciones apropiadas para el trabajo que va a realizar antes de empezar. Reúna las herramientas necesarias y las partes. Y si parece que usted va a tener un problema durante un trabajo particular, no dude en buscar consejo de la persona que vende las partes para el vehículo o del departamento de servicio de la agencia de vehículos.

3   Secuencia de la afinación

El término de afinación es usado comúnmente para cualquier operación que regresa al motor a su condición normal de operación. Una afinación no es una operación especifica, pero es una combinación de operaciones individuales como el reemplazo de las bujías, ajustar la velocidad en marcha mínima, ajustar el tiempo de la ignición, etc.

Si, desde el tiempo en que el vehículo estaba nuevo, el horario de mantenimiento rutinario (Sección 2) es seguido muy cercanamente y los chequeos frecuentes de los niveles de los fluidos y de los artículos que se desgastan rápidamente, es sugerido atraves de todo este manual, el motor será mantenido en una condición relativamente buena y la necesidad de una afinación más en detalle será mínima.

Mas veces que no, de todos modos, habrá momentos en que el motor funcionara pobremente debido a la falta de mantenimiento regular. Esto es aún más probable si se compra un vehículo usado, el cual no a recibido los chequeos regulares y frecuentes. En este caso una afinación del motor aparte de los intervalos de mantenimiento será necesario.

Las siguientes operaciones son las que generalmente se necesitan para que un motor vuelva a su estado ideal de operación.

Afinación menor

Limpie, inspeccione y chequee la batería
Apriete los pernos/tuercas del cuerpo de aceleración/carburador
Chequee todos los fluidos en el motor
Chequee y ajuste las bandas
Reemplace las bujías
Inspeccione la tapa y el rotor del distribuidor
Inspeccione los alambres y las bujías
Chequee y ajuste la velocidad de la marcha mínima
Chequee y ajuste el tiempo de la ignición
Chequee los filtros de aire y PCV
Reemplace el filtro del combustible
Chequee la válvula PCV
Limpie y lubrique las acopladores del acelerador
Chequee todas las mangueras de debajo del capó

Afinación mayor

Todas las operaciones que fueron mencionadas en la afinación menor más:

Chequee el sistema de EGR (Capítulo 6)
Chequee el sistema de carga (Capítulo 6)
Chequee el sistema del combustible
Chequee la batería
Chequee la compresión del motor
Chequee el sistema de enfriamiento
Reemplace la tapa y el rotor del distribuidor
Reemplace los alambres de las bujías
Reemplace los filtros del aire y PCV

4   Neumáticos y presión de los neumáticos - chequeo

Refiérase a las ilustraciones 4.3 y 4.8

1   Inspección de las ruedas periódicamente puede no solo evitar que usted se quede con el camino con una rueda pinchada, sino que también le indicará los posibles problemas en los sistemas de dirección y suspensión antes de que ocurra un daño mayor.

2   El inflar las ruedas apropiadamente añade millas a la vida de las ruedas, permite que el vehículo mantenga el máximo número

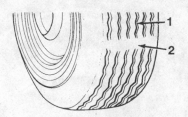

4.3 Indicadores del uso del neumático aparecerán como barras cruzadas en los rodamientos cuando el neumático está usado hasta el punto que necesita reemplazo

1   Rodamiento del neumático
2   Indicador del rodamiento del neumático

de millas por galón de gasolina y contribuye a que el viaje se sienta suavemente.

3   Cuando inspeccione las ruedas, primero chequee el desgaste de los rodamientos de los neumáticos **(vea ilustración)**. Irregularidades en el patrón de los rodamientos como hundimiento, pedazos lisos, mas desgaste en un lado que en otro, son indicaciones de que se necesita un alineamiento delantero o problemas con el balanceo. Si se nota algunas de estas condiciones, lleve su vehículo a un lugar de reparación para corregir el problema.

4   Chequee el área de los rodamientos por cortaduras y agujeros. Muchas veces un clavo o tachuela penetra el rodamiento del neumático y aún el neumático podrá mantener su presión de aire por un corto periodo de tiempo. En la mayoría de los casos una estación de reparación o una gasolinera puede reparar el agujero en el neumático.

5   Es importante chequear las paredes internas y externas del neumático. Chequee por el deterioro de la goma, cortaduras y agujeros. Inspeccione la parte interna del neumático por perdida del flúido de los frenos, indicando que una inspección de los frenos es necesaria.

6   La presión incorrecta del neumático no se puede determinar a simple vista. Esto es especialmente cierto en los neumáticos radiales. Un medidor de presión debe de ser usado, compre uno y manténgalo en el compartimiento para los guantes. Muchas veces los medidores de presión en las gasolineras no están correctos.

7   Siempre chequee la presión de los neumáticos en frío. Frío, en este caso quiere decir que el vehículo no ha sido usado por más de una milla después de haber estado parado por tres horas o más. Es normal que la presión aumente de cuatro a ocho libras cuando las ruedas están caliente.

8   Desenrosque el tapón de la válvula que sobresale de la rueda o tapacubos y presione el medidor firmemente en la válvula **(vea ilustración)**. Note la presión en el medidor y compárela con la lista de presiones recomendada por el fabricante en la placa. La placa

4.8 Presione el medidor fuertemente en la válvula para obtener una buena lectura de la presión

para las ruedas está usualmente en la puerta del conductor o en el compartimiento de los guantes.

9   Chequee todos los neumáticos y añádales aire hasta que lleguen a los niveles de presión recomendados. No se le olvide del neumático de respuesto. Asegúrese de reinstalar los tapones, que evitará que polvo y humedad entre al mecanismo de la válvula.

5   Nivel de los fluidos - chequeo

Refiérase a las ilustraciones 5.1, 5.2, 5.4, 5.9, 5.15, 5.17, 5.20a, 5.20b, 5.26a, 5.26b, 5.33, 5.37, 5.44, 5.52a y 5.52b

1   Hay un número de componentes en un vehículo que dependen en el uso de fluidos para desempeñar su trabajo **(vea ilustración)**. Durante la operación normal del vehículo estos fluidos son usados y deben de ser reemplazados antes de que ocurra un daño al sistema. Vea *Lubricantes y fluidos recomendados* en el frente de este Capítulo para los fluidos específicos cuando se necesita añadir cualquier flúido. Cuando los fluidos son chequeados es importante que el vehículo esté nivelado.

Aceite del motor

2   El nivel del aceite del motor es chequeado con una varilla de inmersión o medidor, que es visible justo por encima de la parte superior del radiador cuando el capó está abierto **(vea ilustración)**. El medidor viaja atraves de un tubo hasta llegar a la cacerola del aceite en la parte de abajo del motor.

3   El nivel del aceite debe de ser chequeado antes de conducir el vehículo, o cerca de 15 minutos después de haber apagado el motor. Si el aceite es chequeado inmediatamente después de conducir el vehículo, parte del aceite se mantendrá en los componentes superiores del motor, resultando en una medición incorrecta del aceite en el medidor.

4   Hale el medidor del tubo y limpie el aceite hasta el final con un trapo limpio. Inserte el medidor hasta el final del tubo y remuévalo nuevamente. Note el nivel del

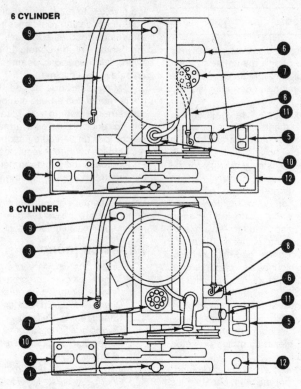

6 CYLINDER

8 CYLINDER

5.1 El chequeo del nivel de los fluidos y los procedimientos de mantenimiento de rutina requieren acceso a los componentes que están situados como se muestran aquí

1	Tapa del radiador	8	Medidor del aceite del motor
2	Batería	9	Válvula PCV
3	Purificador del aire	10	Tapa del aceite del motor
4	Medidor de la transmisión automática	11	Deposito de la transmisión automática
5	Cilindro maestro del freno	12	Deposito del limpiador de los
6	Filtro del aceite del motor		parabrisas
7	Distribuidor		

aceite al final del medidor. En su nivel más alto, el nivel del aceite debe de estar entre las marcas que indican área segura **(vea ilustración)**. **Nota**: *Los medidores pueden estar marcados en más de una forma para indicar el nivel de seguridad para el aceite. Algunos tienen marcas de Añadir (ADD) y lleno (Full), otros tienen las marcas de L (bajo) y F (lleno) y*

aún otros tienen las etiquetas de Añadir (ADD) y Seguro (SAFE).

5   No permita que el nivel del aceite llegue por debajo de la marca que de seguro o el motor se podría dañar a causa de insuficiente aceite. Tampoco sobrepase el nivel de seguridad del aceite, ya que esto puede resultar en bujías llenas de aceite, perdida de aceite y daños a los sellos de aceite del motor.

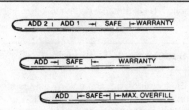

5.4 El medidor del aceite del motor puede estar marcado en varias formas, pero el nivel adecuado para el aceite es obvio cuando se chequea

ADD= Añada
SAFE= Seguro
WARRANTY= Garantía
MAX. OVERFILL= Sobrepasado del máximo

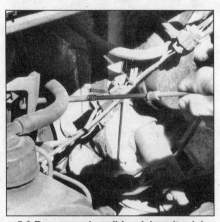

5.2 Remueva el medidor del aceite del motor para chequear su nivel

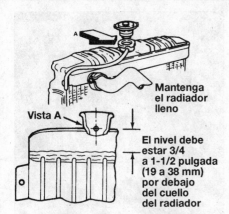

5.9 En vehículos que no están equipados con depósitos para el anticongelante, el nivel debe estar 3/4 a 1-1/2 pulgada por debajo del cuello del radiador.

5.15 No confunda el deposito del anticongelante con el deposito del flúido para limpiar el parabrisas (este es para el limpiador del parabrisas)

5.17 Chequeando el nivel del electrolito en la batería (no es necesario en baterías que no necesitan mantenimiento)

6   El aceite para el motor se añade después de remover una tapa que se atornilla al tubo que va a la tapa de los balancines o a la misma tapa de los balancines. Un embudo para el aceite prevendrá que se bote el aceite mientras se echa.

7   Chequear el nivel del aceite puede ser un paso de mantenimiento de prevención importante. Si usted encuentra que el nivel del aceite ha bajado anormalmente, es una indicación de que hay una perdida de aceite o desgaste interno del motor que debe de ser corregido. Si hay gotas de agua en el aceite, o si el aceite tiene apariencia como la leche, algún componente se ha dañado y el motor debe de ser chequeado inmediatamente. La condición del aceite puede ser chequeada al mismo tiempo en que se chequea el nivel. Mientras el medidor está fuera del motor, tome su dedo gordo e índex y limpie el aceite del medidor, buscando por polvo o partículas de metal que se adhieren al medidor. Su presencia indica que el aceite debe de ser removido y aceite nuevo añadido.

Anticongelante del motor

Los vehículos cubiertos por este manual están equipados con un sistema de recuperación de anticongelante bajo presión o un sistema de derrame. En un sistema de recuperación, un deposito transparente o traslucido, unido al panel del guardafango cerca del radiador, es conectado por una manguera al cuello del radiador. Así según el motor se calienta durante operación, anticongelante es forzado desde el radiador, atraves del tubo conector adentro del deposito. Y cuando el motor se va enfriando, el anticongelante es absorbido adentro del radiador para mantener el nivel del flúido correcto. En un sistema de derrame no hay ningún deposito que agarre el exceso de anticongelante, simplemente cae atraves del tubo al piso.

9   El nivel del anticongelante en un sistema de recuperación debe de ser chequeado cuando el motor está caliente. Note que el nivel del flúido en el deposito, debe de estar en o muy cerca a la marca de Full (Lleno) de

un lado del deposito. En un sistema de derrame, el nivel del anticongelante se debe chequear cuando el motor está frío para evitar quemarse a causa del vapor y anticongelante. Remueva la tapa del radiador y note el nivel del anticongelante en el tanque. Debe de estar a 3/4 y 1-1/2 pulgadas del cuello del deposito (vea ilustración).

10   **Peligro:** *La tapa del radiador no se debe, bajo ninguna circunstancia, remover cuando el motor está caliente, ya que el vapor que se escapa y el anticongelante podrían causar daños serios a la persona.* Espere hasta que el sistema esté completamente frío, después amarre un pedazo de tela grueso alrededor de la tapa y desenrósquela hasta la primera parada. Si algún vapor se escapa, espere hasta que el sistema se haya enfriado aun mas tiempo, después remueva la tapa.

11   Si solo una pequeña cantidad de anticongelante es requerida para regresar al nivel apropiado del sistema, puede usarse agua pura. De todas formas, para mantener la mezcla apropiada de anticongelante/agua en el sistema, anticongelante debe de ser añadido con el agua para reponer un nivel bajo. Alta calidad de anticongelante ofrece protección a unos -20 grados F debe de ser mezclado con agua en una proporción especificada en la etiqueta del deposito del anticongelante. **Peligro:** *No permita que anticongelante toque su piel o superficies pintadas en el vehículo. Enjuague las áreas afectadas inmediatamente con una buena cantidad de agua. Anticongelante puede ser fatal para los niños y animales (ellos son atraídos por sabor dulce). Solo unas cuantas lambidas pueden causar la muerte. Limpie el piso del garaje y los charcos en la cacerola inmediatamente. Mantenga los recipientes del anticongelante cerrados y repare cualquier fuga del sistema de enfriamiento tan pronto como se de cuenta.*

13   Según el nivel del anticongelante es chequeado, note la condición del anticongelante. Debe de ser relativamente clara. Si tiene color de oxido, el sistema debe de ser

drenado, enjuagado y rellenado.

14   Si el sistema requiere repetidas adiciones de anticongelante para mantener el nivel apropiado, cheque la habilidad de sellar de la tapa del radiador. Además chequee por fugas en el sistema así como mangueras quebradas, conexiones de mangueras flojas, juntas que tengan fugas, etc.

Flúido para el limpiador del parabrisas

15   Flúido para el sistema limpiador del parabrisas está localizado en un deposito plástico montado en la pared de detener fuego o en el soporte del radiador (vea ilustración).

16   El nivel del deposito debe de ser mantenido en la marca de lleno (Full), excepto durante los periodos donde se espera que la temperatura baje hasta llegar a temperaturas de congelamiento. El nivel del flúido debe de ser mantenido entonces no mas alto de 3/4 del nivel de Full para permitir expansión en el caso de que el flúido se congele. El uso de flúido limpiador del parabrisas en vez de agua prevendrá congelamiento y resultara en una mejor limpieza de la superficie del parabrisas. **Caución:** *No use anticongelante en el sistema de limpia parabrisas ya que le dañará la pintura de su vehículo.*

Electrolito de la batería

17   Para chequear el nivel del electrolito en la batería, remueva todas las tapas de los elementos (vea ilustración). Note que las baterías que no requieren mantenimiento no necesitan este chequeo. Si el nivel del electrolito está bajo, añada agua destilada hasta que el nivel llegue por encima de los platos. Hay usualmente un anillo dividido como indicador en cada elemento para ayudarle a juzgar cuanta agua se añade - no sobrellene.

Flúido del freno

18   El cilindro maestro está localizado en el lado izquierdo de la pared de detener fuego en el compartimento del motor y tiene una tapa que debe ser removida para chequear el nivel del flúido.

1

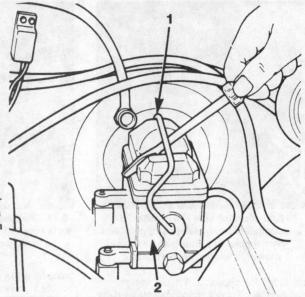

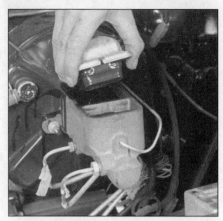

5.20a Use un destornillador para abrir el retén, después cuidadosamente remueva la cubierta del cilindro maestro . . .

1   *Cubierta del retén*
2   *Cilindro maestro*

5.20b . . . y asegúrese de que el nivel del flúido del freno está dentro de 1/4 pulgada de la tapa en los dos depósitos

19   Remueva todo el sucio, humedad y residuo aceitoso del cilindro maestro antes de remover la tapa. Cubra todas las superficies pintadas cerca del cilindro maestro para evitar daños a la pintura por derrame del fluido de los frenos.

20   Abra el retenedor hacia un lado con un destornillador y cuidadosamente remueva la cubierta (**vea ilustración**). El nivel del flúido debe de estar dentro de 1/4 de pulgada del borde de la tapa de cada deposito (**vea ilustración**). Si un nivel bajo es encontrado, flúido debe ser añadido.

21   Cuando esté añadiendo el flúido, échelo cuidadosamente dentro del deposito, teniendo caución de no derramar nada sobre las superficies pintadas cercanas. Asegúrese de usar el flúido especificado, ya que diferentes tipos de flúido para frenos pueden causar daños al sistema. Vea *Fluidos y lubricantes recomendados* en su manual del vehículo.

22   En este momento el flúido y el cilindro maestro pueden ser inspeccionados por contaminación. Normalmente, el sistema de frenos no necesitará cambios periódicos de drenar y llenar, pero si oxido se deposita, partículas de sucio o gotas de agua se ven en el flúido, el sistema debe ser desarmado, drenado y rellenado con flúido fresco.

23   Después de llenar el depósito al nivel apropiado, asegúrese de que la tapa esté colocada apropiadamente para evitar que se bote el flúido, prosiga a colocar el retenedor que mantendrá la tapa en su lugar.

24   El nivel del flúido de los frenos decaerá un poco al mismo tiempo que las pastillas o balatas de los frenos en cada rueda se desgastan durante la operación normal. Si el cilindro maestro requiere que se reponga repetidas veces para mantener el nivel del flúido apropiado, puede que haya una fuga en el sistema de frenos, la cual debe ser reparada inmediatamente. Chequee todas las líneas y conexiones del freno, a lo largo del cilindro de la rueda y el cilindro maestro.

25   Si, después de chequear el nivel del cilindro maestro, usted descubre uno o ambos depósitos vacíos o casi vacíos, el sistema de frenos debe de ser drenado (Capítulo 9).

Aceite de la transmisión manual

26   Transmisiones de cambio manuales no tienen un medidor. El nivel del aceite es chequeado removiendo un tapón de un lado de la transmisión (**vea ilustraciones**). El motor debe de estar frío cuando se haga este chequeo y el vehículo debe de estar nivelado. Si el vehículo debe de estar elevado para poder llegar al tapón, asegúrese de soportarlo seguramente en soportes - no se meta debajo de un vehículo soportado solamente por un gato. Limpie el tapón y el área alrededor con un trapo, después remueva el tapón con una llave.

27   Si aceite empieza a desbordarse inmediatamente, atornille el tapón en la transmisión nuevamente porque el nivel del aceite está correcto. Si el aceite no se derrama, remueva el tapón completamente y toque el agujero con su dedo pequeño. El nivel del aceite debe de estar al mismo nivel que la parte baja del agujero del tapón.

28   Si la transmisión necesita más aceite, use una jeringa o una botella de empujar para añadir el lubricante recomendado hasta que el nivel esté correcto.

29   Atornille el tapón de regreso en la transmisión y apriételo firmemente.

30   Maneje el vehículo una distancia corta, después chequee para asegurarse que el tapón no está goteando.

Flúido de la transmisión automática.

31   El nivel del flúido de la transmisión automática debe ser mantenido cuidadosamente.

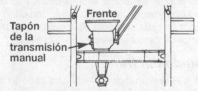

5.26 La transmisión manual tiene un tapón chequear/relleno, el cual debe ser removido para chequear el nivel del aceite

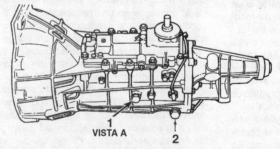

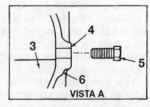

5.26b Calidad del tapón del llenador para la transmisión manual de 5-velocidades - una vez que el tapón del llenador se haya removido, use su dedo como una varilla de chequear nivel para asegurarse que el nivel de aceite está uniforme con el fondo del orificio (vista A) (Sección 3)

1   *Orificio del llenador vista A*
2   *Orificio d drenaje*
3   *Nivel de aceite*
4   *Puerto para llenar*
5   *Tapón para el orificio de llenar*
6   *Casco de la transmisión*

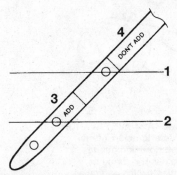

5.37 El medidor de la transmisión automática estará marcado típicamente como se muestra aquí - ¡no sobrellene la transmisión!

1   *Lo mismo que llenar el aceite a 150 grados F (65.6 grados C)*
2   *Nivel del aceite a 90 grados F (32.2 grados C)*
3   *Añada*
4   *No añada*

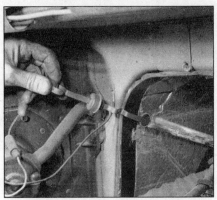

5.33 El medidor de la transmisión automática (se muestra aquí) se parece al medidor del aceite del motor - no los confunda

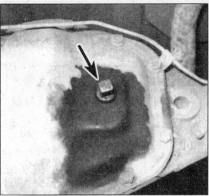

5.44 El tapón de chequear/rellenar del diferencial está localizado en la tapa del diferencial como se muestra equipado en el lado del frente de la asamblea del portador

1

Un nivel bajo del flúido puede causar resbalo o perdida de marcha, mientras que sobrelleno puede causar espuma y perdida de flúido.

32   Con el freno de estacionamiento aplicado, ponga el motor en marcha, mueva la palanca de cambio atraves de todos los cambios terminando en estacionamiento. El nivel del flúido debe ser chequeado con el vehículo nivelado y el motor debe de estar a la temperatura de operación normal (en marcha en posición neutral). **Nota:** *Lecturas incorrectas del nivel del flúido resultarán si el vehículo ha sido conducido a alta velocidad por un periodo extendido, en la ciudad durante un tiempo de calor o mientras halaba un remolque. Si algunas de estas condiciones pueden aplicar, espere hasta que el flúido se haya enfriado un poco (alrededor de 30 minutos).*

33   Localice el medidor en el compartimiento del motor y remuévalo del tubo de relleno **(vea ilustración)**. No confunda el medidor de la transmisión con el medidor del aceite del motor - el flúido de la transmisión tiene un color rojizo.

34   Cuidadosamente toque el final del medidor para determinar si el flúido esta frío (aproximadamente a la temperatura del ambiente), tibio, o caliente (incomodo al tocarlo).

35   Limpie el flúido del medidor con un trapo, después empuje el medidor de nuevo dentro del tubo hasta que la tapa se siente en el tubo.

36   Hale el medidor otra vez y note el nivel del flúido.

37   Si el flúido se sintió frío, el nivel debe de estar a 1/8 a 3/8 de pulgada por debajo de la marcada de añadir. Los dos agujeros por debajo de la marca de añadir indican esta escala **(vea ilustración)**.

38   Si el flúido se sintió tibio, el nivel debe estar cercano a la marca de añadir (justamente por debajo o encima de ella).

39   Si el flúido se sintió caliente, el nivel del flúido debe de estar cerca de la marca de No añadir. **Nota:** *En algunos casos, instruccio-*

nes especificas pueden encontrarse en la misma varilla. Si estas son diferentes al procedimiento descrito aquí, siga las instrucciones en la varilla.

40   Si es necesario, añada justo lo suficiente del tipo de flúido recomendado para llenar la transmisión al nivel apropiado. Toma aproximadamente una pinta para subir el nivel de la marca de Añadir a la marca de No añadir, así que añada el flúido un poco a la vez y continué chequeando el nivel hasta que sea el correcto.

41   La condición del flúido debe ser chequeada al mismo tiempo que el nivel. Si el flúido al final del medidor tiene un color oscuro rojo - marrón, o huele a quemado, el flúido de la transmisión debe de ser drenado y reemplazado. Si usted tiene duda acerca de la condición del flúido, compre flúido nuevo y compare los dos por color y olor.

Flúido del embrague hidráulico.

42   Algunos de los modelos posteriores están equipados con embrague hidráulico, lo que indica que el deposito del flúido del embrague, localizado a la izquierda de la bomba del freno, debe ser chequeado regularmente para asegurarse de que esté lleno. Limpie la parte de arriba y los lados del deposito para prevenir contaminación de sucio cuando la tapa se remueva y el flúido sea añadido, chequee el cilindro y conexiones por fugas.

Aceite del diferencial

43   Así como la transmisión manual, el diferencial tiene un tapón de inspección y relleno el cual debe ser removido para chequear el nivel del aceite. Si el vehículo esta elevado para poder llegar al tapón, asegúrese de soportarlo seguramente en unos soportes de peso - no se meta debajo de un vehículo soportado solamente por un gato.

44   Remueva el tapón, el cual es colocado en el plato de la cubierta o en el lado del cargador del diferencial, y use su dedo pequeño para llegar a la caja del eje para sentir el nivel del aceite. Debe de estar cerca a la parte

baja del agujero del tapón **(vea ilustración)**.

45   Si no lo es, añada el aceite recomendado atraves del agujero del tapón con una jeringa o una botella de enjuague.

46   Instale y apriete bien seguro el tapón y chequee por fugas después de las primeras millas de manejo.

Flúido del sistema de dirección hidráulica

47   Diferente a la dirección manual, el sistema de dirección hidráulica necesita flúido, el cual después de cierto tiempo, requerir relleno.

48   El deposito para la bomba de la dirección hidráulica está localizada en el frente del motor.

49   Durante este chequeo, las ruedas delanteras deben de estar rectas hacia adelante y el motor debe estar apagado.

50   Use un trapo limpio para limpiar la tapa del deposito y el área alrededor de la tapa. Esto ayudará a prevenir que cualquier objeto extraño entre al deposito durante el chequeo.

51   Asegúrese de que el motor esté a una temperatura de operación normal.

52   Remueva el medidor **(vea ilustración)**, límpielo con un trapo limpio, vuélvalo a meter, después remuévalo y note el nivel del

5.52a El depósito de la dirección hidráulica está unido a la bomba y el medidor está unido a la tapa

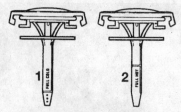

5.52b El medidor de la dirección hidráulica generalmente está marcado como se muestra aquí

1   Lleno frío
2   Lleno caliente

flúido. El nivel debe estar entre la marca de Full para frío (o Añadir) y la marca de Full caliente **(vea ilustración)**.

53   Si flúido adicional es requerido, eche el tipo especificado directamente adentro del deposito, usando un embudo para evitar derrames.

54   Si el deposito requiere frecuentes adiciones de flúido, chequee cuidadosamente por fugas en todas las mangueras de la dirección hidráulica, conexiones de las mangueras, la bomba de la dirección hidráulica y la caja de la dirección.

6   Sistema de enfriamiento - chequeo

1   Muchas fallas mayores en los motores pueden ser atribuidas a un sistema de enfriamiento defectuoso. Si el vehículo está equipado con una transmisión automática, el sistema de enfriamiento también juega un papel importante en la prolongación de la vida de la transmisión.

2   El sistema de enfriamiento debe ser chequeado cuando el motor está frío. Haga esto antes del vehículo se opere por el día o después de que el motor a estado apagado por lo menos 3 horas.

3   Remueva la tapa del radiador y minuciosamente limpie la tapa, por dentro y por fuera, con agua limpia. Además limpie el cuello del relleno del radiador. Toda traza de corrosión debe ser eliminada.

4   Cuidadosamente chequee la manguera superior e inferior del radiador junto con las mangueras del calentador de diámetro menor. Inspeccione cada manguera a todo lo largo, reemplazando cualquier manguera que esté gira, hinchada o muestra señales de deterioro. Rupturas se hacen mas aparentes si se aprieta la manguera **(vea ilustración)**.

5   Asegúrese de que todas las conexiones de la manguera estén apretadas. Una fuga en el sistema de enfriamiento usualmente se mostrara como un deposito blanco o del color del oxido en las áreas junto a la fuga.

6   Use aire comprimido o un cepillo suave para remover los insectos, hojas, etc. del frente del radiador ò el condensador del aire acondicionado. Tenga caución para no dañar las delicadas aletas del enfriamiento o se corte usted con ellas.

SIEMPRE CHEQUE - las mangueras por si tienen áreas quemadas que puedan causar finalmente un malogro muy costoso.

MANGUERA SUAVE / BLANDA indica deterioración interior. Esta deterioración puede contaminar el sistema de enfriamiento y las partículas pueden tapar al radiador.

MANGUERA DURA - una manguera dura puede fallar en cualquiera momento. Apretando la grapa que sella la conexión de la manguera no para la fuga.

MANGUERA HINCHADA - o las puntas empapadas de aceite indican un peligro y posiblemente un fracaso por el aceite o la contaminación de la grasa. Apriete la manguera con sus manos para localizar cualquier rajadura y rupturas que puedan causar fugas.

6.4 Las mangueras del sistema de enfriamiento deben de ser cuidadosamente inspeccionadas para prevenir problemas en la carretera, sin importar las condiciones de las mangueras en una buena idea de remplazarlas cada dos años

7   Chequee por deterioro del sello de la tapa del radiador y el resorte **(vea ilustración)**.

8   Haga que la presión de la tapa y el sistema sean examinados. Si usted no tiene un medidor de presión, la mayoría de las gasolineras y talleres pueden hacerlo por un precio mínimo.

7   Sistema de escape - chequeo

1   Con el motor frío (por lo menos tres horas después de que el vehículo ha sido conducido), chequee el sistema de escape completo desde el principio en el motor hasta el final en el tubo de la cola. Este debe hacerse en un montacargas donde acceso debajo del vehículo sin restricción es posible.

2   Chequee los tubos y conexiones por señales de fuga y corrosión indicando posible daño. Asegúrese de que todos los soportes y ganchos estén en buena condición y apretados.

3   Inspeccione la parte inferior de la carrocería por agujeros, corrosión, costuras abiertas, etc, lo que puede permitir que gases del escape entren al compartimiento de los pasajeros. Selle todas las aperturas de la carrocería con silicona o sellador para la carrocería del vehículo.

4   Sonidos de maracas u otros sonidos pueden ser localizados en el sistema de escape, especialmente en las monturas y ganchos. Trate de mover los tubos, silenciador y el convertidor catalítico (si está equipado). Si los componentes pueden estar en contacto con la carrocería o con las partes de la suspensión, asegure el sistema de escape con monturas nuevas.

5   Chequee la condición del motor en marcha inspeccionando adentro del tubo de la cola. Los depósitos del escape aquí son una indicación del estado de afinación del motor. Si el tubo es negro y lleno de aceite o cubierto con depósitos blancos, el motor necesita una afinación, incluyendo inspección y ajuste del carburador cuidadosamente.

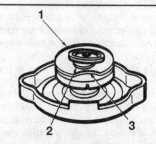

6.7 Los componentes de la tapa del radiador deben ser limpiados e inspeccionados a intervalos regulares

1   Superficie del sello
2   Válvula de vacío
3   Sello de goma de abajo

8   Válvula del control de calor del escape - chequeo

Refiérase a la lustración 8.2

1   La válvula que controla el calor del escape, la cual está montada entre el sistema de escape y un ramo del tubo de escape, está controlada por un resorte bimetal en los primeros modelos y por un diafragma al vacío en los modelos posteriores. La válvula lleva los gases calientes al sistema de elevación del calor durante la operación del motor en frío, ayudando a eliminar la condensación de combustible en las superficies frías del canal de entrada y proveyendo una mejor evaporación de la mezcla de aire/combustible. El resultado final es un mejor manejo y un calentamiento rápido inicial del motor.

Válvula del termostato bimetal

2   Para chequear la operación de la válvula, primero asegúrese de que el resorte está enganchado a la clavija de parada **(vea ilustración)**. Ponga el motor en marcha (el cual debe de estar completamente frío); vea si la válvula se cierra y lentamente se empieza a abrir al mismo tiempo que el motor se calienta.

3   Si la válvula no funciona como se ha descrito, chequee la válvula para ver si tiene libertad de movimiento con su mano - caución, ¡está caliente! si la válvula está atascada algunas veces se afloja al aplicarle aceite penetrante. Debe ser lubricada periódicamente con una película de lubricante seco.

Válvula operada por vacío

4   Chequee la válvula para ver si tiene libertad de movimiento con su mano. Si la válvula está atascada algunas veces se suelta al aplicarle aceite penetrante.

5   Ponga el motor en marcha y déjelo que llegue a su temperatura de operación normal. Desconecte la manguera de vacío de la válvula y verifique que haya vacío en la apertura de la manguera. Si no, chequee la manguera y fuente del vacío.

Todos los modelos

6   Si la válvula está atascada y no se puede aflojar, debe ser reemplazada con una nueva, ya que puede causar recalentamiento si se tranca en la posición cerrada o no permitir que el vehículo se caliente rápidamente al prenderlo si se tranca en la posición abierta.

9   Sistema de combustible - chequeo

Peligro: *Hay precauciones necesarias que se deben tomar cuando inspeccione o le de servicio a los componentes del sistema del combustible. Trabaje en una área ventilada y no permita que hallan llamas abiertas (cigarrillos, piloto del aparato de calefacción, etc.) en el área del trabajo. Limpie inmediatamente cualquier derrame de combustible y no almacene*

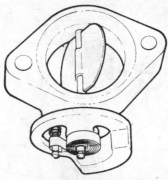

8.2 La válvula de control de calor del escape (tipo bimetal de resorte se muestra aquí) debe moverse libremente con la mano

trapos empapados de combustible donde podrían encenderse. En modelos equipados con sistema de inyección de combustible, el combustible está bajo presión y ningún componente se debe desconectar sin primero aliviar la presión del sistema (vea Capítulo 4).

1   Si su vehículo está equipado con el sistema de inyección de combustible, refiérase al procedimiento de aliviar la presión del sistema de inyección de combustible (Capítulo 4) antes de arreglar cualquier componente del sistema del combustible.

2   El sistema de combustible está bajo una pequeña presión, así que si cualquiera de las líneas son desconectadas para ser arregladas, prepárese a colectar el combustible cuando salga disparado. Enchufe todas las líneas inmediatamente después de desconectarlas para prevenir que se vacíe el tanque.

3   El sistema del combustible es chequeado mas fácilmente con el vehículo elevado en un montacargas porque así los componentes por debajo del vehículo son visibles y accesibles.

4   Si nota olor a gasolina mientras conduce o después de que el vehículo a estado al sol, el sistema debe ser inmediatamente inspeccionado cuidadosamente.

5   Remueva el tapón del relleno de la gasolina y chequee por daños, corrosión o la marca de un sello roto en la junta. Reemplace la tapa con una nueva si es necesario.

6   Con el vehículo elevado inspeccione el tanque de la gasolina y el cuello del tanque por perforaciones, rajaduras u otro daño. La conexión especialmente critica es la del cuello del tanque. Algunas veces un cuello de goma puede gotear debido a grapas flojas o una goma deteriorada, problemas que un mecánico del hogar puede rectificar. **Peligro:** *No trate, bajo ninguna circunstancia, de reparar el tanque de combustible usted mismo (excepto por los componentes de goma). Una antorcha de soldador o cualquier llama abierta puede ocasionar que los vapores de la gasolina exploten si las precauciones apropiadas no son tomadas.*

7   Cuidadosamente chequee todas las mangueras de goma y líneas de metal que se salen del tanque del combustible. Chequee

por conexiones flojas, mangueras deterioradas, líneas dobladas u otros daños. Siga las líneas hacia el frente del vehículo, inspeccionándolas cuidadosamente todo el camino. Repare o reemplace las secciones dañadas si es necesario.

8   Si aun es evidente un olor de combustible después de la inspección, chequee el Sistema de Control de la Evaporación (ECS). Si el olor persiste, el carburador o el sistema de inyección del combustible deben ser reparados (Capítulo 4).

10   Estrangulador del carburador - chequeo

1   El estrangulador opera solo cuando el motor esta frío, así que este chequeo debe de hacerse antes de poner el motor en marcha por el día.

2   Abra el capó y remueva el plato superior del depurador del aire. El plato usualmente esta sujeto con una tuerca mariposa. Coloque el plato y la tuerca mariposa a un lado, fuera de los componentes movibles del motor.

3   Mire en la parte de arriba del carburador en el centro de la cubierta del purificador del aire. Notará un plato liso en la abertura del carburador. En carburadores de 4-barriles, el plato cubre solo los dos barriles del frente del carburador. **Caución:** *De no dejar caer nada dentro del carburador cuando la tapa del purificador del aire está abierta.*

4   Haga que un asistente presione el pedal del acelerador hasta el piso. El plato debe estar cerrado completamente. Haga que el asistente ponga el motor en marcha mientras usted mira el carburador. **Caución:** *No ponga su cara directamente arriba del carburador - El motor puede hacer una contra explosión y causar quemaduras serias.* Cuando el motor se pone en marcha, el plato que cierra debe abrirse un poco.

5   Permita que el motor continúe en marcha mínima. Según el motor se va calentando a la temperatura de operación, el plato debe abrirse lentamente, permitiendo la entrada de más aire por la parte de arriba del carburador. En algunos vehículos el plato no se abre del todo sino hasta que el acelerador es abierto rápidamente mas de la mitad del camino y después liberado. Si el plato parece no estarse moviendo, deprima el acelerador rápidamente y vea si libera las varillas del estrangulador.

6   Después de algunos minutos, el estrangulador debe estar completamente abierto en posición vertical.

7   Usted notará que la velocidad del motor corresponde con la apertura del plato. Con el plato completamente cerrado el motor deberá de funcionar en marcha mínima alta. La velocidad del motor incrementa con la apertura del plato.

8   Si un fracaso es detectado durante los chequeos mencionados arriba, refiérase al Capítulo 4 para información especifica relacionada con ajuste y reparación de los componentes de cierre.

1

11   Control térmico para el filtro de aire - chequeo

Refiérase a la ilustración 11.5

1   El filtro de aire controlado por un termostato lleva aire al carburador desde dos lugares, dependiendo de la temperatura del motor.

2   Este es un chequeo visual. Si el acceso es limitado, un espejo pequeño puede ser usado.

3   Abra el capó y localice la puerta de aleta dentro del depurador del aire. Estará localizada dentro del tubo largo de la caja del purificador del aire.

4   Si hay un ducto de aire flexible al final del tubo largo, que va al área trasera de la parrilla, desconecte el tubo largo. Esto le permitirá mirar atraves del tubo largo y ver la puerta.

5   Este chequeo debe hacerse cuando el motor y el aire exterior están fríos. Ponga el motor en marcha y mire atraves del tubo largo en la puerta, la cual deberá moverse a la posición de cerrado **(vea ilustración)**. Con la puerta cerrada, aire no puede entrar atraves del final del tubo largo, pero en cambio entra al purificador del aire atraves del ducto flexible unido al sistema de escape.

6   Según el motor se va calentando a su temperatura de operación, la puerta de aleta debe abrirse para permitir aire atraves del final del tubo largo. Dependiendo de la temperatura ambiental, esto tomará de 10 a 15 minutos. Para acelerar el chequeo, usted puede reconectar el ducto del tubo largo, conducir el vehículo y entonces chequear si la puerta está completamente abierta.

7   Si el filtro de aire con termo control no está operando apropiadamente vea el Capítulo 6 para más información.

12   ECS (Sistema de control de la evaporación) - chequeo

Nota: *Refiérase al Capítulo 6 para las ilustraciones que muestran los componentes del sistema de ECS.*

1   El sistema de emisiones evaporativas consiste de un canasto de carbón, las líneas que conectan el canasto al depurador de aire, al tanque del combustible y al deposito del tanque del combustible.

2   Inspeccione la tapa del tanque de combustible y asegúrese de que el sello de la junta esté en buena condición. No debe estar rajado, roto o indicar que haya ocurrido una fuga.

3   Inspeccione las líneas que llegan al canasto de carbón desde el tanque del combustible. Ellas deben estar en buena condición y la goma no debe estar rajada, o con fugas.

4   Chequee todas las grapas y asegúrese de que están sellando las mangueras. Cheque el canasto de carbón por señales de fuga, sobrellenado y daño. En la mayoría de

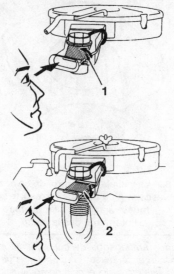

11.5 Esto es lo que usted debe ver cuando mira dentro del final del tubo en la puerta (arriba, la puerta esta cerrada, como debe ser cuando el motor esta frío; después de que el motor se ha calentado, la puerta debe abrirse como se muestra abajo)

1   *Puerta abierta*
2   *Puerta cerrada*

los casos, el canasto de carbón durará el tiempo de vida del vehículo. De todos modos, en ciertas situaciones requerirá reemplazo. Si el canasto de carbón está dañado o está goteando, reemplácelo con uno nuevo.

5   Chequee todas las líneas que salen del canasto de carbón al purificador del aire. En algunos casos abra dos líneas, una que va de la taza del carburador (para ventilarlo) y otra línea que sale del canasto al purificador del aire para quemar los vapores acumulados.

6   Reemplace las líneas que se encuentren en condiciones cuestionable y ejercite las mismas precauciones necesarias que cuando trabaja con las líneas y el filtro del combustible.

13   Válvula EGR (recirculación de los gases del escape) - chequeo

Refiérase a la ilustración 13.2

1   La válvula EGR está localiza en el sistema de admisión de aire, adyacente al carburador o la unidad de inyección del combustible. La mayoría del tiempo, cuando se encuentra un problema en este sistema, es causado por una válvula atascada o corroída.

2   Con el motor frío para prevenir quemaduras, alcance debajo de la válvula EGR y manualmente empuje el diafragma. Usando una presión moderada, usted deberá poder mover el diafragma dentro de la caja **(vea ilustración)**.

3   Si el diafragma no se mueve o si se mueve solo con mucho esfuerzo, reemplace la válvula EGR con una nueva. Si está en duda acerca de la condición de la válvula, compare el movimiento libre de la válvula EGR con una nueva.

4   Refiérase al Capítulo 6 para más información acerca del sistema EGR.

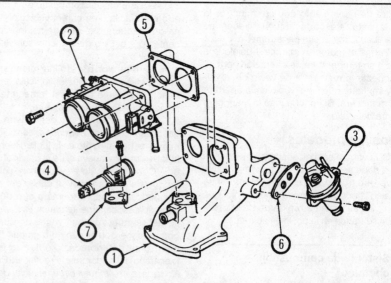

13.2 La válvula EGR (el número 3 en esta ilustración) está adjunta al múltiple de admisión superior en los motores de EFI (se muestra un motor de 460 pulgadas cubicas/7.5L V8) (Sección 3)

1   *Múltiple de admisión superior*
2   *Cuerpo de aceleración*
3   *Válvula EGR*
4   *Desviación de la válvula ISC*

5   *Junta del cuerpo de aceleración*
6   *Junta de la válvula EGR*
7   *Junta de la válvula de desvío del aire*

14 Sistema PCV (positivo de ventilación del cárter) del cigüeñal y reemplazo de la válvula - chequeo

Refiérase a la ilustración 14.1

Chequeo

Nota: *Los siguientes chequeos son hechos con el motor en marcha mínima y a una temperatura de operación normal.*

1   Remueva la válvula PCV de la inserción localizada en la cubierta de los balancines **(vea ilustración)**. Asegúrese de que la conexión a la válvula PCV en el punto de entrada permanezca intacto.

2   Chequee por una succión fuerte, la cual va acompañada por un silbido en la válvula. Usted puede colocar su dedo sobre la entrada de la válvula para sentir la succión. Al mismo tiempo que su dedo está bloqueando la válvula, cualquier perdida del vacío en las conexiones o mangueras deberán ser aparentes.

3   Instale la válvula PCV de regreso en su inserción.

4   Cierre la manguera de la admisión de aire después de removerla de la conexión del purificador del aire. Coloque un pedazo pequeño de papel duro en la apertura para bloquearla. Después de aproximadamente un minuto, el papel deberá de ser sostenido por la manguera por una succión fuerte. **Nota**: *Los siguientes chequeos se harán con el motor apagado.*

5   Remueva la válvula PCV de la inserción y sacúdela. Deberá hacer un ruido como de algo suelto en el interior, metálico, lo cual indica que la válvula no está atorada.

6   Chequee la manguera que va a la válvula PCV, así como las conexiones de la admisión de aire, la inserción de la válvula PCV y la junta de la admisión de aire en la tapa del relleno del aceite (si está equipado con uno). Si algunas conexiones sueltas se encuentran, apriete las conexiones o reemplace las grapas.

7   Si las mangueras están dañadas o tienen fugas, reemplace las mangueras.

Reemplazo de la válvula

8   Reemplace la válvula PCV si falló alguno de los chequeos anteriores. Asegúrese que la válvula de reemplazo sea idéntica a la originalmente equipada. Una exención a esta regla ocurre después de mucho millaje cuando una válvula especial de alto flujo puede ser instalada.

9   Remueva la válvula de la inserción y remueva la grapa de seguridad de la válvula a la manguera.

10   Inserte la válvula PCV dentro de la inserción en la cubierta de los balancines.

11   Conecte la manguera que une a la cárter del cigüeñal o sistema de mangueras a la parte de arriba de la válvula PCV. Asegúrese de que la manguera no esté rajada o con fuga. Instale la grapa sobre el final de la manguera.

12   Ponga el motor en marcha y asegúrese

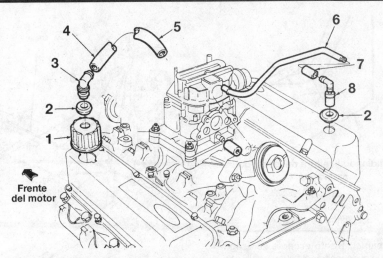

14.1 Un sistema típico de la Ventilación Positiva del Cárter del cigüeñal (PCV) se mira como este (se muestra un motor V8)

1   Asamblea de la tapa del filtro del aceite
2   Anillo
3   Codo de 115 grados
4   Manguera de ventilación del cárter del cigüeñal
5   Nota: Este lado de la manguera debe instalarse al purificador del aire
6   Tubo de ventilación del cárter del cigüeñal
7   Tubo
8   Asamblea de la Válvula de ventilación del cárter del cigüeñal

de que el sistema de PCV funciona como se describió arriba.

13   En motores V8, la válvula PCV está unida a la tapa del relleno del respirador/aceite del cárter del cigüeñal. Asegúrese de remover, limpiar (con solvente) y reemplazar la tapa cada vez que sea necesario un mantenimiento de la válvula PCV.

14   Reemplace el filtro de ventilación del cárter del cigüeñal en la caja del purificador del aire. Para hacer esto, remueva el plato superior del purificador del aire, levante el pequeño filtro rectangular y reemplácelo con uno nuevo (vea la Sección 19 para más información).

15 Suspensión y dirección - chequeo

1   Cualquier ocasión en que el vehículo esté elevado para hacerle un chequeo es una buena idea el chequear visualmente los componentes del sistema de la suspensión y dirección por desgaste.

2   Indicaciones de fallas en este sistema incluyen juego excesivo en el volante antes de que las ruedas delanteras respondan, ruedo excesivo en las curvas, movimientos en la carrocería sobre caminos rugosos y atorarse en cierto punto mientras el volante se está doblando.

3   Antes de que el vehículo sea elevado para una inspección, chequee los amortiguadores ejerciendo presión sobre el vehículo en cada esquina. Si usted aplica presión y el vehículo no regresa a una posición nivelada en uno o dos rebotes, los amortiguadores están gastados y deben ser reemplazados. Mientras se hace esto, oiga por chillidos o

ruidos extraños provenientes de los componentes de la suspensión.

4   Levante el frente del vehículo y sopórtelo firmemente en unos soportes fuertes debajo de los rieles de la carrocería.

5   Agarre la parte de arriba y de abajo de la rueda delantera con sus manos y meza la rueda/goma en el vástago. Si hay movimiento de mas de 0.005 pulgada, los baleros de la rueda deberán ser chequeados y reparados.

6   Arrástrese debajo del vehículo y chequee por pernos flojos, partes rotas o desconectadas y forros de goma deteriorados en todos los componentes de la suspensión y dirección. Busque grasa o flúido fugando alrededor de la caja de la dirección. Chequee las mangueras y conexiones de la dirección de potencia por fugas. Chequee las rotulas por desgaste.

7   Haga que un asistente gire el volante de lado a lado y chequee los componentes por un movimiento libre, suave y acoplado. Si la dirección no reacciona con el movimiento del volante, trate de determinar donde está el problema.

16 Pedal del embrague - chequeo y ajuste del juego libre

Refiérase a las ilustraciones 16.2, 16.3, 16.5 y 16.6

1   Las camionetas Econoline cerradas están equipadas con uno de dos tipos de mecanismo para liberar el embrague. El primero y usado más comúnmente es el sistema mecánico el cual requiere ajustes periódicamente. El segundo tipo, usado en modelos de vehículos más modernos, es hidráulico y no

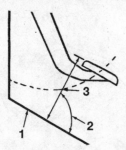

16.2 Midiendo la altura del pedal del embrague

1   *Piso*
2   *90 Grados*
3   *Altura del pedal*

requiere mantenimiento excepto de asegurarse de que el deposito del flúido está lleno.

2   Para ajustar el sistema mecánico, primero chequee la distancia entre el centro del embrague y el piso con el embrague en la posición elevada (el pedal levantado completamente). La distancia se conoce como la altura del pedal y debe estar dentro de las especificaciones **(vea ilustración)**.

3   Si la altura del pedal del embrague está fuera de los límites, afloje la tuerca del protector del pedal del embrague debajo del panel de instrumentos y gire la parada excéntrica (o protector) hasta que la altura del pedal esté dentro de los limites especificados. Apriete la tuerca de cierre de nuevo **(vea ilustración)**.

4   Chequee el movimiento libre del pedal del embrague. Despacio aplique presión con la mano al pedal del embrague hasta que sienta una resistencia firme. Esto indica que el cojinete de liberar el embrague está en contacto con los dedos del plato de presión.

5   La cantidad de movimiento en el pedal antes de que se sienta resistencia deberá de estar dentro del limite especificado. Puede ser chequeado sosteniendo una cinta métrica al lado del pedal mientras se le está apretando hacia abajo y después liberándolo **(vea ilustración)**.

6   Si la cantidad de movimiento libre en el pedal está fuera de los limites especificados, levante el vehículo sopórtelo en soportes fuertes y localice la varilla de ajuste en el lado izquierdo del bastidor del embrague **(vea ilustración)**.

7   Afloje la tuerca de cierre en la varilla de liberar y gire el final de la palanca del embrague hacia afuera de la varilla o hacia adentro según sea necesario hasta que la libertad del movimiento del pedal esté como se especifica. Sostenga la varilla de liberar fuertemente y apriete la tuerca de cierre.

17   Frenos - chequeo

Refiérase a las ilustraciones 17.6, 17.18, 17.24a, 17.24b, 17.26 y 17.41

1   Los frenos deben ser inspeccionados en los intervalos especificados, así como cada vez que las ruedas son removidas, o cuando se sospeche de un problema. Indicaciones

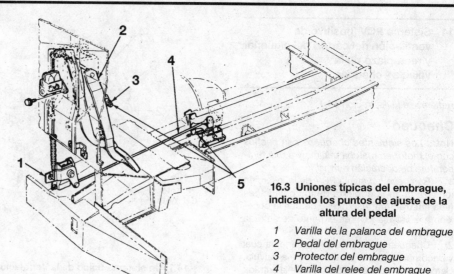

16.3 Uniones típicas del embrague, indicando los puntos de ajuste de la altura del pedal

1   *Varilla de la palanca del embrague*
2   *Pedal del embrague*
3   *Protector del embrague*
4   *Varilla del relee del embrague*
5   *Puntos de ajuste*

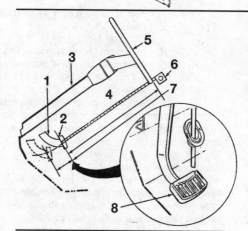

16.5 Chequeando el movimiento libre del pedal del embrague

1   *Pedal del embrague*
2   *Pedal del embrague (posición libre)*
3   *Columna de la dirección*
4   *Distancia de movimiento libre*
5   *Volante de la dirección*
6   *Cinta métrica*
7   *Distancia de movimiento libre de la posición libre al punto de aumento de presión*
8   *El centro de cualquiera de los lados de la pastilla del embrague se mide desde este punto*

de un problema potencial en el sistema de frenos incluyen: el vehículo hala hacia un lado cuando se aplica el freno; ruidos que vienen de los frenos cuando estos son aplicados; mucha distancia recorrida en el pedal del freno, un pedal que pulsa; y fugas del flúido (usualmente observado en la parte de adentro de la goma o rueda).

2   Casi todos los vehículos cubiertos por este manual están equipados con frenos de disco en el frente y frenos de tambor en el lado trasero. De todas formas, si su vehículo está equipado con frenos de tambor en el frente, siga los procedimientos básicos para los frenos de tambor traseros.

Frenos de disco - inspección

3   Los frenos de disco pueden ser chequeados visualmente sin remover ninguna parte excepto las ruedas.

4   La mayoría de los modelos más modernos vienen equipados con un sensor de uso unido a la pastilla interna. Este es un pedazo de metal pequeño doblado que es visible por la parte interna de la mordaza de los frenos. Cuando las pastillas están desgastadas al punto de peligro, el sensor de metal rosa en contra del disco haciendo un ruido metálico.

5   Levante el vehículo y asegúrelo en soportes fuertes. Remueva los neumáticos

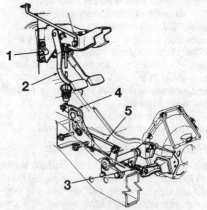

16.6 Unión típica del embrague, indicando el punto de ajuste del movimiento libre del pedal

1   *Parada del embrague*
2   *Pedal del embrague*
3   *Punto de ajuste*
4   *Varilla del embrague y palanca*
5   *Varilla relee del embrague*

delanteros. Ahora la mordaza del freno de disco es visible, el cual contiene las pastillas. Hay una pastilla interna y una externa. Las dos deben ser inspeccionadas.

6   Chequee el grueso de la pastilla

17.6 El forro de la pastilla del freno (flecha) puede ser chequeado atraves del agujero de inspección de la mordaza (recuerde, la lectura no incluye el plato de metal)

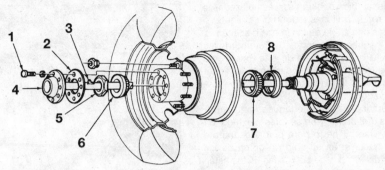

17.18 Componentes de la asamblea del cubo flotante - Vista esquemática (Modelos de 1975 y más modernos)

1	Perno	5	Tuerca
2	Junta	6	Asamblea del balero cono y balines
3	Cuña de cierre	7	Balero del cono y balines
4	Tubo del eje	8	Sello

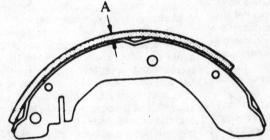

17.24a El espesor de los forros de las balata (A) se mide desde la superficie de afuera del forro al metal de la balata

mirando atraves del agujero de inspección de forma ovalada en la mordaza (**vea ilustración**). Si el material del forro de la pastilla es de 1/8 pulgada o menos en grueso, las pastillas deben ser reemplazadas. Piense que el material de la pastilla está remachado o unido a la balata de metal, y la porción de metal no va incluida en estas dimensiones.

7   Ya que puede ser difícil medir exactamente el ancho de lo que queda del forro de la pastilla, si usted tiene duda acerca del ancho de la pastilla ellas deberán ser removidas para ser chequeadas mas minuciosamente. Refiérase al Capítulo 9.

8   Chequee los discos a ver si tienen marcas de rayas, pedazos que faltan o marcas de quemaduras. Si estas condiciones existen, el sistema de cubo/disco deberá ser removidos para otorgarle servicio. Si el disco está desgastado o dañado, puede regresarse a su forma original llevándolo a un taller de rectificaciones.

Líneas hidráulicas y cables del freno de estacionamiento - inspección

9   Antes de instalar las ruedas, chequee por fugas alrededor de las conexiones de las mangueras en la mordaza. Además chequee las mangueras por rajaduras, rupturas, fugas y deterioro.

10   Reemplace la manguera, líneas o uniones si fuga es evidente.

11   Inspeccione el sistema completo. Siga las líneas hidráulicas desde el cilindro maestro a la cámara equilibrada del freno y después a la rueda individual. Preste atención particularmente a las mangueras forradas con goma que llegan a las mordazas del frente y a la línea de goma flexible que conecta la línea del freno en la parte trasera de la carrocería del vehículo al acoplador en forma T localizado en el bastidor del eje trasero.

12   Cuidadosamente chequee el sistema del freno de estacionamiento (cables, uniones y puntos de conexión). Si los cables están quemados o dañados, reemplace las partes necesarias.

Frenos de tambor - Inspección y limpieza

Nota: *Si su vehículo está equipado con ejes flotadores (identificados por 8 - tuercas en las ruedas y un cubo sobresaliente), un dado largo especial será necesario para hacer el siguiente procedimiento de servicio. Además, arandelas nuevas de cierre para los pernos del eje, una junta nueva y una cuña nueva de cierre de la tuerca de ajuste del balero serán necesaria, dependiendo en el año del modelo del vehículo.*

13   El tambor del freno debe ser removido para inspeccionar los forros y las otras partes.

14   Afloje las tuercas aproximadamente 1/2 vuelta. En modelos con los cubos de los ejes que son totalmente flotantes, afloje los pernos que retienen al eje en el centro del cubo.

15   Levante el vehículo y asegúrelo en soportes fuertes.

16   Remueva las tuercas y la rueda.

17   En vehículos equipados con ejes semiflotantes (ruedas de 5 tuercas y no cubo central que sobresalga) destornille los ganchillos de los resortes de los espárragos y hale el tambor desde el eje. Si el tambor no sale fácilmente, chequee para asegurarse que el freno de estacionamiento no está aplicado. Si el tambor todavía no sale, afloje las balatas de los frenos hacia atrás. **Nota:** *Pasos 18 hasta 24 y 32 hasta 41 se aplican solo para modelos de 1975 y modelos posteriores con ejes traseros de flotación total. Para modelos anteriores incluyendo 1974, refiérase al Capítulo 9, Sección 11 para remover e instalar los tambores de los frenos traseros y*

ajuste de la precarga en los baleros.

18   Vehículos de trabajos pesados equipados con ejes traseros de flotación total requieren que el eje sea removido. Remueva los pernos y arandelas del eje que habían sido aflojados previamente y remueva el eje y la junta (**vea ilustración**).

19   Cuidadosamente empuje la cuña de cierre afuera de la tuerca de ajuste con un destornillador. **Caución:** *Esto debe hacerse antes de que la tuerca que ajusta el balero sea removida o girada.*

20   Remueva la tuerca grande que ajusta el balero con el tamaño de dado profundo apropiado. **Caución:** *Nunca use un cincel para remover la tuerca.*

21   Hale el tambor del rotor aproximadamente dos o tres pulgadas y después vuélvalo a empujar a su posición. Así se halará el balero exterior de la rueda dentro del rotor para ser removido más fácilmente. Vea el Capítulo 9 para instrucciones de como retroceder el ajuste del freno para remover el tambor si no lo puede remover fácilmente.

22   Remueva el tambor del freno. Note que el balero interior de la rueda será retenido en el tambor por el sello del balero de la rueda. Tenga caución para no dañar el sello.

23   Con el tambor removido, cuidadosamente aspire o cepille cualquier acumulación del material del forro y polvo. No sople este material con aire comprimido - Contiene asbestos y es peligroso respirarlo.

24   Chequee el grueso del material del forro (**vea ilustraciones**). Si el grueso es menos de 1/8 pulgada, las balatas de los frenos deben ser reemplazadas con nuevas. Las

balatas también deberán ser reemplazadas si están rotas, brillosas (superficie brillante) o mojadas con flúido de los frenos o aceite.

25   Chequee los resortes del retorno de los frenos, el cable del freno de estacionamiento (frenos traseros) y el mecanismo de ajuste automático del freno por su condición e instalación correcta.

26   Cuidadosamente chequee los componentes del freno por señales de fuga de flúido. Use su dedo para cuidadosamente echar hacia atrás el labio de goma de las copas del cilindro de las ruedas. Estas están localizadas encima del sistema de frenos **(vea ilustración)**. Cualquier fuga en estas copas será una indicación de que los cilindros de la rueda deben ser revisados inmediatamente (Capítulo 9). También chequee las conexiones detrás del plato de protección del freno por cualquier señal de fuga.

27   Si los cilindros de las ruedas están secos y hay señales de grasa o aceite en el área del sistema de frenos, el sello del eje está defectuoso y debe ser reemplazado. Grasa o aceite arruinan los forros y partes de goma, así que cualquier acumulación de grasa o aceite requiere el reemplazo de las balatas de los frenos y/o las partes de goma que fueron afectadas.

28   Limpie la parte interna del tambor con un trapo limpio y solvente para limpiar freno o alcohol desnaturalizado. Otra vez, tenga caución de no inhalar el polvo de asbestos.

29   Chequee la parte interna del tambor por rajaduras, rayas, agujeros profundos y partes duras, las cuales parecen como pequeños puntos de decoloración. Si estas imperfecciones no pueden ser removidas con una tela fina de esmeril y frotándola suavemente, el tambor deberá ser llevado a un taller de rectificaciones automotriz, un negocio de venta de partes o una casa especializada en frenos con el equipo necesario para rectificar los tambores.

30   Si después del proceso de inspección y limpieza, todas las partes están en buenas condiciones, reinstale el tambor del freno, ganchillos retenedores y rueda (solo en eje semi-flotante).

31   En modelos 1975 y más modernos solamente con asambleas de eje que son totalmente flotante, los siguientes pasos (32 hasta 41) deben ser seguidos.

32   Instale el tambor después de haber inspeccionado el sello del cubo y el rotor por señales de desgaste. Asegúrese de que el balero interno de la rueda tiene suficiente lubricante y de que el área del balero está libre de polvo. Si el balero está sucio o seco el sello deberá ser removido con una herramienta para remover sellos o con dos destornilladores. Deseche el sello después de compararlo con su reemplazo. Remueva el balero, límpielo y lubríquelo con el lubricante recomendado. Instale el balero y el sello en el tambor.

33   Como una forma de protección temporal, enrolle la rosca del vástago con cinta.

34   Cuidadosamente deslice la asamblea del cubo/tambor sobre el rotor, teniendo caución de no dañar el sello interno. Después

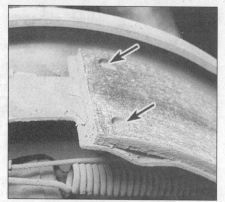

17.24b Si el material del forro está remachado a las balatas, la medida se toma desde la cabeza de los remaches (flechas) a la superficie del material del forro

de que la asamblea del cubo/tambor estén colocadas en el rotor, remueva la cinta.

35   Instale el balero externo, asegurándose de que está limpio y empacado con el lubricante correcto, y empiece a atornillar la tuerca ajustadora grande con la mano. Mientras gira la asamblea del tambor, apriete la tuerca con un dado profundo a la torsión especificada, después destornille la tuerca la cantidad especificada.

36   Posicione la cuña de cierre en el agujero y cuidadosamente golpéela hasta que esté sentada. **Nota:** *Cuando la cuña está en su lugar no debe estar al nivel de la tuerca. Si lo está una cuña nueva debe ser instalada. La tuerca de ajuste y la cuña de cierre pueden ser rehusadas, si la cuña de cierre corta una ranura nueva en el material de retención de nilón después que la tuerca ha sido aflojada la cantidad especificada. Esta cuña no debe ser presionada dentro una ranura ya existente.*

37   Asegúrese de que la asamblea del tambor/cubo gira libremente. **Caución:** *Bajo ninguna circunstancia los baleros deberán ser pre cargados con anterioridad. Debido a la alta capacidad de precarga de este tipo de asamblea de eje, el procedimiento de instala-*

17.26 Durante la inspección de los frenos, los cilindros de las ruedas deberán ser chequeados por fugas cuidadosamente en las partes indicadas por las flechas

ción debe ser seguido estrictamente. Daño a los baleros y rotor pueden resultar si no están instalados apropiadamente.

38   Instale el eje con una junta nueva. Instale los pernos que retienen el eje y apriételos a la torsión especificada (use arandelas de cierre nuevas en los pernos).

39   Chequee el movimiento de la asamblea del cubo y del tambor con un indicador de tipo reloj. Si usted no posee uno, se puede rentar en la mayoría de los sitios de renta. El juego final es de 0.001 a 0.010 pulgada. Si no está correcta, repita los pasos anteriores, empezando por aflojar el balero.

Ajuste del tambor del freno

40   Ajuste los frenos (si han sido reemplazados o hayan sido retractados para ser removidos) removiendo el tapón de goma atrás del plato de soporte del freno.

41   Use una herramienta de ajustar los frenos insertándola através del orificio en el plato de soporte para girar el ajustador de la rueda estrella hasta que los frenos estén en contra de los tambores **(vea ilustración)**. Usted tendrá que girar el tambor del freno mientras hace esta operación.

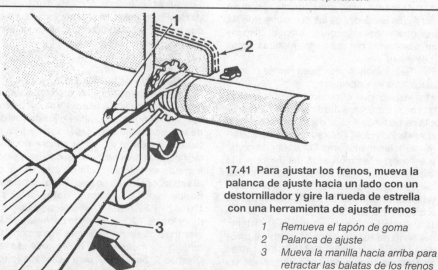

17.41 Para ajustar los frenos, mueva la palanca de ajuste hacia un lado con un destornillador y gire la rueda de estrella con una herramienta de ajustar frenos

1   Remueva el tapón de goma
2   Palanca de ajuste
3   Mueva la manilla hacia arriba para retractar las balatas de los frenos

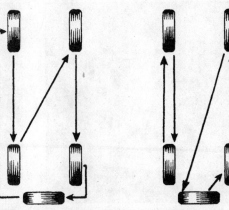

18.1 Diagrama de la rotación de ruedas

Neumático de capas doble   **Neumáticos radiales**

19.8 En vehículos equipados con EFI, el filtro del aire está localizado en la caja (flecha) adyacente al sistema de admisión del aire

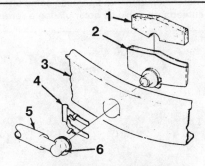

19.14 Componentes del filtro PCV - Vista esquemática

1   Filtro
2   Empaquetadura del filtro
3   Purificador del aire gaveta (ref.)
4   Forro
5   Manguera
6   Codo

tando el plato superior.

3   Mientras el plato superior está levantado, trate de que nada caiga dentro del carburador.

4   Levante el filtro del aire de la caja.

5   Limpie dentro de la caja con un trapo limpio.

6   Coloque el filtro viejo (si esta en buena condición) o el filtro nuevo (si el intervalo especifico a pasado) dentro de la caja del purificador del aire. Asegúrese de que está colocado apropiadamente en la parte baja de la caja.

7   Reinstale el plato superior y apriete la tuerca mariposa.

Vehículos equipados con EFI

8   Abra las dos grapas que aseguran la cubierta de la caja, después levante la cubierta para exponer el filtro **(vea ilustración)**.

9   Chequee la superficie interior de la cubierta y de la caja por evidencia de polvo que se haya salido del filtro debido a un sello que esté dañado, una instalación incorrecta del filtro o una tensión inadecuada en las grapas.

10   Levante el filtro y limpie las superficies de la caja y la cubierta.

11   Instale el filtro nuevo. Asegúrese de que el lado que marca Arriba esté hacia arriba.

12   Posicione la cubierta y asegúrela con los ganchillos.

Filtro del PCV

13   El filtro PCV también está localizado adentro de la caja del purificador del aire. Remueva el plato de arriba y el filtro del aire como se describió anteriormente, luego localice el filtro PCV a un lado de la caja.

14   Desconecte la manguera y remueva el ganchillo en la parte de afuera de la caja, luego remueva la asamblea del filtro PCV **(vea ilustración)**.

15   Instale un filtro PCV nuevo, luego reinstale el ganchillo de retención, el filtro del aire, plato de arriba y cualquier manguera que se haya desconectado.

42   Afloje el ajustador de la rueda estrella hasta el punto en que la fricción desaparece. Si el tambor tiene bastante fricción en un lado solamente, tiene una forma ovalada y debe de ser rectificado o reemplazado para una operación apropiada del freno.

43   Instale la rueda y apriete las tuercas. Baje el vehículo al piso y bombee el pedal del freno varias veces para verificar de que está funcionando correctamente antes de conducir el vehículo.

18   Neumáticos - rotación

Refiérase a la lustración 18.1

1   Los neumáticos se deben de rotar a los intervalos específicos y cuando se note desgaste irregular **(vea ilustración)**. Ya que el vehículo estará elevado y las ruedas removidas, chequee los frenos y los baleros de las ruedas.

2   Refiérase a la información *Levante y remolque* al principio de este manual para los procedimientos apropiados a seguir para elevar un vehículo y cambiar un neumático. Sin embargo, si los frenos son chequeados, no aplique el freno de estacionamiento como fue especificado. Asegúrese de que las ruedas están bloqueadas para evitar que el vehículo se mueva.

3   Preferiblemente, el vehículo completo debe ser elevado al mismo tiempo. Esto se puede hacer en un montacargas o elevando el vehículo con un gato en cada esquina y luego bajándolo a unos soportes fuertes

colocados debajo de los rieles del chasis. Siempre use cuatro soportes fuertes y asegúrese de que el vehículo está soportado seguramente.

4   Despúes de la rotación, chequee y ajuste las presiones de aire de los neumáticos según sea necesario y asegúrese de chequear que las tuercas estén apretadas.

19   Filtro del aire y filtro PCV - chequeo y reemplazo

Refiérase a las ilustraciones 19.8 y 19.14

1   En el intervalo especifico los filtros del aire y PCV deberán ser reemplazados por unos nuevos. Un programa cuidadoso de mantenimiento preventivo indicará que los dos filtros sean chequeados entre cambios.

Filtro del aire

Vehículos equipados con carburador

2   El filtro del aire está localizado dentro de la caja del purificador del aire encima del motor. El filtro es generalmente reemplazado quitando la tuerca mariposa encima de la asamblea del purificador del aire y levan-

20   Batería - chequeo y mantenimiento

Refiérase a las ilustraciones 20.1, 20.5a, 20.5b, 20.5c y 20.5d

Peligro: *Ciertas precauciones deben de tomarse antes de chequear o hacerle el servicio a la batería. El gas de Hidrogeno, el cual es sumamente inflamable, está siempre presente en las células de la batería, así que mantenga cualquier tabaco prendido y cualquier otra llama encendida lejos de la batería. El electrolito adentro de la batería es actualmente diluido en ácido sulfúrico, el cual puede ser muy dañino a su piel y puede causar daño a sus ojos si le cae en los ojos. También le arruinará la ropa y las superficies pintadas.*

1   Herramientas y materiales requeridos

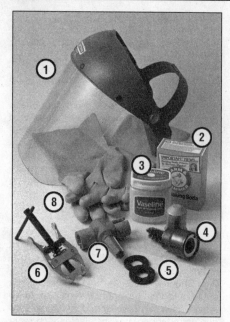

20.1 Herramientas y materiales para el mantenimiento de la batería, con postes normales encima

1   **Protector para la cara** - Cuando esté removiendo corrosión con una brocha o cepillo, las partículas de ácido fácilmente pueden caerle en el ojo

2   **Bicarbonato** - Una solución de bicarbonato y agua se puede usar para neutralizar la corrosión

3   **Jalea de petróleo** - Un filamento de esto aplicado a la batería ayudará a prevenir la corrosión

4   **Limpiador para los postes y cables de la batería** - Esta herramienta para limpiar es de alambre y removerá todo tipo de corrosión de los postes de la batería y de los cables

5   **Arandela de fieltro curadas** - Instalando una de estas arandelas en cada poste, directamente debajo de la grapa, ayudará a prevenir corrosión

6   **Removedor** - Muchas veces las grapas de los cables son difíciles de remover, aunque se hallan aflojado las tuercas y pernos completamente. Esta herramienta hala la grapa directamente hacia arriba sin dañar el poste.

7   **Limpiador de los postes y cables de la batería** - Aquí hay unas herramientas para limpiar que son un poquito diferente que la de la versión numero 4 de encima, pero hace lo mismo

8   **Guantes de caucho / goma** - Otro equipo de seguridad que se debe considerar cuando le esté dando servicio a la batería; recuérdese que lo que está adentro de la batería es ácido

para el mantenimiento de la batería incluyen protección para los ojos y las manos, bicarbonato de soda, gelatina de petróleo, un extractor para el cable de la batería y herramientas para limpiar el poste del cable/terminal.

20.5a La corrosión de las terminales de la batería usualmente aparecen como una cubierta de polvo de color blanco o verde

20.5c Sin importar el tipo de herramienta que usted use para limpiar los postes de la batería, una superficie limpia y brillante debe ser el resultado final

Chequeo

2   Chequee el casco de la batería por grietas o evidencia de fugas.

3   Para chequear el nivel del electrolito de la batería, refiérase a la Sección 5.

Nota: *Muchos modelos están equipados con baterías que no requieren mantenimiento las cuales no requieren la adición de agua. Algunos modelos pueden tener baterías translúcidas para poder chequear el nivel del electrolito sin remover ninguna de las tapas de las células. En estas baterías, el nivel debe estar entre la marca alta y la baja.*

4   Periódicamente haga chequear la gravedad especifica del electrolito con un hidrómetro. Esto es especialmente importante en la época de frío. Si la lectura esta por debajo de la escala especificada, la batería deberá ser recargada. Las baterías que no requieren mantenimiento tienen un hidrómetro incorporada en la batería lo cual indica si la batería está cargada o descargada. Este chequeo puede hacerlo una estación de servicio por un cargo mínimo.

5   Cheque que tan apretados están las grapas de los cables de la batería para asegurar una buena conexión eléctrica. Si corrosión es evidente, remueve los cables de los

20.5b Remueva el cable del poste de la batería (el negativo primero) con una herramienta, algunas veces unas pinzas especiales para baterías son necesarias, si la corrosión a deteriorado las tuercas (siempre remueva el alambre negativo/tierra primero e instálelo de ultimo)

20.5d Limpiando la grapa del cable de la batería con la herramienta especial

terminales de la batería (un extractor podrá ser requerido), límpielos con cepillo de limpiar las terminales de la batería, luego reinstálelos. Corrosión puede mantenerse al mínimo con la aplicación de una capa de gelatina de petróleo o grasa a los terminales y grapas de los cables después de que estén conectados **(vea ilustraciones)**.

6   Chequee a todo lo largo del cable de la batería por corrosión, rupturas y conductores quemados. Reemplace los cables con unos nuevos si están dañados (Capítulo 5).

7   Asegúrese de que el protector de goma del terminal positivo no esté roto o flojo. Debería cubrir la terminal completamente.

8   Asegúrese de que la batería está montada firmemente, pero no sobre apriete los pernos de las grapas.

9   El casco de la batería y las tapas deben de mantenerse limpias y secas, Si corrosión es evidente, limpie la batería como se describe más abajo.

10   Si el vehículo no ha estado en uso por un periodo extendido de tiempo, desconecte los cables de la batería y cargue la batería cada seis semanas.

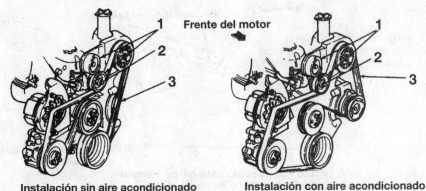

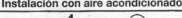

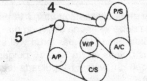

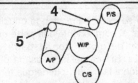

Instalación sin aire acondicionado   Instalación con aire acondicionado

21.2a Ruta de la banda serpentina (motor de 4.9L seis-cilindro)

1   *Tensionador automático de la banda*
2   *Use el perno de la polea para aliviar la tensión de la banda*
3   *Banda*

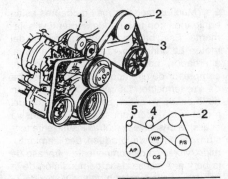

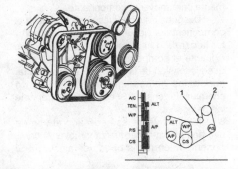

21.2b Ruta de la banda serpentina (Motores de 5.0L y 5.8L V8)

1   *Tensionador automático de la banda*
2   *Aire acondicionador o polea libre*
3   *Banda*
4   *Alternador*
5   *Alternador*

21.2c Ruta de la banda serpentina (Motor de 7.5L V8)

1   *Tensionador*
2   *Aire acondicionado o polea libre*

Limpieza

11   Corrosión en los componentes que sostienen la batería y en el panel interno del guardafango pueden ser removidos lavándolos con una solución de bicarbonato de soda y agua. Una vez que el área a sido limpiada totalmente, enjuáguela con agua limpia.

12   Corrosión en el casco y terminales de la batería también puede ser removida con una solución de bicarbonato de soda con agua y un cepillo duro. Tenga caución de que no le caiga nada de la solución a sus ojos o ropa (use guantes protectores). No permita que nada de la solución de bicarbonato de soda y agua caiga a las células de la batería. Enjuague la batería totalmente una vez que esté limpia.

13   Partes de metal del vehículo que han

sido dañados por un derrame del ácido de la batería deben ser pintadas primero con un preparador con base de zinc y luego pintadas. Haga esto solo después de que el área haya sido limpiada cuidadosamente y secada.

Carga

14   Como fue mencionado anteriormente, si la gravedad especifica de la batería está por debajo del nivel especificado, la batería deberá ser recargada.

15   Si la batería tiene que permanecer en el vehículo mientras se recarga, desconecte los cables de la batería para prevenir daños al sistema eléctrico.

16   Cuando las baterías se están recargando, gas de hidrogeno, el cual es muy explosivo e inflamable, es producido. No fume o permita ningún tipo de llama cerca de una batería que está siendo recargada o una

batería recientemente recargada. Además no enchufe el cargador de baterías hasta que todas las conexiones hayan sido instaladas en los postes de la batería.

17   El tiempo promedio necesario para recargar una batería al nivel normal es de 12 a 16 horas. Siempre cargue la batería lentamente. Una carga rápida o una carga repentina es muy dura en la batería y esto acortaría el tiempo de vida de la batería. Use un cargador de batería que tenga una proporción que no sea mayor de 1/10 amp/hora de la batería.

18   Remueva todas las tapas de las células y cinta todos los agujeros con un trapo limpio para prevenir que el electrolito salpique. Enganche los cables del cargador de la batería a los postes de la batería (positivo con positivo, negativo con negativo), después enchufe el cargador. Asegúrese de que esté ajustado a 12 voltios si tiene un interruptor de selección.

19   Vigile la batería de cerca mientras se carga para asegurarse de que no se recaliente.

20   La batería puede ser considerada cargada totalmente cuando tiene gases libres y no hay un aumento de la gravedad especifica durante tres lecturas consecutivas tomadas a intervalos de cada hora. Recalentamiento de la batería durante la carga por razones normales, excesivo gas y lecturas continuas bajas de la gravedad especifica son indicaciones de que la batería necesita ser reemplazada con una nueva.

21   Bandas - chequeo y ajuste

Refiérase a las ilustraciones 21.2a, 21.2b, 21.2c, 21.3, 21.4, 21.6 y 21.8a, 21.8b, 21.8c, 21.8d y 21.8e

1   Las bandas, o como se le llama algunas veces bandas en forma de V, están localizadas en el frente del motor y juegan un papel importante en la operación del vehículo y sus componentes. Debido a su función y al material de que están hechas, las bandas están destinadas a dañarse después de un periodo de tiempo y deben ser inspeccionadas y ajustadas periódicamente para evitar daños mayores al motor.

2   El número de bandas usadas en un vehículo particular depende de los accesorios instalados. Las bandas son usadas para girar el alternador, la bomba de la dirección de potencia, la bomba de agua y el compresor del aire acondicionado. Dependiendo en la colocación del sistema de poleas, una banda puede ser usada en mas de uno de estos componentes (**vea ilustraciones**).

3   Con el motor apagado, abra el capó y localice las diferentes bandas en el frente del motor. Usando sus dedos (y una linterna, si es necesario), frote su dedo a lo largo de las bandas chequeando por rajaduras y separación de los pliegues de las bandas. Además chequee por quemaduras o resbaladuras, lo cual le da a la banda una apariencia brillante. Los dos lados de la banda deben ser inspeccionados, lo que indica que usted deberá

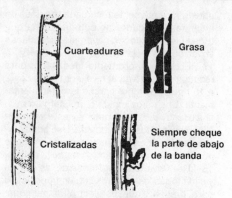

Cuarteaduras   Grasa

Cristalizadas   Siempre cheque la parte de abajo de la banda

21.3 Aquí están algunos de los problemas mas comunes con las bandas (chequee las bandas cuidadosamente para prevenir que se rompan antes de su tiempo)

Regla →

Desviación de la polea

Regla directa de metal (para chequear las cabezas y bloques para ver si están torcida)

21.4 Midiendo la defección de la banda con una regla recta

Esté seguro que la regla está perpendicular con relación a la regla directa de metal

voltear la banda para chequear el lado de abajo **(vea ilustración)**.

4   La tensión de cada banda es chequeada colocando una regla recta, como un palo de madera, a lo largo de la parte más larga (distancia entre las dos poleas) de las bandas que se van a medir. Aplique presión con su mano y vea cuanto se mueve la banda hacia abajo (deflación). Una regla general es que si la distancia entre el centro de la polea al centro de la otra polea esté entre 7 y 11 pulgada, la banda debe tener una deflación de 1/4 pulgada. Si la banda es mas larga y el espacio entre las poleas es de 12 a 16 pulgadas, la banda debe moverse 1/2 pulgada **(vea ilustración)**.

5   Si es necesario ajustar la tensión de la banda, apretándola o aflojándola, se hace moviendo el componente actuado en un soporte o moviendo una de las poleas.

6   Para cada componente habrá un perno de ajuste y un perno pivote **(vea ilustración)**. Los dos pernos deberán ser aflojados ligeramente para mover el componente.

7   Después de aflojar los pernos, mueva el componente hacia fuera del motor para apretar la banda o hacia el motor para aflojarla. Aguante el componente en posición y chequee la tensión de la banda. Si está correcta, apriete los pernos ligeramente y vuelva a chequear la tensión. Si está correcta, apriete los pernos.

8   Muchas veces es necesario el uso de una barra para hacer fuerza y mover el componente mientras la banda es ajustada. Si esto se debe hacer, tenga caución para no dañar el componente o la parte que está tratando de mover con la barra para hacer fuerza. Si una polea es usada para ponerle tensión a la banda, puede que tenga un agujero cuadrado que aceptaría el uso de una palanca para un dado, la cual puede usarse para nivelar la polea y aplicarle tensión a la banda **(vea ilustraciones)**.

Reemplazo y chequeo de la banda - tipo serpentina

9   Muchos modelos más modernos están equipados con una banda serpentina solamente. Esta banda se ubica al frente del motor. La banda opera la bomba de agua, alternador, bomba de la servodirección, compresor de aire acondicionado y bomba de aire termactor. La condición y la tensión de la banda es crítica para la operación del motor y los accesorios. Tensión excesiva ocasiona desgaste, mientras insuficiente tensión de la banda produce deslizamiento, ruido, vibración de componente y fracaso de la banda. A causa de la composición de la banda y la alta tensión a que es sometida, la banda se estirará y continuará deteriorando según se pone más vieja. Como resultado,

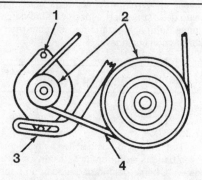

21.6 Componentes que son accionados por poleas tienen un perno de ajuste y un perno pivote - ambos deben de aflojarse cuando se ajuste la tensión

1   *Perno pivote*
2   *Poleas*
3   *Perno de ajuste detrás de la polea*
4   *Polea*

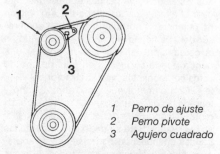

1   *Perno de ajuste*
2   *Perno pivote*
3   *Agujero cuadrado*

21.8a Las poleas aveces tienen un agujero cuadrado, usado para aceptar una palanca para nivelar la polea y darle otorgarle tensión a la banda

El indicador debe de estar entre las marcas

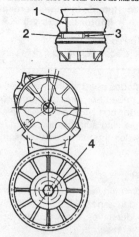

21.8b El indicador de desgaste debería estar entre las marcas aceptables Min y Max en los motores de 4.9L seis-cilindro

1   *Indicador del largo de la banda*
2   *Marca aceptable mínima*
3   *Marca aceptable máxima*
4   *Use el perno de la polea para aliviar la tensión de la banda*

El indicador debe de estar entre las marcas

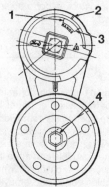

21.8c El indicador de desgaste debería estar entre las marcas aceptables Min y Max en los 5.0L y 5.8L Motores V8

1   *Indicador del largo de la banda*
2   *Marca aceptable mínima*
3   *Marca aceptable máxima*
4   *Use el perno de la polea para aliviar la tensión de la banda*

El indicador debe de estar entre las marcas

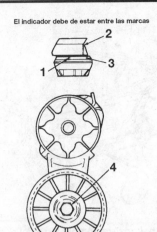

Correcto   **Incorrecto**

Nota: Asegúrese de que la banda está correctamente asentada en la polea, una revolución de motor con la banda asentada incorrectamente, puede dañar la banda

21.8e Las ranuras de la banda serpentina V deberían estar en el centro de las poleas, no contrarrestado

1   Banda
2   Polea

21.8d El indicador de desgaste debería estar entre las marcas aceptables Min y Max en los Motor de 7.5L V8

1   Indicador del largo de la banda
2   Marca aceptable mínima
3   Marca aceptable máxima
4   Use el perno de la polea para aliviar la tensión de la banda

debe chequearse periódicamente. La banda serpentina tiene un tensor automático y requiere ningún ajuste a lo lago de la vida de la banda.

Chequeo

10   La banda "serpentina" es una banda con ranuras V y se usa para conducir todos los accesorios, se llama de este modo por la trayectoria que sigue entre los diversos accesorios y poleas (Figuras 21.8a, 21.8b y 21.8c).

11   Con el motor apagado, abra el capó y ubique la banda al frente del motor. Con una linterna eléctrica, chequee la banda en cada lado por separación de la goma, ranuras, grietas y desgastes en las ranuras interiores. También chequee por desgaste y barnizado, que le da a la banda un aspecto de brillo. Las grietas en el lado de las ranuras V son aceptables, como son los pedazos pequeños que falta desde las ranuras. Ambos lados de la banda deberían inspeccionarse, que significa que usted tendrá que torcerla para chequear el lado de abajo. Use sus dedos para sentir la banda donde usted no puede ver. Si cualquiera de las condiciones de encima son evidentes, sustituya la banda como se describe en los Pasos siguientes.

12   Para chequear la tensión de la banda serpentina, mire el indicador de desgaste **(vea ilustraciones 21.8a, 21.8b y 21.8c)**. Debe de estar entre las marcas aceptables Min y Max. Si no está entre las dos marcas, reemplace la banda.

Reemplazo

13   Instale una herramienta de 5/8-pulgada o 16 mm en el perno de la polea tensora y levante el brazo tensionador y la polea fuera de la banda.

14   Remueva la banda vieja y suelte el ten-

sor lentamente. **Caución:** *No permita que el tensor se salte hacia atrás después de que la banda se remueva porque esto puede dañar el tensor.*

15   Instale una banda nueva en cada polea, asegúrese que todas las seis ranuras de la banda se asientan correctamente en cada ranura de la polea **(vea ilustraciones 21.8a, 21.8b, 21.8c y 21.8e)**.

16   Mueva el brazo tensor hacia atrás lejos y coloque la banda debajo de la polea. Lentamente suelte el tensor en la banda.

22   Aceite y filtro del motor - cambio

Refiérase a las ilustraciones 22.3, 22.9, 22.13a, 22.13b, 22.14 y 22.19

1   Los frecuente cambios de aceite es el mejor mantenimiento preventivo del mecánico del hogar. Cuando el aceite del motor se envejece, se disuelve y contamina, llevando a un desgaste prematuro del motor.

2   A pesar de que algunas fuentes de información recomiendan un cambio del filtro de aceite cada segundo cambio de aceite, nosotros sentimos que el filtro del aceite representa un costo mínimo y ya que es fácil de instalar, dicta que un filtro nuevo debe ser usado para cada cambio de aceite.

3   Las herramientas necesarias para hacer un cambio de filtro y aceite son una llave para el tapón del desagüe abajo en la cacerola del aceite, y una llave para remover el filtro viejo, un recipiente con una capacidad de por lo menos 6 cuartos para el aceite viejo que se remueve y un embudo o para ayudar a echar el aceite nuevo al motor **(vea ilustración)**.

4   Usted debe tener una buena cantidad de trapos limpios y periódicos listos para limpiar cualquier derrame. Acceso a la parte baja de su vehículo es posible usando un montacargas, conducido sobre rampas o soportado en soportes firmes. **Peligro:** *No trabaje debajo de un vehículo que está soportado solamente por un gato en el guardafango, hidráulico o un gato de tijeras.*

5   Si este es su primer cambio de aceite en el vehículo, es recomendable que se arrodille y se familiarice usted mismo con la localización del tapón del desagüe y el filtro del aceite. El motor y los componentes del escape estarán calientes durante su trabajo actual, así que es buena idea tratar de figurar cualquier problema antes de que el motor se ponga en marcha.

6   Permita que el motor se caliente a su temperatura de operación normal. Si aceite

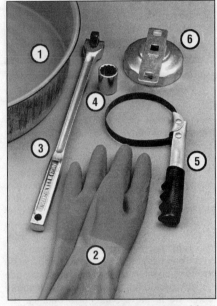

22.3 Estas herramientas son requeridas cuando se cambia el aceite y filtro del motor

*1   **Bandeja de drenaje** - Debe de ser baja, pero ancha en orden de prevenir derrames*

*2   **Embudo** - Para prevenir derrames cuando se le añade el aceite al motor (particularmente seis cilindros)*

*3   **Llave para el filtro** - Se muestra una llave de banda de metal, pero otros tipos funcionan igual*

*4   **Barra** - Algunas veces el tapón del drenaje del aceite está bien apretado y una barra larga es necesaria para aflojarla*

*5   **Dado** - Para ser usado con un barra o una matraca (debe ser del tamaño correcto para el tapón del drenaje)*

*6   **Abridor de latas** - Usado para abrir las latas nuevas del aceite*

*7   **Pico para el aceite** - Pude ser usado en lugar del embudo cuando se añada el aceite (particularmente en V8)*

*8   **Guantes de goma** - Cuando se remueve el tapón del drenaje y filtro es inevitable llenarse las manos de aceite (los guantes son para prevenir quemaduras)*

nuevo o cualquier herramienta son necesarias, use este tiempo de calentamiento para buscar todo lo que necesite para el trabajo.

7   Con el aceite del motor caliente (con el

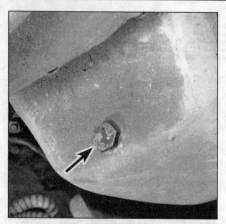

22.9 El tapón del drenaje del motor está localizado cerca de la parte de abajo del cárter del aceite

22.13a Localización del filtro del aceite en un motor V8

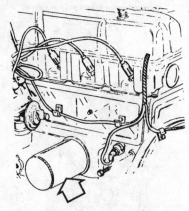

22.13b Localización del filtro del aceite en un motor de seis cilindros

aceite del motor caliente es más fácil removerlo y mas sucio será removido con el aceite) levante el vehículo y sopórtelo en soportes fuerte.

8   Mueva todas las herramientas necesarias, trapos y periódicos debajo del vehículo. Posicione la bandeja para el desagüe debajo del tapón del desagüe. Recuerde que el aceite tendrá un flujo inicial con fuerza desde el motor, así que posicione la bandeja adecuadamente con esta referencia en mente.

9   Tenga cuidado de no tocar ninguno de los componentes del sistema de escape, use la llave para remover el tapón del desagüe cerca de la parte baja de la bandeja del aceite **(vea ilustración)**. Dependiendo en el estado del aceite, usted tal vez querrá usar guantes mientras desenrosca el tapón las ultimas vueltas.

10   Permita que el aceite se drene en la bandeja. Tal vez será necesario mover la bandeja cuando el flujo del aceite se convierta en gotas.

11   Después de que el aceite haya salido, limpie el tapón del desagüe con un trapo limpio. Pequeñas partículas de metal pueden adherirse al tapón y contaminarían inmediatamente el aceite nuevo.

12   Limpie el área alrededor de la apertura del tapón del desagüe y reinstale el tapón. Apriételo seguramente con la llave. Si una llave de torsión está disponible, úsela para apretar el tapón.

13   Mueva la bandeja para el desagüe en posición debajo del filtro **(vea ilustraciones)**.

14   Use la llave para el filtro para aflojar el filtro del aceite. Las llaves de cadenas o metal pueden distorsionar el filtro, pero como el filtro va a ser reemplazado con uno nuevo no hay ningún problema. En modelos más antiguos con un motor V8 y dirección de potencia, el filtro del aceite es difícil de remover. Doble las ruedas delanteras hacia la derecha lo mas posible, después destornille el filtro y deslícelo hacia atrás para removerlo **(vea ilustración)**.

15   Algunas veces el filtro del aceite está muy apretado y no se puede aflojar, o está en un área que es inaccesible con una llave de

filtro. Como ultimo recurso usted puede hacerle un agujero al filtro con una barra metálica o con un destornillador, y úsalo como una barra en T para girar el filtro. Si usted hace esto, esté preparado para salpicaduras de aceite que salen del filtro cuando se hace el agujero.

16   Destornille completamente el filtro viejo. Tenga caución, está lleno de aceite. Vacíe el aceite dentro del filtro en la bandeja del drenaje.

17   Compare el filtro nuevo con el viejo para asegurarse que son del mismo tipo.

18   Use un trapo limpio para remover aceite, polvo y partículas del área donde va instalado el filtro. Chequee el filtro viejo para asegurarse de que la junta de goma no está pegada a la superficie del motor. Si la junta está pegada al motor (use una linterna para chequear si es necesario), remuévela.

19   Abra una de las latas de aceite nuevo y aplique una ligera capa de aceite a la junta del filtro de aceite nuevo **(vea ilustración)**.

20   Coloque el filtro en el motor, siguiendo las direcciones para apretarlo que están en el filtro o en la caja en que viene. La mayoría de los fabricantes no recomiendan el uso de una llave de filtro debido a la posibilidad de sobre apretarlo y dañar la junta.

21   Remueva todas las herramientas, trapos, etc. desde debajo del vehículo, teniendo caución de no derramar el aceite en la bandeja de drenaje, después baje el vehículo.

22   Muévase al compartimiento del motor y localice la tapa para llenar el aceite en el motor. En la mayoría de los casos habrá una tapa de atornillar en la cubierta de los balancines. La tapa estará marcada con un etiqueta que dice **Engine Oil o Oil (Aceite de Motor o Aceite)**.

23   Si un pico para las latas del aceite va a ser usado, empuje el pico dentro de la lata de aceite nuevo y eche el aceite dentro de la apertura de relleno. Un embudo también puede ser usado.

24   Eche alrededor de cuatro cuartos de aceite dentro del motor. Espere algunos minutos para permitir que el aceite baje a la bandeja, después chequee el nivel con el medidor (vea Sección 5 si es necesario). Si el

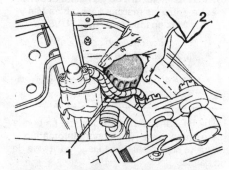

22.14 Algunos modelos V8 con dirección de potencia requieren que el filtro del aceite sea destornillado y resbalado hacia atrás para poder pasarlo atraves de las mangueras de la dirección de potencia

1   *Mangueras de la dirección de potencia*
2   *Tubo de cruce*

nivel del aceite está entre las marcas alta y baja, ponga el motor en marcha y permita que el aceite nuevo circule.

25   Mantenga el motor encendido alrededor de un minuto y después apáguelo. Inmediatamente vea debajo del vehículo y chequee por fugas en el tapón de la bandeja del aceite y alrededor del filtro del aceite. Si no hay ninguna fuga, apriete el filtro con un poco más de fuerza.

26   Con el aceite nuevo que ya haya circulado y con el filtro de aceite lleno, chequee nuevamente el nivel del aceite en el medidor y eche solamente el suficiente aceite para llegar a la marca alta del medidor.

27   Durante los primeros viajes después de un cambio de aceite, asegúrese de chequear por fugas y nivel de aceite apropiado.

28   El aceite viejo que se removió del motor no puede ser rehusado en el estado presente que está y hay que deshacerce de el. Centros de reclamación de aceite, talleres de reparación y gasolineras normalmente aceptaran el aceite, el cual puede ser refinado y puede usarse de nuevo. Después de que el aceite se a enfriado se le puede echar en un recipiente apropiado (botellas de plástico con tapas, botellas con tapas, cartones de leche,

22.19 Antes de instalar el filtro de aceite nuevo, aplique una capa delgada de aceite alrededor de la junta de goma

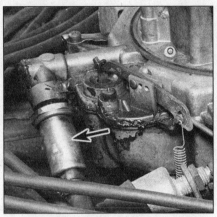

23.1 El filtro del combustible está usualmente unido al carburador como se muestra aquí

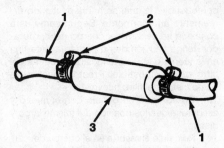

23.5 Filtro de combustible típico en línea

1 Manguera flexible
2 Grapas
3 Filtro de combustible en línea

etc.) para transportarlo a alguno de los centros de reclamación.

23 Filtro del combustible - reemplazo

Refiérase a las ilustraciones 23.1, 23.5, 23.9, 23.10 y 23.22
Peligro: *La gasolina es sumamente inflamable, así que se deben tomar precauciones extras cuando esté trabajando en cualquier parte del sistema del combustible. No fume, deje llamas abiertas o bombillas sin cubierta cerca del área de trabajo. También, no trabaje en un garaje si un aparato de gas natural con un piloto encendido está presente. Debido a que la gasolina es dañina para su piel use guantes cuando halla una posibilidad de que entre en contacto con su piel y si se le derrama cualquier cantidad en su piel limpiase inmediatamente con suficiente agua y jabón. Limpie cualquier derrame inmediatamente y no guarde trapos que estén húmedos con gasolina. El sistema de combustible de los modelos con inyección de combustible está bajo constante presión y si cualquiera de las líneas se van a desconectar, la presión en el sistema se debe de aliviar. Cuando usted conduzca cualquier tipo de trabajo en el sistema de combustible, use espejuelos de seguridad y tenga cerca un extintor de fuegos del tipo Clase B.*

Motores con carburador

1   En estos modelos, el filtro del combustible está usualmente localizado en la entrada del combustible en la conexión en el carburador **(vea ilustración)**. En algunos modelos un filtro en línea, localizado entre la bomba del combustible y el carburador, pueda que esté instalado.

2   El trabajo debe hacerse con el motor en frío, después de estar parado por lo menos tres horas. Para prevenir la posibilidad de cualquier chispa, desconecte el cable negativo (-) de la batería y colóquelo distante del poste de la batería.

3   Obtenga el filtro de reemplazo (asegúrese de que es es el especifico para su vehículo y motor) y algunos trapos limpios.

4   Remueva el sistema del purificador del aire. Si las mangueras del vacío deben ser desconectadas, asegúrese de conocer sus posiciones exactas y/o márquelas para mayor seguridad al reinstalarlas.

Filtro en línea
5   Si su filtro está localizado en la línea entre la bomba del combustible y el carburador, abra las grapas de las mangueras de goma y cuidadosamente remueva el filtro desde la línea **(vea ilustración)**. Use precaución en este paso, ya que la gasolina tendrá un poco de presión y puede brincar un poco.

6   Después de remover el filtro, escúrralo y bótelo. Reemplace el filtro con su duplicado exacto e instálelo con mangueras nuevas de goma, las cuales deben venir con el filtro nuevo. Además reemplace las grapas con unas nuevas.

7   Apriete las grapas, ponga el motor en marcha y chequee por fugas.
Filtro de entrada en el carburador
8   Coloque unos trapos debajo del filtro y conexiones del combustible para atrapar la gasolina que pueda derramarse cuando se aflojen las conexiones.

9   Aguante la conexión grande de la entrada del combustible en el carburador con una llave, mientras afloja la tuerca del tubo de la línea del combustible. Una llave de tubería debe ser usada para la conexión de la línea, si está disponible. Asegúrese de que la conexión al lado del carburador está sujeta con seguridad mientras se desconecta la línea del combustible **(vea ilustración)**.

10 Algunos filtros del carburador son integrales con las conexiones de la entrada y pueden tener una manguera de goma o una línea de metal pegada. Si este es el tipo que se va a reemplazar, remueva la manguera o línea, destornille el filtro/conexión y atornille el filtro nuevo. Reúna la manguera de goma y apriete la grapa o instale la línea de metal **(vea ilustración)**.

11 Después de que la línea del combustible está desconectada, muévala a un lado para tener un mejor acceso a la conexión de la entrada. No doble la línea del combustible.

12 Destornille la conexión de la entrada del

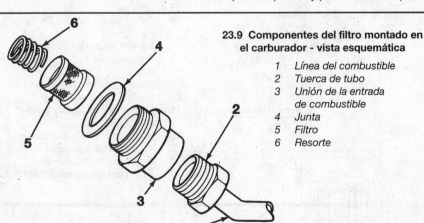

23.9 Componentes del filtro montado en el carburador - vista esquemática

1 Línea del combustible
2 Tuerca de tubo
3 Unión de la entrada de combustible
4 Junta
5 Filtro
6 Resorte

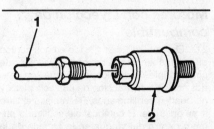

23.10 Algunos modelos tienen un filtro de combustible que se enrosca a la entrada del carburador - es reemplazado como una sola asamblea

1 Línea de combustible
2 Filtro de combustible

combustible, la cual se había sostenido firmemente anteriormente. Según como esta conexión se separa del cuerpo del carburador, tenga caución de no perder la junta fina en la tuerca o el resorte localizado detrás del filtro del combustible. Preste atención de como instalar el filtro nuevo.

13   Compare el filtro viejo con el nuevo y asegúrese que los dos son del mismo largo y diseño.

14   Reinstale el resorte en el cuerpo del carburador (si está equipado).

15   Coloque el filtro nuevo en posición. Tendrá una junta de goma y válvula unilateral en un lado, el cual apuntará hacia afuera del carburador.

16   Instale una junta nueva en la entrada de la conexión del combustible (una junta generalmente viene con el filtro nuevo) y empiece la conexión. Asegúrese de que la rosca no está cruzada, después apriétela bien. Si una llave de torsión está disponible, apriétela de 7 a 10 pies-libras (10 a 14 MM). No lo sobre apriete, ya que las roscas se pueden dañar causando perdidas de combustible.

17   Sostenga la conexión de la entrada del combustible firmemente con una llave mientras la línea del combustible está conectada. De nuevo, tenga cuidado de no cruzar la rosca de la tuerca del tubo, y apriétela bien.

18   Enchufe la manguera de vacío que llega al motor de vacío del purificador del aire para que el motor del vehículo se pueda poner en marcha.

19   Ponga el motor en marcha y cheque cuidadosamente por fugas. Si la conexión de la línea del combustible gotea, desármela y chequéela por rosca cruzadas o dañadas. Si la tuerca de la línea del combustible tiene la rosca cruzadas, remueva la línea entera y haga que un taller de reparación instale una conexión nueva. Si la rosca parece estar bien, compre una cinta de sellar las roscas y envuelva la rosca con la cinta. Reinstale y apriete fuertemente. Equipo de reparación para la entrada del combustible están disponibles en la mayoría de los negocios que venden partes para vehículos para reparar las roscas de la tuerca de entrada del filtro de combustible.

20   Reinstale la asamblea del purificador del aire, conectando las mangueras en sus posiciones originales.

Motores con inyección de combustible

21   El combustible es filtrado en dos puntos diferentes en modelos con inyección de combustible. Todos los filtros que son usados son de construcción de una sola pieza y no pueden ser limpiados. Reemplace el filtro si se obstruye. El combustible es filtrado primero dentro del tanque en la entrada de la bomba del combustible. Servicio de este filtro requiere que se remueva la bomba del combustible.

22   El combustible es filtrado nuevamente en un filtro de tipo lata encontrado en la parte hacia abajo de la línea de combustible. Este

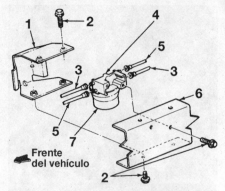

23.22 Los modelos de inyección de combustible tienen el filtro unido al carril del combustible

1   Protector
2   Perno
3   Tubo de suministro de combustible
4   Deposito de combustible/filtro
5   Tubo de regreso del combustible
6   Chasis (mano izquierda)
7   Recipiente de abajo

filtro está unido al riel izquierdo del chasis **(vea ilustración). Nota:** *Este filtro de combustible está designado para durar la vida del vehículo y no necesita servicio. Antes de remover este filtro, remuévele la presión al sistema del combustible como es descrito en el Capítulo 4 y afloje la tapa del tanque del combustible. El frente del vehículo debe estar elevado para prevenir perdida de combustible del tanque.*

23   Remueva la protección (si está equipado) desde el riel del chasis.

24   Remueva el canasto del filtro con una

24.1 Materiales requeridos para la lubricación del chasis y la carrocería

1   Aceite de motor - Aceite de motor fino en una lata como esta, se puede usar para lubricar las bisagras de las puertas y del cofre / capó
2   Rociador de grafito - Es usado para lubricar los cilindros de los seguros de las puertas
3   Grasa - La grasa es disponible en una variedad de tipos y peso / espesor, son disponibles para usarlas en una pistola de grasa. Cheque las especificaciones que son requeridas para usted
4   Pistola de grasa - Una pistola de grasa común, es mostrada aquí con una manguera removible, es necesaria para lubricar el chasis. Después que termine límpiela

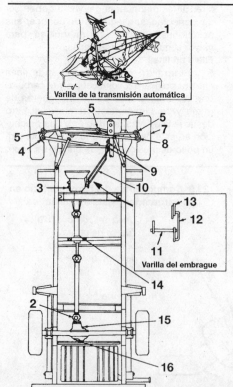

24.2 Diagrama para la lubricación de los componentes del chasis

1   Lubrique con grasa de poliestireno o equivalente
2   Unión universal (si está equipado)
3   Tapón de la transmisión manual
4   Carril resbaladizo del freno de disco
5   Copillas
6   Tapón del eje trasero Eje Dana E-250 - E-350
7   Baleros de la rueda delantera
8   Pasador principal - 2 uniones a cada lado
9   Palancas de control de cambio
10   Varillas de la transmisión
11   Ecualizador de la palanca del embrague
12   Varilla de control del embrague
13   Asamblea de la palanca
14   Balero central del cardán
15   Tapón del eje trasero E100 - E-150

24.6 Limpie cada copilla de grasa con un trapo antes de unirlo a la pistola de grasa y empezar a bombear grasa

llave tipo cinturón para el aceite y deslice el filtro y la cubierta fuera del riel del chasis. **Nota:** *Puede que sea necesario remover los pernos de la montura del deposito y remover el deposito del riel del chasis para remover la cubierta.* El filtro estará lleno de combustible. Vacíelo y bótelo.

25   Instale el filtro nuevo en la cubierta y coloque un anillo nuevo en forma de O en la ranura de la cubierta.

26   Reinstale la asamblea de la cubierta/filtro, asegurándose que el anillo en forma de O permanezca en su sitio.

27   Apriete el canasto un sexto de vuelta pasando la compresión inicial del anillo en forma de O.

28   Ponga el motor en marcha y chequee el canasto por fugas.

29   Reemplace el protector (si está equipado).

24   Carrocería, chasis y lubricación de la línea de fuerza

Refiérase a las ilustraciones 24.1, 24.2 y 24.6

1   Una pistola de grasa y un cartucho lleno de la grasa apropiada (*vea Lubricantes y fluidos recomendados*), atomizador de grafito y una lata llena con aceite para el motor serán requeridos para lubricar el chasis, carrocería y los componentes de la línea de conducir (**vea ilustración**). En algunos casos, tapones pueden ser instalados en lugar de las copillas, en cuyo caso las copillas de grasa deberán ser compradas e instaladas.

2   Usando el diagrama adjunto (**vea ilustración**), el cual indica donde se localizan las diferentes copillas de grasa, vea debajo del vehículo para localizar los componentes y determine si las copillas de grasa o tapones están instalados. Si hay tapones, remuévalos con una llave y compre las copillas de grasa, las cuales se atornillarán al componente. Un concesionario de la Ford o un negocio de partes para vehículos deberán tener las copillas de reemplazo. Copillas derechas o con ángulos se pueden conseguir.

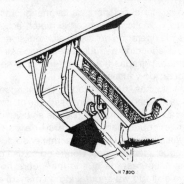

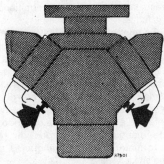

25.6 La mayoría de los modelos tienen los dos, el drenaje del radiador (arriba) y uno o dos tapones de drenaje del motor (abajo) (se muestra un motor V8)

3   Para tener un acceso fácil debajo del vehículo, levántelo con un gato y colóquelo en soportes fuertes debajo del chasis. Asegúrese de que el vehículo esta firme en los soportes.

4   Antes de proseguir, fuerce un poco de grasa fuera de la pistola para remover el polvo del final de la pistola de grasa. Limpie la pistola con un trapo.

5   Con la pistola de grasa, suficiente trapos limpios y el diagrama, agáchese debajo del vehículo y empiece a lubricar los componentes.

6   Limpie las copillas de grasa y empuje la pistola sobre ella (**vea ilustración**). Empuje el gatillo de la pistola de grasa para forzar la grasa dentro las copillas. **Caución:** *Las rotulas de unión del brazo de control deben ser lubricadas hasta que el deposito de goma esté firme al tocarlo. No bombee mucha grasa dentro de estas copillas ya que pueden romper el deposito.* Para todas las demás conexiones de la suspensión y dirección, continúe bombeando grasa hasta que salga de entre los acopladores de los dos componentes. Si la grasa se escapa alrededor de la punta de la pistola, están tapados o la pistola no está en las acoplada bien en la copilla. Vuelva a colocar la punta de la pistola en la conexión y trate de nuevo. Si es necesario reemplace la copilla.

7   Limpie el exceso de grasa de los componentes y las copillas. Siga el procedimiento para las copillas restantes.

8   Mientras está debajo del vehículo, limpie y lubrique el cable del freno de estacionamiento, junto con las guías del cable y manillas. Esto se puede hacer juntando un poco

de la grasa del chasis al cable y las partes relacionadas.

9   Coloque una cuantas gotas de la grasa de poliestireno (aceite de motor también funciona) en las varillas y acopladores de la transmisiones. Lubrique los componentes del embrague en la copilla de grasa del tubo cruzado.

10   Use la pistola de lubricación para los pernos U de las universales si están equipados con inserciones para lubricarlos.

11   Baje el vehículo al suelo para el proceso de la lubricación de la carrocería.

12   Abra el capó y unte un poco de la grasa del chasis en el mecanismo de cerrar del capó. Si el capó tiene un mecanismo interno, haga que un asistente hale la manilla de abrir desde adentro del vehículo mientras usted lubrica el cable en la cerradura.

13   Lubrique todas las bisagras (puerta, capó, etc.) con unas cuantas gotas de aceite de motor para mantenerlas en buena condición.

14   Los cilindros de cerrar con llave pueden ser lubricados con un atomizador de grafito el cual se consigue en un auto partes.

25   Sistema de enfriamiento - servicio (drenar, limpiar y rellenar)

Refiérase a ilustración 25.6

1   En una forma periódica, el sistema de enfriamiento debe de ser drenado, enjuagado y rellenado para reponer la mezcla de anticongelante y prevenir la formación de oxido y corrosión, lo cual interfiere en el funcionamiento del sistema de enfriamiento y últimamente causar daño al motor.

2   Al mismo tiempo que se hace el servicio al sistema de enfriamiento, todas las mangueras y la tapa del radiador deberán ser inspeccionadas y reemplazadas si están defectuoso.

3   Ya que el anticongelante es corrosivo y venenoso, tenga cuidado de que no se caiga nada de la mezcla en la pintura o en su piel. Si esto ocurre enjuague inmediatamente con suficiente agua limpia. Además consulte a las autoridades locales acerca de como desechar el anticongelante antes de drenarlo. En muchas áreas centros de reclamación han sido organizado para colectar aceite de vehículo y la mezcla de anticongelante y agua en vez de permitir que se añada al sistema del alcantarillado.

4   Con el motor frío remueva la tapa del radiador.

5   Mueva un recipiente grande debajo del radiador para colectar el anticongelante cuando caiga.

6   Drene el radiador. La mayoría de los modelos están equipados con un tapón en la parte de abajo del radiador (**vea ilustración**). Si hay mucho oxido en el tapón, no se podrá abrir fácilmente, o si el radiador no está equipado con el tapón por debajo, desconecte la manguera debajo para permitir que el anti-

congelante salga. Tenga cuidado de que no le salpique nada del anticongelante a su piel u ojos.

7   Si es accesible, remueva los tapones para el drenaje del anticongelante del motor.

8   Desconecte la manguera del deposito del anticongelante y remueva el deposito. Enjuáguelo con agua limpia.

9   Coloque una manguera de jardín en el cuello del radiador y enjuague el sistema hasta que el agua salga clara en todos los puntos del desagüe.

10   En casos severos de contaminación o bloqueo del radiador, remuévalo (vea Capítulo 3) y enjuáguelo en la forma contraria. Esto envuelve insertar la manguera en la parte de abajo del radiador para permitir que agua limpia fluya contra el transcurso de la corriente normal. Un taller de reparaciones de radiadores debe ser consultado si más limpieza o reparación es requerido.

11   Cuando el anticongelante es drenado regularmente y el sistema es rellenado con la mezcla correcta de anticongelante/agua, no debe ser necesario el uso de limpiadores químicos o removedores de escamas.

12   Para rellenar el sistema, reconecte las mangueras del radiador e instale los tapones fuertemente en el motor. Cinta selladora especial para las roscas (se consigue en los auto partes para los vehículos) debe ser usado en los tapones. Instale el deposito y la manguera de rebose, cuando aplique.

13   Llene el radiador hasta la base del cuello y después añada más anticongelante al deposito hasta que esté aproximadamente a la mitad de lleno.

14   Corra el motor hasta que alcance la temperatura de operación normal y, con el motor en marcha mínima, añada el anticongelante al nivel especificado (vea Sección 5). Instale la tapa del radiador de manera de que las flechas estén en alineamiento con la manguera de rebose. Instale la tapa del deposito.

15   Siempre use una mezcla de anticongelante y agua en la proporción indicada por el recipiente del anticongelante o en el manual del vehículo. Capítulo 3 también contiene información acerca de las mezclas de anticongelante.

16   Vigile el nivel del anticongelante y de las mangueras durante las primeras millas de manejo. Apriete las grapas de las mangueras y añada mas anticongelante si es necesario.

26   Mangueras localizadas debajo del capó - chequeo y reemplazo

Caución: *Reemplazo de las mangueras del aire acondicionado debe ser dejado para el concesionario de vehículos o un especialistas de aire acondicionado quienes tienen el equipo apropiado para remover la presión del sistema sin peligro. Nunca remueva los componentes o mangueras del aire acondicionado sin antes haber removido la presión el sistema.*

Mangueras de vacío

1   Altas temperaturas debajo del capó pue-

den causar el deterioro de las mangueras de goma y plástico usadas en el motor, accesorios y la operación del sistema de emisiones.

2   Inspección periódica debe hacerse por rupturas, grapas flojas, material que se ha endurecido y fugas.

3   Algunas, pero no todas, las mangueras de vacío usan grapas para asegurar las mangueras a las conexiones. Donde se usen grapas, chequee para asegurarse de que no hayan aflojado su tensión, permitiendo que la manguera tenga fugas. Donde no se usa grapas, asegúrese de que la manguera no se haya estirado y/o endurecido de manera que se resbale de la conexión, permitiendo que tenga fugas.

4   Es muy común que las mangueras de vacío, especialmente aquellas en el sistema de las emisiones, que estén marcadas por un código de color o identificadas por pedazos de color moldeados en la manguera. Varios sistemas requieren mangueras con diferentes grosor en las paredes, resistencia a hundir y resistencia a la temperatura. Cuando reemplace mangueras asegúrese de usar el mismo material en las mangueras nuevas como en las viejas.

5   A veces la única forma efectiva de chequear una manguera es removiéndola completamente del vehículo. Donde más de una manguera se remueve, asegúrese de ponerle etiquetas a la manguera y a los puntos de unión para asegurarse de la reinstalación correcta.

6   Cuando chequee las mangueras de vacío, asegúrese de incluir las conexiones de plástico en forma de T. Cheque las conexiones por grietas y la manguera que va en la conexión de que no se hayan alargado, lo que podría causar fuga.

7   Un pedazo pequeño de la manguera que se usa de vacío (diámetro interno 1/4 pulgada) puede ser usada como un estetoscopio para detectar las fugas de vacío. Aguante un lado de la manguera en su oído y chequee alrededor de las conexiones y mangueras con el otro, escuchando por el (silbido) característico que se oye cuando hay una fuga de vacío. **Caución:** *Cuando chequee con el estetoscopio de la manguera de vacío, tenga caución de no permitir que su cuerpo o la manguera entre en contacto con cualquiera de los componentes que están en movimiento en el motor, como la bandas, el ventilador, etc.*

Manguera del combustible

8   **Peligro:** *Hay precauciones necesarias que se deben tomar cuando inspeccione o le de servicio a los componentes del sistema del combustible. Trabaje en una área ventilada y no permita que hallan llamas abiertas (cigarrillos, piloto del aparato de calefacción, etc.) en el área del trabajo. Limpie inmediatamente cualquier derrame de combustible y no almacene trapos empapados de combustible donde podrían encenderse. En modelos equipados con sistema de inyección de combustible, el combustible está bajo presión y ningún*

componente se debe desconectar sin primero aliviar la presión del sistema (vea Capítulo 4).

9   Las líneas del combustible usualmente tienen un poco de presión, así que si cualquier línea es desconectada esté preparado para colectar cualquier derrame de combustible.

10   Chequee por deterioro o secaduras en todas las líneas de goma del combustible. Chequee especialmente por rajaduras en áreas donde la manguera está doblada y justo antes de cualquiera de los puntos que están prensados, como en donde se une la manguera a la bomba del combustible, al filtro del combustible y carburador o la unidad de la inyección del combustible.

11   Líneas de combustible de buena calidad, usualmente identificadas por la palabra *Fluoroelastiomero* escrita en la manguera, deben ser usadas para el reemplazo de las líneas del combustible. Bajo ninguna circunstancia use línea del vacío sin refuerzo, tubo de plástico claro o manguera de agua para reemplazar la línea del combustible.

12   Grapas tipo resorte are comúnmente usadas en las líneas del combustible. Estas grapas usualmente pierden su tensión después de un periodo de tiempo, y dejan de tener elasticidad durante el proceso de remover. Así que es recomendable que todas las grapas tipo resorte sean reemplazadas con grapas de atornillar cuando se reemplace una manguera.

Líneas de metal

13   Secciones de línea de metal son usualmente usadas para la línea del combustible entre la bomba del combustible y el carburador o la unidad de inyección del combustible. Chequee cuidadosamente para asegurarse de que la línea no ha estado doblada, enganchada y que rajaduras no hayan empezado en la línea donde se dobla.

14   Si una sección de la línea de metal debe ser reemplazada, solo tubo de acero sin costuras debe ser usado, ya que tubo de cobre o aluminio no son lo suficientemente fuerte para resistir las vibraciones normales del motor durante su operación.

15   Chequee las líneas de metal de los frenos donde entran al cilindro maestro y la unidad de proporción del freno (si es usada) por rajaduras en las líneas o conexiones perdidas. Cualquier señal de perdida del flúido de los frenos indica que el sistema debe minuciosamente ser chequeado inmediatamente.

27   Ajuste de las válvulas

Todos los motores de los camiones Ford de trabajo ligero con válvula hidráulica de levantamiento. Bajo circunstancias normales estos buzos mantienen el espacio correcto en el tren de las válvulas. Así que no necesitan ajuste.

En algunas instancias, especialmente cuando se han hecho trabajos de las válvulas en un motor, el espacio libre/franqueo de la

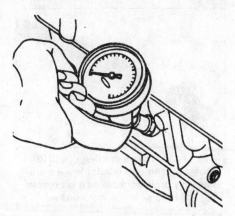

28.4 Cuando chequee la compresión en un cilindro, asegúrese de que el medidor esté firmemente asentado en el agujero o la lectura será falsa

válvula deberá ser ajustado manualmente. En estos casos un procedimiento especial es requerido para permitir que el buzo hidráulico baje, chequee el espacio y reemplace la varilla de empuje con una unidad de servicio más larga o corta. Vea Capítulo 2 para el procedimiento correcto para instalar un tamaño diferente de varilla de empuje para el ajuste correcto de la válvula.

28   Compresión del motor - chequeo

Refiérase a la ilustración 28.4

1   Un chequeo de la compresión le dirá en que estado mecánico se encuentra la parte de arriba de su motor (pistones, anillos, válvulas, etc.) Especialmente le dirá si la compresión es causada por fuga causada por los anillos de un pistón desgastado, válvulas defectuosas y asientos o parte de una junta quemada.

2   Empiece limpiando el área alrededor de las bujías antes de removerlas. Esto impedirá que polvo caiga en los cilindros mientras usted esta haciendo el chequeo de la compresión.

3   Desconecte el cable del interruptor de la ignición en el distribuidor. Este es el cable rosado que sale de la bobina de la ignición. Bloquee el acelerador y el estrangulador completamente abierto.

4   Con el manómetro de compresión en el agujero de la bujía **(vea ilustración)**, arranque el motor por lo menos cuatro compresiones y observe el manómetro (la compresión deberá aumentar rápidamente). Compresión bajo en el primer golpe, la cual no aumenta con golpes siguientes, indica que hay perdida en las válvulas o la parte de arriba de la junta está quemada (una cabeza rajada también puede causar baja compresión). Tome la lectura mas alta obtenida.

5   Repita el procedimiento en los demás cilindros y compare los resultados con las especificaciones.

6   Eche unas dos cucharadas de aceite de motor (una lata de atomizar trabaja muy bien para esto) en cada cilindro, atraves del agu-

jero de la bujía, y repita el chequeo.

7   Si la compresión aumenta después de añadir el aceite, el anillo del pistón está definitivamente desgastado. Si la compresión no aumenta significativamente, la perdida ocurre en las válvulas o en la junta de la cabeza. Fugas pasando atraves de las válvulas pueden ser causadas por válvulas quemadas en las caras o en los asientos, válvulas torcidas, rotas, dobladas o válvulas incorrectamente ajustadas.

8   Si dos cilindros adyacentes tienen la misma compresión baja, hay una alta posibilidad de que la junta de la cabeza entre ellos esté explotada. La aparición de anticongelante en la cámara de combustión o en la cárter del cigüeñal verificaría esta condición.

9   Si la compresión es alta, lo cual no es usual, las cámaras de la combustión están probablemente cubiertas con depósitos de carbón. En ese caso, la cabeza del cilindro deberá ser removida y el carbón removido.

10   Si la compresión está bien baja o varia mucho entre cilindros, seria una buena idea llevar el vehículo a un taller de reparación respetable para que le hagan un chequeo de fugas de aire. Este chequeo indicará exactamente donde está la fuga y que tan severa es.

29   Bujías - reemplazo

Refiérase a las ilustraciones 29.2, 29.7 y 29.11

1   Las bujías están localizadas en los dos lados en motores V8 y en un lado en los motores en línea. Ellas pueden o no ser fácil de removerlas. Si el vehículo está equipado con aire acondicionado o dirección de potencia, algunas de las bujías necesitarán un truco para removerlas. Extensiones especiales o herramientas universales pueden ser necesarias. Chequee a ver si se necesitan herramientas especiales.

2   En la mayoría de los casos, herramientas necesarias para el reemplazo de las bujías incluyen una llave para las bujías o un dado para las bujías, el cual se une a una llave de matraca (este dado especial estará insolado interiormente para proteger la bujía) y un calibrador de tipo de alambre para chequear y ajustar la distancia en la bujía **(vea ilustración)**. También, una herramienta especial para remover el cable de la bujía es disponible para separar los cables de las bujías. Para simplificar la instalación, obtenga un pedazo de manguera de goma con un diámetro interior de 3/16 pulgada, de 8 a 12 pulgadas de largo, para empezar a enroscar las bujías en la cabeza.

3   El mejor procedimiento a seguir cuando esté reemplazando las bujías es comprar las bujías nuevas antes de empezar, ajuste la brecha apropiada, y reemplace las bujías una por una. Cuando compre las bujías nuevas asegúrese de obtener el tipo correcto para su motor especifico. Esta información se puede encontrar en la etiqueta de Información de Control de Emisiones debajo del capó o en el manual del vehículo. Si existen diferencias

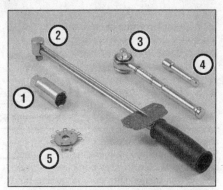

29.2 Herramientas requeridas para cambiar las bujías

1   ***Dado para la bujía*** - *Este dado tiene una esponja especial adentro para proteger la insolación de porcelana de la bujía*

2   ***Torquímetro*** - *Aunque no es necesario, usando esta herramienta es la forma mas segura de apretar las bujías apropiadamente*

3   ***Matraca*** - *Herramienta normal que se usa con el dado de bujía*

4   *Extensión - Dependiendo del modelo y de los accesorios; pueda que usted necesite extensiones especiales y uniones universales, para poder llegar a una o mas de las bujías*

5   ***Calibrador de bujías*** - *Este tipo de calibrador para chequear la luz de las bujías vienen en diferente tipos y estilos. Esté seguro que el calibrador tenga el diámetro que se necesita para su camión*

entre estas dos fuentes de información, compre la bujía especificada en la etiqueta de Control de Emisiones ya que esta información es especifica para su motor.

4   Permita que el motor se enfríe completamente antes de intentar remover las bujías. Durante este tiempo, cada una de las bujías puede ser inspeccionada por daños y las brechas chequeadas.

5   La brecha es chequeada insertando el medidor apropiado entre los electrodos en la punta de la bujía. La brecha entre los electrodos debe ser la misma que la que se otorga en la etiqueta de Control de Emisiones. El calibrador apenas debe tocar cada uno de los electrodos. Si la distancia es incorrecta, use el ajustador en el cuerpo del medidor para doblar la parte curvada o los electrodos hasta que la separación apropiada sea obtenida. Si el electrodo de un lado no está exactamente encima del electrodo central, use el calibrador para alinear a los dos.

6   Remueva la cubierta del motor para obtener acceso a las bujías.

7   Con el motor en frío, remueva el cable de la bujía de una de ellas. Haga esto agarrando la bota al final del cable, y no el cable mismo. Algunas veces es necesario torcer la bota mientras se remueve junto con la bota del cable. Usando una herramienta de remover la bota del cable es el método mas fácil y

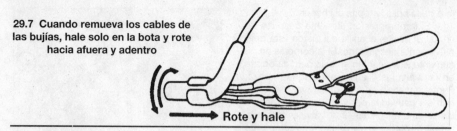

29.7 Cuando remueva los cables de las bujías, hale solo en la bota y rote hacia afuera y adentro

Rote y hale

29.11 Una manguera larga de 3/16-pulgada diámetro interior le ahorrara tiempo y prevendrá daños a las roscas cuando se instalen las bujías

seguro **(vea ilustración)**.

8   Si aire comprimido es disponible, úselo para eliminar polvo u otras partículas fuera del área de las bujías. Una bomba de aire pata bicicleta también funcionara. La idea es de eliminar la posibilidad de que el material caiga en el cilindro cuando se remueva la bujía.

9   Coloque la llave para las bujías o dado sobre la bujía y remuévala del motor girándola en la dirección contraria a las agujas del reloj.

10   Compare las bujías con aquellas presentadas en las fotografías adjuntas para obtener una indicación de la condición general del motor.

11   Debido al ángulo en que las bujías deben ser instaladas en la mayoría de los motores, la instalación será simplificada insertando el terminal del cable de la bujía nueva dentro de la manguera de goma de 3/16-pulgada, mencionada previamente, antes de ser instalada en la cabeza del cilindro **(vea ilustración)**. Este procedimiento sirve para dos propósitos: la manguera de goma le da mayor flexibilidad para el establecimiento del ángulo apropiado para la inserción de la bujía en la cabeza y, si la rosca no está alineada apropiadamente, la manguera de goma simplemente se deslizará en el terminal de la bujía cuando encuentra resistencia, impidiendo daño a la rosca de la cabeza del cilindro.

12   Después de instalar la bujía hasta el límite del alcance de la manguera, apriétela con el dado. Es una buena idea usar una llave de torsión para asegurar de que la bujía está instalada correctamente. La cantidad de torsión requerida está incluida en las Especificaciones.

13   Antes de empujar el cable de la bujía hasta el final de la bujía, inspecciónelo

siguiendo los procedimientos presentados en otros lugares en este Capítulo.

14   Instale el cable de la bujía a la nueva bujía, nuevamente girando la bota hasta que esté asentada firmemente en la bujía. Asegúrese de que el cable no pasa por encima del sistema de escape.

15   Siga el procedimiento especificado arriba para las bujías restantes, reemplazándolas una por una para evitar mezclar los cables de las bujías.

30   Alambres de las bujías - chequeo y reemplazo

1   Los cables de las bujías deben ser chequeados cada vez que las bujías nuevas son instaladas en el motor.

2   Los cables deben ser inspeccionados

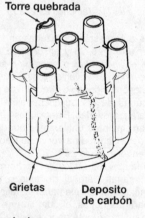

Torre quebrada

Grietas   **Deposito de carbón**

Terminales desgastadas

Deposito de carbón   **Botón del rotor desgastado o dañado**

31.1b Esta ilustración muestra algunos de los defectos comunes que deben se buscados cuando se inspeccione la tapa del distribuidor (si está en duda, compre otra)

uno por uno para no perder el orden, lo cual es esencial para el funcionamiento apropiado del motor. Cada cable de bujía original debe ser numerado para ayudar a identificar su posición. Si un número es ilegible, un pedazo de cinta puede ser marcado con el número correcto y envuelto alrededor del cable de la bujía.

3   Desconecte el cable de la bujía desde la bujía. Una herramienta para remover puede ser usada con este propósito o usted puede agarrar la bota de goma, torcerla ligeramente y halar el cable. No hale en el cable mismo, solo en la bota de goma.

4   Chequee el interior de la bota por corrosión, la cual lucirá como un polvo encrustado blanco. Algunos vehículos usan una grasa conductiva blanca, la cual no debe ser confundida por corrosión. **Nota:** *Cuando cualquier cable de la bujía en un sistema de encendido electrónico se desprende de la bujía, distribuidor o terminal de la bobina, grasa silicona (Ford no. D7Az-19A331-A o grasa de equivalente aplicación electrónica) debe ser aplicada en el interior de la superficie de la bota antes de instalar el cable al componente.*

5   Empuje el cable y la bota de regreso al final de la bujía. Debe de sentirse justo al llegar al final de la bujía. Sino, remueva el cable y use un alicate para cuidadosamente doblar el conector de metal adentro de la bota hasta que este se sienta prensado.

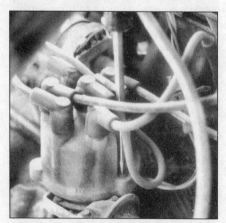

31.1a Use un destornillador para remover la tapa del distribuidor

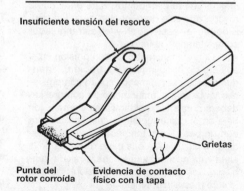

Insuficiente tensión del resorte

Grietas

Punta del rotor corroída   **Evidencia de contacto físico con la tapa**

31.1c El rotor de la ignición tiene su propio grupo de defectos que hay que buscar - los mas notables son desgaste y corrosión en la punta del rotor (si está en duda, compre otro)

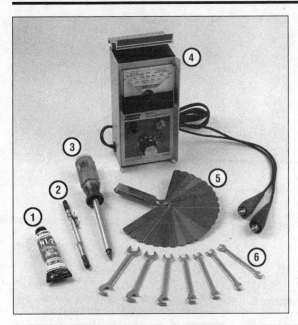

32.1 Herramientas y materiales necesarios para el reemplazo de los platinos y el ajuste del DWELL (el tiempo que los puntos están cerrados medidos en grados)

1   *Lubricante para la leva del distribuidor - Aveces este lubricante viene con el juego de platinos; pero es una buena idea comprar un tubo para tenerlo a mano en caso de que se necesite*
2   *Iniciador de tornillos - Esta herramienta tiene unos ganchos especiales para aguantar el tornillo firmemente según se comienza, para prevenir que el tornillo se caiga*
3   *Destornillador magnético - Sirve para la misma función que el numero dos mencionado anteriormente. Si usted no tiene ninguno de estos destornilladores especiales, usted está tomando el chance de que se le caiga un tornillo adentro del distribuidor*
4   *Metro para el dwell (el tiempo que los puntos están cerrados medidos en grados) Con el metro para el dwell, es la única forma correcta para determinar que tan bien están ajustados los puntos. Conecte el metro de acuerdo con las instrucciones que vienen suministradas con el*
5   *Calibrador de tipo de hoja - Estos se requieren para ajustar la brecha de los puntos (el espacio entre los puntos cuando están abiertos)*
6   *Herramientas para la ignición - Estas herramientas especiales están diseñadas para trabajar en los lugares apretados del distribuidor. Específicamente, están diseñadas para aflojar las tuercas y tornillos que aseguran los alambres a los puntos*

6   Usando un trapo limpio, limpie el cable a todo lo largo para remover polvo y grasa acumulada. Una vez que el cable está limpio, chequee por quemaduras, rajaduras u otros daños. No doble fuertemente el cable, ya que el conductor se puede romper.

7   Desconecte el cable del distribuidor. Otra vez se le recuerda, hálelo solo de la bota de goma. Chequee por corrosión y por una unión apretada en la misma forma que al final de la bota de la bujía. Reemplace el cable del distribuidor.

8   Chequee los cables de las bujías restantes, asegurándose de que están abrochados seguramente al distribuidor y la bujía una vez que el chequeo esté completo.

9   Si cables nuevos de las bujías son requeridos, compre un juego especifico para el modelo de su motor. Juegos de cables se consiguen per cortados, con las botas de goma instaladas. Remueva y reemplace los cables uno por uno para evitar equivocaciones en el orden del encendido.

31   Tapa del distribuidor y rotor - chequeo y reemplazo

Refiérase a las ilustraciones 31.1a, 31.1b y 31.1c

1   Un destornillador es usado para remover la tapa del distribuidor **(vea ilustración)**. Chequee el distribuidor y rotor por desgaste. Busque rajaduras, carreras de carbón y contactos desgastados, flojos o quemados **(vea ilustraciones)**. Reemplace la tapa y el rotor si defectos fueron encontrados. Comúnmente se instala una tapa nueva y un rotor cuando se instalan cables nuevos de las bujías.

2   Cuando esté instalando una tapa nueva, remueva los cables de la tapa vieja uno por uno e instálelos a la tapa nueva en la exacta localización - no remueva todos los cables simultáneamente de la tapa vieja o un enredo en el orden del encendido puede ocurrir.

32   Puntos de la ignición - chequeo y reemplazo

Refiérase a las ilustraciones 32.1 y 32.1

1   Los puntos de la ignición deben ser remplazados a intervalos de tiempo específicos en vehículos no equipados con encendido electrónico. Ocasionalmente, el bloque de fricción en los puntos se desgasta lo suficiente como para necesitar reajuste. Varias herramientas especiales son requeridas para reemplazar los puntos **(vea ilustración)**.

2   Después de remover la tapa del distribuidor y el rotor, los puntos y la asamblea del condensador son visibles a simple vista **(vea ilustración)**. Los puntos pueden ser examinados abriéndolos cuidadosamente para revelar la condición de la superficie de contacto. **Caución:** *El siguiente procedimiento requiere que pequeños tornillos sean removidos e instalados los cuales pueden caerse fácilmente en el distribuidor. Para encontrarlos, el distribuidor deberá ser removido y desarmado. Use un destornillador magnético o con resorte y tenga caución.*

3   Para separar el condensador, el cual debe ser reemplazado junto con los puntos, remueva los tornillos que aseguran el condensador al plato de los puntos. Afloje la tuerca o tornillo que retiene la guía del condensador y la guía primaria de la asamblea de los puntos. Remueva el condensador y brazo de la montura.

4   Remueva los dos tornillos de la montura de la asamblea de los puntos.

5   Una la asamblea nueva de los puntos al plato del distribuidor con los dos tornillos de la montura. Note que la conexión a tierra es conectada con el tornillo posterior.

6   Instale el condensador nuevo y apriete los dos tornillos de la montura.

7   Instale el alambre primario de la ignición y el alambre del condensador a la asamblea de los puntos. Asegúrese de que las conexio-

nes en forma tenedor para los alambres de la ignición primarios y el condensador no toquen el plato del distribuidor u otra superficie conectada a tierra.

8   Dos métodos de ajustar los puntos pueden seguirse. El primero y mas efectivo envuelve el uso de un instrumento llamado Dwell (tiempo en que los puntos están abiertos medidos en grado).

9   Conecte un alambre del Dwell a la terminal primaria del punto de la ignición o al lado de la terminal de la bobina del distribuidor. Conecte el otro alambre del medidor a una tierra del motor. Algunos medidores dwell pueden tener diferentes instrucciones para ser conectados, así que siempre siga las ins-

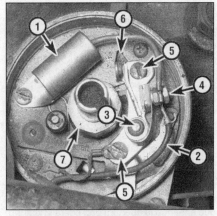

32.2 Los puntos de la ignición y los componentes relacionados son accesible después de remover la tapa del distribuidor y el rotor

1   *Condensador*
2   *Alambre principal*
3   *Asamblea de los puntos*
4   *Conexión primaria del alambre/condensador*
5   *Tornillo de la montura*
6   *Ranura para el ajuste*
7   *Punto de la leva (distribuidor)*

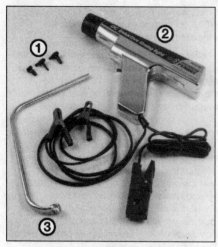

33.1 Herramientas necesarias para chequear y ajustar el tiempo

1   *Tapones de vacío - Algunas mangueras de vacío se tienen que desconectar algunas veces y ser bloqueadas, Hay tapones moldeados en diferente tamaños disponibles para este tipo de trabajo*

2   *Lampara de tiempo inductible - Deja que una luz clara, brillante y concentrada se permita cuando la bujía numero uno dispara, conecte los alambres de acuerdo con las instrucciones suministrada con la luz*

3   *Herramienta para el distribuidor - En algunos modelos, el tornillo que aguanta el distribuidor es difícil de alcanzar y girar con una herramienta o dado convencional. Una herramienta especial como esta se debe de usar*

trucciones del fabricante del instrumento.

10   Haga que un asistente trate de poner el motor en marcha o use un encendedor de control remoto y trate de poner el motor en marcha con el interruptor de la ignición.

11   Observe la lectura en el Dwell y compárela con las Especificaciones presentadas al principio de este Capítulo o en la calcomanía de afinación del motor. Si la lectura del Dwell es incorrecta, ajústela primero aflojando los dos tornillos de la asamblea un poco.

12   Mueva el plato de la asamblea de los puntos insertando un destornillador en la rajadura predispuesta y torciendo el destornillador. Cerrando la distancia en el punto aumentara la lectura en el Dwell, mientras que abriendo la apertura decrecerá la lectura.

13   Apriete los tornillos después de haber conseguido la lectura correcta y cheque el arreglo antes de reinstalar el rotor y la tapa.

14   Si un Dwell no está disponible, un calibrador palpador puede ser usado para los puntos.

15   Tenga un asistente para que trate de poner el motor en marcha en pequeños incrementos de la llave de la ignición hasta que el bloque de roce de los puntos reste en el punto más alto de la asamblea del bloque de fricción. El bloque de fricción debe estar

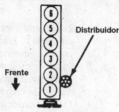

Número de los cilindros y localización del distribuidor

Distribuidor

Frente

Orden del encendido y rotación

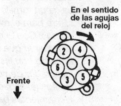

En el sentido de las agujas del reloj

Frente

Orden del encendido - 1-5-3-6-2-4

33.2a Número de los cilindros y orden del encendido para los motores de seis cilindros

exactamente en el apex de uno de los lóbulos para poder ajustar correctamente el punto. Puede que sea necesario girar la polea del frente del motor con un dado y barra de romper para posicionar el lóbulo exactamente en su posición.

16   Mida la separación entre los puntos de contacto con el calibrador correcto. Si la separación está incorrecta, afloje los dos tornillos de la montura y mueva la asamblea de los puntos hasta que la separación correcta sea obtenida.

17   Apriete los tornillos y chequee nuevamente la separación antes de instalar la tapa del distribuidor y rotor.

33   Tiempo de la ignición - chequeo y ajuste

Refiérase a las ilustraciones 33.1, 33.2a, 33.2b, 33.5a, 33.5b, 33.5c y 33.7

Nota: *El tiempo de la ignición en el sistema de encendido Duraspark III está controlado por el control electrónico del motor (EEC) y no es ajustable. La información que sigue se aplica solo a los vehículos equipados con otro tipo de sistema de ignición. El procedimiento para el chequeo y ajuste del tiempo de la ignición requiere el uso de una lampara de tiempo estroboscopio, disponible en auto partes para vehículos y negocios con equipo de renta. Ajustando el tiempo de un motor (por oído) y ajustes del tiempo estáticamente no son procedimientos aceptables hoy en día con los controles de emisiones y solo se debe de usar para poner el motor en marcha inicialmente y correr el motor después de haber sido desmantelado o el distribuidor removido.*

1   Varias herramientas, incluyendo una luz inductiva de tiempo, una llave para el perno que aguanta el distribuidor y tapones para las líneas de vacío, serán necesarios para este procedimiento **(vea ilustración)**.

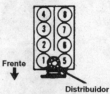

Número de los cilindros y localización del distribuidor

Frente

Distribuidor

Orden del encendido y rotación

En el sentido contrario a las agujas del reloj

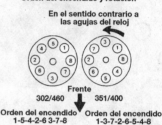

Frente

302/460   351/400

Orden del encendido   Orden del encendido
1-5-4-2-6 3-7-8   1-3-7-2-6-5-4-8

33.2b Número de los cilindros y orden del encendido para los motores V8

2   Ponga el motor en marcha y espere a que llegue a su condición de temperatura de operación normal, entonces apáguelo y conecte la luz de tiempo de acuerdo a las instrucciones de su fabricante. Los alambres normalmente van conectadas a los terminales de la batería y el cable de la bujía número uno **(vea ilustraciones)**. Al mismo tiempo refiérase a la etiqueta de información acerca del Control de Emisiones (localizada dentro del compartimiento del motor) para las especificaciones recomendadas para el tiempo de la ignición. Asegúrese de que las guías del cable para la luz de tiempo no hagan contacto con el sistema de escape y no se las pase por encima de cualquier parte en movimiento como el ventilador del radiador.

3   Remueva y taponé cualquiera de las mangueras de vacío del distribuidor (si está especificado en la etiqueta de Control de Emisiones). Use un clavo de golf, lápiz o perno para tapar cualquier línea de vacío si los tapones de goma que fueron mencionados anteriormente no están disponibles. **Peligro:** *Asegúrese de remover cualquier artículo de ropa que esté guindando como una corbata o joya, que puede ser agarrado por los componentes en movimiento del motor.*

4   Ponga el motor en marcha y asegúrese de que esté a la velocidad correcta en neutro de acuerdo a la etiqueta de Control de Emisiones.

5   Apunte la luz del tiempo a las marcas hechas para el tiempo **(vea ilustración)**. Si las marcas hechas para chequear el tiempo no se ven claramente, pare el motor y limpie el apuntador del tiempo y la polea del cigüeñal con solvente y un trapo **(vea ilustraciones)**.

6   Compare la posición de las marcas del tiempo con las especificaciones del tiempo. Si las marcas especificadas están en línea con el apuntador, el tiempo de la ignición está correcto y no es necesario hacer un ajuste. Si el tiempo está incorrecto, apague el motor.

7   Afloje el perno que aguanta al distribui-

33.5a Apunte la luz a las marcas del tiempo con el motor en marcha mínima a la velocidad especificada (tenga cuidado de no enredar los alambres de la luz del tiempo en su mano con el ventilador o bandas de la dirección

dor con una llave (una llave especial para el perno del distribuidor puede ser requerida) **(vea ilustración)**.

8   Vuelva a poner el motor en marcha y, usando la lampara del tiempo, gire el distribuidor lentamente hasta que las marcas estén alineadas.

9   Apriete el perno que aguanta el distribuidor.

10   Vuelva a poner el motor en marcha y chequee el tiempo para asegurarse de que no haya cambiado mientras se apretó el perno del distribuidor.

11   Chequee la velocidad cuando el vehículo esté en neutro para asegurarse de que no cambio significativamente. Si la velocidad a cambiado, vuelva a estipular la velocidad y vuelva a chequear el tiempo, ya que el tiempo variara con las revoluciones por minuto (rpm) del motor.

12   Reconecte todas las mangueras de vacío.

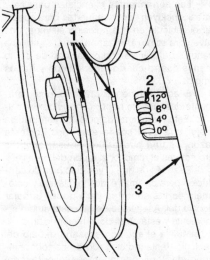

33.5b Las marcas del tiempo en los motores seis cilindros se ven así - el punto es una ranura en la polea del cigüeñal

1   Punto
2   Marcas para el tiempo
3   Banda del ventilador

34   Pernos del sistema de admisión de aire - chequeo

En los intervalos especificados los pernos del sistema de admisión de aire deben ser chequeados y apretados a la torsión especifica para prevenir perdidas en el sistema de vacío lo cual variaría la mezcla de aire/combustible. El motor debe estar completamente frío cuando se hace esto. Una llave de torsión, dados y varias extensiones, así como una unión universal y posiblemente algunas llaves abiertas, serán necesarias. Refiérase al Capítulo 2 para las ilustraciones

de la secuencia a seguir cuando los pernos son apretados y asegúrese de usar las especificaciones para la torsión presentadas en ese Capítulo también.

35   Marcha mínima y mezcla de aire/combustible - ajuste y chequeo

1   Leyes en contra de la contaminación dictan las reglas estrictas para la afinación del vehículos de trabajo ligero, incluyendo camionetas cerradas. La velocidad de la marcha mínima y la mezcla de la marcha mínima son cubiertas en estas regulaciones y una adherencia estricta al método correcto del ajuste es requerido. Debido a la gran cantidad de vehículos, modelos y combinaciones de los trenes de fuerza cubiertos en este libro, no es practico el describir cada método para la velocidad de la marcha mínima y ajuste de la mezcla. Además, ciertas áreas requieren que estos ajustes sean hechos solo por un técnico calificado usando equipo especializado para el chequeo del los gases del escape.

2   Si usted se siente calificado para hacer estos ajustes, por favor refiérase al Capítulo 4 para el procedimiento correcto de su vehículo. Las especificaciones para su vehículo particular deben estar claramente puestas en una calcomanía o plato de metal dentro del compartimiento del motor. La operación de varios equipos como el localizador del acelerador, solenoides y la conexión y desconección de las líneas de vacío, son todos variables que deben ser controlados mientras se hacen ajustes a la velocidad de la marcha mínima. No haga, bajo ninguna circunstancia, el atento de hacer ajustes al carburador o atente de impedir la operación del aparato de limitación en los tornillos de la mezcla en un esfuerzo de modificar la operación de su

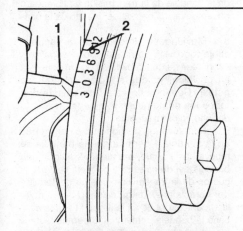

33.5c Si usted tiene un motor V8, las marcas para el tiempo y el punto se verán típicamente así (algunos V8 tienen marcas que solo son visible por debajo del vehículo

1   Punto
2   Marcas para el tiempo

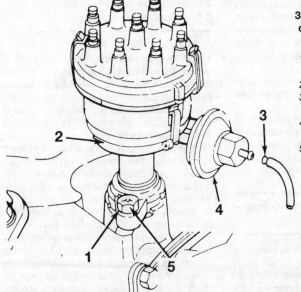

33.7 El perno de aguantar el distribuidor está localizado en la base

1   Perno de aguantar el distribuidor
2   Cuerpo del distribuidor
3   Tapón de la manguera del vacío
4   Diafragma de avance del vacío
5   La llave del distribuidor va aquí para aflojar el perno de aguantar el distribuidor

vehículo en neutro o las características de operación. Siguiendo el procedimiento especificado por el fabricante es la mejor forma de garantizar que el motor funcionará satisfactoriamente y cumplirá con todas las leyes de contaminación federal y estatal.

36   Aceite del diferencial - cambio

Nota: *Cuidadosamente lea toda esta Sección antes de empezar este procedimiento. Usted necesitará comprar el tipo y cantidad correcta de lubricante para el diferencial antes de drenar el aceite viejo del vehículo. En algunos casos usted necesitara una junta para la cubierta del diferencial y un aditivo.*

1   Este vehículo solo debe ser conducido por algunos minutos antes de drenar el aceite del diferencial. Esto calentara el aceite y asegurara que se drene del todo.

2   Mueva una bandeja para el drenaje, trapos, periódicos y herramientas debajo del vehículo. Con la bandeja para el drenaje debajo del diferencial, remueva el tapón del drenaje de abajo del bastidor. Los diferenciales Dana no tienen un tapón de drenaje, lo que indica que la cubierta del diferencial debe ser removida para poderlo drenar. Remueva el tapón de inspección/relleno para ventilar el diferencial.

3   Después de haber drenado el aceite completamente, limpie el área alrededor del agujero del drenaje con un trapo limpio e instale el tapón del drenaje. Reinstale la cubierta del diferencial con una junta nueva en diferenciales Dana.

4   Llene el diferencial (atraves del agujero de inspección) con el lubricante recomendado hasta que el nivel llegue a la parte de abajo del agujero. Chequee la etiqueta en el poste de la puerta del conductor o la etiqueta en el diferencial para determinar si su vehículo está equipado con un diferencial de tranque. Estos diferenciales requieren un aditivo adicional para suplementar el lubricante del diferencial normal (vea Lubricantes Recomendados al principio de este Capítulo). Añada la cantidad indicada de aditivo en este momento. Instale el tapón de inspección después de limpiarlo y la rosca de la caja o cubierta.

5   Después de manejar el vehículo chequee por fugas en el drenaje e inspeccione los tapones.

6   Cuando haya terminado el trabajo chequee por partículas de metal o pedazos en el aceite del drenaje, lo que indicará que el diferencial deberá ser inspeccionado y reparado (vea el Capítulo 8 para mas información).

37   Aceite de la transmisión manual - cambio

1   A los intervalos específicos de tiempo el lubricante de la transmisión deberá ser cambiado para asegurar una operación sin problema. Antes de proseguir, compre el aceite especificado para la transmisión.

2   Las herramientas esenciales para este trabajo incluyen soportes fuertes para soportar el vehículo en una posición elevada, una llave para remover el tapón del drenaje, una bandeja de drenaje con capacidad de por lo menos cuatro cuartos, periódicos y trapos limpios.

3   El aceite debe ser drenado inmediatamente después de haber conducido el vehículo. Esto removerá cualquier contaminación mejor que si el aceite esta frío. Por esta razón, es una buena idea el usar guantes protectores al remover el tapón del drenaje.

4   Después de que el vehículo ha sido conducido para calentar el aceite, elévelo y colóquelo en los soportes para poder trabajar debajo del. Asegúrese de que está sujeto firmemente y está nivelado lo mejor posible.

5   Mueva el equipo necesario debajo del vehículo, teniendo cuidado de no tocar ninguno de los componentes calientes del escape.

6   Coloque la bandeja del drenaje debajo de la transmisión y remueva el tapón. Tenga cuidado de no quemarse con el aceite.

7   Permita que el aceite fluya completamente, después reinstale el tapón y apriételo fuertemente.

8   Limpie el área alrededor del tapón para llenar la transmisión (localizado en un lado de la transmisión), después remueva el tapón.

9   Usando una jeringa o una botella de drenar, llene la transmisión hasta la parte baja del agujero para llenar la transmisión con el aceite del grado correcto.

10   Reinstale el tapón de llenar la transmisión y apriételo fuertemente.

11   Baje el vehículo y manéjelo para chequearlo, después chequee por fugas alrededor de los tapones.

12   Eche el aceite viejo dentro de recipientes con tapas (botella vieja del anticongelante, recipiente de la leche, etc.) y llévelo a una estación de servicio o centro de reclamación.

38   Flúido de la transmisión automática - cambio

Refiérase a ilustración 38.10

1   A los intervalos específicos el flúido de la transmisión debe ser cambiado y el filtro reemplazado. Ya que no hay un tapón del drenaje, la bandeja del aceite de la transmisión debe ser removida de la parte de abajo de la transmisión para drenar el flúido. En algunos modelos de la transmisión C4 el flúido puede ser drenado desconectando el tubo para llenar la transmisión de la bandeja de la transmisión. De todas formas, nosotros recomendamos, que la bandeja sea removida para hacer posible una limpieza minuciosa.

2   Antes de empezar el trabajo, compre el flúido de transmisión especifico (vea *Fluidos y lubricantes recomendados* al principio de este Capítulo) y un filtro nuevo. Las juntas necesarias deben estar incluidas con el filtro. Si no, compre una junta para la bandeja del aceite y una junta para el cuerpo del colador a la válvula.

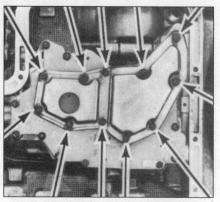

38.10 El filtro de la transmisión automática es aguantado por varios tornillos (flechas)

3   Otros aparatos necesarios para realizar este trabajo incluyen soportes fuertes para sostener el vehículo en una posición elevada, una llave para remover los pernos de la bandeja del aceite, un destornillador liso, una bandeja para el drenaje con una capacidad de por lo menos cinco cuartos, periódicos y trapos limpios.

4   El flúido debe ser drenado inmediatamente después de haber conducido el vehículo. Esto removerá cualquier sedimento acumulado mejor que si el aceite esta frío. Por esta razón, es una buena idea el usar guantes de protección. La temperatura del flúido caliente puede exceder 350 grados F en una transmisión caliente.

5   Después de que el vehículo ha sido conducido para calentar el flúido, elévelo y colóquelo en los soportes fuertes para obtener acceso debajo del.

6   Mueva el equipo necesario debajo del vehículo, tenga caución de no tocar ninguno de los componentes del escape caliente.

7   Coloque la bandeja del drenaje debajo de la bandeja de la transmisión y afloje, pero no remueva, los pernos de un lado de la bandeja.

8   Moviéndose alrededor de la bandeja, afloje todos los pernos un poco cada vez. Asegúrese de que la bandeja del drenaje está en posición, ya que el flúido empezara a gotear. Continúe en esta forma hasta que todos los pernos sean removidos, excepto por uno en cada esquina.

9   Remueva los pernos que están detrás de la bandeja y permita que la bandeja se mueva hacia abajo, drenando el flúido en la bandeja del drenaje. Si la bandeja se pega al cuerpo de la transmisión, use un destornillador para zafarla. Tenga cuidado de no rayar la superficie donde va la junta. Mientras sostiene la bandeja, remueva los pernos restantes y suelte la bandeja. Eche el flúido restante en la bandeja del drenaje. Mientras hace esto, chequee el flúido por partículas de metal, lo que indicaría que la transmisión esta dañada.

10   Ahora se puede ver el filtro/colador en el fondo de la transmisión sostenido por varios tornillos **(vea ilustración)**.

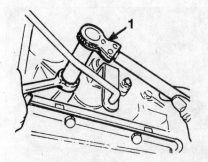

39.2 Ajuste de la banda intermedia de la transmisión automática

1 Llave de torsión

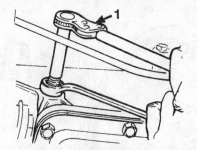

39.4 Ajuste de la banda Baja/Reversa de la transmisión automática

1 Llave de torsión

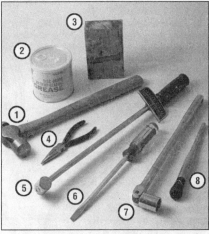

40.1 Herramientas y materiales necesario para el mantenimiento de los baleros del frente

1 **Martillo** - Un martillo común será suficiente
2 **Grasa** - Grasa de alta temperatura que tenga una formula especial para los baleros de las ruedas delantera
3 **Bloque de madera** - Si usted tiene un pedazo de madera de 2x4, se puede usar para instalar el sello nuevo
4 **Pinzas con puntas finas** - Se usan para remover el pasador de la rueda
5 **Un torquímetro** - Este es un procedimiento muy importante; si el balero está muy apretado, la rueda no girará libremente - si está muy suelta, la rueda se tambaleará en el vástago / muñón
6 **Destornillador** - Se usa para remover el sello (un destornillador largo es preferible)
7 **Dado y palanca** - Se necesita para aflojar la tuerca del vástago / muñón
8 **Cepillo** - Junto con un poco de solvente, esto se usará para remover la grasa vieja

11 Remueva los tornillos, filtro y junta.
12 Cuidadosamente limpie la bandeja del aceite de la transmisión con solvente. Chequee por partículas de metal y otros materiales extraños. Séquela con aire comprimido, si es disponible, o un trapo sin pelusa. Es importante que todo el material de las juntas restantes sea removido de la bandeja del aceite. Use un rascador una espátula para remover las juntas o el sellador.
13 Limpie la superficie de la montura del filtro en el cuerpo de válvulas. Otra vez, esta superficie debe estar suave y libre de cualquier material de junta vieja.
14 Limpie la asamblea de la rejilla con solvente, después séquelo cuidadosamente (use aire comprimido si es disponible). Filtros de papel o tipo fieltro deben ser reemplazados con nuevos.
15 Coloque el filtro nuevo o limpio en posición, con una junta nueva entre el filtro y el cuerpo de válvulas de la transmisión. Instale los tornillos de la montura y apriételos fuertemente.
16 Aplique una pequeña gota de sellador de juntas alrededor de la superficie de la montura de la bandeja, con el sellador adentro de los agujeros de los pernos. Presione la junta nueva en su lugar en la bandeja, asegurando que todos los agujeros están alineados con, los agujeros de la bandeja.
17 Posicione la bandeja en contra del fondo de la transmisión e instale los pernos de la montura. Apriete los pernos en forma cruzada. Usando una llave de torsión, apriete los pernos a la torsión especifica.
18 Baje el vehículo.
19 Abra el capó y remueva el medidor del flúido de la transmisión.
20 Es mejor añadir un poco de flúido cada vez, mientras continua chequeando el nivel del flúido. Dele tiempo al flúido para drenar en la bandeja. Añada flúido hasta que el nivel registre en el final del medidor. En la mayoría de los casos, es bueno empezar con cuatro o cinco pintas.
21 Con la palanca en Estacionamiento (Park), aplique el freno de estacionar y ponga el motor en marcha sin usar el pedal del acelerador (si es posible). No eleve el motor a altas velocidades, manténgalo en baja velocidad.
22 Presione el pedal del freno y cambie la transmisión a cada velocidad. Coloque la

palanca en Estacionamiento y chequee el medidor con el motor todavía en marcha mínima. Chequee debajo del vehículo por fugas alrededor de la bandeja de la transmisión. Añada flúido como es descrito en la Sección 5.
23 Empuje el medidor firmemente dentro del tubo y conduzca el vehículo para alcanzar la temperatura de operación normal. Estacione el vehículo en una superficie nivelada y chequee el nivel del aceite en el medidor mientras el motor esta en marcha mínima y la transmisión en Estacionamiento. El nivel debe estar en la marca de Lleno. Si no, añada mas flúido hasta alcanzar este nivel. No sobrellene.

39 Banda de la transmisión automática - ajuste

Refiérase a las ilustraciones 39.2 y 39.4

Banda intermediaria (C4, C5, C6)

1 La banda intermediaria o banda del frente es usada para mantener el engranaje estacionario para producir un segundo cambio. Si no está ajustada correctamente se notará patinaje durante el cambio de primera a segunda o cuando se baje de un cambio alto a uno bajo. Los primeros síntomas de estos problemas son cambios lentos en vez de la acción rápida.
2 Para ajustar la banda intermediaria, afloje, remueva y deseche la tuerca de cierre en el tornillo de ajuste, localizado en el lado izquierdo de la caja. Apriete los tornillos de ajuste a 10 pies-libras, después aflójelos exactamente 1-3/4 vueltas (C4), 4-1/4 vueltas (C5) o 1-1/2 vueltas (C6). Instale una tuerca nueva de cierre y apriétela a 35 a 45 pies-libras mientras sostiene los tornillos de ajustar para evitar que giren **(vea ilustración)**.

Banda baja/reversa

3 La banda baja o reversa funciona cuando la palanca se coloca en las posiciones de Baja o Reversa. Si no está ajustada correctamente el vehículo no se moverá cuando la palanca está en Reversa.
4 Para ajustar esta banda, remueva las tuercas de cierre de los tornillos de ajustar (localizados en el lado derecho de la caja) y

deséchelas. Apriete los tornillos de ajustar, 10 pies-libras y luego aflójelos exactamente tres vueltas. Instale una tuerca nueva de cierre y apriétela de 35 a 45 pies-libras mientras sostiene el tornillo de ajustar para evitar que gire **(vea ilustración)**.

40 Baleros de las ruedas - chequeo y lubricación

Refiérase a las ilustraciones 40.1, 40.2, 40.6, 40.7, 40.8a, 40.8b, 40.9, 40.11 y 40.15

1 En la mayoría de los casos los baleros de las ruedas delanteras no necesitarán servicio hasta que las pastillas de los frenos sean cambiadas. De todas formas, los baleros deben ser chequeados cada vez que las ruedas delanteras sean elevadas por cualquier razón. Varios aparatos son requeridos para este procedimiento, incluyendo una llave de torsión y grasa especial **(vea ilustración)**.

1

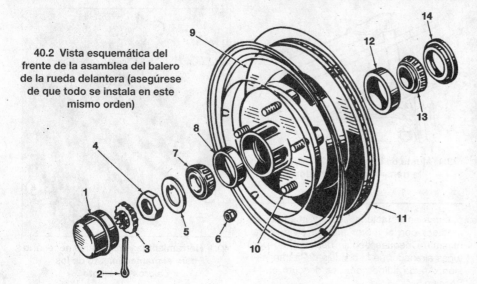

40.2 Vista esquemática del frente de la asamblea del balero de la rueda delantera (asegúrese de que todo se instala en este mismo orden)

1   Tapa de grasa
2   Pasador
3   Tuerca de cierre
4   Tuerca del vástago
5   Arandela
6   Tuerca
7   Balero externo
8   Pista de rodamiento del balero externo
9   Asamblea del cubo y rotor
10 Perno del cubo
11 Pista de rodamiento del balero interno
12 Balero interno
13 Sello interno

40.6 Removiendo la tapa de grasa del cubo con alicates de bomba de agua (también se puede usar un destornillador para forzarla si es necesario)

2   Con el vehículo asegurado en soportes fuertes, gire la rueda y chequee por ruido, resistencia al girar y juego libre. Ahora agarre la parte de arriba del neumático con una mano y con la otra la parte de abajo. Mueva la rueda hacia adentro y afuera del rotor. Si se mueve 0.005 pulgada, los baleros deben ser chequeados, entonces los baleros deben ser empacados con grasa y reemplazados si es necesario (**vea ilustración**).

3   Para remover los baleros para ser reemplazados y empacados, empiece removiendo la tapa del cubo y el neumático.

4   Remueva la mordaza del freno como fue descrito en el Capítulo 9.

5   Use un cable para guindar la mordaza fuera de alcance. Tenga cuidado de no doblar o dañar la manguera del freno.

6   Fuerce la tapa de la grasa hacia afuera del cubo con un destornillador o alicate grande. Esta tapa está localizada en el centro del cubo (**vea ilustración**).

7   Use alicates con puntas delgadas para enderezar los dobladillos del pasador de la chaveta y remuévalo de la tuerca de cierre (**vea ilustración**). Deseche el pasador de la chaveta, ya que uno nuevo debe ser usado en el proceso de ensamblado.

8   Remueva la tuerca de cierre, la tuerca y arandela del rotor al final del rotor (**vea ilustraciones**).

9   Hale la asamblea del cubo un poco y después regrésela a su posición original. Esto debe forzar al balero exterior afuera del rotor lo suficiente como para removerlo con los dedos (**vea ilustración**). Remueva el balero exterior, viendo como se instala en el lado del rotor.

10   Hale la asamblea del cubo hacia afuera del rotor.

40.7 Remueva el pasador, . . .

11   En la parte de atrás del cubo, use un martillo y destornillador para forzar el sello interno (**vea ilustración**). Mientras hace esto, fíjese en la dirección en que el sello esta instalado.

12   Ahora el balero interno puede ser removido del cubo, nuevamente fíjese como va instalado.

13   Use solvente limpio para remover cual-

40.8a . . . la tuerca de cierre . . .

40.8b . . . y la tuerca del rotor, después remueva el cubo para remover el balero externo y la arandela

40.9 Empuje el cubo de regreso en el rotor y remueva la arandela y el balero

40.11 Use un martillo y un destornillador para remover el sello trasero del cubo

40.15 Empaque el balero con grasa hasta que esté lleno

quier traza de grasa vieja del balero, cubo y rotor. Un cepillo pequeño puede ser útil. Asegúrese de que ninguna de las cerdas del cepillo se queden en los balines del balero. Permita que las partes se sequen.

14   Cuidadosamente inspeccione los baleros por rajaduras, decoloración a causa del calor, balines con pedazos que falten, etc. Chequee la carrera del balero dentro del cubo por rajaduras, pedazos que falten y superficies desiguales. Si las carreras del los baleros necesitan ser reemplazadas, lleve el cubo a un taller de reparación que pueda prensar las carreras nuevas en su lugar.

15   Use una grasa aprobada para alta temperatura para el balero de la rueda delantera para empacar los baleros. Trabaje la grasa hacia adentro de los baleros, forzándola entre los balines, cono y celda **(vea ilustración)**.

16   Aplique una ligera capa de grasa al rotor y en el lugar donde va el balero externo, el interno, respaldo y sello.

17   Coloque una pequeña cantidad de grasa dentro de las carreras de los baleros en el cubo. Usando sus dedos, cree una represa para proveer extra grasa y evitar que grasa fina fluya hacia fuera del balero.

18   Coloque el balero interno empacado con grasa dentro de la parte de atrás del cubo y ponga un poco mas de grasa afuera del balero.

19   Coloque un sello nuevo sobre el balero interno y golpee el sello ligeramente con un pedazo de madera liso y un martillo hasta que uno sobresalga del cubo.

20   Cuidadosamente coloque la asamblea del cubo en el rotor y empuje el balero externo empacado con grasa en posición.

21   Instale la arandela y tuerca del rotor. Apriete la tuerca ligeramente (22 a 25 pies-libras de torsión).

22   Rote el cubo hacia adelante para asentar los baleros y remover cualquier grasa que pueda causar movimiento excesivo en el balero más tarde.

23   Ponga un poco de grasa en la parte de afuera del balero externo para tener extra grasa disponible.

24   Chequee que la tuerca del rotor todavía sigue apretada (22 a 25 pies-libras).

25   Afloje la tuerca del rotor exactamente 1/8 vuelta.

26   Usando solo su mano (no una llave) apriete la tuerca. Instale un nuevo pasador de tipo chaveta atravez del agujero del rotor y la tuerca. Si las ranuras de las tuercas no están alineadas con los agujeros en el rotor, afloje las tuercas ligeramente hasta que estén alineadas. La tuerca que fue apretada con la mano no debe aflojarse más de una media vuelta para instalar el pasador de la chaveta.

27   Doble el final del pasador hasta que esté nivelado con la tuerca. Corte si está extra largo para que no interfiera con la tapa para el polvo.

28   Instale la tapa para el polvo, golpeándola suavemente en su lugar con un martillo.

29   Reinstale la mordaza de los frenos como se describió en el Capítulo 9.

30   Instale la asamblea neumático/rueda y apriete las tuercas de cierre.

31   Agarre la parte de arriba y abajo del neumático y chequee los baleros en la misma forma descrita al principio de esta Sección.

32   Baje el vehículo al suelo y apriete completamente las tuercas. Instale la tapa del cubo, usando un martillo de goma.

1

Notas

Capítulo 2 Parte A
Motores de 6 cilindros en línea

Contenidos

2A

Especificaciones

Nota: *Se pueden ver especificaciones adicionales en el Capítulo 2, Parte C*

Árbol de levas y engranajes de propulsión

Juego axial del árbol de levas	0.009 pulgada máximo
Punto muerto entre el engranajes del árbol de levas y del cigüeñal	0.002 a 0.004 pulgada
Límite de excentricidad del engranaje del árbol de levas (ensamblado)	
Hasta 1976	0.006 pulgada TIR
1977 y más recientes	0.005 pulgada TIR
Límite de excentricidad del engranaje del cigüeñal (ensamblado)	
Hasta 1976	0.003 de pulgada TIR
1977 y más recientes	0.005 de pulgada TIR

Bomba de aceite

Canal exterior entre el aro de rodamiento y la carcaza	0.001 a 0.013 pulgada
Juego final de la asamblea del rotor del rotor	0.004 pulgada máximo
Juego final del balero del eje a la carcaza	0.0015 a 0.0030 pulgada
Tensión del resorte de desahogo	20.6 a 22.6 libras @ 2.49 pulgadas
Válvula de alivio	0.0015 a 0.0030 pulgada

Par de Torsión

	Pies-Libras (como único que se indique de otra manera)
Pernos entre plato flexible del árbol de levas y el bloque del motor	9 a 12
Pernos de la tapa de los engranes del tiempo	12 a 18
Pernos de la cabeza de los cilindros	
Hasta 1973	70 a 75
1974 a 1979	70 a 85
1980 y más recientes	
Primer paso	55
Segundo paso	65
Tercer paso	85
Perno del amortiguador de vibraciones al cigüeñal	130 a 150
Pernos de la bomba de combustible al bloque	12 a 18
Pernos del volante al cigüeñal	75 a 85
Pernos del múltiple de escape a la tapa de los cilindros	
Hasta 1976	23 a 28
1977 a 1981	28 a 33
1982 y más recientes	22 a 32
Pernos inferiores del múltiple de admisión (1987 y más moderno)	22 a 32

Numeración de los cilindros y ubicación del distribuidor

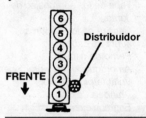

Orden de encendido y rotación

Orden de encendido – 1-5-3-6-2-4

Número de cilindros y orden de encendido para los motores de seis cilindros

Par de Torsión (continuación)

Pies-Libras (como único que se indique de otra manera)

Pernos entre los múltiples de admisión y de escape............................	28 a 32
Pernos del múltiple de admisión a la tapa de los cilindros	
Hasta el modelo 1976	23 a 28
1977 y más recientes	22 a 32
Pernos de la inserción del filtro de aceite al bloque/adaptador	
Hasta el modelo 1984	20 a 30
1985 y más recientes	15 a 35
Pernos del adaptador para el filtro de aceite al bloque......................	40 a 50
Pernos del cárter del aceite al bloque	10 a 12
Pernos de la cacerola del aceite al bloque (1987 y más moderno)........	15 a 18
Pernos del tubo de aceite a la bomba (de aceite).............................	10 a 15
Pernos de la bomba de aceite al bloque...	10 a 15
Pernos de la placa - cubierta de la bomba de aceite	
Hasta 1973	9 a 15
1973 y más recientes	6 a 14
Pernos entre la polea y el amortiguador...	35 a 50
Pernos de tapa de los balancines...	4 a 7
Pernos de tapa de las varillas de empuje...	15 a 20 pulgadas-pies
Pernos entre el soporte del alternador y el bloque.............................	30 a 45
Perno de la varilla de ajuste del alternador al bloque.........................	19 a 27
Perno de la varilla de ajuste al alternador..	24 a 40
Perno del soporte de la bomba "thermactor" al bloque.......................	22 a 32
Perno pivote de la bomba "thermactor"...	30 a 35
Perno entre la bomba "thermactor" y la varilla de ajuste	22 a 32
Perno entre la polea y el cubo de la bomba "thermactor"	12 a 18
Rosca del pasador de balancín (modelos 1979 y más recientes)	17 a 23
Par de torsión de rotura de la tuerca del pasador de balancín	4.5 a 15

Componentes externos típicos de un motor de seis cilindros en línea - vista esquemática

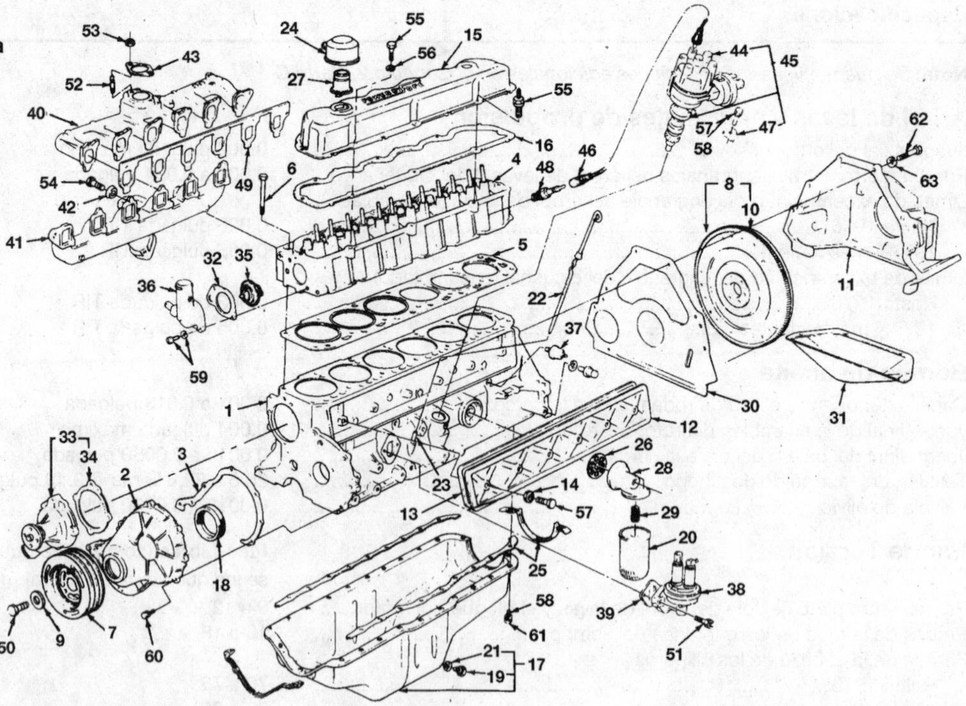

1   Bloque del motor
2   Tapa de los engranajes del tiempo
3   Junta
4   Cabeza de los cilindros
5   Junta de cabeza
6   Perno de cabeza
7   Amortiguador de vibraciones
8   Volante/plato flexible
9   Arandela
10   Engranaje anular
11   Carcaza
12   Tapa de la varilla de empuje
13   Junta
14   Arandela aislante
15   Tapa de los balancines
16   Junta
17   Cárter de aceite
18   Sello de aceite delantero del cigüeñal
19   Obturador de purga
20   Filtro de aceite
21   Junta
22   Varilla de chequeo de nivel del aceite

23   Tubo de la varilla de chequeo de nivel del aceite
24   Tapa del orificio de adición de aceite/respiradero
25   Junta del cárter de aceite
26   Junta del adaptador del filtro
27   Adaptador del filtro
28   Adaptador del filtro
29   Soporte del filtro

30   Placa posterior
31   Tapa de polvo
32   Junta
33   Bomba de agua
34   Junta
35   Termostato
36   Carcaza del termostato
37   Dispositivo de emisión de presión del aceite
38   Bomba de combustible
39   Junta
40   Múltiple de admisión

41   Múltiple de escape
42   Espaciador
43   Junta
44   Tapa del distribuidor
45   Distribuidor
46   Cables de bujías
47   Retenedor del distribuidor
48   Bujía
49   Junta del múltiple
50   Perno
51   Perno y arandela
52   Espárrago

53   Tuerca
54   Perno
55   Perno
56   Arandela
57   Perno
58   Arandela
59   Perno
60   Perno
61   Perno
62   Perno
63   Arandela

Componentes internos típicos de un motor de 6 cilindros en línea - vista esquemática

1   Bloque del motor
2   Tapa de los engranajes del tiempo
3   Tapones blandos
4   Cabeza de los cilindros
5   Junta de cabeza
6   Perno de cabeza
7   Conjunto de pistón
8   Espárrago de pistón
9   Conjunto de aros de pistón
10 Vara de conexión
11 Cojinete
12 Tuerca
13 Perno
14 Árbol de levas
15 Engranaje
16 Cojinete de árbol de levas
17 Espaciador
18 Obturador
19 Plato flexible
20 Cigüeñal
21 Engranaje
22 Anillo salpicador contra aceite
23 Amortiguador de vibración
24 Cojinete principal
25 Cojinete de impulsión
26 Perno de la tapa del cojinete principal
27 Volante/plato flexible
28 Arandela
29 Perno
30 Engranaje anular
31 Varillas de empuje
32 Válvula de escape
33 Válvula de admisión
34 Resorte de válvula
35 Retenedor
36 Retenedores
37 Espárrago de balancín
38 Asiento de fulcro

39 Tuerca del espárrago
40 Balancín
41 Varillas de empuje
42 Sello de vástago de la válvula
43 Bomba de aceite
44 Rotor y eje de propulsión de la bomba de aceite
45 Tapa de la biela
46 Tapa de la bomba de aceite
47 Eje intermedio de la bomba de aceite
48 Tubo de toma de aceite
49 Junta
50 Anillo de retención

51 Obturador
52 Resorte de la válvula de alivio
53 Pistón
54 Sello de aceite posterior del cigüeñal
55 Cojinete piloto del embrague
56 Tapa del cojinete principal
57 Perno
58 Arandela
59 Perno
60 Chaveta Woodruff (chaveta de medialuna)
61 Chaveta Woodruff (chaveta de medialuna)

2A

1   Información general

Esta Parte del Capítulo 2 se dedica a procedimientos de reparación para los motores de seis cilindros en línea, así también como a los pasos de remover e instalar. Toda información concerniente a reparaciones/servicios del bloque y de la tapa de los cilindros se encuentran en la Parte C de este Capítulo.

Muchos de los procedimientos inclusos en esta Parte surgen de la presunción de que el motor queda instalado en el vehículo. Por lo tanto, si se usara esta información durante rectificación completa del motor, con el motor removido del vehículo y mantenido sobre un estante, muchos de los pasos que se han incluido aquí no pertenecerán.

Las especificaciones que se incluyeron en esta Parte del Capítulo 2 pertenecen sólo a los motores y procedimientos de los que aquí se trata. Refiérase a la Parte B para información perteneciente a los motores V8. Las especificaciones necesarias para reconstruir el bloque y la tapa de los cilindros se incluyeron en la Parte C.

Durante los años de los modelos tratados en este manual, se instalaron tres versiones del motor Ford de seis cilindros en línea en las camionetas cerradas. El motor de 240 pulgadas se ofreció hasta el año 1975. Los motores de servicio liviano y pesado de 300 pulgadas se ofrecieron en todos los vehículos (los motores de servicio pesado no se ofrecieron en California).

Todos los motores de seis cilindros (**vea ilustraciones**) tienen un bloque hecho de hierro fundido de alta calidad. El cigüeñal está soportado por siete cojinetes principales. Los motores de servicio liviano de 240 y 300 pulgadas tienen un cigüeñal de hierro nodular, mientras los modelos de servicio pesado disponen de un cigüeñal de acero forjado. Los pistones se fabricaron de una aleación de aluminio y acero integrado en el pistón. Los balancines están montados en pivotes de pasador de bola, con pasadores de parada positiva instalados a partir del modelo 1978. Los buzos son accionados hidráulicamente y auto ajustable. Los engranajes del tiempo son helicoidales. Los motores de servicio pesado de 300 pulgadas disponen con rotadores de válvulas de escape, de pistones de servicio pesado, de válvulas especiales, y de un radiador de tamaño más grande.

2   Resortes de válvulas, retenedores y sellos - reemplazo (en el vehículo)

Refiérase a la ilustración 2.10
Nota: *Los resortes y retenedores de válvula rotos o los sellos de válvulas defectuosos se pueden reemplazar sin remover la tapa de los cilindros en los motores que no tienen daños*

en las válvulas o sus asientos. Se requiere de dos herramientas especiales y de una fuente de aire comprimido para realizar esta operación, así que lea esta Sección atentamente y alquile o compre las herramientas antes de comenzar el trabajo.

1   Remueva la cubierta del motor y el filtro de aire.

2   Remueva el resorte de retorno del cable del acelerador.

3   Remueva el acoplador del cable del acelerador en el carburador.

4   Desconecte el cable del acelerador en el carburador.

5   Desacople la válvula PCV (ventilación positiva del cárter) de la tapa de los balancines y remueva la tapa.

6   Remueva la bujía del cilindro con el componente defectivo.

7   Haga avanzar el motor hasta que el pistón en el cilindro con el componente defectivo se encuentre en el TDC (punto muerto superior) de su carrera de compresión (refiérase a la Sección 23 en el Capítulo 2C). Note que hay que marcar el distribuidor en el lado opuesto al terminal adecuado y no necesariamente el número uno.

8   Instale un adaptador especial para conectar una línea de aire al orificio para la bujía y conecte la línea a un compresor de aire. Remueva la tuerca del espárrago del balancín, el asiento del fulcro, el balancín y las varillas de empuje.

9   Aplique aire comprimido al cilindro. Si el motor avanza hasta que el pistón quede en su punto muerto inferior, tome mucho cuidado de no dejar caer la válvula dentro del cilindro, ya que caerá hasta el fondo. No alivie la presión del aire o se caerá la válvula a través de la guía.

10   Comprima el resorte de la válvula con la herramienta especial diseñada para este propósito **(vea ilustración)**.

11   Remueva los fijadores, el retenedor de resorte y el resorte de la válvula, y al final el sello del asiento del vástago de la válvula. **Nota:** *Si fallara la presión del aire de mantener la válvula en su posición cerrada durante esta operación, puede tener daño el asiento de la válvula. Si existe esta condición, remueva la tapa de los cilindros para hacer reparaciones adicionales.*

12   Si la presión del aire ha forzado el pistón hasta el fondo del cilindro, envuelva una liga, una goma o cinta, alrededor del extremo superior del vástago de la válvula para evitar su caída dentro del cilindro. Libere la presión del aire.

13   Inspeccione el vástago de la válvula para descubrir daños. Haga rotar la válvula en su guía para chequear el vástago y ver si tiene rotación excéntrica, lo que indicaría que la válvula esta torcida.

14   Mueva la válvula hacia abajo y hacia arriba a través de su trayectoria normal y chequee que la guía y el vástago de la válvula no se atoren. Si el vástago se atora, o está torcida la válvula o está dañada la guía y habrá que remover la tapa de los cilindros para remediar la condición

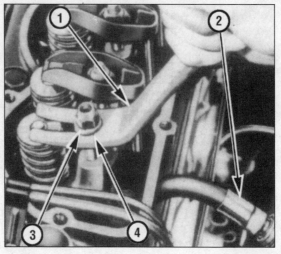

2.10 El resorte de la válvula se puede comprimir con una herramienta especial para remover los retenedores durante tareas de servicio de sellos con la cabeza de los cilindros instalada (note el adaptador de línea de aire que permite presionar el cilindro desde una fuente externa con aire comprimido)

1   Herramienta - T62F-6565-A (6513-HH)
2   Adaptador de línea de aire
3   Tuerca del espárrago del balancín
4   Asiento del fulcro

15   Aplique aire comprimido al cilindro para mantener la válvula cerrada.

16   Lubrique el vástago de la válvula con aceite para motores e instale un sello nuevo en el vástago de la válvula.

17   Instale el resorte en su posición sobre la válvula. Asegúrese que el extremo cerrado del resorte quede puesto del lado de la tapa de los cilindros.

18   Instale el retenedor del resorte de válvula. Comprima el resorte de válvula, usando un compresor de resorte de válvula, e instale los fijadores del resorte de la válvula. Remueva el compresor de resorte de la válvula y Asegúrese que los fijadores del resorte estén bien asentados.

19   Aplique aceite para motores en ambos extremos de la varilla de empuje.

20   Instale la varilla de empuje.

21   Aplique aceite para motores en el extremo del vástago de la válvula.

22   Aplique aceite para motores en los asientos del fulcro y el dado.

23   Instale el balancín, el asiento del fulcro y la tuerca del espárrago. Ajuste el juego libre de la válvula siguiendo el procedimiento en el Capítulo 2, Parte C. Ningún ajuste es necesario en los modelos del 1979 hasta 1986; apriete la tuerca del espárrago del balancín al par de torsión especificado.

24   Remueva el suplemento de aire comprimido y el adaptador del orificio de la bujía.

25   Instale la bujía y reconecte el cable de la bujía.

26   Instale una junta nueva en la tapa de los balancines y reinstale la tapa en su posición sobre el motor.

27   Conecte el cable del acelerador al carburador.

28   Instale el resorte de retorno del cable del acelerador. Conecte el cable del regulador de aire al carburador.

29   Instale la válvula PCV sobre la tapa de los balancines y Asegúrese que el tubo conectado a la válvula PCV esté correctamente conectado en ambos extremos.

30   Instale el filtro de aire.

31   Ponga el motor en marcha, asegurándose que no haya fugas de aceite y que no

haya ruidos extraños provenientes del tren de válvulas.

3   Múltiples de admisión y de escape - remover e instalar

Refiérase a la ilustraciones 3.14 y 3.34

Remover

1   Remueva la cubierta del motor, el filtro de aire y sus componentes.

2   Desconecte el cable del regulador de aire del carburador.

3   Desconecte el cable del acelerador o el acoplador en el carburador. Remueva el resorte de retorno del cable del acelerador.

4   Remueva el resorte de retorno de la varilla de rebase y eje de rebase de su acoplamiento en el carburador.

5   Desconecte del tubo de admisión de combustible del carburador.

6   Desconecte el tubo de avance de vacío para el distribuidor del carburador.

7   Desconecte el tubo de escape del múltiple de escape y sopórtelo de costado.

8   Desconecte el tubo de vacío del amplificador de frenos desde el múltiple de admisión.

9   Remueva los diez pernos y tres roscas que retienen los múltiples a la cabeza de los cilindros. Separe los ensamblaje de múltiples del motor.

10   Remueva completamente las juntas de las superficies de contacto de los múltiples. Si los múltiples se han de reemplazar o cambiar, remueva las tuercas que conectan el múltiple de admisión al de escape.

Instalación

11   Instale espárragos nuevos para el tubo de escape en el múltiple de escape.

12   Si se han separado los múltiples de admisión y de escape, cubra las superficies de contacto con grasa de grafito. Ponga el múltiple de escape sobre los espárragos en el múltiple de admisión. Conecte ambos múltiples con las arandelas y roscas de seguri-

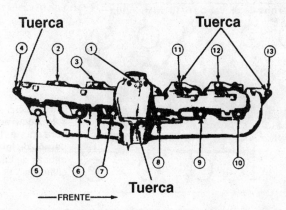

Tuerca Tuerca Tuerca

←FRENTE→

3.14 Secuencia para apretar los pernos/tuercas del múltiple

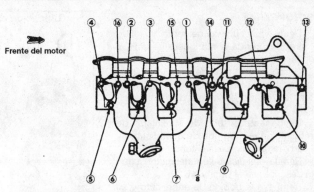

Frente del motor

3.33 Secuencia de como apretar los pernos del múltiple de escape y de admisión - en los motores de seis cilindros en línea (1987 en adelante)

dad. Apriete las roscas a mano.

13 Instale la junta entre el múltiple de admisión y la cabeza de los cilindros.

14 Cubra las superficies de contacto con una leve capa de grasa de grafito. Coloque los conjuntos de múltiples contra la superficie de contacto en la cabeza de los cilindros, asegurando que las juntas estén correctamente colocadas. Instale las arandelas, los pernos y las roscas, ajustándolas a mano y asegurando que todos los componentes estén debidamente alineados. Apriete las roscas y los pernos al par de torsión especificado en el orden indicado (**vea ilustración**). Apriete las roscas entre los múltiples de escape y de admisión al par de torsión especificado (si se han removido).

15 Ponga una junta nueva en el tubo de escape y sujete el tubo al múltiple de escape.

16 Conecte el tubo de ventilación de la caja del cigüeñal al tubo de entrada del múltiple de admisión y apriete la abrazadera.

17 Conecte la línea de combustible al carburador.

18 Instale el tubo de vacío del distribuidor en el acoplamiento del carburador.

19 Conecte el cable del acelerador al carburador e instale el resorte de retorno. Conecte el cable del regulador de aire al carburador y ajuste el regulador.

20 Instale el conjunto de la manivela y el resorte de retorno de la barra de rebase.

21 Ajuste el acoplamiento del control de rebase de la transmisión, según está descripto en el Capítulo 7.

22 Instale el filtro de aire. Reajuste la velocidad de la marcha mínima del motor y la mezcla de la marcha mínima, según está descripto en el Capítulo 4.

Múltiple de admisión - remover e instalar EFI (inyección de combustible electrónica) solamente

23 Asegúrese que la ignición está apagada, entonces desconecte el cable negativo de la batería desde la batería.

24 Remueva la tapa del llenador de combustible para aliviar la presión del depósito de combustible.

25 Desconecte el cable del acelerador y remueva el soporte de cable.

26 Remueva el múltiple de admisión superior y el cuerpo del acelerador.

27 Mueva el arnés de vacío lejos del múltiple de admisión inferior.

28 Alivie la presión de combustible desde el sistema de combustible (vea Capítulo 4).

29 Remueva el múltiple de enfriar el inyector desde la sujeción del anillo.

30 Remueva los dieciséis pernos que adjuntan ambos múltiples de escape y de admisión inferior a la cabeza de los cilindros. No remueva los pernos que adjuntan solamente los múltiples de escape.

31 Separe el múltiple inferior de admisión desde la cabeza de los cilindros.

32 Remueva todos los rasgos del material viejo de junta con una espátula, entonces limpie las superficies de contacto con removedor de barniz o acetona. Chequee las superficies de contacto del múltiple de admisión inferior y la cabeza de los cilindros por mellas y otros daños que puedan impedir un sello apropiado.

33 Limpie y lubrique las roscas de los pernos de múltiple.

34 Coloque el múltiple de admisión inferior y una junta nueva en la cabeza de los cilindros e instale los pernos. Apriete los pernos a la torsión especificada en la sucesión mostrada (**vea ilustración**).

35 Los pasos restantes para la instalación es la operación opuesta de como se removió.

4 Volante/plato de flexible - remover e instalar

Nota: *Estas instrucciones sólo tienen valor en el caso en que se haya removido el motor del vehículo. Si el motor queda en el vehículo, la transmisión, la carcaza y el conjunto del embrague deben de removerse para exponer el volante (refiérase al Capítulo 7). Los vehículos equipados con transmisiones automáticas, disponen de un plato flexible en vez de un volante. Este volante/plato flexible se puede separar del cigüeñal removiendo*

los pernos de instalación. Si los dientes del engranaje están gastados o dañados, o si el volante/plato flexible está dañado, reemplácelo con uno nuevo y apriete los pernos de instalación al par de torsión especificado.

1 Marque el volante y el extremo del cigüeñal con un punzón para asegurarse que se reinstalen en la misma posición relativa.

2 Para evitar que gire el cigüeñal, introduzca un destornillador grande entre el engranaje anular y el bloque del motor. Se debe de poner en posición de manera que, cuando gire el cigüeñal, el destornillador presione contra el bloque. Asegúrese que el destornillador no se empuje contra el cárter del aceite. Otro método de prevenir la rotación del cigüeñal necesita que se retenga el perno de retención de la polea con una llave grande o un dado y palanca. Este método requiere de un asistente. **Peligro:** *Soporte el volante antes de proceder al paso siguiente, ya que podría caer y dañarse o causar daños.*

3 Remueva los pernos del volante desde el cigüeñal.

4 Remueva el volante desde el cigüeñal tirándolo hacia atrás.

5 Inspeccione la superficie de contacto del embrague por rayones, marcas de calor, cuarteaduras y abaleo. Si cualquiera de estas condiciones existen, el volante del motor se debe de llevar a un taller de rectificaciones automotriz para ser rectificado (o reemplazado con uno nuevo). Si el volante está agrietado se debe de reemplazar con uno nuevo.

6 La instalación se hace en el orden inverso al procedimiento de desensamble. Los pernos de instalación se deben de cubrir con un compuesto líquido para atorar las roscas y ser apretados en un patrón de cruce al torque especificado.

5 Balancines y tapas para las varillas de empuje — remover e instalar

Nota: *En algunos modelos es necesario remover el cable del acelerador y su ménsula para tener el espacio para remover la tapa de los balancines.*

Remover

1   Remueva la cubierta del motor y el filtro del aire, desprenda la manguera de la PCV de la tapa de los balancines.
2   Desconecte el tubo de ventilación de la tapa del orificio para añadir aceite y remueva la tapa del orificio de la tapa de los balancines.
3   Desconecte el tubo de suministro de combustible de la bomba de combustible y del carburador. Remueva el tubo.
4   Remueva el distribuidor del motor según está descripto en el Capítulo 5.
5   Remueva la bobina de encendido y su ménsula del costado del motor.
6   Remueva los pernos que fijan la tapa de los balancines a la cabeza de los cilindros.
7   Separe la tapa de los balancines de la cabeza de los cilindros y remueva completamente los restos de la junta de las superficies de contacto.
8   Remueva los pernos de la tapa de las varillas de empuje en el lado izquierdo del motor.
9   Separe la tapa de las varillas de empuje del costado del motor y remueva los restos de la junta de la tapa y del bloque.

Instalación

10   Pegue una junta nueva a la tapa de las varillas de empuje. Un sellador de tipo RTV (compuesto obturado vulcanizador a temperatura de ambiente) mantendrá la junta bien localizada.
11   Coloque la tapa en su sitio sobre el motor y apriete los pernos igualmente y seguramente.
12   Instale una junta nueva en la tapa de los balancines. Un sellador de tipo RTV mantendrá la junta bien localizada.
13   Instale la tapa de los balancines sobre la cabeza de los cilindros, asegurando de que los orificios para los pernos queden bien alineados.
14   Instale los pernos de la tapa de los balancines y ajústelos al par de torsión especificado.
15   Instale los componentes listados en los Pasos 1 a 5 en el orden inverso.
16   Ponga en marcha el motor y déjelo correr hasta que llegue a temperatura normal de operación. Chequee que no haya fugas de aceite en las tapas de las varillas de empuje y de los balancines.

---

6   Balancines y varillas de empuje - remover, inspección e instalación

---

1   Remueva la tapa de los balancines según está descrito en la Sección previa.
2   Remueva la tuerca del espárrago de balancín, el asiento del fulcro y el balancín de cada uno de los cilindros. Manténgalos en orden o márquelos si los ha de reinstalar para que se reinstalen en sus posiciones originales.
3   Inspeccione cada balancín para ver si

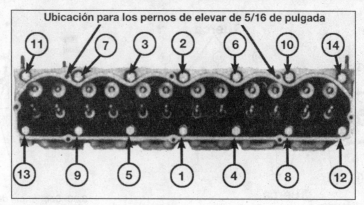

Ubicación para los pernos de elevar de 5/16 de pulgada

7.24 Secuencia para apretar los pernos de la cabeza de los cilindros

no hay desgasto o daños excesivos.
4   Asegúrese que quede abierto el orificio para el aire en el extremo del balancín que conecta con las varillas de empuje.
5   Inspeccione cada balancín y fulcro por daños y chequee que no haya desgastos en la superficie de contacto entre los dos. Si existieran estas condiciones, reemplace los balancines y los fulcros en conjunto.
6   Para remover las varillas de empuje, tírelas hacia arriba fuera del espacio de las varillas de empuje y a través de la cabeza del cilindro.
7   Inspeccione las varillas de empuje para ver si no están torcidas, rajados, o excesivamente desgastadas. Si existe cualquiera de estas condiciones, reemplácelas con nuevas.
8   Aplique aceite de motor u otro lubricante adecuado al extremo superior de cada varilla de empuje y en sus guías en la cabeza de los cilindros.
9   Aplique un lubricante adecuado a los asientos del fulcro de los balancines y a la hendiduras de los asientos del fulcro en los balancines.
10   Instale cada varillas de empuje (con lubricante en cada extremo).
11   Instale cada balancín, asientos el fulcro y tuerca del espárrago y apriete las tuercas al par de torsión especificado.
12   Reemplace la tapa de los balancines y su junta según está descrito en la Sección previa.

---

7   Cabeza de los cilindros - remover e instalar

Refiérase a la ilustración 7.24

Remover

Nota: *Si el motor se ha removido del vehículo, puede saltarse desde los Pasos 1 al 14 y comenzar con el Paso 15. Si el motor todavía está instalado en el vehículo, abra el capó, remueva la cubierta del motor y cubra los asientos para evitar daños.*
1   Drene el sistema de enfriamiento (vea Capítulo 1).
2   Remueva el filtro de aire y desconecte las mangueras del filtro de aire.
3   Desconecte la válvula PCV de la

cubierta de los balancines y remueva la válvula.
4   Desconecte la manguera de ventilación del tubo de entrada del múltiple de admisión y remuévala.
5   Desconecte de la bomba de combustible el tubo de entrada de combustible del carburador.
6   Desconecte la línea de vacío del distribuidor en el carburador.
7   Desconecte el cable del regulador de aire en el carburador y coloque el cable y la cubierta del costado. Fije el cable y la cubierta a la pared del compartimiento del motor o del guardafango.
8   Desconecte del carburador el cable del acelerador o el acoplador del acelerador. Remueva el resorte de retorno del acelerador.
9   Desconecte del carburador la varilla de Rebase (sólo en los vehículos con transmisión automática).
10   Desconecte la manguera superior del radiador de la salida del termostato.
11   Remueva la manguera de la calefacción del codo de la salida del anticongelante.
12   Remueva las tuercas que fija el tubo de escape al múltiple de escape y soporte el tubo de costado.
13   Marque los cables que conectan a la bobina y desconéctelos. Remueva el perno de fijación de la ménsula de la bobina. Fije la bobina y su ménsula de costado.
14   Remueva la tapa de los balancines.
15   Afloje las tuercas del espárrago de los balancines hasta que se pueda hacer girar los balancines hacia un costado.
16   Remueva las varillas de empuje en secuencia y márquelas para que puedan reinstalarse en su ubicación adecuada. Una caja o un estante con compartimientos numerados los mantendrá debidamente organizados.
17   Desconecte los cables de las bujías.
18   Remueva los pernos de la cabeza de los cilindros. Si dispone de un elevador para motores o de otro dispositivo semejante, fije pernos en ambos extremos de la cabeza de los cilindros y levante la cabeza de los cilindros del bloque del motor. Si no dispone de este tipo de equipo, use un asistente para levantar la cabeza y separarla del bloque.
Caución: *No apalanquee ninguna herramienta entre las superficies de contacto de la*

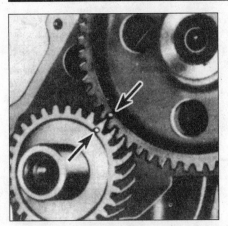

8.14 Antes de remover los engranajes del tiempo, hay que alinear las marcas (flechas)

8.15 Hay que usar un extractor para separar el engranaje del árbol de levas

8.19 Las marcas de sincronización tienen que alinearse cuando instale un engranaje de tiempo (note la herramienta especial que se usa para empujar el engranaje sobre el eje)

2A

cabeza de los cilindros y del bloque del motor.

19 Limpie los restos de la junta vieja o de sellador de las superficies de contacto de la cabeza. Ponga atención de no rayar la superficie de contacto.

20 Limpie completamente las roscas de los pernos de la cabeza de los cilindros.

Instalación

21 Asegúrese que las superficies de contacto de la cabeza de los cilindros y del bloque del motor están limpias, planas y preparadas para recibir la junta nueva de la cabeza. Limpie las superficies de contacto del múltiple y del tubo de escape.

22 Coloque la junta sobre las clavijas en el bloque del motor, asegurando que esté orientada en la dirección debida y que la superficie correcta queda expuesta. Las juntas vienen con leyendas FRONT (FRENTE) y THIS SIDE UP (ESTE LADO HACIA ARRIBA) para ayudar al ensamblador.

23 Usando los pernos de izar previamente instalados, (o dos personas), cuidadosamente baje la cabeza y póngala en su posición sobre el bloque. Tome sumo cuidado de no moverla de lado a lado o rasgar la superficie con ella, ya que puede desalojar la junta y dañar las superficies de contacto.

24 Cubra los pernos de la cabeza de los cilindros con aceite de motor liviano y rósquelos dentro del bloque. Apriete los pernos siguiendo la secuencia indicada (vea ilustración). Apriete los pernos en tres pasos hasta llegar al par de torsión especificado en cada uno de ellos para evitar distorsiones en la cabeza.

25 Aplique una leve capa de aceite de motor en los asientos del fulcro de los balancines y en las hendiduras de los balancines.

26 Instale las varillas de empuje, los balancines, los asientos del fulcro y los pernos de retención.

27 Instale la tapa de los balancines. Los pasos restantes son el inverso del procedimiento de remover.

28 Ponga en marcha el motor y déjelo correr hasta que llegue a temperatura normal

de operación. Apáguelo, déjelo enfriarse y apriete los pernos de la cabeza al par de torsión especificado.

8 Tapa y engranajes del tiempo - remover e instalar

Refiérase a las ilustraciones 8.14, 8.15 y 8.19
Nota: *El siguiente procedimiento requiere de un extractor de engranajes y otras herramientas de instalación de engranajes disponibles en los concesionarios Ford.*

Remover

1 Drene el sistema de enfriamiento.

2 Remueva la cubierta del ventilador y el radiador (vea Capítulo 3).

3 Remueva el perno de ajuste del alternador.

4 Afloje la banda y empuje el brazo de ajuste fuera del camino.

5 Remueva el ventilador, las bandas, el espaciador del ventilador y la polea.

6 Remueva el perno grande y la arandela del extremo del cigüeñal. Para evitar que gire el cigüeñal, puede ser necesario poner la transmisión en marcha (si el motor queda instalado en el vehículo), o sosteniendo el volante o el reborde del cigüeñal con una herramienta adecuada si el motor está fuera del vehículo.

7 Usando un extractor remueva el amortiguador de vibraciones.

8 Remueva los pernos del frente del cárter de aceite.

9 Remueva los pernos de la tapa del tiempo.

10 Remueva la tapa y limpie los restos de la junta de las superficies de contacto de la tapa y del bloque del motor.

11 Remueva el sello de aceite del cigüeñal empujándolo fuera del frente de la tapa con un punzón grande. Tome cuidado de no dañar el frente de la tapa mientras realice este paso.

12 Remueva todos los restos de substancia selladora del orificio del sello en la tapa.

Chequee el orificio con cuidado para descubrir todo lo que pueda prevenir el sello nuevo de asentarse correctamente en la tapa.

13 Antes de remover los engranajes, deben de chequearse el juego axial del árbol de levas, el punto muerto entre los engranajes de tiempo, y la excentricidad de engranajes de tiempo según está descrito en la Sección 9.

14 Gire el cigüeñal o el árbol de levas hasta que las marcas de sincronización del tiempo queden alineadas (vea ilustración).
Caución: *No gire ni el cigüeñal ni el árbol de levas mientras estén removidos los engranajes. Pueden resultar graves daños internos al motor cuando se gire cualquiera de ellos independiente del otro.*

15 Use un extractor de engranajes para remover el engranaje del árbol de levas (vea ilustración).

16 Use un extractor para remover el engranaje de tiempo del cigüeñal.

Instalación

17 Asegúrese que el juego axial del árbol de levas, el punto muerto entre engranajes de tiempo, y la excentricidad de engranajes de tiempo están dentro de la especificaciones. No instale el engranaje del árbol de levas hasta que las tolerancias del árbol estén correctas.

18 Alinee el espaciador y la plato flexible antes de instalar el engranaje en el árbol de levas. Asegúrese que las marcas de sincronización estén debidamente alineadas.

19 Instale el engranaje del cigüeñal usando la herramienta especial (vea ilustración). Se puede hacer una herramienta alterna usando un perno y una tuerca con rosca igual al del perno del amortiguador. Use un perno de unas dos pulgadas y media de largo. Ponga el engranaje del cigüeñal sobre el cigüeñal. Coloque el amortiguador de vibraciones en el cigüeñal. Rosque el perno (con la tuerca roscada hasta el extremo superior del perno) dentro del orificio en el extremo del cigüeñal. Una vez roscado el perno en el cigüeñal lo máximo posible, use la tuerca para empujar el amortiguador sobre el cigüeñal. Asegúrese que el amortiguador esté correctamente ali-

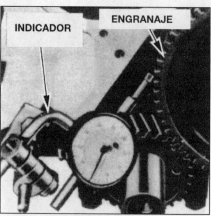

880-2A-9.3a Haynes

9.11 Los busos se pueden remover con una herramienta magnética especial

1   Removedor magnético de busos

9.19 Chequeo del juego axial del árbol de levas con un indicador de tipo reloj

9.21 Chequeo del punto muerto de los engranajes con un indicador de tipo reloj

neado con la ranura sobre el cigüeñal y chequee el orificio del amortiguador así bien como la superficie externa del cigüeñal si se siente resistencia. El amortiguador empujará el engranaje del cigüeñal a su posición. Remueva el amortiguador con un extractor. Un casquillo profundo y grande (si dispone de uno) también se puede usar para forzar el engranaje sobre el cigüeñal y no necesitará desmontarlo cuando haya terminado.

20   Instale la taza deflectora del cigüeñal en frente del engranaje del cigüeñal. Note que la concavidad debe estar hacia afuera del motor.

21   Cubra el borde exterior del sello nuevo de aceite del cigüeñal con grasa e instálelo en la tapa usando una herramienta adecuada. Asegúrese que el sello quede completamente asentado en el orificio.

22   Si el cárter del aceite está instalado en el motor, corte la junta vieja del cárter al borde de la junta del bloque con el cárter. Remueva la junta vieja.

23   Limpie todas las superficies de contacto en la tapa del árbol de levas, en el bloque y en el cárter.

24   Si el cárter está instalado, corte e instale una junta nueva de manera que llegue al borde de la junta del bloque y el cárter.

25   Alinee las lengüetas de localización del sello del cárter con los orificios en el cárter. Asegúrese que las lengüetas penetren completamente de manera que el sello se asiente firmemente. Aplique un sellador de tipo RTV a las superficies de contacto en el bloque y el cárter, especialmente en el ángulo de la junta entre el bloque y el cárter.

26   Posicione la tapa sobre el extremo del cigüeñal y sobre el bloque de los cilindros. Introduzca los pernos de la tapa y del cárter a mano.

27   Deslice una herramienta de alineación sobre el cigüeñal para asegurar que la cubierta esté correctamente ubicada antes de ajustar los pernos. Si no dispone de una herramienta de alineación, ponga un amortiguador sobre el extremo del cigüeñal para centrar el sello. Si el sello no está centrado,

resultarán fugas de aceite alrededor del amortiguador.

28   Apriete los pernos de la tapa y del cárter al par de torsión especificado.

29   Apriete los pernos del cárter primeros para comprimir la junta de manera que quede alineada la tapa.

30   Lubrique el extremo del cigüeñal, el cubo interno del amortiguador y la superficie del sello con aceite de motor.

31   Alinee la ranura en el amortiguador con la lengüeta en el cigüeñal e instale el amortiguador.

32   Instale el perno y la arandela del amortiguador y apriete el perno al debido par de torsión.

33   Instale la barra de ajuste del alternador.

34   Instale las poleas, bandas, espaciador, y el ventilador.

35   Ajuste las bandas.

36   Instale la cubierta del ventilador, el radiador y las mangueras.

37   Llene el sistema de enfriamiento con anticongelante.

38   Llene el motor con aceite si lo ha drenado.

39   Ponga en marcha el motor, opérelo en marcha mínima rápida, y chequee si no hay fugas.

9   Árbol de levas y varillas de empuje - remover e instalar

Refiérase a las ilustraciones 9.11, 9.19, 9.21, 9.27, y 9.42
Nota: *Si el motor está en el vehículo, abra el capó, remueva la cubierta del motor y cubra los asientos para evitar daños.*

Remover

1   Remueva el filtro de aire.

2   Remueva la válvula PCV de la tapa de los balancines.

3   Desconecte el cable del acelerador del carburador.

4   Remueva el resorte de retorno del acelerador.

5   Remueva la ménsula y aparte la bobina. Sopórtela seguramente y no la deje colgar del cable.

6   Remueva la tapa de los balancines.

7   Desconecte los cables de las bujías y el

cable de la bobina.

8   Remueva la tapa del distribuidor y el conjunto de cables de bujías.

9   Remueva la tapa de las varillas de empuje del costado del bloque.

10   Afloje las tuercas de los espárragos de los balancines hasta que queden libres los balancines. Gire los balancines hacia el costado y remueva las varillas de empuje. Marque y numere las varillas de manera que puedan ser reinstaladas en las mismas ubicaciones.

11   Remueva las varillas de empuje con una herramienta especial magnética **(vea ilustración)**.

12   Drene el sistema de enfriamiento y el aceite del cárter.

13   Remueva el radiador.

14   Remueva el cárter y la bomba del aceite.

15   Remueva la tapa frente del tiempo.

16   Desconecte la línea de combustible de la bomba de combustible. Remueva los pernos de retén de la bomba de combustible, aparte y sujete la bomba de costado.

17   Desconecte la línea de vacío del distribuidor y remueva la línea de vacío del carburador.

Nota: *Los siguientes procedimientos de chequeo requieren de un indicador de tipo reloj con base magnética.*

18   Chequee el juego axial del árbol de levas empujando el árbol completamente hacia atrás.

19   Instale un indicador de tipo reloj de manera que la varilla del indicador toque el perno de retén del piñón del árbol de levas. Ponga el indicador a cero en esta posición **(vea ilustración)**.

20   Usando un destornillador grande entre el piñón y el bloque, tire el árbol de levas hacia adelante y libérelo. El valor en el indicador es la medida del juego axial. Compárelo a lo indicado en las Especificaciones. Si el juego es excesivo, chequee que esté correctamente instalado el espaciador. Si el espaciador está correctamente instalado y el juego excede el límite indicado, reemplace la placa de impulso con una nueva.

21   Chequee el punto muerto de los engra-

9.27 Chequeo de excentricidad de los engranajes de tiempo con un indicador de tipo reloj

najes de tiempo mediante la instalación de un indicador en el bloque del motor y poniendo la varilla del indicador contra los engranajes del tiempo **(vea ilustración)**.

22 Ponga el indicador a cero.

23 Manteniendo el cigüeñal inmóvil, mueva el engranaje de tiempo del árbol de levas hasta eliminar el juego en el tren de engranajes.

24 Lea el indicador para obtener el punto muerto de los engranajes.

25 Compare el resultado a las Especificaciones.

26 Si el valor es excesivo, reemplace el engranaje de tiempo y el engranaje del cigüeñal con nuevos.

27 Para chequear la excentricidad del engranaje de tiempo, instale un indicador de tipo reloj en el bloque del motor con la varilla en contacto con la cara del engranaje de tiempo **(vea ilustración)**.

28 Tenga el engranaje del árbol de levas contra la plato flexible y ponga el indicador a cero.

29 Gire el cigüeñal para hacer girar el árbol de levas manteniendo el engranaje del árbol contra la plato flexible.

30 Haga girar el conjunto una revolución completa del árbol de levas. Observe el indicador durante este procedimiento.

31 Si la excentricidad excede lo indicado en las Especificaciones, remueva el engranaje del árbol de levas y chequee para ver si hay objetos extraños o rebarbas entre los rebordes del árbol y del engranaje. Si no existe esta condición y la excentricidad es excesiva, se debe de reemplazar el engranaje con uno nuevo. Use un procedimiento semejante para chequear la excentricidad del engranaje del cigüeñal. Asegúrese que el cigüeñal se encuentre contra un extremo del cojinete de impulso. Esto evitará que obtenga una medida del juego axial en vez de la medida real de excentricidad del engranaje del cigüeñal.

32 Haga girar el cigüeñal hasta que las marcas de sincronización estén exactamente alineadas.

33 Remueva los pernos de las placas de impulso del árbol de levas.

34 Retire el árbol de levas del motor, tomando cuidado de que los lóbulos no enganchen en los cojinetes del árbol ya que pueden rayarlos y dañarlos fácilmente.

35 Remueva el árbol de levas del engranaje usando una prensa hidráulica. Este procedimiento tendrá que completarlo en un taller automotriz.

36 Remueva la llave, la placa de impulso y el espaciador.

37 Los procedimientos de inspección del árbol de levas y de las varillas de empuje se incluyeron en el Capítulo 2, Parte C.

Instalación

38 Asegúrese de que el juego axial del árbol de levas, el punto muerto del engranaje de tiempo, y/o la excentricidad del engranaje de tiempo estén dentro de los límites indicados en las Especificaciones.

39 Lubrique las superficies de contacto de los cojinetes y aplique lubricante de motor en todos los lóbulos.

40 Instale la llave, el espaciador y la placa de impulso en el frente del árbol de levas. Instale el engranaje en el árbol usando la herramienta especial. Alternativamente, puede usarse un perno que cabe en las roscas del orificio en el extremo del árbol. Ponga una tuerca y una arandela plana grande en el perno. Rosque el perno dentro del árbol de levas con el engranaje en su lugar. Mantenga inmóvil el perno y gire la tuerca para empujar el engranaje hasta su posición en el árbol de levas. Remueva el perno cuando esté en su lugar el engranaje.

41 Instale el árbol de levas en el motor. Tome cuidado de no golpear o dañar los cojinetes del árbol. Instale los pernos del árbol de levas, asegurando que el engranaje del árbol esté alineado con el engranaje del cigüeñal.

42 Apriete los pernos de las placas de impulso del árbol de levas al par de torsión especificado, usando los orificios de acceso provistos en el engranaje del cigüeñal **(vea ilustración)**.

43 Instale la tapa de tiempo según está descrito en la Parte B.

44 No haga girar el cigüeñal hasta que instale el distribuidor, ya que las marcas de sincronización deben de quedar alineadas.

45 Instale la bomba y el cárter de aceite.

46 Lubrique el extremo inferior de las varillas de empuje con lubricante de motor e instálelos en sus sitios originales. Instale las varillas de empuje, alinee los balancines y apriete las tuercas. Instale las varillas de empuje, las tapas de los balancines y conecte el cable del acelerador.

47 Instale el distribuidor según está indicado en el Capítulo 5.

48 Instale la bomba de combustible según está indicado en el Capítulo 4.

49 Instale la línea de vacío entre el distribuidor y el carburador.

50 Conecte las líneas de combustible a la bomba de combustible.

51 Llene el cárter con aceite.

9.42 Los pernos de las placas de presión se pueden remover/instalar insertando una herramienta por los orificios en el engranaje

1 Plato de presión del árbol de levas
2 Engranaje del árbol de levas
3 Perno

52 Instale el radiador y llene el sistema de enfriamiento con el anticongelante indicado.

53 Ponga en marcha el motor y chequee si no hay fugas de aceite, de anticongelante o de combustible.

10 Cárter del aceite - remover e instalar

Refiérase a las ilustraciones 10.17 y 10.18

Nota: *El siguiente procedimiento se basa en la presunción de que el motor está instalado en el vehículo. Si se ha removido, sólo tendrá que remover los pernos del cárter y separarlo del bloque. Muchos de los pasos indicados a continuación sólo pertenecen a modelos más recientes. Si está trabajando en un modelo anterior, modifique el procedimiento según sea necesario.*

Remover

1 Si el vehículo tiene aire acondicionado, haga descargar el sistema para que el compresor se pueda remover y ser apartado. No trate de hacerlo usted mismo ya que puede causarle un daño grave.

2 Remueva la cubierta del motor y cubra los asientos para prevenir daños (refiérase al Capítulo 4 si es necesario).

3 Remueva la válvula EGR (recirculación de los gases de escape). Si el vehículo es un modelo E-250 de servicio pesado o E-350, desconecte la manguera de admisión de la válvula unilateral del termactor y remueva la válvula (vea Capítulo 6).

4 Remueva la manguera superior del radiador, y remueva los pernos de la cubierta del ventilador y posiciónelo sobre el ventilador.

5 Si el vehículo está equipado con transmisión automática, remueva el tubo de llenar el flúido.

6 Remueva las tuercas que fijan el tubo de escape al múltiple de escape.

7 Levante el vehículo y sopórtelo sobre

2A

estantes. Desconecte el tubo de combustible de la bomba y obtúrelo.

8   Remueva el protector térmico del alternador y las tuercas de soporte del motor delanteras.

9   Remueva la abrazadera de la línea de retorno de la dirección asistida, ubicada delante del primer travesaño.

10   Desconecte la manguera inferior del radiador y las líneas de enfriamiento de la transmisión automática.

11   Remueva el motor de arranque (vea Capítulo 5).

12   Levante el motor con un gato y ponga tres bloques de madera de una pulgada de espesor debajo de los calzos del motor.

13   Remueva el tubo de la varilla de chequeo del nivel del aceite del cárter de aceite.

14   Remueva los pernos del cárter de aceite, y separe el cárter del bloque. No apalanquee entre el cárter y el bloque ya que puede dañar las superficies de contacto.

15   Separe el tubo de toma de aceite de la bomba (de aceite) y separe el cárter y la bomba del motor.

16   Limpie las superficies de contacto del cárter, del bloque el motor y asegúrese que los orificios de los pernos en el bloque están limpios y vacíos. Limpie el tubo de toma de aceite y la parrilla del filtro con solvente y séquelos con aire comprimido.

Instalación

17   Remueva el sello viejo entre la tapa del cojinete del cigüeñal y el cárter e instale uno nuevo. Aplique un sellador de tipo RTV en la cavidad del sello donde hace contacto con la tapa del cojinete y en el punto donde la junta del cárter hace contacto con el sello **(vea ilustración)**.

18   Pegue las juntas nuevas y el sello frontal al cárter con sellador tipo RTV o cemento de contacto. El sello frontal tiene puntas moldeadas que pueden penetrar en los orificios en el cárter para mantenerlo en su lugar **(vea ilustración)**. Coloque el tubo de toma de aceite de la bomba de aceite en el cárter.

19   Fije el conjunto del tubo de toma y el cárter al motor e instale los pernos del tubo de toma. Asegúrese que están bien ajustados.

20   Instale los pernos de retén del cárter y ajústelos en tres etapas al par de torsión especificado. Comience en el centro del cárter y trabaje hacia afuera en un patrón circular.

21   La instalación se hace en el orden inverso al procedimiento de desensamble.

11   Bomba del aceite - remover e instalar

1   Remueva el cárter del aceite según está indicado en la Sección 10.

2   Remueva los pernos que fijan la bomba de aceite al bloque.

3   Separe el conjunto del la bomba de

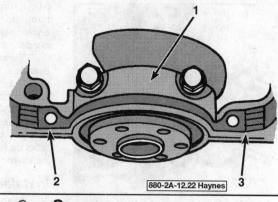

10.17 Detalles de la instalación del sello de aceite posterior del cárter

1   *Tapa del cojinete principal posterior*

2   *Aplique el sellador en las cavidades antes de instalar el sello*

3   *Sello de aceite*

880-2A-12.22 Haynes

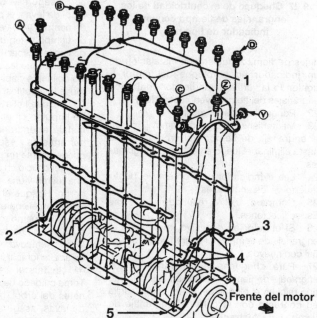

10.18 Detalles de la instalación del sello de aceite delantero del cárter y de la junta

1   *Tapón de purga del cárter*

2   *Sello de aceite posterior del cárter*

3   *Sello de aceite delantero del cárter*

4   *Coloque las puntas a través de los orificios en el cárter*

5   *Aplique sellador D6AZ-19562-B o ESE-M4G195-A (o su equivalente) en la línea de marcar entre la tapa anterior y el bloque de los cilindros, como indicado antes de proceder al ensamble (dos lugares)*

Frente del motor

Procedimiento de apretar los tornillos:
Instale cuatro pernos en posiciones A, B, C, y D como indicado y apriete a mano para asegurar la junta.

Instale los pernos restantes, excepto X, Y, y Z.

Instale los pernos X, Y y Z últimos y apriételos de 120 a 144 pulgadas-libras

aceite.

4   Limpie las superficies de contacto de la bomba y del bloque.

5   Antes de instalarla, empaque la bomba llenando el orificio de admisión con aceite y girando el eje hasta que surja el aceite del orificio de salida.

6   Fije la bomba de aceite al bloque del motor mediante los dos pernos de retén.

7   Apriete los pernos al par de torsión especificado.

8   Instale el cárter del aceite siguiendo los pasos indicados en la Sección 10.

12   Bomba del aceite - desarmar, inspeccionar y ensamblar

Refiérase a las ilustraciones 12.6 y 12.7

1   Remueva los dos pernos que fijan el tubo de toma de aceite a la bomba de aceite.

Separe el tubo de toma.

2   Limpie la bomba con solvente y séquela completamente con aire comprimido.

3   Remueva la carcaza de la bomba. Tendrá que remover cuatro pernos.

4   Use un cepillo para limpiar el interior de la carcaza y la cámara de la válvula de alivio de presión. Asegúrese que el interior de la bomba esté limpio.

5   Inspeccione visualmente el interior de la carcaza de la bomba y el aro de rodamiento exterior para descubrir desgaste excesivo, ralladuras u otros daños. Chequee las superficies de contacto de la carcaza para descubrir rayas, desgastos o daños. Si existe cualquiera de estas condiciones, reemplace la bomba con una nueva.

6   Mida el canal entre el aro de rodamiento exterior y la carcaza con un calibrador de espesores **(vea ilustración)**.

7   Usando una regla y un calibrador de

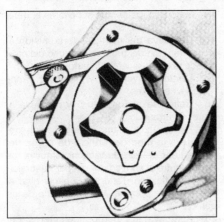

12.6 Chequee el canal entre el aro de rodamiento y la carcaza de la bomba de aceite usando un calibrador de espesores

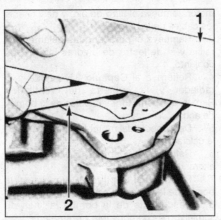

12.7 Chequeo del juego axial del conjunto del rotor de la bomba de aceite usando una regla y un calibrador de espesores

1   *Regla*
2   *Calibrador de espesores*

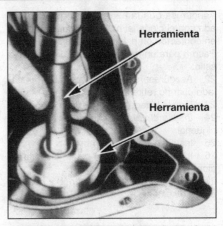

13.6 Instalación de un sello nuevo de aceite delantero de cigüeñal en la tapa de los engranajes del tiempo usando una herramienta especial

13.21 Instalación de un sello nuevo de aceite posterior del cigüeñal con una herramienta especial

espesores, mida el canal entre la placa de contacto y el conjunto del rotor **(vea ilustración)**.

8   Chequee el canal entre el eje y el cojinete de la carcaza midiendo el diámetro interior del cojinete de la carcaza y sustrayéndolo de la medida del diámetro exterior del eje.

9   Si cualquiera de los componentes fallan los chequeos mencionados, reemplace la bomba de aceite, ya que no están disponibles los componentes por separado.

10   Inspeccione el resorte de la válvula de alivio para descubrir desgastes y falta de tensión.

11   Chequee el pistón de la válvula de alivio para descubrir ralladuras, daños y operación libre dentro de su orificio.

12   Si la válvula de alivio falla cualquiera de las pruebas mencionadas, reemplace todo el conjunto de la válvula con una nueva.

13   Instale el rotor, la carcaza y el aro de rodamiento en la bomba de aceite.

14   Instale la carcaza, los cuatro pernos de retén y ajústelos al par de torsión especificado.

15   Fije el tubo de toma al cuerpo de la bomba de aceite usando una junta nueva. Apriete los pernos al par de torsión especificado.

13   Sellos de aceite del cigüeñal - reemplazo

Refiérase a las ilustraciones 13.6 y 13.21

Sello delantero del cigüeñal

1   Drene el sistema de enfriamiento y el cárter.

2   Remueva el radiador.

3   Remueva la tapa de engranajes del tiempo (vea Sección 8).

4   Expulse el sello de aceite con un punzón.

5   Limpie la ranura en la tapa.

6   Cubra el borde exterior del sello nuevo con grasa e instálelo usando la herramienta especial diseñada para esta operación **(vea**

ilustración)**. Alternativamente, se puede usar un trozo de caño para empujar el sello a su lugar. Sin embargo, hay que tomar sumo cuidado, ya que el sello se puede dañar fácilmente con este método. Impulse el sello hasta que se asiente completamente en su receso. Asegúrese que el resorte esté correctamente ubicado dentro del sello.

7   Instale la tapa de los engranajes del tiempo en el motor según las indicaciones en la Sección 8.

Sello posterior del cigüeñal

Nota: *Si el reemplazo de sellos de aceite del cigüeñales la única operación que está realizando, se puede realizar ella con el motor instalado en el vehículo. Si, por otra parte, está reemplazando el sello de aceite como parte del reemplazo del cojinete principal trasero, deberá de remover el motor del vehículo.*

8   Desconecte el cable negativo de la batería y remueva el motor de arranque.

9   Remueva la transmisión (vea Capítulo 7).

10   En vehículos equipados con transmisiones manuales, remueva el plato de presión, y el embrague. En modelos equipados con transmisiones automáticas, remueva el plato flexible.

11   Remueva los pernos del volante, separe el volante y la tapa posterior del motor.

12   Use una lezna para hacer dos agujeros en el sello de aceite posterior del cigüeñal.

13   Haga los agujeros en lados opuestos del cojinete del cigüeñal, inmediatamente encima a la junta de la tapa del cojinete con el bloque del motor.

14   Rosque un tornillo autoroscante en cada uno de los agujeros.

15   Use dos destornilladores grandes o dos pequeñas palancas para apalanquear ambos tornillos simultáneamente y remover el sello. Poniendo bloques de madera contra el motor (debajo de las palancas) puede facilitar la tarea.

16   Tenga cuidado de no dañar el cojinete del cigüeñal cuando esté realizando esta tarea.

17   Limpie la ranura del sello de aceite en la parte posterior del bloque del motor y la tapa del cojinete principal.

18   Inspeccione, limpie y pula la superficie de contacto del cigüeñal para el sello de aceite.

19   Cubra el sello nuevo de aceite con una leve capa de aceite de motor.

20   Cubra el cigüeñal con una leve capa de aceite de motor.

21   Introduzca el sello dentro de la cavidad en la parte posterior del motor con el reborde del sello hacia adelante e instálelo con la herramienta especial **(vea ilustración)**.

Asegúrese que la herramienta quede alineada con el cigüeñal hasta que llegue a poner en contacto con el bloque (del motor). Vea el Paso 6 para un método alterno de instalar el sello.

22　Asegúrese que el sello está bien instalado cuando retire la herramienta.

23　Instale la tapa posterior del motor.

24　Instale el volante (o plato flexible) en el cigüeñal.

25　Instale el juego del embrague.

26　Instale la transmisión según las instrucciones en el Capítulo 7.

27　Instale el motor de arranque y conecte el cable negativo a la batería.

14　Motor - remover e instalar

Nota: *Debido a la gran cantidad de modelos cubiertos en este manual, las instrucciones siguientes son de naturaleza general y pueden incluir ciertos pasos que no pertenecen a su vehículo particular. En los modelos 1973 hasta 1978, se debe de remover la transmisión primero (vea Capítulo 7) para facilitar remover el motor. Asegúrese que el motor esté soportado cuando remueva la transmisión.*

1　Abra el capó, las puertas y cubra los asientos para protegerlos contra daños; remueva la cubierta del motor. En los modelos 1973 al 1978, remueva el asiento derecho.

2　Drene el aceite y el anticongelante del motor, remueva el filtro de aire y desconecte los cables de la batería.

3　Remueva el parachoques delantero, la rejilla y el deflector de piedras inferior, en conjunto.

4　Refiérase al Capítulo 3 y remueva el radiador y la cubierta del ventilador. Remueva el ventilador y la polea de la bomba de agua.

5　Desconecte del motor las mangueras de la calefacción.

6　Refiérase al Capítulo 5 y remueva el alternador.

7　Refiérase al Capítulo 10 y remueva la bomba de la dirección asistida y su ménsula.

8　Desconecte de la bomba la línea de suministro de combustible y obtúrela.

9　Desconecte del motor los cables del distribuidor y del dispositivo emisor o el cableado EECS (sistema de control de emisiones evaporativas) de todos los sensores.

10　Desconecte del motor la manguera del amplificador de frenos.

11　Desconecte del motor el cable del acelerador y remueva la ménsula. Desconecte el cable del regulador de aire (modelos más antiguos) y remueva el resorte de retorno del acelerador.

12　Desconecte de la manivela la articulación del rebase de la transmisión.

13　Remueva el deflector térmico del múltiple de escape, remueva las tuercas y separe del múltiple el tubo de escape.

14　Desconecte del múltiple de admisión y de la junta ambos extremos del tubo de vacío de la transmisión.

15　Remueva los pernos superiores entre el motor y la transmisión.

16　Remueva del múltiple de admisión el perno de retén del tubo de chequeo del nivel de aceite de la transmisión automática.

17　Levante el vehículo y sopórtelo firmemente en estantes.

18　Refiérase al Capítulo 5 y remueva el motor de arranque.

19　Remueva la placa de inspección del volante o la tapa del orificio de purga del convertidor del par de torsión; remueva los pernos entre el convertidor del par de torsión y el plato flexible. Tendrá que hacer girar el cigüeñal para poner en vista cada uno de los pernos.

20　Remueva los pernos delanteros del soporte del motor. Remueva el filtro de aceite

21　Soporte la transmisión y remueva los pernos restantes entre la transmisión y el motor.

22　En modelos equipados con transmisión manual, desconecte el resorte de retorno del embrague.

23　En modelos equipados con transmisión automática, asegúrese que el convertidor del par de torsión esté su carcaza y separe los tubos de enfriamiento de aceite de las abrazaderas en el motor.

24　Fije una cadena y un elevador al motor y muévalo hacia adelante para separarlo de la transmisión y removerlo del compartimiento en la carrocería.

25　La instalación se hace en el orden inverso al procedimiento de desensamble.

Capítulo 2 Parte B
Motores V8

Contenidos

Especificaciones

Nota: *Se pueden encontrar especificaciones adicionales en el Capítulo 2, Parte C*

Bomba de aceite

Juego libre entre el canal exterior y la carcaza	
302 (todos) y 351W (hasta 1979)	0.001 a 0.013 de pulgada
351W (1980 y más recientes)	0.001 a 0.003 de pulgada
351M, 400 y 460	0.001 a 0.013 de pulgada
Límite del juego final del rotor	0.004 de pulgada
Juego libre entre el canal exterior del rotor a la punta del rotor	
351M, 400 y 460	0.012 de pulgada
Juego libre entre el eje y la carcaza	0.0015 a 0.0030 de pulgada
Tensión del resorte de liberación (libras en longitud especificada)	
302 (hasta 1979)	10.6 a 12.2 libras a 1.704 pulgadas
302 (1980 y más recientes)	10.6 a 12.2 libras a 1.740 pulgadas
351W	18.2 a 20.2 libras a 2.490 pulgadas
351M, 400 y 460	20.6 a 22.6 libras a 2.490 pulgadas
Juego libre de la válvula de liberación	0.0015 a 0.0030 de pulgada

Par de Torsión

	Pie-Libras
Perno del engrane del cigüeñal	40 a 45
Pernos del plato de torsión del árbol de levas	9 a 12
1987 y mas moderno 460	70 a 105 pulgada-libras
Tuercas de la biela/pernos de tapa de los cojinetes principales	Vea Capítulo 2, Parte C
Pernos de la tapa del tiempo	
460	15 a 21
Todos los otros	12 a 18
Pernos de cabeza de los cilindros	
302	
Primer paso	50
Segundo paso	60
Tercer paso	65 a 72
351W	
Primer paso	85
Segundo paso	95
Tercer paso	105 a 112
351M y 400	
Primer paso	75
Segundo paso	95 a 105
460	
Primer paso	80
Segundo paso	110
Tercer paso	130 a 140
Perno de amortiguador de vibraciones	70 a 90
Pernos del volante/plato flexible	75 a 85
Pernos del múltiple de admisión	
302 y 351W	
Hasta el modelo. 1974	17 a 25
1975 y más recientes	23 a 25
351M y 400	
Pernos inferiores del múltiple de admisión	23 a 25
Espárrago inferior del múltiple de admisión	8 a 10
Pernos de 5/16 de pulgada	17 a 25
Pernos de 3/8 de pulgada	22 a 32
460	25 a 32
1987 y mas moderno 460	
Pernos del múltiple de admisión	
1st paso	8 a 12
2nd paso	12 a 22
3rd paso	22 a 35
Pernos del múltiple de escape	
302, 351W, 351M y 400	
Hasta el modelo. 1974	12 a 16
1975 y más recientes	18 a 24
460	28 a 33
1987 y mas moderno	22 a 30
Pernos del cárter de aceite	
Pernos de 1/4 - 20	7 a 9
Pernos de 5/16 - 18	9 a 11
Pernos de la bomba de aceite	22 a 25
Inserción del filtro de aceite al bloque de motor/adaptador	45 a 150
Adaptador del filtro de aceite al bloque del motor	40 a 65
Perno pasador de los balancines a la cabeza de los cilindros	18 a 25
Tuerca del pasador de los balancines	
302 y 351W	17 a 23
351M, 400 y 460	18 a 25
Pernos de la tapa de los balancines	3 a 5
1987 en adelante	6 a 9
Pernos del bastidor de la salida del agua	12 a 18

Numeración de los cilindros y ubicación del distribuidor

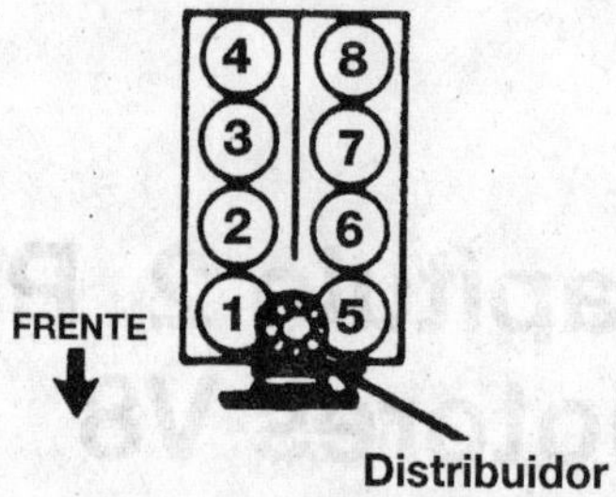

FRENTE

Distribuidor

Orden de encendido y dirección de rotación

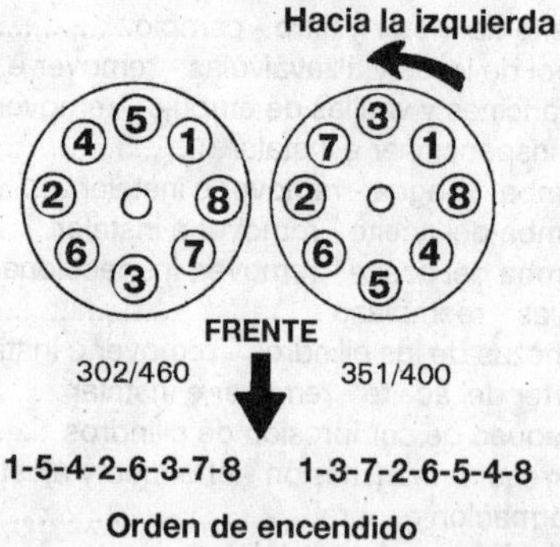

Hacia la izquierda

FRENTE

302/460   351/400

1-5-4-2-6-3-7-8   1-3-7-2-6-5-4-8

Orden de encendido

Numeración de los cilindros y orden de encendido para los motores V8

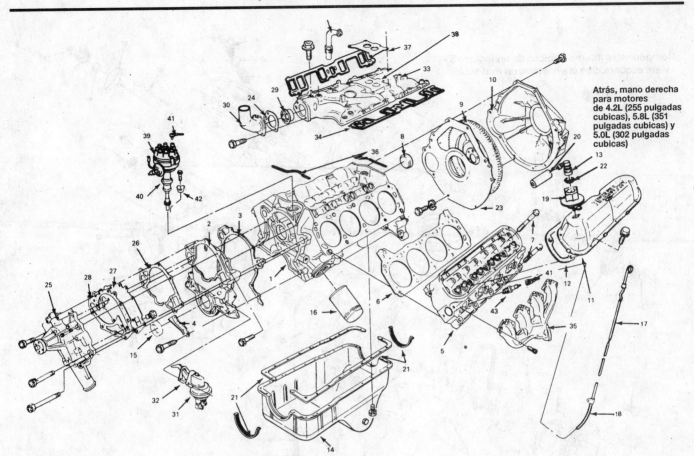

Atrás, mano derecha
para motores
de 4.2L (255 pulgadas
cubicas), 5.8L (351
pulgadas cubicas) y
5.0L (302 pulgadas
cubicas)

Componentes externos típicos de un motor V8 - vista esquemática (se muestra un motor 302)

1 Bloque del motor	15 Sello de aceite delantero	31 Bomba de combustible
2 Conjunto de tapa de cadena del	16 Filtro de aceite	32 Junta
tiempo	17 Varilla para medir el aceite	33 Múltiple de admisión
3 Junta	18 Tubo de la varilla para medir el aceite	34 Junta
4 Puntero de tiempo	19 Tapa del llenador de aceite	35 Múltiple de escape
5 Cabeza de los cilindros	20 Manguera de la PCV	36 Empaques
6 Junta	21 Juntas del cárter de aceite	37 Junta
7 Perno de cabeza	22 Arandela aislante	38 Reborde de instalación del carburador
8 Obturador de cojinete posterior del	23 Placa del motor	39 Tapa del distribuidor
árbol de levas	24 Junta	40 Distribuidor
9 Volante/plato flexible	25 Bomba de agua	41 Cables de las bujías
10 Campana	26 Junta	42 Retenedor del distribuidor
11 Tapa de los balancines	27 Cubierta de la bomba de agua	43 Bujía
12 Junta	28 Junta	44 Codo
13 Válvula PCV	29 Termostato	
14 Cárter del aceite	30 Conector de salida de agua	

1   Información general

Esta Parte del Capítulo 2 se dedica a procedimientos de reparación para motores V8, así bien como a los pasos de remover e instalar. Toda la información concerniente a las reparaciones o servicios del bloque de la cabeza de los cilindros se encuentra en la Parte C de este Capítulo.

Muchos de los procedimientos inclusos en esta parte surgen de la presunción de que el motor queda instalado en el vehículo. Por lo tanto, si se usara esta información durante una reconstrucción completa del motor, con el motor removido del vehículo y mantenido en un estante, muchos de los pasos que se han incluido aquí no pertenecerán.

Las especificaciones que se incluyeron en esta Parte del Capítulo 2 pertenecen solamente a los motores y procedimientos de los que aquí se trata. Refiérase a la Parte A para información perteneciente a los motores de seis cilindros. Las especificaciones necesarias para reconstruir el bloque y la cabeza de los cilindros se incluyeron en la Parte C.

Durante los años de los modelos tratados en este manual, se usaron varios motores V8 de varios desplazamientos. Todos ellos fueron de gasolina con válvulas por encima del bloque, actuadas por buzos hidráulicos, con un cigüeñales provistos con cinco cojinetes principales.

Aunque todos los motores V8 sean del mismo diseño fundamental, se dividen no obstante, en tres familias de motores. Los motores 302 y 351W constituyen una familia. Los motores 351M y 400 pertenecen a la segunda familia, mientras la familia final, llamada de bloques grandes, contiene los motores de mayor desplazamiento disponibles en las camionetas cerradas Ford: el motor de 460 pulgadas cúbicas.

2B

**Componentes internos típicos de un motor V8 -
vista esquemática (se muestra un motor 302)**

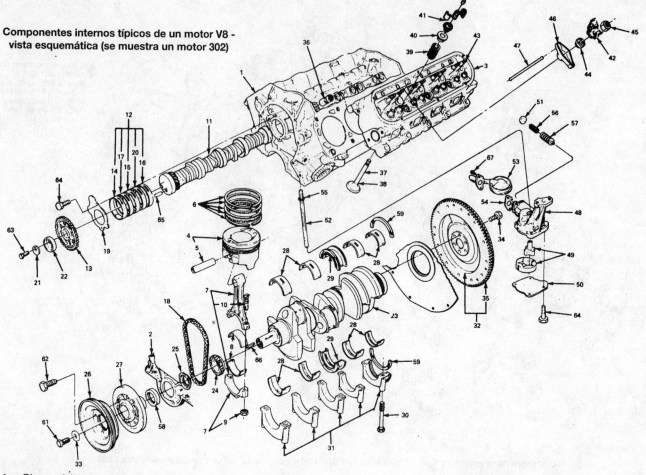

1	Bloque del motor	23	Cigüeñal	46	Balancín
2	Tapa del tiempo	24	Engranaje del cigüeñal	47	Varilla de empuje
3	Cabezas de los cilindros	25	Deflector de aceite	48	Bomba de aceite
4	Conjunto de pistón	26	Polea	49	Eje impulsor de la bomba de aceite
5	Pasador del pistón	27	Amortiguador de vibraciones	50	Tapa de la bomba de aceite
6	Conjunto de aros del pistón	28	Cojinete principal	51	Obturador de la válvula de liberación
7	Biela	29	Cojinete de empuje	52	Eje intermedio
8	Insertos de cojinetes de la biela	30	Perno de la tapa del cojinete principal	53	Tubo de toma
9	Tuerca	31	Tapa del cojinete principal	54	Junta
10	Perno	32	Volante/plato flexible	55	Aro
11	Árbol de levas	33	Arandela	56	Resorte de la válvula de liberación
12	Cojinetes del árbol de levas	34	Perno	57	Pistón de la válvula de liberación
13	Piñón del árbol de levas	35	Engranaje anular	58	Sello de aceite delantero
14	Cojinete No. 1 del árbol de levas	36	Buzo	59	Sello de aceite posterior
15	Cojinete No. 3 del árbol de levas	37	Válvula de escape	60	Placa posterior
16	Cojinete No. 5 del árbol de levas	38	Válvula de admisión	61	Perno
17	Cojinete No. 2 del árbol de levas	39	Resorte de válvula	62	Perno
18	Cadena del tiempo	40	Retenedor	63	Perno
19	Plato flexible	41	Abrazaderas	64	Perno
20	Cojinete No. 4 del árbol de levas	42	Desviador	65	Pasador
21	Arandela	43	Pasador de balancín	66	Chaveta Woodruff
22	Pieza excéntrica de la bomba de combustible	44	Asiento del fulcro	67	Perno
		45	Tuerca		

2   Resortes de válvulas, retenedores y sellos - reemplazo (en el vehículo)

Nota: Los resortes y retenedores de las válvulas rotos o los sellos de los vástagos de las válvulas defectivos se pueden reemplazar sin

remover la cabeza de los cilindros en los motores que no tienen daños en las válvulas o sus asientos. Se requiere de dos herramientas especiales y de una fuente de aire comprimido para realizar esta operación, así que lea esta Sección atentamente y alquile o compre las herramientas antes de comenzar el trabajo. Refiérase a las ilustraciones en el

Capítulo 2, Parte A.

1   Abra el capó, remueva la cubierta del motor, y cubra los asientos para evitar daños a la tapicería. Remueva el filtro de aire y sus componentes relacionados, así bien como todo lo que pueda restringir su acceso a la tapa de los balancines.

2   Remueva el resorte de retorno del cable

del acelerador.

3   Remueva del carburador el acoplamiento del cable del acelerador.

4   Desconecte del carburador el cable del estrangulador de aire.

5   Remueva la válvula PCV (ventilación positiva del cárter) de la tapa de los balancines y remueva las tapas de los balancines.

6   Remueva la bujía del cilindro con los componentes dañados.

7   Haga girar el cigüeñal hasta que el pistón en el cilindro con el componente defectivo se encuentre en el TDC (punto muerto superior) de su carrera de compresión.

8   Instale un adaptador especial para conectar una línea de aire al orificio para la bujía y conecte la línea a un compresor de aire. Remueva la tuerca del pasador del balancín, el asiento del fulcro, el balancín y la varilla de empuje.

9   Aplique aire comprimido al cilindro.

10   Comprima el resorte de la válvula con la herramienta especial diseñada para este propósito.

11   Remueva los fijadores, el retenedor de resorte, el resorte de válvula, y al final el sello del asiento del vástago de la válvula. **Nota:** *Si fallara la presión del aire de mantener la válvula en su posición cerrada durante esta operación, pueda que haya habido algún daño en el asiento de la válvula. Si existe esta condición, remueva la cabeza de los cilindros para hacer reparaciones adicionales.*

12   Si la presión del aire ha forzado el pistón hasta el fondo del cilindro, envuelva una liga, una goma o cinta alrededor del extremo superior del vástago de la válvula para evitar su caída dentro del cilindro. Libere la presión del aire.

13   Inspeccione el vástago de la válvula para descubrir daños. Haga rotar la válvula en su guía para chequear el vástago y ver si tiene rotación excéntrica, lo que indicaría que la válvula está torcida.

14   Mueva la válvula hacia abajo y arriba a través de su trayectoria normal y chequee que la guía y el vástago de la válvula no se atoren. Si el vástago se atora, o bien está torcida en la válvula o está dañada la guía, habrá que remover la cabeza de los cilindros para remediar la condición.

15   Aplique aire comprimido al cilindro para mantener la válvula cerrada.

16   Lubrique el vástago de válvula con aceite para motores e instale un sello nuevo en el vástago de la válvula.

17   Instale el resorte en su posición sobre la válvula. Asegúrese que el extremo cerrado del resorte quede puesto del lado de la tapa de los cilindros.

18   Instale el retenedor del resorte de válvula. Comprima el resorte de válvula, usando un compresor de resorte de válvula, e instale los fijadores de resorte de válvula. Remueva el compresor de resorte de válvula y asegúrese que los fijadores del resorte estén bien asentados.

19   Aplique aceite para motor en ambos extremos de las varillas de empuje.

20   Instale la varilla de empuje.

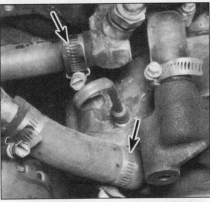

3.5 La abrazadera de la manguera de la calefacción y de la manguera de desvío (flechas) deben de removerse antes de separar el múltiple de admisión

21   Aplique aceite para motores en el extremo del vástago de la válvula.

22   Aplique aceite para motores en los asientos de fulcro y el dado.

23   Instale el balancín, el fulcro, el deflector de aceite y la tuerca o el perno pasador. Ajuste la luz libre/franqueo de las válvulas según el procedimiento en el Capítulo 2, Parte C.

24   Remueva la fuente de aire comprimido y el adaptador del orificio de la bujía.

25   Instale la bujía y reconecte el cable de la bujía.

26   Instale una junta nueva en la tapa de los balancines y reinstale la tapa en su posición sobre el motor.

27   Conecte el cable del acelerador al carburador.

28   Instale el resorte de retorno del cable del acelerador. Conecte el cable del estrangulador de aire al carburador.

29   Instale la válvula PCV sobre la tapa de los balancines y asegúrese que el tubo conectado a la válvula PCV esté correctamente conectado en ambos extremos.

30   Instale el filtro de aire.

31   Ponga el motor en marcha, asegurándose que no haya fugas de aceite y que no haya ruidos extraños provenientes del conjunto de válvulas.

3   Múltiples de admisión y de escape - remover e instalar

Refiérase a las ilustraciones 3.5, 3.9, 3.14, 3.19, 3.27a, 3.27b, 3.27c, 3.31, 3.32, 3.34, 3.36a, 3.36b y 3.36c

Múltiple de admisión - remover

Nota: *Debido al peso y al gran tamaño del múltiple de admisión de los motores de gran desplazamiento, se recomienda usar un elevador de motores con ganchos para levantar, (disponibles en ferreterías) separar el múltiple del motor. Es posible removerlos a mano - sin embargo, se sugiere usar un asistente para*

3.9 La bobina del encendido se retiene en una ménsula fijada al múltiple de admisión en la mayoría de los motores

evitar dañar los componentes del motor y daños personales. Puesto que se debe de remover los componentes del EFI (inyección de combustible electrónica) para tener acceso libre al múltiple, se trata de remover e instalar los múltiples en los motores con EFI en el Capítulo 4.

1   Drene el sistema de enfriamiento (vea Capítulo 1).

2   Remueva la cubierta del motor y cubra los asientos para evitar de dañar la tapicería.

3   Cuidadosamente marque y remueva todas las mangueras de control de emisiones conectadas al filtro de aire. Remueva el conjunto del filtro de aire.

4   Desconecte la manguera superior del radiador de la carcaza del termostato y remueva la carcaza.

5   Remueva la manguera de la calefacción y afloje la abrazadera de la manguera de paso de agua en la conexión al múltiple de admisión **(vea ilustración)**.

6   El los motores 460, remueva las tapas de los balancines.

7   Desconecte los cables de las bujías de las bujías.

8   Remueva la tapa del distribuidor con los cables de las bujías.

9   Desconecte los cables primarios de la bobina y márquelos para reinstalarlos correctamente. Remueva la ménsula de la bobina y separe la bobina **(vea ilustración)**.

10   Remueva la línea de admisión de combustible del carburador y muévala a un costado. Si la línea es un tubo de acero, puede que sea necesario desconectarla o aflojarla de la bomba de combustible.

11   Desconecte la(s) manguera(s) de avance del vacío del distribuidor y márquelas para asegurar su reinstalación correcta.

12   Remueva el distribuidor como está descrito en el Capítulo 5.

13   Cuando esté removiendo el distribuidor, asegúrese que el eje de impulso - conectado a la bomba de aceite quede en el motor y conectado a la bomba de aceite. Obture el orificio con un trapo limpio para evitar la introducción de basura en el motor.

14   Remueva el alambre del sensor de temperatura del anticongelante **(vea ilustración)**.

3.14 Desconecte el cable del sensor de la temperatura del anticongelante (flecha) . . .

3.19 . . . y remueva la manguera del amplificador de frenos del acoplador en el múltiple (flecha)

3.27a Cuidadosamente raspe todos los restos de junta de las superficies de contacto en la cabeza y en el múltiple

15 Remueva los alambres de todos los sensores instalados en el múltiple de admisión o la carcaza del termostato.

16 Remueva el cable del acelerador o su acoplamiento en el carburador (vea Capítulo 4).

17 Si el vehículo está equipado con una transmisión automática, remueva el cable rebase del carburador.

18 Si el vehículo dispone de un dispositivo del control de crucero, remueva y retire el cable y el dispositivo actuador del múltiple de admisión.

19 Remueva la manguera de vacío que va desde el amplificador de frenos **(vea ilustración)**.

20 Remueva el carburador del múltiple de admisión si se ha de trabajar por separado.

21 Remueva todo el cableado de los componentes ubicados sobre el múltiple de admisión. Ponga los cables donde no serán dañados.

22 Desconecte la manguera de ventilación del cárter (instalada entre el múltiple y la tapa de los balancines).

23 Remueva los pernos que fijan el múltiple a las cabezas de los cilindros.

24 Fije los ganchos de levantar en las esquinas opuestas (del múltiple) y levántelo del motor. Pueda que sea necesario apalanquear el múltiple de las cabezas de los cilindros. Use caución para no dañar las superfi-

cies de contacto.

25 Remueva las juntas de los extremos del bloque del motor.

26 Remueva el deflector de aceite del motor (si hay uno).

27 Limpie las superficies de contacto del múltiple de admisión y de las cabezas de los cilindros. Tenga caución que no se caiga ningún material dentro de los puertos de admisión **(vea ilustración)**. Use un macho de rosca de tamaño adecuado para limpiar las roscas en los orificios para los pernos **(vea ilustración)**; use aire comprimido para remover la basura de los orificios **(vea ilustración)**. Use gafas protectoras para sus ojos cuando use aire comprimido.

Múltiple de admisión - desarmar e instalar

Motores 302, 351 y 400

28 Si se ha de desarmar el conjunto del múltiple, identifique todas las mangueras de vacío antes de desconectarlas. Remueva la carcaza de salida del anticongelante y el termostato. Remueva la bobina de encendido, el dispositivo del sensor de temperatura del anticongelante, el carburador (si no lo ha hecho previamente), el espaciador (en motores EECS (sistema de control de emisiones evaporativas)) , remueva el enfriador de la

EGR (recirculación de los gases de escape) y sus componentes relacionados, la junta, el acoplador de vacío, la ménsula de resorte de retorno del acelerador, y la ménsula del cable del estrangulador de aire.

Motor 460

29 Si se ha de desarmar el conjunto del múltiple, identifique todas las mangueras de vacío antes de desconectarlas. Remueva la carcaza de salida del anticongelante, la junta

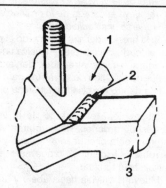

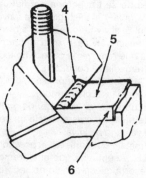

3.31 Aplique sellador de tipo RTV en las juntas del bloque a la cabeza y del múltiple a la cabeza, según está indicado

1   *Cabezas de los cilindros*
2   *Pestaña de aproximadamente .12*
3   *Bloque de los cilindros*
4   *Sellador*
5   *Presione firmemente en el bloque*
6   *Sello del múltiple de admisión*

3.27b Los orificios para los pernos tienen que estar limpios y secos para asegurar una medida correcta del par de torsión durante la instalación

3.27c Limpie los orificios para pernos con aire comprimido, pero tenga cuidado - use gafas de seguridad

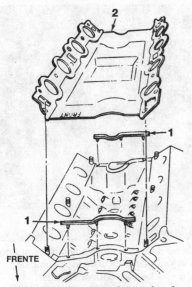

3.34 Alinee las juntas nuevas del múltiple de admisión asentándolas sobre las espigas en las cabezas de los cilindros (flechas)

3.32 Asegúrese que las orejas de localización del sello (si se usan) están asentadas antes de bajar la junta del múltiple en su lugar

1 Sello para el múltiple de admisión
2 Cubierta del valle y ensamblaje de la junta

y el termostato. Remueva los tubos surtidores del regulador automático de aire, el carburador (si no lo ha hecho previamente), el espaciador y las juntas. Remueva el tubo termostático de la calefacción del estrangulador de aire, el sensor de temperatura del motor, la válvula EGR y sus junta. Bote todas las juntas.

Múltiple de admisión - Instalación

30 Si desarmó el múltiple, ensámblelo siguiendo los pasos inversos de como se desarmó. Cuando instale el sensor de temperatura, cubra la rosca con sellador eléctricamente conductivo y cubra la junta del termostato con sellador resistente al agua.

31 Aplique un sellador de tipo RTV (compuesto obturado vulcanizador a temperatura de ambiente) a los puntos de contacto en las juntas de las cabezas de los cilindros y del bloque del motor (**vea ilustración**). **Nota:** No aplique sellador a la sección en barquilla de los extremos de los sellos en los motores 351W y 400 ya que el sellador causará la destrucción de los sellos.

32 Posicióne sellos nuevos en el bloque del motor y presione las orejas del sello en los orificios de la superficie de contacto (**vea ilustración**). Este paso es sumamente importante, ya que el sello adecuado del múltiple de admisión depende de la instalación correcta de estas juntas.

33 Aplique sellador de tipo RTV en los extremos del sello del múltiple de admisión (**vea ilustración 3.31**). Para los motores 351W y 400, vea la nota en el Paso 31.

34 Ponga la junta del múltiple de admisión en el bloque y en las cabezas de los cilindros con las lengüetas de alineamiento ubicadas sobre los pasadores guías en el bloque. Asegúrese que todos los orificios en la junta estén alineados con todos los orificios en las cabezas de los cilindros (**vea ilustración**).

35 Teniendo caución de no mover la junta, use un elevador o un asistente para bajar el múltiple de admisión a su posición. Cuando esté en posición el múltiple, corra su dedo alrededor del área de los sellos para asegurarse que los sellos están en sus lugares. Si los sellos no están bien ubicados, remueva el múltiple y posicióne los sellos.

36 Instale los pernos de retención del múltiple de admisión y ajústelos a mano. Apriete los pernos en el orden que se sugiere en las ilustraciones 3.36a, 3.36b, o 3.36c. Note que

los diferentes motores tienen diferentes secuencias de apretar los pernos. Apriete los pernos en tres pasos sucesivos, hasta llegar al par de torsión especificado, para evitar distorsión del múltiple.

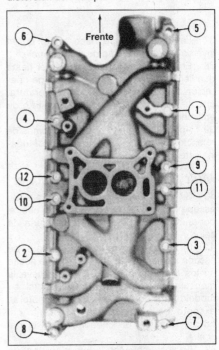

3.36a Secuencia de apretar los pernos del múltiple de admisión para los motores 302 y 351W

2B

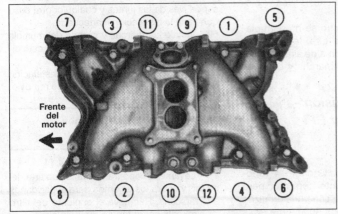

3.36b Secuencia de apretar los pernos del múltiple de admisión para los motores 351M y 400

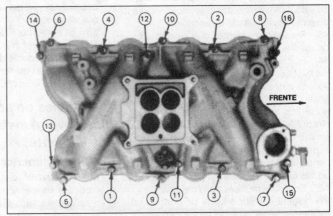

3.36C Secuencia de apretar los pernos del múltiple de admisión para los motores 460

4.9 La tapa de los balancines está fijada por varios pernos

4.11 Teniendo caución de no dañar las superficies de contacto en la cabeza, remueva la junta de la tapa de los balancines con un raspador u otra herramienta adecuada

37   La instalación se hace en el orden inverso al procedimiento de desensamble.

38   Encienda y haga correr el motor hasta que llegue a su temperatura normal de operación. Cuando llegue a esta temperatura, chequee que no haya fugas de aceite o de anticongelante.

39   Apague el motor y apriete los pernos de retención del múltiple mientras el motor todavía esté caliente.

Múltiples de escape - remover

40   Si está removiendo el múltiple de escape derecho, remueva el filtro de aire, el conducto de toma de aire, y la estufa de calor.

41   Si está removiendo el múltiple de escape izquierdo, remueva el filtro de aceite en los modelos 351M y 400. Remueva la ménsula de control de velocidad (si su modelo tiene uno), y, en todos los motores excepto los 460, remueva el conjunto del tubo y la varilla de chequeo de nivel del aceite.

42   En los vehículos equipados con un selector de velocidades en la columna y con una transmisión automática, desconecte el eje de la palanca transversa para el selector de velocidades para dar el espacio necesario de remover el múltiple de escape.

43   Remueva los pernos que sujetan el tubo de escape a los múltiples.

44   Remueva los protectores térmicos de las bujías (si los hay).

45   Si su vehículo los tiene, aplaste las orejas en las placas de cierre usadas para asegurar los pernos del múltiple de escape.

Nota: *Fíjese bien en la ubicación de cada uno de los pernos, ya que algunos pueden ser especiales, usados para fijar otros componentes al motor - tienen que ser reinstalados en sus lugares originales.*

46   Separe el múltiple de la cabeza.

47   Limpie las superficies de contacto del múltiple y de las cabezas de los cilindros.

48   Limpie los rebordes del montaje del múltiple de escape y del tubo de escape.

Múltiples de escape - instalación

49   Aplique grasa grafito a las superficies de contacto del múltiple de escape.

50   Posicione el múltiple sobre la cabeza e instale los pernos. Apriete los pernos al par indicado en tres pasos sucesivos, trabajando desde el centro hacia los extremos. Si los hay en su vehículo, doble las orejas de las placas de cierre para evitar el desajuste de los pernos.

51   Si su vehículo dispone de ellos, instale los protectores térmicos de las bujías.

52   Instale la junta o el espaciador entre el tubo de escape y la salida del múltiple de escape.

53   Conecte el tubo de escape al múltiple de escape con tuercas nuevas.

54   Apriete las tuercas, asegurando que el tubo de escape se encuentre adecuadamente ubicado en la salida del múltiple de escape.

55   Instale el filtro de aceite si ha removido el múltiple izquierdo (motores 351M o 400).

56   Si lo ha desmontado, instale el conjunto de la varilla de chequeo del nivel de aceite.

57   En los modelos con selector de velocidades en la columna, instale el eje de palanca transversa en el chasis y en el bloque del motor.

58   Si el múltiple derecho se ha reemplazado, instale el filtro de aire, la estufa de calor, y el conducto de toma de aire.

59   Ponga el motor en marcha y chequee por fugas en el escape.

Múltiples de admisión - remover e instalar EFI solamente

Múltiple superior

60   procedimiento en el Capítulo 4 (Sección 17) es esencialmente correcto, pero note que el motor 460 no tiene una armazón de apoyo y cuatro pernos solamente, más bien tiene seis, son usados para adjuntar el múltiple superior al múltiple inferior.

Múltiple inferior

61   El procedimiento en el Capítulo 2, Parte B, es esencialmente correcto, pero note los puntos siguientes:

62   Remueva la tapa del llenador de combustible para aliviar la presión del depósito de combustible.

63   Remueva el múltiple de admisión superior/cuerpo del acelerador (vea Capítulo 4).

Peligro: *La presión del combustible debe aliviarse antes de desconectar cualquier línea! Vea Capítulo 4 para el procedimiento.*

64   Desconecte el arnés del alambrado desde el arnés del alambrado principal.

65   Desconecte las líneas de combustible al carril del combustible y remueva el carril de combustible (vea Capítulo 4).

66   Remueva los pernos del múltiple de admisión. Note las ubicaciones de los espárragos y la longitud de los diferentes pernos.

67   Remueva el múltiple de admisión. Si es necesario, hágale palanca al múltiple para separarlo lejos de las cabezas de los cilindros, pero tenga cuidado de no dañar la superficie de la junta donde sella.

68   Después de que las superficies de las juntas que sellan se hayan limpiado, inspeccione el múltiple por grietas, daños en la superficies de las juntas y cualquier otra cosa que haría la instalación inadecuada.

69   Instale las tuercas y pernos del múltiple de admisión y los aprieta a la torsión especificada en la sucesión recomendada.

70   Los pasos restantes para la instalación es la operación opuesta de como se removió.

***

4   Tapas de los balancines - remover e instalar

Refiérase a las ilustraciones 4.9 y 4.11

1   Levante el capó, remueva la cubierta del motor, y cubra los asientos para evitar daños a la tapicería. Remueva el conjunto del filtro de aire y del conducto de toma de aire.

2   Remueva las mangueras y líneas (según sea necesario) de ventilación del cárter.

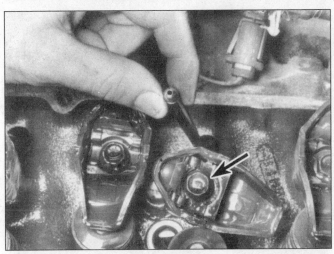

5.3a Afloje la tuerca o el perno (flecha) y gire el balancín hacia el costado para remover la varilla de empuje

5.3b Se puede usar una caja perforada para guardar las varillas de empuje y asegurarse que se puedan instalar en su sitios originales

Asegúrese que todas las mangueras y líneas estén desconectadas de la tapa de los balancines, y póngalas fuera del camino.

3   Remueva la válvula PCV de la tapa del orificio de aceite o de la tapa de los balancines.

4   Algunos motores 302 disponen de un solenoide eléctrico y de una línea de vacío, los cuales habrán que ser removidos.

5   Remueva el solenoide de vacío montado en la tapa de los balancines izquierda (si hay uno).

6   Desconecte los cables de las bujías. Márquelos para poder instalarlos en sus posiciones adecuadas.

7   Remueva los cables de las bujías fijados a las tapas de los balancines y ubíquelos en un costado.

8   Remueva las abrazaderas que retienen los conjuntos de cables a lo largo de la tapa de los balancines izquierda.

9   Remueva los pernos de la tapa de los balancines **(vea ilustración)**.

10   Separe la(s) tapa(s) de los balancines del motor.

11   Remueva el material viejo de junta y el sellador de las superficies de contacto de la tapa de los balancines y de las cabezas de los cilindros **(vea ilustración)**.

12   Asegúrese que las superficies de contacto queden limpias y planas, especialmente al rededor de los orificios para los pernos. Use un martillo y un bloque de madera para aplanar las superficies si están deformadas.

13   Aplique una junta nueva a la tapa de los balancines. Note las lengüetas provistas en la tapa para retener la junta. Pueda que sea necesario de aplicar un sellador de tipo RTV en las esquinas de la tapa para retener la junta en ellas.

14   Posicione la tapa de los balancines sobre las cabezas de los cilindros, asegurando que los orificios para los pernos estén adecuadamente alineados.

15   Introduzca los pernos en la tapa de los balancines y ajústelos a mano.

16   Trabajando desde el centro hacia afuera en la tapa, apriete los pernos al par de torsión especificado.

Caución: *No apriete los pernos demasiado o causará que se deforme la tapa y dañe la junta, lo que resultará en fugas de aceite.*

17   La instalación se hace en el orden inverso al procedimiento de desensamble.

18   Ponga el motor en marcha y permítalo correr hasta que llegue a la temperatura normal de operación y chequee que no hayan fugas.

5   Balancines y varillas de empuje - remover, inspeccionar e instalar

Refiérase a las ilustraciones 5.3a y 5.3b

Remover

1   Remueva las tapas de los balancines según está descripto en la Sección 4.

2   Remueva los pernos o tuercas de fulcro de los balancines.

3   Remueva los deflectores de aceite (solamente en los motores 351M, 400 y 460), los fulcros, las guías de los fulcros (solamente en los motores 302 y 351W) y los balancines. Si solamente ha de remover las varillas de empuje, afloje los pernos/tuercas del fulcro y gire los balancines hacia el costado para poder remover las varillas de empuje **(vea ilustración)**. Mantenga las varillas de empuje organizadas para asegurarse que podrá instalarlas en sus sitios originales **(vea ilustración)**.

Inspección

4   Chequee los balancines para ver si hay desgaste excesivo, si están rajados o si tienen cualquier otro daño, especialmente en donde las varillas de empuje y los vástagos de las válvulas entran en contacto con las caras de los balancines.

5   Asegúrese que el orificio en el extremo del lado de las varillas de empuje esté abierto.

6   Chequee el área de contacto del fulcro del balancín para ver si hay desgaste o daño. Si los balancines están gastados o dañados, reemplácelos con nuevos y también use asientos de fulcro nuevos.

7   Inspeccione las varillas de empuje para ver si están rajadas o si tienen desgaste excesivo en los extremos. Haga rodar cada varillas de empuje en una superficie plana para ver si están torcidas.

Instalación

8   Aplique aceite para motores o lubricante de ensamblaje al extremo superior del vástago de la válvula y a la guía de las varillas de empuje en las cabezas de los cilindros.

9   Aplique aceite para motores al asiento del fulcro de los balancines y a la hendidura del asiento del fulcro en el balancín.

10   Instale las varillas de empuje.

11   Instale las guías de los fulcros (motores 302 y 351W), los balancines, el deflector de aceite (modelos 351M y 400), y los pernos/tuercas de los fulcros.

12   Apriete los pernos/tuercas de los fulcros al par de torsión especificado.

13   Reinstale las tapas de los balancines y las juntas según está descripto en la Sección 4.

14   Ponga el motor en marcha y chequee si corre suave y si no tiene ruidos. Refiérase a la Sección 23 del Capítulo 2C para las correcciones que puedan ser necesitadas si el motor no corre suave o si hace demasiado ruido.

6   Cabezas de los cilindros - remover e instalar

Refiérase a las ilustraciones 6.12, 6.15, y 6.19

Remover

1   Remueva el múltiple de admisión como está descripto previamente en este Capítulo.

2   Remueva las tapas de los balancines.

6.12 La cadena del elevador se puede fijar a la cabeza con pernos y arandelas insertadas en los orificios de pernos para los balancines

6.15 Asegúrese que los empaques de las cabezas de los cilindros están correctamente ubicados, y con el lado correcto hacia arriba (note la marca FRONT en el tipo que aquí se muestra)

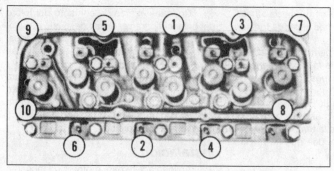

6.19a Secuencia de apretar los pernos en las cabezas de los cilindros

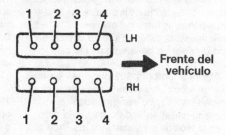

6.19b Secuencia de como apretar los pernos de las tapas de las válvulas motores de 460 pulgadas cubicas (7.5L) V8 (1988) (Sección 5)

3   Si se ha de remover las cabezas de los cilindros izquierdo en un vehículo equipado con aire acondicionado de la fábrica, desmonte el compresor y sopórtelo seguramente en el costado del compartimiento del motor. **Caución:** *No desconecte las mangueras del aire acondicionado, ya que resultarán daños al sistema o lesiones al operador.*
4   Si se ha de remover la cabezas izquierda de los cilindros y el vehículo dispone de dirección asistida, remueva de las cabezas de los cilindros el perno de retención de la ménsula de la dirección asistida.
5   Posicione la bomba de dirección asistida en un costado, de manera que no se escape el fluido.
6   Si se ha de remover la cabezas derecha de los cilindros, remueva el perno pasador de la ménsula del alternador.
7   Remueva el tubo de toma de aire del filtro de aire (si hay uno) de la cabezas derecha de los cilindros.
8   Remueva el cable de tierra conectado en la parte posterior de las cabezas de los cilindros.
9   Remueva los pernos de retención del múltiple de escape.
10   Remueva las varillas de empuje según las indicaciones en la Sección 5. Los balancines se pueden quedar en sus lugares en

cada cabeza. Marque las varillas de empuje para poder instalarlas en sus posiciones originales.
11   Afloje los pernos de las cabezas de los cilindros en el orden inverso mostrado en el diagrama de secuencia de apriete **(ilustraciones 6.19)**, y remueva los pernos de la cabeza. Manténgalos en orden para poder instalarlos en sus sitios originales.
12   Use un elevador (o un asistente) para remover las cabezas de los cilindros del bloque, teniendo caución de no dañar las superficies de contacto **(vea ilustración)**.
13   Vea Capítulo 2, Parte C para los procedimientos de inspección de las cabezas de los cilindros.

Instalación

14   Asegúrese que las superficies de contacto de las cabezas de los cilindros y del bloque del motor están limpias y planas.
15   Posicione la junta nueva sobre los pasadores guía del bloque del motor. Asegúrese que la junta de la cabeza esté ubicada en buena dirección y que quede expuesta la superficie correcta. Las juntas a veces vienen marcadas FRONT (frente) y TOP (hacia arriba) **(vea ilustración)**.
16   Use un elevador (o un asistente) para instalar la cabeza en su lugar en el bloque.

Tenga caución de no moverla de lado a lado o de no arrastrarla sobre el bloque ya que podría causar el desplazamiento de la junta o dañar sus superficies.
17   Cubra los pernos de las cabezas de los cilindros con aceite liviano para motores e introdúzcalos en sus orificios en el bloque.
18   Apriete los pernos a mano.
19   Apriete los pernos en la secuencia indicada **(vea ilustración)**. Apriete los pernos en tres pasos, ajustando cada uno de los pernos en la secuencia en cada paso.
20   Aplique aceite de motores a los asientos del fulcro y en las hendiduras de los balancines.
21   Instale las varillas de empuje y las tapas de los balancines.
22   La instalación se hace en el orden inverso al procedimiento de desensamble.
23   Ponga el motor en marcha y chequee si no hay fugas o ruidos extraños.

Cabeza de los cilindros - remover e instalar

El procedimiento en el Capítulo 2 es correcto, pero esté seguro de colocar los dos pernos largo principales de la cabeza de los cilindros en los dos orificios traseros inferiores en la mano izquierda de la cabeza de los

7.14 Remueva el amortiguador de vibraciones con un extractor

7.21 Cuando remueva la tapa de la cadena del tiempo, remueva solamente los pernos del cárter que están roscados en la tapa - deje el resto en su lugar

2B

cilindros. También, coloque un perno de cabeza largo en el orificio inferior del perno trasero en la cabeza derecha de los cilindros. Instale ligas de goma para sujetar los pernos en posición, encima de la superficie del bloque para la cabeza, hasta que las cabezas de los cilindros se instalen.

Tapa de los balancines - remover e instalar

Siga el procedimiento en el Capítulo 2, pero note que los pernos en los modelos más modernos están en el centro de la tapa, envés de los bordes. Una secuencia especial para apretarlos es recomendada por el fabricante (6.19b).here

---

7   Tapa y cadena del tiempo - remover e instalar

Refiérase a las ilustraciones 7.14, 7.21, 7.23, 7.27, 7.30, 7.32, 7.39 y 7.43

Remover

1   Drene el sistema de enfriamiento.
2   Remueva los tornillos que retienen la cubierta del radiador al radiador.
3   Remueva los pernos que fijan el ventilador al eje de la bomba de agua.
4   Remueva el ventilador y la cubierta del radiador.
5   Desconecte de la carcaza del termostato la manguera superior del radiador.
6   Desconecte de la salida de la bomba de agua la manguera inferior del radiador.
7   Desconecte del radiador las líneas de enfriamiento del aceite de la transmisión (si su vehículo dispone de ellas).
8   Afloje los pernos de instalación y de ajuste del alternador para liberar la tensión en la banda. Si el vehículo dispone de aire acondicionado, afloje la polea de tensión.
9   Remueva la bomba de aire (si su vehículo tiene una).
10   Remueva las bandas y la polea de la

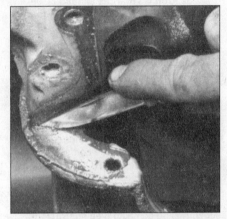

7.23 La junta entre la tapa de la cadena del tiempo y el cárter de aceite tiene que cortarse en la junta del cárter con el bloque. Use un cuchillo

bomba de agua.
11   Remueva el perno que fija el soporte del compresor del aire acondicionado, la bomba de agua y el compresor. Remueva el soporte del compresor. **Caución:** *No afloje ni remueva las mangueras del aire acondicionado, ya que resultarían graves lesiones personales o daños al sistema.*
12   Remueva los pernos y las arandelas que retienen la polea del cigüeñal al amortiguador de vibraciones, remueva la polea.
13   Remueva el perno grande y la arandela que fijan el amortiguador al cigüeñal.
14   Use un extractor para remover el amortiguador de vibraciones del cigüeñal **(vea ilustración)**.
15   Remueva la manguera de derivación de la parte superior de la bomba de agua.
16   Desconecte la manguera de retorno a la calefacción de la parte superior de la bomba de agua.
17   Remueva y obture la línea de combustible de la bomba de combustible.
18   Desconecte la línea de combustible del carburador.

PUNTO DE
REFERENCIA

7.27 Marque un punto de referencia en el bloque, y mida la distancia desde ese punto a la cadena (empuje la cadena y mida otra vez para determinar la deflección de la cadena)

19   Remueva la línea de suministro de combustible de la bomba de combustible.
20   Remueva la bomba de combustible (vea Capítulo 4).
21   Remueva los pernos que retienen la tapa del tiempo al bloque del motor y los que fijan el cárter del aceite a la tapa del tiempo **(vea ilustración)**.
22   Remueva la tapa del tiempo y la bomba de agua.
23   Use un cuchillo o una herramienta semejante para cortar el sello del cárter de aceite al borde de la superficie de contacto del bloque del motor **(vea ilustración)**.
24   Remueva la junta de la tapa del tiempo y el sello del cárter.
25   Si se ha de reemplazar la tapa con una nueva, desmonte la bomba de agua de la tapa.
26   Chequee la deflección de la cadena del tiempo girando el cigüeñal hacia la izquierda para remover el juego en el lado izquierdo de la cadena.

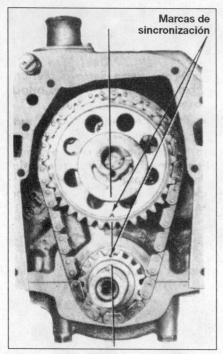

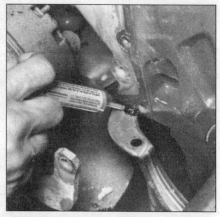

7.39 Antes de ubicar las secciones nuevas de la junta del cárter, aplique una pestaña de sellador tipo RTV en la junta del cárter con el bloque

7.32 Con las marcas alineadas, se pueden remover la cadena y los engranes

7.30 Las marcas de sincronización en el árbol de levas y el cigüeñal tienen que estar alineadas según está indicado (asegúrese que las marcas estén juntas)

27   Establezca un punto de referencia en el bloque y use una regla para medir la distancia del punto de referencia hasta el lado izquierdo de la cadena (vea ilustración).

28   Gire el cigüeñal en la dirección opuesta para remover el juego de la cadena en el lado derecho de la cadena.

29   Empuje el lado izquierdo de la cadena hacia afuera y mida la distancia entre el punto de referencia y la cadena. Esta medida le dará la deflección. Si la deflección excede 0.5 de pulgada, deberá de reemplazarse la cadena y los engranes con unos nuevos.

30   Si la cadena del tiempo y los engranes han de removerse, haga girar el motor hasta que coincidan las marcas de sincronización en los engranes (vea ilustración).

31   Remueva el perno de retención del piñón del árbol de levas, la arandela, la pieza excéntrica de la bomba de combustible (dos piezas en los motores 460) y el deflector delantero de aceite (si hay uno) del cigüeñal.

32   Deslice hacia adelante la cadena y los engranes hasta removerlos del cigüeñal (vea ilustración).

Instalación

33   Ensamble la cadena y los engranes de tiempo de manera que las marcas de sincronización queden alineadas.

34   Instale la cadena y los engranes en el árbol de levas y el cigüeñal. Asegúrese que las marcas de sincronización queden adecuadamente alineadas durante el procedimiento de instalación.

35   Instale el deflector de aceite (si lo hay) sobre el extremo del cigüeñal.

36   Instale la pieza excéntrica de la bomba de combustible, el perno de retención y la arandela del piñón del árbol de levas. Apriete el perno a su par de torsión especificado. Lubrique la cadena del tiempo con aceite para motores.

37   Limpie los restos de la junta de las superficies de contacto del cárter de aceite.

38   Cubra la superficie de contacto del cárter con sellador de tipo RTV. Corte y posicióne las secciones necesarias del sello nuevo entre el cárter y la tapa del tiempo.

39   Aplique sellador a las esquinas de las superficies de contacto (vea ilustración).

40   Cubra las superficies de la junta de la tapa con sellador e instale la junta nueva. Cubra las superficies de contacto del bloque con sellador.

41   Posicione la tapa del tiempo sobre el bloque después de haber instalado un sello nuevo delantero del cigüeñal (vea Sección 9). Cubra el reborde del sello con grasa.

42   Tenga caución cuando instale la tapa, para no dañar el sello delantero del cigüeñal.

43   Instale la herramienta de alineación de la tapa para ubicar la tapa adecuadamente (vea ilustración). Si no dispone de la herramienta especial, use el amortiguador de vibraciones para ubicar el sello. Puede resultar necesario aplicar fuerza a la tapa para comprimir el sello del cárter de aceite. Esto se puede lograr mediante la inserción de un punzón dentro de un orificio para pernos.

44   Cubra las roscas de los pernos de retención con un sellador del tipo RTV e instálelos.

45   Manteniendo la tapa alineada, apriete los pernos de retención del cárter a la tapa delantera.

46   Remueva el punzón de alineamiento.

47   Apriete los pernos de la tapa y remueva la herramienta de alineación o el amortiguador de vibraciones.

48   Aplique una leve capa de grasa a la superfície de contacto del amortiguador.

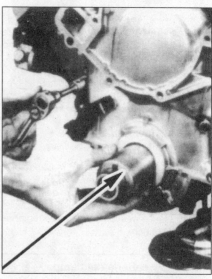

7.43 Use una herramienta especial (aquí se muestra) o el amortiguador de vibraciones para alinear la tapa sobre el cigüeñal antes de apretar los pernos

49   Instale el espaciador del cigüeñal.

50   Instale la chaveta Woodruff en el cigüeñal y deslice el amortiguador de vibraciones a su posición.

51   Instale el perno y la arandela de retención del amortiguador del cigüeñal. Apriete el perno al par de torsión especificado.

52   Este perno se puede usar para empujar el amortiguador hasta su posición en el cigüeñal si no dispone de la herramienta especial para este propósito.

53   Fije la polea del cigüeñal al amortiguador e instale los pernos de retención de la polea.

54   Instale la bomba de combustible con una junta nueva.

55   Conecte la línea de combustible a la bomba.

56   La instalación se hace en el orden inverso al procedimiento de desensamble. Asegúrese que todos los pernos estén adecuadamente apretados.

57   Si entró anticongelante dentro del cárter

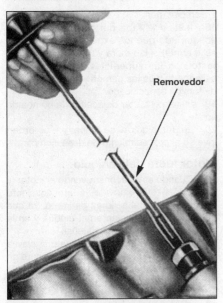

8.6 Se puede necesitar una herramienta especial para remover los buzos de empuje de sus orificios

de aceite durante la separación de la tapa del tiempo del bloque, habrá que cambiar el aceite y el filtro de aceite.

58 Ponga el motor en marcha, córralo en marcha mínima rápida y chequee si no hay fugas de anticongelante o de aceite.
59 Chequee la marcha mínima lenta y la sincronización del encendido.

8 Árbol de levas y alzaválvulas - remover e instalar

Refiérase a las ilustraciones 8.6 y 8.17
Nota: *Refiérase al Capítulo 2, Parte C, Sección 15 y chequee que cantidad levanta el lóbulo del árbol de levas, según se indica, antes de remover el árbol de levas.*

Remover

1 Abra el capó, remueva la cubierta del motor y cubra los asientos para evitar daños a la tapicería. Marque las mangueras para facilitar su reinstalación, desconéctelas, y remueva el filtro de aire.
2 Remueva el múltiple de admisión (vea Sección 3).
3 Remueva la tapa de los balancines (vea Sección 4).
4 Afloje los pernos/tuercas de los balancines y gírelos hacia el costado.
5 Marque las varillas de empuje si las va ha reinstalar y remuévalas del motor.
6 Remueva las varillas de empuje del motor usando una herramienta especial diseñada para este propósito **(vea ilustración)**. A veces se pueden remover usando un imán si no hay mucho desgaste o depósito de laca sobre ellas. Si están atascadas, tendrá que obtener la herramienta especial para agarrar las varillas de empuje por dentro y extraerlas.
7 Remueva la tapa, la cadena y los engranes de tiempo (vea Sección 7).

8.17 Chequeo del juego axial del árbol de levas con un indicador de tipo reloj

8 Remueva la parrilla del frente, el radiador y el condensador del aire acondicionado (vea Capítulo 3).
9 Remueva la bomba de combustible.
10 Remueva los pernos de retención de la plato flexible del árbol de levas al bloque del motor.
11 Lentamente, extraiga el árbol de levas del motor, teniendo caución de no lastimar, rasguñar, o dañar de cualquier otra manera los muñones con los lóbulos del árbol de levas.
12 Vea Capítulo 2, Parte C para los procedimientos de inspección de árboles de levas y buzos.

Instalación

13 Lubrique los cojinetes del árbol de levas con aceite de motores y aplique lubricante para ensamblar motor en los lóbulos del árbol.
14 Deslice el árbol de levas en su posición, teniendo caución de no rasgar o lastimar las superficies de los muñones.
15 Instale la plato flexible del árbol de levas. Apriete los pernos de retención de la plato flexible al par de torsión especificado.
16 Chequee el juego axial del árbol de levas empujándolo hacia atrás.
17 Instale un indicador de tipo reloj de manera que la varilla del indicador toque el perno de retención del piñón del árbol de levas **(vea ilustración)**. Ponga el indicador a cero en esta posición.
18 Posicióne un destornillador grande entre el piñón del árbol de levas y el bloque. **Caución:** *No empuje con el destornillador contra aluminio o nilón cuando haya cualquier carga en el tren de válvulas, ya que resultarían daños al piñón.*
19 Tire el árbol de levas hacia adelante con el destornillador y libérelo.
20 Compare la medida en el indicador con las Especificaciones en la Parte C de este Capítulo.
21 Si el juego axial es excesivo, chequee si el espaciador está correctamente instalado antes de removerlo. Si el espaciador está instalado adecuadamente, reemplace la placa de

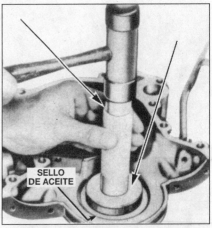

SELLO DE ACEITE

9.4 En algunos motores, cuando se debe de remover la tapa de la cadena del tiempo, se usa una herramienta especial par instalar y asentar el sello de aceite delantero (si se toma mucha caución, también se puede usar un punzón grande)

impulso. Note que la placa de impulso tiene una ranura en su superficie, la cual siempre debe instalarse hacia el lado del motor.
22 Chequee la deflección de la cadena del tiempo según está indicado en la Sección 7.
23 Instale los buzos hidráulicos en sus lugares originales si está usando los mismos. Asegúrese que estén cubiertos con lubricante para ensamblar motor. Nunca use buzos viejos con un árbol de levas nuevo, o buzos nuevos con un árbol de levas viejo.
24 La instalación se hace en el orden inverso al procedimiento de desensamble.

9 Sellos de aceite del cigüeñal - reemplazo

Refiérase a las ilustraciones 9.4, 9.5, 9.7, 9.14 y 9.17
Nota: *Algunos de los modelos 302, 351 y 400 más viejos requieren que se remueva la tapa de la cadena del tiempo para reemplazar el sello de aceite. Si está trabajando en uno de estos motores, siga el procedimiento de reemplazo del sello de aceite para los motores 460 indicado en los Pasos 1 al 4.*

Sello delantero
Motor 460

1 En los motores 460, remueva la tapa de la cadena del tiempo (vea Sección 7).
2 Expulse el sello de aceite delantero del cigüeñal usando un punzón y un martillo.
Nota: *El sello de aceite delantero debe de reemplazarse con uno nuevo cada vez que se remueva la tapa.*
3 Limpie la ranura en la tapa delantera.
4 Instale el sello nuevo de aceite delantero usando una herramienta especial para este propósito **(vea ilustración)**, o un punzón grande, teniendo cuidado de no dañar el sello. Asegúrese que el resorte quede ubicado dentro del sello.

2B

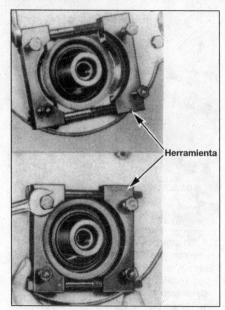

Herramienta

9.5 La herramienta especial se fija sobre el sello (arriba), y se aprietan lo pernos para extraer el sello de la tapa (bajo)

Todos los otros motores

5   Remueva el sello delantero usando un extractor especial disponible en los concesionarios de Ford **(vea ilustración)**. No hace falta remover la tapa del motor.

6   Limpie la ranura del sello delantero del cigüeñal.

7   Instale un sello nuevo usando la herramienta especial disponible en los concesionarios de Ford **(vea ilustración)**. También se puede usar una varilla roscada, con una tuerca y una arandela grande para este propósito.

Sello Posterior - dos pedazos

Motor en el vehículo

8   Hay que remover el cárter de aceite y la bomba de aceite para tener acceso al sello, pero el cigüeñal puede quedar instalado.

9   Afloje levemente los pernos de la tapa del cojinete principal para permitir que caiga el cigüeñal no más de 1/32 de pulgada.

10   Remueva la tapa del cojinete principal posterior y separe el sello de aceite de la tapa. Si su motor tiene una, remueva de la tapa la clavija para localizar el sello de aceite. La clavija no se usa para los sellos de dos pedazos como el que se va ha instalar. Para remover la parte del sello posterior principal alojada en el bloque, rosque un tornillo pequeño autoroscante en un extremo del sello y tire en el tornillo para girar el sello fuera de su ranura. Tome extremo cuidado durante este procedimiento para evitar de rasguñar la superficie del cigüeñal en contacto con el sello.

11   Cuidadosamente limpie las ranuras del sello en la tapa y en el bloque usando un cepillo mojado con solvente.

12   Inspeccione las superficies de contacto entre la tapa y el bloque, así bien como las ranuras del sello para ver si hay muescas, rebarbas o ralladuras. Remueva cualquier

9.7 En motores que no requieren remover la tapa de la cadena del tiempo, se usa una herramienta especial para empujar el sello dentro de su cilindro

defectos con una lima fina o una herramienta para eliminar rebarbas.

13   Moje ambas mitades del sello nuevo en aceite para motores limpio.

14   Empuje una sección del sello dentro de la ranura en el bloque, con el reborde hacia el **frente** del motor. Deje salir un extremo del bloque de 3/8 de pulgada y asegúrese que esté completamente asentado **(vea ilustración)**. Asegúrese que el borde de la ranura no haya cortado la goma del borde exterior del sello. Limpie todo el aceite de las superficies de contacto de la tapa y del bloque.

15   Instale le otra mitad del sello en la tapa del cojinete principal. En este caso, deje el extremo opuesto salir de la tapa por la misma distancia que el sello del bloque. Asegúrese que los rebordes del sello estén hacia el **frente** del motor.

16   Apriete todos los pernos, salvo los de la tapa del cojinete principal, al par de torsión especificado.

17   Aplique una capa leve e igual de sellador de tipo RTV a las áreas del bloque y de la tapa indicada en la ilustración 9.17. **Caución:** *No ponga sellador en la cara del cojinete, en el muñón del cigüeñal o en el reborde el sello. Lubrique los rebordes del sello con grasa a base de moly o con lubricante para*

ensamblar motor.

18   Instale la tapa del cojinete posterior, asegurando que los extremos salientes del sello entren el la ranura y que no hagan contacto con las superficies del sello con el sellador. Instale los pernos y apriételos al par de torsión especificado.

19   Instale el cárter de aceite y la bomba de aceite.

20   La instalación se hace en el orden inverso al procedimiento de desensamble .

Motor fuera del vehículo

21   Cuando esté reconstruyendo el motor (y el cigüeñal esté removido), el procedimiento de instalación del sello es diferente, ya que las mitades se instalan en el bloque y en la tapa antes de instalar el cigüeñal.

22   En algunos motores, se usa una clavija para localizar la parte del sello en la ranura de la tapa. No olvide remover la clavija antes de instalar el sello nuevo (no requiere de la clavija).

23   Siga los procedimientos delineados arriba, pero note que la sección del sello instalada en el bloque no necesita ser empujada a su lugar desde el extremo. Ya que el cigüeñal no está en el paso, el sello se puede instalar en la ranura del bloque de la misma manera que en la ranura de la tapa.

24   Cuando esté el sello ubicado en el bloque, se puede poner el cigüeñal en su lugar (Capítulo 2, Parte C) y se pueden instalar las tapas de los cojinetes principales.

Sello trasero - un pedazo

25   En modelos con un sello trasero de un pedazo, hay que remover la transmisión y el volante o plato flexible para tener acceso al sello. Refiérase a los Capítulos 7 y 2B para estos procedimientos.

26   Use un punzón agudo para hace un agujero en la superficie metálica del sello entre el reborde y el bloque del motor. Rosque dentro de este agujero el extremo roscado de un martillo deslizante, un tira abolladuras, o una herramienta equivalente. Usando la herramienta, retire el sello. **Caución:** *No raye o dañe el cigüeñal o la superficie del sello.*

27   Limpie el cigüeñal y la ranura para el

9.14 El sello de aceite posterior del tipo dividido tiene que sobresalir del bloque y de la tapa según se muestra aquí (asegúrese que el reborde está hacia el frente del motor y remueva el pasador si hay uno)

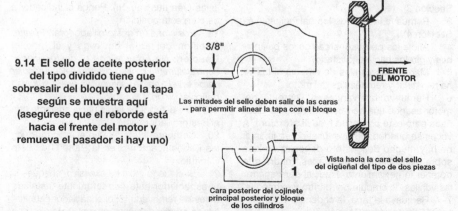

INSTALE EL LAVIO DEL SELLO HACIA EL FRENTE DEL MOTOR

3/8"

FRENTE DEL MOTOR

Las mitades del sello deben salir de las caras -- para permitir alinear la tapa con el bloque

Vista hacia la cara del sello del cigüeñal del tipo de dos piezas

Cara posterior del cojinete principal posterior y bloque de los cilindros

sello en el bloque de los cilindros, y la tapa del cojinete principal. Inspeccione las superficies de contacto del cigüeñal al sello para ver si no hay muescas o rayas que pudieran dañar el reborde del sello nuevo y causar fugas de aceite.

28   Cubra el sello nuevo y el cigüeñal con una leve capa de aceite para motores.

29   Introduzca el sello nuevo dentro de la ranura con el reborde del sello hacia adentro e instale una herramienta especial adecuada **(vea ilustración)**. Se puede usar una de dos herramientas T65P-6701-A o T82L-6701-A o bien usted puede usar un trozo de caño plástico de metal con el diámetro adecuado. Presione el sello derecho dentro del su alesaje hasta que la herramienta llegue en contacto con el bloque del motor. Remueva la herramienta e inspeccione el sello para asegurarse que resultaron daños durante la instalación.

30   Instale el volante y la transmisión (refiérase a los Capítulos 7 y 2B).

10 Motor - remover e instalar

Refiérase a la ilustración 10.32

Remover - *hasta el modelo 1973*

1   Remueva la cubierta del motor.

2   Remueva los pernos que fijan el asiento derecho al piso y remueva el asiento del vehículo.

3   Refiérase al Capítulo 1 si necesita drenar el sistema de enfriamiento.

4   Refiérase al Capítulo 4 si necesita remover el filtro de aire, el conducto de toma de aire, y desconectar la manguera de ventilación del cárter al mismo tiempo.

5   Desconecte del bloque del motor los cables de tierra del acumulador y del alternador.

6   Separe el tubo del llenador de aceite de la ménsula en el panel del tablero y remuévalo.

7   Separe la manguera superior e inferior del radiador y, en los vehículos con transmisión automática, desconecte los tubos del enfriador de aceite. Obture los extremos de las mangueras.

8   Remueva los pernos del radiador y desmonte el radiador.

9   Desconecte del motor las mangueras de la calefacción y sujételas en un costado.

10   Remueva los pernos del ventilador de enfriamiento, desmonte el ventilador, el espaciador, la polea y la banda.

11   Desconecte el acoplador del cable del acelerador del eje en la cabeza derecha de los cilindros. Desacople la varilla de rebase en el carburador y la línea de vacío del múltiple de admisión (solamente en modelos con transmisión automática).

12   Desconecte el conjunto de alambrado de la tapa izquierda de los balancines y átelo al costado.

13   Remueva la tuerca superior que sujeta el múltiple de escape al tubo de escape.

14   Levante el frente del vehículo y sopórtelo seguramente sobre estantes.

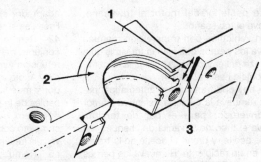
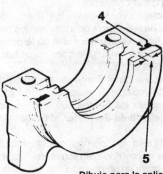

9.17 Aplique un sellador de tipo RTV en el bloque y en la tapa según está indicado antes de instalar la tapa (no ponga sellador en la superficie del sello o del cojinete)

1   *De la cara delantera de la ranura del deflector hasta la cara posterior del bloque*
2   *Cara posterior del bloque*
3   *Aplique una pestaña de 1/16 de pulgada de sellador D6AZ-19562 (o B) en el área oscurecida del bloque antes de instalar la tapa del cojinete - (ambos lados) No permita que el sellador toque el diámetro interno del sello de dos partes*
4   *Aplique una pestaña de 1/16 de pulgada de sellador D6AZ-19562 (o B) según está indicado en la tapa del cojinete (ambos lados)*
5   *Deje un espacio de 1/8 de pulgada para la expansión del sellador*

Dibujo para la aplicación de sellador. Se muestra un sello de dos partes. Las áreas básicas de aplicación para otros tipos de sello son las mismas

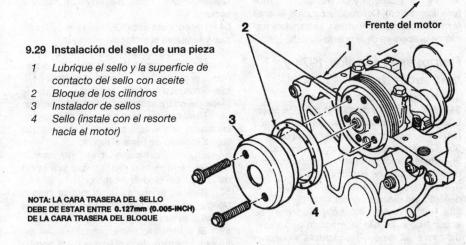

9.29 Instalación del sello de una pieza

1   *Lubrique el sello y la superficie de contacto del sello con aceite*
2   *Bloque de los cilindros*
3   *Instalador de sellos*
4   *Sello (instale con el resorte hacia el motor)*

Frente del motor

NOTA: LA CARA TRASERA DEL SELLO DEBE DE ESTAR ENTRE 0.127mm (0.005-INCH) DE LA CARA TRASERA DEL BLOQUE

15   Drene el aceite del motor y guárdelo en un recipiente cerrado. Remueva el filtro de aceite.

16   Desconecte la línea de combustible de la bomba de combustible.

17   Desconecte la ménsula del tubo para la varilla de chequeo del nivel de aceite del múltiple de escape y del cárter del aceite.

18   En los modelos equipados con transmisión manual, remueva los pernos que fijan la ménsula de la barra de compensación al bloque del motor y a la carcaza del embrague.

19   Desconecte el cable del motor de arranque. Remueva los pernos y remueva el motor de arranque.

20   En vehículos con transmisión manual, desconecte la flecha del eje posterior, y cuidadosamente desacople de la transmisión la flecha (refiérase al Capítulo 7 si es necesario).

21   En vehículos con transmisión automática, desconecte el árbol de mando de la brida de acoplamiento.

22   Desconecte el cable del velocímetro y el acoplamiento del selector de la transmisión.

23   Ponga un gato (o elevador) debajo de la transmisión y levántela lo suficiente como para soportar el peso de la transmisión. Remueva los pernos que sostienen el travesaño al chasis. Baje el gato suavemente y remueva la tuerca y el perno que sostienen el

soporte posterior del motor al travesaño. Remueva el travesaño.

24 En vehículos con transmisión manual, remueva los pernos que fijan la transmisión a la carcaza del embrague, extraiga la transmisión y bájela hasta el piso.

25 Si hay una transmisión automática instalada, remueva la cubierta delantera inferior del convertidor para el par de torsión, remueva el tubo de la varilla de chequeo del nivel de aceite, y drene el aceite de la transmisión en un recipiente. Remueva los pernos que sujetan el convertidor al plato flexible y desconecte las líneas de vacío y el enfriador de aceite de la transmisión. Remueva los pernos que fijan la transmisión a la parte posterior del motor y extraiga la transmisión hacia atrás y hacia abajo.

26 Desconecte el frente de los tubos de escape del múltiple de escape.

27 Remueva los pernos que fijan los dos calzos delanteros del motor al bastidor de soporte.

28 Remueva los pernos que sujetan la campana al costado del bloque del motor y sujete la barra en un costado.

29 Baje el frente del vehículo al piso.

30 Remueva los pernos que sujetan el alternador, su barra de ajuste al motor, y póngalos en un costado.

31 Remueva espárrago de la compuerta de admisión de aire del carburador, y desconecte la línea de combustible de la bomba de combustible.

32 Fije una cadena y un elevador al motor **(vea ilustración)**. Con mucha caución, levante el motor hacia arriba y atrás y extráigalo a través de la abertura de la puerta derecha.

Remover - modelos 1974 y más recientes

33 Remueva la cubierta del motor.

34 Abra el capó y marque la posición de las bisagras con un lápiz antes de remover los pernos de retención y remover el capó.

35 Desconecte los cables del acumulador.

36 Refiérase al Capítulo 1 si es necesario y drene el sistema de enfriamiento.

37 Remueva la parrilla del radiador y el deflector de piedras inferior.

38 Remueva la ménsula superior de soporte de la parrilla, la ménsula de soporte del cierre del capó, y las ménsula superiores de soporte del condensador (en los vehículos que disponen de ellas).

39 Si su vehículo tiene aire acondicionado, haga descargar el sistema por un especialista (no trate de hacerlo usted mismo) y remueva el condensador.

40 Remueva el conjunto de la ménsula del cable del acelerador.

41 Desconecte la manguera superior e inferior del radiador y ambas mangueras de la calefacción del motor. Si el vehículo dispone de una transmisión automática, desconecte las mangueras de enfriamiento del aceite. Obture los extremos para evitar contaminación. Si hay un enfriador de aceite del motor instalado, desconecte las líneas del

adaptador en el filtro. No trate de aflojar las líneas en su extremo del enfriador.

42 Remueva la cubierta del ventilador y el conjunto del ventilador. Afloje los pernos de retención y remueva el radiador del vehículo.

43 Afloje los pernos de ajuste del alternador y muévalo hacia el motor. Remueva los cables de la parte posterior del alternador.

44 Remueva el conjunto del filtro de aire completo con el conducto de toma de aire y la válvula (refiérase al Capítulo 4 si es necesario).

45 Remueva el escudo del múltiple de escape y el tubo flexible.

46 Desconecte del carburador el adaptador del cable del acelerador y remueva la ménsula del cable del acelerador del motor.

47 Si el vehículo tiene transmisión automática, desconecte la varilla de cambio del carburador.

48 Desconecte la línea de combustible, las mangueras, y las líneas del estrangulador de aire y de vacío del carburador. Remueva los pernos de retención y remueva el carburador y el espaciador.

49 Levante el frente del vehículo y sopórtelo sobre estantes.

50 Drene el aceite del motor en un recipiente y remueva el filtro.

51 Desconecte los tubos de escape delanteros de los múltiples.

52 Remueva la ménsula de retención del tubo para rellenar de la cabezas derecha de los cilindros.

53 Remueva las tuercas y los pernos que sujetan ambos calzos delanteros del motor al soporte.

54 Desconecte el cable del motor de arranque y remueva el motor de arranque.

55 En vehículos con transmisión automática, remueva la cubierta y destornille los pernos que sujetan el convertidor al plato flexible. Remueva los tres pernos que fijan la placa del adaptador a la caja del convertidor.

56 Remueva los cuatro pernos que sujetan la caja del convertidor al motor y el perno que sujeta el cable de tierra al motor.

57 En los vehículos con transmisión manual, remueva los pernos que sujetan la transmisión al bloque del motor.

58 Baje el frente del vehículo al piso y ponga un gato debajo de la transmisión para soportar su peso.

59 Si el vehículo tiene dirección asistida, afloje los pernos de la ménsula de la bomba de la dirección asistida y remueva la banda. Destornille los pernos del frente de la ménsula de soporte de la bomba de la dirección asistida.

60 Desconecte las líneas de vacío de la parte posterior del múltiple de admisión.

61 Desconecte el conjunto de alambrado del motor y átelo a un costado.

62 Remueva el servo de control de velocidad y la ménsula del cable del acelerador del múltiple de admisión y ubíquelos en un costado.

63 Si el vehículo tiene aire acondicionado, desconecte el cable del embrague del compresor.

64 Asegúrese que la transmisión esté bien

10.32 Se debe usar una cadena para remover el motor del compartimiento del motor

1   *Herramienta T53L-300-A*
2   *Herramienta T62F-6085-A*

soportada y, en los vehículos con transmisión automática, remueva los dos pernos superiores de la campana al bloque del motor.

65 Fije una cadena al motor y cuidadosamente levántelo hacia adelante para liberar el eje de entrada en la transmisión. Finalmente, extraiga el motor por la parte del frente del vehículo.

Instalación

66 Use la misma cadena que usó para remover el motor, levante el motor y posiciónelo en el compartimiento del motor.

67 Baje el motor, manteniendo todas las líneas, mangueras, cables y alambres bien apartados. Se recomienda tener una otra persona para guiar el motor mientras lo esté bajando.

68 La parte más difícil es juntar el motor con la transmisión, ya que esto necesita la inserción del eje de entrada de la transmisión en el embrague y el volante. Si el plato del embrague está correctamente centrado según está indicado en el Capítulo 8, no debería tener dificultades. Primero, engrase las estrías del eje de entrada de la transmisión. Puede sea necesario mecer el motor de lado a lado para lograr la inserción. No se debe de forzar el eje bajo ningunas circunstancias. Esto podría ocurrir si el eje no está adecuadamente asentado y el motor se levantara o bajara más de la cantidad necesaria para unos ajustes muy pequeños de la posición.

69 Tan pronto se asiente el motor contra la transmisión, instale los pernos que sujetan a los dos juntos.

70 Baje el motor sobre los calzos delanteros e instale y apriete los pernos y las arandelas.

71 Cuando halla instalado el motor, llénelo con aceite limpio y con anticongelante.

Capítulo 2 Parte C
Procedimientos generales
para la reconstrucción de motores

Contenidos

2C

Especificaciones

Motores de seis cilindros de 240 y 300 pulgadas cubicas de desplazamiento

General

Calibre y carrera
240	4.00 x 3.18 pulgadas
300	4.00 x 3.98 pulgadas

Presión del aceite (a 2000 rpm - temperatura de operación normal)
Hasta 1972	35 a 60 libras por pulgadas cuadradas
1973 en adelante	40 a 60

Bloque del motor

Diámetro interno de los cilindros
Hasta 1973	4.000 a 4.0036 pulgadas
1974 en adelante	4.000 a 4.0048 pulgadas
Límite de conicidad	0.010 de pulgada
Límite de ovalamiento	0.005 de pulgada
Límite de combadura de la plataforma	0.003 de pulgada por 6 pulgadas o 0.006 de pulgada en total

Pistones y anillos

Pistón
Diámetro (hasta 1979)
Código rojo	3.9984 a 3.9990 pulgadas
Código azul	3.9996 a 4.0002 pulgadas

Motores de seis cilindros de 240 y 300 pulgadas cubicas de desplazamiento (continuación)

Pistones y anillos (continuación)

Pistón
  Diámetro (1980 en adelante)
    Código rojo .... 3.9982 a 3.9988 pulgadas
    Código azul .... 3.9994 a 4.0000 pulgadas
Juego entre el pistón y el cilindro
  Estándar .... 0.0014 de pulgada
  Límite de servicio
    Hasta 1984 .... 0.0022 de pulgada
    1985 en adelante .... 0.0018 de pulgada
Juego entre el anillo y el borde de la ranura del pistón
  Estándar
    Anillo superior
      Hasta 1976 .... 0.002 a 0.004 de pulgada
      1977 en adelante .... 0.0019 a 0.0036 de pulgada
    Segundo anillo
      240 .... 0.0025 a 0.004 de pulgada
      300 .... 0.002 a 0.004 de pulgada
    Anillo para el control del aceite .... ajuste en la ranura
  Límite de servicio
    240 .... 0.006 de pulgada
    300 .... 0.002 de pulgada máxima de juego
Juego libre en la punta de los anillos
  Anillo superior.. 0.010 a 0.020 de pulgada
  Segundo anillo .... 0.010 a 0.020 de pulgada
  Anillo para el control del aceite .... 0.015 a 0.055 de pulgada

Cigüeñal y volante

Muñón principal
  Diámetro .... 2.3982 a 2.3990 pulgadas
  Límite de conicidad
    Hasta 1973 .... 0.0003 de pulgada por pulgada
    1974 en adelante .... 0.0005 de pulgada por pulgada
  Límite de ovalamiento
    Hasta 1973 .... 0.0004 de pulgada
    1974 en adelante .... 0.0006 de pulgada
  Límite de abaleo .... 0.0002 de pulgada
Cojinete principal - espacio libre para el aceite
  Estándar
    240 .... 0.0022 de pulgada
    300
      Servicio liviano... 0.0026 de pulgada
      Servicio pesado.. 0.0028 de pulgada
Muñón de la biela
  Diámetro .... 2.1228 a 2.1238 pulgadas
  Límite de conicidad
    Hasta 1973 .... 0.0003 de pulgada por pulgada
    1974 en adelante .... 0.0006 de pulgada por pulgada
  Límite de ovalamiento
    Hasta 1973 .... 0.0004 de pulgada
    1974 en adelante .... 0.0006 de pulgada
Cojinete de la biela - espacio libre para el aceite
  Estándar .... 0.0008 a 0.0015 de pulgada
  Límite de servicio
    1973 hasta 1976 solamente modelo 300 .... 0.0027 de pulgada
    Todos los otros .... 0.0024 de pulgada
Juego libre lateral de la biela
  Estándar .... 0.006 a 0.013 de pulgada
  Límite de servicio .... 0.018 de pulgada
Cigüeñal - juego axial
  Estándar .... 0.004 a 0.008 de pulgada
  Límite de servicio .... 0.012 de pulgada
Volante - límite de abaleo de la cara de contacto con el embrague .... 0.010 de pulgada
Volante - límite de abaleo lateral del engranaje anular
  Transmisión manual
    Hasta 1974 .... 0.045 de pulgada
    1975 en adelante .... 0.040 de pulgada

Transmisión automática	
Hasta 1974	0.040 de pulgada
1975 en adelante	0.060 de pulgada

Árbol de levas

Muñón del cojinete	
Diámetro	2.017 a 2.018 pulgadas
Límite de abaleo	0.008 de pulgada TIR
Límite de ovalamiento	0.0005 de pulgada
Juego libre para el aceite de los cojinetes	
Estándar	0.001 a 0.003 de pulgada
Límite de servicio	0.006 de pulgada
Diferencia de la altura del lóbulo	0.2490 de pulgada

Cabeza de los cilindros y tren de las válvulas

Límite de combadura de la cabeza	0.006 de pulgada por 6 pulgadas o 0.007 de pulgada en total
Ángulos de los asientos de las válvulas	45 grados
Ancho de los asientos de las válvulas	
Admisión	0.060 a 0.080 de pulgada
Escape	0.070 a 0.090 de pulgada
Límite de abaleo de los asientos de las válvulas	
Hasta 1973	0.0015 de pulgada TIR
1974 en adelante	0.002 de pulgada TIR
Ángulo de la cara de las válvulas	44 grados
Límite de abaleo de la cara de las válvulas ...	0.002 de pulgada TIR
Ancho mínimo del margen de las válvulas ...	1/32 de pulgada
Diámetro de los vástagos de las válvulas - estándar	
Admisión	0.3416 a 0.3423 de pulgada
Escape	0.3416 a 0.3423 de pulgada
Diámetro de las guías de las válvulas	
Admisión	0.3433 a 0.3443 de pulgada
Escape	0.3433 a 0.3443 de pulgada
Juego libre entre el vástago y las guías de las válvulas	
Admisión	
Estándar	0.0010 a 0.0027 de pulgada
Límite de servicio	0.0055 de pulgada
Escape	
Estándar	0.0010 a 0.0027 de pulgada
Límite de servicio	0.0055 de pulgada
Resorte de la válvula largo libre (aproximadamente)	
Admisión	
Hasta 1983	1.99 pulgadas
1984	1.97 pulgadas
1985 en adelante	1.96 pulgadas
Escape	
Hasta 1984	1.56 a 1.59 pulgadas
1985 en adelante	1.44 a 1.50 pulgadas
Resorte de la válvula - altura instalada	
Admisión	
Hasta 1984	1.69 a 1.72 pulgadas
1985 en adelante	1.61 a 1.67 pulgadas
Escape	
Hasta 1984	1.56 a 1.59 pulgadas
1985 en adelante	1.44 a 1.50 pulgadas
Resorte de la válvula - límite fuera del cuadrado ...	0.078 (5/64) de pulgada
Colapso del buzo (juego libre de la válvula)	
240	
Hasta 1973	
Permitido	0.074 a 0.174 de pulgada
Preferido	0.124 de pulgada
1974 en adelante	
Permitido	0.100 a 0.200 de pulgada
Preferido	0.100 a 0.150 de pulgada
300	
Hasta 1973	
Permitido	0.074 a 0.174 de pulgada
Preferido	0.124 de pulgada
1974 en adelante	
Permitido	0.100 a 0.200 de pulgada
Preferido	0.125 a 0.175 de pulgada

2C

Motores de seis cilindros de 240 y 300 pulgadas cubicas de desplazamiento (continuación)

Diámetro de los buzos..	0.8740 a 0.8745 de pulgada
Diámetro de los cilindros de los buzos.....................................	0.8752 a 0.8767 de pulgada
Juego libre entre los buzos y los cilindros	
Estándar	0.0007 a 0.0027 de pulgada
Límite de servicio	0.005 de pulgada
Límite de abaleo de las varillas de empuje...............................	0.015 de pulgada

Bomba de aceite

Juego libre exterior entre el canal y la carcaza	0.001 a 0.013 de pulgada
Juego libre axial del conjunto del rotor	0.004 de pulgada máximo
Juego libre entre el eje propulsor y el cojinete de la carcaza.................	0.0015 a 0.0030 de pulgada
Tensión del resorte de liberación	20.6 a 22.6 libras en 2.49 pulgadas
Juego libre de la válvula de liberación.....................................	0.0015 a 0.0030 de pulgada

Par de Torsión*

	Pies-Libras
Pernos de las tapas de los cojinetes principales	60 a 70
Tuercas de las tapas de las bielas	40 a 45
Torque de la tuerca para el espárrago del balancín.....................	4.5 a 15
Tuerca para el espárrago del balancín(1979 en adelante)....................	17 a 23

* Hay especificaciones adicionales sobre el par de torsión en el Capítulo 2, Parte A

Motores V8 de 302 y 351 pulgadas cubicas de desplazamiento

General

Calibre y carrera	
302	4.00 x 3.00 pulgadas
351W..	4.00 x 3.50 pulgadas
Presión del aceite (a 2000 rpm - temperatura de operación normal)	
302	
Hasta 1972...	35 a 60 libras por pulgada cuadrada
1973 en adelante	40 a 60 libras por pulgada cuadrada
351W..	40 a 65 libras por pulgada cuadrada

Bloque del motor

Diámetro interno de los cilindros	
302	
Hasta 1973...	4.0004 a 4.0036 pulgadas
1974 en adelante	4.0004 a 4.0052 pulgadas
351W..	4.0000 a 4.0048 pulgadas
Límite de conicidad	0.0010 de pulgada
Límite de ovalamiento...	0.005 de pulgada
Límite de combadura de la plataforma......................................	0.003 de pulgada por 6 pulgadas o 0.006 de pulgada en total

Pistones y anillos

Pistón	
Diámetro	
302 (código rojo)...	3.9984 a 3.9990 pulgadas
302 (código azul)...	3.9996 a 4.0002 pulgadas
351W (código rojo)..	3.9978 a 3.9984 pulgadas
351W (código azul)	3.9990 a 3.9996 pulgadas
Diámetro (1980 en adelante)	
Código rojo	3.9982 a 3.9988 pulgadas
Código azul...	3.9994 a 4.0000 pulgadas
Juego entre el pistón y el cilindro - ajuste selectivo	
1977 a 1979 solamente 351W..	0.0022 a 0.0030 de pulgada
Todos los otros..	0.0018 a 0.0026 de pulgada
Juego entre el anillo y la ranura	
Anillo de compresión superior	
Hasta 1976..	0.002 a 0.004 de pulgada
1977 hasta 1981	0.0019 a 0.0036 de pulgada
Anillo de compresión inferior...	0.002 a 0.004 de pulgada
Anillo para el control del aceite	ajuste sin holgura en la ranura
Límite de servicio	0.002 de pulgada (incremento máximo)
Juego final entre la punta de los anillos del pistón	
Anillo de compresión superior	0.010 a 0.020 de pulgada
Anillo de compresión inferior...	0.010 a 0.020 de pulgada
Anillo para el control del aceite	
Hasta 1978, posterior al 1985..	0.015 a 0.055 de pulgada
1979	0.015 a 0.035 de pulgada
1980 hasta 1984	0.010 a 0.035 de pulgada

Cigüeñal y volante

Muñón principal
    Diámetro
        302 .... 2.2482 a 2.2490 pulgadas
        351W .... 2.9994 a 3.0002 pulgadas
    Límite de conicidad - máximo por pulgada
        302
            Hasta 1974 .... 0.0003 de pulgada
            1975, 1976 y 1980 hasta 1983 .... 0.0006 de pulgada
            1977 a 1979 y 1984 hasta 1986 .... 0.0005 de pulgada
    Límite de ovalamiento
        302
            Hasta 1973 .... 0.0004 de pulgada
            1974 en adelante .... 0.0006 de pulgada
        351W .... 0.0006 de pulgada
    Límite de abaleo
        302
            Hasta 1973 .... 0.0004 de pulgada
            1974 en adelante .... 0.0006 de pulgada
        351W .... 0.0006 de pulgada
Cojinete principal - espacio libre para el aceite
    Estándar
        302
            Cojinete Nro. 1 .... 0.0001 a 0.0015 de pulgada
            Todos los otros .... 0.0005 a 0.0015 de pulgada
        351W (hasta 1978)
            Cojinete Nro. 1 .... 0.0005 a 0.0015 de pulgada
            Todos los otros .... 0.0008 a 0.0015 de pulgada
        351W (1979 en adelante - todos los cojinetes) .... 0.0008 a 0.0015 de pulgada
    Límite de servicio
        302
            Cojinete Nro. 1 .... 0.002 de pulgada
            Todos los otros .... 0.0024 de pulgada
        351W (hasta 1978)
            Cojinete Nro. 1 .... 0.0005 a 0.0024 de pulgada
            Todos los otros .... 0.0008 a 0.0026 de pulgada
        351W (1979 en adelante - todos los cojinetes) .... 0.0008 a 0.0026 de pulgada
Muñón de la biela
    Diámetro
        302 .... 2.1228 a 2.1236 pulgadas
        351W .... 2.3103 a 2.3111 pulgadas
    Límite de conicidad - máximo por pulgada
        Hasta 1974 .... 0.0004 de pulgada
        1975 en adelante .... 0.0006 de pulgada
    Límite de ovalamiento
        Hasta 1974 .... 0.0004 de pulgada
        1975 en adelante .... 0.0006 de pulgada
Cojinete de la biela - espacio libre para el aceite (302)
    Estándar .... 0.0008 a 0.0015 de pulgada
    Límite de servicio
        Hasta 1976 .... 0.0026 de pulgada
        1977 en adelante .... 0.0024 de pulgada
Cojinete de la biela - espacio libre para el aceite (351W)
    Estándar .... 0.0008 a 0.0015 de pulgada
    Límite de servicio
        Hasta 1979 .... 0.0026 de pulgada
        1980 en adelante .... 0.0025 de pulgada
Juego libre lateral de la biela
    Estándar .... 0.010 a 0.020 de pulgada
    Límite de servicio .... 0.023 de pulgada
Cigüeñal - juego axial
    Estándar .... 0.004 a 0.008 de pulgada
    Límite de servicio .... 0.012 de pulgada
Volante - límite de abaleo de la cara del embrague .... 0.010 de pulgada
Volante - límite de abaleo lateral del engranaje anular
    Transmisión manual
        Hasta 1974 .... 0.040 de pulgada
        1975 en adelante .... 0.030 de pulgada
    Transmisión automática .... 0.060 de pulgada

2C

Motores V8 de 302 y 351 pulgadas cubicas de desplazamiento (continuación)

Árbol de levas

Diámetro de los muñones de los cojinetes
Nro. 1... 2.0805 a 2.0815 pulgadas
Nro. 2... 2.0655 a 2.0665 pulgadas
Nro. 3... 2.0505 a 2.0515 pulgadas
Nro. 4... 2.0355 a 2.0365 pulgadas
Nro. 5... 2.0205 a 2.0215 pulgadas
Juego libre para el aceite de los cojinetes
Estándar .... 0.001 a 0.003 de pulgada
Límite de servicio .... 0.006 de pulgada
Ubicación del cojinete delantero .... 0.005 a 0.020 de pulgada debajo de la cara delantera
del bloque del motor

Altura del lóbulo (302)
Admisión
Hasta 1976... 0.2303 de pulgada
1977 en adelante .... 0.2375 de pulgada
Escape
Hasta 1976... 0.2375 de pulgada
1977 a 1981 .... 0.2470 de pulgada
1982 en adelante .... 0.2474 de pulgada
Altura del lóbulo (351W)
Admisión .... 0.2600 de pulgada
Escape... 0.2600 de pulgada
Altura máxima pérdida.. 0.005 de pulgada
Juego axial
Estándar .... 0.001 a 0.007 de pulgada
Límite de servicio .... 0.009 de pulgada
Límite de deflección de la cadena del tiempo........................ 0.500 de pulgada
Límite de abaleo del engranaje del cigüeñal (ensamblado)
Hasta 1975 .... 0.006 de pulgada
1976 hasta 1979 .... 0.005 de pulgada
Límite de abaleo del engranaje del árbol de levas .... 0.005 de pulgada

Cabeza de los cilindros y tren de las válvulas

Límite de combadura de la cabeza .... 0.003 de pulgada por 6 pulgadas o 0.006 de pulgada en total
Ángulos de los asientos de las válvulas .... 45 grados
Ancho de los asientos de las válvulas................................... 0.060 a 0.080 de pulgada
Límite de abaleo de los asientos de las válvulas................... 0.002 de pulgada
Ángulo de la cara de las válvulas .... 44 grados
Límite de abaleo de la cara de las válvulas .... 0.002 de pulgada TIR
Ancho mínimo del margen de las válvulas .... 1/32 de pulgada
Diámetro de los vástagos de las válvulas
Admisión .... 0.3416 a 0.3423 de pulgada
Escape... 0.3411 a 0.3418 de pulgada
Diámetro de las guías de las válvulas.................................... 0.3433 a 0.3443 de pulgada
Juego libre entre el vástago y las guías de las válvulas
Admisión
Estándar.. 0.0010 a 0.0027 de pulgada
Límite de servicio... 0.0055 de pulgada
Escape
Estándar.. 0.0010 a 0.0032 de pulgada
Límite de servicio... 0.0055 de pulgada
Resorte de la válvula - largo libre (302)
Admisión
Hasta 1978.. 1.94 pulgadas
1979 en adelante .... 2.04 pulgadas
Escape
Hasta 1976.. 2.02 pulgadas
1977 y 1978 .... 1.87 pulgadas
1979 en adelante .... 1.85 pulgadas
Resorte de la válvula - altura instalada (302)
Admisión
Hasta 1978 y 1981 hasta 1986 .... 1.67 a 1.70 pulgadas
1979 y 1980 .... 1.67 a 1.80 pulgadas
Escape
Hasta 1973.. 1.67 a 1.70 pulgadas
1974 hasta 1978 .... 1.59 a 1.61 pulgadas
1979 en adelante .... 1.58 a 1.61 pulgadas

Resorte de la válvula - altura instalada (351W)
    Admisión
        Hasta 1978... 1.76 a 1.81 pulgadas
        1979 en adelante .... 1.76 a 1.80 pulgadas
    Escape
        Hasta 1976... 1.81 a 1384 pulgadas
        1977 y 1978 .... 1.59 a 1.61 pulgadas
        1979 en adelante .... 1.58 a 1.61 pulgadas
Resorte de la válvula - límite fuera del cuadrado .... (0.078) 5/64 de pulgada
Juego del buzo (juego libre de las válvulas)
    302
        Permitido
            Hasta 1976 .... 0.090 a 0.190 de pulgada
            1977 en adelante .... 0.071 a 0.193 de pulgada
        Preferido
            Hasta 1974 .... 0.090 a 0.140 de pulgada
            1975 y 1976 .... 0.115 a 0.165 de pulgada
            1977 en adelante .... 0.096 a 0.165 de pulgada
    351W
        Permitido
            Hasta 1976 .... 0.106 a 0.206 de pulgada
            1977 en adelante .... 0.098 a 0.198 de pulgada
        Preferido
            Hasta 1976 .... 0.131 a 0.206 de pulgada
            1977 en adelante .... 0.123 a 0.173 de pulgada
Diámetro de los buzos.. 0.8740 a 0.8745 de pulgada
Diámetro de los cilindros de los buzos............................... 0.8752 a 0.8767 de pulgada
Juego libre entre los buzos y los cilindros
    Estándar .... 0.0007 a 0.0027 de pulgada
    Límite de servicio .... 0.005 de pulgada
Límite de abaleo de las varillas de empuje........................ 0.015 de pulgada

Bomba de aceite

Juego libre exterior entre el canal y la carcaza
    302 (todos) y 351W (hasta 1979).............................. 0.001 a 0.013 de pulgada
    351W (1980 en adelante).. 0.010 a 0.003 de pulgada
Juego libre axial del conjunto del rotor .... 0.004 de pulgada
Juego libre entre el eje propulsor y la carcaza .... 0.0015 a 0.0030 de pulgada
Tensión del resorte de liberación
    302 (hasta 1979).. 10.6 a 12.2 libras en 1.704 pulgadas
    302 (1980 en adelante).. 10.6 a 12.2 libras en 1.740 pulgadas
Juego libre de la válvula de liberación............................... 0.0015 a 0.0030 de pulgada

Par de Torsión*

Pies-Libras

Tuercas de las bielas
    302 .... 19 a 24
    351W .... 40 a 45
Pernos de las tapas de los cojinetes principales
    302 .... 60 a 70
    351W .... 95 a 105

* Hay especificaciones adicionales sobre el par de torsión en el Capítulo 2, Parte B

Motores V8 de 351M y 400 pulgadas cubicas de desplazamiento

General

Calibre y carrera
    351M .... 4.00 x 3.50 pulgadas
    400 .... 4.00 x 4.00 pulgadas
Presión del aceite (a 2000 rpm - temperatura de operación normal....... 50 a 75 libras por pulgadas cuadradas

Bloque del motor

Diámetro interno de los cilindros.. 4.0000 a 4.0048 pulgadas
Límite de conicidad .... 0.010 de pulgada
Límite de excentricidad .... 0.005 de pulgada

Pistones y anillos

Diámetro de los pistones
    Código rojo.. 3.9982 a 3.9988 pulgadas
    Código azul.. 3.9994 a 4.0000 pulgadas
Juego entre el pistón y el cilindro - ajuste selectivo............ 0.0014 a 0.0022 de pulgada

2C

Motores V8 de 351M y 400 pulgadas cubicas de desplazamiento (continuación)

Juego entre el anillo y la ranura
    Anillo de compresión superior
        1982 solamente motor 400 .... 0.0030 a 0.0040 de pulgada
        Todos los otros .... 0.0019 a 0.0036 de pulgada
    Aanillo de compresión inferior
        1982 solamente motor 400 .... 0.0030 a 0.0040 de pulgada
        Todos los otros .... 0.002 a 0.004 de pulgada
    Anillo para el control del aceite .... Ajuste sin holgura en la ranura
    Llímite de servicio .... 0.002 de pulgada (incremento máximo)
Juego final entre la punta de los anillos del pistón
    Anillo de compresión superior .... 0.010 a 0.020 de pulgada
    Anillo de compresión inferior .... 0.010 a 0.020 de pulgada
    Anillo para el control del aceite
        Hasta 1978 .... 0.015 a 0.055 de pulgada
        1979 en adelante .... 0.010 a 0.035 de pulgada

Cigüeñal y volante

Muñón principal
    Diámetro .... 2.9994 a 3.0002 pulgadas
    Límite de conicidad - máximo por pulgada .... 0.0005 de pulgada
    Límite de excentricidad .... 0.0006 de pulgada
    Límite de abaleo .... 0.005 de pulgada
Cojinete principal - espacio libre para el aceite
    Preferido .... 0.0008 a 0.0015 de pulgada
    Permitido .... 0.0008 a 0.0026 de pulgada
Muñón de la biela
    Diámetro .... 2.3103 a 2.3111 pulgadas
    Límite de conicidad - máximo por pulgada .... 0.0006 de pulgada
    Límite de ovalamiento .... 0.0006 de pulgada
Cojinete de la biela - espacio libre para el aceite
    Preferido .... 0.0008 a 0.0015 de pulgada
    Permitido .... 0.0008 a 0.0025 de pulgada
Juego libre lateral de la biela
    Estándar .... 0.010 a 0.020 de pulgada
    Límite de servicio .... 0.023 de pulgada
Cigüeñal - juego axial
    Estándar .... 0.004 a 0.008 de pulgada
    Límite de servicio .... 0.012 de pulgada

Árbol de levas

Diámetro de los muñones de los cojinetes
    Nro. 1 .... 2.1238 a 2.1248 pulgadas
    Nro. 2 .... 2.0655 a 2.0665 pulgadas
    Nro. 3 .... 2.0505 a 2.0515 pulgadas
    Nro. 4 .... 2.0355 a 2.0365 pulgadas
    Nro. 5 .... 2.0205 a 2.0215 pulgadas
Juego libre para el aceite de los cojinetes
    Estándar .... 0.001 a 0.003 de pulgada
    Límite de servicio .... 0.006 de pulgada
Ubicación del cojinete delantero .... 0.040 a 0.060 de pulgada (1982 400 - 0.060 de pulgada) debajo de la cara delantera del bloque del motor

Altura del lóbulo (hasta 1978))
    351M
        Admisión .... 0.235 de pulgada
        Escape .... 0.235 de pulgada
    400
        Admisión .... 0.2474 de pulgada
        Escape .... 0.250 de pulgada
Altura del lóbulo (a partir de 1979 - todos los motores)
    Admisión .... 0.250 de pulgada
    Escape .... 0.250 de pulgada
Perdida máxima permitida de la altura .... 0.005 de pulgada
Juego axial
    Estándar .... 0.001 a 0.006 de pulgada
    Límite de servicio .... 0.009 de pulgada
Límite de deflección de la cadena del tiempo .... 0.500 de pulgada

Cabeza de los cilindros y tren de las válvulas

Límite de combadura de la cabeza	0.003 de pulgada por 6 pulgadas o 0.006 de pulgada en total
Ángulos de los asientos de las válvulas	45 grados
Ancho de los asientos de las válvulas	
Admisión	0.060 a 0.080 de pulgada
Escape	0.070 a 0.090 de pulgada
Límite de abaleo de los asientos de las válvulas	0.002 de pulgada
Ángulo de la cara de las válvulas	44 grados
Límite de abaleo de la cara de las válvulas	0.002 de pulgada TIR
Ancho mínimo del margen de las válvulas	1/32 de pulgada
Diámetro de los vástagos de las válvulas	
Admisión	0.3416 a 0.3423 de pulgada
Escape	0.3411 a 0.3418 de pulgada
Diámetro de las guías de las válvulas	0.3433 a 0.3443 de pulgada
Juego libre entre el vástago y las guías de las válvulas	
Admisión	
Estándar	0.0010 a 0.0027 de pulgada
Límite de servicio	0.005 de pulgada
Escape	
Estándar	0.0015 a 0.0032 de pulgada
Límite de servicio	0.005 de pulgada
Resorte de la válvula - largo libre (302)	
Admisión (todos) y escape (hasta 1978)	2.06 pulgadas
Escape (1979 en adelante)	1.93 pulgadas
Resorte de la válvula - altura instalada (302)	
Admisión	1.81 a 1.84 pulgadas
Escape	
Hasta 1978	1.81 a 1.84 pulgadas
1979 en adelante	1.69 a 1.72 pulgadas
Resorte de la válvula - límite fuera del cuadrado	0.078 (5/64) de pulgada
Juego del buzo (juego libre de las válvulas)	
Permitido	
1982 solamente motor 400	0.200 de pulgada
Todos los otros	0.100 a 0.200 de pulgada
preferido	
1982 solamente motor 400	0.175 de pulgada
Todos los otros	0.125 a 0.175 de pulgada
Diámetro de los buzos	0.8740 a 0.8745 de pulgada
Diámetro de los cilindros de los buzos	0.8752 a 0.8767 de pulgada
Juego libre entre los buzos y los cilindros	
Estándar	0.0007 a 0.0027 de pulgada
Límite de servicio	0.005 de pulgada
Límite de abaleo de las varillas de empuje	0.015 de pulgada

Bomba de aceite

Juego libre exterior entre el canal y la carcaza	0.001 a 0.013 de pulgada
Juego libre axial del conjunto del rotor	0.004 de pulgada
Juego libre entre el eje propulsor y la carcaza	0.0015 a 0.0030 de pulgada
Tensión del resorte de liberación	20.6 a 22.6 libras en 2.49 pulgadas
Juego libre de la válvula de liberación	0.0015 a 0.0030 de pulgada

Par de Torsión*

	Pies-Libras
Tuercas de las bielas	40 a 45
Pernos de las tapas de los cojinetes principales	95 a 105

Hay especificaciones adicionales sobre el par de torsión en el Capítulo 2, Parte B

Motor V8 de 460 pulgadas cubicas de desplazamiento

General

Calibre y carrera	4.00 x 3.50 pulgadas
Presión del aceite (a 2000 rpm - temperatura De operación normal)	40 a 65 libras por pulgadas cuadradas

Bloque del motor

Diámetro interno de los cilindros	4.3600 a 4.3636 pulgadas
Límite de conicidad	0.010 de pulgada
Límite de ovalamiento	
Máximo	0.0015 de pulgada
Límite de servicio	0.005 de pulgada
Límite de combadura de la plataforma	0.003 de pulgada por 6 pulgadas o 0.006 de pulgada en total

2C

Motor V8 de 460 pulgadas cubicas de desplazamiento (continuación)

Pistones y anillos

Diámetro de los pistones	
Código rojo	4.3585 a 4.3591 pulgadas
Código azul	4.3597 a 4.3603 pulgadas
Juego entre el pistón y el cilindro - ajuste selectivo	0.0022 a 0.0030 de pulgada
Juego entre el anillo y la ranura	
Anillo de compresión (ambos)	
Hasta 1976	0.002 a 0.004 de pulgada
1977, 1978 y 1982 en adelante	0.0025 a 0.0045 de pulgada
1979 hasta 1981	
Anillo superior	0.0019 a 0.0036 de pulgada
Segundo anillo	0.002 a 0.004 de pulgada
Anillo para el control del aceite	Ajuste sin holgura en la ranura
Límite de servicio	0.002 de pulgada (incremento máximo)
Juego final entre la punta de los anillos del pistón	
Anillo de compresión (ambos)	0.010 a 0.020 de pulgada
Anillo para el control del aceite	
Hasta 1976	0.015 a 0.055 de pulgada
1977 y 1978	0.010 a 0.030 de pulgada
1979 en adelante	0.010 a 0.035 de pulgada

Cigüeñal

Muñón principal	
Diámetro	2.9994 a 3.0002 pulgadas
Límite de conicidad - máximo por pulgada	0.0005 de pulgada
Límite de ovalamiento	0.0006 de pulgada
Límite de abaleo	0.005 de pulgada
Cojinete principal - espacio libre para el aceite	
Hasta 1974	
Estándar	
Cojinete Nro. 1	0.0004 a 0.0015 de pulgada
Todos los otros	0.0012 a 0.0015 de pulgada
Límite de servicio	
Cojinete Nro. 1	0.002 de pulgada
Todos los otros	0.0028 de pulgada
1975 a 1979	
Estándar	
Cojinete Nro. 1	0.0008 a 0.0015 de pulgada
Todos los otros	0.0008 a 0.0026 de pulgada
Límite de servicio	
Cojinete Nro. 1	0.002 de pulgada
Todos los otros	0.0026 de pulgada
1980 en adelante	
Preferido	0.0008 a 0.0015 de pulgada
Permitido	0.0008 a 0.0026 de pulgada
Muñón de la biela	
Diámetro	2.4992 a 2.5000 pulgadas
Límite de conicidad - máximo por pulgada	0.0006 de pulgada
Límite de ovalamiento	0.0006 de pulgada
Cojinete de la biela - espacio libre para el aceite	
Preferido	0.0008 a 0.0015 de pulgada
Permitido	0.0008 a 0.0025 de pulgada
Juego libre lateral de la biela	
Estándar	0.010 a 0.020 de pulgada
Límite de servicio	0.023 de pulgada
Cigüeñal - juego axial	
Estándar	0.004 a 0.008 de pulgada
Límite de servicio	0.012 de pulgada

Árbol de levas

Diámetro de los muñones de los cojinetes (todos)	2.1238 a 2.1248 pulgadas
Juego libre para el aceite de los cojinetes	
Estándar	0.001 a 0.003 de pulgada
Límite de servicio	0.006 de pulgada
Ubicación del cojinete delantero	0.040 a 0.060 de pulgada debajo de la cara delantera del bloque del motor

Altura del lóbulo
  Admisión
    Hasta 1978 .... 0.2530 de pulgada
    1979 .... 0.2526 de pulgada
    1980 en adelante .... 0.2520 de pulgada
  Escape .... 0.2780 de pulgada
Altura del lóbulo (351W)
  Admisión .... 0.2600 de pulgada
  Escape .... 0.2600 de pulgada
Perdida máxima permitida de la altura .... 0.005 de pulgada
Juego axial
  Estándar
    Hasta 1977 .... 0.003 a 0.007 de pulgada
    1978 en adelante .... 0.001 a 0.006 de pulgada
  Límite de servicio .... 0.009 de pulgada
Límite de deflección de la cadena del tiempo .... 0.500 de pulgada
Límite de abaleo del engrane del tiempo (ensamblado)... 0.005 de pulgada

Cabeza de los cilindros y tren de las válvulas

Límite de combadura de la cabeza .... 0.003 de pulgada por 6 pulgadas o
                                                  0.006 de pulgada en total
Ángulos de los asientos de las válvulas .... 45 grados
Ancho de los asientos de las válvulas .... 0.060 a 0.080 de pulgada
Límite de abaleo de los asientos de las válvulas
  Hasta 1978 .... 0.0015 de pulgada
  1979 en adelante .... 0.002 de pulgada
Ángulo de la cara de las válvulas .... 44 grados
Límite de abaleo de la cara de las válvulas .... 0.002 de pulgada TIR
Ancho mínimo del margen de las válvulas .... 1/32 de pulgada
Diámetro de los vástagos de las válvulas .... 0.3416 a 0.3423 de pulgada
Diámetro de las guías de las válvulas .... 0.3433 a 0.3443 de pulgada
Juego libre entre el vástago y las guías de las válvulas
  Estándar .... 0.0010 a 0.0027 de pulgada
  Límite de servicio .... 0.0055 de pulgada
Resorte de la válvula - largo libre
  Hasta 1976 .... 2.03 pulgadas
  1977 en adelante .... 2.06 pulgadas
Resorte de la válvula - altura instalada .... 1.80 a 1.83 pulgadas
Resorte de la válvula - límite fuera del cuadrado ... 0.078 (5/64) de pulgada
Juego del buzo (juego libre de las válvulas)
  Permitido .... 0.075 a 0.175 de pulgada
  Preferido
    Hasta 1974 .... 0.075 a 0.125 de pulgada
    1975 en adelante .... 0.100 a 0.150 de pulgada
Diámetro de los buzos .... 0.8740 a 0.8745 de pulgada
Diámetro de los cilindros de los buzos .... 0.8752 a 0.8767 de pulgada
Juego libre entre los buzos y los cilindros
  Estándar .... 0.0007 a 0.0027 de pulgada
  Límite de servicio .... 0.005 de pulgada
Límite de abaleo de las varillas de empuje .... 0.015 de pulgada

Bomba de aceite

Juego libre exterior entre el canal y la carcaza ...... 0.001 a 0.013 de pulgada
Juego libre axial del rotor .... 0.004 de pulgada
Juego libre entre el eje propulsor y la carcaza .... 0.0015 a 0.0030 de pulgada
Tensión del resorte de liberación .... 20.6 a 22.6 libras en 2.49 pulgadas
Juego libre de la válvula de liberación .... 0.0015 a 0.0030 de pulgada

Par de Torsión*

Pies-Libras

Tuercas de las bielas
  Hasta 1981 .... 40 a 45
  1982 en adelante .... 45 a 50
Pernos de las tapas de los cojinetes principales ..... 95 a 105

Hay especificaciones adicionales sobre el par de torsión en el Capítulo 2, Parte B

1 Información general

En esta parte del Capítulo 2 se han incluido procedimientos de reparaciones generales para la(s) cabeza(s) de los cilindros y los componentes internos del motor. La información varía desde consejos acerca de preparaciones para una rectificación completa y la adquisición de las piezas indicadas, a procedimientos de paso a paso para remover e instalar los componentes internos del motor, e inspección de piezas.

Las Secciones siguientes se han preparado con la presunción de que el motor ha estado removido del vehículo. Vea la Sección 2 en esta Parte y las porciones del Capítulo 2 aplicables a su motor específico para informaciones concernientes a las reparaciones del motor mientras está instalado en el vehículo, así bien como para la instalación de los componentes externos necesarios para una rectificación general.

Las especificaciones que se incluyeron en esta Parte C son solamente las necesarias para los procedimientos de inspección y rectificación completa de los varios motores cubiertos en este manual.

2 Reparaciones posibles con el motor instalado en el vehículo

Se pueden lograr muchas reparaciones importantes sin remover el motor del vehículo.

Si es posible, limpie el compartimento del motor y el exterior del motor propio con algún tipo de lavado a presión antes de realizar cualquier trabajo. Un motor limpio le facilitará la tarea y le permitirá evitar la entrada de mugre en el interior del motor.

Remueva la cubierta del motor y abra el capó para brindar el espacio máximo posible para el trabajo. Cubra el frente del vehículo y los asientos para evitar daños a la tapicería y a las superficies pintadas.

Si resultan fugas de aceite o de anticongelante, cuales indicarían la necesidad de reemplazo de juntas o sellos, estas reparaciones se pueden, por lo general, realizar en el vehículo. La junta del cárter de aceite, las juntas de las cabezas de los cilindros, las juntas de los múltiples de admisión y de escape, las juntas de la tapa del tiempo y los sellos de aceite del cigüeñal, se pueden acceder con el motor en su lugar en el vehículo.

Componentes exteriores del motor, tales como la bomba de agua, el motor de arranque, el alternador, el distribuidor, la bomba de combustible y los componentes del carburador o de la EFI (inyección de combustible electrónica), así también como los múltiples de admisión y de escape, pueden removerse para reparaciones con el motor en su lugar.

Ya que las cabezas de los cilindros se pueden remover sin desarmar el motor del vehículo, el trabajo de servicio en los componentes de las válvulas también se pueden lograr con el motor en su lugar.

El reemplazo, las reparaciones o inspecciones de los engranes, la cadena de sincronización y la bomba de aceite son todos posibles con el motor en su lugar.

En casos extremos, causados por la carencia de equipo necesario, la reparación o el reemplazo de los anillos de los pistones, de los pistones mismos, y de las bielas y cojinetes se puede realizar sin remover el motor del vehículo. Sin embargo, no se recomienda esta práctica por causa de la limpieza y de las preparaciones que han de realizarse en los componentes involucrados.

3 Rectificación completa del motor - información general

No siempre es fácil determinar cuándo, o si, se debería de proceder a una rectificación completa de un motor, ya que hay que considerar una cantidad de factores.

Que el vehículo haya recorrido un alto kilometraje no indica necesariamente que hay que rectificar el motor, por otro lado, que el recorrido no haya sido alto no incluye la necesidad de una rectificación completa. Un motor al que se le haya cambiado el aceite y el filtro con frecuencia regular, y en al cual los otros servicios de mantenimiento se hayan realizado, brindará muchos miles de millas de servicio. Por lo contrario, un motor que se ha ignorado puede requerir de una rectificación completa muy temprano.

El consumo excesivo de aceite indica que los anillos de los pistones y/o las guías de las válvulas necesitan ser atendidas (asegúrese que las fugas de aceite no son responsables antes de decidir que los anillos o las guías tienen que reemplazarse). Chequee la compresión de los cilindros o tenga un mecánico con experiencia que haga una prueba de fuga para determinar la cantidad de trabajo necesario.

Si el motor hace ruidos anormales, detonaciones, las bielas y/o los cojinetes principales están con fallas. Chequee la presión del aceite con un indicador instalado en el sitio del sensor de presión de aceite. Si la presión está extremadamente baja, los cojinetes y/o la bomba de aceite están probablemente desgastados.

La pérdida de potencia, la operación brusca, ruido excesivo en el tren de las válvulas y el alto consumo de combustible también pueden indicar que es necesario proceder a una rectificación completa, especialmente si los síntomas aparecen todos juntos. Si una afinación completa del motor no remedia la situación, trabajo mecánico mayor es la única solución.

Una rectificación completa del motor consta generalmente de la restauración de las partes internas de' motor a las especificaciones de un motor nuevo. Durante una rectificación completa se reemplazan los anillos de los pistones y las paredes de los cilindros se rectifican. Si se taladran los cilindros, será necesario reemplazar los pistones con nuevos. Los cojinetes del cigüeñal y de las bielas se reemplazan con nuevos y, si es necesario, se rectifica el cigüeñal a un tamaño más pequeño para restaurar los muñones. Normalmente se rectifican también las válvulas, ya que están por lo general en condiciones menos de perfectas. Cuando se esté rectificando el motor, otros componentes, tales como el carburador, el distribuidor, el motor de arranque y el alternador también se pueden rectificar. El resultado final es un motor como nuevo que le brindará muchos kilómetros de recorrido sin problemas.

Antes de comenzar la rectificación completa del motor, lea los procedimientos completos para familiarizarse con el alcance y los requerimientos de la tarea. No es difícil rectificar un motor, pero toma mucho tiempo. Tiene que contar con dos semanas en las cuales el vehículo no estará disponible, especialmente si tendrá que llevar partes a un taller de rectificaciones automotor para ser reparadas o rectificadas. Chequee la disponibilidad de las partes y asegúrese de obtener todas las herramientas y equipos especiales antes de comenzar. La mayoría del trabajo se puede realizar con herramientas manuales, bien que se requiera de una cantidad de herramientas de medición precisa para inspeccionar las partes antes de determinar si hay que remplazarlas. Muchos talleres para la rectificación de automotrices pueden realizar las inspecciones y hasta ofrecer consejos acerca del reacondicionamiento o reemplazo. **Nota:** *Siempre espere hasta que haya removido el motor completo y todos los componentes hayan sido inspeccionados antes de decidir que tipo de servicio o reparaciones necesitará llevar a cabo en un taller para la rectificación de partes automotrices.*

Ya que la condición del bloque del motor es el elemento clave a considerar cuando determine si rectificará el motor original o comprará otro motor rectificado, nunca compre las partes o tenga trabajo hecho en un taller para la rectificación de partes automotrices antes de haber completamente inspeccionado el bloque.

Una nota final: para asegurar la vida máxima y el mínimo de problemas con el motor rectificado, todo tiene que estar ensamblado con sumo cuidado en un ambiente impecablemente limpio.

4 Alternativas para la rectificación completa del motor

El mecánico del hogar tiene varias opciones disponibles cuando realice una rectificación completa del motor. La decisión de reemplazar el bloque del motor, los conjuntos de los pistones y bielas o del cigüeñal depende de varios factores, con la consideración principal siendo la condición del bloque. Otras consideraciones incluyen el costo, el acceso a talleres de rectificaciones, disponibilidad de las partes, el tiempo necesario para completar el proyecto, y la experiencia.

Entre las alternativas a la rectificación están:

Partes individuales - Si las inspecciones revelan que el bloque del motor y la mayoría de los componentes están en condición de uso continuo, la compra de componentes individuales puede presentar la alternativa más económica. El bloque, el cigüeñal y los conjuntos de pistones/bielas deberían de ser inspeccionados con sumo cuidado. Aún si el bloque tiene poco desgaste, convendría rectificar los cilindros.

Juego Maestro - Este juego de piezas consta normalmente de un cigüeñal rectificado y de un conjunto de pistones y bielas. Los pistones ya vienen instalados en las bielas. Estos juegos están normalmente disponibles para los calibres estándar de los cilindros, así bien como para los bloques en los que se han expandido los cilindros a un tamaño mayor regular.

Bloque corto - Un bloque corto consta de un bloque de motor con el cigüeñal y los conjuntos de las bielas ya instalados. Todos los cojinetes son nuevos y todos los muñones están correctamente instalados. La(s) cabeza(s) de los cilindros, componentes del tren de las válvulas, y los componentes externos de su motor viejo se instalan en este (bloque corto).

Bloque largo - Un bloque largo consta de un bloque corto más la bomba de aceite, el cárter del aceite, la(s) cabeza(s) de los cilindros, tapa(s) de los balancines, componentes del tren de las válvulas, y la cadena/los engranes o engranajes del tiempo. Todos los componentes están instalados con cojinetes, sellos y juntas nuevas. La instalación de los múltiples y las partes externas es todo lo que queda por hacer.

Considere cuidadosamente cuál de las alternativas es la mejor para usted, y discuta su situación con talleres automotrices, surtidores de partes y departamentos de servicio locales antes de ordenar o comprar las partes.

5 Remover el motor - métodos y precauciones

Si ha decidido que hay que remover el motor para una rectificación completa u otro trabajo mayor de reparación, hay ciertos pasos preliminares que debería tomar.

Es sumamente importante tener un área adecuada para el trabajo. Un taller es, evidentemente, el mejor lugar para este tipo de trabajo. Una cantidad de espacio suficiente, con espacio para guardar el vehículo, es muy importante. Si no dispone de un taller o un garaje, se requiere por lo menos un área plana y llana con piso de concreto o asfalto.

Limpiar el motor y el compartimiento del motor antes de removerlo ayudará a mantener sus herramientas limpias y organizadas.

Necesitará un elevador para motores. Asegúrese de que el elevador está comprobado para pesos superiores al peso combinado de su motor con sus componentes exteriores. Su seguridad es de primera importancia, considerando el potencial de accidentes con el proceso de remover el motor de un vehículo.

Si el motor ha de ser removido por un novicio, debería obtener la ayuda de un asistente. También son importantes los consejos y la ayuda de alguien con más experiencia. Hay muchas ocasiones en las que una persona sola no puede realizar los pasos simultáneos involucrados en remover un motor.

Planifique la operación con adelanto. Obtenga todas las herramientas y equipos que necesitará antes de comenzar el trabajo. Requerirá de un taller para la rectificación de partes automotrices para realizar algunas de las tareas que el mecánico del hogar no está en condiciones de realizar debido a la falta del equipo especial. Estos talleres suelen tener programas muy completos y ocupados, así que sería buena idea de consultarlos antes de remover el motor para poder estimar precisamente el tiempo requerido para rectificar o reparar componentes que puedan necesitar trabajo.

Use siempre la máxima precaución cuando remueva o instale el motor. Lesiones graves pueden resultar de acciones descuidadas. Siempre planifique en adelante. Tome el tiempo necesario, y esta tarea, bien que mayor, resultará en un éxito.

6 Rectificación completa del motor - secuencia de como desarmarlo

1 Es mucho más fácil desarmar y trabajar en un motor si está montado en un estante portátil para motores. Estos estantes se pueden alquilar a un precio razonable de empresas de alquilar equipos. Antes de montar un motor sobre el estante, hay que remover el volante o plato flexible.

2 Si no puede obtener un estante, es posible desarmar el motor si lo instala en un banco de trabajo o aún en el piso mismo. Tendrá que tomar precauciones adicionales para no permitir caer el motor si lo está trabajando sin estante.

3 Si va a comprar un motor rectificado, deberá desarmar todos los componentes externos de su motor para transferirlos al que lo va a reemplazar, lo mismo si usted iría a proceder a una rectificación completa. Los componentes externos incluyen:

Alternador y guardianes
Bandas para los accesorios y poleas
Componentes de control de emisiones
Distribuidor, bobina, cables de bujías y las bujías
Termostato y su carcaza
Bomba de agua y mangueras
Carburador y elementos de inyección de combustible y líneas
Múltiples de admisión y de escape
Filtro de aceite
Bomba de combustible
Calzos del motor
Embrague
Volante/plato flexible

Nota: *Cuando remueva los componentes externos del motor, ponga atención especial en los detalles que podrán ayudarle durante la instalación. Note la posición instalada de las juntas, sellos, espaciadores, pasadores, arandelas, pernos y otros artículos pequeños.*

4 Si va ha comprar un bloque corto, que consta del bloque del motor, del cigüeñal, de los pistones y bielas ensambladas, tendrá que remover también la(s) cabeza(s) de los cilindros, el cárter y la bomba de aceite. *Vea Alternativas à la Rectificación del Motor para información adicional sobre las posibilidades diferentes a considerar.*

5 Si está anticipando una rectificación completa, deberá desarmar el motor completo y remover los componentes internos en el orden siguiente:

Tapa(s) de los balancines
Múltiples de admisión y de escape
Balancines y varillas de empuje
Buzos
Cabeza(s) de los cilindros
Conjunto de polea delantera y del amortiguador de vibraciones
Tapa, cadena y engranajes del tiempo
Árbol de levas
Cárter del aceite
Bomba del aceite
Conjuntos de pistones y bielas
Cigüeñal y cojinetes

6 Antes de comenzar los procedimientos de desarmar y rectificación asegúrese que tiene los elementos siguientes disponibles:

Herramientas manuales comunes
Pequeñas cajas de cartón o bolsas de plástico para guardar piezas
Raspador de juntas
Escariador de rebordes
Extractor de amortiguador de vibraciones
Micrómetro y/o calibrador de reloj
Indicadores telescópicos
Juego de indicadores de reloj
Compresor de resortes de las válvulas
Pulidor de los cilindros
Herramienta para limpiar ranuras para los anillos de los pistones
Taladro eléctrico
Juego de terrajas machos y hembras
Cepillos de alambre
Solvente para limpiar piezas

7 Cabeza de los cilindros - desarmar

Refiérase a las ilustraciones 7.2, 7.3a y 7.3b
Nota: *Hay cabezas de los cilindros nuevas y rectificadas disponibles comúnmente en los concesionarios y surtidores de partes. Debido a que necesitará herramientas especializadas para algunos procedimientos de desarmar e inspeccionar, puede resultar más práctico y económico para el mecánico del hogar comprar cabeza(s) de los cilindros de reemplazo más bien que de tomar el tiempo para desarmar, inspeccionar y rectificar la(s) cabeza(s) original(es).*

2C

7.2 Se puede usar una pequeña bolsa de plástico, con un rótulo adecuado, para guardar los componentes del tren de las válvulas. Podrá así guardarlos juntos y reinstalarlos en la guía correcta

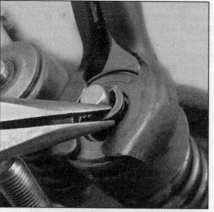

7.3a Use un compresor de resortes para comprimir el resorte, luego remueva los guardianes del vástago de la válvula

7.3b Si no puede extraer la válvula a través de la guía, use una lima para remover la rebarba del borde del extremo del vástago y del área alrededor del extremo superior de la ranura para la abrazadera

1   El desarmar las cabezas de los cilindros incluye remover y desarmar las válvulas de admisión y de escape y sus componentes relacionados. Si aún están en sus lugares, remueva los pernos y las tuercas, los deflectores, los asientos de los fulcros y los balancines o los ejes de los balancines de la cabeza de los cilindros. Marque las piezas o guárdelas separadas para poder reinstalarlas en sus posiciones originales.

2   Antes de remover las válvulas, prepárese para marcarlas y guardarlas con sus componentes relacionados, para poder mantenerlos separados y reinstalarlos en las mismas guías de las válvulas de las que las removió (**vea ilustración**).

3   Use un compresor de resortes de las válvulas para comprimir el resorte de la primera válvula y remueva los guardianes (**vea ilustración**). Con cuidado, remueva la presión en el compresor y remueva el retenedor, el escudo y el rotador (si hay uno), los resor-

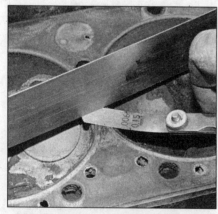

8.12 Chequee la superficie de contacto entre la cabeza y la junta para ver si hay alabeo: trate de introducir un calibrador de espesor por debajo de la regla según se muestra (vea en las Especificaciones el alabeo máximo permitido y use un calibrador de espesor especificado para el chequeo)

tes, el sello de la guía de la válvula, espaciadores, y la válvula de la cabeza. Si la válvula se atora en la guía (no puede salir), empújela dentro de la cabeza y limpie el área alrededor de la ranura para el guardián y el extremo del vástago de la válvula con una lima fina o una piedra húmeda (**vea ilustración**).

4   Repita el procedimiento para las válvulas restantes. Recuerde de mantener todas las piezas para cada válvula juntas para poder reinstalarlas en sus sitios originales.

5   Cuando haya removido las válvulas y guardado sus piezas seguras, deberá limpiarlas bien e inspeccionar la cabeza. Si está procediendo a una rectificación completa del motor, termine los procedimientos de desarmar del motor antes de comenzar el proceso de limpieza e inspección de la cabeza.

8   Cabeza de los cilindros - limpieza e inspección

Refiérase a las ilustraciones 8.12, 8.19, 8.28a y 8.28b

1   La limpieza completa de la cabeza de los cilindros y de los componentes del tren de las válvulas, seguida de una inspección detallada, le permitirá decidir cuánto trabajo habrá que realizar durante la rectificación completa del motor.

Limpieza

2   Remueva todos los restos de material de junta y sellador de las superficies de contacto de las cabezas, y de los múltiples de admisión y de escape.

3   Remueva las costras de los conductos de anticongelante.

4   Use un cepillo de alambre duro para limpiar todos los depósitos de los orificios de aceite.

5   Introduzca una terraja macho de tamaño adecuado en cada orificio roscado para remover toda corrosión y sellador de rosca que se pueda haber acumulado. Si dispone de una fuente de aire comprimido, úsela para soplar cualquier acumulación de

basura producida por esta operación.

6   Limpie las roscas de los espárragos de los múltiples de admisión y de escape con una terraja de dimensión adecuada. Limpie el perno pivote de los balancines con un cepillo de alambre.

7   Limpie la cabeza de los cilindros con solvente y séquela completamente. El uso de aire comprimido facilitará la tarea y asegurará que todos los orificios y depresiones también queden limpios. **Nota:** *Existen substancias para remover el carbón que pueden servirle muy bien para la limpieza de las cabezas de los cilindros y componentes del tren de válvulas. Estas substancias son muy cáusticas y deben de usarse con mucho cuidado. Siempre siga las instrucciones en el recipiente.*

8   Limpie los balancines, los asientos de fulcros o los ejes de los balancines y buzos con solvente y séquelos completamente. Puede usar aire comprimido para facilitar la tarea y limpiar los conductos de aceite.

9   Limpie los resortes de las válvulas, los guardianes, los retenedores, escudos y espaciadores con solvente y séquelos completamente. Limpie los componentes de una válvula antes de comenzar otra para evitar de mezclar los componentes de varias válvulas.

10   Remueva todos los depósitos que se puedan haber acumulado en las válvulas, y use un cepillo de alambre motorizado para remover los depósitos de las cabezas y vástagos de las válvulas. Como antes, evite de mezclar los componentes de varias válvulas.

Inspección

11   Inspeccione la cabeza muy atentamente para ver si está rajada, si hay indicación de fugas de anticongelante, u otros daños. Si encuentra rajaduras, deberá obtener una cabeza nueva para los cilindros.

12   Use una regla y un calibrador de espesor para chequear el alabeo de la superficie de contacto de la cabeza (**vea ilustración**). Si hay alabeo que excede el límite especificado, deberá rectificar la cabeza en un taller

8.19 Se puede usar un indicador de tipo reloj para determinar el juego libre entre el vástago de la válvula y la guía (mueva el vástago según lo especifica o por las flechas)

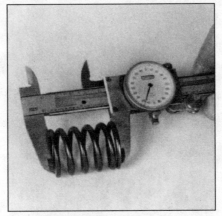

8.28a Mida el largo libre de cada resorte de válvula con un calibrador de tipo reloj o de tipo Vernier

8.28b Chequee si está rectangular cada resorte

para la rectificación de partes automotrices.

13 Examine los asientos de las válvulas en cada una de las cámaras de combustión. Si están picados, rajados o quemados, la cabeza requerirá de trabajo más allá de las capacidades del mecánico del hogar.

14 Un examen preliminar de las guías de las válvulas le indicará si las cabezas se pueden reensamblar con sellos nuevos, o si habrá que rectificar o reemplazar las guías.

15 El examen completo de las guías de las válvulas es una tarea para un taller para la rectificación de partes automotrices, con equipo de medición preciso. Además de chequear el juego libre entre las guías y los vástagos de las válvulas, el taller podrá chequear las guías para ver si hay desgaste acampanado en ellas.

16 Antes de llevar la(s) cabeza(s) a un taller para el chequeo de las guías de las válvulas, usted puede realizar un chequeo preliminar con un indicador de tipo reloj.

17 Remueva el conjunto de válvula (la válvula, el resorte, los espaciadores, retenedor y guardianes) de la cabeza.

18 Introduzca nuevamente la válvula en la guía. Si ha removido todas las válvulas de la cabeza, asegúrese que la que está introduciendo en la guía, estaba instalada en la misma guía. No mezcle los componentes de las válvulas.

19 Instale el indicador de tipo reloj en la cabeza con el vástago del indicador contra el vástago de la válvula **(vea ilustración)**, tan cerca del tope de la guía cuanto sea posible.

20 Levante la válvula hasta que la cabeza quede entre 1/16 y 1/8 de pulgada por encima del asiento.

21 Haga mecer el vástago de la válvula de lado a lado en la guía, en línea con el vástago del indicador, y note la cantidad de movimiento lateral mostrado en el indicador.

22 Chequee las especificaciones del juego libre entre el vástago de la válvula y la guía para su motor - le darán un valor mínimo y un valor máximo o un límite de servicio. Si el movimiento del vástago de la válvula excede

el máximo o el límite de servicio especificado, debería de chequear las guías en un taller para la rectificación de partes automotrices. Si el movimiento es menos del máximo o límite de servicio, solamente tendrá que instalar sellos nuevos.

23 Aún si las guías de las válvulas están en condición aceptable, si los asientos y las caras de las válvulas necesitan ser rectificados en un taller, debe chequear las guías y rectificar si lo necesitan.

Componentes de los balancines

24 Chequee las caras de los balancines (que entran en contacto con los extremos de los buzos y los vástagos) para ver si están picadas, o si tienen desgaste excesivo o asperezas. Chequee las áreas de contacto con el pivote también.

25 Inspeccione los extremos de las varillas de empuje para ver si hay desgastes. Gire las varillas de empuje sobre una superficie lisa y plana, como un pedazo de vidrio, para determinar si están torcidos.

26 Todas las piezas dañadas o excesivamente gastadas deberán de reemplazarse.

Válvulas

27 Inspeccione muy atentamente la cara de cada válvula para ver si hay rajaduras, picaduras o cristalizaciones. Chequee el vástago y la manga para ver si no hay rajaduras. Haga girar la válvula vea si no hay especificaciones obvias de torceduras. Chequee el extremo de los vástagos por picaduras o desgaste excesivo. La presencia de cualquiera de estas condiciones indica la necesidad de trabajar las válvulas en un taller para la rectificación de partes automotrices.

Componentes de válvulas

28 Chequee cada resorte de válvula para ver si hay desgastes y picaduras en los extremos. Mida el largo libre **(vea ilustración)** y compárelo al valor especificado en las Especificaciones. Los resortes más cortos que el valor especificado están agotados y no deberían de usarse. Pare el resorte en una superficie plana y llana y chequee su forma

perpendicular **(vea ilustración)**. Los resortes deben de chequearse bajo presión usando un aparato especial (lleve los resortes a un taller para la rectificación de partes automotrices para que le hagan este chequeo). Los resortes agotados causarán el mal funcionamiento del motor, así que no ignore este chequeo.

29 Chequee los retenedores o rotadores (si los hay) y los guardianes por indicación clara de desgaste o rajaduras. Todas las piezas con problemas potenciales deberían reemplazarse con nuevas ya que resultarán daños graves si estos componentes fallan durante la operación del motor.

30 Si la inspección revela que los componentes de las válvulas están en condiciones generalmente malas o gastados más allá de los límites indicados, lo que es normalmente el caso en motores que se están rectificando, ensamble las válvulas en la cabeza de los cilindros y refiérase a la Sección 9 para recomendaciones acerca de trabajos de servicio en las válvulas.

31 Si la inspección no descubre piezas excesivamente gastadas, y si las caras de las válvulas y los asientos están en buenas condiciones, los componentes del tren de las válvulas se pueden reinstalar en la cabeza de los cilindros sin trabajo mayor. Refiérase a la Sección adecuada para los procedimientos de ensamble de las cabezas de los cilindros.

9 Válvulas - servicios

1 Debido a la naturaleza complicada de la tarea y las herramientas y equipos especiales que se necesitan para los servicios de reparación de las válvulas, de sus asientos y guías, es mejor dejarlo para el mecánico profesional.

2 El mecánico del hogar puede remover y desarmar la cabeza, proceder a la limpieza e inspección inicial, y tras haberla ensamblado nuevamente, llevar la cabeza al departamento de servicios de un concesionario, o a un taller para la rectificación de partes automotrices para que ellos realicen el trabajo de reparación/restauración.

2C

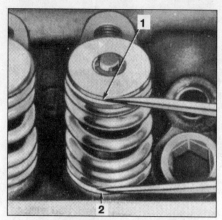

10.4 No olvide de chequear el alto instalado de cada resorte (ajuste las puntas de un compás de puntas para igualar la distancia entre el asiento o espaciador y la cara inferior del retenedor, y transfiera el compás a una regla para determinar el alto en pulgadas)

1   Cara inferior del retenedor de resorte
2   Superficie del resorte

3   El taller va ha remover las válvulas y los resortes, rectificar o reemplazar las válvulas y los asientos, rectificar las guías, chequear y reemplazar los resortes de las válvulas, sus retenedores y guardianes (según sea necesario), reemplace los sellos de las válvulas con nuevos, ensamble los componentes de las válvulas y asegúrese que el alto instalado de los resortes es correcto. La superficie de contacto de la cabeza también estará pulida y rectificada si estaba torcida.

4   Cuando el trabajo de las válvulas esté completo por un profesional, la cabeza de los cilindros estará en condición como nueva. Cuando le devuelvan la cabeza de los cilindros, límpiela muy cuidadosamente antes de instalarla sobre el bloque del motor, para remover todos los restos de metal o substancias abrasivas que puedan quedar del trabajo en las válvulas o del asiento de la superficie de contacto. Use aire comprimido, si lo tiene, para soplar en todos los orificios y conductos de aceite.

10   Cabeza de los cilindros - ensamblar

Refiérase a la ilustración 10.4

1   Si ha enviado la cabeza para que le hagan el trabajo en las válvulas, ya están ellas y sus componentes instalados en su lugar propio.

2   Si tiene que reensamblar la cabeza, ponga todos los resortes y espaciadores (si los hay) en su lugar sobre las guías de las que se removieron, y lubrique e instale una de las válvulas. Use lubricante de ensamblar motores o grasa moly en el vástago de la válvula. Deslice el sello nuevo de aceite sobre el vástago de la válvula y asiéntelo en la guía.

Nota: *Algunos motores V8 más recientes vie-*

11.1 Se requiere de un escarbador de reborde de cilindros para remover el reborde del extremo superior del cilindro antes de remover los pistones

nen con unos sellos que tienen que ser cuidadosamente instalados sobre la guía con un casquillo profundo y un pequeño martillo.

3   Instale los resortes de las válvulas, sus retenedores, escudos y rotadores (si los hay) y los guardianes. Note que el extremo del resorte con espiral cerrado tiene que instalarse próximo a la cabeza. Cuando comprima los resortes, no permita que los retenedores entren en contacto con los sellos de las guías. Asegúrese que los guardianes estén positivamente engranados en las ranuras de retención.

4   Chequee nuevamente el alto de los resortes instalados (si estaba correcto antes de removerlos, debería quedar dentro de los límites indicados). Mida desde el borde del espaciador (si lo hay) o del asiento del resorte hasta el extremo superior del resorte **(vea ilustración)**. Si el alto no está dentro de los límites indicados, se pueden agregar espaciadores por debajo del resorte para disminuir su alto. Nunca, bajo ningunas circunstancias, disminuya el alto del resorte más allá del valor mínimo especificado.

5   Instale las varillas de empuje, balancines y ajuste los pernos/tuercas al par de torsión especificado. Siempre lubrique los fulcros o los vástagos con grasa moly o lubricante para ensamblar motores.

11   Conjunto del pistón y biela - remover

Refiérase a las ilustraciones 11.1, 11.5, 11.6 y 11.7

Nota: *Antes de remover los conjuntos de pistones/bielas, remueva la(s) cabeza(s) de los cilindros, el cárter y la bomba de aceite, según las referencias en la Parte adecuada del Capítulo 2*

1   Use un removedor de rebordes para remover completamente el reborde en lo alto de cada cilindro, siguiendo las instrucciones provistas por el fabricante del removedor **(vea ilustración)**. La falla de remover el

11.5 Use un calibrador de espesor para chequear el juego libre lateral de la bielas según lo especificado

reborde antes de atentar de remover el conjunto de pistón/biela resultará en pistones rotos.

2   Cuando haya removido los rebordes de los cilindros, ponga el motor cabeza abajo en el estante, con el cigüeñal hacia arriba.

3   Antes de remover las bielas, chequee el juego lateral: instale un indicador de tipo reloj con su vástago en línea con el cigüeñal y en contacto con el casquillo en el extremo de la biela número uno.

4   Empuje la biela hacia atrás lo más posible, y ponga a cero el indicador. Empuje la biela lo máximo posible hacia adelante y lea el valor especificado en el rótulo. La distancia que se ha movido el indicador es el juego lateral. Si excede el límite de servicio, tendrá que instalar una biela nueva. Repita el procedimiento con todas las bielas restantes.

5   Alternativamente puede introducir calibradores de espesores entre la biela y el codo del cigüeñal hasta que haya eliminado el juego lateral **(vea ilustración)**. El juego lateral es igual al grueso del espesor de los calibre(s).

6   Busque las marcas de identificación sobre las bielas y sus tapas. Si no están claramente marcadas, identifique cada biela y tapa usando un punzón pequeño para imprimir la cantidad de marcas igual al número del cilindro correspondiente **(vea ilustración)**.

7   Afloje cada una de las tuercas de tapa aproximadamente medio giro. Remueva la tapa de la biela número uno y el inserto del cojinete. No permita que caiga el inserto fuera de la tapa. Ponga un trozo de manguera plástica o de goma sobre el extremo del perno de cada biela para proteger los muñones del cigüeñal y las paredes de los cilindros cuando remueva el pistón **(vea ilustración)**. Empuje el conjunto del pistón y biela hacia fuera a través de la parte superior del motor. Use el mango de un martillo de madera para empujar sobre el inserto del cojinete superior en la biela. Si se siente resistencia, chequee para ver si ha removido todo el reborde del cilindro.

8   Repita el procedimiento con los pistones restantes. Después de removerlos,

11.6 Si su motor no tiene números estampados o fundidos en las tapas de los cojinetes de las bielas, márquelos con un punzón antes de remover las tuercas - durante el ensamble, cada tapa debe de reinstalarse en la biela que se removió

11.7 Para prevenir daños a los muñones del cigüeñal y a las paredes de los cilindros, ponga secciones de manguera sobre los pernos antes de remover los pistones

12.1a Si las tapas de los cojinetes del cigüeñal so están identificadas con números para indicar su posición y dirección, márquelas con un punzón

12.1b Marcas de identificación típicas en las tapas de los cojinetes

ensamble las tapas de las bielas y los insertos de los cojinetes en sus bielas respectivas e instale las tuercas, apretándolas a mano. Dejando los insertos de cojinete viejos en su lugar evitará que se rayen o dañen las superficies de las bielas.

12 Cigüeñal - remover

Refiérase a las ilustraciones 12.1a y 12.1b
Nota: *El cigüeñal se puede remover solamente después de que el motor se haya removido del vehículo. Se presume que el volante/plato flexible, el amortiguador de vibraciones, la cadena y engranaje de tiempo, el cárter y el tubo de toma de aceite, y los conjuntos de pistones y bielas ya se han removido.*

1   Afloje cada una de las tuercas de las tapas de los cojinetes principales un cuarto de giro a la vez, hasta que pueda removerlas a mano. Chequee para ver si las tapas de los cojinetes principales están marcadas en cuanto a su ubicación. Normalmente están numeradas consecutivamente desde el frente del motor hasta la parte posterior. Si no están marcadas, márquelas con troqueles para imprimir cifras, o con un punzón **(vea ilustración)**. La mayoría de las tapas tienen una flecha en su cuerpo, la cual siempre indica hacia el frente del motor, un número indica su posición en el bloque **(vea ilustración)**.
2   Golpetee suavemente las tapas con un martillo de cara blanda, y sepárelos del bloque del motor. Si es necesario, use los pernos de las tapas para palanquear las tapas. Trate de no dejar caer los insertos de los cojinetes si también salen con las tapas.
3   Teniendo cuidado, levante el cigüeñal fuera del motor. Se recomienda tener un asistente disponible, ya que el cigüeñal es bastante pesado. Con los insertos de los cojinetes en sus lugares en el bloque del motor y en las tapas de los cojinetes,

devuelva las tapas a sus ubicaciones respectivas en el bloque del motor y apriete los pernos a mano.

13 Bloque del motor - limpieza

Refiérase a las ilustraciones 13.1a, 13.1b y 13.10
1   Remueva los tapones blandos del bloque del motor. Use un punzón grande y martillo para golpear los tapones dentro del bloque, y después use pinzas para extraer el tapón de su orificio en el bloque **(vea ilustraciones)**.
2   Usando un raspador de juntas, remueva todos los restos de material de junta del bloque del motor. Tenga sumo cuidado de no rasguñar o arañar las superficies de contacto.
3   Remueva las tapas de los cojinetes principales y separe los insertos de los cojinetes de las tapas y del bloque del motor. Marque los cojinetes de acuerdo con el cilindro que se removió y para indicar si estaban ubicados en la tapa o en el bloque, y póngalos en un lado.
4   Remueva los tapones roscados del conducto de aceite del frente y de la parte

trasera del bloque.
5   Si el motor está extremadamente sucio, debería llevarlo a un taller de rectificación de partes automotrices para desengrasarlo en un tanque caliente. Cualquier cojinetes que queden en el bloque, tales como los cojinetes del árbol de levas, se dañarán en este proceso de limpieza, así que planifique en la instalación de nuevos cuando tenga el bloque en el taller.

13.1a Se puede usar un punzón grande y un martillo para empujar los tapones blandos dentro del bloque

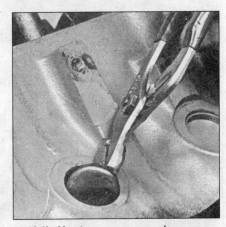

13.1b Use tenazas para apalanquear cada tapón blando a través del orificio en el bloque

2C

13.10 Se puede usar un dado grande con su manija para instalar los tapones nuevos blandos en sus cilindros

6   Cuando le devuelvan en bloque, limpie los orificios de aceite y los conductos de aceite una vez más. Hay cepillos para la limpieza de orificios y conductos de aceite disponibles en los surtidores de partes para automotrices. Enjuague los conductos con agua caliente hasta que el agua surja limpia; seque el bloque completamente y limpie todas las superficies rectificadas con un aceite liviano contra oxido. Si dispone de aire comprimido, úselo para facilitar el proceso de secar y para soplar en todos los orificios y conductos de aceite.

7   Si el motor no está extremadamente sucio, puede limpiarlo suficientemente bien con agua caliente, jabón y un cepillo de alambre duro. Hágalo sin apurarse y límpielo bien. No obstante el método de limpieza, asegúrese que todos los orificios y conductos de aceite queden completamente limpios, que el motor esté seco, y que las superficies rectificadas estén cubiertas con aceite liviano contra oxido.

8   Los orificios roscados en el bloque tienen que estar limpios para asegúrese de las especificaciones exactas del par de torsión durante el ensamble. Limpie cada uno con

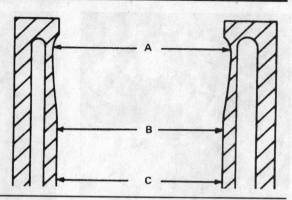

14.4a Mida el diámetro de cada cilindro inmediatamente debajo del borde de desgaste (A), en el centro (B), y en el fondo (C)

una terraja de tamaño adecuado para remover oxidación, sellador de roscas y para restaurar las roscas dañadas. Si es posible, use aire comprimido para soplar todos los restos de estos materiales de los orificios. Convendría también limpiar las roscas en todos los pernos de la cabeza y de las tapas de los cojinetes también.

9   Reinstale las tapas de los cojinetes principales y apriete los pernos a mano.

10   Después de cubrir las superficies de contacto de los tapones nuevos con sellador de junta, instálelos en el bloque del motor **(vea ilustración)**. Asegúrese que entren recto y se asienten bien o resultarán fugas. Hay herramientas especiales para este propósito, pero se puede obtener resultados igualmente buenos usando un casquillo con diámetro exterior de tamaño a penas inferior del tapón que entre dentro de él, y un martillo.

11   Si no va ha reensamblar el motor inmediatamente, cúbralo con una bolsa de plástico grande para mantenerlo limpio.

14   Bloque del motor - inspección

Refiérase a las ilustraciones 14.4a, 14.4b, 14.4c, 14.7a, 14.7b y 14.7c

1   Limpie el bloque del motor según las especificaciones en la Sección 13 y chequee que el reborde se haya removido de la parte

superior de cada cilindro.

2   Chequee el bloque para ver si hay rajaduras visibles, oxidación y corrosión. Chequee para ver si hay roscas cruzadas.

3   Chequee los cilindros para ver si están rayados o desgastados.

4   Use los implementos de medición precisa adecuados para medir el diámetro de cada cilindro en su parte más alta (inmediatamente debajo del borde), en el centro y en el fondo del orificio, paralelo al eje del cigüeñal **(vea ilustraciones)**. A continuación, mida el diámetro de cada cilindro en las mismas tres ubicaciones, pero en ángulo recto al eje del cigüeñal. Compare los resultados a lo especificado en las especificaciones. Si las paredes de los cilindros están seriamente rayadas o desgastadas, o si están ovaladas o tienen conicidad más allá de los límites indicados, tendrá que rectificar el bloque en un taller para rectificación de partes automotrices. Si se rectifica el pistón ha un tamaño mayor, tendrá que instalar pistones y anillos de tamaño mayor.

5   Si los cilindros están en buena condición y no están gastados más allá de los límites indicados, no habrá que rectificarlos ha un tamaño mayor. Solamente habrá que pulirlos con una piedra.

6   Antes de pulir los cilindros, instale las tapas de los cojinetes principales (sin los cojinetes) y apriete los pernos al par de torsión especificado.

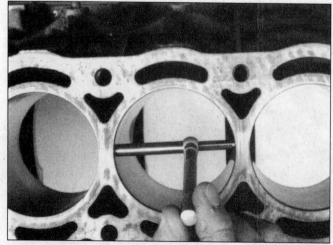

14.4b Se puede usar un calibrador telescópico (o de compás) para determinar el diámetro del orificio del cilindro

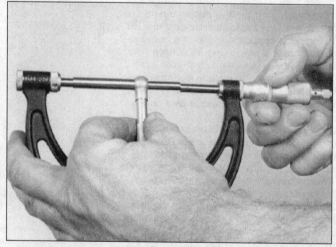

14.4c El calibre se mide con un micrómetro para determinar el calibre del cilindro

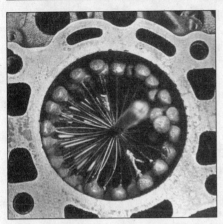

14.7a Uso de un pulidor (cepillo de tipo botella) para pulir un cilindro

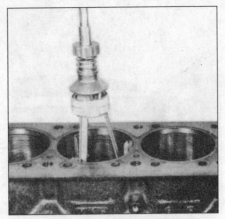

14.7b Uso de una piedra pulidora para pulir un cilindro

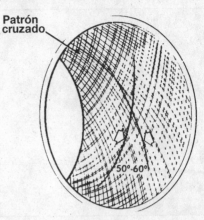

14.7c El pulidor del cilindro debería de dejar una superficie lisa con unas líneas que se cruzan en un patrón de 60° en las intersecciones

7 Para pulir los cilindros necesitará una herramienta especial. Hay dos tipos disponibles: la piedra especial tradicional y el tipo flexible (cepillo de tipo botella). Ambos tipos sirven bien. Para el mecánico menos experimentado resultará más fácil usar el tipo ("cepillo de tipo botella). También necesitará una buena cantidad de aceite para pulir, algunos trapos y un taladro eléctrico. Instale el pulidor en el motor de taladro, comprima las piedras e introduzca el pulidor dentro del primer cilindro (vea ilustraciones). Lubrique el cilindro completamente, ponga en marcha el taladro y mueva el pulidor hacia arriba y hacia abajo en el cilindro en un ritmo que resultará en un patrón cruzado en las paredes del cilindro, con las líneas cruzándose en un ángulo de aproximadamente 60 grados (vea ilustración). Use grandes cantidades de lubricante y no remueva más material de lo absolutamente necesario para obtener la superficie necesaria. No extraiga el pulidor del cilindro mientras esté corriendo el motor del taladro. Apague el motor del taladro y continúe a mover el pulidor hacia abajo y arriba hasta que cese completamente de girar, solamente entonces, extraiga el pulidor del cilindro. Limpie el aceite de pulir del cilindro, y repita el procedimiento en cada uno de los cilindros restantes. Recuerde de no remover demasiado material de la pared de los cilindros. Si no tiene las herramientas o no quiere realizar el asiento, la mayoría de los talleres automotrices se lo harán a un precio razonable.

8 Cuando haya completado el asiento, chafle los bordes superiores de los cilindros con una lima pequeña para que no se atoren los anillos durante la instalación de los pistones.

9 Tendrá que lavar el bloque entero, una vez que termine la operación, con agua caliente y jabón para eliminar todos los restos de polvo abrasivo que se produjeron durante la operación de rectificación. Los de los cilindros tienen que limpiarse hasta que un trapo blanco quede completamente limpio después de pasarlo por el cilindro.

10 Pase un cepillo por todos los orificios y los conductos de aceite y enjuáguelos con agua corriente. Después del enjuague, seque

el bloque y aplique una leve capa de aceite contra oxido a todas las superficies rectificadas. Envuelva el bloque en bolsas de plástico para mantenerlo limpio, póngalo en un lado hasta el momento de ensamble.

15 Árbol de levas, buzos y cojinetes - inspección y reemplazo de los cojinetes

Refiérase a las ilustraciones 15.3, 15.8 y 15.11

Árbol de levas

1 El desgaste del árbol de levas aparece más comúnmente en forma de pérdida de la altura para elevar en el lóbulo, la cual se puede medir antes de desarmar el motor.

2 Remueva la(s) tapa(s) de los balancines, remueva las tuercas y separe los balancines y los asientos de los fulcros o los ejes de los balancines de la(s) cabeza(s) de los cilindros.

3 Comenzando con el cilindro número uno, instale un indicador de tipo reloj con su vástago haciendo contacto, y directamente en línea con el buzos de la primera válvula (vea ilustración).

4 Gire el cigüeñal muy lentamente en la dirección de su giro normal hasta que el buzo

esté en el tobillo (la parte opuesta al lóbulo) del lóbulo del árbol. En este punto el buzos se encontrará en su posición más baja.

5 Ponga el indicador a cero, y gire el cigüeñal muy lentamente hasta que las varillas de empuje (lóbulo del árbol) se encuentren en su posición más alta. Lea y anote lo que indica el indicador, y compárelo a lo especificado para elevar del lóbulo en las especificaciones. Repita el procedimiento para cada una de las válvulas restantes.

6 Si las medidas para elevar de los lóbulos no coinciden con lo especificado, habrá que instalar un árbol de levas nuevo.

7 Cuando haya removido el árbol de levas del motor, y cuando lo haya limpiado con solvente y secado, inspeccione los muñones de los cojinetes para detectar por gasto desigual, picado o indicación de atoramiento. Si los muñones están dañados, los insertos de los cojinetes en el bloque probablemente también están dañados. Tendrá que reemplazar el árbol de levas y los cojinetes.

8 Mida los muñones de los cojinetes con un micrómetro (vea ilustración) para determinar si están excesivamente gastados u ovalados. Si tiene cualquier duda acerca del

15.3 Se puede instalar un indicador de tipo reloj de esta manera para chequear cuanto levanta el lóbulo del árbol de levas

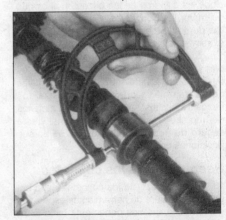

15.8 El diámetro del muñón del árbol de levas se chequea para descubrir el desgaste excesivo y condiciones de ovalamiento

2C

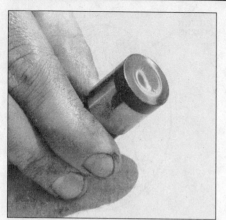

15.11 Si el extremo inferior de un buzo se ha gastado hasta la concavidad, o rayado, reemplace el juego completo con nuevos

16.4 Se pueden limpiar las ranuras para los anillos con un trozo de anillo quebrado, o con una herramienta especial para limpiar ranuras de anillos

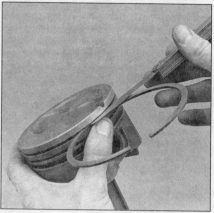

16.10 Chequee el juego libre lateral de los anillos con un calibrador de espesor en varios puntos de la circunferencia

desgaste en el árbol de levas y/o los cojinetes, lleve el árbol de levas a un taller para que lo midan y chequeen el espacio libre para el aceite.

9   Chequee los lóbulos para ver si hay perdida de color debida a temperatura, ralladuras, astillados, picaduras o gasto desigual. Si los lóbulos están en buena condición y la medida de elevar del lóbulo está dentro de las especificaciones, se podrá reinstalar.

Buzos

10   Limpie los buzos con solvente y séquelos - no los confunda en cuanto a su cilindro de origen.

11   Chequee capa pared, asiento y pie de los buzos para ver si no hay desgaste, ralladuras o gasto desigual. Cada pie de buzos (la parte que está en contacto con el lóbulo del árbol de levas) tiene que estar levemente convexo, bien que puede ser difícil verlo a ojo (la curva del pie del buzos es el arco de un círculo de 60 pulgadas). Si la base del buzos está cóncava (**vea ilustración**) los buzos y el árbol de levas tendrán que reemplazarse. Si las paredes de los buzos están dañadas o gastadas (lo que solamente ocurre muy raramente), inspeccione los cilindros de los buzos en el bloque del motor también. Si los asientos de las varillas de empuje están gastados, chequee los extremos de las varillas de empuje.

12   Si está instalando buzos nuevos, también se deberá de instalar un árbol de levas nuevo. Si está instalando un árbol de levas nuevo, también tendrá que reemplazar los buzos. Nunca instale buzos usados, a menos de que use el árbol de levas original y esté seguro de poder instalar los buzos en sus posiciones originales.

Reemplazo de los cojinetes

13   El reemplazo de los cojinetes del árbol de levas requiere de herramientas especiales y de experiencia que ponen esta tarea fuera del alcance del mecánico del hogar. Lleve el bloque a un taller para la rectificación de partes automotrices para asegúrese que la tarea se realice correctamente.

16 Conjunto del pistón y biela - inspección

Refiérase a las ilustraciones 16.4, 16.10 y 16.11

1   Antes de proceder a la inspección, los conjuntos de los pistones/biela tienen que estar limpios y los anillos removidos de los pistones. **Nota:** *Siempre use anillos nuevos cuando ensamble el motor.*

2   Remueva los anillos de los pistones. No lastime la superficie de los pistones durante este proceso.

3   Remueva todos los restos de carbón de la parte superior de cada pistón. Una vez que haya eliminado la mayoría del carbón, podrá usar un cepillo de alambre o una tela esmeril fina para pulir la superficie. Nunca use cepillos de alambre montados en un motor de taladro para limpiar los depósitos de los pistones. El material de los pistones es bastante blando y un cepillo mecánico causará extremada erosión del material.

4   Use la herramienta comúnmente disponible para este propósito o un trozo de anillo quebrado, para limpiar los depósitos de carbón de las ranuras para los anillos. Tenga mucho cuidado de no remover más que los depósitos. No remueva metal y no lastime o raye los costados de las ranuras para los anillos (**vea ilustración**).

5   Una vez removidos los depósitos, limpie los conjuntos de los pistones/bielas con solvente y séquelos completamente. Asegúrese que queden libres los orificios de retorno del aceite en la parte posterior de las ranuras para los anillos.

6   Si los pistones no están dañados o demasiado gastados, y si el bloque del motor no se rectifica, no necesitará instalar pistones nuevos. El desgaste normal en los pistones aparece como desgaste igual y vertical en las superficies de impulsión de los pistones, y una flojedad del anillo superior en su ranura. Siempre deben de usarse anillos nuevos cuando reconstruya el motor.

7   Inspeccione los pistones con gran

cuidado para descubrir rajaduras en sus faldas, en las protuberancias de los pasadores y en las ranuras de los anillos.

8   Busque rayones y desgaste desiguales en las superficies de impulsión de las faldas, agujeros en la corona, y áreas quemada en los rebordes de las coronas de los pistones. Si la falda tiene desgaste desiguales o está rayada, es posible que el motor esté sufriendo de recalentamiento y/o combustión anormal, que causó temperaturas de operación demasiado elevadas. Los sistemas de encendido, de enfriamiento y de lubricación deberán chequearse muy atentamente. Un agujero en la corona del pistón, situación por cierto extrema, es una indicación de combustión anormal (encendido prematuro). Áreas quemadas en los rebordes de las coronas de los pistones normalmente indican que hay detonaciones. Si cualquiera de estos problemas existen, hay que corregir las causas o los daños van a recurrir.

9   Corrosión de los pistones (indicada por picaduras) indica que el anticongelante está penetrando dentro de la cámara de combustión y/o en el cárter. Como antes, habrá que eliminar la causa del problema o recurrirá el daño en el motor reconstruido.

10   Mida el juego libre lateral de los anillos poniendo un anillo nuevo en la ranura de cada pistón e introduciendo un calibrador de espesor entre el anillo y el borde de la ranura (**vea ilustración**). Chequee el juego libre en tres o cuatro lugares alrededor de cada ranura. Siempre use el anillo correcto para la ranura. Si el juego libre lateral es más grande de lo especificado, se requerirá de pistones nuevos.

11   Chequee el juego libre entre el pistón y el cilindro mediante la medición de los diámetros del cilindro y del pistón (vea la Sección 14). Asegúrese que está comparando los diámetros de los cilindros y pistones correspondientes. Mida los pistones en la falda, a un ángulo de 90 grados, y en línea con el muñón del pie de la biela (**vea ilustración**). Sustraiga el diámetro del pistón del diámetro del orificio (cilindro) para obtener el juego libre. Si el resultado es más grande de

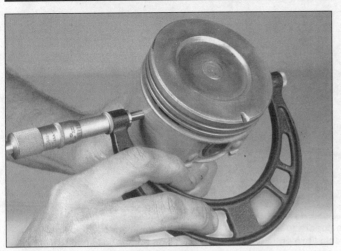

16.11 Mida el diámetro del pistón en un ángulo de 90° y en línea con el muñón de pie de biela

17.2 Mida el diámetro de cada muñón del cigüeñal en varios puntos para detectar conicidad y ovalamiento

lo especificado, tendrá que hacer rectificar el bloque e instalar pistones y anillos nuevos.

12 Si los pistones tienen que separarse de sus bielas, como, por ejemplo, cuando se va ha instalar pistones nuevos, o si los pasadores tienen demasiado juego, debería de llevarlos a un taller para la rectificación de partes automotrices. En el taller, pídales que también chequeen las bielas para ver si están torcidas. A menos que vaya ha instalar pistones o bielas nuevas, no separe los pistones de sus bielas.

13 Chequee las bielas para ver si están rajadas o dañadas de otra manera. Remueva las tapas de las bielas, extraiga los insertos de cojinete, limpie las superficies de la biela y de los cojinetes e inspecciónelos por muescas, lesiones o ralladuras. Después de chequear las bielas, reemplace los anillos, ponga las tapas en sus lugares y apriete las tuercas a mano.

17 Cigüeñal - inspección

Refiérase a la ilustración 17.2

1 Limpie el cigüeñal con solvente y séquelo completamente. Siempre limpie los orificios de aceite con un cepillo duro de alambre y enjuáguelos con solvente. Chequee los muñones de los cojinetes principales y de las bielas para descubrir desgaste desiguales, rayones, picaduras o rajaduras. Chequee el resto del cigüeñal para descubrir cualquier otro daño.

2 Use un micrómetro para medir el diámetro de los muñones de los cojinetes principales y de las bielas **(vea ilustración)** y compare los resultados a lo especificado en las Especificaciones. Midiendo el diámetro de los muñones en varios lugares alrededor de la circunferencia podrá descubrir si hay ovalamiento en los muñones. Mida en cada extremo del muñón, cerca de las contrapesas del cigüeñal, para determinar si el muñón tiene conicidad.

3 Si los muñones del cigüeñal están dañados, en forma de conos, ovalados o gastados

más allá de los límites indicados, tendrá que hacer pulir el cigüeñal en un taller para la rectificación de partes automotrices. Asegúrese de instalar los cojinetes del tamaño adecuado después de esta operación.

18 Cojinetes principales y de las bielas - inspección

1 Bien que los cojinetes de la biela y del cigüeñal deberían de reemplazarse con nuevos durante la rectificación general, retenga los cojinetes viejos para una inspección muy cuidadosa. Con frecuencia le revelarán información importante acerca de la condición de su motor.

2 La falla de los cojinetes ocurre principalmente por falta de lubricación, por la presencia de mugre o de otras partículas extrañas, la sobrecarga del motor y la corrosión. No obstante la causa de la falla de los cojinetes, hay que corregirla antes de reensamblar el motor para evitar que recurran los daños.

3 Cuando examine los cojinetes, remuévalos del bloque del motor, de las tapas, de las bielas y sus tapas y póngalos en una superficie limpia y en la misma posición relativa en la que están instalados en el motor. Este orden le facilitará aparejar los problemas de los cojinetes con el muñón correspondiente en el cigüeñal.

4 La mugre y otras substancias extrañas se introducen en el motor por una variedad de caminos. Pueden quedar en el motor durante el ensamble, o pueden pasar por los filtros y respiradores. Pueden entrar en el aceite, y de ahí en los cojinetes. Partículas de metal provenientes de operaciones de máquinas y de la operación normal del motor aparecen con frecuencia. Substancias abrasivas quedan a veces en el motor después de las rectificaciones, especialmente cuando no se limpian completamente las piezas usando los métodos prescritos. Cualquiera que sea su fuente, estos objetos extranjeros se imprimen en las superficies blandas del material de los cojinetes y se reconocen fácil.

Partículas grandes no se imprimirán en los cojinetes y los rayarán. La mejor prevención de esta causa de fallas de los cojinetes es limpiar completamente todas las piezas y mantener todo impecablemente limpio durante el ensamble del motor. También se recomiendan cambios frecuentes del aceite y del filtro de aceite.

5 La falta de lubricación (o averías en el sistema de lubricación) tiene una cantidad de causas relacionadas. Calor excesivo, el cual disuelve el aceite, sobrecargas del motor que exprime el aceite de la cara del cojinete, y fugas de aceite o juego libre excesivo de los cojinetes, desgaste en la bomba de aceite o altas velocidades del motor, todos contribuyen a las averías de lubricación. Conductos de aceite bloqueados, lo que normalmente resulta del mal alineamiento de orificios entre las mitades de las tapas de los cojinetes, también resultarán en falta de aceite en los cojinetes y los destruirán. Cuando la falta de lubricación es la causa de las fallas los cojinetes, el material del cojinete en el respaldo de acero del cojinete es removido. Las temperaturas pueden aumentar hasta el punto que el respaldo de acero del cojinete se ponga azul del sobrecalentamiento.

6 Las costumbres de manejo pueden tener un efecto marcado sobre la vida de los cojinetes. Operación lenta con el motor a toda aceleración, impone cargas muy elevadas en los cojinetes, lo cual tiene tendencia de exprimir la capa de aceite de ellos. Estas cargas causan la flexión de los cojinetes, causando rajaduras finas en las caras de los cojinetes (ruptura por la fatiga). Eventualmente, esto causará la separación de pedazos del respaldo de acero.

7 El manejo en trayectos cortos causa la corrosión ya que no hay calor suficiente creado en el motor para eliminar la condensación de humedad y de gases corrosivos en el interior del motor. Estos productos se coleccionan en el aceite del motor, formando ácido y emulsión en el aceite. A medida que el aceite llega a los cojinetes, el ácido ataca y daña el material de los cojinetes.

2C

20.3a Cuando esté chequeando el espacio libre entre las puntas de los anillos, el anillo tiene que estar cuadrado en el orificio del cilindro - se pone así usando un pistón según se muestra para empujarlo hacia abajo

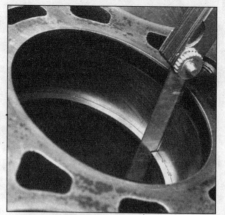

20.3b Con el anillo cuadrado en el cilindro, mida el espacio libre entre las puntas con un calibrador de espesor

20.12 Instalando los anillos de compresión con un expansor de anillos - la marca indicada por la flecha debe estar hacia arriba

8   La instalación incorrecta de los cojinetes durante el ensamble del motor también resultará en la falla de los cojinetes. Cojinetes demasiado apretados no dejan suficiente juego libre para el aceite lo que resulta en falla de lubricación. Mugre y partículas extranjeras captadas detrás de un inserto de cojinete resultan en puntos altos en el cojinete, lo que puede llevar a la falla.

19   Rectificación completa del motor - secuencia de ensamblar

1   Antes de comenzar el ensamble del motor, asegúrese que dispone de todas las piezas necesarias, juntas, sellos, y de los artículos siguientes:

Herramientas manuales comunes
Llave torsiométrica de 1/2 pulgada
Herramienta para instalar los anillos de los pistón
Compresor de anillos de los pistón
Trozos de manguera de goma para poner sobre los pernos de las bielas
Plastigage (Hilo de calibración de plástico)
Calibres de espesor
Lima fina
Aceite para motores
Lubricante para conjuntos de motor o grasa moly
Sellador de juntas de tipo RTV (compuesto obturado vulcanizador a temperatura de ambiente)
Sellador de juntas de tipo anaerobio
Compuesto cierra roscas

2   Para ganar tiempo y evitar problemas, debería de proceder al ensamblar del motor en la siguiente secuencia:

Anillos de los pistones
Sello de aceite del cojinete principal trasero
Conjuntos de los pistones/bielas
Bomba de aceite

Cárter de aceite
Árbol de levas
Cadena/engranes o engranajes del tiempo
Buzos
Cabeza de los cilindros y varillas de empuje
Múltiples de admisión y de escape
Filtro de aceite
Tapas de los balancines
Bomba de combustible
Bomba de agua
Volante/plato flexible
Carburador/componentes de la inyección de combustible
Termostato y su carcasa
Distribuidor, cables de bujías y bujías
Componentes del control de emisiones
Alternador

20   Anillos de los pistón - instalación

Refiérase a las ilustraciones 20.3a, 20.3b y 20.12

1   Antes de instalar los anillos nuevos de los pistones, hay que chequear la luz en la punta de los anillos. Se presume que el juego libre lateral ya se chequeó y verificó y está correcto (Sección 16).
2   Disponga los conjuntos de los pistones/bielas y los juegos de anillos nuevos de manera que los juegos se emparejarán con el mismo conjunto de pistón y biela durante el chequeo de la luz en la punta de los anillos y la instalación en el motor.
3   Introduzca el anillo superior (número uno) dentro del cilindro y encuádrelo con la pared del cilindro empujándolo con el tope de un pistón **(vea ilustración)**. El anillo debe de encontrarse cerca del límite inferior de su trayectoria normal en el cilindro. Para chequear la luz en la punta de los anillos, introduzca un calibrador de espesor en el espacio entre los extremos del anillo **(vea ilustración)**. Compare los resultados a lo especificado en las Especificaciones.
4   Si la distancia es mayor o menor a lo

especificado, chequee que tenga los anillos correctos antes de proceder.
5   Si el espacio es menor tendrá que ensancharse o los extremos del anillo podrían entrar en contacto durante la operación del motor, lo que causaría graves daños al motor. Se puede aumentar la luz limando los extremos con mucho cuidado. Instale la lima en una morsa con mandíbulas blandas, ponga el anillo de modo que los extremos hagan contacto con ambas caras de la lima; mueva el anillo lentamente hacia abajo y hacia arriba para remover el material de los extremos. Solamente lime desde afuera hacia adentro.
6   El espacio de la punta en exceso de lo especificado no causa problemas a menos que exceda 0.040 de pulgada (1 mm). Si el espacio es mayor de 0.040 de pulgada, usted tiene los anillos incorrectos.
7   Repita el procedimiento para cada anillo. Mantenga los anillos, los pistones y los cilindros emparejados.
8   Cuando haya chequeado los intervalos de todos los anillos, se podrán instalar los anillos en los pistones.
9   El anillo para el control del aceite (ubicado más bajo en el pistón) se instala primero. Está compuesto de tres componentes distintos. Introduzca el espaciador dentro de la ranura, entonces instale el riel lateral inferior. No use herramientas para la instalación de anillos en los rieles laterales del anillo para el control del aceite, ya que podrían dañarse. Introduzca un extremo del riel lateral entre el espaciador y la ranura, manténgalo firmemente en su lugar y deslice un dedo alrededor del pistón empujando el riel dentro de la ranura. Instale el riel lateral superior en la misma manera.
10   Después de la instalación de los componentes del anillo para el control del aceite, chequee para asegúrese que ambos rieles se pueden girar fácilmente en sus ranuras.
11   El anillo número dos (mediano) se instala a continuación. Debería estar claramente estampado para distinguirlo del anillo superior. **Nota:** *Siga siempre las instrucciones*

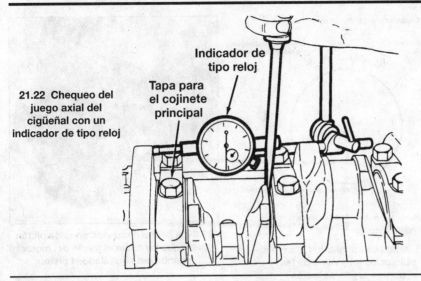

21.22 Chequeo del juego axial del cigüeñal con un indicador de tipo reloj

Indicador de tipo reloj

Tapa para el cojinete principal

imprimida en el paquete de los anillos - diferentes fabricantes pueden requerir diferentes procedimientos. *No confunda el anillo superior con el mediano, ya que tienen secciones (y efectos) diferentes.*

12 Use una herramienta para instalar anillos y asegúrese que la marca de identificación quede hacia la parte superior del pistón, e introduzca el anillo en la ranura mediana en el pistón **(vea ilustración)**. No expanda el anillo nada más de lo necesario para deslizarlo sobre el pistón.

13 Instale el anillo número uno (superior) de la misma manera. Asegúrese que la marca de identificación esté hacia la parte superior del pistón.

14 Repita el procedimiento para todos los pistones y anillos.

21 Cigüeñal - instalación y chequeo del juego libre para el aceite de los cojinetes principal

Refiérase a las ilustraciones 21.22 y 21.24

1 La instalación del cigüeñal es el primer paso en ensamblar del motor. Se presume que en este punto el bloque y el cigüeñal se han limpiado, inspeccionado y reparado o rectificado.

2 Remueva los pernos de las tapas de los cojinetes principales y extraiga las tapas. Dispóngalos en su orden propio para asegúrese que los podrá reinstalar correctamente.

3 Si todavía están instalados, remueva los insertos viejos de los cojinetes del bloque y las tapas de los cojinetes.

4 Limpie las superficies de contacto de los cojinetes en el bloque y en las tapas con un trapo limpio sin pelusa. Estas superficies deben de estar completamente limpias - inclusive limpias de aceite. Si cualquier impureza (polvo, aceite, sellador de junta, etc.) penetra entre la tapa del cojinete principal y el inserto del cojinete, causará daños cuando se instale el cojinete, y el daño puede rápidamente eliminar el material de antifricción del cojinete. El aceite entre la tapa y el inserto del

cojinete puede cambiar el juego libre del cojinete y también puede funcionar como un aislador térmico, previniendo la transferencia de calor del cojinete al bloque, lo que resultará en la destrucción del cojinete.

5 Limpie la parte posterior de los insertos nuevos de los cojinetes del cigüeñal e instale una mitad de cada cojinete en sus asientos en el bloque. Ponga la otra mitad de cada cojinete en la tapa correspondiente. Asegúrese que la lengüeta en el inserto del cojinete entra en la ranura en el bloque o en la tapa. **Cuidado:** *Asegúrese que los insertos de los cojinetes con los orificios y ranuras para el aceite quedan instalados en el bloque y no en las tapas.* No martille los cojinetes para instalarlos y no arañe o dañe de ninguna manera la superficie de los cojinetes. *No debe de usarse ningún lubricante en este punto.*

6 El cojinete de empuje debe de instalarse en la posición número tres en los motores V8 y en la posición número cinco en los motores de seis cilindros.

7 Limpie las caras de los cojinetes en el bloque y los muñones del cigüeñal con un trapo limpio sin pelusa. Chequee y limpie los orificios de aceite en el cigüeñal, ya que cualquier impureza solamente irá en una dirección - directamente hacia los cojinetes del cigüeñal.

8 Una vez que esté seguro que el cigüeñal está limpio, deposítelo cuidadosamente en su posición (sería deseable de tener un asistente para esta tarea) en los cojinetes.

9 Si chequeó los tamaños de los muñones del cigüeñal y de las bielas con un micrómetro en la Sección 17, y está seguro de haber comprado insertos de los cojinetes de tamaño adecuado, puede saltar los pasos siguientes. Si, por otra parte, no pudo verificar el tamaño de los muñones, o si quiere chequear para asegurarse que tiene cojinetes del tamaño correcto, puede usar un Plastigage (Hilo de calibración de plástico) para chequear el juego libre real de los cojinetes.

10 Corte varios pedazos de Plastigage del tamaño adecuado para que sean un poco

más cortos que el ancho de los cojinetes del cigüeñal y ponga un pedazo sobre cada muñón del cigüeñal, paralelo con el eje del muñón. No los ponga encima de los orificios de aceite.

11 Limpie las caras de los cojinetes en las tapas e instale las tapas en sus posiciones respectivas (no los mezcle) con las flechas hacia el frente del motor. No estorbe el Plastigage.

12 Comenzando con el cojinete central del cigüeñal trabaje hacia los extremos, apriete los pernos de las tapas de los cojinetes en tres pasos, hasta llegar al par de torsión especificado. *Tenga cuidado de no girar el cigüeñal en ninguna parte de esta operación.*

13 Remueva los pernos y retire las tapas con cuidado. Manténgalos en orden. No estorbe el Plastigage o gire el cigüeñal. Si cualquiera de las tapas es difícil de remover, golpéela suavemente hacia los costados con un martillo de cara blanda para alojarlos.

14 Compare el espesor del Plastigage comprimido en cada muñón con la escala impresa en el recipiente del Plastigage para obtener el espacio libre para el aceite de los cojinetes del cigüeñal. Chequee las Especificaciones para asegurarse que está correcto.

15 Si el juego libre no está correcto, chequee para ver si obtuvo los insertos del tamaño correcto. Asegúrese también que no hay impurezas o aceite entre los insertos de los cojinetes y las tapas de los cojinetes o el bloque cuando midió el juego libre.

16 Raspe cuidadosamente los restos del material Plastigage de las superficies de los muñones del cigüeñal y de las caras de los cojinetes. No arañe y rasguñe las caras de los cojinetes.

17 Cuidadosamente levante el cigüeñal fuera del motor. Limpie las caras de los cojinetes en el bloque, y aplique una leve capa de grasa moly o lubricante de ensamblar motor en cada superficie de los cojinetes. Asegúrese de cubrir las caras del reborde de impulso así bien como las caras de los muñones del cojinete de impulso.

18 Refiérase a la parte adecuada del Capítulo 2 e instale el sello de aceite del cojinete posterior en el bloque y la tapa del cojinete (solamente en motores V8). Lubrique el sello de aceite, donde hace contacto el cigüeñal, con grasa moly o con lubricante de ensamblar motor.

19 Asegúrese que los muñones del cigüeñal están limpios e instale el cigüeñal en su posición en el bloque. Limpie las caras de los cojinetes en las tapas, aplique una leve capa de grasa moly a cada una de las caras de los cojinetes. Instale las tapas es sus posiciones respectivas con las flechas hacia el frente del motor. Instale los pernos.

20 Apriete todos los pernos, exceptuando los de la tapa cojinete de impulso, al par de torsión especificado. Apriete los pernos de la tapa del cojinete de impulso a mano. Golpee el extremo del cigüeñal, primero hacia atrás y después hacia adelante, usando un martillo de plomo o de bronce para alinear

2C

21.24 Uso de un calibrador de espesor para chequear el juego axial del cigüeñal

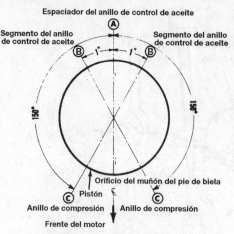

22.5 Antes de instalar los pistones, ubique los intervalos de las puntas según se indica

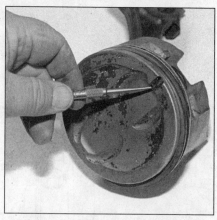

22.8 La flecha o muesca en cada pistón debe quedar hacia el frente del motor cuando esté instalado el pistón

las superficies de impulso del cojinete principal y del cigüeñal. Apriete nuevamente todos los pernos de las tapas de los cojinetes al par de torsión especificado.

21 En todos los modelos, gire el cigüeñal unas cuantas revoluciones para ver si no hay atoramiento.

22 Chequee el juego axial del cigüeñal. Instale un indicador de tipo reloj con su vástago en línea con el cigüeñal y en contacto con un codo del cigüeñal (vea ilustración).

23 Empuje el cigüeñal hacia atrás hasta su límite y ponga el indicador a cero. Apalanquee el cigüeñal hacia adelante lo máximo posible y chequee el valor especificado. La distancia que se movió es igual al juego axial. Si es diferente de lo especificado en las Especificaciones, chequee y asegúrese que tiene los cojinetes correctos y que el cojinete de impulso está instalado en la posición correcta.

24 Si no dispone de un indicador de tipo reloj, puede usar un calibrador de espesor. Empuje el cigüeñal la distancia máxima hacia adelante. Introduzca el calibrador de espesor entre el cigüeñal y la cara delantera del cojinete de impulso para determinar el juego axial (vea ilustración).

25 En los motores de seis cilindros, ahora se puede instalar el sello de aceite posterior del cigüeñal (vea el Capítulo 2, Parte A).

22 Pistón y biela - instalación y chequeo de la luz libre para el aceite

Refiérase a las ilustraciones 22.5, 22.8, 22.10, 22.12, y 22.14

1 Antes de instalar la asamblea del pistón y la biela las paredes del cilindro deben ser limpiadas perfectamente, la parte de encima de cada cilindro se debe de chanflar, y el cigüeñal debe de estar en su lugar.

2 Remueva la tapa de la biela del final de la biela número uno. Remueva la inserción del cojinete viejo y limpie la superficie de la tapa de la biela, y la biela con un pedazo de tela limpia sin hilachas. Se deben de mante-

ner perfectamente limpias.

3 Limpie la parte de atrás de la mitad del cojinete superior, entonces instálelo en su lugar en la biela. Asegúrese de que la pestaña del cojinete cabe en el receso de la biela. No martille el cojinete en su lugar y esté con mucho cuidado de no rayar o lastimar la superficie del cojinete. No lubrique la superficie del cojinete en este momento.

4 Limpie la parte de atrás de los otros cojinetes e instálelo en la tapa de la biela. Otra vez, asegúrese de que la pestaña del cojinete entra en el receso en la biela, y no aplique ningún tipo de lubricante. Es críticamente importante de que las superficies de contacto de los cojinetes y las bielas estén perfectamente limpias y libres de aceite.

5 Instale los anillos del pistón con sus ranuras separadas alrededor del pistón (vea ilustración), entonces deslice un pedazo de plástico o manguera de caucho encima de cada perno en la biela.

6 Lubrique el pistón y los anillos con aceite de motor limpio e instale un compresor para los anillos del pistón. Deje la falda afuera aproximadamente 1/4 de pulgada para poder guiar el pistón en el cilindro. Se deben comprimir los anillos hasta que estén a nivel con el pistón.

7 Gire el cigüeñal hasta que el muñón de la biela número uno esté en el punto muerto inferior y aplique una capa de aceite a las paredes de los cilindros.

8 Con la ranura en la parte de encima del pistón mirando hacia el frente del motor, y suavemente insercióne la asamblea del pistón/biela en el cilindro número uno, con el compresor de anillos descansando en el bloque del motor. Suavemente golpee el compresor de anillos para asegurarse de que está haciendo contacto alrededor de la circunferencia completamente en el cilindro del bloque del motor (vea ilustración).

9 Limpie el muñón de la biela número uno en cigüeñal y la superficie del cojinete en la biela.

10 Cuidadosamente golpee la parte de encima del pistón con el final del mango de

madera de un martillo (vea ilustración), mientras guía la biela del pistón en su lugar en el muñón del cigüeñal. Los anillos del pistón puede de que se traten de salir del compresor antes de que empiecen a entrar en el cilindro. Trabaje despacio, y si alguna resistencia se siente según el pistón entra en el cilindro, pare inmediatamente. Descubra que es lo que lo está deteniendo y repárelo antes de proceder. *Nunca, bajo ninguna razón, fuerce el pistón adentro del cilindro, ya que romperá el anillo o el pistón.*

11 Una vez de que la asamblea del pistón y la biela sea instalado, la luz para el aceite del cojinete de la biela se debe de chequear antes de que la tapa de la biela se pueda atornillar permanentemente en su lugar.

12 Corte un pedazo de tamaño apropiado de Plastigage (hilachas para verificar la luz del aceite del cigüeñal) un poco más corta que la anchura del cojinete de la biela e instálela en el muñón del de la biela número uno, paralelamente con el axis del muñón (vea ilustración).

13 Limpie la superficie de la tapa de la biela, remueva las mangueras protectoras para los pernos de la biela e instale los pernos de la tapa. Asegúrese de que la superficie que hacen juego en la tapa de la biela están en el mismo lado según la marca en la biela. Instale las tuercas y apriételas a especificaciones, en tres pasos. **Nota:** *Use un dado de pared delgada para evitar lecturas erróneas de torsión, que pueden ser causadas por el dado haciendo contacto con la tapa de la biela y la tuerca. No gire el cigüeñal en ningún momento durante esta operación.*

14 Remueva la tapa de la biela, esté con mucho cuidado de no perturbar el Plastigage (hilachas para verificar la luz del aceite del cigüeñal). Compare la anchura del Plastigage con la escala en el recipiente del Plastigage para obtener el calibre de la luz para el aceite (vea ilustración). Compare la lectura con las especificaciones para asegurarse de que la luz está correcta. Si la luz no está bajo especificaciones, el cojinete pueda de que sea del tamaño erróneo (quien quiere decir de que diferentes cojinetes se van a necesitar).

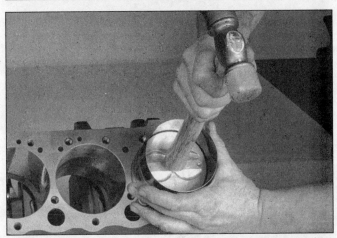

22.10 Se puede introducir el pistón dentro del orificio del cilindro golpeándolo levemente con el mango de madera de un martillo

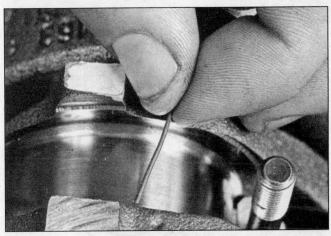

22.12 Disponga los pedazos de Plastigage sobre los muñones del cigüeñal paralelos a la línea central del cigüeñal

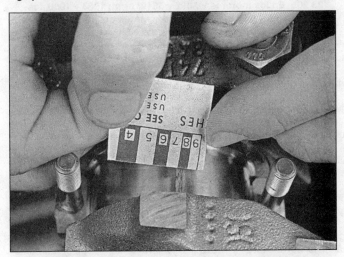

22.14 Midiendo el espesor del Plastigage comprimido para determinar el juego libre para el aceite de los cojinetes

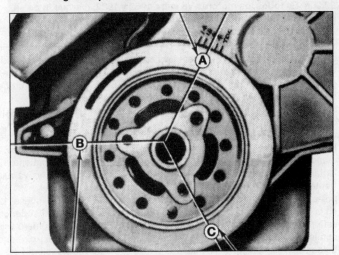

23.2 Marque la polea del cigüeñal de un motor de seis cilindros en dos puntos adicionales, a 120° de la marca de sincronización (A en esta ilustración)

2C

Antes de decidir de que se van a necesitar cojinetes diferente, asegúrese de que no había aceite o tierra entre la biela y el cojinete o la tapa de la biela y el cojinete cuando se estaba midiendo la luz. También chequee el diámetro del muñón. Si el plastigage está más ancho en un lado que en el otro, el muñón puede estar en forma de campana.

15 Cuidadosamente raspe todos los rastros de material del Plastigage en el muñón y/o en la superficie del cojinete. Esté con mucho cuidado de no rayar los cojinetes, use sus uñas o un pedazo de madera. Asegúrese de que las superficies de los cojinetes están perfectamente limpias, entonces aplique una capa uniforme de grasa moly o grasa para ensamblar motores en los dos lados. Tendrá que empujar el pistón en el cilindro para exponer la cara del cojinete en la biela - asegúrese de instalar los pedazos de mangueras protectoras sobre los pernos de las bielas primero.

16 Deslice la biela de regreso en el muñón, remueva las mangueras para proteger los pernos de la tapa de la biela, instale la tapa de la biela y apriete las tuercas al par de

torsión especificado. De nuevo apriete las tuercas en tres pasos.

17 Repita el procedimiento completo para el resto de las asambleas de los pistones y bielas. Mantenga la parte de atrás de los cojinetes y la parte de adentro de las bielas y sus tapas perfectamente limpias cuando las esté ensamblando. Asegúrese de que usted tiene los pistones correctos para los cilindros cuando lo esté instalando. Recuérdese, use suficiente aceite para lubricar los pistones antes de instalar el compresor de los anillos. También, cuando esté instalando las tapas de las bielas por primera vez, asegúrese de lubricar las superficies de los cojinetes adecuadamente.

18 Después de que todas las asambleas de pistones y bielas se hayan instalado apropiadamente, gire el cigüeñal varias veces para asegurarse de que no se está atorando.

19 Como un paso final, el juego de la biela se debe de chequear. Compare las lecturas del juego de bielas tomadas, con las especificaciones para asegurarse que están correctas. Si estaban correctas antes del desensamble y el cigüeñal original y las bielas

fueron instaladas, debe de estar correcta. Si bielas o cigüeñal nuevo se instalaron, el juego pueda que sea muy pequeño. Si así es, las bielas se deben de remover y llevar a un taller de tornos para motores, para que se puedan rectificar para la nueva aplicación.

23 Ajuste de las válvulas

Refiérase a las ilustraciones 23.2, 23.20a, 23.20b, 23.20c. 23.22, 23.23a, 23.23b, y 23.23c

Motores de seis cilindros (1969 hasta 1978 solamente)

1 Conecte un interruptor auxiliar del motor de arranque al solenoide del motor de arranque.

2 Marque la polea del amortiguador de vibraciones con marcas de tiza a 120 grados una de la otra en ambos lados de la marca de sincronización **(vea ilustración)**.

3 Ubique el pistón en el cilindro número uno en su punto muerto superior en la carrera

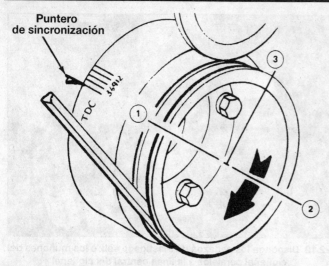

23.20a En todos los motores V8 entre 1969 y 1982, marque la polea del cigüeñal en la marca del punto muerto superior y en dos puntos adicionales (a 90° y a 180° de la marca del punto muerto superior)

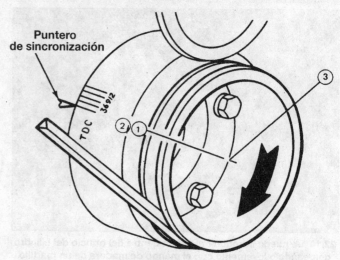

23.20b En los motores V8 302 y 351W entre 1983 y 1986, las posiciones 1 y 2 están a 360° de la marca del punto muerto superior, mientras la posición 3 está a 90° hacia la derecha

de compresión. Para hacerlo, remueva todas las bujías del motor, ubique el cable de bujía del cilindro número uno y sígalo hasta el distribuidor. Inscriba una marca en el cuerpo del distribuidor directamente debajo de la terminal donde se enchufa el cable de la bujía número uno, y remueva el cable del distribuidor. Ponga una llave o un dado sobre el perno grande en el frente del cigüeñal y hágalo girar lentamente hacia la derecha (visto desde el frente del motor) hasta que la ranura en la polea del cigüeñal quede alineada con el cero en la orejeta de marcas de sincronización. En este punto, el rotor debería de estar alineado con la marca que hizo en el cuerpo del distribuidor. Si no lo está, gire el cigüeñal una revolución completa (360°) hacia la derecha. Si el rotor está ahora alineado con la marca en el cuerpo del distribuidor, el cilindro número uno está en su punto muerto superior, en la carrera de compresión.

4   Remueva la tapa de los balancines.

5   Use una llave torsiométrica para chequear el par de ruptura requerido para hacer girar hacia la izquierda cada una de las tuercas de retención de los balancines del cilindro número uno. Si el par es menor de lo especificado, reemplace las tuercas con nuevas. Si el par de ruptura aún no está correcto, reemplace los espárragos con nuevos.

6   Para ajustar el juego libre de las válvulas del cilindro número uno, primero afloje cada tuerca de retención de los balancines del cilindro hasta que haya espacio libre entre el balancín y la varilla de empuje. Puede mantener un dedo sobre la varilla mientras esté aflojando la tuerca de retención y podrá así sentir el momento en el que se relaje la tensión de la varilla.

7   Apriete la tuerca lentamente, mientras esté haciendo girar la varilla entre sus dedos hasta que el balancín comience a tocar la varilla y la válvula (juego libre cero). Note la posición exacta de su matraca.

8   Gire la tuerca de retención exactamente una vuelta hacia la derecha para poner el

embolo del buzos hidráulico en la posición de operación deseada.

9   Repita este procedimiento para la otra válvula.

10   Haga girar el cigüeñal exactamente 120° hacia la derecha (a la marca de tiza) y ajuste las válvulas de admisión y de escape del cilindro número cinco.

11   Gire el cigüeñal 120° más hacia la derecha y ajuste las válvulas del cilindro número tres.

12   Gire el cigüeñal 120° más (de regreso al punto muerto superior) y ajuste las válvulas del cilindro número seis.

13   Otra vez, gire el cigüeñal 120° hacia la derecha y ajuste las válvulas del cilindro número dos.

14   Finalmente, gire el cigüeñal 120° más hacia la derecha y ajuste las válvulas del cilindro número cuatro.

15   Instale una junta nueva en la tapa de los balancines e instale la tapa.

16   Conecte todos los componentes, líneas y cables previamente desconectados para obtener acceso a la tapa de los balancines.

17   Ponga el motor en marcha y permítalo correr hasta que llegue a temperatura normal de operación. Asegúrese que el motor esté funcionando debidamente y que el motor corra sin aspereza, lo que indicaría que una de las válvulas no tiene bastante juego libre. Escuche también si no hay ruidos de buzos, lo que sería causado por una válvula con demasiado juego libre. Si ocurre cualquiera de estos problemas, chequee el ajuste de las válvulas otra vez.

Motores V8 (todos) y motores de seis cilindros de 1979 en adelante

Nota: *Debido a que no hay provisión para el ajustes de las válvulas en estos motores, se pueden obtener varillas de empuje de 0.060 de pulgada más cortas de los estándar, así bien como unas de 0.060 de pulgada más lar-*

gos de lo normal para proveer una capacidad de ajuste (aunque algunos motores V8 302 más viejos tienen balancines ajustables en los que se cambia el juego libre de las válvulas girando la tuerca del balancín). Normalmente, estos motores no necesitan ningunos ajustes de válvulas, ya que el juego se compensa por medio de los buzos hidráulicos. Si se procede a un trabajo mayor en el motor, tal como el reacondicionamiento de las válvulas, que cambiaría las relaciones entre los componentes del tren de las válvulas, se puede proceder de acuerdo con el siguiente procedimiento. Si tiene un motor que funciona pero con síntomas de problemas de juego del buzo (juego libre de las válvulas), tal como ruido excesivo de los buzos, chequee para ver si hay piezas defectuosas. Normalmente, un motor no llegará al punto en que necesita trabajo en las válvulas a menos que haya fallado una pieza. La falla de buzos hidráulicos, ó desgaste excesivo en los balancines, son dos ejemplos de averías de componentes.

18   Asegúrese que el buzos está deprimido (y no elevado por el aceite). Esto se logra, durante el ensamble del motor, con la instalación de buzos nuevos o comprimiendo los buzos y liberándolo de toda la presión del aceite. Si está comprimiendo un buzos que está elevado después de uso, necesitará una herramientas especial.

19   Posicione el cilindro número uno en el punto muerto superior en la carrera de compresión (refiérase al Paso 3 precedente). Note que los motores V8 tienen los números de sincronización del encendido sobre la polea y un puntero en el motor. Se encuentra el punto muerto superior de la misma manera que en los motores de seis cilindros.

20   Con el cigüeñal en esta posición, marque la polea según las ilustraciones.

21   En los motores de seis cilindros, divida la polea en incrementos de 120° según lo descripto en el Paso 2, y proceda a los Pasos 25 y 26 para el procedimiento de ajuste de las

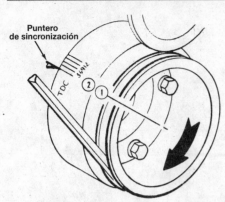

23.20c En los motores V8 460 entre 1983 y 1986, la marca del punto muerto superior es el único punto de referencia necesario para ajustar las válvulas

23.22 Chequeo del juego del buzo (juego libre de las válvulas)s (note el uso de una llave para purgar la presión del aceite en los buzos hidráulicos)

válvulas.

22 Con el pistón número uno en su punto muerto superior, chequee el juego libre entre los balancines y los vástagos de las válvulas con un calibrador de espesor **(vea ilustración)**. Compare los resultados a lo especificado en las Especificaciones. Asegúrese que el buzo hidráulico está completamente deprimido. Si el juego libre es menor de lo especificado, instale una varilla de empuje más corta. Si el juego libre es mayor de lo especificado, instale una varilla de empuje más larga.

23 Haga girar el cigüeñal hacia la derecha para ubicar el pistón número dos en su punto muerto superior **(vea ilustraciones)**. En los motores 302, 351W y 460 de los modelos 1983 hasta 1986, la posición dos está a 360° de la primera. Chequee el juego libre de las válvulas para los cilindros indicados. Asegúrese de que las especificaciones son pertinentes a su modelo de motor.

24 Haga girar el cigüeñal hacia la derecha hasta la posición tres y ajuste las válvulas correspondientes. Algunos motores solamente tendrán dos posiciones.

25 Para los motores de seis cilindros, ajuste ambas válvulas del cilindro número uno en la posición A según lo especificado en la ilustración 23.2. Haga girar el cigüeñal a la posición B y ajuste ambas válvulas del

cilindro número cinco. Gire el cigüeñal 120° a la posición C y ajuste ambas válvulas del cilindro número tres.

26 Haga girar el cigüeñal 120° de retorno a la posición A y ajuste ambas válvulas del cilindro número seis. Repita los procedimientos ajuste ambas válvulas del cilindro número dos en la posición B. Finalmente, complete el procedimiento ajustando ambas válvulas del cilindro número cuatro en la posición C.

24 Arranque inicial y período de desgaste después de la rectificación completa

1 Cuando haya reinstalado el motor en el vehículo, chequee nuevamente los niveles del aceite y del anticongelante.

2 Con las bujías removidas del motor y con la bobina de alta tensión puesta a tierra en el bloque del motor, haga girar el motor hasta que el indicador de presión del aceite (si hay uno) registre la presión o hasta que la

lámpara indicadora de falta de aceite se apague.

3 Instale las bujías, conecte los cables de las bujías y el cable de alta tensión de la bobina.

4 Asegúrese que la mariposa del carburador esté cerrada, y haga arrancar el motor. Es posible que se requiera de unos momentos antes de que el combustible llegue hasta el carburador, pero el motor debería arrancar sin gran esfuerzo.

5 Tan pronto arranque el motor, debería de ponerse en marcha mínima rápida para asegúrese de la circulación del aceite. Permítale calentarse hasta la temperatura normal de operación. Mientras se esté calentando el motor, chequee atentamente para ver si hay fugas de aceite o de anticongelante.

6 Apague el motor y chequee los niveles de aceite y anticongelante otra vez. Ponga el motor en marcha nuevamente y chequee la sincronización del encendido y la velocidad de marcha mínima (refiérase al Capítulo 1). Haga todos los ajustes necesarios.

7 Conduzca el vehículo a un área con tráfico mínimo, acelere el motor completamente desde 30 hasta 50 millas por hora, luego permita al vehículo correr hasta 30 mph con el acelerador cerrado. Repita el procedimiento diez a doce veces. Esto cargará los anillos de los pistones y causará que se asienten correctamente contra las paredes de los cilindros. Chequee otra vez si hay fugas de aceite o anticongelante.

8 Conduzca el vehículo suave durante las primeras 500 millas (sin conducir a alta velocidad por mucho tiempo seguido) y tenga un ojo constante sobre el nivel del aceite. No es raro que un motor use aceite durante el período de desgaste original.

9 A las 500 millas cambie el aceite y el filtro y apriete nuevamente los pernos de la cabeza de los cilindros al par de torsión especificado.

10 Por unos cuantos cientos de millas más, conduzca el vehículo normalmente. Ni lo abuse ni lo mime demasiado.

11 Después de 2000 millas, cambie el aceite y el filtro otra vez y considere su motor completamente asentado.

2C

POSICIÓN 1	
Nro.1 Admisión	Nro.1 Escape
Nro.7	Nro.5 Escape
Nro.8	Nro.4 Escape
POSICIÓN 2	
Nro.5	Nro.2 Escape
Nro.4	Nro.6 Escape
POSICIÓN 3	
Nro.2 Admisión	Nro.7 Escape
Nro.3 Admisión	Nro 3 Escape
Nro.6 Admisión	Nro.8 Escape

23.23a Chequeo/ajuste del juego del buzo (juego libre de las válvulas) en cada posición - Motores V8 302 (todos los años) y V8 460 (hasta 1982)

POSICIÓN 1	
Nro.1 Admisión	Nro.1 Escape
Nro.4 Admisión	Nro.3 Escape
Nro.8 Admisión	Nro.7 Escape
POSICIÓN 2	
Nro.3 Admisión	Nro.2 Escape
Nro.7 Admisión	Nro.6 Escape
POSICIÓN 3	
Nro.2 Admisión	Nro.4 Escape
Nro.5 Admisión	Nro.5 Escape
Nro.6 Admisión	Nro.8 Escape

23.23b Chequeo/ajuste del juego del buzo (juego libre de las válvulas) en cada posición - Motores V8 351 y 400 (todos)

POSICIÓN 1	
Nro.1 Admisión	Nro.1 Escape
Nro.3 Admisión	Nro.8 Escape
Nro.7 Admisión	Nro.5 Escape
Nro.8 Admisión	Nro.4 Escape
POSICIÓN 2	
Nro.2 Admisión	Nro.2 Escape
Nro.4 Admisión	Nro.3 Escape
Nro.5 Admisión	Nro.6 Escape
Nro.6 Admisión	Nro.7 Escape

23.23c Chequeo/ajuste del juego del buzo (juego libre de las válvulas) en cada posición - Motores V8 460 entre 1983 y 1986

Notas

Capítulo 3
Sistemas de calefacción, enfriamiento y aire acondicionado

Contenidos

Especificaciones

Tensión de la banda de la dirección	Vea Capítulo 1
Termostato	
Empieza a abrir	170 grados F
Completamente abierto	210 grados F

Especificaciones de torsión — Pies-libras

Pernos de la salida de agua (bastidor del termostato)	12 a 15
Pernos de la montura de la bomba de agua	15 a 18
Pernos de la montura del radiador	10 a 15
Pernos de montaje del ventilador	12 a 18

1 Información general

Las camionetas cerradas Ford de los años cubiertos por esté manual tienen un sistema de enfriamiento que consiste en un radiador, un termostato para el control de la temperatura y una bomba de agua impulsada por una banda en la polea del cigüeñal.

El ventilador de enfriar está montado en el frente de la bomba. Ciertos vehículos con sistema de enfriamiento de trabajo pesado incorporan un embrague automático el cual desengancha el ventilador a altas velocidades o cuando la temperatura del ambiente es suficiente como para mantener una temperatura del radiador baja. En algunos modelos una cubierta para el ventilador es instalada para aumentar la eficiencia del enfriamiento.

El sistema de enfriamiento está presurizado por una tapa de radiador con un resorte.

La eficiencia del enfriamiento es aumentada aumentando el punto de hervir del anticongelante atraves de incrementar la presión en el sistema de enfriamiento. Si la temperatura del anticongelante aumenta al punto de apertura de la tapa, la presión extra en el sistema fuerza a la válvula del resorte interno de la tapa del radiador a removerla de su asiento y exponerla al tubo de derrame o la reserva de recuperación del anticongelante conectada al tubo para que permita el desplazo del anticongelante como una ruta de escape.

El sistema de enfriamiento funciona como sigue: anticongelante del radiador circula hacia arriba en la manguera inferior del radiador a la bomba de agua, donde es bombeado al bloque del motor y alrededor de los pasajes del agua para enfriar al motor. El anticongelante viaja hacia arriba de las cabezas de los cilindros, alrededor de la cámara de combustión y asiento de las válvulas que absorben el calor, antes de pasar finalmente atraves del termostato. Cuando el motor está en marcha a su temperatura correcta, el anticongelante que fluye desde las cabezas de los cilindros se separa para pasar atraves del múltiple de admisión, calefacción interna del vehículo (cuando activado) y el radiador.

Cuando el motor está frío (menos de la temperatura normal de operación), la válvula del termostato está cerrada, previniendo que el anticongelante fluya atraves del radiador, restringiendo el paso del flujo al motor. La restricción del paso del anticongelante permite que el motor se caliente mas rápidamente a la temperatura correcta de operación.

La temperatura del anticongelante es vigilada por un sensor montado en la cabeza del cilindro en el múltiple de admisión. El sensor, junto con el reloj en el panel de instrumentos, otorga una indicación continua de la temperatura del anticongelante al conductor.

El mantenimiento normal consiste en el chequeo del nivel del anticongelante a intervalos regulares, inspeccionando las mangueras y conexiones por fugas y deterioro del material y chequeando la tensión de la banda del ventilador de enfriamiento (refiérase al Capítulo 1 para detalles).

El sistema de calefacción utiliza el calor producido por el motor para calentar el interior del vehículo, pasando el anticongelante atraves de las mangueras unidas a la calefacción y al bloque del motor. El sistema está controlado por palancas montadas en el panel de interruptores adentro del vehículo.

El aire acondicionado es un accesorio opcional, con los componentes contenidos en el compartimiento del motor, con la excepción de los controles, los cuales están montados en el tablero adentro del vehículo. El sistema, como la bomba de agua, es conducido por el cigüeñal por un banda.

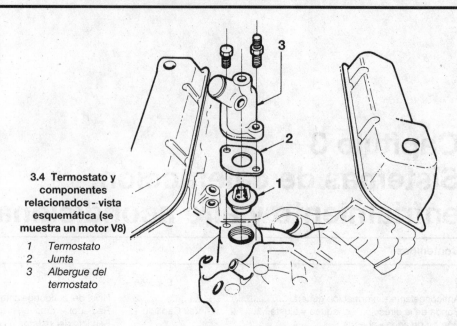

3.4 Termostato y componentes relacionados - vista esquemática (se muestra un motor V8)

1   *Termostato*
2   *Junta*
3   *Albergue del termostato*

2   Anticongelante - información general

Peligro: *No permita que el anticongelante entre en contacto con su piel o la superficie de la pintura del camión. Enjuague el área que estuvo en contacto inmediatamente con suficiente agua. No guarde anticongelante nuevo o deje anticongelante viejo alrededor donde pueda ser fácilmente accesible por niños y animales doméstico - son atraídos por su sabor dulce. Ingestión aunque sea de una pequeña cantidad puede ser fatal. Limpie el piso del garaje y cacerola de goteo para derramamientos de anticongelante tan pronto ocurran. Guarde recipientes del anticongelante cubiertos y repare cualquier fuga en su sistema de enfriamiento inmediatamente.*

1   Es recomendado que el sistema de enfriamiento tenga una solución que contenga agua y Etileno glicol anticongelante, la cual le dará protección hasta -20 grados F todo el tiempo. Esto provee protección en contra de la corrosión y aumenta el punto de hervir del anticongelante. Cuando maneje el anticongelante, asegúrese de no derramarlo en superficies pintadas, ya que causará daño sino es removido inmediatamente.

2   El sistema de enfriamiento debe ser drenado, enjuagado y rellenado a los intervalos recomendados (vea Capítulo 1). El uso de soluciones de anticongelante por mas tiempo del especificado pueden causar daño y ayudar a la formación de oxido y escama ya que los inhibidores para el oxido en el anticongelante pierden su eficiencia gradualmente.

3   Antes de añadir anticongelante al sistema, chequee todas las conexiones de las mangueras por señales de fuga alrededor del termostato y bomba de agua.

4   La mezcla exacta de anticongelante y agua depende en las condiciones del tiempo. Consulte la información proporcionada por el fabricante del anticongelante en la etiqueta del recipiente. Generalmente hablando, anticongelante y agua se mezclan a una proporción de 50/50.

5   Para prevenir daños al sistema de enfriamiento cuando las temperaturas del ambiente están por debajo de la congelación, cuando añada agua o anticongelante, siempre opere el motor en marcha mínima rápida por 30 minutos antes de permitir que el vehículo no opere por periodos prolongados. Esto permitirá una mezcla uniforme del sistema de enfriamiento y prevendrá daño por congelamiento, si suficiente anticongelante fue usado.

3   Termostato - remover, inspeccionar e instalar

Refiérase a las ilustraciones 3.4, 3.13 y 3.16
Peligro: *El motor debe estar completamente frío antes de iniciar esté procedimiento.*

Remover

1   Drene el radiador de manera que el nivel del anticongelante esté por debajo del albergue del termostato.

Motor de seis cilindros en línea

2   Remueva los pernos del albergue del termostato, después hálelo fuera de la cabeza del cilindro lo suficiente para proporcionar acceso al termostato. Usted puede golpear ligeramente la cubierta con un martillo suave para romper el sello de junta.

3   Remueva el termostato y la junta, notando como está instalada para poder reinstalarla correctamente.

Motores V8

4   Siga la manguera de arriba del radiador al motor para localizar el albergue del termostato **(vea ilustración)**.

5   Remueva los pernos del albergue del termostato y remueva la cubierta del múltiple de admisión. Usted puede que tenga que remover la manguera de desviación para proveer acceso a la cubierta y usted pueda

golpear ligeramente en el albergue del termostato para romper el sello de la junta.

6   Cuidadosamente doble la manguera del radiador hacia arriba y remueva el termostato y la junta, notando como está instalado para asegurar una reinstalación correcta.

Inspección

7   Debido al costo mínimo de reemplazo del termostato, es usualmente mejor comprar una unidad nueva que chequear la vieja para verificar si opera correctamente. De todas formas, el siguiente procedimiento puede usarse para detectar un termostato defectuoso.

8   Caliente una olla con agua en la cocina hasta que la temperatura se aproxime a las temperaturas especificadas en las Especificaciones. Un termómetro es usado para chequear la temperatura.

9   Usando un cable, suspenda el termostato en el agua caliente. La válvula debe abrirse aproximadamente 1/4 pulgada a la temperatura especifica.

10   Si el termostato no reacciona a las variaciones de la temperatura como descrito arriba, o si hay defectos visibles (corrosión, rajaduras, etc.) el termostato debe ser reemplazado por uno nuevo.

Instalación

Motores de seis cilindros en línea

11   Después de limpiar el albergue del termostato y las superficies de la junta de la cabeza del cilindro, aplique una capa de sellador tipo RTV y posicione la junta en la apertura en la cabeza del cilindro. **Nota:** *La junta debe estar en la cabeza del cilindro antes de instalar el termostato.*

12   El albergue del termostato contiene un receso de asiento en el cual el termostato está enganchado. Instale el termostato con la sección del puente en el codo de la cubierta (mirando hacia adentro).

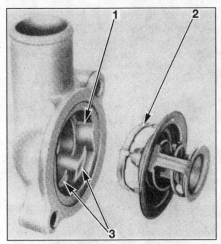

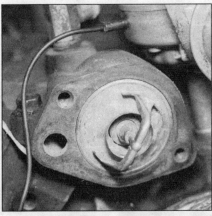

3.13 El termostato en motores de seis cilindros está unido al bastidor y se coloca en su lugar girándolo - asegúrese de que el puente mira hacia el soporte del bastidor

1   Receso
2   Puente
3   Planas

13   Gire el termostato en la dirección de las agujas del reloj para engancharlo en posición en la parte lisa del codo **(vea ilustración)**.
14   Posicione la cubierta en contra de la cabeza del cilindro y la junta, después instale y apriete los pernos a la torsión especifica.

Motores V8

15   Después de limpiar las superficies del

3.16 Asegúrese de que el elemento de cobre mira hacia el motor (el puente mirara hacia afuera como se muestra aquí) cuando se instala un termostato en un motor V8 (se muestra un motor 302)

bastidor para la junta del termostato, aplique una capa de sellador tipo RTV a la junta nueva.
16   Instale el termostato en el múltiple de admisión con el elemento de cobre hacia el motor y la pestaña del termostato en la posición de receso **(vea ilustración)**.
17   Posicione la junta sobre el termostato.
18   Posicione el albergue del termostato en contra del múltiple de admisión e instale y apriete los pernos a la torsión especificada.
19   Instale la manguera de desvío (si se removió) y apriete las conexiones de las mangueras.

Todos los motores

20   Llene el sistema de enfriamiento con el anticongelante recomendado.
21   Encienda y ponga el motor en marcha hasta que llegue a la temperatura de operación normal, entonces chequee el nivel del anticongelante y busque por fugas.

---

4   Radiador - remover, inspeccionar e instalar

Refiérase a las ilustraciones 4.2a y 4.2b
Peligro: *El motor debe estar completamente frío antes de empezar con esté procedimiento.*

Remover

1   Drene el sistema de enfriamiento como se describió en el Capítulo 1.
2   Remueva la manguera inferior del radiador y grapa del radiador. Tenga cuidado de no poner mucha presión en el tubo de salida, ya que puede fácilmente ser dañado **(vea ilustraciones)**.
3   Remueva la manguera y grapa de la parte de arriba del tanque del radiador.
4   Si está equipado con una transmisión automática, remueva las líneas de la transmisión desde la parte de abajo del radiador, teniendo cuidado de no torcer las líneas o dañar las conexiones. Es recomendable el uso de una llave de tubería para esté trabajo. Tape los extremos de las líneas de la transmisión para prevenir fugas y evitar que sucio entre en el sistema. Si está equipado, remueva el protector de arriba del radiador.
5   Remueva los pernos que unen la cubierta del ventilador al soporte del radiador. Coloque la cubierta por encima del ventilador, permitiendo espacio para remover el ventilador. Afloje y remueva los pernos de la montura del radiador y levante el radiador del compartimiento del motor.

Inspección

6   Cuidadosamente chequee el radiador por señales de fuga, deterioración de los tubos y aletas, oxido y corrosión (particularmente adentro). Inspeccione las aletas de enfriamiento por distorsión o daño. En la mayoría de los casos un taller de reparación de radiadores debe ser consultado para las reparaciones. El enjuague del radiador es cubierto en el Capítulo 1.

Instalación

7   Instalación es lo contrario de como se removió. Tenga cuidado cuando instale el radiador dentro del vehículo ya que las aletas de enfriar, al igual que el radiador, son frágiles y pueden dañarse fácilmente, tenga cuidado cuando se maneja o se ponga en contacto con el ventilador o soporte del radiador. Asegúrese de que el radiador está montado firmemente y que todas las mangueras y grapas están en buena condición antes de conectarlas al radiador. Ahora es un buen momento para reemplazarlas con unas nuevas (vea Capítulo 1).

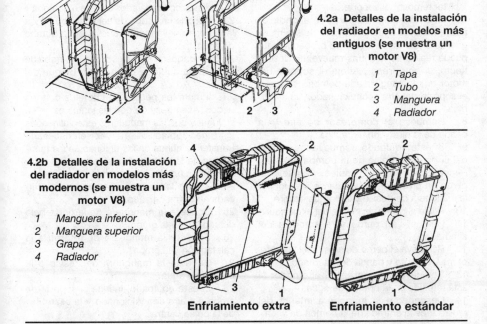

Enfriamiento estándar   **Enfriamiento extra**

4.2a Detalles de la instalación del radiador en modelos más antiguos (se muestra un motor V8)

1   Tapa
2   Tubo
3   Manguera
4   Radiador

4.2b Detalles de la instalación del radiador en modelos más modernos (se muestra un motor V8)

1   Manguera inferior
2   Manguera superior
3   Grapa
4   Radiador

Enfriamiento extra   **Enfriamiento estándar**

6.4 El embrague del ventilador está unido a la pestaña de la bomba de agua por cuatro pernos (la flecha indica uno de los pernos) (se muestra un motor V8)

6.17 Asegúrese de remover todos los pernos antes de atentar separar la bomba de agua del motor (se muestra un motor V8 - no todos los pernos son visibles en esté caso)

8   Después de instalar todos los componentes relacionados con el radiador, llénelo con el anticongelante recomendado como fue descrito en el Capítulo 1.

9   Ponga el motor en marcha y permítalo que llegue a la temperatura normal de operación, entonces chequee por fugas.

5   Bomba de agua - chequeo

1   Una bomba de agua defectuosa o ha punto de dañarse usualmente hará ruido o goteara anticongelante.

2   Visualmente chequee la bomba por fugas. Preste atención especial al área alrededor del sello de la bomba en el frente del eje y orificio de drenaje.

3   El balero del frente en la bomba de agua puede ser chequeado por rudeza y juego excesivo removiendo la banda y agarrando el ventilador con la mano para chequear por movimiento. Mueva el ventilador hacia arriba y abajo como también en un movimiento circular para chequear por baleros flojos.

4   Visualmente chequee la superficies de la junta donde la bomba de agua se acopla con el frente del motor (o el bloque del motor en motores de seis cilindros en línea) por señales de fuga.

5   Si las condiciones mencionadas arriba están presentes, la bomba de agua deberá ser removida para ser chequeada más definidamente y/o reemplazada.

6   Bomba de agua - remover e instalar

Refiérase a las ilustraciones 6.4 y 6.17.

Peligro: *El motor debe estar completamente frío antes de empezar con esté procedimiento.*

1   Drene el sistema de enfriamiento como se describió en el Capítulo 1.

2   Remueva la asamblea del limpiador del aire y el conducto de admisión de aire.

3   Remueva el radiador y la cubierta del radiador.

4   Remueva los pernos retenedores del ventilador/embrague de la parte del frente de la bomba de agua y remueva la cubierta, ventilador/embrague y arandela (si está equipado) **(vea ilustración)**.

5   Si está equipado, afloje los pernos de la montura de la bomba de la dirección hidráulica. Afloje la banda de la bomba de la dirección hidráulica aflojando el perno de ajuste y permitiendo que la bomba de la dirección hidráulica se mueva hacia el motor.

6   Si el soporte de la bomba de la dirección hidráulica es retenido en la bomba de agua, la bomba de la dirección hidráulica debe ser removida y puesta en un lado para facilitar remover el soporte.

7   Si está equipado con aire acondicionado, no desconecte ninguna de las mangueras o líneas. El siguiente procedimiento puede realizarse mientras mueve, no desconecte, el compresor. Afloje el soporte del motor que lo asegura a la bomba. Remueva el soporte del aire acondicionado y la asamblea.

8   Remueva el compresor de aire y la banda de la dirección hidráulica.

9   Si está equipado, remueva los pernos del cubo de la polea de la bomba de aire y remueva el perno y la polea. Remueva el perno de pivote de la bomba de aire, ignore la manguera de desvío y la bomba de aire.

10   Afloje el perno de pivote del alternador.

11   Remueva el perno y la arandela del alternador.

12   Remueva el perno de ajuste del soporte, perno de pivote y banda del alternador.

13   Remueva el soporte del alternador si está retenido en la bomba de agua.

14   Desconecte la manguera inferior del radiador de la entrada de la bomba de agua.

15   Desconecte la manguera de la calefacción a la bomba de agua.

16   Desconecte la manguera de desviación de la bomba de agua.

17   Remueva los pernos retenedores de la bomba de agua **(vea ilustración)** y suelte la bomba de agua de la cubierta del frente del bloque del motor (dependiendo del tipo de motor). Tome nota de las posiciones de instalación de los diferentes tamaños de pernos.

18   Remueva el plato separador de la bomba de agua (motor 460 solamente).

19   Remueva las juntas de las superficies de la bomba de agua y de la parte del frente del bloque del motor.

20   Antes de instalar, remueva el material de la junta de la bomba de agua, parte del frente, superficie de encuentro del plato separador y/o el bloque del motor. Limpie las superficies con rebajador de laca o acetona.

21   Aplique una capa de sellador tipo RTV a las juntas nuevas y colóquelas en la bomba de agua.

22   Cuidadosamente posicione la bomba de agua en la cubierta del frente o bloque del motor.

23   Instale los pernos y apriételos con los dedos. Asegúrese de que las juntas estén en su lugar y que las mangueras estén alineadas sin tener dobladillos. Tal vez sea necesario transferir algunas de las uniones de las mangueras de la bomba vieja si la está reemplazando con una bomba nueva.

24   Apriete los pernos a la torsión especificada en forma cruzada.

25   Conecte la manguera de la parte baja del radiador y la grapa.

26   Conecte la manguera de retorno a la calefacción y la grapa.

27   Conecte la manguera de desvío a la bomba de agua.

28   Si está equipado, instale el soporte de arriba del aire acondicionado y la asamblea de la polea neutral.

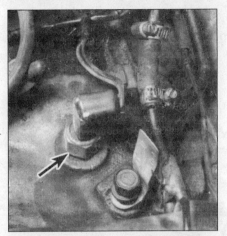

7.1 En motores V8, la unidad de envío de la temperatura del anticongelante está enroscado al múltiple de admisión

29   Una los componentes restantes a la bomba de agua y motor en el orden contrario a como se removió.

30   Ajuste las bandas y añada anticongelante como se describió en el Capítulo 1.

31   Ponga el motor en marcha y asegúrese de que no haya fugas. Chequee el nivel del anticongelante frecuentemente durante las primeras semanas de operación para asegurarse de que no haya fugas y que el nivel en el sistema esté estable.

7   Unidad de envío de la temperatura del anticongelante - chequeo y reemplazo

Refiérase a la ilustración 7.1

Chequeo

1   El sistema de indicar la temperatura del anticongelante consiste en una unidad de envío la cual está atornillada a la cabeza del cilindro o múltiple **(vea ilustración)** y el medidor de la temperatura montado en el panel de los instrumentos. Cuando la temperatura del anticongelante del motor está baja, la resistencia de la unidad del envío está alta y la corriente que pasa por el medidor es restringida. Esto causa que la aguja se mueva muy poco. Así, según la temperatura aumenta, la resistencia de la unidad del envío decrece. El flujo de corriente aumenta y el movimiento de la aguja cambia. **Caución:** *No aplique 12 voltios de corriente al terminal de la unidad del envío directamente en ningún momento, ya que el voltaje dañara la unidad.*

2   Ponga el motor en marcha y permítale que corra con un termómetro en el cuello del radiador hasta que la temperatura alcance una temperatura mínima de 180 grados F.

3   El medidor en el panel de instrumentación debe indicar dentro de los limites de operación normal.

4   Si el medidor no indica correctamente, desconecte el alambre del medidor del terminal a la unidad de envío.

8.2 Asamblea del ventilador de la calefacción y motor - vista esquemática (últimos modelos solamente)

1   *Tubo de enfriamiento del motor del ventilador*
2   *Asamblea del motor del ventilador y rueda*
3   *Asamblea de la calefacción*
4   *Asamblea del resistor*
5   *Alambre a tierra*

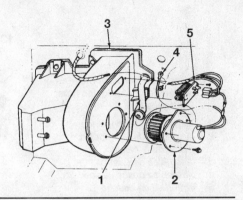

5   Conecte un extremo a la luz de chequeo de 12 voltios o el extremo positivo del voltímetro al alambre del medidor que fue desconectado.

6   Conecte el otro extremo a tierra en el motor.

7   Con el interruptor del encendido en la posición de prendido (ON) o posición de accesorio, una linterna o un voltaje fluctuante indicará que el regulador de voltaje del instrumento está funcionando y el circuito del medidor no está a tierra.

8   Si la luz permanece encendida o la lectura del voltaje es constante, el regulador de voltaje del instrumento está malo. Si no indica un voltaje el voltímetro o la luz de chequeo, chequee por un circuito abierto.

9   Si no indica ningún defecto, pero el medidor no trabaja apropiadamente, reemplace la unidad de envío con una nueva.

Reemplazo

Peligro: *El motor debe estar completamente frío antes de empezar con esté procedimiento.*

10   Desconecte el cable del terminal negativo de la batería.

11   Desconecte el alambre de la unidad de envío de temperatura de la unidad de envío.

12   Remueva la unidad del envío de temperatura de la cabeza del cilindro o múltiple de admisión destornillándola con un dado del tamaño correcto.

13   Prepare la unidad nueva de envío para ser instalada aplicando una cinta selladora o sellador eléctricamente conductivo a la rosca, como sellador de atomizador de cobre, a las roscas.

14   Instale la unidad de envío en la cabeza del cilindro o múltiple de admisión.

15   Conecte el cable de la unidad de envío.

16   Conecte el cable del terminal negativo de la batería.

17   Ponga el motor en marcha y verifique que el medidor está operando correctamente.

8   Ventilador de la calefacción - remover e instalar

Refiérase a la ilustración 8.2
Nota: *Si el motor del ventilador de la calefacción no funciona, debe ser chequeado por un*

técnico eléctrico automotriz. *Si el reemplazo del ventilador de la calefacción y/o la rueda es indicado, siga el procedimiento descrito debajo. En modelos más antiguos de 1974, la asamblea de la calefacción debe ser removida primero (Sección 9) y desmantelada para ganar acceso al motor y el ventilador.*

1   Desconecte el terminal negativo de la batería.

2   Trabajando en el compartimiento del motor, desconecte los alambre(s) de la parte trasera del motor del ventilador. Remueva el tornillo y remueva el alambre a tierra del panel **(vea ilustración)**.

3   Desconecte el tubo del motor de enfriar (si está equipado), entonces remueva los tornillos retenedores del motor del ventilador y rueda de la caja de la calefacción.

4   Remueva el motor del ventilador y rueda de la caja de la calefacción.

5   Remueva el resorte de la grapa del cubo de la rueda del ventilador y arandela de cierre del eje del motor, entonces remueva la rueda del ventilador del eje del motor.

6   La instalación se hace en el orden inverso al procedimiento de desensamble.

9   Caja y núcleo de la calefacción - remover e instalar

Refiérase a las ilustraciones 9.6 y 9.9
Peligro: *El motor debe estar completamente frío antes de empezar con esté procedimiento.*

Remover

1   Desconecte los cables de la batería (primero el negativo, luego el positivo) y remueva la batería.

2   Desconecte los cables del resistor del motor del ventilador y el motor del ventilador.

3   Remueva el tornillo y remueva el alambre del motor a tierra del panel de instrumentos.

4   Drene el anticongelante del radiador dentro de un recipiente limpio (vea Capítulo 1).

5   Desconecte las mangueras del núcleo de la calefacción de un lado del motor en la pared de detener fuego. Remueva la banda plástica que retiene las mangueras a la asamblea de la calefacción.

6   En modelos más antiguos al 1974, remueva los tres pernos de la montura,

3

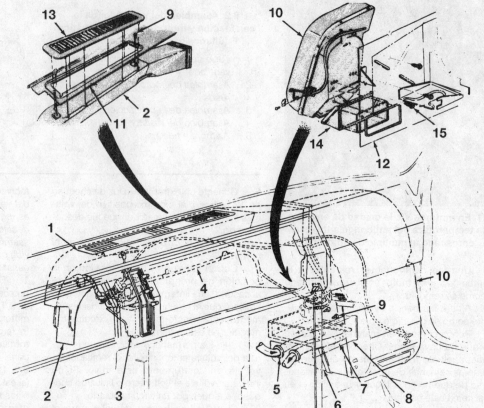

9.6 Diagrama de los componentes de la calefacción en modelos más antiguos (pre-1974)

1 Salida del descongelador
2 Asamblea del conducto de salida de la calefacción
3 Asamblea de control
4 Asamblea de los cables
5 Arandela de caucho
6 Asamblea del conducto
7 Grapa
8 Manguera de cubrir la calefacción
9 Tornillo
10 Asamblea de la calefacción
11 Panel de los instrumentos
12 Panel
13 Salida del descongelador del parabrisas
14 Asamblea de conductos de la entrada de la calefacción de aire
15 Asamblea de tornillo y arandela

mueva la calefacción a un lado y desconecte el cable de control. La asamblea de la calefacción ahora puede ser levantada **(vea ilustración)**.

7   En los últimos modelos, trabajando en el compartimiento de pasajero, remueva las tuercas que retienen el lado izquierdo de la caja de la calefacción y el lado derecho de la calefacción al panel de los instrumentos.

8   Remueva las tuercas retenedoras del lado derecha de la caja de la calefacción al panel de instrumentos y remueva la asamblea de la caja de la calefacción fuera del vehículo.

9   En modelos más antiguos al 1974, remueva los tornillos y grapas, entonces remueva las secciones de la calefacción y levante el centro. En modelos más modernos, remueva los tornillos y remueva el reten del núcleo de la calefacción, entonces deslice el centro y la asamblea del sello afuera de la caja **(vea ilustración)**.

Instalación

10   Posicione el núcleo de la calefacción y el sello en la caja de la calefacción.

11   Instale el retenedor y apriete los tornillos. En modelos más antiguos, aglutine las secciones de la calefacción e instale los tornillos y grapas.

12   Posicione la caja de la calefacción en el panel de instrumentos e instale los pernos y las tuercas. Asegúrese de que el sello de la

caja esté en la posición correcta sobre los pernos.

13   En modelos más antiguos, asegúrese de que el control de la calefacción está en la posición de apagado (OFF), coloque la calefacción en posición y hale la aleta de la admisión de aire a la posición cerrada (hacia atrás del vehículo) antes de conectar el cable de control e instalar la asamblea de la calefacción. Asegúrese de que las aperturas de la caja de la calefacción están alineadas con los conductos del descongelador y aire fresco.

14   Conecte las mangueras de la calefacción al núcleo de la calefacción y apriete las grapas. Instale la banda de retención.

15   Conecte los alambres del motor del ventilador y la resistencia del motor del ventilador, entonces instale el alambre de tierra al panel de instrumentos.

16   Llene el radiador como se describió en el Capítulo 1.

17   Instale la batería y conecte los cables (positivo primero, después negativo).

18   Ponga el motor en marcha y chequee por fugas.

10   Control de la calefacción - remover e instalar

Refiérase a la ilustración 10.2
Nota: *Este procedimiento es solo valido en modelos de 1974 en adelante.*

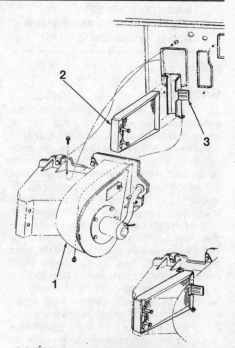

9.9 Últimos modelos de la asamblea de la calefacción y el núcleo - vista esquemática

1 Asamblea de la caja de la calefacción
2 Asamblea del núcleo de la calefacción y sello
3 Retenedor del núcleo de la calefacción

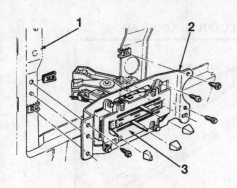

10.2 Las manillas de control de la calefacción son metidas bajo presión en las palancas de control y el soporte está unido al panel de instrumentación por varios tornillos, modelos más modernos

1   Panel de los instrumentos
2   Soporte de la montura
3   Asamblea de control

Remover

1   Desconecte los cables negativos de la batería.
2   Remueva las perillas del interruptor del ventilador y la asamblea de control colocando un tornillo pequeño entre la perilla y la cara del plato de la asamblea de control **(vea ilustración)**. Mientras aplica presión a la parte posterior de la perilla, remuévala. Repítalo para cada perilla.
3   Remueva el adorno.
4   Remueva los cuatro tornillos del soporte retenedor del panel de los instrumentos a la

asamblea de control.
5   Desconecte los conectores de alambre del interruptor del ventilador y el bombillo de la luz.
6   Remueva los cables de función y de control de la temperatura de la asamblea de control removiendo los tornillos y las tuercas.
7   Remueva los tornillos y remueva la asamblea de control del soporte de la montura.

Instalación

8   Si una nueva asamblea de control está siendo instalada, transfiera el zócalo y la luz del panel de iluminación y el interruptor del ventilador al panel de control nuevo.
9   Una los cables de control a los brazos de las palancas de control e instale las tuercas. Instale las grapas de los cables y apriete los tornillos con los dedos.
10   La instalación se hace en el orden inverso al procedimiento de desensamble.
11   Asegúrese de ajustar los cables cuando el trabajo haya sido completado.

11   Cables para la función de la calefacción y control de la temperatura - ajuste

Refiérase a la ilustración 11.1

Hasta 1983

Función del cable de control (calefacción/descongelador)

1   Gire el soporte de la puerta de la calefacción/descongelador en el sentido de las

agujas del reloj lo más posible, entonces coloque la palanca de control de función en la posición de Descongelar, permitiendo una separación de 0.30 pulgada entre la palanca y el terminal de la ranura **(vea ilustración)**.
2   Asegure el cable en la grapa apretándolo con un tornillo.
3   Mueva la palanca hacia la posición de apagar (OFF), después a descongelar y verifique que la distancia de la palanca esté correcta.
4   Reajuste el cable si es necesario.

Cable de control de la temperatura

5   Gire el brazo de la puerta de la temperatura en el sentido de las agujas del reloj tanto como sea posible, entonces coloque la palanca de control de la función en la posición de Calentar, permitiendo una separación de 0.35 pulgada entre la palanca y el acabado de la ranura.
6   Asegure el cable en la grapa apretándolo con un tornillo.
7   Mueva la palanca hacia Frío, después a Caliente y verifique que la distancia de la palanca esté correcta.
8   Reajuste el cable si es necesario.

1984 en adelante

Función del cable de control (calefacción/descongelador)

9   El cable de función normalmente no requiere ajuste, pero puede ser chequeado como sigue. Mueva la palanca de control de la función completamente hacia la izquierda y después completamente hacia la derecha. Cuando la suelte, la palanca debe rebotar ligeramente de los dos extremos del viaje, indicando que la puerta de mezclar está ajustada apropiadamente. Si la palanca de control se mueve a cualquiera de los lados de la ranura sin rebotar, el cable de control necesita ser reajustado.
10   Remueva el tornillo que une el cable al soporte de la grapa.
11   Dos orificios de barreno se pueden ver en la pestaña de la montura del cable. Si la palanca no rebote en Descongelar, barrene un orificio de 11/64 pulgada en el orificio próximo a la puerta del modo de la palanca. Si la palanca no regresa a su posición de Apagado (OFF), barrene un orificio lo mas lejos posible de la puerta de la palanca de modo.
12   Instale el cable usando los orificios barrenados nuevos y apriete el cable con un tornillo de grapa. Chequee la operación del cable como se describió en la Sección 9.

Cable de control de la temperatura

13   El cable de función normalmente no requiere ajuste, pero puede ser chequeado como sigue. Mueva la palanca de control de función completamente hacia la izquierda y después completamente hacia la derecha. Cuando la suelte, la palanca debe rebotar ligeramente de los dos extremos del viaje, indicando que la puerta de mezclar está ajustada apropiadamente. Si la palanca de con-

3

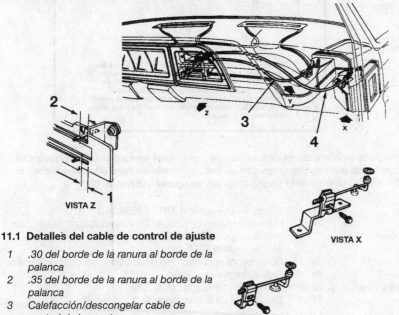

11.1 Detalles del cable de control de ajuste

1   .30 del borde de la ranura al borde de la palanca
2   .35 del borde de la ranura al borde de la palanca
3   Calefacción/descongelar cable de control de la puerta
4   Cable de control de la temperatura

VISTA Z

VISTA X

VISTA Y

PARA CONECTAR EL ACOPLADOR

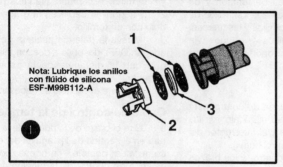

Nota: Lubrique los anillos con flúido de silicona ESF-M99B112-A

1

Ensamble los acopladores empujándolos uno contra el otro - escuche por el sonido de los acopladores cundo entran en su lugar

2

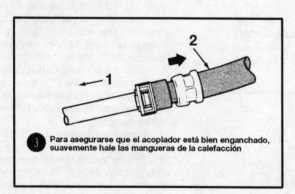

Para asegurarse que el acoplador está bien enganchado, suavemente hale las mangueras de la calefacción

3

PARA DECONECTAR EL ACOPLADOR

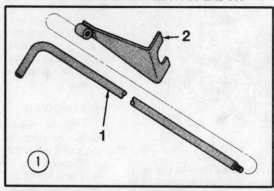

1

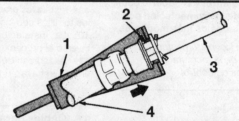

Empuje las mangueras de acoplación hacia el núcleo de la calefacción para asegurarse de que los retenedores están completamente expuestos. Después empuje la herramienta encima del retenedor del acoplador para comprimir los cierres del acoplador - después hale la manguera hacia afuera desde el tubo de la calefacción. Remueva la herramienta entonces continúe halando la manguera hacia afuera del núcleo de la calefacción.

Nota: Cuando esté comprimiendo el retenedor del acoplador blanco. La herramienta debe de esta perpendicular y en el punto más alto del retenedor del acoplador como se demuestra encima.

2

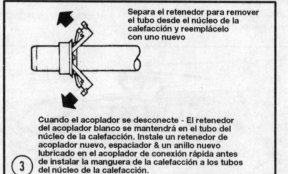

Separa el retenedor para remover el tubo desde el núcleo de la calefacción y reemplácelo con uno nuevo

Cuando el acoplador se desconecte - El retenedor del acoplador blanco se mantendrá en el tubo del núcleo de la calefacción. Instale un retenedor de acoplador nuevo, espaciador & un anillo nuevo lubricado en el acoplador de conexión rápida antes de instalar la manguera de la calefacción a los tubos del núcleo de la calefacción.

3

11.17 Detalles de los acopladores para las mangueras de la calefacción de desconección rápida (dos herramientas especiales se necesitan para desconectar las mangueras - las herramientas pueden comprarse en un concesionario de Ford o los almacenes de parte); siempre use anillos de tipo ''O'' nuevos cuando esté conectando las mangueras (Sección 6)

1 1 Siempre use anillo de tipo "O" nuevos cuando esté conectando los anillos del núcleo de la calefacción

1 2 Inspeccione el espaciador por daño - reemplácelo si es necesario

1 3 Inspeccione el retenedor del acoplador por daño - reemplácelo si es necesario

2 1 Limpie el tubo del núcleo de la calefacción y lubríquelo con silicona

3 1 Hacia el núcleo de la calefacción

3 2 Ensamblaje de la manguera de la calefacción

1r 1 Mango de la extensión T85T-18539-AH3

1r 2 Herramienta para desacoplar la manguera de la calefacción 5/8 de pulgada T85T-18539-AH1 3/4 de pulgada T85T-18539-AH2

2r 1 Herramienta para desconectar la manguera de la calefacción

2r 2 Retenedor del acoplador

2r 3 Tubo del núcleo de la calefacción

2r 4 Ensamblaje de la manguera de la calefacción

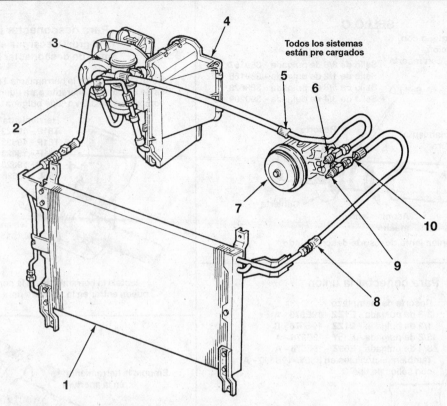

12.2 Componentes típicos del aire acondicionado

1 *Asamblea del condensador*	5 *Manguera de succión*	8 *Manguera liquida*
2 *Válvula de servicio de succión*	6 *Válvula de succión manual*	9 *Válvula manual liquida*
3 *Acumulador/secador*	7 *Compresor*	10 *Válvula de servicio liquida*
4 *Evaporador*		

trol se mueve a cualquiera de los lados de la ranura sin rebotar, el cable de control necesita ser reajustado.

14   Remueva el tornillo que une el cable al soporte de la grapa.

15   Dos orificios de barrenos se pueden ver en la pestaña de la montura del cable. Si la palanca no rebotó en la posición de Caliente (Warm), barrene un orificio de 11/64 pulgada en el orificio próximo a la puerta del modo de la palanca. Si la palanca no regresó en la posición de Apagado (OFF), barrene un orificio lo mas lejos posible de la puerta de la palanca de modo.

16   Instale el cable usando los orificios barrenados nuevos y apriete el cable con un tornillo grapa. Chequee la operación del cable como se describió en la Sección 9.

Manguera de calefacción de desconectar rápido - información general

17   Algunos modelos más modernos se equipan con manguera de calefacción de desconectar rápido, que requieren de dos herramientas especiales para que se desconecten. Cuando se estén desconectando las mangueras, siempre use juntas nuevas **(Figura 11.17)**.

12   Sistema del aire acondicionado - servicio

Refiérase a la ilustración 12.2

Peligro: *Antes de desconectar cualquier línea o atentar remover cualquier componente del sistema de aire acondicionado, lleve para que un técnico en aire acondicionado evacue el refrigerante del sistema.*

1   Debido a las herramientas especiales, equipos y experiencia requerida para otorgarle servicio al sistema del aire acondicionado, y las diferencias entre los variados sistemas que pueden ser instalados en estos vehículos, el servicio del aire acondicionado no puede ser cubierto en esté manual.

2   Remover los componentes, usualmente, se puede hacer sin herramientas especiales y equipo **(vea ilustración)**. El mecánico del hogar puede ahorrarse bastante en el costo de las reparaciones si los componentes son removidos por el mismo, los lleva a un profesional para repararlos, y/o los reemplaza con unos nuevos (vea Peligro arriba).

3   Problemas en el sistema del aire acondicionado debe ser diagnosticado y el sistema de refrigerante evacuado por un técnico de aire acondicionado antes de atentar remover/reemplazar los componentes.

4   Una vez que los componentes nuevos o reparados han sido instalados, el sistema debe ser cargado y chequeado por un técnico de aire acondicionado.

5   Antes de remover cualquiera de los componentes del sistema del aire acondicionado, obtenga mas de un estimado del costo de reparaciones de un centro de reparación del aire acondicionado. Usted puede encontrar que es más barato y con menos problema el dejar la operación entera que sea echa por otra persona.

Manguera de aire acondicionado de desconectar rápido - información general

6   Algunos modelos más modernos se equipan con manguera de aire acondicionado de desconectar rápido que requieren herramientas especiales para desarmarlas **(Figura 12.6)**. **Peligro:** *El sistema de aire acondicionado está debajo de alta presión. No afloje ninguna manguera o remueva ningún componente hasta después de que el sistema se haya descargado por el departamento de servicio de su concesionario, una estación de servicio automotriz o un taller de aire acondicionado*

3

SELLO O

También suplementado con
el juego de reparación
E35Y - 19D690 - A, con resorte
y también el juego
E1ZZ - 19B596 - A

Sello O

Sello de 3/8 de pulgada - 389157
Sello de 1/2 de pulgada - 389158
Sello de 5/8 de pulgada - 389623
Sello de 3/4 de pulgada - 390209 - S

Resorte

Acoplamiento
hembra

Cubierta

Acoplamiento
macho

Acoplamiento de resorte desconectado

Para conectar la unión

Resorte de reemplazo
3/8 de pulgada - E1ZZ - 19E576 - A
1/2 de pulgada - E1ZZ - 19E576 - B
5/8 de pulgada - E35Y - 19E576 - A
3/4 de pulgada - E69Z - 19E576 - A
También disponibles en E35Y -19D690 - A,
con sellos de tipo O

Resorte

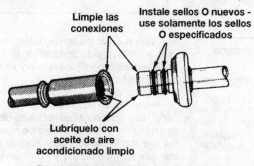

Chequee por resorte dañado u omitido -
remueva el resorte dañado con un alambre
en tipo de gancho - instale un resorte nuevo
si está dañado u omitido

Limpie las
conexiones

Instale sellos O nuevos -
use solamente los sellos
O especificados

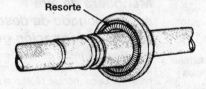

Lubríquelo con
aceite de aire
acondicionado limpio

Ensamble las conexiones, con un empuje
y una pequeña moción giratoria

Resorte

Para asegurarse de una buena conexión,
visualmente chequee para estar seguro
de que el resorte está encima de la parte
acampanada de la conexión hembra

Para desconectar la unión.
**Peligro: Descargue el sistema
antes de desconectar las uniones**

Nota: Cada lado de la herramienta T81P - 19623 - G
es de un tamaño diferente para que sirva en las
conexiones de 3/8 y 1/2 de pulgada

Herramienta
T81P - 19623 - G de 3/8 y 1/2 de pulgada
T81P - 19623 - G1 de 3/8 de pulgada
T81P - 19623 - G2 de 1/2 de pulgada
T83P - 19623 - C de 5/8 de pulgada
T85L - 19623 - A de 3/4 de pulgada

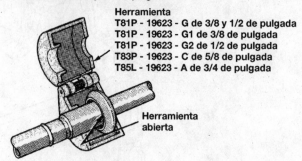

Herramienta
abierta

Instale la herramienta en la conexión, para que
pueda entrar en la apertura para remover el resorte

Empuje la herramienta
en la apertura

Empuje la herramienta en la apertura de la conexión
para aflojar la conexión hembra del resorte

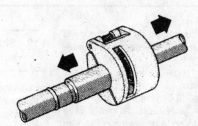

Hale las conexiones hembras y machos hasta que se separen

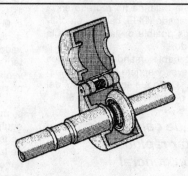

Remueva la herramienta de la conexión con cierre de resorte

**12.6   Detalles de los acopladores para las mangueras del aire acondicionado de desconección rápida (esté seguro de que el aire
acondicionado haya sido descargado antes de desconectar las líneas - unas herramientas especiales se necesitarán y pueden
comprarse en el departamento de partes de su concesionario) (Sección 6)**

Capítulo 4
Sistemas de combustible y escape

Contenidos

Especificaciones

Carburador	Vea la etiqueta de Información para el Control de Emisiones en elcompartimiento del motor o las instrucciones proporcionadas con el juego de reparación
Bomba de combustible (tipo mecánico) – Presión	
Seis cilindros	
Hasta 1976	4 a 6 psi (libras por pulgadas cuadradas)
1977 en adelante	5 a 7 psi
V8	
Hasta 1975	5 a 6 psi
1976 en adelante	6 a 8 psi
Volumen	
Hasta 1975	1 pinta en 15 segundos (con línea de retorno de combustible al tanque pinchada)
1976 en adelante	1 pinta en 20 segundos
Espacio libre de la palanca de la bomba de aceleración (4180C)	0.015 pulgada

Especificaciones para el par de torsión

	Pies-libras (como único que se indique de otra forma)
Tuercas del tanque de combustible	20 a 25
Tuercas de montaje del carburador	12 a 15
Tuercas/pernos de montaje de la bomba de combustible	
Seis cilindros de 240 y 300	12 a 18
V8 de 302, 351W y 460	19 a 27
V8 de 351M y 400	
Perno	10 a 15
Tuerca	14 a 20
Sistema de escape	
Abrazadera al travesaño	23 a 32
Abrazadera al riel lateral del bastidor	
Perno de 5/16 pulgada	12 a 17
Perno de 3/8 pulgada	23 a 32
Perno en U de la unión del tubo de escape	25 a 36
Tubo de escape al múltiple de escape	25 a 38

4

Especificaciones para el par de torsión (continuación)

Pies-libras (como único que se indique de otra forma)

Sistema de inyección electrónica de combustible

Pernos entre el múltiple de admisión inferior y la culata..................	23 a 25
Pernos entre la válvula EGR (recirculación de los gases de escape) y el múltiple de admisión superior..	13 a 19
Pernos entre los múltiples superior e inferior de admisión...............	15 a 22
Pernos de montaje del cuerpo del acelerador...................................	12 a 18
Pernos de la válvula de desviar el aire...	71 a 102 pulgadas-libras
Pernos de la válvula de desvío de aire al cuerpo de aceleración	71 a 102 pulgadas-libras
Pernos del detector de posición del acelerador................................	14 a 16 pulgadas-libras
Pernos del regulador de presión del combustible	27 a 40 pulgadas-libras
Pernos entre el múltiple del inyector de combustible y el conjunto de carga de combustible	12 a 15
Perno prisionero entre la ménsula del depurador de aire y el múltiple	22 a 32
Pernos entre la ménsula del cable del acelerador y el múltiple	8 a 10

Motor de seis cilindros en línea (1987 en adelante)

Válvula de desvío de aire al cuerpo del acelerador.................................	71 a 102 pulgadas-libras
Múltiple de enfriamiento	35 a 50
Tubo EGR	25 a 35
Válvula EGR al múltiple de admisión superior	13 a 19
Múltiple de los inyectores de combustible a la asamblea de carga de combustible	12 a 15
Regulador de la presión del combustible al múltiple de los inyectores ..	27 a 40 pulgadas-libras
Cuerpo del inyector al múltiple de admisión superior	12 a 18
Sensor del ángulo de apertura del acelerador al cuerpo del acelerador..	14 a 16 pulgadas-libras
Múltiple de admisión superior al múltiple de admisión inferior	12 a 18

Motores V8 302/351 pulgadas cúbicas (5.0/5.8L) (1987 en adelante)

Válvula de desvío de aire al cuerpo del acelerador.............................	71 a 102 pulgadas-libras
Tubo EGR	25 a 35
Válvula EGR al múltiple de admisión superior.....................................	13 a 19
Múltiple de los inyectores de combustible al ensamblaje del combustible de carga	12 a 15
Regulador de la presión del combustible al múltiple de los inyectores ..	27 a 40 pulgadas-libras
Sensor del ángulo de apertura del acelerador al cuerpo del acelerador	14 a 16 pulgadas-libras
Cuerpo del inyector al múltiple de admisión superior...........................	12 a 18
Múltiple de admisión superior al múltiple de admisión inferior	15 a 22

460 pulgadas cúbicas (7.5L) Motor V8 (1988 en adelante)

Válvula de desvío de aire al múltiple inferior	70 a 100 pulgadas-libras
Grapas para el tubo de suplemento de aire	12 a 20 pulgadas-libras
Tubo EGR	25 a 35
Válvula EGR al múltiple de admisión superior	70 a 100 pulgadas-libras
Regulador de la presión del combustible al múltiple de los inyectores ..	27 a 40 pulgadas-libras
Múltiple de los inyectores de combustible al ensamblaje del combustible de carga..	70 a 105 pulgadas-libras
Cuerpo del inyector al múltiple de admisión superior	70 a 100 pulgadas-libras
Sensor del ángulo de apertura del acelerador al cuerpo del acelerador..	11 a 16 pulgadas-libras
Múltiple de admisión superior al múltiple de admisión inferior	12 a 18
Bomba del termactor al soporte de la bomba...	30 a 40
Poleas de la bomba del termactor al cubo de la bomba	100 a 130 pulgadas-libras
Bomba del termactor al soporte de la bomba...	30 a 40

1   Información general

El sistema de combustible en la mayoría de los modelos consiste en un tanque de combustible montado debajo de la parte trasera del vehículo, una bomba de combustible accionada mecánicamente y un carburador. Según el año y el modelo, puede que tenga instalada la EFI (inyección electrónica del combustible) y que se usen tanques de combustible auxiliares además del tanque principal. Se usa una combinación de líneas de combustible metálicas y de caucho para conectar los componentes principales y, en el caso de algunos vehículos que tienen tanques auxiliares, hay una válvula de control del flujo de combustible ubicada entre los tanques y la bomba de combustible.

El carburador puede ser del tipo de un simple, doble o cuatro tubos Venturi, según el número de cilindros del motor y el año de fabricación. Algunos carburadores son de control electrónico.

El sistema de combustible (especialmente el carburador) es conectado hasta un grado muy alto con el sistema de control de emisiones en todos los vehículos producidos para su venta en los Estados Unidos. Refiérase al Capítulo 6 para más información en los sistemas de control de emisiones.

Peligro: *Hay precauciones necesarias que se deben tomar cuando inspeccione o le de servicio a los componentes del sistema del combustible. Trabaje en una área ventilada y no permita que hallan llamas abiertas (cigarrillos, piloto del aparato de calefacción, etc.) en el área del trabajo. Limpie inmediatamente cualquier derrame de combustible y no almacene* *trapos empapados de combustible donde podrían encenderse. En modelos equipados con sistema de inyección de combustible, el combustible está bajo presión y ningún componente se debe desconectar sin primero aliviar la presión del sistema (vea Capítulo 4).*

2   Servicio y reparación del carburador - información general

Refiérase a la ilustración 2.7
1   Debe de hacerse una prueba completa en la carretera y un chequeo de los ajustes del carburador antes de efectuar un servicio de reparación mayor del carburador. Las especificaciones para algunos ajustes se indican en la etiqueta de Información para el Control de Emisiones del vehículo o en la calcomanía de afinación ubicada en el compartimiento del motor.
2   Algunas quejas en el rendimiento que culpan al carburador resultan en verdad de componentes eléctricos del motor que están flojos, fuera de ajuste o funcionando mal. Otros problemas acontecen cuando las mangueras de vacío tienen fugas, o son desconectadas o encaminadas incorrectamente. El método correcto para el análisis de problemas del carburador debe de incluir un chequeo regular como sigue:

a)   *Inspeccione todas las mangueras y actuadores de vacío por fugas y su instalación correcta (vea Capítulo 6).*
b)   *Apriete las tuercas del múltiple de admisión y de montaje del carburador.*
c)   *Efectúe una prueba de la compresión de los cilindros.*
d)   *Limpie o sustituya las bujías según sea necesario.*
e)   *Pruebe la resistencia de los alambres de las bujías.*
f)   *Inspeccione los alambres primarios del encendido y chequee el funcionamiento del avance de vacío. Sustituya las piezas defectuosas.*
g)   *Chequee la sincronización del encendido según las instrucciones presentadas en la etiqueta de Información para el Control de Emisiones (vea Capítulo 1).*
h)   *Ajuste la mezcla del carburador en marcha mínima.*
i)   *Chequee la presión de la bomba de combustible.*
j)   *Inspeccione la válvula de control de calor adentro del depurador de aire para verificar su funcionamiento correcto.*
k)   *Remueva el filtro del aire del carburador y remueva cualquier polvo por medio de aire comprimido. Si el filtro está extremadamente sucio, sustitúyalo con uno nuevo.*

3   Los problemas del carburador aparecen normalmente en forma de ahogo, arranque difícil, atoramiento, contra explosión, aceleración débil y falta de reacción a ajustes de los tornillos reguladores de marcha mínima. Un carburador que está permitiendo escapar combustible y/o está cubierto de depósitos

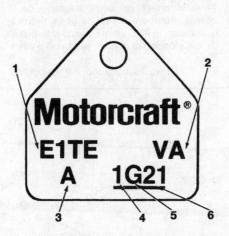

2.7 Una etiqueta como ésta se encontrará fijada en la parte superior del carburador (copie los números de la etiqueta cuando vaya a comprar un juego de reparación o un carburador nuevo o reconstruido)

1   *Cambio de diseño*
2   *El prefijo del número de pieza indica diseño nuevo*
3   *Sufijo del número de pieza*
4   *Código de fabricación - año, mes, día*

de apariencia mojada, necesita caución definitivamente.
4   El diagnóstico de averías del carburador puede exigir que se ponga en marcha y permita marchar el motor sin el depurador de aire. Mientras el motor está marchando sin el depurador de aire, es posible que haga una contra explosión. Una situación de contra explosión es probable si el carburador está funcionando mal, pero la remoción del depurador de aire puede por sí mismo empobrecer la mezcla de aire/combustible lo suficientemente para producir una contra explosión. Efectúe este tipo de prueba lo más rápidamente posible, y tenga un cuidado especial en cuanto a la posibilidad de contra explosión e incendio. **Peligro:** *No posicione su cara o cuerpo directamente encima del carburador durante los procedimientos de inspección y servicio.*
5   Después de determinar que el carburador necesita trabajo o una reparación completa, deben de considerarse varias alternativas. Si usted va a tratar por sí mismo de reparar el carburador, obtenga primero un juego de reparación de carburador de buena calidad, que contendrá todas las juntas y piezas internas necesarias, así como una lista de piezas. Usted necesitará también solvente para limpieza del carburadores y alguna manera de soplar aire a través de los canales internos del carburador.
6   Debido a las numerosas configuraciones y variaciones de carburadores disponibles en el surtido de vehículos de que se trata este manual, no es posible explicar paso por paso la reparación completa de cada tipo. Los procedimientos de desarmar y

armar incluidos en este Capítulo son de índole general y se aplican solamente a los carburadores de mayor uso. Los juegos de reparación de los carburadores de buena calidad contienen instrucciones e ilustraciones detalladas que se aplican de manera más específica a cada modelo del carburador.
7   Otra alternativa es de obtener un carburador nuevo o reconstruido. Éstos se consiguen fácilmente en agencias y tiendas de refacciones para todos los motores tratados en este manual. El hecho importante cuando se compra una de estas unidades es de asegurarse de que el carburador de intercambio sea idéntico al original. Normalmente se encontrará una etiqueta sujetada en la parte superior de su carburador **(vea ilustración)** que ayudará al asistente de refacciones a determinar el tipo exacto del carburador que usted tiene. Al obtener un carburador reconstruido o un juego de reparación, tome el tiempo necesario para asegurarse de que el juego o carburador corresponda exactamente a su aplicación. Diferencias aparentemente sin importancia pueden hacer una diferencia considerable en el funcionamiento general de su motor.
8   Si usted decide reparar por sí mismo su carburador, permita suficiente tiempo para poder desmontar el carburador cuidadosamente, para dejar remojar las piezas necesarias en el solvente limpiador (normalmente por mitad de día al mínimo o según las instrucciones indicadas en el recipiente del solvente), y para armarlo, lo que le va a costar normalmente mucho más tiempo que desarmarlo. Cuando esté desarmando un carburador, tenga cuidado de emparejar cada pieza con la ilustración en el juego de reparación del carburador y de ordenar las piezas en orden en una superficie de trabajo limpia, para ayudarle cuando baya a armar el carburador. Una reparación completa por un mecánico no experimentado puede tener por resultado un vehículo que marche mal o no marche en absoluto. Para evitar esto, ande con cuidado y paciencia cuando desarme su carburador de manera que pueda ensamblarlo correctamente.
9   Al terminarse la reparación completa, se puede requerir ajustes que sean fuera de la competencia del mecánico del hogar, especialmente en los modelos más recientes. En este caso, lleve el vehículo a una agencia Ford o un taller de afinación para los ajustes finales del carburador que asegurarán el cumplimiento con las ordenanzas en las emisiones así como un rendimiento aceptable.

3   Carburador - remover e instalar

Peligro: *Hay precauciones necesarias que se deben tomar cuando inspeccione o le de servicio a los componentes del sistema del combustible. Trabaje en una área ventilada y no permita que se hallan llamas abiertas (cigarrillos, piloto del aparato de calefacción, etc.) en el área del trabajo. Limpie inmediatamente cualquier derrame de combustible y no almacene*

4

trapos empapados de combustible donde podrían encenderse. En modelos equipados con sistema de inyección de combustible, el combustible está bajo presión y ningún componente se debe desconectar sin primero aliviar la presión del sistema (vea Capítulo 4).

1   Desconecte el cable negativo de la batería. Remueva los tubos conectados al depurador de aire. Identifíquelos con piezas de cinta codificadas para facilitar el ensamblaje.
2   Remueva el conjunto del depurador

de aire.
3   Desconecte la línea de combustible del carburador. Bloquee la extremidad de la línea para evitar fugas.
4   Desconecte los alambres eléctricos de los aparatos de control de emisiones conec-

4.3 Componentes del carburador - vista esquemática (2150 2V)

1   Retenedor
2   Junta
3   Palanca del estrangulador
4   Bastidor del estrangulador
5   Eje del bastidor del estrangulador
6   Retenedor del eje
7   Eslabón de la leva de marcha mínima alta
8   Eslabón del diafragma
9   Palanca del eslabonamiento
10   Brazo de nilón del estrangulador
11   Conjunto de interrupción del vacío del estrangulador
12   Tornillo (2 regulador)
13   Resorte de cierre positivo
14   Retenedor
15   Varilla de la mariposa
16   Tornillo de fijación de la palanca
17   Eje de la mariposa
18   Mariposa
19   Tornillo de la mariposa (2 regulador)
20   Tornillo del venturi reforzador
21   Válvula de ventilación de la taza de combustible
22   Cuerpo superior
23   Junta
24   Horquilla
25   Tornillo de la horquilla
26   Varilla de levantamiento
27   Resorte
28   Retenedor
29   Palanca de la mariposa
30   Tornillo de ajuste del brazo del estrangulador
31   Tornillo de ajuste de la marcha mínima
32   Resorte
33   Retenedor
34   Cuerpo principal
35   Manguera de vacío
36   Leva de marcha mínima alta
37   Resorte
38   Palanca de marcha mínima alta
39   Junta
40   Tornillo de ajuste de la marcha mínima alta
41   Tornillo del protector (2 requerido)
42   Protector
43   Tornillo del bastidor (3 requerido)
44   Entrada de aire caliente
45   Tornillo de la palanca
46   Bastidor del resorte termostático
47   Tornillo (3 requerido)

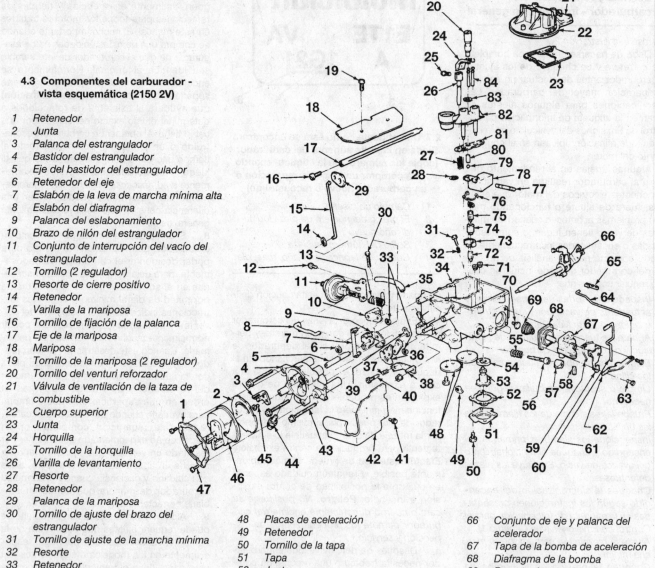

48   Placas de aceleración
49   Retenedor
50   Tornillo de la tapa
51   Tapa
52   Junta
53   Válvula de enriquecimiento
54   Junta
55   Resorte
56   Aguja de mezcla en marcha mínima
57   Casquete limitador de la marcha mínima
58   Espiga
59   Resorte accionador de la palanca
60   Soporte de la válvula de ventilación
61   Palanca accionadora de la válvula de ventilación
62   Palanca de operación de la bomba
63   Tornillo de la tapa (4 requerido)
64   Varilla de la bomba de aceleración
65   Presilla de fijación

66   Conjunto de eje y palanca del acelerador
67   Tapa de la bomba de aceleración
68   Diafragma de la bomba
69   Resorte de retorno
70   Válvula
71   Surtidores principales
72   Malla de filtración
73   Protector
74   Asiento de la aguja de entrada
75   Aguja de entrada de combustible
76   Retenedor del eje del flotador
77   Eje del flotador
78   Flotador
79   Bola de retención de la bomba
80   Pesa
81   Junta
82   Conjunto de soporte y refuerzo
83   Junta
84   Varillas de mezcla

tados al carburador. Identifique los alambres y conexiones de modo que puedan ser reinstalados en sus posiciones correctas.

5   Remueva cualquier manguera de vacío conectada al carburador. Identifíquela para facilitar su reinstalación.

6   Desconecte la palanca de rebase del carburador o cable (si está equipado).

7   Desconecte el cable del carburador o eslabonamiento de la mariposa.

8   Desconecte cualquier manguera de calefacción debajo del carburador que se encuentre conectada al carburador.

9   Desconecte cualquier manguera de transferencia de enfriamiento que se encuentra conectada al sistema de estrangulación.

10   Remueva las tuercas de montaje del carburador de los pernos prisioneros en el múltiple de admisión.

11   Levante el carburador, la placa espaciadora (si tiene) y la(s) junta(s). Coloque un pedazo de cartón en la abertura del múltiple de admisión para evitar que entren en el motor partículas o suciedad mientras el carburador está desmontado.

12   Antes de la instalación, limpie cuidadosamente las superficies de contacto de la placa espaciadora (si hay) del múltiple de admisión y de la base del carburador para remover cualquier resto de la junta vieja. Estas superficies tienen que estar perfectamente limpias y lisas para prevenir fugas de vacío.

13   Instale una junta nueva.

14   Instale el carburador y la placa espaciadora (si tiene) en los espárragos del múltiple de admisión.

15   Instale las tuercas de montaje y apriételas hasta el par de torsión especificado. Tenga cuidado de no apretar demasiado las tuercas, porque pueden alabear la placa de base del carburador.

16   Los pasos restantes de la instalación son el inverso de los de la remoción. Asegúrese de reconectar en sus posiciones originales todas las mangueras, alambres y cables.

---

4   Carburador - desarmar y armar (2150 2V)

Refiérase a las ilustraciones 4.3, 4.19 y 4.20

1   Antes del desarmar, limpie el exterior del carburador con solvente y séquelo con un trapo. Escoja una parte limpia de la mesa de trabajo y extienda una cuantas hojas de periódico una encima de la otra. Obtenga unos recipientes pequeños para recibir algunas de las piezas chiquitas (que podrían fácilmente ser perdidas). Cada vez que se remueve una pieza, note cómo y dónde se instala. Al remover cada pieza, póngala en orden a lo largo de un lado del periódico, de manera que el ensamblar sea más fácil.

Desarmar

Cuerpo superior

2   Destornille y remueva el cuerpo supe-

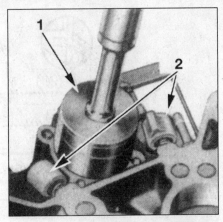

4.19 Se necesita un dado grande de 8 puntas para remover la válvula de enriquecimiento (carburador 2150 2V)

1   Dado de 8 puntas
2   Casquetes limitadores de la marcha mínima

rior el retenedor del filtro de combustible. Remueva el filtro nuevo.

3   Desconecte la varilla del estrangulador en su extremidad superior **(vea ilustración)**.

4   Afloje y remueva los tornillos y arandelas que fijan el cuerpo superior en el cuerpo principal. Levante y retire el cuerpo superior y la junta.

5   Remueva con cuidado el eje del flotador, levante y retire el conjunto del flotador, seguido por la válvula de aguja de admisión de combustible.

6   Destornille el asiento de la aguja de admisión, y retire el protector y la malla de filtración.

7   Remueva los tres tornillos de la tapa del diafragma de vacío de la válvula de enriquecimiento. Remueva las arandelas y el diafragma.

Estrangulador automático

8   Remueva el retenedor de la leva de marcha mínima alta.

9   Remueva los tornillos y desconecte el retenedor, el bastidor del termostato y la junta.

10   Remueva los tornillos de fijación y levante el conjunto del bastidor del estrangulador, la leva de marcha mínima alta y la junta.

11   Remueva el tornillo y la arandela de fijación de la palanca del estrangulador. Desconecte de la palanca de articulación la varilla de la mariposa.

12   Remueva del bastidor del estrangulador la palanca de articulación y la palanca de marcha mínima alta.

Bomba de aceleración

13   Remueva los cuatro tornillos de la tapa de la bomba y retire la tapa de la bomba. Remueva el diafragma y el resorte de retorno de la bomba.

14   Remueva el conjunto del tornillo de descarga de la bomba, la boquilla de descarga y

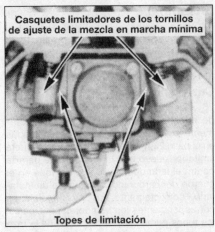

4.20 Se puede usar una pequeña palanca para remover los casquetes limitadores de los tornillos de ajuste de la mezcla en marcha mínima

las dos juntas. Remueva las dos bolas de retención de la descarga.

Cuerpo principal

15   Si no lo hizo antes de este momento, remueva la malla de filtración de la aguja de admisión.

16   Remueva los surtidores principales, usando una llave o destornillador del tamaño correcto para evitar dañarlos.

17   Remueva el tornillo de fijación y levante el venturi de amplificación así como el conjunto de varilla de mezcla y su junta.

18   Invierta el cuerpo del carburador, permitiendo caer en su mano la pesa de descarga y la bola de retención de la bomba de aceleración.

19   Remueva la tapa de la válvula de enriquecimiento, usando el tipo correcto de llave de casquillo **(vea ilustración)**. Remueva la junta y bótela.

20   Con mucho cuidado enrosque hacia adentro la agujas de mezcla de marcha mínima, contando la cantidad de vueltas antes de que se bloqueen. Retire las agujas de mezcla de marcha mínima y sus resortes. Desconecte los limitadores de las agujas/resortes **(vea ilustración)**.

21   Si los tiene, remueva el solenoide anti apagar y el amortiguador.

22   Si es necesario remover el eje del acelerador del cuerpo principal, marque cuidadosamente cada placa de aceleración y su orificio correspondiente antes de limar al ras la sección abocinada de los tornillos de fijación de las placas de aceleración y retirarlos.

23   Deslice el eje del acelerador hacia fuera del cuerpo y retire el actuador de purgar.

24   El desarmar ya se terminó y todas las piezas deben de limpiarse completamente (vea Sección 2). Remueva cualquier sedimentos de la taza del flotador y de sus canales. Remueva todo resto de las juntas viejas por medio de un cuchillo afilado. Cuando todas las piezas están limpias, puede proceder al ensamblaje.

4

Ensamblaje

25   Básicamente, el ensamblaje del carburador es el inverso del procedimiento de desarmar, pero hay que prestar mucha caución a los puntos siguientes:

Cuerpo principal

26   Asegúrese de que las agujas de mezcla de marcha mínima se instalen en exactamente las mismas posiciones determinadas en el paso 20, y entonces instale un casquete limitador nuevo con la lengüeta de parada contra el lado de mezcla rica del tope en el cuerpo del carburador. Asegúrese de instalarlo correctamente en sus posiciones correspondientes los surtidores principales, los tubos primarios y secundarios de la taza principal así como los purgadores de alta velocidad.

Bomba de aceleración

27   Al instalar el resorte de retorno y el conjunto del diafragma de la bomba, empiece los cuatro tornillos de la tapa, sostenga la palanca de la bomba medio abierta para alinear la junta, y después apriete los tornillos. **Nota:** *Si se removió la válvula de plástico en el conjunto de la bomba, tiene que ser sustituida por una válvula nueva.*

Estrangulador automático

28   Al instalar el tornillo de ajuste del diafragma, ajústelo en primer lugar de manera que las roscas queden al ras del interior de la tapa. Instale la varilla de marcha mínima alta de tal manera que la extremidad que tiene una lengüeta esté en la palanca de ajuste de la marcha mínima alta, y la extremidad que tiene dos lengüetas esté en la palanca del estrangulador primario. Ajuste el diafragma de interrupción del vacío como se describe en la Sección 8. Antes de instalar el calentador eléctrico del estrangulador, asegúrese de que la mariposa esté o completamente abierta o completamente cerrada.

Cuerpo superior

29   Al instalar el diafragma de vacío de la válvula de enriquecimiento, oprima el resorte, instale las arandelas y los tornillos, y apriételos con los dedos. Sostenga el eje de manera que el diafragma esté horizontal, y después apriete los tornillos de manera igual.

---

5   Carburador - desarmar y armar (4350 4V)

Refiérase a las ilustraciones 5.1, 5.2, 5.13, 5.16, 5.17 y 5.19

1   Antes de empezar a desarmar, grabe una línea tanto en la palanca de la bomba de aceleración como en la tapa superior del carburador mientras mantenga el acelerador contra el tornillo de tope **(vea ilustración)**. No use las líneas índice existentes de la fábrica como referencia.

2   Extienda una hoja de papel limpia en la mesa de trabajo y coloque los componentes en el orden de su remoción **(vea ilustración)**.

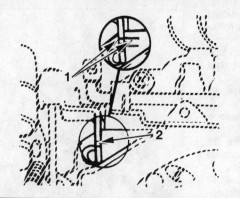

5.1 Asegúrese de grabar líneas nuevas en la tapa de la bomba de aceleración y la parte superior del carburador con el estrangulador mantenido contra el tornillo de tope antes de empezar a desarmar el carburador (4350 4V)

1   *Grabe líneas nuevas*
2   *Índice de fabricación*

Desarmar

Cuerpo superior

3   Desenrosque y remueva del cuerpo superior del retenedor el filtro de combustible. Retire el filtro.

4   Desconecte la varilla de control de la mariposa en su extremidad superior.

5   Afloje y remueva los tornillos y arandelas que sujetan el cuerpo superior al cuerpo inferior. Levante y retire el cuerpo superior y la junta.

6   Remueva con mucho cuidado la espiga de pivote del flotador, levante y retire el conjunto del flotador, seguido por la válvula de entrada de combustible.

7   Desenrosque el asiento de la válvula y remueva la junta.

8   Remueva la espiga de pivote de la palanca secundaria de la válvula de aire así como la varilla del émbolo amortiguador y de la placa de la válvula de aire. Levante y retire el émbolo, la varilla y el resorte.

9   Si es necesario, desconecte el eslabonamiento actuador del émbolo de la bomba de aceleración así como la palanca para limitar el vacío. Deslice el eje hacia fuera del cuerpo superior.

Cuerpo principal

Nota: *El desarmar y armar del cuerpo principal del carburador requiere un pequeño destornillador con punta de ancho no mayor de 3/32 de pulgada.*

10   Invierta el cuerpo principal y tome la pesa de descarga y la válvula de bola de la bomba de aceleración cuando se caigan.

11   Revuelva el cuerpo hasta la posición normal y oprima el colgador de la varilla de mezcla. Mida y anote la distancia entre el colgador de la varilla y el émbolo de vacío para poder reajustarlo correctamente durante el ensamblaje.

12   Usando alicates nariqudos, remueva del canal en la pieza fundida del cuerpo principal el tope de nilón para el émbolo de vacío.

13   Remueva, como conjunto completo, el émbolo principal de vacío de mezcla y las varillas de mezcla del combustible **(vea ilustración)**. **Caución:** *No moleste la posición de*

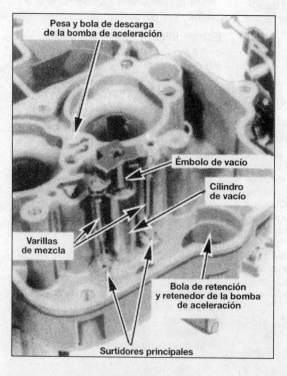

Pesa y bola de descarga de la bomba de aceleración

Émbolo de vacío

Cilindro de vacío

Varillas de mezcla

Bola de retención y retenedor de la bomba de aceleración

Surtidores principales

5.13 Se puede remover las varillas de mezcla de combustible y el émbolo principal de vacío de mezcla como un conjunto (carburador 4350 4V)

5.2 Componentes del carburador - vista esquemática (4350 4V)

1 Conjunto del diafragma de interrupción retardada de vacío del estrangulador y retiro desde el escalón superior en marcha mínima alta
2 Palanca de parada del estrangulador
3 Conexión de calefacción del estrangulador
4 Cuerpo del acelerador y bastidor del estrangulador
5 Tornillo de marcha mínima
6 Resorte de retorno
7 Placas de aceleración secundaria
8 Eje y palanca (izquierda) de aceleración secundaria
9 Retenedor
10 Eslabón
11 Conjunto de eje y palanca de aceleración primaria
12 Placas de aceleración primaria
13 Cuerpo principal
14 Junta
15 Válvula y asiento de entrada de combustible
16 Varilla y émbolo de amortiguación de la válvula de aire
16a Resorte
16b Junta
17 Eslabón de la bomba de aceleración
18 Varilla y palanca de la bomba de aceleración
19 Varilla de mezcla
20 Espaciador
21 Eje de la válvula de aire
22 Placa de la válvula de aire
22a Tornillo
23 Eslabón de la válvula de aire
24 Eslabonamiento de amortiguación
25 Presilla en C
26 Tornillo de ajuste de la válvula de ventilación
27 Tornillo
28 Retenedor
29 Brazo de operación
30 Tornillo
31 Mariposa
32 Palanca
33 Eje de la mariposa
34 Tornillo
35 Cuerpo superior
36 Palanca de limitación del émbolo de vacío
37 Eje
38 Brazo de la bomba de aceleración
39 Retenedor del resorte de la bomba de aceleración
40 Resorte de la bomba
41 Eje de la bomba
42 Émbolo de la bomba
43 Válvula de ventilación de la taza
44 Retenedor del pasador
45 Pasador
46 Conjunto de flotador y palanca
47 Retenedor de la bola de retención
48 Bola de retención de entrada
49 Retenedor
50 Horquilla y varillas de mezcla
51 Surtidores principales
52 Émbolo de vacío
53 Resorte
54 Válvula
55 Cilindro del émbolo de vacío
56 Junta

57 Palanca auxiliar del estrangulador
58 Tornillo
59 Junta
60 Tornillo
61 Retenedor
62 Palanca y eje del estrangulador automático
63 Tornillo de ajuste de la leva
64 Leva de marcha mínima alta
65 Casquete
66 Buje
67 Varilla de control del estrangulador
68 Tornillo
69 Resorte
70 Conjunto de émbolo y palanca
71 Junta

72 Tapa del resorte termostático del estrangulador
73 Retenedor
74 Tornillo
75 Tornillo
76 Palanca de marcha mínima alta
77 Tornillo de ajuste de la velocidad de marcha mínima alta
78 Eje y palanca (derecha) de aceleración secundaria
79 Eje de retorno
80 Eslabonamiento de retiro
81 Eslabón
82 Tapa con filtro

4

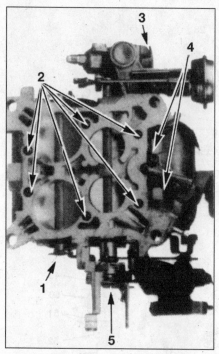

5.16 Posiciones de los tornillos fijando el cuerpo del acelerador en el cuerpo principal (carburador 4350 4V)

1   *Eje y palancas de aceleración secundaria*
2   *Tornillo de fijación del cuerpo del acelerador en el cuerpo principal (6 requeridos)*
3   *Bastidor del estrangulador*
4   *Limitadores de la marcha mínima*
5   *Eje y palancas de aceleración primaria*

los tornillos de ajuste de las varillas de mezcla y émbolo.

14   Mediante el pequeño destornillador, desenrosque el cilindro del émbolo de vacío y remueva el cilindro, el resorte de retorno y la espiga de guía.

15   Remueva los dos surtidores principales de mezcla.

Cuerpo del acelerador

Caución: *No remueva el cuerpo del acelerador ni los casquetes limitadores de la mezcla ni los tornillos de mezcla.*

16   Remueva los tornillos que sujetan el cuerpo del acelerador al cuerpo principal del carburador y separe las dos piezas **(vea ilustración)**.

17   Remueva los tornillos de la tapa del bastidor de estrangulación y levante la tapa, la junta y el resorte termostático **(vea ilustración)**. Remueva el tornillo que sujeta el émbolo de estrangulación y desconecte el conjunto de émbolo y palanca.

18   Remueva los retenedores del eslabón entre los aceleradores secundario y primario, y retire el eslabón.

19   Si resulta necesario remover del cuerpo los dos ejes de aceleración, primero hay que limar al ras la porción abocinada (punzada) de los tornillos de las placas de aceleración, y luego retirar los tornillos. Deslice los ejes para removerlos del cuerpo, observando que el eje secundario consiste de dos piezas **(vea ilustración)**.

20   El desarmar ya se acabó y todas las piezas deben de ser limpiadas con solvente (vea Sección 2). Remueva cualquier sedimentos de la taza del flotador y de sus canales. Remueva todo el resto de las juntas viejas con un cuchillo afilado. Cuando todas las piezas estén limpias, se puede empezar el ensamblaje.

Ensamblaje

21   El ensamblaje es básicamente el inverso del procedimiento de desarmar, pero hay que prestar mucha caución a los puntos que siguen:

a) *Al instalar las juntas nuevas, chequee que todos los agujeros han sido punzados correctamente y que no hay ningún material extraño pegado en las juntas.*
b) *Al instalar los surtidores, asegúrese de usar el tamaño correcto de llave para evitar daño al orificio del surtidor.*
c) *Al conectar la palanca de estrangulación al eje actuador del estrangulador, note*

que la extremidad del eje es cónica y que el tornillo de fijación tiene una rosca a la izquierda.

d) *Note que la espiga de pivote del flotador tiene que ser introducida desde el lado de la bomba de aceleración para asegurar su retención correcta.*

6   Carburador - desarmar y armar (Holley 4180C 4V)

Refiérase a las ilustraciones 6.2, 6.8, 6.14, 6.20, 6.25, 6.60 y 6.64

1   Remueva el carburador como se describe en la Sección 3 y póngalo en un pedestal de reparación del carburadores. Si no hay disponible un pedestal de reparación, introduzca pernos del diámetro correcto y de unas 2 pulgadas y 1/4 de largo a través de los agujeros de fijación del carburador. Monte tuercas encima y debajo de la brida para mantener los pernos en su lugar. Esto ayudará a trabajar en el carburador y a evitar daños a las placas de estrangulación.

Desarmar

2   Coloque un contenedor debajo de la taza de combustible primaria y afloje los tornillos de fijación de la taza **(vea ilustración)**. Cuando el combustible termine de drenarse, remueva la taza y junta así como el circuito de descarga y su junta.

3   Remueva el tubo de transferencia de la bomba o del circuito de descarga o del bastidor principal, y bote los anillos O.

4   Desconecte el tubo de transferencia de combustible y bote el anillo O.

5   En los modelos del año 1979, remueva el tubo de compensación, la arandela y el anillo O. Se puede botar el anillo O.

6   Remueva los surtidores principales del circuito de descarga mediante una llave para surtidores.

7   Desenrosque la válvula de potencia y retírela con su junta.

8   Desenrosque el tornillo de bloqueo del ajuste del nivel de combustible ubicado en la

5.17 Remoción de la tapa y del resorte termostático del estrangulador (carburador 4350 4V)

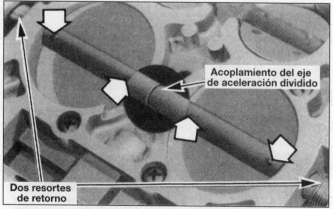

5.19 Para remover el eje secundario del acelerador, remueva primero con una lima las porciones punzadas de los tornillos de montaje de las placas (flechas) (carburador 4350 4V)

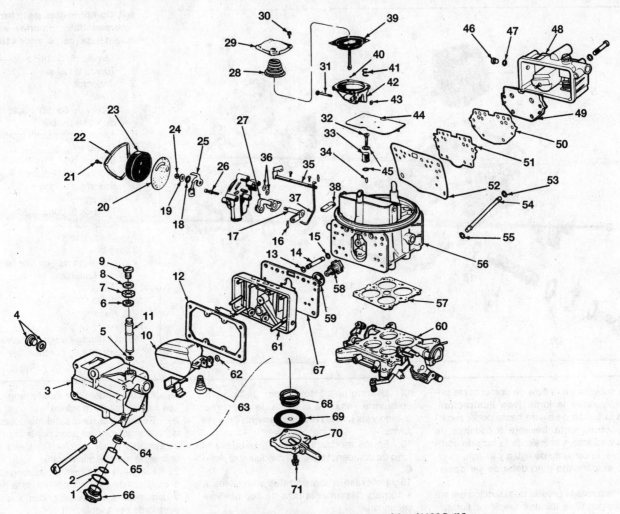

6.2 Componentes del carburador - vista esquemática (4180C 4V)

1   Junta
2   Anillo O
3   Taza de combustible primaria
4   Tapón de control visual del nivel del combustible y su junta
5   Anillo O
6   Junta
7   Tuerca de ajuste del nivel de combustible
8   Junta
9   Tornillo de bloqueo
10   Flotador
11   Aguja y asiento de entrada de combustible
12   Junta de la taza primaria de combustible
13   Anillo O de sello
14   Tubo de transferencia
15   Anillo O de sello
16   Retenedor
17   Eje y palanca del bastidor del estrangulador
18   Espaciador
19   Arandela de seguridad
20   Junta del bastidor del termostato del estrangulador
21   Tornillo
22   Abrazadera del bastidor del termostato del estrangulador

23   Bastidor y resorte del termostato del estrangulador
24   Tuerca
25   Palanca del termostato del estrangulador
26   Tornillo y arandela de seguridad
27   Conjunto de la leva de marcha mínima alta
28   Resorte del diafragma
29   Tapa
30   Tornillo
31   Tornillo
32   Tornillo
33   Boquilla de descarga
34   Aguja de descarga de la bomba de aceleración
35   Eje de la mariposa
36   Juntas
37   Varilla del estrangulador
38   Sello de la varilla del estrangulador
39   Conjunto del diafragma
40   Bola de retención
41   Presilla en E
42   Bastidor secundario
43   Junta
44   Mariposa
45   Junta
46   Tapón de control visual del nivel del combustible

47   Junta
48   Taza de combustible secundaria
49   Placa de mezcla
50   Junta
51   Junta metálica
52   Junta
53   Anillo O de sello
54   Tubo de transferencia
55   Anillo O de sello
56   Cuerpo principal
57   Junta entre el cuerpo principal y el cuerpo del acelerador
58   Válvula de potencia
59   Junta de la válvula de potencia
60   Cuerpo del acelerador
61   Circuito de descarga primario
62   Retenedor
63   Resorte del flotador
64   Malla de filtración
65   Filtro
66   Conexión de entrada de combustible
67   Junta del circuito de descarga
68   Resorte del diafragma
69   Conjunto del diafragma
70   Tapa de la bomba de aceleración
71   Tornillo de fijación y arandela de seguridad

4

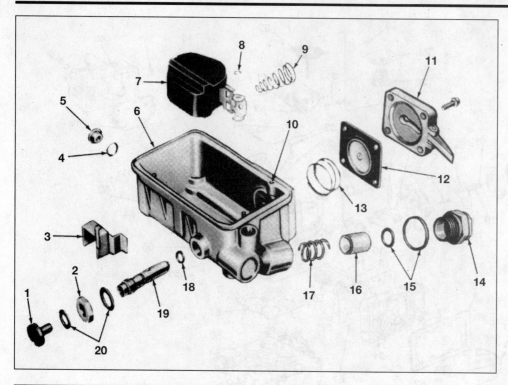

6.8 Componentes de la taza de combustible primaria – vista esquemática (carburador 4180C 4V)

1   Tornillo de bloqueo del ajuste
2   Tuerca de ajuste
3   Deflector
4   Junta
5   Tapón de control visual del nivel del combustible
6   Taza de combustible primaria
7   Flotador
8   Retenedor
9   Resorte del flotador
10 Resorte de retorno del diafragma
11 Tapa de la bomba de aceleración
12 Diafragma
13 Filtro
14 Conexión de entrada del combustible
15 Junta
16 Anillo O
17 Resorte
18 Anillo O
19 Conjunto de aguja y asiento de entrada de combustible
20 Junta

parte superior de la taza de combustible primaria, y retire la junta **(vea ilustración)**. Afloje la tuerca de ajuste hasta poder removerla con su junta. Levante el conjunto de aguja y asiento, y retírelo de la taza de combustible. El conjunto de aguja y asiento es un juego emparejado y no debe de ser desarmado.

9   Remueva la presilla de retención del eje flotador con unos alicates. Deslice el flotador para removerlo del eje y retire el resorte del flotador.

10 Separe el desviador de la taza de combustible. Desenrosque del lado de la taza el tapón de control visual del nivel del combustible.

11 Remueva el conector de entrada de combustible junto con su filtro, junta, anillo O y malla de filtración.

12 Invierta la taza y retire la tapa de la bomba de aceleración, el diafragma y el resorte de retorno del diafragma. No debe de removerse la bola de retención de la bomba de aceleración.

13 Remueva la taza de combustible secundaria del carburador.

14 Usando un destornillador de tipo con embrague, remueva la placa de mezcla, el cuerpo y las juntas **(vea ilustración)**. Bote las juntas.

15 En los modelos de 1979, remueva el tubo de compensación, la arandela y el anillo O.

16 Refiérase a los párrafos anteriores 8 a 10 para desarmar la taza de combustible secundaria.

17 Remueva el retenedor del eslabón del diafragma secundario así como el perno prisionero del depurador de aire.

18 Invierta el carburador y remueva los tornillos que sujetan el cuerpo del acelerador. Retire de su posición el cuerpo del acelerador y la junta. Bote la junta.

19 Desconecte del conjunto de palanca y eje del bastidor el retenedor de la varilla de la mariposa.

20 Remueva del cuerpo principal el bastidor del resorte termostático y su junta,

seguido por el bastidor del estrangulador y sus juntas **(vea ilustración)**.

21 Remueva la tuerca del eje del bastidor del estrangulador, seguido por la arandela de seguridad y el espaciador. Remueva el eje y la leva de marcha mínima alta.

22 Remueva el émbolo de estrangulación y el conjunto de eslabonamiento de la palanca, y luego separe del cuerpo principal la varilla y el sello de estrangulación.

23 Si es necesario, remueva la mariposa de su eje y deslice el eje y palanca de la mariposa hacia fuera de la bocina de aire. Los tornillos que sujetan la mariposa son punzados en el eje de la misma. Puede ser necesario limar al ras la porción abocinada del tornillo para evitar daños a las roscas en el eje del estrangulador. No dañe el tubo venturi o el eje de la mariposa mientras está limando los tornillos.

24 Remueva el bastidor del diafragma y su junta del cuerpo principal para conseguir

6.14 Componentes de la taza de combustible secundaria y bloque de mezcla calibrado – vista esquemática (carburador 4180C 4V)

1   Junta
2   Junta metálica
3   Junta
4   Placa de mezcla
5   Taza de combustible secundaria

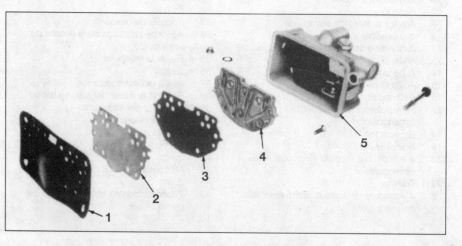

acceso a la tapa del bastidor del diafragma. Remueva la tapa del bastidor del diafragma, seguido por el resorte y diafragma así como la bola de retención de vacío.

25 Remueva el tornillo de la boquilla de descarga de la bomba de aceleración, y luego remueva la boquilla y sus juntas del cuerpo principal. Invierta el cuerpo principal y colecte la aguja de descarga cuando cae **(vea ilustración)**.

26 Las piezas del cuerpo del acelerador son ensambladas como juego emparejado y no deben de ser desarmadas.

Limpieza e inspección

27 Limpie todas las piezas con solvente para carburadores. No sumerja piezas de goma o plástico, porque se dañarán permanentemente. No intente limpiar los surtidores con un alambre o una aguja, sino sople a través de ellos con aire comprimido. Chequee todas las piezas fijas y móviles por grietas, distorsión, desgaste u otro daño, y sustituya las piezas según sea necesario. Asegúrese de que todas las juntas nuevas estén en buenas condiciones, que todos los agujeros se encuentren correctamente punzados, y que no haya ningún material extraño pegado en la junta.

28 Chequee el diafragna de operación secundario y el diafragma de la bomba de aceleración por ropturas y cortadas y reemplacela si es necesario. Esté seguro de que todas las juntas nuevas estén en buenas condiciones, de que todos los orificios estén perforados apropiadamente y de que ningún material extranjero esté atorado en al junta.

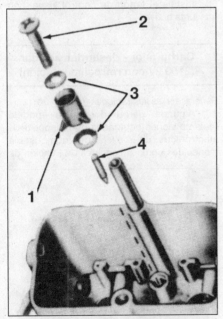

6.25 Componentes del conjunto de descarga de la bomba de aceleración – vista esquemática (4180C 4V)

1 Boquilla de descarga
2 Tornillo de la boquilla de descarga
3 Juntas de la boquilla
4 Aguja de descarga

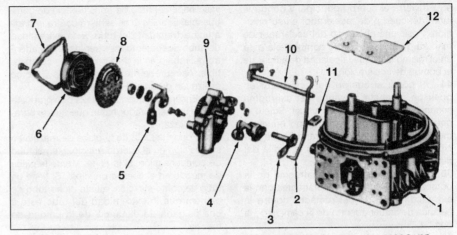

6.20 Componentes del estrangulador – vista esquemática (carburador 4180C 4V)

1 Cuerpo principal
2 Varilla del estrangulador
3 Eje y palanca del bastidor del estrangulador
4 Conjunto de la leva de marcha mínima alta
5 Conjunto del émbolo y eslabonamiento de la palanca del termostato

6 Resorte y bastidor del termostato
7 Abrazadera del bastidor del termostato
8 Junta del bastidor del termostato
9 Bastidor del termostato
10 Eje del estrangulador
11 Sello del eje del estrangulador
12 Mariposa

Ensamblaje

29 Deslice la aguja de descarga de la bomba de aceleración en su posición en la taza y asiéntela ligeramente mediante un ensanchador de latón y un martillo pequeño.

30 Instale la boquilla de descarga y las juntas de la bomba de aceleración adentro del cuerpo principal y sujételas con el tornillo. Cuidadosamente perfore el tornillo con un punzón de punta chata. Tenga cuidado que no caigan astillas en el carburador.

31 Ponga la bola de retención en su posición en el orificio de vacío en el bastidor del diafragma secundario. Instale el diafragma secundario en el bastidor y coloque el resorte en la tapa. Sujete la tapa en el bastidor del diafragma. Antes de apretar completamente los tornillos de fijación, chequee que el orificio de vacío esté alineado y que el diafragma está sentado a nivel en el bastidor. **Nota:** *Se puede instalar la tapa solamente cuando el diafragma no esté conectado al cuerpo principal.*

32 Posicione una junta nueva en el cuerpo principal e instale el bastidor del diafragma. Apriete bien los tornillos de fijación del bastidor.

33 Deslice el eje de la mariposa hacia adentro de la bocina de aire y monte la mariposa.

34 Posicione el sello de la varilla en la varilla del estrangulador, y luego deslice la extremidad en forma de U de la varilla del estrangulador a través del orificio en el cuerpo principal. Meta la extremidad de la varilla a través del lado interior del agujero para la palanca del estrangulador.

35 Con la extremidad de la varilla mirando hacia fuera, posicione el sello de la varilla adentro de las ranuras en el lado inferior de la

brida para el montaje del depurador de aire.

36 Ponga el conjunto del émbolo y el eslabón de la palanca del termostato del estrangulador en posición adentro del bastidor del estrangulador.

37 Sujete el conjunto de leva de marcha mínima alta en el bastidor del estrangulador.

38 Instale el eje del bastidor del estrangulador así como el conjunto de palanca.

39 Con el conjunto de palanca y émbolo en posición en el conjunto de palanca y eje del bastidor del estrangulador, instale el espaciador, la arandela de seguridad y la tuerca de fijación.

40 Ponga la junta del bastidor del estrangulador en posición en el cuerpo principal mientras el cuerpo principal está acostado en su lado. Mientras se pone el bastidor del estrangulador en posición en el cuerpo principal, introduzca la varilla del estrangulador adentro de la palanca del eje del bastidor del estrangulador. La parte saliente de la varilla del estrangulador tiene que ser instalada debajo de la leva de marcha mínima alta, de manera que la leva pueda funcionar cuando el estrangulador esté cerrado. Instale las arandelas de seguridad y los tornillos de fijación del bastidor del estrangulador. Apriete seguramente los tornillos.

41 Instale la clavija hendida de la varilla del estrangulador con alicates.

42 Posicione la junta del bastidor del resorte termostático en el bastidor del estrangulador. Fije el resorte termostático en la palanca del resorte. Instale el bastidor, el sujetador y los tornillos. El bastidor del resorte tiene que ser ajustado alineando la marca de posición céntrica en el bastidor del estrangulador con la marca índice en la tapa, antes de apretar los tornillos.

4

43   Invierta el cuerpo principal y ponga la junta del cuerpo del acelerador en su posición. Posicione el cuerpo del acelerador de manera que la entrada de combustible esté en el mismo lado que la palanca de actuar de la bomba de aceleración.

44   Al poner el cuerpo del acelerador en posición, conecte la varilla del diafragma secundario a la palanca de actuar. Sujete el cuerpo del acelerador al cuerpo principal mediante los tornillos y las arandelas de fijación, y monte el retenedor en la varilla del diafragma secundario.

45   Instale el resorte del diafragma de la bomba de aceleración y el diafragma con la extremidad grande del remache contra la palanca de actuar adentro de la cámara de la bomba.

46   Instale la tapa, pero no apriete los tornillos de fijación hasta que el diafragma esté centrado. Comprima el diafragma mediante la palanca de actuar, y luego apriete seguramente los tornillos de la tapa.

47   Introduzca el filtro, la malla, un anillo O nuevo y una junta nueva, y luego enrosque el conector de entrada de combustible en la taza de combustible.

48   Enrosque el tapón de control visual del nivel de combustible en el lado de la taza, utilizando una junta nueva.

49   Posicione la placa desviadora en las molduras adentro de la taza de combustible. Monte el resorte en el flotador y monte el flotador en el eje del flotador. Asegúrese de que el resorte se siente entre las molduras y en la parte que sale en el fondo de la taza de combustible. Monte el retenedor del flotador con alicates.

50   Posicione un anillo O nuevo, revestido de vaselina, en el conjunto de aguja de entrada de combustible y su asiento. Ponga el conjunto de aguja y asiento en posición a través de la parte superior de la taza de combustible.

51   Enrosque la tuerca de ajuste con una junta nueva en el conjunto de aguja y asiento. Cuando el diámetro chato exterior del conjunto de aguja y asiento esté alineado con el diámetro chato interior de la tuerca de ajuste, instale el tornillo de bloqueo del ajuste con su junta.

52   Invierta la taza de combustible y ajuste el nivel del flotador hasta que el flotador esté paralelo a la taza.

53   Enrosque la válvula de potencia en el circuito de descarga, usando una junta nueva. Asegúrese de que la válvula de potencia sea idéntica a la válvula que sustituye. El número está estampado en la base de la válvula.

54   Coloque una junta nueva en las espigas de guía en el dorso del circuito de descarga, y luego monte el circuito de descarga en el cuerpo principal. Introduzca los tornillos de fijación de la taza de combustible a través de la taza y posicione una junta nueva de compresión en la taza. Posicione la taza en el circuito de descarga y apriete seguramente los tornillos de fijación.

55   Instale un anillo O nuevo, revestido de

vaselina, en el tubo de transferencia de combustible. El anillo O se sentará contra la brida a una extremidad del tubo. Esta extremidad del tubo puede entonces ser instalada adentro del rebajo en la taza primaria de combustible. Asegúrese de que los anillos O no se pellizquen durante la instalación.

56   Ensamble la segunda taza de combustible y ajuste el flotador hasta que quede paralelo a la taza.

57   Ponga la junta de la placa de mezcla en su posición en el cuerpo principal, en el tubo de compensación, si lo tiene. Monte la placa de mezcla en el cuerpo principal. Si tiene un tubo de compensación, ajuste dicho tubo de manera que la extremidad del tubo esté a una pulgada de distancia de la unidad de mezcla.

58   Ponga un anillo O nuevo, revestido de vaselina, contra la brida del tubo de combustible. Instale la taza de combustible en el cuerpo principal, introduciendo la línea de combustible en el rebajo de la taza. Monte los tornillos de fijación con juntas de compresión nuevas y apriete seguramente los tornillos.

59   Instale el carburador como se describe en la Sección 3. Ajuste el carburador como se describe más adelante. El ajuste final del carburador tiene que ser efectuado por una agencia Ford o un especialista en afinación de emisiones.

Ajustes del carburador

Ajuste de la palanca de la bomba de aceleración

60   Mantenga la placa primaria del estrangulador en la posición totalmente abierta e

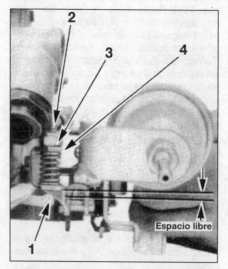

6.60 Detalles de chequeo y ajuste del espacio libre de la palanca de la bomba de aceleración (carburador 4180C 4V)

1   *Brazo de la bomba de aceleración*
2   *Tornillo de ajuste*
3   *Tuerca de bloqueo del tornillo de ajuste*
4   *Palanca de operación de la bomba de aceleración*

introduzca un calibrador especificado entre la cabeza del tornillo de ajuste y el brazo de la bomba, cuando el brazo esté oprimido manualmente **(vea ilustración)**.

61   Afloje la tuerca de seguridad y gire el tornillo de ajuste hacia adentro para aumentar el espacio libre, o hacia fuera para reducir el espacio libre. Cuando se haya obtenido el espacio libre correcto, sostenga el tornillo de ajuste con una llave mientras aprieta la tuerca de seguridad.

Ajuste del nivel del flotador (mojado)

62   Permita marchar el motor hasta que llegue a la temperatura normal de operación, y estacione el vehículo en un terreno plano. Retire el conjunto del depurador de aire.

63   Ponga un recipiente debajo del tapón de control visual del nivel de combustible y remueva el tapón. Remueva solamente un tapón de control visual y ajuste el nivel de un flotador a la vez. El nivel correcto del flotador existe cuando el combustible esté justamente al punto más bajo del orificio para el tapón.

64   Si el nivel está demasiado alto, afloje el tornillo de seguridad en la parte superior de la taza de combustible **(vea ilustración)**. El tornillo de seguridad debe de ser aflojado solamente cuanto necesario para poder dar vuelta a la tuerca de ajuste. Baje el nivel moviendo la tuerca en sentido horario, y luego suba el flotador hasta el nivel deseado moviendo la tuerca en el sentido contrario.

65   Mantenga el tornillo de ajuste en posición mientras aprieta el tornillo de bloqueo.

66   Instale el tapón de control visual con una junta nueva.

---

7   Carburador - desarmar y armar (2150 2V con retroalimentación)

Refiérase a las ilustraciones 7.3a y 7.3b

1   Algunos carburadores de modelo reciente vienen equipados con dispositivos electrónicos de mezcla del combustible (conocidos como Solenoides de Función de

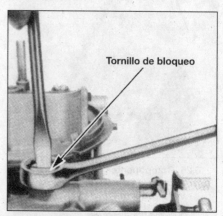

6.64 Detalles de ajuste mojado del nivel de combustible en la taza del flotador (carburador 4180C 4V)

**7.3a Componentes del carburador – vista esquemática
(carburador 2150 2V con solenoide de retroalimentación)**

1   Conjunto de palanca y tapa de la bomba
2   Tornillo de la tapa del diafragma de la bomba (4)
3   Tornillo de la válvula de la bomba (3)
4   Bomba compensada por temperatura
5   Junta de la válvula de la bomba
6   Casquete de limitación de la marcha mínima (2)
7   Aguja de ajuste de la marcha mínima (2)
8   Resorte de la aguja de ajuste de la marcha mínima (2)
9   Tapón de limitación de la aguja de marcha mínima (2)
10 Tuerca de la palanca y arandela de seguridad
11 Palanca y tornillo de la marcha mínima alta
12 Tornillo del deflector de aire (3)
13 Deflector de aire
14 Tornillo y arandela de seguridad del bastidor del estrangulador (3)
15 Conjunto del bastidor del estrangulador
16 Tornillos de la abrazadera de la tapa del estrangulador (3)
17 Abrazadera de la tapa del estrangulador
18 Conjunto de la tapa y resorte del estrangulador
19 Junta de la tapa del estrangulador
20 Tornillo y arandela de seguridad de la tapa de la taza
21 Conjunto de la bocina de aire
22 Junta de la tapa de la taza
23 Retenedor del pasador del flotador
24 Conjunto de flotador y palanca
25 Retenedor de la varilla del estrangulador
26 Conjunto de aguja, asiento y deflector
27 Junta del bastidor del estrangulador
28 Retenedor de la varilla de la leva de marcha mínima alta (inferior)
29 Sensor de la posición del acelerador (sólo con retroalimentación)
30 Tornillo y arandela del sensor (2)
31 Pasador de la palanca del flotador
32 Tornillo del grupo
33 Tornillo con boquilla de descarga de la bomba
34 Malla del tornillo con boquilla de la bomba
35 Junta del tornillo con boquilla
36 Conjunto reforzador del venturi
37 Junta del grupo venturi
38 Malla del asiento de aguja
39 Surtidor principal de mezcla (2)
40 Sello de la varilla del estrangulador
41 Pesa de la bola del disco de la bomba
42 Bola del disco de la bomba
43 Válvula de retención de la entrada de la bomba
44 Resorte de retorno del diafragma de la bomba
45 Conjunto del diafragma de la bomba
46 Émbolo del diafragma de la bomba

47 Conjunto de la varilla de la bomba
48 Junta de la tapa de la válvula
49 Tapa de la válvula de enriquecimiento
50 Tornillo y arandela de la tapa de la válvula de enriquecimiento (4)
51 Válvula de enriquecimiento (2 etapas)
52 Junta de la válvula de enriquecimiento
53 Conjunto lanzador del acelerador
54 Tornillo del lanzador del acelerador
55 Casquete de limitación de la marcha mínima (2)
56 Aguja de ajuste de la marcha mínima (2)
57 Resorte de la aguja de ajuste de la marcha mínima (2)

58 Tapón de limitación de la aguja de la marcha mínima (2)
59 Conjunto del cuerpo principal
60 Conjunto aneroide, solamente altitud
61 Tornillo y arandela del control de retroalimentación (3)
62 Junta del control de retroalimentación
63 Conjunto del control de alimentación
64 Retenedor de la varilla de interrupción de vacío del estrangulador
65 Tornillo del conjunto interruptor de vacío del estrangulador
66 Conjunto del motor y manguera de interrupción de vacío del estrangulador

4

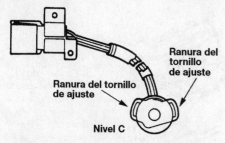

7.3b Antes de remover el sensor de posición del acelerador del carburador 2150 2V con retroalimentación, marque las cabezas y ranuras de los tornillos para asegurar su reinstalación correcta

Retroalimentación) para controlar el combustible de modo muy exacto. El solenoide es controlado por una computadora que calcula la relación aire/combustible en base de información recibida de los sensores, extensión de la carga en el motor y las rpm hasta la presión atmosférica del momento.

2   Debido a la complejidad del sistema EEC (control electrónico del motor), el mecánico del hogar queda limitado a la inspección visual de los conectores eléctricos para estar satisfecho que están limpios y seguros. Si se sospecha un problema en el sistema EEC, debe de llevar el vehículo a una agencia Ford o a un técnico calificado de servicio.

3   Si se efectúa un arreglo del carburador, debe de seguirse el procedimiento en la Sección 4 con adición de los pasos siguientes en los puntos indicados. Refiérase a la vista esquemática acompañante del carburador 2150 2V de retroalimentación **(vea ilustración)**.

a) **Paso 17:** Remueva los dos tornillos de fijación (en vez de uno) y levante el reforzador del venturi y el conjunto de varilla de mezcla con su junta.

b) **Paso 20:** En el sensor de la posición del acelerador, marque las correspondencias entre las dos cabezas de los tornillos de ajuste y las ranuras de los tornillos de ajuste para simplificar su reinstalación **(vea ilustración)**. Remueva los dos tornillos de fijación y desmonte el sensor.

c) **Paso 23:** Remueva el cuerpo principal los tres tornillos de fijación del solenoide, el solenoide de retroalimentación y su junta.

---

8   Carburador y ajustes externos

Refiérase a las ilustraciones 8.12a, 8.12b, 8.23a, 8.23b, 8.25a y 8.25b
Nota: *Todos los carburadores en vehículos norteamericanos de modelo reciente vienen equipados con limitadores de ajuste o topes de limitación en los tornillos de ajuste de la mezcla en marcha mínima. Todos los ajustes de estos tornillos de mezcla tienen que efectuarse solamente adentro de la gama permitido por los dispositivos de limitación. Además, los procedimientos que siguen se destinan solamente para su uso general. La información proporcionada en la etiqueta de Información para el Control de Emisiones, ubicada debajo del capó, es específicamente para su motor y debe de seguirse.*

Las instrucciones incluidas aquí deben de considerarse solamente como ajustes interinos. El vehículo debe de ser llevado a una agencia o taller de reparaciones equipado con los instrumentos necesarios para el ajuste de la mezcla en marcha mínima cuanto antes después que el vehículo esté en condiciones de marcha. En el mismo tiempo que se ajusta la mezcla en marcha mínima, se reajustará también la velocidad de marcha mínima, de modo que el carburador funcione adentro de los límites indicados en la etiqueta de Información para el Control de Emisiones.

Note también que todos los ajustes necesarios y/o procedimientos de inspección tratados en la Sección 2 de este Capítulo deben de efectuarse antes de hacerse los ajustes del carburador.

Velocidad de marcha mínima (preliminar)

1   Ajuste los tornillos de mezcla en marcha mínima hasta la posición máxima en sentido a las agujas del reloj permitida por los casquetes limitadores.

2   Retroceda el tornillo de ajuste de la velocidad de marcha mínima hasta que las placas de aceleración queden sentadas en sus orificios de aceleración. Algunos vehículos están equipados con un amortiguador o de un solenoide para mantener el eslabonamiento en posición abierta. Asegúrese de que estos dispositivos no mantengan las placas abiertas cuando efectúe este ajuste.

3   Dele al tornillo de ajuste de la velocidad de marcha mínima una vuelta hacia adentro hasta que empiece a tocar el tope del acelerador. Dele al tornillo una vuelta y media más para establecer el ajuste preliminar de la velocidad de marcha mínima.

Velocidad de marcha mínima (motor en marcha)

4   Apriete el freno de estacionamiento y bloquee las ruedas para prevenir movimiento. Si el vehículo está equipado con una transmisión automática, permita que un ayudante aplique los frenos para mayor seguridad durante los procedimientos siguientes.

5   Ponga el motor en marcha y déjelo llegar a su temperatura normal de operación.

6   Asegúrese de que la sincronización del encendido esté ajustada como se describe en el Capítulo 1.

7   En un vehículo con transmisión de cambio manual, la marcha mínima debe de ajustarse con la transmisión en Neutro. En vehículos con transmisión automática, el ajuste de la marcha mínima se efectúa con la transmisión en (Drive).

8   Asegúrese de que la mariposa esté completamente abierta.

9   Asegúrese de que el aire acondicionado esté apagado.

10   Use un tacómetro de exactitud conocida y conéctelo al vehículo según las instrucciones del fabricante.

11   Ajuste las rpm de marcha mínima del motor a la especificación indicada en la etiqueta de Información para el Control de Emisiones, debajo del capó. Asegúrese de que el depurador de aire esté instalado durante este ajuste.

12   Si lo tiene, dé una vuelta al conjunto de

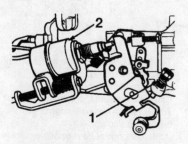

8.12a Ubicación del solenoide del acelerador (carburador 2150 2V)

1   *Tornillo de ajuste de la velocidad de marcha mínima con solenoide "apagado"*
2   *Solenoide del estrangulador*

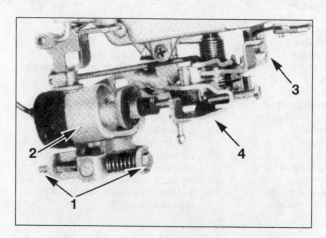

8.12b Ubicación del solenoide del acelerador (carburador 4350 4V)

1   *Ajuste del posicionador del acelerador (cualquier lado) (en posición de marcha mínima)*
2   *Solenoide*
3   *Tornillo de ajuste de la marcha mínima con solenoide "apagado"*
4   *Palanca del acelerador*

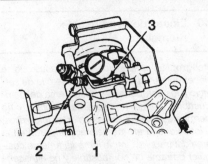

8.23a Ubicación del tornillo de ajuste de la marcha mínima alta (carburador 2150 2V)

1   Palanca de marcha mínima alta
2   Tornillo de marcha mínima alta
3   Leva de marcha mínima alta

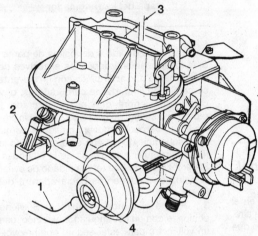

8.23b Ubicación del tornillo de ajuste de la marcha mínima alta (carburador 4350 4V)

1   Leva de la marcha mínima alta
2   Tornillo de ajuste de la marcha mínima alta
3   Eslabón del diafragma
4   Modulador de desaceleración del acelerador

8.25a Lugar de chequeo del espacio libre entre la leva de la marcha mínima alta y el diafragma de interrupción del vacío (carburador 2150 2V)

1   Conecte una bomba de vacío manual
2   Compensador de marcha mínima caliente
3   Mida el espacio libre entre el borde inferior de la mariposa y la pared de la bocina de aire
4   Tornillo de ajuste del diafragma de interrupción del vacío del estrangulador

solenoide (**vea ilustraciones**) para obtener las rpm de marcha mínima especificada, con el solenoide activado.

13   Ponga la transmisión automática en Neutro.

14   Interrumpa el suministro eléctrico desconectando el conector del alambre de alimentación.

15   Ajuste el tornillo de bloqueo del estrangulador del carburador hasta obtener 500 rpm en Neutro.

16   Reconecte el alambre del solenoide y abra el acelerador un poco con la mano. El macho de imán del solenoide debe de mantener la palanca del acelerador en posición extendida y aumentar la velocidad del motor.

Mezcla de aire/combustible en marcha mínima

17   Con el motor en marcha, enrosque cuidadosamente los tornillos de mezcla en marcha mínima completamente hacia adentro, pero no los fuerce o serán dañados.

18   Retroceda los tornillos muy lentamente hasta adquirir la marcha mínima más suave. Los tornillos de mezcla en marcha mínima deben de ser ajustados simultáneamente por incrementos iguales.

19   Lleve el vehículo a una agencia Ford o a un taller de afinación, y permita que se ajuste la mezcla para conformar con las ordenanzas de emisiones vigentes y para proporcionar grados aceptables de rendimiento y manejo.

Marcha mínima alta

20   El tornillo de ajuste de la marcha mínima alta se proporciona para mantener las rpm del motor en marcha mínima cuando el estrangulador esté funcionando y el motor tenga un suministro limitado de aire durante el ciclo de marcha fría. Mientras la mariposa se mueva a través de su radio de movimiento desde la posición cerrada hasta la abierta, la leva de marcha mínima alta da la vuelta para permitir velocidades de marcha mínima cada vez más lentas hasta llegar a la temperatura normal de operación y a las rpm correctas de marcha mínima estacionaria.

21   Antes de ajustar la marcha mínima alta,

asegúrese de que la velocidad de marcha mínima especificada esté ajustada como se indicó anteriormente.

22   Con el motor a la temperatura normal de operación y el tacómetro conectado, dé manualmente una vuelta a la leva de marcha mínima alta hasta que el tornillo de ajuste de la marcha mínima alta descanse en el escalón especificado de la leva (vea la etiqueta de Información para el Control de Emisiones para el escalón correcto).

23   Dé una vuelta al tornillo de ajuste de la marcha mínima alta (**vea ilustraciones**) hacia adentro o hacia fuera para obtener la velocidad especificada de marcha mínima alta.

Espacio libre de la leva de marcha mínima alta

24   Si el carburador está en su lugar en el motor, hay que remover el depurador de aire.

25   Introduzca una barrena de número 38 (0.1015 pulgada) o número 39 (0.0995 pulgada) entre el borde inferior de la mariposa y la pared de la bocina de aire (**vea ilustraciones**).

26   Mientras mantiene el tornillo de ajuste de la marcha mínima alta en el escalón inferior de la leva de marcha mínima alta, contra el escalón superior, la lengüeta de la palanca del estrangulador y el brazo de la leva de marcha mínima alta apenas deben de hacer contacto. Pliegue la lengüeta de la palanca del estrangulador hacia arriba o abajo según sea necesario.

8.25b Lugar de chequeo del espacio libre entre la leva de marcha mínima alta y el diafragma de interrupción del vacío (carburador 4350 4V)

1   Plato del estrangulador
2   Mecha o calibre del tamaño especificado
3   Tornillo de tipo cono del eje de la mariposa (rosca zurda)
4   Tornillo de ajuste de la leva de la marcha mínima alta
5   Alambre de calibre de 0.036 pulgada
6   Aplique una ligera presión en la palanca del estrangulador
7   Tornillo de ajuste de la marcha mínima alta

4

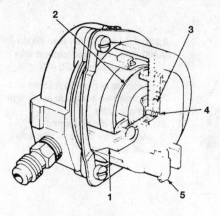

9.3 **Componentes típicos del estrangulador eléctrico**

1   *Tira de tierra*
2   *Calentador cerámico de coeficiente positiva de temperatura*
3   *Disco bimetálico sensible a la temperatura*
4   *Contactos de plata*
5   *Conector de desenganche rápido*

Diafragma de interrupción del vacío del estrangulador

27   Si el carburador está en posición en el motor, hay que remover el depurador de aire.
28   Remueva los tres tornillos y el anillo que sujeta la tapa del resorte termostático del estrangulador. No remueva el tornillo que fija la cubierta de agua.
29   Retire el conjunto de la tapa y remueva el conjunto de ayuda eléctrica.
30   Ajuste la leva de marcha mínima alta en el escalón superior, y luego use un destornillador para empujar la espiga del diafragma hacia atrás contra el escalón.
31   Introduzca una barrena de número 7 (0.201 pulgada) o número 8 (0.119 pulgada) entre el borde inferior de la mariposa y la pared de la bocina de aire.
32   Ajuste el espacio libre entre la mariposa y la pared de la bocina de aire enroscando según sea necesario el tornillo de ajuste del diafragma de vacío mediante una llave Allen.

9   Estrangulador automático - chequeo y ajuste

Refiérase a las ilustraciones 9.3 y 9.4
Nota: *El procedimiento de chequeo del funcionamiento del estrangulador se describe en el Capítulo 1.*
1   Con el motor frío y sin estar en marcha, remueva el depurador de aire.
2   Dé vuelta al acelerador (o permita que un ayudante oprima el pedal de acelerador) hasta la posición de abierto, y chequee si la mariposa cierra seguramente adentro de la bocina de aire. Con el acelerador mantenido en posición abierta, asegúrese de que la mariposa pueda ser movida libremente y que

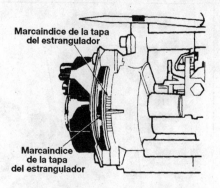

9.4 **Marcas índice típicas del bastidor y tapa del estrangulador**

no se atasque debido a depósitos de barniz. Si la mariposa tiene depósitos excesivos de barniz, habrá de ser limpiada con un solvente comercial de limpieza de carburadores, o el carburador tendrá que ser desarmado y reparado o sustituido (vea Sección 2). Un limpiador en aerosol removerá cualquier barniz de la superficie que puede estar causando la función irregular o pegajosa de la mariposa. Sin embargo, hay que tener cuidado de evitar la caída de sedimentos hacia adentro del motor.
3   Ponga el motor en marcha. Si viene equipado con un estrangulador eléctrico, use un voltímetro para estar seguro que hay voltaje presente en el conector de desenganche rápido **(vea ilustración)**. El voltaje debe estar suministrado de modo continuo al interruptor de detección de temperatura mientras esté en marcha el motor. Si no hay voltaje, chequee el circuito del sistema para localizar el problema.
4   Algunos estranguladores automáticos son equipados con un resorte termostático en el bastidor que controla la acción del estrangulador. Para ajustar este tipo del bastidor, afloje los tres tornillos que fijan el bastidor del resorte termostático en el bastidor del estrangulador. El bastidor del resorte puede entonces ser girado para cambiar el ajuste del estrangulador. Ajuste el bastidor del resorte en el índice especificado (vea la etiqueta de Información para el Control de Emisiones adentro del compartimento del motor) y apriete los tornillos de fijación **(vea ilustración)**. No intente compensar un funcionamiento malo del estrangulador cambiando el ajuste del índice desde el puesto especificado. Si el estrangulador no está funcionando correctamente, el resorte adentro del bastidor puede estar desgastado o quebrado, u otros problemas pueden existir en el sistema de estrangulación. Si existe esta situación, hay que sustituir el bastidor de resorte.
5   Permita enfriarse completamente el motor (por lo menos cuatro horas – de preferencia de la noche a la mañana) y chequee que el funcionamiento está correcto según lo descrito en el Capítulo 1.

10   Líneas de combustible - reemplazo

Peligro: *Hay precauciones necesarias que se deben tomar cuando inspeccione o le de servicio a los componentes del sistema del combustible. Trabaje en una área ventilada y no permita que hallan llamas abiertas (cigarrillos, piloto del aparato de calefacción, etc.) en el área del trabajo. Limpie inmediatamente cualquier derrame de combustible y no almacene trapos empapados de combustible donde podrían encenderse. En modelos equipados con sistema de inyección de combustible, el combustible está bajo presión y ningún componente se debe desconectar sin primero aliviar la presión del sistema (vea Capítulo 4).*
1   Las líneas de combustible en estos vehículos son fabricadas generalmente de metal con secciones cortas de manguera de caucho para conectar los puntos de flexión críticos. Las líneas de combustible se sujetan normalmente en la carrocería y el bastidor por medio de presillas. Por lo general no necesitarán servicio. Sin embargo, si se permite que se aflojen y salgan de su fijación, pueden vibrar y finalmente desgastarse hasta tener un hoyo. Si hay que sustituir una línea de combustible, permita este trabajo a una agencia Ford o taller de reparaciones debido a que se requieren herramientas especiales y plegadoras especiales para reconstruir las líneas. **Nota:** *Todos los vehículos equipados con encendido electrónico de combustible, así como muchos vehículos de modelo reciente, son equipados con líneas de combustible con conexiones de conexión por presión. El reemplazo de líneas de combustible teniendo conexiones de conexión por presión debe de ser efectuada por el taller de servicio de una agencia Ford (se requieren herramientas y experiencia especial para desconectar y reconectar las conexiones). Vea el Capítulo 13 para más información.*
2   Si se ha dañado una sección corta de la línea de combustible, se puede usar una manguera de combustible de caucho para sustituirla si no es más larga de 12 pulgadas. Corte una sección de manguera de caucho de calidad para combustible que es más larga que la sección a ser sustituida, y use un corta tubos para remover la porción dañada de la línea metálica. Instale la línea de combustible de caucho usando una abrazadera de manguera en cada extremidad, y verifique que no está goteando.
3   Si se necesitan nuevas líneas de combustible, tienen que ser cortadas, formadas y abocinadas de tubería para sistemas de combustible. Si usted tiene el equipo para hacerlo, remueva la línea vieja de combustible del vehículo y duplique las curvas y la longitud de la línea de combustible que ha removido.
4   Instale la sección nueva de tubería y tenga cuidado de instalar nuevas abrazaderas y/o soportes donde se necesitan. Asegúrese de que la tubería de repuesto sea del mismo diámetro, forma y calidad que la

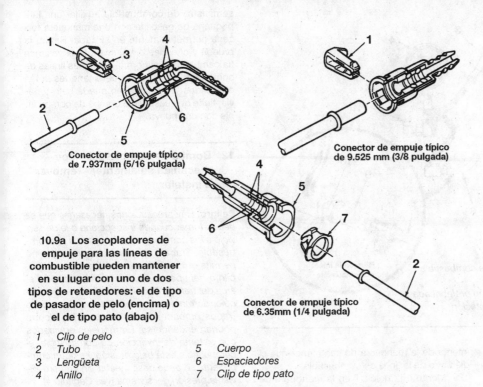

Conector de empuje típico
de 7.937mm (5/16 pulgada)

Conector de empuje típico
de 9.525 mm (3/8 pulgada)

Conector de empuje típico
de 6.35mm (1/4 pulgada)

10.9a Los acopladores de empuje para las líneas de combustible pueden mantener en su lugar con uno de dos tipos de retenedores: el de tipo de pasador de pelo (encima) o el de tipo pato (abajo)

1 Clip de pelo
2 Tubo
3 Lengüeta
4 Anillo
5 Cuerpo
6 Espaciadores
7 Clip de tipo pato

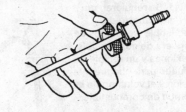

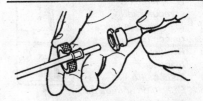

10.9b El retenedor de tipo pato requiere una herramienta especial para removerlo

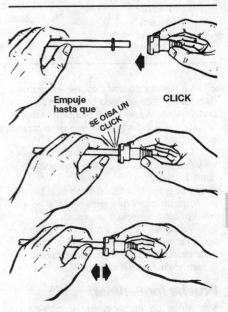

Empuje
hasta que

SE OISA UN
CLICK

CLICK

10.9c Después de que el retenedor esté en su lugar, empuje las dos secciones de la línea de combustible juntas hasta que usted oiga la grapa entrar en su lugar, entonces trate de separarlas

original, que todas las extremidades abocinadas conformen con las de la línea de combustible original, que las líneas de combustible conectadas a las bombas de combustible u otras conexiones sean del tipo a doble bocina y que se haya removido todos las partículas de metal del interior de la tubería antes de instalarla.

5   Siempre chequee las mangueras de caucho por indicaciones de fugas y deterioro.

6   Si hay que sustituir una manguera de caucho, sustituya también las abrazaderas.

7   Si el vehículo está equipado con dos tanques, tendrá también una válvula de comutación en alguna parte del sistema. Si se instaló un tanque auxiliar en la fábrica, la válvula de comutación será ubicada al lado de los controles de la calefacción y será accionada eléctricamente. **Peligro:** *Si hay que sustituir esta válvula, chequee muy bien para estar seguro que el cable está desconectado del borne negativo de la batería antes del reemplazo, de otra manera pueda que chispas enciendan la gasolina presente cuando se remueva la conexión de la válvula de comutación del tanque auxiliar.*

Líneas de combustible de plástico - información general

8   Las líneas plásticas de combustible usadas en modelos más modernos puede ser dañadas por antorchas, chispas de soldadura, esmeriladoras y otras operaciones que involucran calentar y altas temperaturas. Las líneas plásticas de combustible no deben repararse con mangueras y grapas. Los acopladores de empuje no pueden repararse

excepto reemplazando las grapas de retención. Si las líneas plásticas, acopladores de empuje o los extremos de los tubos de acero se dañan o tienen fugas, solamente partes de servicio aprobadas se deberían usar para las reparaciones.

Acopladores de empuje para las líneas de combustible - información general

Refiérase a las ilustraciones 10.9a, 10.9b y 10.9c

9   Los acopladores de empuje son usados en las líneas de combustible de los modelos más moderno y están diseñados con dos tipos diferentes de grapas de retención. Los acopladores usados para conectar las líneas de 3/8-pulgada y 5/16-pulgada tienen una grapa tipo de "alfiler de pelo". Los acopladores usados para conectar las líneas de 1/4-pulgada de diámetro tienen una grapa de tipo "pato" y requieren una herramienta especial para desarmarla. Use grapas nuevas cada vez que las líneas se desconecten (**vea ilustraciones 10.9a, 10.9b y 10.9c**).

11 Bomba de combustible - descripción y prueba

Refiérase a la ilustración 11.11
Peligro: *Hay precauciones necesarias que se deben tomar cuando inspeccione o le de servicio a los componentes del sistema del combustible. Trabaje en una área ventilada y no permita que hallan llamas abiertas (cigarrillos, piloto del aparato de calefacción, etc.) en el*

área del trabajo. Limpie inmediatamente cualquier derrame de combustible y no almacene trapos empapados de combustible donde podrían encenderse. En modelos equipados con sistema de inyección de combustible, el combustible está bajo presión y ningún componente se debe desconectar sin primero aliviar la presión del sistema (vea Capítulo 4).

1   La mayoría de los vehículos están equipados con una bomba de combustible mecánica de acción simple, pero hay algunos equipados con una bomba eléctrica montada adentro del tanque. **Nota:** *Si se sospecha una avería en una bomba eléctrica, lleve el vehículo a una agencia Ford para su chequeo.*

4

11.11 Se requieren un manómetro de combustible, secciones de manguera de combustible, conexiones y un recipiente graduado para chequear la presión y el volumen de la bomba de combustible

1   *Recipiente de combustible*
2   *Manguera de salida de combustible*
3   *Restrictor de manguera*
4   *Manómetro*
5   *Orificio de entrada de combustible en el carburador*
6   *Línea de entrada de combustible en el carburador*
7   *Manguera*
8   *Línea de entrada de combustible*
9   *Filtro de combustible*
10   *Junta*
11   *Conexión prefabricada de adaptación*

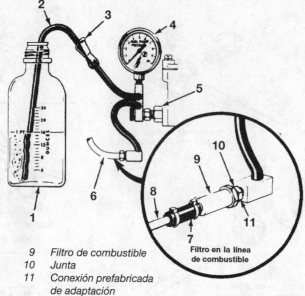

Filtro en la línea de combustible

suministro de combustible auxiliar una lata pequeña de gasolina con una manguera forzada herméticamente en su tapa. Repita la prueba y chequee el volumen. Si el volumen ha cambiado o es normal ahora, las líneas de combustible y/o el tanque o tanques están obstruidos. Si el volumen queda bajo todavía, tiene que sustituir la bomba de combustible con una nueva.

12   Bomba de combustible (tipo mecánica solamente) - remover e instalar

Peligro: *Hay precauciones necesarias que se deben tomar cuando inspeccione o le de servicio a los componentes del sistema del combustible. Trabaje en una área ventilada y no permita que hallan llamas abiertas (cigarrillos, piloto del aparato de calefacción, etc.) en el área del trabajo. Limpie inmediatamente cualquier derrame de combustible y no almacene trapos empapados de combustible donde podrían encenderse. En modelos equipados con sistema de inyección de combustible, el combustible está bajo presión y ningún componente se debe desconectar sin primero aliviar la presión del sistema (vea Capítulo 4).*

1   Desconecte el cable negativo de la batería y luego remueva de la bomba de combustible la línea de entrada.
2   Tapone la extremidad de la línea para prevenir más pérdidas de combustible y la contaminación posible causada por suciedad.
3   Remueva de la bomba de combustible la línea de salida y déjela drenarse hacia adentro de un recipiente.
4   Remueva los dos pernos y arandelas que sujetan la bomba de combustible en la tapa del engranaje de regulación del encendido o en el bloque del motor.
5   Remueva la bomba de combustible y su junta. En algunos modelos una chapa espaciadora puede ser incluida para fines de aislación de calor.
6   Limpie las superficies de contacto de la bomba de combustible, la tapa del engranaje de regulación del encendido o del bloque, así como del espaciador (si está equipada). Las superficies de contacto tienen que ser perfectamente lisas para un buen sello de la junta cuando reinstale la bomba.
7   Instale una junta nueva en la superficie de contacto de la bomba de combustible usando un sellador del tipo RTV.
8   Después de limpiar las superficies y montar la junta, aplique el sellador en el lado expuesto de la junta y en las roscas de los pernos de fijación.
9   Después de instalar la bomba en el motor, asegúrese de que el brazo de balancín de la bomba de combustible esté en posición correctamente en el lóbulo excéntrico del árbol de levas. Puede ser necesario dar una vuelta al árbol hasta que el lóbulo excéntrico llegue a su posición máxima inferior para facilitar la instalación de la bomba.

2   La bomba de combustible en motores de seis cilindros en línea se encuentra en la parte inferior izquierda del bloque a mitad de camino entre la parte delantera del bloque y el distribuidor.
3   La bomba de combustible en motores V8 viene montada en el lado izquierdo de la cubierta delantera.
4   Todas las bombas de combustible son selladas de manera permanente y no son susceptible a servicio o reparación.
5   Todas las bombas de combustible son accionadas mecánicamente por un brazo de balancín actuado por un lóbulo excéntrico en la parte delantera del árbol de levas.

Prueba (preliminar)

6   Antes de inspeccionar la bomba de combustible, chequee todas las mangueras y líneas de combustible así como el filtro de combustible (Capítulo 1).
7   Remueva el conjunto del depurador de aire.
8   Desconecte la línea de combustible de la entrada del carburador y desenchufe el cable de alta tensión en la bobina de encendido, para evitar que se ponga en marcha el motor.
9   Ponga un recipiente debajo de la extremidad de la línea desconectada y permita que un ayudante ponga el motor en marcha. Un chorro fuerte de gasolina debe de salir de la extremidad de la línea a cada segunda revolución.

Prueba (presión)

10   Desconecte la línea de combustible al nivel del carburador o del filtro de combustible (si no se hizo todavía).
11   Conecte un manómetro de presión de combustible con manguera flexible entre la línea de combustible y el carburador **(vea ilustración)**. Asegúrese de que el diámetro

interior de la manguera no sea menor que el diámetro de la línea de combustible.
12   Monte una unión T en la manguera de modo que la línea de combustible pueda ser conectada tanto al carburador como al manómetro.
13   Asegúrese de que se haya dejado marchar el motor hasta llegar a la temperatura normal de operación, y que la marcha mínima esté como se especifica en la etiqueta de Información para el Control de Emisiones.
14   Ponga el motor en marcha y déjelo marchar. Note la presión de combustible en el manómetro. Debe de estar adentro de las Especificaciones indicadas al principio de este Capítulo.

Prueba (volumen)

15   Para chequear la bomba de combustible en cuanto al volumen, hay que insertar una unión T en la línea de combustible con una manguera flexible que va a un recipiente graduado par el combustible. Las marcas de graduación del volumen deben de estar claramente visibles en el recipiente.
16   Instale un restrictor de manguera, una válvula u otro dispositivo de control en la línea de descarga para permitir cerrar el flujo de combustible hacia el recipiente de prueba.
17   Ponga el motor en marcha y déjelo marchar con el restrictor de combustible o la válvula cerrada.
18   Abra el restrictor y permita que el combustible corra en el recipiente. Al final del tiempo especificado de prueba, cierre el restrictor y note el volumen de combustible en el recipiente. Compare el volumen y tiempo con los indicados en las Especificaciones al principio de este Capítulo.
19   Si el volumen es menos de la cantidad especificada, conecte un suministro de combustible auxiliar al lado de entrada de la bomba de combustible. Se puede usar como

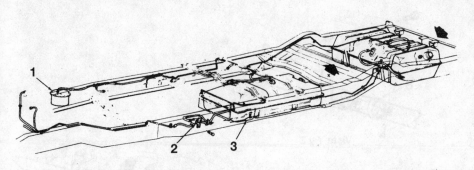

13.1 Ubicaciones típicas para tanques de combustible principales y auxiliares

1 Bote
2 Conjunto de la válvula
3 Tanque auxiliar de montaje céntrico

10 Manteniendo la bomba de combustible apretada contra el motor, instale los pernos de fijación con arandelas de seguridad nuevas.

11 Apriete los pernos de fijación hasta el par de torsión especificado.

12 Remueva el tapón de la línea de entrada y conecte la línea de entrada con la bomba de combustible.

13 Conecte la línea de salida con la bomba de combustible.

14 Conecte el cable en el borne negativo de la batería.

15 Ponga el motor en marcha y chequee por fugas de combustible y aceite.

13 Tanque de combustible - remover e instalar

Refiérase a la ilustración 13.1
Peligro: *Hay precauciones necesarias que se deben tomar cuando inspeccione o le de servicio a los componentes del sistema del combustible. Trabaje en una área ventilada y no permita que hallan llamas abiertas (cigarrillos, piloto del aparato de calefacción, etc.) en el área del trabajo. Limpie inmediatamente cualquier derrame de combustible y no almacene trapos empapados de combustible donde podrían encenderse. En modelos equipados con sistema de inyección de combustible, el combustible está bajo presión y ningún componente se debe desconectar sin primero aliviar la presión del sistema (vea Capítulo 4).*

1 Algunos vehículos están equipados con un solo tanque, mientras otros tienen un tanque principal y un tanque auxiliar, lo que permite una capacidad de combustible mucho más grande **(vea ilustración)**. **Nota:** *Debido a la necesidad de herramientas y experiencia especial para desconectar las líneas de combustible, el tanque en todo vehículo equipado con inyección electrónica de combustible así como en ciertos otros vehículos de años recientes tiene que ser removido por el departamento de servicio de una agencia Ford.*

Tanque principal

2 Desconecte el cable del borne negativo de la batería.

3 Drene el combustible adentro de un recipiente de seguridad, a través de la manguera de combustible al nivel de la conexión de bomba de combustible a la línea de combustible.

4 Levante la parte trasera del vehículo y sopórtelo seguramente en pedestales. Bloquee las ruedas delanteras para prevenir que el vehículo se mueva.

5 Afloje las abrazaderas y desmonte todas las mangueras conectadas al tanque de combustible, poniéndole etiquetas a las mangueras para facilitar su instalación.

6 Desconecte los alambres de la unidad transmisora del nivel de combustible en el tanque.

7 Soporte el tanque mediante un gato de piso y un trozo de madera contrachapada. Remueva las tuercas y los pernos de la parte trasera de las tiras metálicas de fijación del tanque, y desenganche las tiras de la carrocería. Baje el tanque lo suficiente para poder desconectar la manguera de la válvula de control de vapores (si la tiene). Termine de bajar el tanque y retírelo del vehículo.

8 Si el tanque va a ser sustituido con uno nuevo, remueva la unidad transmisora del nivel de combustible así como la válvula de control de vapores, girando los anillos de fijación contra el sentido de las agujas del reloj y removiendo las unidades del tanque.

9 Si el tanque va a ser utilizado nuevamente, raspe el material de junta vieja de las superficies de montaje de la unidad transmisora y de la válvula de vapores en el tanque. La unidad transmisora requerirá probablemente un sello nuevo.

10 La instalación es el inverso del procedimiento de remoción. No apriete demasiado las tuercas de las tiras.

Tanque auxiliar

11 Desconecte el cable del borne negativo de la batería.

12 Remueva suficiente combustible para

estar seguro que el tanque esta vacío o casi vacío.

13 Soporte el tanque y remueva de la parte delantera del tanque el tirante restrictor. Desenganche las extremidades de las tiras metálicas de montaje conectadas en la sección del bastidor. Remueva las otras extremidades dándoles una vuelta para liberarlas del gancho en forma de L.

14 Rebaje el tanque lo suficiente para desconectar la manguera de la válvula de vapores, la manguera de relleno y la manguera de salida. Desconecte el alambre de la unidad transmisora.

15 Asegúrese de que todas las mangueras hayan sido desconectadas, y luego baje el tanque completamente y retírelo del vehículo.

16 Refiérase a los pasos 8 a 10 arriba.

14 Tanque de combustible - limpieza y reparación

1 Si el tanque contiene una acumulación de sedimentos u oxidación en su fondo, tiene que ser removido y limpiado.

2 Cuando se remueve el tanque, debe de ser lavado con agua caliente y detergente o, de preferencia, mandado a un taller de radiadores para un lavado químico. **Peligro:** *Nunca trate de soldar o de hacer reparaciones en un tanque de combustible vacío. Permita este tipo de trabajo a un taller de reparaciones autorizado.*

3 El uso de un sellador de tipo químico para reparaciones en el vehículo sólo se recomienda en caso de urgencia. El tanque debe de ser retirado y mandado cuanto antes a un taller para una reparación más permanente.

4 Nunca guarde un tanque de gasolina en un lugar donde vapores de gasolina podrían acumularse y causar una explosión o un incendio.

15 Sistema de escape - información general

1 Los sistemas de escape empleados en los vehículos tratados en este manual varían según el motor, la distancia entre ejes, el peso bruto del vehículo y el sistema de emisiones que incorporan. La mayoría de los vehículos están equipados con un convertidor catalítico como parte del sistema de control de emisiones (refiérase al Capítulo 6), y todos los vehículos tienen un solo silenciador y tubo de cola.

2 La fijación y la alineación del sistema de escape se mantienen por medio de una serie de abrazaderas de metal y de caucho y de metal. Algunos sistemas, aquellos en que se crean temperaturas de escape excesivas como resultado de la instalación de equipo de control de emisiones, vienen equipados con protectores contra el calor.

3 Debido a las temperaturas altas creadas en los componentes del sistema de escape,

4

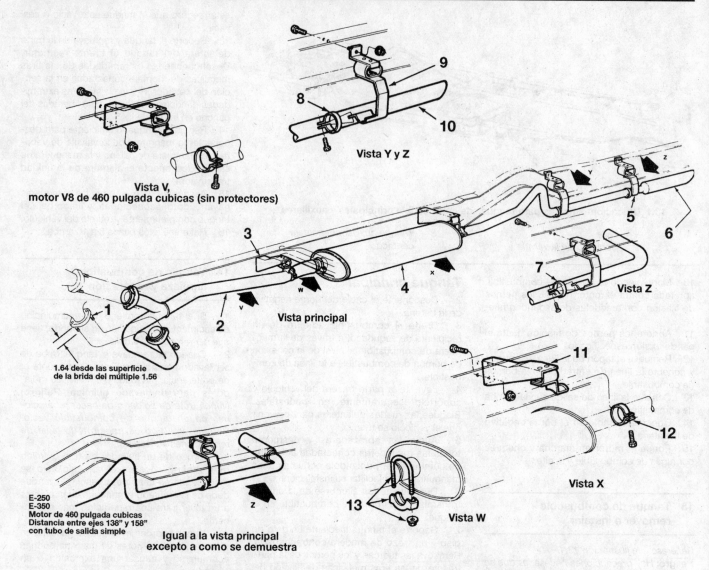

Vista V,
motor V8 de 460 pulgada cubicas (sin protectores)

Vista Y y Z

1.64 desde las superficie
de la brida del múltiple 1.56

Vista principal

Vista Z

Vista X

E-250
E-350
Motor de 460 pulgada cubicas
Distancia entre ejes 138" y 158"
con tubo de salida simple
Igual a la vista principal
excepto a como se demuestra

Vista W

16.2a Organización típica de los componentes del sistema de escape (sin convertidor catalítico)

1   Perno prisionero
2   Conjunto del tubo de entrada
3   Ménsula e aislador
4   Silenciador
5   Solamente con distancias entre ejes de 138.8" y 158.0"
6   Conjunto de silenciador y tubo de cola
7   Hay que posicionar la abrazadera como se indica

8   Abrazadera
9   Ménsula e aislador
10 Conjunto de silenciador y tubo de cola
11 Ménsula e aislador
12 Abrazadera
13 Abrazadera y perno en U

todo intento de inspección o reparo debe de hacerse solamente después que el sistema entero se haya enfriado, un proceso que puede llevar varias horas.

16   Sistema de escape - reemplazo de componentes

Refiérase a las ilustraciones 16.2a, 16.2b y 16.5

1   Refiérase al chequeo del sistema de escape descrito en el Capítulo 1.

2   Si la inspección descubre que el sistema de escape, o porciones de él, necesita servicio, obtenga primero las piezas requeridas para reparar el sistema. Los componentes del sistema de escape pueden separarse de modo general en sus divisiones mayores, por ejemplo el tubo de entrada del motor al silenciador o el silenciador al tubo de cola. Sin embargo, si se necesita el reemplazo por culpa de oxidación, será mejor sustituir el sistema de escape entero (**vea ilustraciones**).

3   Levante el vehículo y sopórtelo seguramente en pedestales.

4   Asegúrese de que el sistema de escape esté frío.

5   Aplique un poco de aceite penetrante en los pernos/tuercas en la brida del tubo de escape (**vea ilustración**).

6   Remueva las tuercas de la brida del tubo de escape.

7   Remueva los protectores del convertidor catalítico, si lo tiene.

8   Remueva las abrazaderas que sujetan el silenciador o el convertidor al tubo.

9   Remueva el colgador que soporta el silenciador y/o convertidor catalítico del vehículo.

10 Remueva las abrazaderas que fijan la

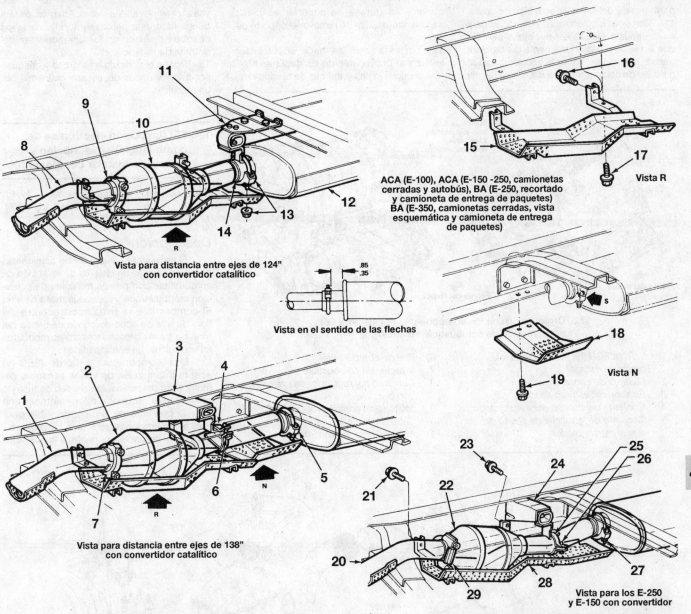

ACA (E-100), ACA (E-150 -250, camionetas
cerradas y autobús), BA (E-250, recortado
y camioneta de entrega de paquetes)
BA (E-350, camionetas cerradas, vista
esquemática y camioneta de entrega
de paquetes)

Vista R

Vista en el sentido de las flechas

Vista N

Vista para distancia entre ejes de 124"
con convertidor catalítico

Vista para distancia entre ejes de 138"
con convertidor catalítico

Vista para los E-250
y E-150 con convertidor

16.2b Instalación típica del convertidor catalítico y protectores

1	Conjunto de tubo de entrada de silenciador	15	Protector del convertidor de escape
2	Convertidor catalítico	16	Tornillo
3	Ménsula e aislador	17	Tornillo
4	Abrazadera	18	Protector del tubo de salida del convertidor
5	Conjunto de abrazadera y perno en U	19	Tornillo
6	Tornillo	20	Tubo de entrada
7	Conjunto de abrazadera y perno en U	21	Tornillo
8	Tubo de entrada del silenciador	22	Convertidor
9	Abrazadera y perno en U	23	Tornillo
10	Convertidor catalítico	24	Conjunto de ménsula e aislador
11	Conjunto de ménsula e aislador	25	Abrazadera
12	Silenciador E-100 y E-150	26	Tornillo
13	Conjunto de abrazadera y perno en U	27	Conjunto de abrazadera y perno en U
14	Abrazadera	28	Protector
		29	Abrazadera

16.5 Aplique aceite penetrante en las roscas de los pernos prisioneros entre la brida del múltiple y el tubo (flecha)

parte trasera del silenciador al tubo de cola.
11 Remueva las secciones necesarias para su reemplazo. Puede ser necesario permitir que el eje se cuelgue libremente del bastidor trasero para poder retirar la sección curvada del tubo de cola por encima del chasis del eje

trasero. Asegúrese de soportar el chasis seguramente antes de remover el soporte del eje.
12 La instalación se hace en el orden inverso al procedimiento de desensamble. Use siempre juntas y tuercas de fijación nue-

vas al reemplazar el sistema. Además, es una buena idea usar perchas y tornillos nuevos cuando se sustituyan los componentes del sistema de escape.
13 Ponga el vehículo en marcha y chequee por fugas y ruidos del escape causados por un mal alineamiento.

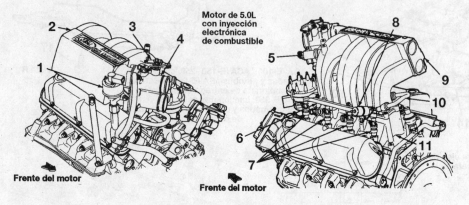

Motor de 5.0L con inyección electrónica de combustible

Frente del motor

Frente del motor

17.8 Organización de los componentes del sistema EFI (inyección de combustible electrónica)

1 *Válvula EGR (recirculación de los gases de escape)*	6 *Riel de combustible*
2 *Múltiple de admisión superior*	7 *Inyector de combustible*
3 *Eslabón del estrangulador*	8 *Conjunto del regulador de presión del combustible*
4 *Conjunto del cuerpo del estrangulador*	9 *Múltiple de admisión superior*
5 *Conjunto de la válvula de desvío del aire al estrangulador*	10 *Tubo de cruce*
	11 *Múltiple de admisión inferior*

17   EFI (Inyección electrónica del combustible) - descripción y remover e instalar componentes

Refiérase a las ilustraciones 17.8, 17.11, 17.15, 17.20b, 17.20f, 17.22, 17.33, 17.34, 17.35, 17.38, 17.43 y 17.45

Descripción

El sistema EFI usado en las camionetas cerradas Ford es un sistema de inyección de combustible con puntos múltiples de pulsación cronometrada y flujo de la masa de aire. El combustible se mide hacia adentro del flujo de aire de acuerdo con la demanda del motor a través de ocho inyectores montados en un múltiple de entrada afinado.

Una computadora a bordo (EEC-IV) acepta información de varios sensores del motor para determinar la cantidad de flujo de combustible requerida para mantener una mezcla prescrita de aire/combustible para toda las operaciones del motor. La computadora envía entonces un mando a los inyecto-

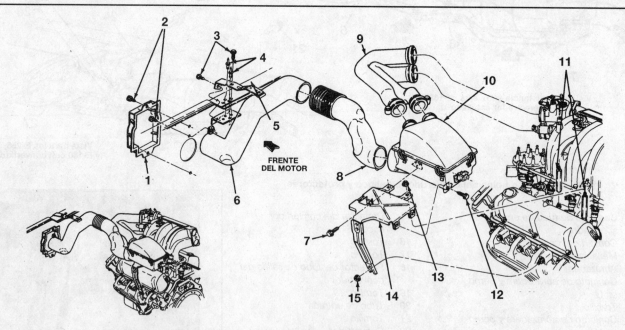

FRENTE DEL MOTOR

17.11 Depurador de aire y componentes relacionados del sistema EFI - vista esquemática

1 *Deflector del depurador de aire*	7 *Conjunto de tornillo y arandela*	11 *Espaciador de montaje del depurador de aire (2 regulador)*
2 *Conjunto de tornillo y arandela*	8 *Conjunto del tubo de entrada del depurador de aire*	12 *Conjunto de tornillo y arandela*
3 *Tornillo*	9 *Conjunto del tubo de salida del depurador de aire*	13 *Tuerca (2 regulador)*
4 *Remache (2 regulador)*	10 *Conjunto del depurador de aire*	14 *Conjunto de ménsula del depurador de aire*
5 *Soporte del radiador*		15 *Tuerca*
6 *Conjunto del tubo de entrada del depurador de aire*		

res para que entreguen la cantidad requerida de combustible.

Además, la computadora EEC-IV determina y compensa por la edad del vehículo y sus características particulares. El sistema detectará y compensará automáticamente los cambios de elevación y permitirá también arrancar el vehículo por empuje (si tiene una transmisión manual).

El sistema de entrega del combustible consiste en una bomba de combustible de baja presión adentro del tanque, un depósito/filtro de combustible, y una bomba de combustible eléctrica de alta presión montada en el chasis, que entrega el combustible desde el tanque a través de un filtro de 20 micrones hasta el múltiple de carga del combustible.

El múltiple de carga del combustible incorpora inyectores de combustible accionados eléctricamente directamente encima de cada una de las ocho lumbreras de admisión. Los inyectores, cuando se accionan, pulverizan una cantidad dosificada de combustible hacia adentro del chorro de aire de admisión.

Una caída constante de la presión del combustible se mantiene de un lado al otro de las boquilla de inyección por medio de un regulador de presión. Un exceso de combustible suministrado por la bomba, pero no requerido por el motor, pasa a través del regulador y vuelve al tanque a través de una línea de retorno de combustible.

Un banco de cuatro inyectores se acciona simultáneamente, una vez por cada revolución del cigüeñal, seguida por el segundo banco de inyectores a la próxima revolución del cigüeñal. El período de tiempo en que los inyectores están en acción viene controlado por la computadora. El aire que entra en el motor se mide por un metro para la densidad. La computadora recibe entradas de los diversos sensores del motor y usa la información para calcular la cantidad de flujo de combustible necesario para sostener la mezcla de combustible y aire requerida por cualquier condición determinada de operación del motor. La computadora determina la duración del impulso y envía un mando a cada inyector que dosifique la cantidad exacta de combustible.

Remover e instalar de los componentes

Peligro: *Hay precauciones necesarias que se deben tomar cuando inspeccione o le de servicio a los componentes del sistema del combustible. Trabaje en una área ventilada y no permita que hallan llamas abiertas (cigarrillos, piloto del aparato de calefacción, etc.) en el área del trabajo. Limpie inmediatamente cualquier derrame de combustible y no almacene trapos empapados de combustible donde podrían encenderse. En modelos equipados con sistema de inyección de combustible, el combustible está bajo presión y ningún componente se debe desconectar sin primero aliviar la presión del sistema (vea Capítulo 4).*

Alivio de la presión del sistema de combustible

1   Localice y desconecte el alambre sea del relé de la bomba de combustible, sea del interruptor por inercia, sea de la bomba en línea de alta presión.

2   Trate de poner el motor en marcha por diez segundos, aproximadamente. Pueda que el motor arranque y se ponga en marcha, y luego se apague. Si lo hace, trate de poner el motor en marcha por cinco segundos adicionales después que se apague.

3   Reconecte el alambre que se desconectó.

4   Desconecte el cable negativo de la batería.

Múltiple de admisión superior y cuerpo de aceleración

5   Abra el capó y remueva la cubierta del motor. Cubra los asientos para proteger la tapicería.

6   Alivie la presión del sistema de combustible como se describe en los pasos 1 al 4 arriba.

7   Remueva la tapa del rellenado del tanque.

8   Desconecte los alambres de la válvula de desvío de aire, del sensor de posición del

acelerador, y del sensor de posición en la válvula EGR (recirculación de los gases de escape) **(vea ilustración)**.

9   Desconecte el cable del acelerador, y la varilla del cuerpo del acelerador de la transmisión AOD (transmisión automática con sobre marcha). Remueva los dos pernos y desconecte los cables y la ménsula (sujételos de modo que no estorben).

10   Marque las mangueras de vacío y desconéctelas desde la T de vacío, de la válvula EGR y del regulador de presión de combustible.

11   Desconecte la manguera del sistema PCV (ventilación positiva del cárter) de la conexión en la parte trasera del múltiple superior. Desconecte los tubos entre el depurador de aire y el cuerpo del acelerador **(vea ilustración)**.

12   Remueva las conexiones en el cuerpo del acelerador y las dos líneas de purga del bote.

13   Desconecte las líneas de enfriamiento del cuerpo del acelerador.

14   Remueva la tuerca y desconecte el tubo de la válvula EGR.

15   Remueva el perno entre la ménsula de soporte superior y el múltiple superior, así como los seis pernos de fijación del múltiple de admisión superior **(vea ilustración)**.

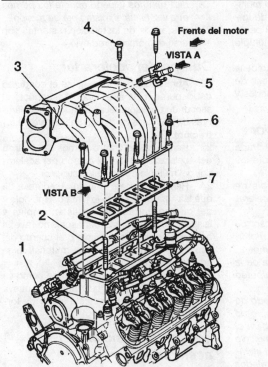
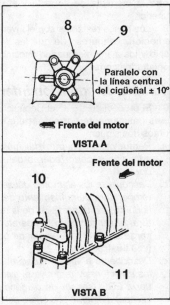

17.15 Múltiple de admisión superior y componentes relacionados en un motor con EFI – vista esquemática

1	Múltiple de admisión inferior	7	Junta
2	Espigas opcionales de guía (2 lugares)	8	Conexión de vacío
3	Tornillos (4 regulador)	9	Lado chato
4	Tornillo	10	Protector
5	Conexión de vacío	11	Múltiple de admisión superior
6	Perno prisionero		

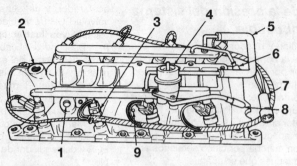

17.20b Asegúrese de remover o desconectar los conectores del alambrado de los sensores e inyectores antes de tratar de retirar el múltiple de admisión inferior de un motor con EFI

1 Ubicación del sensor de la temperatura de la carga del aire
2 Ubicación del sensor de la temperatura del enfriamiento del motor
3 Inyector de combustible
4 Regulador de la presión del combustible
5 Tubo de cruce
6 Tubo de suministro del riel de combustible
7 Conector entre el alambrado de inyección y el alambrado principal
8 Tubo de retorno del riel de combustible
9 Ubicación del sensor de golpeteo

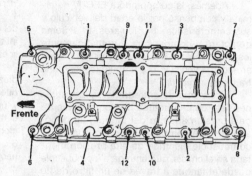

17.20f Secuencia de apretamiento de los pernos del múltiple de admisión inferior del motor con EFI

16   Con mucha caución separe el múltiple inferior del múltiple superior y el cuerpo del acelerador, como un conjunto.

17   Limpie y chequee las superficies de montaje de los múltiples de admisión. Posicione una junta nueva en la superficie de montaje del múltiple inferior.

18   Baje cuidadosamente el múltiple superior en su lugar (no mueva la junta durante esto). Instale los pernos de fijación del múltiple superior y apriételos hasta el par de torsión especificado. Instale y apriete el perno entre la ménsula de soporte y el múltiple superior.

19   Los pasos restantes son el inverso de la remoción. Asegúrese de que las líneas de vacío y los alambres queden encaminados y conectados correctamente.

Múltiple de admisión inferior

20   El procedimiento en el Capítulo 2, Parte B, es básicamente correcto, pero note los puntos que siguen:
a) Remueva el conjunto del múltiple de admisión superior/cuerpo del acelerador.
b) Desconecte los alambres del sensor de temperatura de enfriamiento del motor, la unidad de transmisión de la temperatura, el sensor de la temperatura de la carga de aire y el sensor de golpeteo (vea ilustración).
c) Desconecte el arnés del alambrado de los inyectores y remueva el alambre de tierra EGO (sensor de oxigeno para el escape) del perno prisionero del múltiple admisión (el perno niquelado y el alambre de tierra tienen que ser instalados exactamente en la misma posición que tenían cuando se removió).
d) Desconecte los rieles de combustible, las líneas de suministro y retorno de combustible (vea remover e instalar el conjunto del múltiple de suministro de combustible).
e) Remueva el soporte del depurador de aire (dos tuercas en el múltiple de admi-

sión y una tuerca en el múltiple de escape).
f) Al instalar el múltiple, posicione las espigas de guía en rincones opuestos, y asegúrese de que las juntas se engranen con las lengüetas de sello de extremidad. Apriete los pernos del múltiple hasta el par especificado en la secuencia ilustrada (vea ilustración). Espere diez minutos y luego apriete los pernos otra vez hasta el mismo par de torsión.

21   Los pasos de instalación restantes son el inverso de como se removió.

Cuerpo del acelerador

22   Abra el capó y desconecte el conducto del depurador de aire, luego desconecte el sensor de posición del acelerador y los alambres de la válvula de desvío del aire (vea ilustración).

23   Remueva los cuatro pernos del cuerpo del acelerador y retire el cuerpo del acelerador del múltiple de admisión superior.

24   Remueva y bote la junta. Asegúrese de que las superficies para la junta del múltiple y del cuerpo del acelerador estén limpias y lisas. Si hay necesidad de raspar, no raye ni haga muescas en el múltiple o el cuerpo del acelerador, y no permita que material caiga adentro del múltiple de admisión.

25   La instalación es lo inverso de como se removió. Asegúrese de usar una junta nueva y de apretar los pernos hasta el par de torsión especificado.

Sensor de posición del acelerador

26   Desconecte el arnés del alambrado del sensor, y luego grabe una marca de referencia a través del canto del sensor y el cuerpo del acelerador.

27   Remueva los tornillos y retire el sensor.

28   La instalación es lo inverso de como se removió. Posicione el sensor con su arnés de alambrado paralelo con los orificios de aceleración, y luego gírelo en sentido al favor de

las agujas del reloj antes de instalar los tornillos. El arnés del alambrado debe señalar directamente hacia la válvula de desvío del aire. El sensor debe ser ajustado por el departamento de servicio de una agencia Ford.

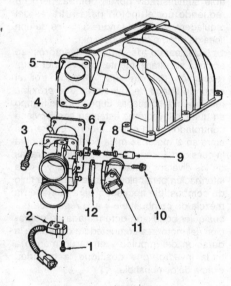

17.22 Cuerpo del acelerador y componentes relacionados – vista esquemática

1 Perno/arandela
2 Sensor de la posición del acelerador
3 Perno
4 Junta
5 Múltiple de admisión superior
6 Tapón de bloqueo del tornillo de ajuste de la marcha mínima
7 Resorte
8 Tornillo de ajuste de la marcha mínima
9 Casquete
10 Perno
11 Válvula de desvío del aire
12 Junta

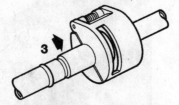

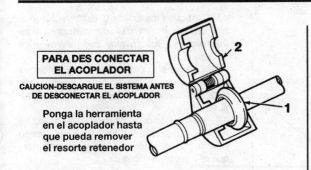

PARA DES CONECTAR EL ACOPLADOR

CAUCION-DESCARGUE EL SISTEMA ANTES DE DESCONECTAR EL ACOPLADOR

Ponga la herramienta en el acoplador hasta que pueda remover el resorte retenedor

Empuje la herramienta adentro de la apertura para aflojar el acoplador hembra del resorte retenedor

Hale el acoplador hembra y macho para separarlos

Remueva la herramienta del resorte de cierre

17.33 Se requiere una herramienta especial para desconectar las líneas de combustibles en motores con EFI

1   **Nota:** *Cada extremidad de la herramienta T81P-19623-G es de tamaño diferente para adaptarse a acoplamientos de 3/8 y 1/2 de pulgada*

2   *Herramienta T81P-19623-G – 3/8 y 1/2 de pulgada T81P-19623G1 – 3/8 de pulgada*

3   *Jaula*

17.34 Hay que desconectar los tubos de suministro y retorno del combustible antes de remover el conjunto del múltiple

1   *Tubo de cruce*
2   *Tubo de suministro del riel de combustible*
3   *Tubo de retorno del riel de combustible*

Válvula de desvío del aire

29   Desconecte el arnés del alambrado, y luego remueva los pernos de montaje de la válvula.

30   Retire la válvula del cuerpo del acelerador y remueva la junta.

31   Asegúrese de que las superficies de montaje de junta en la válvula y el cuerpo del acelerador estén limpias y lisas. Si es necesario raspar, no raye ni corte la válvula o el cuerpo del acelerador, y no permita que material caiga adentro del cuerpo del acelerador.

32   La instalación es lo inverso de como se removió. Asegúrese de usar una junta nueva.

Conjunto del múltiple de suministro de combustible

33   Remueva el conjunto del múltiple de admisión superior como se describió antes, y luego desconecte el múltiple de suministro de combustible del tubo de cruce de combustible. Hay que usar una herramienta especial disponible en agencias Ford (número T81P-19623-G o G1) para desconectar la

manguera **(vea ilustración)**.

34   Desconecte las líneas de suministro y retorno de combustible al nivel del múltiple de suministro de combustible **(vea ilustración)**.

35   Remueva los cuatro pernos de fijación del múltiple (dos en cada lado) **(vea ilustración)**, y levante el múltiple para removerlo.

36   La instalación es lo inverso de como se removió. Asegúrese de que las tapas de los inyectores estén limpias antes de instalar el múltiple y que los inyectores se sienten correctamente. Las líneas de combustible se conectan empujando las secciones cuidadosamente una adentro de la otra. Asegúrese de que estén enganchadas.

Regulador de presión de combustible

37   Si el múltiple de suministro está en su lugar en el motor, alivie la presión de combustible como se describió arriba y remueva la tapa del tanque de combustible.

38   Desconecte la línea de vacío del regulador y remueva los tres tornillos de fijación del

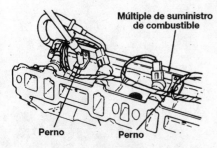

Múltiple de suministro de combustible

Perno   **Perno**

17.35 El múltiple de suministro de combustible se sujeta en su lugar mediante cuatro pernos (dos en cada lado)

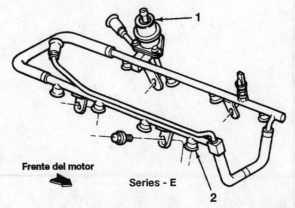

Frente del motor   **Series - E**

17.38 El regulador de presión de combustible está instalado en su lugar con tres pernos

1   *Regulador de la presión de combustible*
2   *Hacia el inyector*

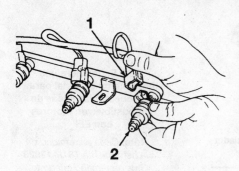

17.43 Separe cuidadosamente los conectores del arnés del alambrado antes de tratar de remover los inyectores

1   Conector eléctrico
2   Inyector de combustible

bastidor del regulador **(vea ilustración)**.

39   Remueva el regulador, la junta y el anillo O. Bote la junta y chequee el anillo O por grietas o deterioro.

40   Asegúrese de que las superficies de montaje de la junta estén limpias y lisas. Si se necesita raspar, no dañe las superficies del regulador o de la línea de suministro de combustible.

41   La instalación es lo inverso de como se removió. Lubrique el anillo O con aceite liviano, pero no use una grasa de silicona porque los inyectores pueden obstruirse. Gire el interruptor del encendido varias veces a Encendido y Apagado sin poner el motor en

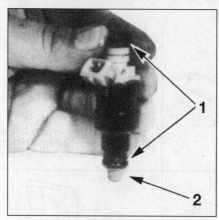

17.45 Hay que chequear bien los anillos O y el casquete de plástico en cada inyector por daños o deterioro

1   Sello del anillo O
2   Casquete de plástico del inyector

marcha a fin de chequear por fugas de combustible.

Inyectores de combustible

42   Remueva el múltiple de admisión superior y el múltiple de suministro de combustible como se describió arriba.

43   Desconecte cuidadosamente el arnés del alambrado de los inyectores según sea necesario **(vea ilustración)**.

44   Agarre el cuerpo del inyector y hale hacia arriba mientras meza suavemente el inyector de un lado al otro.

45   Chequee los anillos O del inyector (dos por cada uno) por daños o deterioro **(vea ilustración)**. Sustitúyalos con nuevos si es necesario.

46   Chequee el casquete de plástico que cubre el macho por daños o deterioro. Si falta, búsquelo adentro del múltiple de admisión.

47   La instalación es lo inverso de como se removió. Lubrique los anillos O con aceite liviano, pero no use una grasa silicona porque el inyector se obstruirá.

Bomba de combustible - de línea de alta presión

48   La bomba de combustible de alta presión en línea está montada en el riel izquierdo del chasis, un poco en frente del depósito de combustible/filtro descrito en el Capítulo 1.

49   Debido a la necesidad de herramientas y experiencia especiales para desconectar las líneas de combustible de las conexiones de la bomba, la remoción debe de efectuarse por el departamento de servicio de una agencia Ford.

Bomba de combustible - de baja presión

50   La bomba de baja presión está montada adentro del tanque de combustible y está conectada a la unidad transmisora del nivel de combustible.

51   Si hay que sustituir la bomba, el procedimiento tiene que efectuarse por el departamento de servicio de una agencia Ford, por las razones indicadas arriba en el Paso 49.

Capítulo 5
Sistemas eléctricos del motor

Contenidos

Especificaciones

Sistema de la ignición

Dirección de rotación del distribuidor
Motores de seis cilindros .... En el sentido de las clavijas del reloj
Motores V8 .... En el sentido contrario de las clavijas del reloj

Orden del encendido
Motores de seis cilindros 1-5-3-6-2-4
Motores V8 302 y 460 1-5-4-2-6-3-7-8
Motores V8 351 y 400 1-3-7-2-6-5-4-8

Cilindro número 1
Motores de seis cilindros .... Cilindro delantero
Motores V8 .... Cilindro delantero del lado derecho
(visto desde el asiento del conductor)

Tipo y abertura de las bujías .... Vea Capítulo 1
Resistencia de los cables de las bujías .... Vea Capítulo 1
Tiempo de la ignición .... Vea Capítulo 1
Abertura del interruptor del platino .... Vea Capítulo 1
Ángulo del Dwell (tiempo en que los puntos están
cerrados medidos en grados) .... Vea Capítulo 1

Sistema de carga

Largo de las brochas del alternador
Nuevo
Hasta 1980 .... 1/2 pulgada
Desde 1981 y en adelante .... 0.480 pulgada
Límite del desgaste
Hasta 1979 .... 5/16 pulgada
Desde 1980 en adelante .... 1/4 pulgada
Tensión de la banda del alternador .... Vea Capítulo 1

Sistema de arranque

Largo de las brochas del motor de arranque
Nuevas .... 1/2 pulgada
Límite del desgaste .... 1/4 pulgada

5

Especificaciones del par de torsión

Perno de retención del distribuidor	17 a 25 pulgadas-libras
Adaptador del distribuidor a la base del distribuidor	18 a 23 pulgadas-libras
Ensamblaje del plato de abajo del estator a la base del distribuidor	15 pulgadas-libras mínimo
Ensamblaje del diafragma a la base del distribuidor..........................	15 pulgadas-libras mínimo
Bujías	Vea Capítulo 1
Pernos que atraviesan el motor de arranque	55 a 75 pulgadas-libras
Pernos de montaje del motor de arranque............................	15 a 20 pies-libras

1   Información general

Los sistemas eléctricos del motor incluyen los componentes de la ignición, el de carga y de el arranque. Se consideran aparte de los demás componentes del sistema eléctrico (las luces, etc.) debido a sus funciones relacionadas al motor.

Se debe ejercer caución cuando se trabaja en cualquiera de los sistemas. Los componentes se dañan fácilmente si se chequean, se conectan o se presionan incorrectamente. El alternador se impulsa por una banda de impulsión la cual podría causar heridas graves si los dedos o las manos se enredaran con ella con el motor en marcha. Tanto el motor de arranque como el alternador están conectados directamente a la batería y podrían ocasionar una chispa o hasta causar un incendio si se trataran incorrectamente, se sobrecargaran o se pusieran a corto.

Nunca deje el interruptor de la ignición prendido por largos períodos de tiempo con el motor apagado. No desconecte los cables de la batería cuando el motor esté en marcha. Tenga cuidado especial de no cruzar los cables de la batería con los de otra fuente, como los de otro vehículo, cuando se esté otorgando paso de corriente.

Se puede encontrar información adicional relacionada a la seguridad del sistema eléctrico del motor en la Sección titulada *Seguridad primero* cerca de la parte del frente de este manual. Se debe consultar dicha Sección antes de iniciar cualquier acción incluida en este Capítulo.

2   Batería - como poner en marcha en caso de emergencia

Refiérase a los procedimientos para *el arranque con batería suplementaria (paso de corriente)* al frente de este manual.

3   Cables de la batería - chequeo y reemplazo

Refiérase a la ilustración 3.1

1   Revise periódicamente todo a lo largo de cada uno de los cables de la batería (**vea ilustración**) por daños, aislación partida, quemada o corrosión. La falta de buenas conexiones en los cables de la batería puede causar problemas con el arranque y empeorar el rendimiento del motor.

2   Revise las conexiones entre el cable y el borne en las puntas de los cables por quebraduras, hilos de alambre sueltos y corrosión. La presencia de depósitos blancos y esponjosos debajo de la aislación en la conexión del cable con el borne es una señal de que el cable esté corroído y se debe reemplazar. Revise los bornes por distorsión, pernos de montaje ausentes, y corrosión.

3   Si solamente se va a reemplazar el cable positivo, asegúrese de que desconecte primero el cable negativo de la batería. **Siempre desconecte el cable negativo primero y conéctelo de último.**

4   Desconecte y remueva el cable del vehículo. Asegúrese de que el cable de reemplazo sea del mismo largo y grueso.

5   Limpie las roscas del motor de arranque, el solenoide o la conexión a tierra con una brocha de alambre para remover la oxidación y la corrosión. Aplique una capa ligera de petrolero a las roscas para facilitar la instalación y para prevenir futura corrosión. Inspeccione las conexiones frecuentemente para asegurarse de que estén limpias y apretadas.

6   Conecte el cable al motor de arranque, al solenoide o conexión a tierra y apriete seguramente la tuerca de montaje.

7   Antes de conectar el cable nuevo a la batería, asegúrese de que alcance los bornes sin tener que estirarlo.

8   Conecte el cable positivo primero, seguido por el cable negativo. Apriete las tuercas y aplique una capa ligera de petrolero al borne y a la conexión del cable.

4   Batería - remover e instalar

1   La batería está ubicada al frente del compartimiento del motor. Se asegura por un ensamblaje de detención el cual consiste de un sujetador colocado encima de la batería y pernos que fijan las puntas del sujetador a la caja de la batería. Muchos vehículos vienen equipados con una batería auxiliar también, ubicada en el rincón opuesto del compartimiento del motor.

2   La batería produce gas hidrógeno, así que se debe proteger de las llamas y de los cigarrillos encendidos en todo momento.

3   Siempre mantenga la batería en posición recta. Si se tira electrolito se debe lavar

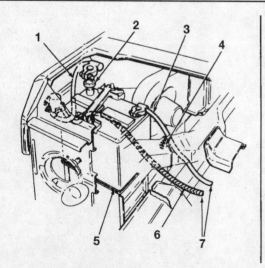

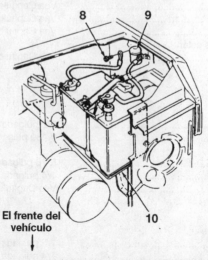

El frente del vehículo

3.1 Instalación típica para los cables y las abrazaderas de la batería (batería principal - a la izquierda; batería auxiliar - a la derecha)

1   *Ensamblaje de los cables de la batería al relee*
2   *Arandela*
3   *Ensamblaje de los cables de la batería a la conexión a tierra*
4   *Tornillo*
5   *Batería*
6   *Ensamblaje de los cables*
7   *Para la continuación de los ensamblajes de cables vea la vista D*
8   *Tornillo existente*
9   *Relee de seguridad accesorio*
10 *Batería auxiliar*

inmediatamente con grandes cantidades de agua. Siempre lleve protección para los ojos cuando trabaje alrededor de la batería.

4   Siempre desconecte el cable negativo (-) de la batería primero, seguido por el cable positivo (+).

5   Después de desconectar los cables de la batería, remueva los pernos de detención del sujetador.

6   Con cuidado, levante la batería del compartimiento del motor.

7   La instalación se hace en el orden inverso al procedimiento de desensamble. Los pernos del sujetador se deben apretar, pero no los apriete demasiado, porque se puede dañar la caja de la batería. Los postes de la batería y las puntas de los cables se deben limpiar antes de conectarse (vea Capítulo 1).

5   Sistema de la ignición - información general

Refiérase a las ilustraciones 5.1a, 5.1b, 5.1c, 5.1d y 5.5

El sistema de la ignición que se usa en los vehículos descritos en este manual serán o de tipo con punto de interrupción convencional (modelos más antiguos solamente, hasta 1974), un sistema de la ignición electrónico (para modelos de 1974 hasta 1977), un sistema Duraspark II o III integrado (de 1978 hasta 1986), o un sistema integrado TFI (película gruesa integrada) (de 1984 en adelante). El tipo de sistema que se usa depende del tipo del motor y del año de fabricación (**vea ilustraciones**).

La mayoría de los sistemas mencionados incorporan mecanismos centrífugos y de avance de vacío dentro de la armazón del distribuidor, mientras la función del avance de la chispa en los sistemas Duraspark III y del TFI depende de un sistema EEC (control electrónico del motor). La computadora EEC controla el avance de la chispa según varios sensores del motor. En todos los sistemas Duraspark III esto incluye un sensor para la posición del cigüeñal, el cual reemplaza el ensamblaje estático y la armazón que normalmente se encuentra dentro de la armazón del distribuidor. En los sistemas Duraspark III el distribuidor, entonces, sirve únicamente para distribuir el voltaje alto generado por la bobina eléctrica a las bujías. En el sistema de la ignición TFI, un aparato efecto "Hall" reemplaza el ensamblaje estático dentro del distribuidor.

La relación del rotor del distribuidor a la tapa es de especial importancia para la distribución correcta del voltaje alto dentro del sistema Duraspark III. Por esta razón, se asegura el distribuidor al motor y al rotor del distribuidor, en lugar de la armazón, y es ajustable. Refiérase a la Sección 9 para este procedimiento.

En ciertos modelos el sistema de la ignición TFI contiene pernos de seguridad para mantener fijo el distribuidor. No se requiere la

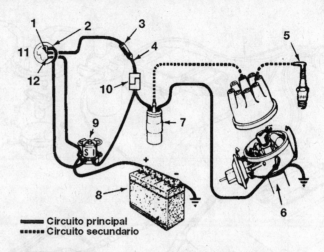

5.1a Diagrama del sistema de la ignición con puntos

1	Ignición	7	Bobina eléctrica
2	Arranque	8	Batería
3	Conector del borne	9	Relee
4	Alambre principal de resistencia	10	Conector rápido
5	Bujía	11	Interruptor de la ignición
6	Distribuidor	12	Batería

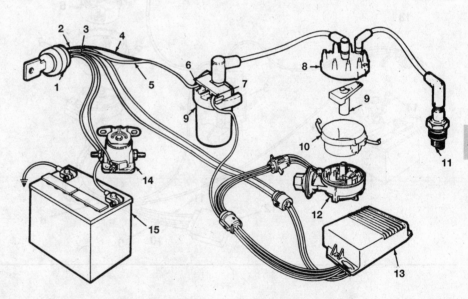

5.1b Diagrama del sistema de la ignición Duraspark II

1	Interruptor de la ignición	9	Rotor
2	Marchar	10	Adaptador
3	Encender	11	Bujía
4	Resistor de balasta	12	Distribuidor
5	Desviación del encendido	13	Módulo de la ignición
6	Batería	14	Relee del motor de arranque
7	Prueba para el tacómetro	15	Batería
8	Tapa del distribuidor		

calibración del distribuidor y el tiempo inicial no es un ajuste normal.

El sistema de la ignición, sobre todo si es de tipo sólido o electrónico, es muy confiable y solamente requiere mantenimiento periódico como se describe en el Capítulo 1.

Los sistemas de tipo punto de interrupción requieren servicio y ajustes más frecuentes. Cuando se conecte un tacómetro/medidor del Dwell (tiempo en que los puntos están cerrados medidos en grados) al borne de la bobina eléctrica, asegúrese de que sea com-

5

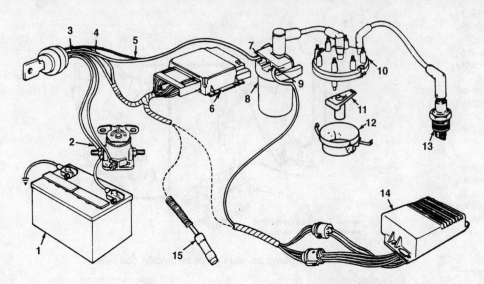

5.1c Diagrama del sistema de la ignición Duraspark III

1   Batería
2   Relee del motor de arranque
3   Marchar
4   Encender
5   Resistor de balasta
6   Microprocesador EEC (control electrónico del motor)
7   Batería
8   Bobina eléctrica
9   Prueba para el tacómetro
10 Tapa del distribuidor
11 Rotor
12 Adaptador
13 Bujía
14 Módulo de la ignición
15 Sensor C.P. (sensor del ángulo del cigüeñal)

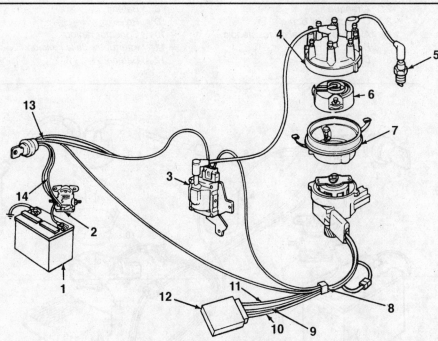

5.1d Diagrama del sistema de la ignición TFI

1   Batería
2   Relee del motor de arranque
3   Bobina de la ignición "E"
4   Tapa del distribuidor
5   Bujía
6   Rotor
7   Adaptador
8   Conector
9   Rendimiento SPOUT (cantidad de la salida de la chispa)
10 Conexión a tierra
11 Entrada PIP (perfilo de captación de la bobina)
12 Módulo EEC IV
13 Marcha
14 Encender

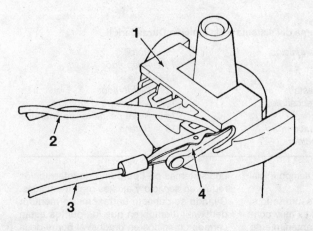

5.5 Cuando conecte un tacómetro, asegúrese de conectar las puntas correctamente, especialmente en los sistemas de ignición electrónicos

1   Conector de la bobina eléctrica
2   Al borne "Batería"
3   Punta del alambre para probar el tacómetro
4   Presilla Mueller Serie 60 de tipo lagarto

patible con el tipo de sistema de la ignición del vehículo (vea ilustración).

Cuando trabaje en un sistema electrónico de la ignición, no conecte a tierra ninguno de los bornes de la bobina de la ignición, ni por un momento. Además, la mayoría de los sistemas electrónico de la ignición requieren que se aplique una grasa de silicón especial (número de parte Ford D7AZ-19A331-A) dentro de los conectores de los alambres de las bujías. Se puede usar un destornillador pequeño para aplicar la grasa.

6   Sistema de la ignición - inspección y prueba

Nota: Los procedimientos iniciales para probar muchos componentes del sistema de la *ignición se pueden encontrar en el Capítulo 1.*

Problemas secundarios en el sistema de la ignición (tapa del distribuidor, rotor, alambres de las bujías y las bujías) y diagnóstico se manejan mejor con un osciloscopio automotriz electrónico. Un operador con experiencia y un osciloscopio electrónico puede identificar problemas tales como bujías gastadas, alambres de bujías con alta resistencia, una tapa del distribuidor o un rotor dañado o partido, o un escape entre los alambres de las bujías u otros problemas semejantes.

Problemas en el sistema primario (puntos, componentes internos del distribuidor, módulo electrónico de la ignición, etc.) también se pueden identificar con un osciloscopio. Sin embargo, los componentes principales a veces requieren equipo y procedimientos adicionales especializados. La prueba de los módulos electrónicos de la ignición, por ejemplo, se tienen que hacer en el departamento de servicio de un concesionario Ford.

Un diagnóstico preliminar de un sistema de la ignición puede revelar cosas tales como alambres defectuosos o desconectados y escape de corriente de la bobina eléctrica y del distribuidor (vea Capítulo 1).

Con la ignición electrónica, la complejidad de los componentes y de los procedimientos para probar previene el diagnóstico de muchos problemas por el mecánico del hogar. Si una inspección visual preliminar no revela problemas obvios tales como componentes desconectados, rotos o dañados, se tendrá que llevar el vehículo a un mecánico profesional para que haga el diagnostico de los componentes. El reemplazo de los componentes diagnosticados como defectuosos se puede hacer o por el mecánico profesional o por el mecánico del hogar, dependiendo de la capacidad del mecánico del hogar. Las partes de refacción están disponibles en las tiendas de partes de refacciones y también en las agencias de Ford.

7   Bujías - información general

Nota: *Información adicional acerca de las bujías se puede encontrar en el Capítulo 1.*

El tener bujías que funcionen correctamente es necesario si el motor va a trabajar bien. Según los tiempos especificados en el Capítulo 1, o según su manual del dueño, se deben reemplazar las bujías con bujías nuevas.

Es importante reemplazar las bujías con otras que sean del mismo rango de calor y tipo. Una serie de números y letras se incluyen en la bujía para ayudar a identificar cada variación.

La abertura de la bujía es muy importante. Si es demasiado grande o demasiado pequeña, el tamaño de la chispa y su eficiencia serán seriamente afectadas. Para calibrarla, mida la abertura con un calibrador de tipo alambre, y luego doble el electrodo exterior hasta que llegue a la abertura requerida. El electrodo central nunca se debe de doblar

porque esto puede quebrar el aislador y hacer fallar la bujía.

La condición y apariencia de las bujías dirá mucho acerca de la condición y afinación del motor. Si la nariz del aislador de la bujía está limpio y blanco sin depósitos, esto puede indicar que la mezcla esté pobre, o que la bujía sea demasiado caliente (una bujía caliente transfiere el calor fuera del electrodo lentamente - una bujía fría lo transfiere rápidamente).

Si la punta y la nariz del aislador están cubiertos con depósitos negros y duros, esto indica que la mezcla está demasiada rica. Si la bujía está negra y grasosa, es probable que el motor esté bastante gastado, además de que la mezcla esté demasiado rica.

Si la nariz del aislador está cubierta de depósitos color café oscuro a café gris, la mezcla está bien y es probable que el motor esté en buenas condiciones. Vea el Capítulo 1 para más información y fotos en colores de bujías.

8   Bobina de la ignición - chequeo y reemplazo

Chequeo

1   La bobina de la ignición no se puede chequear de manera satisfactoria sin equipo especial para el diagnóstico electrónico. Si se sospecha que hay un defecto en la bobina, haga que una agencia o un taller que se especialice en reparaciones eléctricas la revise. La bobina se puede reemplazar utilizando el siguiente procedimiento.

Reemplazo

2   Desconecte el cable negativo de la batería.

3   Utilizando pedazos de cinta de diferentes colores, marque cada uno de los alambres en la bobina para ayudar a poner los alambres en su lugar correcto durante la reinstalación.

4   Remueva el alambre de alta tensión de la bobina al distribuidor. Jale desde la bota, no el alambre.

5   Desconecte los alambres en la bobina. En las igniciones electrónicas, las conexiones pueden ser del tipo empujar para cerrar. Sepárelas de la bobina oprimiendo la lengüeta al fondo del conector.

6   Remueva los pernos que sujetan la abrazadera de la bobina a la cabeza del cilindro o al múltiple de admisión.

7   Remueva la bobina de la abrazadera de la bobina aflojando el perno sujetador.

8   La instalación se hace en el orden inverso al procedimiento de desensamble. Aplique una capa delgada de grasa de silicón al interior de la bota del alambre de alta tensión entre la bobina y el distribuidor (vea la Sección 5 para más información).

9   Duraspark III - alineación del rotor

Refiérase a la ilustración 9.4

1   Desconecte las presillas que sujetan la tapa del distribuidor al adaptador y posicione la tapa y los alambres a un lado.

2   Remueva el rotor del ensamblaje de la camisa.

3   Dé vuelta al motor hasta que el pistón número 1 esté en posición de la carrera de compresión (vea el Capítulo 2).

4   Dé vuelta lentamente al motor hasta que una herramienta para la alineación del rotor (No. de Ford T79P-122000-A) se pueda meter en las aberturas para la alineación en

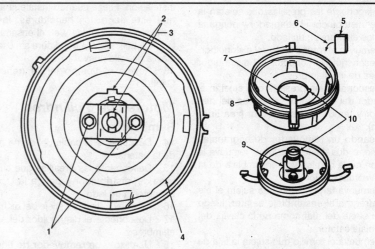

9.4 Detalles de la alineación del rotor del Duraspark III

1	Tornillos para ajustar	6	Gire 90°
2	Hendiduras de alineación	7	Presillas de apretar
3	Note la hendidura ancha	8	Adaptador
4	Adaptador	9	Ensamblaje de la camisa
5	Herramienta para alinear	10	Hendiduras de alineación

el ensamblaje de la camisa y el adaptador **(vea ilustración)**.

5   Lea el marcador del tiempo en el cigüeñal indicado por el indicador del tiempo.

6   Si el marcador del tiempo indica 0 grado, con más o menos 4 grados de variación, la alineación es aceptable.

7   Si el marcador del tiempo está más allá del límite aceptable mencionado en el paso número 6, asegúrese de que el pistón número 1 esté en posición de la carrera de compresión.

8   Dele vuelta lentamente al motor hasta que el indicador del tiempo esté alineado con el marcador de 0 (en el cigüeñal).

9   Afloje los dos tornillos de ajuste en el ensamblaje de la camisa y meta la herramienta para la alineación del rotor en las aberturas en el ensamblaje de la camisa y en el adaptador.

10   Apriete los tornillos de ajuste en el ensamblaje de la camisa y remueva la herramienta para la alineación.

11   Conecte el rotor al ensamblaje de la camisa.

12   Instale la tapa del distribuidor y los alambres de la ignición, asegurándose de que los alambres estén conectados seguramente a la tapa y a las bujías.

10   Ensamblaje estator (solamente para Duraspark II) - remover e instalar

Refiérase a las ilustraciones 10.5, 10.6 y 10.19

Motores V8
Remover

1   Remueva el cable del borne negativo de la batería.

2   Desconecte las presillas que sujetan la tapa del distribuidor al adaptador y ponga la tapa y los alambres a un lado.

3   Remueva el rotor del eje del distribuidor.

4   Desenchufe el conector del distribuidor del arnés de los alambres.

5   Desconecte las presillas que sujetan el adaptador del distribuidor al cuerpo del distribuidor y remueva el adaptador **(vea ilustración)**.

6   Usando un removedor de engranajes pequeño, o dos destornilladores, remueva el armazón de la camisa y el ensamblaje de la placa **(vea ilustración)**.

7   Remueva la presilla E que sujeta el eje del diafragma al ensamblaje estator, luego levante el eje del diafragma de la clavija del ensamblaje estator.

8   Remueva el tornillo que sujeta la faja de tierra en la placa pequeña (arandela de caucho) del ensamblaje del estator.

9   Remueva la presilla de alambre que sujeta el ensamblaje estator al ensamblaje de la placa de abajo.

10   Remueva la placa pequeña (arandela de caucho) de la base del distribuidor y levante

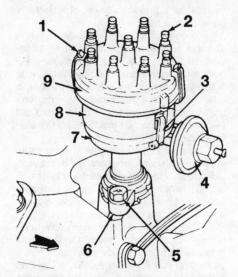

10.5   Componentes típicos del distribuidor (se muestra aquí el sistema Duraspark)

1   Presilla de la tapa
2   Borne
3   Presilla del adaptador
4   Diafragma del avance de vacío
5   Perno de sujetar
6   Grapa
7   Armazón del distribuidor
8   Adaptador
9   Tapa del distribuidor

el ensamblaje del estator del ensamblaje de la placa de abajo.

Instalar

11   Si se va a volver a usar la placa de abajo, limpie el buje y remueva cualquier grasa o tierra acumulada.

12   Instale el ensamblaje del estator siguiendo al revés los procedimientos para la instalación. Fíjese cuando instale la armazón que éste tiene dos hendiduras. Instale la armazón en la camisa y en el ensamblaje de la placa utilizando la hendidura sin usar y una clavija de rollo nueva.

13   Revise el tiempo inicial (refiérase al Capítulo 1).

Motores de 6 cilindros
Remover

14   Desconecte el cable del borne negativo de la batería.

15   Desconecte las presillas que sujetan la tapa del distribuidor y ponga la tapa y los alambres a un lado.

16   Remueva el rotor del eje del distribuidor.

17   Desconecte el distribuidor del arnés de alambres.

18   Usando y un removedor de engranaje pequeño, o dos destornilladores, remueva la armazón de la camisa y el ensamblaje de la placa.

19   Remueva los dos tornillos que sujetan el ensamblaje de la placa de abajo y el ensamblaje del estator a la base del distribuidor, fijándose en que se emplean dos tamaños de

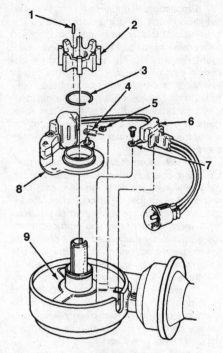

10.6   El ensamblaje del estator del sistema Duraspark II y partes relacionadas - vista esquemática (se muestra aquí un motor V-8)

1   Clavija de rollo
2   Armazón
3   Presilla de alambre para retener
4   Varilla del diafragma
5   Presilla "E"
6   Arandela de caucho
7   Conexión a tierra del sistema
8   Ensamblaje estator
9   Plato del ensamblaje de abajo

tornillos diferentes **(vea ilustración)**.

20   Remueva el ensamblaje de la placa de abajo y el ensamblaje del estator del distribuidor.

21   Remueva la presilla E, la arandela plana y la arandela ondulada que sujetan el ensamblaje del estator al ensamblaje de la placa de abajo, luego separe el ensamblaje del estator del ensamblaje de la placa de abajo. Fíjese en la ubicación de la arandela ondulada.

Instalar

22   Antes de instalar el estator, remueva cualquier grasa o tierra acumulada en las partes que se van a volver a usar.

23   Coloque el ensamblaje del estator en el ensamblaje de la placa de abajo e instale la arandela ondulada (con los bordes de la orilla hacia arriba), la arandela plana y la presilla E.

24   Instale el ensamblaje del estator/ensamblaje de la placa de abajo a la base del distribuidor, asegurándose de que meta la clavija en el ensamble al eje del diafragma.

25   Conecte el ensamblaje de la placa de abajo y el ensamblaje del estator a la base del distribuidor. Asegúrese de que los torni-

10.19 El ensamblaje del estator del sistema Duraspark II y partes relacionadas - vista esquemática (se muestra aquí un motor de seis cilindros)

1   *Avance de vacío*
2   *Ensamblaje estator*
3   *Clavija de rollo*
4   *Armazón*
5   *Avance centrífugo*
6   *Armazón del distribuidor*

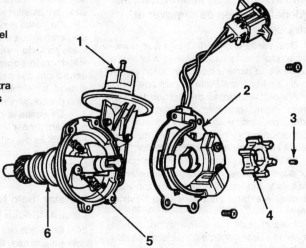

llos de diferentes medidas estén en su lugar correcto.

26   Cuando se instale la armazón, fíjese que éste tiene dos hendiduras. Instale la armazón en el ensamblaje de la camisa y la placa utilizando la hendidura sin usar y una clavija de rollo nueva.

27   Vuelva a conectar el conector del distribuidor al arnés de los alambres.

28   Vuelva a instalar el rotor y la tapa del distribuidor, y asegúrese de que los alambres del encendido estén seguramente conectadas a la tapa y a las bujías.

29   Conecte el cable del borne negativo de la batería.

30   Chequee el tiempo inicial (Capítulo 1).

---

11   Módulo de la ignición (solamente sistema TFI {película gruesa integrada}) - remover e instalar

Refiérase a la ilustración 11.2

1   Remueva el distribuidor refiriéndose a la Sección apropiada.

2   Con el distribuidor en la mesa de trabajar, remueva los dos tornillos de montar el módulo **(vea ilustración)**.

3   Usando movimientos de mecer para adelante y para atrás, con mucho cuidado, desconecte los bornes del módulo del conector en la base del distribuidor.

4   Con los bornes completamente desconectados, deslice el módulo hacia abajo, separándolo cuidadosamente del distribuidor. **Caución:** *No intente remover el módulo del distribuidor hasta que las clavijas de conexión estén completamente desconectadas para evitar el rompimiento de las clavijas en el conector del distribuidor/módulo.*

5   La instalación se hace en el orden inverso al procedimiento de desensamble.

6   Antes de instalar el módulo TFI, aplique una capa de grasa aproximadamente de 1/32 pulgada de grueso de silicón a la base metálica.

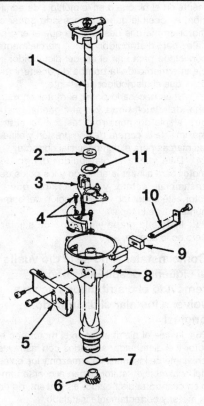

11.2 Componentes del sistema del distribuidor - vista esquemática (note la ubicación del módulo TFI)

1   *Ensamblaje del eje*
2   *Arandela de plástico*
3   *Ensamblaje del estator*
4   *Tornillo*
5   *Módulo TFI**
6   *Engranaje de impulsión*
7   *Anillo O**
8   *Base*
9   *Arandela de caucho**
10   *Varilla de octano**
11   *Anillo de cierre*

* Partes que se pueden reconstruir

---

12   Distribuidor - remover e instalar

Refiérase a las ilustraciones 12.5 y 12.20

Distribuidor convencional con puntos

Remover

1   Remueva el filtro de aire y el ensamblaje de ductos.

2   Desconecte las dos presillas y remueva la tapa del distribuidor y el rotor.

3   Desconecte el alambre primario y la manguera de vacío del cuerpo del distribuidor.

4   Dé vuelta al cigüeñal hasta que el indicador del tiempo esté alineado con la raya del tiempo en la polea del cigüeñal. Asegúrese de que el rotor esté alineado con la raya de índice en el borde de arriba del cuerpo del distribuidor (es decir, que el rotor esté en dirección del borne de la bujía número 1 en la tapa del distribuidor). **Nota:** *Si el rotor no se alinea con la punta del alambre de la bujía número uno, dele vuelta al cigüeñal 360 grados.*

5   Remueva el perno sujetador del distribuidor (vea ilustración) y remueva el distribuidor. **Nota:** *El eje de la bomba de aceite puede quedarse pegada en la punta del eje del distribuidor y se puede salir de la bomba. Si eso ocurre, se tiene que reinstalar antes de instalar el distribuidor.*

Instalar

6   Si el eje de la bomba de aceite se salió del distribuidor, aplíquele una capa de grasa en una de las puntas y métala en la punta del eje del distribuidor.

7   Meta el distribuidor al agujero del bloque del motor, asegurándose de que el eje de la bomba esté correctamente asentado en la bomba.

8   Note que el rotor de vuelta mientras se conectan los dientes del engranaje. El rotor tiene que asentarse exactamente en la

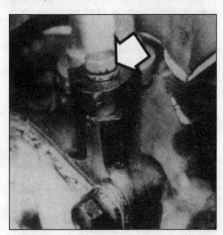

12.5 El distribuidor se une al bloque o al múltiple de admisión con una grapa y un perno (flecha)

5

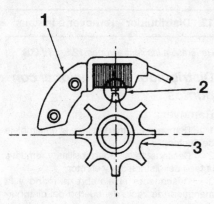

12.20 Al asentar el distribuidor, el estator y los postes de la armazón se tienen que alinear como se muestra aquí (sistema de ignición electrónica)

1　*Ensamblaje del estator*
2　*Alineación de los polos de la armazón y del ensamblaje del estator*
3　*Armazón*

misma posición donde estaba antes de remover el distribuidor. Para hacer esto, levante el distribuidor lo suficientemente alto para dar vuelta al eje un diente a la vez. Cuando el rotor esté en la posición deseada con el distribuidor asentado, instale la placa de sujetar del distribuidor, el perno y la arandela.

9　Vuelva a conectar el alambre principal. Vuelva a conectar el alambre de corriente al centro de la tapa del distribuidor e instale la manguera de vacío que va desde la múltiple de admisión al lado de la unidad del avance de vacío.

10　Revise el tiempo del encendido como se describe en el Capítulo 1.

Distribuidor Duraspark II

Remover

11　Desconecte las presillas que sujetan la tapa del distribuidor al adaptador y ponga la tapa y los alambres a un lado.

12　Desconecte y tape la manguera del ensamblaje del diafragma, si así viene equipado.

13　Desenchufe el conector del distribuidor del arnés de los alambres.

14　Dele vuelta al cigüeñal para alinear el polo del ensamblaje estator y cualquier polo de la armazón.

15　Haga una raya en el cuerpo del distribuidor y en el bloque del motor o al múltiple de admisión para indicar la posición del rotor dentro del distribuidor.

16　Remueva el perno sujetador y la grapa.

17　Remueva el distribuidor del motor. **Nota:** *No se debe dar vuelta al cigüeñal mientras el distribuidor esté afuera del motor. Sin embargo, si se le da vuelta, asegúrese de que se refiera a los procedimientos apropiados para la instalación enumerados a continuación.*

Como instalar si se le dio vuelta al cigüeñal después de remover el distribuidor

18　Dele vuelta al cigüeñal hasta que el pistón número 1 esté exactamente a la altura máxima de la carrera de compresión (refiérase al Capítulo 2 o al Paso 55 más adelante).

19　Alinee las marcas del tiempo para el tiempo inicial correcto, establecido por medio de consultar la etiqueta de Información sobre el Control de Emisiones ubicada en el compartimiento del motor.

20　Instale el distribuidor en el motor con el rotor puesto en dirección del borne número 1 en la tapa y con los polos de la armazón y del ensamblaje estator alineados **(vea ilustración)**.

21　Asegúrese de que el eje intermedio de la bomba de aceite conecte correctamente con el eje del distribuidor.

22　Si el distribuidor no se asienta correctamente en el bloque o en la múltiple de admisión, es posible que sea necesario poner el motor en marcha después de que el engranaje del distribuidor esté parcialmente conectado para unir el eje del distribuidor al eje intermedio de la bomba de aceite y así dejar que el distribuidor se asiente.

23　Si es necesario poner el motor en marcha, dele vuelta otra vez al cigüeñal hasta que el pistón número 1 esté a la altura máxima de la carrera de compresión y alinee las marcas para el tiempo inicial correcto.

24　Dele vuelta al distribuidor dentro del motor para alinear la armazón y los polos del ensamblaje estator y para verificar que el rotor esté apuntado en la dirección del borne número 1 de la tapa.

25　Instale la grapa y el perno de sujetar, pero no lo apriete.

Como instalar si no se le dio vuelta al cigüeñal después de haber removido el distribuidor y se va a volver a instalar el distribuidor original

26　Instale el distribuidor en el motor con el rotor y el distribuidor alineados con las rayas previamente inscritas. La armazón y los polos del ensamblaje estator deben alinearse también cuando el distribuidor esté asentado en el motor y correctamente instalado.

27　Si el distribuidor no se asienta completamente en el motor, ponga el motor en marcha hasta que el eje del distribuidor y el eje intermedio de la bomba de aceite estén juntos y el distribuidor esté completamente asentado.

28　Instale la grapa y el perno de sujetar el distribuidor, pero no lo apriete.

Como instalar si no se le dio vuelta al cigüeñal después de haber removido el distribuidor y se va a instalar un distribuidor nuevo

29　Instale el distribuidor en el motor con el rotor alineado con la raya previamente inscrita en el bloque o el múltiple.

30　Si es necesario, ponga el motor en marcha para asentar el distribuidor.

31　Dé vuelta al cigüeñal hasta que las rayas del tiempo para el tiempo inicial esté correcto (determinado refiriendo a la etiqueta de Información sobre el Control de Emisiones dentro del compartimiento del motor) estén alineadas y el rotor esté apuntado en la dirección del borne número uno de la tapa.

32　Dé vuelta al distribuidor dentro del bloque para alinear los polos de la armazón y del ensamblaje del estator.

33　Instale la grapa y el perno de sujetar el distribuidor, pero no lo apriete completamente en este momento.

Instalar (bajo todas las circunstancias)

34　Si es que, en los Pasos 20, 24, 26 o 32 descritos arriba, los polos de la armazón y del ensamblaje del estator no se pueden alinear por medio de la rotación del distribuidor dentro del motor, remueva el distribuidor del motor lo suficiente como para desconectar el engranaje del distribuidor y dé vuelta al eje del distribuidor para conectar otro diente del engranaje, entonces vuelva a instalar el distribuidor y repita los pasos en el procedimiento apropiado si es necesario.

35　Vuelva a conectar el conector del distribuidor al arnés de los alambres.

36　Instale la tapa del distribuidor y los alambres del encendido, asegurándose de que los alambres estén seguramente conectados a la tapa del distribuidor y a las bujías.

37　Fije el tiempo inicial según la etiqueta de Información sobre el Control de Emisiones ubicada dentro del compartimiento del motor.

38　Apriete el perno de sujetar el distribuidor.

39　Chequee de nuevo el tiempo y ajústelo si es necesario (vea el Capítulo 1).

40　Conecte la manguera de vacío, si es que así viene equipado.

Distribuidor Duraspark III

Remover

41　Desconecte las presillas que sujetan la tapa del distribuidor al adaptador y posicione la tapa y los alambres de las bujías a un lado.

42　Remueva el rotor del eje del distribuidor.

43　Dé vuelta al motor hasta que el pistón número uno esté al punto más alto de la carrera de compresión (vea el Capítulo 2 o paso 55 a continuación) y hasta que la camisa y las hendeduras de alineación estén alineadas.

44　Remueva la grapa y el perno de sujetar el distribuidor, entonces remueva el distribuidor. **Nota:** *No le dé vuelta al motor mientras el distribuidor esté afuera.*

Instalar

45　Posicione el distribuidor en el motor para que la hendedura en la pestaña de la base del distribuidor esté alineada con el agujero del perno de sujetar y las hendeduras de alineación de la camisa y del adaptador estén alineadas cuando el distribuidor esté completamente asentado en el motor.

46 Si las hendeduras de la camisa y del adaptador no se pueden alinear, remueva el distribuidor fuera del motor lo suficiente como para desconectar el engranaje del distribuidor y dele vuelta al eje para que conecte otro diente del engranaje con el engranaje de la leva, luego vuelva a instalar el distribuidor.

47 Instale la grapa del distribuidor y el perno de sujetar y apriete el perno.

48 Chequee la alineación del rotor (refiérase a la Sección 9).

49 Instale la tapa del distribuidor y los alambres, asegurándose de que los alambres estén seguramente conectados a la tapa y a las bujías.

Distribuidor TFI

Nota: *Algunos modelos selectos utilizan un perno especial para sujetar el distribuidor. Para remover el perno va a necesitar la herramienta Ford número T82L-12270-A. Es posible que pueda utilizar una llave dado de 12 puntos también.*

Remover

50 Desenchufe el conector del arnés de alambres del distribuidor.

51 Usando pintura o una herramienta para rayar, marque en la base del distribuidor la ubicación de la torre del alambre de la bujía número 1 para ayudarle durante la reinstalación.

52 Remueva la tapa del distribuidor y el adaptador del distribuidor y póngalos con los alambres del encendido a un lado.

53 Remueva el rotor.

54 Remueva el perno de sujetar el distribuidor y remueva el distribuidor.

Instalar

55 Dé vuelta al motor hasta que el pistón número 1 esté al punto máximo de la carrera de compresión. Para hacer esto, remueva la bujía número 1 (el cilindro que está al lado derecho en los motores V-8; el cilindro del frente en los motores de 6 cilindros). Con su pulgar encima del agujero de la bujía, dele vuelta lentamente al cigüeñal hasta que se sienta presión, lo cual indica que el pistón número 1 está subiendo en la carrera de compresión.

56 Alinee las rayas para el tiempo inicial correcto (vea la etiqueta sobre Información para el Control de Emisiones). Instale el distribuidor en el motor.

57 Dele vuelta al cigüeñal hasta que el rotor esté alineado con la raya en la base que usted hizo anteriormente.

58 Siga dándole vuelta al cigüeñal muy despacio hasta que la punta del frente de la paleta esté exactamente en medio del ensamblaje del estator del interruptor de la veleta.

59 Dele vuelta al distribuidor dentro del bloque del motor para alinear la punta del frente de la paleta y el interruptor de la paleta y verifique que el rotor esté indicando en la dirección del borne número uno de la tapa.

Nota: *Si la paleta y el estator del interruptor no se pueden alinear por medio de la rotación del distribuidor dentro del bloque del motor, entonces remueva el distribuidor lo suficiente como para desconectar los engranajes y dele vuelta al eje para conectarlo con otro diente del engranaje.*

60 Instale el perno de sujetar el distribuidor y la grapa. No apriete el perno en este momento.

61 Conecte el distribuidor TFI y los arnés de los alambres principales.

62 Instale el rotor del distribuidor y apriete los tornillos.

63 Instale el adaptador de la tapa del distribuidor y apriete los tornillos.

64 Instale la tapa del distribuidor y los alambres. Asegúrese de que los alambres del encendido estén seguramente conectados a la tapa y a las bujías.

65 Fije el tiempo inicial, utilizando una lámpara para el tiempo, según se describe en el Capítulo 1.

66 Apriete el perno de sujetar el distribuidor.

67 Chequee y reajuste el tiempo si es necesario.

13 Sistema de carga - información general

El sistema de carga se usa para restituir la fuerza reservada de la batería que se consume al prender el motor de arranque, las luces, los accesorios y el sistema del encendido. El alternador genera fuerza eléctrica y se gira por una banda - V y un sistema de poleas de impulsión, el cual es impulsado por el cigüeñal. Generalmente está localizado en el lado derecho del motor en varias posiciones, dependiendo del vehículo y los accesorios.

La producción de fuerza se regula por un regulador externo en la mayoría de los modelos. Algunos modelos más modernos vienen equipados con un regulador que es parte integral del alternador. El regulador está conectado al alternador con un arnés de alambres el cual utiliza conectores de desconectar rápido. El sistema es protegido de sobrecargar por medio de conexiones de fusibles y el alternador está conectado a la batería con alambres de medida gruesa. Una luz para indicar la carga o un medidor es proveído. Los diagramas de los circuitos para el sistema de carga se encuentran al final del Capítulo 12.

El ajuste de la tensión de la banda de impulsión, además del servicio de los bornes de la batería, son las dos facetas para el mantenimiento para el sistema de carga. Los detalles se encuentran en el Capítulo 1.

14 Sistema de carga - chequeo

Refiérase a las ilustraciones 14.2a y 14.2b

1 Como se mencionó en la Sección anterior, los componentes principales del sistema de carga son el alternador, el regulador del voltaje y la batería.

2 Se requiere poco mantenimiento para que este sistema funcione correctamente. Un chequeo periódico de los cables de la batería y las conexiones (Capítulo 1), la tensión de la banda de impulsión, (Capítulo 1) y los varios alambres y conectores es todo lo que se necesita **(vea ilustraciones)**.

3 Si se desarrolla una falla obvia en el sistema de carga, los primeros chequeos deben ser los que se mencionan arriba. En muchos

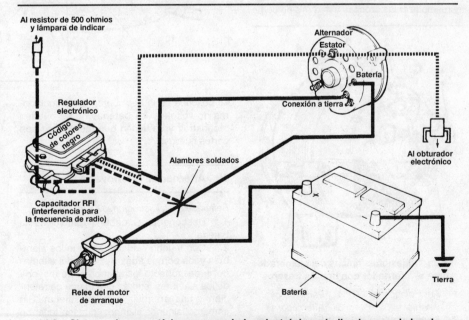

14.2a Sistema de carga típico con regulador electrónico e indicador para la luz de advertencia - se muestra aquí un modelo de 1979

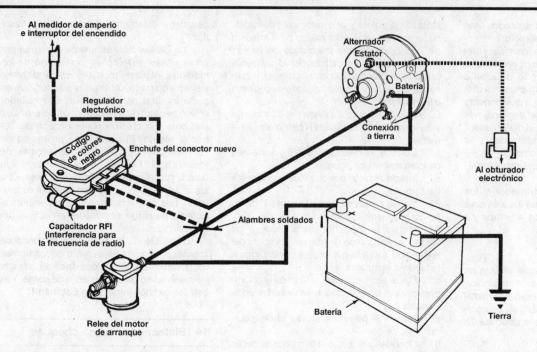

14.2b Sistema típico de cargar con regulador electrónico e indicador de amperio - se muestra aquí un modelo de 1979

casos una falla resulta de un alambre flojo o corroído, una banda de impulsión floja u otro problema fácil de remediar. Si es que, después de que se hayan hecho todos los chequeos visuales, el sistema todavía no está cargando la batería correctamente, el sistema se tendrá que chequear por un departamento de servicio de su concesionario o por un taller automovilístico eléctrico equipado con el equipo de diagnóstico especial requerido.

4   Si las pruebas diagnósticas indican que hay un alternador fallando, lo puede reemplazar con una unidad reconstruida como se describe en la Sección 15 o puede chequear y reemplazar las brochas usted mismo como

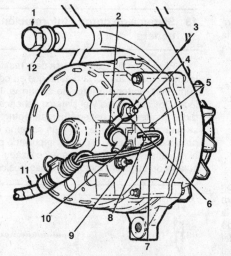

15.2b Conexiones típicas del alambrado para el alternador con bornes laterales (con regulador externo)

1   Perno de girar
2   Raya negra y roja
3   Borne de la batería (bota verde/aislador rojo)
4   Tuerca del borne
5   Conector de empujar del campo eléctrico y del estator
6   Armazón
7   Anaranjado/azul (campo) y blanco/negro (estator)
8   Borne del campo (frente)
9   Borne de tierra
10   Borne del estator (atrás)
11   Ensamblaje del alambrado 1
12   Arandela

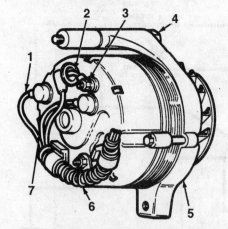

15.2a Conexiones típicas del alambrado para el alternador con bornes traseros

1	Raya blanca y negra	4	Perno de girar
2	Negro	5	Alternador
3	Tuerca de la punta del borne	6	Ensamblaje del alambrado
		7	Anaranjado

se describe en la Sección 16. Los reguladores de voltaje y las baterías no se pueden reconstruir y se tienen que reemplazar con partes nuevas.

15 Alternador - remover e instalar

Refiérase a las ilustraciones 15.2a y 15.2b

1   Desconecte el cable negativo de la batería.
2   Con mucho cuidado, marque los alambres y los bornes atrás o al lado del alternador y desconecte los alambres. La mayoría de los alambres tendrán una tuerca de retención y una arandela que los sujetan. Sin embargo, algunos alambres pueden tener un conector de plástico con una presilla de retención. Si un borne está forrado de plástico, tenga cuidado al jalar el forro hacia atrás

a no dañar al borne o al conector **(vea ilustraciones)**.
3   Afloje el perno del brazo de ajuste del alternador.
4   Afloje el perno de girar el alternador.
5   Mueva el alternador para que se pueda remover la banda de las poleas.
6   Remueva el perno del brazo de ajuste y gire el brazo hasta que no estorbe.
7   Remueva el perno de girar y la arandela gruesa y con mucho cuidado levante el alternador del compartimiento del motor. Tenga cuidado de no dejar caer o golpear el alternador porque puede dañarse. **Nota:** *Si se compra un alternador nuevo o reconstruido, lleve el original a la tienda de partes de refacción o a la agencia vendedora para comparar los dos al mismo tiempo.*
8   La instalación se hace en el orden inverso al procedimiento de desensamble.

Tenga cuidado cuando conecte todos los bornes en la parte de atrás y del lado del alternador. Asegúrese de que estén limpios y bien apretados y que todas las puntas estén bien apretadas a los alambres. Si se encuentran puntas flojas en los bornes, asegúrese de que se instalen nuevas, puesto que cualquier corto o chispa en los alambres o en los bornes puede dañar al alternador.

16   Brochas del alternador - reemplazo

Refiérase a las ilustraciones 16.7, 16. 18, 16.24 y 16.25
Nota: *Es posible que las partes internas para alternadores no estén fácilmente disponibles en su área. Compre las partes requeridas antes de proceder.*

Alternador de borne trasero

1   Remueva el alternador siguiendo las instrucciones en la Sección 15.
2   Raye una línea tras lo largo de la armazón del alternador para asegurar el ensamblaje correcto.
3   Remueva los pernos que atraviesan la armazón, las tuercas y aisladores en la armazón trasera. Note con cuidado la ubicación de los aisladores.
4   Remueva la sección de la armazón trasera del estator, el rotor y el ensamblaje de la armazón del frente.
5   Remueva las brochas y los resortes del ensamblaje de retener las brochas, el cual está ubicado dentro de la armazón trasera.
6   Chequee la medida del largo de las brochas y compárela a las Especificaciones que se otorgan al principio de este Capítulo. Reemplace las brochas con nuevas si es necesario.
7   Instale los resortes y las brochas en el ensamblaje de retención y sujételos en lugar por medio de insertar un pedazo de alambre duro por la armazón trasera y el aislador del borne de la brocha. Asegúrese de que haya suficiente alambre que sobresalga de la armazón trasera para que se pueda remover más adelante **(vea ilustración).**
8   Una la armazón trasera, el rotor y el ensamblaje de la armazón del frente al estator, asegurándose de que las rayas inscritas estén alineadas.
9   Instale los pernos que atraviesan, los aisladores y las tuercas de la armazón trasera pero no los apriete en este momento.
10   Remueva cuidadosamente el pedazo de alambre de la armazón trasera y asegúrese de que las brochas estén sentadas en el anillo. Apriete los pernos que atraviesan y las tuercas de la armazón trasera.
11   Instale el alternador según se describe en la Sección 15.

Alternador de borne lateral

Con el regulador externo

12   Remueva el alternador según se describe en la Sección 15 y raye las dos armazo-

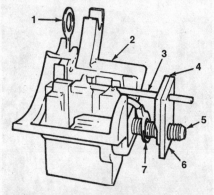

16.7 Un alambre rígido se puede utilizar para mantener las brochas del alternador en una posición retractada mientras se reinstale el ensamblaje del sujetador de las brochas (se muestra aquí un alternador de bornes traseros)

1   *Brocha del anillo de tierra*
2   *Sujetador de la brocha*
3   *Alambre rígido*
4   *Sellador del agujero de la clavija de la brocha*
5   *Borne de la brocha*
6   *Aislador del borne de la brocha*
7   *Anillo para el alambrado*

nes de los extremos y el estator para asegurar el ensamblaje correcto.
13   Remueva los pernos que atraviesan y separe la armazón del frente y el rotor de la armazón trasera y el estator.
14   Use una pistola de soldar para remover la soldadura y desconectar el sujetador de las brochas de la armazón trasera y del estator.
15   Remueva los dos tornillos de montar del sujetador de las brochas y desconecte el sujetador de las brochas de la armazón trasera.
16   Remueva cualquier residuo de sellador del sujetador y de la armazón trasera.
17   Inspeccione las brochas por daños y mídalas a lo largo. Si están gastadas, reemplácelas con nuevas.
18   Para reensamblar, instale los resortes y las brochas en los sujetadores de las brochas, metiendo un pedazo de alambre duro para sujetarlos en su lugar **(vea ilustración).**
19   Coloque el sujetador en posición dentro de la armazón trasera.
20   Instale los tornillos de montar del sostenedor de las brochas y empuje el sujetador hacia la abertura del eje mientras aprieta los tornillos. Empuje la conexión del sujetador de las brochas encima de la conexión del rectificador y suéldelas en posición. **Caución:** *El rectificador se puede calentar y dañarse si no se suelda rápidamente.*
21   Coloque el rotor y la armazón del frente en posición dentro del estator y de la armazón trasera. Después de alinear las rayas, instale los pernos que atraviesan.
22   Dé vuelta al ventilador y a la polea para ver si el alternador se atasca.

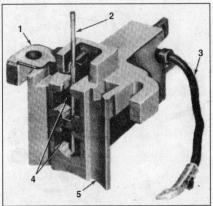

16.18 Un alambre rígido se puede utilizar para mantener las brochas del alternador en una posición retractada mientras se reinstale el ensamblaje del sujetador de las brochas (se muestra aquí un alternador de bornes laterales)

1   *Borne de las brochas*
2   *Alambre rígido*
3   *Alambre del sujetador de las brochas*
4   *Brochas*
5   *Sujetador de las brochas*

23   Remueva el alambre que está retractando las brochas y selle el agujero con cemento impermeable. **Nota:** *No use un sellador tipo RTV (compuesto obturado vulcanizador a temperatura de ambiente) en el agujero.*

Con regulador integral

24   Remueva el alternador según se describe en la Sección 15. El ensamblaje del sujetador de las brochas está conectado al regulador, el cual está conectado a la parte

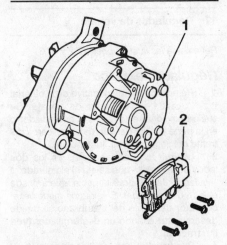

16.24 En aquellos vehículos con regulador integrado, remueva los cuatro tornillos Torx para despegar el regulador del alternador

1   *Ensamblaje del alternador*
2   *Ensamblaje del regulador*

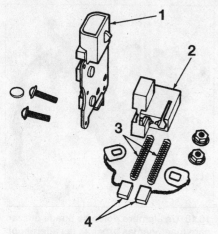

16.25 El sujetador de las brochas se conecta al regulador con dos tornillos

1   Ensamblaje del regulador
2   Sujetador de las brochas
3   Resortes de las brochas
4   Brochas

trasera del alternador con cuatro tornillos Torx **(vea ilustración).**
25   Después de remover los tornillos y separar el regulador del alternador, remueva el aislador del borne A y los dos tornillos Torx que conectan el regulador al sujetador de las brochas para separar el sujetador de las brochas del regulador **(vea ilustración).** Note como se conectan las puntas de las brochas a los bornes.
26   Deslice las brochas del sujetador y mídalas de largo. Si están más cortas de lo que se especifica, reemplácelas con nuevas.
27   La instalación se hace en el orden inverso al procedimiento de desensamble. Asegúrese de que coloque los resortes al sujetador de las brochas.

17   Regulador de voltaje

Refiérase a las ilustraciones 17.2 y 17.3

Regulador externo

1   Remueva el cable negativo de la batería.
2   Localice el regulador de voltaje. Se suele posicionar en el soporte del radiador o en la parte interior del guardafango, cerca del frente del vehículo **(vea ilustración).**
3   Oprima las dos lengüetas en los dos lados de la presilla que sujeta el alambrado al regulador. Jale la presilla hacia afuera desde el lado del regulador. En algunos modelos, el conector del arnés del alambrado se puede desconectar usando un destornillador **(vea ilustración).**
4   Remueva los dos tornillos de montar del regulador. Sepa que uno de los tornillos contiene el borne del alambre con conexión a la tierra.
5   Instale el regulador.
6   La instalación se hace en el orden inverso al procedimiento de desensamble.

17.2 Típicamente se monta el regulador del voltaje en el soporte del radiador o en la parte interior del guardafango

Asegúrese de que logre posicionar la presilla de los alambres seguramente en los bornes del regulador y que las dos lengüetas atranquen en posición.

Regulador integral

7   Si se remueve el regulador como parte de los procedimientos para reemplazar las brochas. Refiérase a la Sección 16.

18   Sistema de arranque - información general

El sistema de arranque consiste de un motor eléctrico de arranque con un impulsor de acoplamiento positivo integral, la batería, un interruptor para el arranque ubicado dentro del vehículo, un interruptor de arrancar Neutral, (solamente en vehículos equipados con transmisión automática) un solenoide del motor de arranque y arnés de los alambres que conectan los componentes.
Cuando se mueva el interruptor de la ignición a la posición START, se prende el solenoide a través del circuito de control del arranque. Entonces el solenoide conecta el voltaje de la batería al motor de arranque.
Los vehículos equipados con transmisión automática tienen un interruptor de arranque Neutral dentro del circuito del control del arranque el cual previene la operación del motor de arranque si la palanca de las velocidades no está en la posición de N o P.
Cuando el motor de arranque reciba la corriente de la batería, la corriente pasa a la bobina de conexión a tierra y opera un interruptor magnético, el cual impulsa la palanca de impulsión del motor de arranque hacia adelante para acoplar con el engranaje del anillo del volante. Cuando la palanca de impulsión llegue a cierto punto en su movimiento, los contactos de tierra de la bobina abren y los contactos del motor de arranque se conectan, lo cual permite que el motor gire. Una bobina de sujetar especial se usa para mantener el zapato de impulsión del

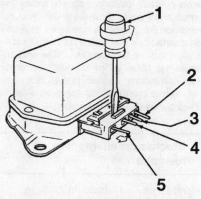

17.3 En algunos modelos, el arnés del alambrado del regulador se puede despegar por medio de posicionar un destornillador de hoja ancha entre la lengüeta en el conector y el borde del enchufe - una torcedura del destornillador debe separar las dos secciones del conector

1   Abra con un destornillador de hoja ancha
2   Borne de la bobina del campo magnético
3   Borne del relee del campo magnético
4   Borne de la batería para el abastecimiento del voltaje
5   Borne de la luz indicadora de carga

motor de arranque en su lugar completamente asentado mientras el motor esté girando al cigüeñal. Cuando el voltaje de la batería se escape del motor de arranque, un resorte retira el piñón del impulsor del motor de arranque del VOLANTE y se rompe el contacto con el motor.

19   Motor de arranque - chequeo en el vehículo

1   Si el motor de arranque no gira cuando se prende el interruptor del motor de arranque, asegúrese de que la palanca de la transmisión esté en N o P (solamente transmisiones automáticas).
2   Asegúrese de que la batería esté completamente cargada y que todos los cables de la batería, el motor de arranque y el solenoide estén apretados y libres de corrosión.
3   Si el motor de arranque gira, pero el motor del vehículo no da vuelta, entonces el impulsor del motor de arranque está defectuoso y se tendrá que remover el motor de arranque para reemplazar el impulsor.
4   Si el interruptor no controla el motor de arranque en absoluto pero se puede oír que el impulsor está conectando con el VOLANTE con un "clic" recio, entonces la falla es en los contactos que activan al motor dentro del mismo motor. El motor se tendrá que remover y reemplazar o ser reconstruido.
5   Si el motor de arranque hace girar al motor a una velocidad anormalmente lenta,

asegúrese de que la batería esté completamente cargada y que todas las conexiones en los bornes estén limpias y apretadas. Verifique que la viscosidad del aceite del motor esté correcta (no demasiada gruesa) y que la resistencia no se deba a una falla mecánica dentro del motor.

6   Un voltímetro conectado al borne del solenoide para el motor de arranque y a la conexión a tierra mostrará el voltaje que se le está pasando al motor de arranque. Si el voltaje es adecuado y el motor de arranque sigue girando lentamente, la resistencia está en el motor de arranque y se debe reemplazar o reconstruir el motor de arranque.

7   Si se halla una falla directamente en el motor de arranque, la unidad original se puede reemplazar con un motor de arranque nuevo o reconstruido (Sección 20) o se puede chequear y reemplazar las brochas (Sección 21).

20   Motor de arranque - remover e instalar

Refiérase a la ilustración 20.2
Nota: *Puede serle útil levantar el vehículo para tener mejor acceso al motor de arranque. En tal caso, esté seguro de soportarlo con seguridad utilizando postes.*

1   Desconecte el cable negativo de la batería.
2   Desconecte el cable que conecta el solenoide del motor de arranque al motor del motor de arranque **(vea ilustración)**.
3   Remueva los pernos que sujetan el motor de arranque a la armazón campana.
4   Jale el motor de arranque de la armazón campana y bájelo del vehículo.
5   La instalación se hace en el orden inverso al procedimiento de desensamble. Cuando se inserte el motor de arranque en la abertura de la armazón campana, asegúrese de que esté situado derecho y que las superficies correspondientes estén justamente pegadas.

21   Brochas del motor de arranque - reemplazar

Refiérase a las ilustraciones 21.2 y 21.4
Nota: *Se necesita remover el motor de arranque del vehículo antes de poderse reemplazar las brochas. Antes de intentar a reemplazar las brochas del motor de arranque, asegúrese de que el problema que está experimentando sea relacionado a las brochas. Frecuentemente, las conexiones flojas, la mala condición de la batería o problemas del alambrado son una causa más común del no*

20.2 Afloje la tuerca y desconecte el cable del motor de arranque antes de remover los pernos de montar del motor de arranque

poder poner el motor en marcha o dificultades con el arranque. Antes de proseguir, averigüe si las partes de refacción están disponibles.
1   Remueva el motor de arranque del vehículo (Sección 20).
2   Remueva los dos pernos que atraviesan la armazón del motor de arranque **(vea ilustración)**.

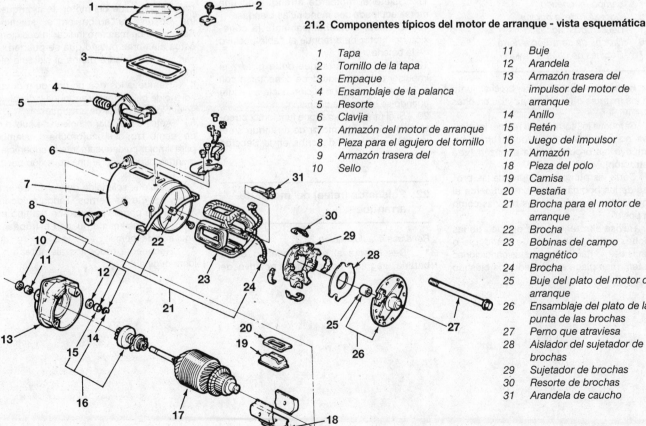

21.2 Componentes típicos del motor de arranque - vista esquemática

1	Tapa	11	Buje
2	Tornillo de la tapa	12	Arandela
3	Empaque	13	Armazón trasera del impulsor del motor de arranque
4	Ensamblaje de la palanca		
5	Resorte	14	Anillo
6	Clavija	15	Retén
7	Armazón del motor de arranque	16	Juego del impulsor
8	Pieza para el agujero del tornillo	17	Armazón
9	Armazón trasera del	18	Pieza del polo
10	Sello	19	Camisa
		20	Pestaña
		21	Brocha para el motor de arranque
		22	Brocha
		23	Bobinas del campo magnético
		24	Brocha
		25	Buje del plato del motor de arranque
		26	Ensamblaje del plato de la punta de las brochas
		27	Perno que atraviesa
		28	Aislador del sujetador de brochas
		29	Sujetador de brochas
		30	Resorte de brochas
		31	Arandela de caucho

5

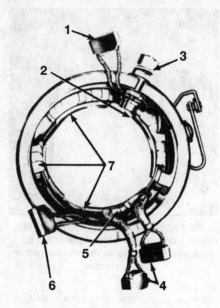

21.4 Ubicaciones de la conexión a tierra del motor de arranque y de la brocha de la bobina eléctrica

1   Brocha de conexión a tierra
2   Bobina para la actuación del impulsor del motor de arranque y bobina de retención
3   Tornillo del borne
4   Brochas de la bobina del campo magnético
5   Conexión de la bobina del campo magnético
6   Brocha de conexión a tierra
7   Bobinas de campo

3   Remueva el platillo de las brochas junto con los resortes de las brochas y las brochas del retención.

4   Remueva los tornillos de retener las brochas conectadas a tierra de la armazón. Remueva las brochas de la armazón **(vea ilustración)**.

5   Corte las puntas insoladas de las brochas de las bobinas eléctricas tan cerca al punto de la conexión con las bobinas como sea posible.

6   Revise el retenedor de plástico de las brochas por alguna señal de partiduras o cojines de montar rotos. Si estas condiciones existen, reemplace el retenedor de plástico

de las brochas.

7   Coloque la punta de la brocha nueva aislada encima de la conexión de la bobina eléctrica.

8   Apriete la presilla proveída con las brochas para retener la punta de la brocha a la conexión.

9   Use una pistola de soldar de baja temperatura (300 vatios) para soldar el plomo, la presilla y la conexión pegados usando una soldadura del centro de resina.

10   Conecte las puntas de las brochas conectadas a tierra a la armazón con los tornillos de retención.

11   .Instale el retenedor de las brochas e inserte las brochas al retenedor.

12   Instale los resortes de las brochas. Fíjese que las puntas de las brochas estén posicionadas en sus hendiduras respectivas dentro del retenedor de las brochas para prevenir la posibilidad de que las brochas se pongan en corto.

13   Instale el platillo de las brochas en su lugar. Asegúrese de que el aislador del platillo esté en posición correcta en el platillo.

14   Instale los pernos que atraviesan la armazón del motor de arranque y apriételo seguramente.

15   Se puede usar la batería para chequear el motor de arranque por medio de conectar cables de pasar corriente a los postes de la batería y a los bornes del motor de arranque.

16   Conecte la punta de la conexión a tierra a la armazón del motor de arranque.

17   Sujete el motor de arranque en una morsa equipada con mandíbulas blandas.

18   Conecte momentáneamente la conexión del motor de arranque al cable positivo de la batería.

19   El motor de arranque debe girar y el impulsor del solenoide debe conectarse con el engranaje en una posición hacia adelante cuando se haga esta conexión.

20   Si el motor de arranque funciona correctamente, instale el motor de arranque en el vehículo según se describe en la Sección anterior.

22   Solenoide (relee) del motor de arranque

Refiérase a la ilustración 22.2

1   Desconecte el cable negativo de la batería, seguido por el cable positivo de

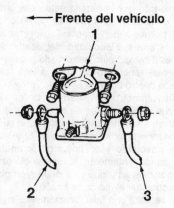

22.2 Detalles de montar típicos para un solenoide (relee) del motor de arranque

1   Relee del motor de arranque
2   Ensamblaje de los cables para la batería al relee
3   Ensamblaje de los cables para el relee al motor de arranque

la batería.

2   Desconecte el cable positivo de la batería y el cable que conecta el solenoide al motor de arranque de los bornes del solenoide del motor de arranque. Márquelos para prevenir una equivocación durante la instalación **(vea ilustración)**.

3   Desconecte los dos alambres del control del solenoide del motor de arranque de los postes de arriba en el solenoide. Asegúrese de marcar o indicar la posición de estos alambres puesto que se pueden cruzar, lo cual causará daños al sistema eléctrico.

4   Remueva los dos pernos de montar el solenoide del motor de arranque y desaloje el solenoide del motor de arranque.

5   Antes de instalar el solenoide nuevo o el de reemplazo, use una brocha de alambres para limpiar cuidadosamente la superficie de montaje para asegurar una conexión buena a tierra.

6   Instale el solenoide del motor de arranque y apriete los pernos. Tenga cuidado al apretar los pernos porque son del tipo auto enroscar y fácilmente pueden estropear los agujeros de montar.

7   Reconecte todos los alambres en su lugar original.

Capítulo 6
Sistema de control de emisiones

Contenidos

1 Información general

En orden de poder satisfacer las leyes Federales en los USA contra la contaminación, los vehículos vienen equipados con una variedad de sistemas de control de emisiones, dependiendo de los modelos y los estados en que ellos se vendan.

Debido a que los sistemas de emisiones controlan muchas funciones del motor, maniobrabilidad y el consumo de combustible, así como también la conformidad de la ley, puede afectar si algún problema se desarrollan. Por lo tanto, es muy importante que el sistema de emisiones se mantenga operando en un rendimiento de alta eficiencia.

La información en este Capítulo describe los subsistemas dentro de los sistemas de control de las emisiones y las operaciones de mantenimiento para estos subsistemas que están dentro de la capacidad del mecánico doméstico. Además, la Etiqueta de Información de Control de las Emisiones, ubicada en el compartimiento del motor, contiene información requerida para adecuadamente mantener el sistema de control de emisiones y mantener el vehículo correctamente afinado.

Debido a la complejidad de los subsistemas, especialmente esos bajo el control de dispositivos electrónicos que requieren de un diagnóstico electrónico sofisticado, debería llamarse al departamento de servicio de su concesionario Ford cuando usted encuentre un problema de emisiones que no se pueda diagnosticar y ser reparado fácilmente.

En los modelos de 1987 y más modernos el sensor de oxigeno está localizado entre el múltiple de escape y convertidor catalítico, permita que se enfríe el escape antes de removerlo.

Luz Check Engine de advertencia

En todos los vehículos equipados con EFI, la luz de advertencia Check Engine se usa para indicar desperfectos en el sistema de control electrónico del motor. Si el sistema funciona adecuadamente, la luz indicadora se iluminará cuando la llave de la ignición se gire a la posición de Encendido antes de arrancar el motor y apagando cuando el motor se ponga en marcha.

Si la luz indicadora no se ilumina cuando la llave de la ignición se enciende, o se enciende y permanece encendida mientras se conduce el vehículo, póngase en contacto con el departamento de servicio de su concesionario u otro taller de reparaciones calificado lo antes posible.

Si la luz indicadora se ilumina y después se apaga mientras se está conduciendo el vehículo, es una indicación que una condición provisional se ha corregido por sí misma. Debajo tales circunstancias, no es necesario llevar el vehículo a su concesionario. Sin embargo, si la frecuencia del problema intermitente llega a ser perezosa, un departamento de su concesionario Ford o taller de reparaciones puede identificar y corregir el problema.

Luz de advertencia del mantenimiento de las emisiones

Algunos modelos se equipan con una luz de advertencia para el mantenimiento de las emisiones. Cuando la llave de la ignición se coloque inicialmente en la posición de Encendido, la luz se encenderá por 2 a 5 segundos para indicar un funcionamiento apropiado del sistema de advertencia. El propósito de la luz de emisión es de alertar al conductor de que el mantenimiento del sistema de emisión de 60,000 milla se a vencido.

2   PCV (sistema de la ventilación positiva del cárter)

Refiérase a la ilustración 2.3

Descripción general

1   El PCV es un sistema de reciclar, cerrado, que es diseñado para impedir que el humo del cárter de aceite del cigüeñal se escape a la atmósfera atraves de la tapa del llenador de aceite del motor. El sistema de control de emisiones regula los vapores que se escapan atraves de los anillos de los pistones y las paredes de los cilindros circulándolos de regreso adentro del múltiple de admisión, donde se mezclan con la mezcla de aire/combustible.

2   El sistema consiste de una válvula PCV que se puede reemplazar, un filtro de ventilación para el cigüeñal en el depurador de aire, mangueras y juntas.

3   La fuente de aire limpio para el sistema de ventilación del cigüeñal es el depurador de aire. Aire pasa atraves de un filtro ubicado

2.3 La manguera de admisión del sistema PCV está conectada a la tapa del llenador de aceite y el depurador de aire (se muestra un motor V8 - otros similares)

3.3 El canasto de carbón ECS está tornillado a la derecha del carril del chasis en la mayoría de los modelos y es protegido por un blindaje de metal

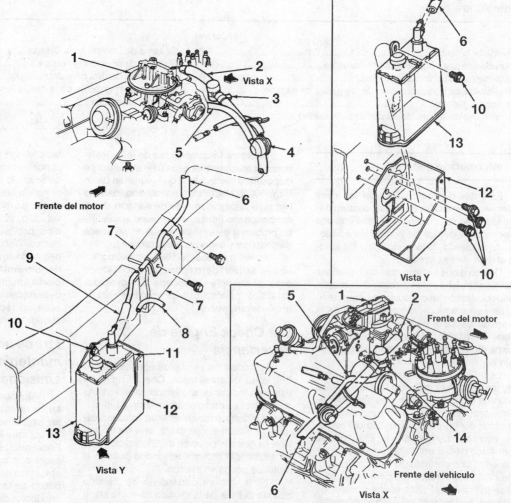

3.5 Mangueras y componentes típico del ECS en el compartimiento del motor (se muestra un modelo más moderno 302 V8)

1   Carburador
2   Debe de mantener un ángulo continuo hacia abajo desde el carburador
3   Grapa
4   Válvula de purga operada por vacío
5   Hacia el pezón en el espaciador del carburador por la parte debajo de la bobina
6   Ensamblaje de la manguera y la válvula
7   Chasis
8   Línea de vapor desde el tanque
9   Tubo
10   Tornillo
11   Canasto
12   Soporte protector
13   Se muestra un canasto de tanque simple, el doble es similar
14   Tornillo

Frente del motor

Vista X

Vista Y

Vista Y

Frente del motor

Frente del vehículo

Vista X

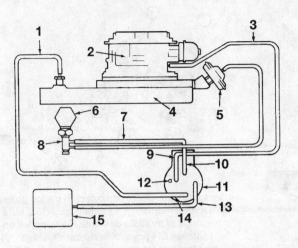

4.1 Esquema típico del sistema EGR (se muestra un modelo más antiguo)

1 Vacío del múltiple de admisión
2 Carburador
3 Vacío de venturi
4 Múltiple de admisión
5 Válvula EGR
6 Adaptador para la manguera del calentador
7 Vacío de salida
8 Válvula PVS
9 Venturi
10 Salida para la válvula EGR
11 Código de amplificación para el puerto conector
12 Ventilación
13 Desde la reserva
14 Suplemento desde el múltiple
15 Reserva de vacío

en el depurador de aire a una manguera conectada en la tapa del llenador de aceite **(vea ilustración)**. La tapa del llenador de aceite es sellada en la apertura para impedir la entrada de aire de afuera. Desde la tapa del llenador de aceite, el aire pasa hacia la tapa de los balancines, pasando hacia abajo atraves de las varillas de empuje y hacia adentro del cigüeñal. El aire entonces circula desde el cigüeñal hacia encima en la otra sección de la tapa de los balancines. El aire y los gases del cigüeñal entonces entran en una válvula reguladora con un resorte (válvula PCV) que controla la cantidad de flujo según las condiciones de operación varían. Algunos motores tienen una válvula PCV con un orificio fijo que mide un flujo constante de gas sin considerar la cantidad de segmentos de gases del motor. En ambos casos, la mezcla de gas y aire se encaminan al múltiple de admisión atraves del tubo del respiradero del cigüeñal y la manguera. Este proceso continua mientras el motor esté en marcha.

Chequeo

4   El procedimiento de chequeo e ilustraciones adicionales para el sistema PCV se incluyen en el Capítulo 1.

Reemplazo de componente

5   El procedimiento de reemplazo para la válvula PCV se incluye en el Capítulo 1.

3   ECS (sistema de control evaporativo)

Refiérase a las ilustraciones 3.3 y 3.5

Descripción general

1   Este sistema está diseñado para limitar los vapores de combustible liberados a la atmósfera, atrapándolos y almacenando los vapores de combustible desde el tanque de

combustible (y en algunos casos, desde el carburador) los cuales normalmente entran a la atmósfera como emisiones HC (hidrocarburos).

2   El mecánico doméstico puede otorgarle servicio a las piezas del sistema, incluyendo el canasto de carbón, las líneas al tanque de combustible, el carburador y la tapa del llenador del tanque de combustible.

3   Los vapores del combustible se ventilan desde el tanque de combustible (y en algunos casos también desde el carburador) para el almacenaje provisional en el canasto de carbón, que se instala comúnmente en el carril a la derecha del lado del chasis en el compartimiento del motor **(vea ilustración)**. La salida del canasto se conecta al depurador de aire del carburador para que los vapores almacenados se puedan extraer desde el motor y quemarlo. La tapa del llenador del tanque de combustible es de un diseño especial que ventila aire en el depósito para reemplazar el combustible que a sido usado, pero no ventila los vapores de combustible hacia afuera hasta que la presión del tanque aumente a más de dos psi (libras por pulgadas cuadradas) aproximadamente encima de la presión atmosférica normal.

Chequeo

4   Los procedimientos de chequeo para el sistema de control de las emisiones evaporativas están incluidos en el Capítulo 1.

Reemplazo de componente

5   Reemplazo de las líneas y canasto del sistema es realizado removiendo el componente defectuoso y sustituyéndolo con uno nuevo. Esté seguro de marcar todas las mangueras y los acopladores con anterioridad de removerlos y use retenedores nuevos en todas las conexiones. Refiérase a la ilustración que se acompaña de un sistema típico ECS.

4   EGR (sistema de la recirculación de los gases de escape)

Refiérase a las ilustraciones 4.1, 4.3a 4.3b, 4.4a, 4.4b, 4.5, 4.7, 4.8 y 4.11

Descripción general

1   El sistema EGR **(vea ilustración)** está diseñado a introducir nuevamente cantidades pequeñas de gas de escape en el ciclo de combustión, reduciendo la generación de las emisiones del NOx (óxido de nitrógeno). La cantidad de gas de escape introducida nuevamente, y la sincronización del ciclo, es controlada por diversos factores, tal como la velocidad del motor, altura, vacío del motor, contrapresión del sistema de escape, temperatura del anticongelante, ángulo de la apertura del acelerador, dependiendo de la calibración del motor. Todas las válvulas EGR son activadas con vacío y el esquema de vacío para su vehículo particular se muestra en la Etiqueta de Información para el Control de las Emisiones en el compartimiento del motor. En los modelos 1987 y más moderno la válvula está localizada en el múltiple de admisión superior. Las válvulas usadas con sistemas EFI (inyección de combustible electrónica) tienen un arnés de alambre que se debe de desconectar.

2   Para los vehículos cubierto por este manual hay tres tipos básicos de válvulas EGR: válvula de puerto, válvula integral transductora de contrapresión y la válvula electrónica sónica.

Válvula de puerto

3   Dos pasajes en el bloque espaciador del carburador, conectando el sistema de escape con el múltiple de admisión, son obturados por el puerto de la válvula EGR, que se abre por vacío y se cierra por presión de resorte **(vea ilustración)**. La válvula puede ser de disco con movimiento vertical o vástago de diseño cónico que puede tener una entrada en la base o una entrada en el lado, la función es la misma **(vea ilustración)**.

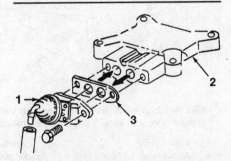

4.3a La válvula EGR está normalmente atornillada al múltiple de admisión cerca del carburador

1   Válvula EGR
2   Gases de escape
3   Junta de la válvula EGR

6

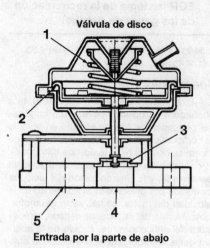

Válvula de disco

Entrada por la parte de abajo

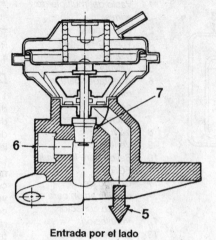

Entrada por el lado

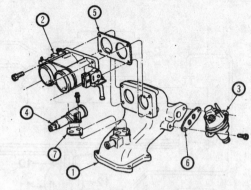

4.3c La válvula EGR (recirculación de los gases de escape) (número 3 en esta ilustración) está conectada al múltiple de admisión superior en motores EFI (inyección de combustible electrónica) (se muestra un motor de 460 pulgadas cúbicas/7.5L)

1   Múltiple de admisión superior
2   Cuerpo de aceleración
3   Válvula EGR
4   Válvula de desvío para el ISC (control de la marcha mínima)
5   Junta para el cuerpo de aceleración
6   Junta para la válvula EGR (recirculación de los gases de escape)
7   Junta para la válvula de desvío

4.3b Válvula EGR con entrada por la base (izquierda) y válvula EGR con entrada por el lado (derecha) - vistas transversales

1   Resorte
2   Diafragma
3   Disco
4   Admisión de la válvula

5   Salida de la válvula
6   Entrada
7   Conicidad del vástago

Válvula integral transductora de contrapresión

4   Esta válvula de disco con movimiento vertical o válvula cónica (aguja) no puede ser abierta hasta que el orificio de purga sea cerrado por la contrapresión del escape. Una vez que la válvula se abre, busca por un nivel plano dependiendo de la contrapresión del

escape que fluya atraves del orificio y oscile a ese nivel. Mientras más alto sea la señal de vacío y la señal de la contrapresión, lo más que la válvula se abre. El cuerpo de válvula puede tener entrada de base o entrada de lado **(vea ilustraciones)**.

Válvula electrónica sónica

5   En vehículos equipado con un sistema

de control del motor electrónico, la recirculación del gas de escape es controlado por el EEC (control electrónico del motor) por un sistema de sensores del motor **(vea ilustración)**. La válvula EGR en este sistema se parece y opera en la misma manera que una válvula de diseño de puerto corriente. Sin embargo, usa una válvula de aguja para un control más exacto del valor del flujo, que es

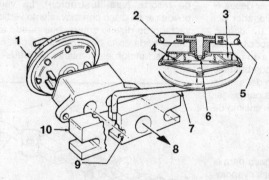

4.4a Algunos modelos se equipan con transductores de contrapresión separados como se muestra aquí . . .

1   Válvula EGR
2   Hacia la válvula EGR
3   Filtro de aire
4   Diafragma
5   Hacia el suplemento de la válvula EGR atraves de la válvula PVS
6   Purga de aire

7   Sonda para la presión del escape
8   Gases del escape hacia el múltiple de admisión
9   Entrada para los gases del escape desde la pipa de cruce
10 Adaptador transductor EGR

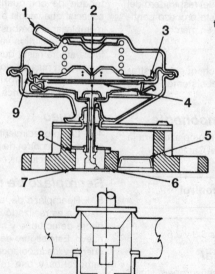

4.4b . . . mientras otros tienen los transductores integrales de contrapresión como es mostrado aquí

1   Señal de vacío
2   Orificio de purga del transductor
3   Ventilación a la atmósfera del transductor
4   Diafragma del transductor
5   Orificio opcional hacia abajo
6   Entrada de la contra presión
7   Orificio
8   Asiento de la válvula
9   Diafragma de la válvula

proporcional a la posición del vástago de la válvula. Un sensor en la parte de encima de la válvula dice a qué distancia está abierta la válvula EGR, envía una señal eléctrica al EEC, que también recibe varias otras señales tales como temperatura, rpm y el ángulo de apertura del acelerador. El EEC entonces señaliza al solenoide de control de la EGR para mantener o alterar el flujo según sea requerido para las condiciones de operación del motor. La fuente de vacío desde el múltiple es purgado o aplicado al diafragma que depende del comando del EEC. Un enfriador se usa para reducir la temperatura de los gases del escape, ayudando para que los gases fluyan mejor, reduciendo la tendencia del motor de detonar y haciendo que la válvula sea más duradera.

Operación

6   La válvula EGR opera solamente en el modo del acelerador parcialmente abierto. Queda cerrada en el modo de arranque, el modo del acelerador cerrado y el modo del acelerador completamente abierto.
7   En modelos antes de 1979 una válvula de alivio se usa para modificar la salida de la señal de vacío a la EGR cuando el valor de vacío de las venturis es igual que o mayor que, el vacío del múltiple. Esto permite que la válvula EGR cierre a o cerca del acelerador completamente abierto, cuando la potencia máxima del motor es requerida (**vea ilustración**).
8   La EGR/CSC (ciclo de comienzo en frío) regula el avance del encendido del distribuidor y la operación de la EGR según la temperatura del anticongelante del radiador secuencialmente cambiando las señales de vacío. Cuando la temperatura del anticongelante es más alta que 82 grados F el PVS (puerto de vacío de cambio) de la EGR cambia para admitir vacío de puerto del orificio del carburador de la EGR (que ocurre a aproximadamente 2500 rpm) directamente al dia-

fragma de avance del distribuidor hasta la válvula unilateral de retención (**vea ilustración**). A la vez el PVS desconecta el vacío del carburador a la válvula EGR.
9   Cuando el anticongelante del radiador está a 95 grados F o encima el PVS de la EGR dirige vacío del carburador a la válvula EGR.
10 A temperaturas entre 82 y 95 grados F el PVS de la EGR puede estar cerrado, abierto o en posición media.
11 Un SDV (válvula de retardo de la chispa) se incorpora en el sistema para demorar el vacío del carburador a la unidad del diafragma del distribuidor por un tiempo predeterminado. Durante la aceleración, poco o ningún vacío se admite a la unidad del diafragma del distribuidor hasta que la aceleración se complete a causa del retardo del tiempo de la SDV y poniéndolo en otra ruta del orificio de vacío de la EGR a temperaturas encima de 95 grados F (**vea ilustración**). La válvula unilateral bloquea la señal de vacío desde la SDV al PVS de la EGR para que el

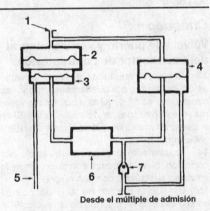

4.5 Esquema de un sistema EGR típico usado con un sistema EEC III incorporando una válvula sónica electrónica

1   Solenoides para el control de la EGR
2   Tubo de aire fresco
3   Sensor EVP
4   Válvula EGR
5   Pivote central
6   Salida del anticongelante
7   Entrada del anticongelante
8   Enfriador como emparedado

4.7 Esquema de vacío de una válvula venturi de alivio y amplificador de vacío

1   Desde el grifo de venturi
2   Motor de vacío
3   Regulador de vacío
4   Válvula de alivio
5   Hacia la válvula EGR
6   Reserva
7   Válvula unilateral

6

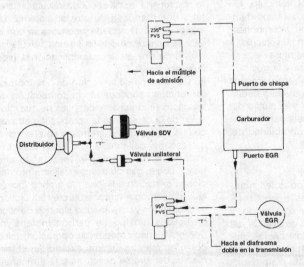

4.8 Ruta del vacío con sistema EGR/CSC debajo de 82 grados F

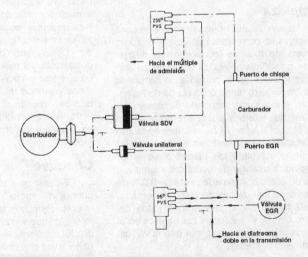

4.11 Ruta del vacío con sistema EGR/CSC encima de 95 grados F

vacío del carburador no se disipe a temperaturas encimas de 95 grados F.

12   El PVS 235 grados F no es estrictamente parte del sistema EGR, pero se conecta a la unidad de regulación de avance de vacío del distribuidor para impedir recalentamiento mientras el motor está caliente en marcha mínima. A velocidades de marcha mínima ningún vacío se genera a o desde los orificios del carburador y la sincronización del motor se atrasa totalmente. Sin embargo, cuando la temperatura del anticongelante alcanza 235 grados F el PVS se acciona para admitir el vacío del múltiple de admisión al diafragma del avance del distribuidor. La sincronización del tiempo del motor se avanza, la velocidad de la marcha mínima se aumenta y la temperatura del motor se baja debido a la velocidad aumentada del ventilador y el flujo del anticongelante.

Chequeo

Válvula de puerto y válvula integral del transductor de contrapresión

13   Asegúrese que todas las líneas de vacío están instaladas adecuadamente, todas las conexiones están seguras y que las mangueras no estén rizadas, agrietadas o rotas. Si se encuentran mangueras deterioradas, sustitúyalas con nuevas.

14   Visualmente inspeccione la válvula por corrosión. Si se encuentra corrosión, limpie la válvula o sustitúyala con una nueva.

15   Usando la presión de su dedo, prense en el diafragma en el fondo de la válvula. Si la válvula se mantiene abierta o cerrada o no opera suavemente, limpie la válvula o sustitúyala con una nueva.

Válvula sónica electrónica

16   Si un desperfecto se sospecha en la válvula sónica electrónica o donde está adjunto al sensor EVP (sensor para la posición de la válvula EGR), lleve para que el sistema sea chequeado por el departamento de servicio de su concesionario Ford.

Limpieza

17   La válvula EGR puede removerse para ser limpiada, pero si está dañada, corroída o sumamente sucia es una buena idea de instalar una válvula nueva. Si la válvula se limpia, asegúrese que el orificio en la carrocería está limpio pero tenga cuidado de no agrandarlo. Si la válvula se puede desarmar, los sedimentos internos pueden removerse con una escobilla rotativa de alambre instalado en un taladro. Los sedimentos alrededor del eje de la válvula y los discos pueden ser removidos usando un pedazo de lamina o hoja de acero aproximadamente de 0.028 de espesor en un movimiento como de serrucho alrededor del vástago a ambos lados del disco. Limpie el agujero y los pasajes en el cuerpo principal y asegúrese que la válvula se mueve libremente.

Reemplazo de componente

18   Cuando esté sustituyendo cualquier

manguera de vacío, remueva una manguera solamente a la vez y asegúrese que la manguera de reemplazo es de la misma calidad y tamaño como la manguera que se está reemplazando.

19   Cuando esté reemplazando la válvula EGR, póngale etiquetas a cada manguera según se desconectan desde la válvula para asegurar una conexión apropiada a la válvula de reemplazo.

20   La válvula se puede remover fácilmente desde el múltiple de admisión después de desconectar y ponerle etiquetas a las mangueras adjuntas. Esté seguro de usar una junta nueva cuando esté instalando la válvula y chequee por fugas cuando el trabajo se halla acabado.

5   Sistema de Control de la Chispa

Nota: *La información en esta Sección es aplicable solamente a los vehículos equipados con el sistema de ignición Duraspark II. Porque las funciones de retardo y avance del encendido en vehículos equipados con Duraspark III y sistemas de ignición TFI (película gruesa integrada) son controlados por la computadora EEC, chequeos y pruebas que involucran el sistema de control de la chispa en estos vehículos debe ser desempeñados por el departamento de servicio de su concesionario Ford u otro taller de reparaciones calificado*

Descripción general

1   El sistema de control de la chispa está diseñado para reducir las emisiones de hidrocarburo y los óxidos de nitrógeno (NOx) adelantando la regulación del encendido solamente cuando el motor está frío.

2   Estos sistemas son bastante complejo y tienen muchas válvulas, relees, amplificadores y otros componentes construidos en ellos. Cada vehículo tendrá un sistema peculiar al año y modelo, región geográfica y el peso bruto clasificando del vehículo. Un esquema en el lado de abajo del capó detallará las líneas exacta de vacío y componentes en un sistema particular en su vehículo.

3   Dependiendo de la temperatura del anticongelante del radiador, altura y la posición de apertura del acelerador, el vacío se aplica a uno o ambos de los diafragmas en la unidad de vacío del distribuidor y el ajuste del tiempo del encendido se cambia para reducir emisiones y mejorar la maniobrabilidad del motor frío.

Chequeo

4   Visualmente chequee todas las mangueras de vacío por grietas y endurecimiento. Remueva la tapa del distribuidor y rotor. Aplique vacío al orificio de avance del distribuidor (orificio de retardo, si está equipado) y vea si el plato interior ruptor o relé del distribuidor tiene movimiento. El plato debería moverse opuesto a la dirección de rotación del distribuidor cuando el vacío se aplica

al orificio de avance y debería moverse en sentido de rotación si el vacío se aplica al orificio de retardo (si está equipado).

5   Chequeo de los relees de temperatura, válvulas de retardo y los otros modificadores del sistema de regulación de la chispa están más allá del alcance del mecánico doméstico. Consulte con el departamento de servicio de su concesionario Ford u otro taller de reparaciones calificado si usted sospecha que usted tiene otros problemas dentro del sistema de avance del encendido.

Reemplazo de componente

6   Cuando esté sustituyendo cualquier manguera de vacío, remueva una manguera solamente a la vez y asegúrese que la manguera de reemplazo es de la misma calidad y tamaño como la manguera siendo reemplazada.

7   Si se determina que un desperfecto en el sistema del control de la chispa se debe a un distribuidor defectuoso, refiérase al Capítulo 5 para el procedimiento de reemplazo.

6   Sistema Termactor

Refiérase a las ilustraciones 6.2a, 6.2b, 6.2c, 6.9, 6.20 y 6.26

Descripción general

1   Los sistemas de termactor son empleados para reducir hidrocarburo y las emisiones de monóxido de carbón. Dos tipos se encuentran en camionetas cerradas Ford cubiertas por este manual - un sistema de inyección de aire de termactor corriente y un sistema de termactor controlado.

2   El sistema de inyección de aire por termactor corriente consiste de una bomba de aire, una válvula de desvío de aire, una válvula unilateral, un múltiple de inyección de aire y conexiones de mangueras **(vea ilustración)**. El aire administrado por el sistema de termactor añade una segunda válvula unilateral y una mariposa de aire al sistema. La mariposa del aire puede incorporarse con la válvula de aire de desvío en una válvula de desvío de aire en algunas aplicaciones **(vea ilustraciones)**.

3   El sistema de inyección de aire termactor funciona continuando la combustión de los gases sin quemarse después de que ellos salen de la cámara de la combustión atraves de una inyección de aire fresco en el sistema de escape caliente a las lumbreras del escape. A este punto, la mezcla de aire fresco con el gas de escape caliente promocionan oxidación adicional de ambos monóxido de carbón e hidrocarburos, reduciendo su proporción y convirtiendo algunos de ellos en agua y dióxido de carbón inofensivo. Durante algunos modos de operación, tales como en marcha mínima extendida, el termactor del aire se descarga a la atmósfera por la válvula de desviación para impedir el recalentamiento del sistema de escape.

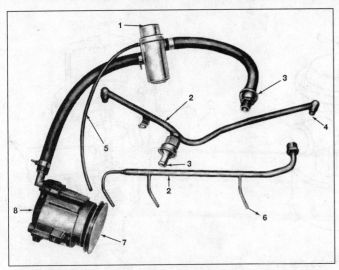

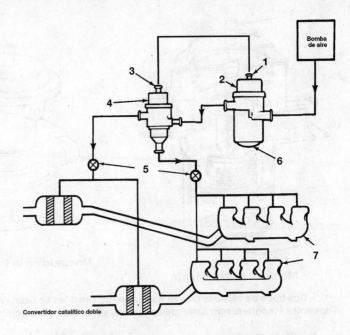

6.2a Componentes típicos del sistema de Termactor, un modelo más antiguo se muestra

1   Válvula de desvío de aire
2   Múltiple de inyección de aire
3   Válvula unilateral
4   Hacia la cabeza del cilindro
5   Manguera de vacío hacia el múltiple de admisión
6   Hacia el puerto de escape
7   Polea
8   Bomba de aire

6.2b Esquema típico de un sistema Termactor con aire controlado con válvulas de control y de desvío de aire separadas

1 Vacío controlado	5 Válvula unilateral
2 Válvula de desvío del aire	6 Puerto silenciador
3 Vacío controlado	7 Múltiple de escape
4 Válvula de aire controlado	

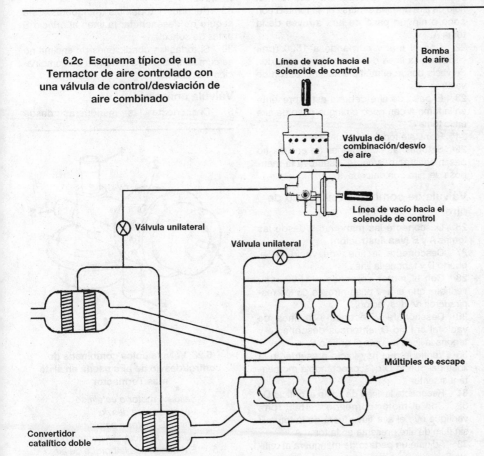

6.2c Esquema típico de un Termactor de aire controlado con una válvula de control/desviación de aire combinado

4   El aire administrado por el sistema termactor sirve la misma función como el sistema de inyección de aire por termactor, pero, atraves de la adición de la mariposa del aire, desvía el aire del termactor hacia arriba de la válvula unilateral del múltiple de escape, o hacia abajo de la válvula unilateral trasera y al convertidor catalítico doble. El aire se utiliza en el convertidor para mantener el contenido de oxígeno a un nivel alto. Este sistema viene con ambas versiones controladas electrónicamente y sin electrónica.

Chequeo (modelos más modernos solamente)

Suplemento de la bomba de aire

5   Chequee y ajuste la tensión de la banda (refiérase al Capítulo 1).

6   Desconecte la manguera de suministro de aire a la válvula de admisión de aire adicional.

7   La bomba opera satisfactoriamente si el flujo de aire se siente a la salida de la bomba con el motor corriendo en marcha mínima, aumentando la velocidad del motor según la velocidad aumenta.

8   Si la bomba de aire no pasa exitosamente el chequeo de encima, sustitúyala con una nueva o una unidad reconstruida.

Válvula de desvío del aire

9   Con el motor corriendo en marcha mínima, desconecte la manguera desde la

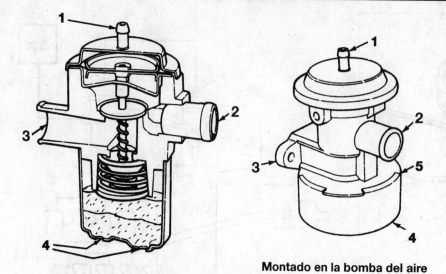

Montado remotamente

6.9 Dos tipos de válvulas de aire normalmente cerradas se usan en los sistemas de Termactor - montada remotamente (izquierda) y montada en la bomba de aire (derecha)

1   Pezón de vacío
2   Salida (hacia la válvula unilateral)
3   Entrada (desde la bomba de aire)
4   Puerto silenciador
5   Bote silenciador

Montado en la bomba del aire

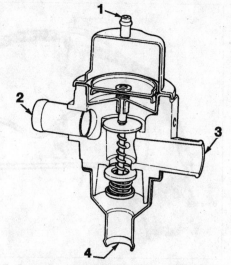

6.20 Válvula típica de suplemento de aire controlado usado en los sistemas Termactor - transversal

1   Pezón de vacío
2   Salida A
3   Entrada desde la válvula de desvío
4   Salida B

válvula de escape (vea ilustración).

10   Remueva la línea de vacío desde el pezón de vacío y remueva o desvíe cualquier restricción o válvulas de demora en la línea de vacío.

11   Verifique que hay vacío presente en la línea de vacío poniendo su dedo en el extremo.

12   Reconecte la línea de vacío al pezón de vacío.

13   Con el motor corriendo a 1500 rpm, la alimentación de la bomba de aire debería sentirse o poder oírse en la válvula del aire de desvío.

14   Con el motor todavía corriendo a 1500 rpm, desconecte la línea de vacío. El aire en la admisión de la válvula debería bajarse o ser desconectado y el aire de alimentación de la bomba de aire debería sentirse o poder oírse en los orificios del silenciador.

15   Reconecte todas las mangueras desconectadas.

16   Si la válvula de desviación del aire normalmente cerrada no pasa exitosamente las pruebas de encima, chequee la bomba de aire (refiérase a los Pasos 5 hasta el 7).

17   Si la bomba de aire opera satisfactoriamente, sustituya la válvula de aire de desvío con una nueva.

Válvula de control del suministro de aire

18   Con el motor corriendo a 1500 rpm, desconecte la manguera del aire de admisión de la válvula de control de entrada y verifique la presencia del paso de aire atraves de la manguera.

19   Reconecte la manguera a la válvula de admisión.

20   Desconecte las mangueras del pezón

de vacío y a las tomas A y B (vea ilustración).

21   Con el motor corriendo a 1500 rpm, el flujo de aire debería sentirse en la toma B con poco o ningún paso de aire atraves de la toma A.

22   Con el motor corriendo a 1500 rpm, conecte una línea desde cualquier conexión de vacío desde el múltiple hacia el pezón de vacío.

23   El paso de aire debería estar presente en la toma A con poco o ningún paso de aire en la toma B.

24   Reinstale todas las conexiones.

25   Si todas las condiciones de encima no pasan satisfactoriamente, sustituya la mariposa del aire con una nueva.

Válvula de combinación/desvío de aire

26   Desconecte las mangueras desde las tomas A y B (vea ilustración).

27   Desconecte la línea de vacío en el puerto D y tapone la línea.

28   Con el motor corriendo a 1500 rpm, verifique que el aire pasa atraves de los respiraderos de desviación.

29   Desenchufe y reconecte la línea de vacío al orificio D, entonces desconecte y tapone la línea adjunta al orificio S.

30   Verifique que hay vacío presente en la línea del puerto D desconectándola momentáneamente.

31   Reconecte la línea de vacío al orificio D.

32   Con el motor corriendo a 1500 rpm, verifique que el aire fluye fuera de la toma B sin flujo de aire presente en la toma A.

33   Adjunte un pedazo de manguera al orificio S.

34   Con el motor corriendo a

aplique vacío con la boca a la manguera y verifique que aire fluye hacia fuera de la salida A.

35   Reconecte todas las mangueras. Esté seguro de desenchufar la línea al orificio S antes de conectarla.

36   Si todas las condiciones de encima no se cumplen, sustituya la válvula de combinación con una nueva.

Válvula unilateral

37   Desconecte las mangueras desde

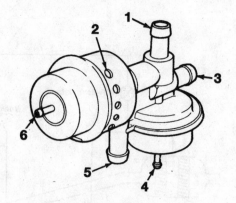

6.26 Válvula típica combinada de control/desvío de aire usada en sistemas Termactor

1   Salida A motor o catalítico
2   Ventilación de desvío
3   Salida B motor o catalítico
4   Puerto de vacío "S" control de aire
5   Entrada desde la bomba de aire
6   Puerto de vacío "D" desvío de aire

ambos extremos de la válvula unilateral.

38   Sople atraves de ambos extremos de la válvula unilateral, verificando que el aire fluye en una dirección solamente.

39   Si el aire pasa en ambas direcciones, o no del todos, sustituya la válvula unilateral con una nueva.

40   Cuando esté conectando nuevamente la válvula, asegúrese que se instala en la dirección apropiada.

Reemplazo de componente

41   La válvula de desvío del aire, válvula de control del suministro de aire, válvula unilateral y válvula de combinación y desvío/control de aire pueden ser reemplazadas desconectando las mangueras que llegan a ellas (esté seguro de ponerle etiquetas a las mangueras según ellas se desconectan para facilitar su instalación), sustituyendo el componente defectuoso con uno nuevo y conectando nuevamente las mangueras a los orificios apropiados. Asegúrese que las mangueras están en buena condición. Si ellas no están, las sustituyes con una nueva.

42   Para reemplazar la bomba de suministro de aire, primero afloje la banda(s) apropiada del motor (refiérase al Capítulo 1), entonces remueva la bomba defectuosa desde su soporte, poniéndole etiquetas a todos los alambres y mangueras según ellas se remueven para facilitar la instalación de la unidad nueva.

43   Después de que la bomba nueva se instale, ajuste la banda(s) a la tensión especificada (refiérase a las Especificaciones en el Capítulo 1).

7   Sistema de control del estrangulador

Descripción general

1   Este sistema es instalado para controlar las emisiones suplementando la cantidad correcta de combustible para la necesidad del motor a todas las temperaturas.

2   Los modificadores del sistema de estrangulación incluyen un estrangulador eléctrico o una bobina de asistencia calentada y ensamblajes de halar hacia abajo y halar hacia afuera. Además, las diversas unidades de control que chequean el estrangulador y la temperatura del motor y la posición del estrangulador son usadas para proveer la acción relativa a la habilidad de que pueda correr el motor en mezclas pobres según se calienta.

3   Todos los sistemas se combinan para modificar la apertura del estrangulador disminuyendo el tiempo del plato del estrangulador según se cierra, así disminuyendo la cantidad de hidrocarburos producidos sin quemar.

Chequeo

4   La Etiqueta de Información de Control de las Emisiones ubicada en el compartimiento del motor y las instrucciones en el juego para reconstruir el carburador aplicables a su carburador particular pueden usarse para otorgarle servicio y reconstruir estos dispositivos modificados del estrangulador. También, refiérase al Capítulo 1 y Capítulo 4 para el carburador e inspección del estrangulador y procedimientos de ajuste.

Reemplazo de componente

5   Debido a la variedad de carburadores usados en las camionetas cerradas de la Ford cubiertas en este manual, y la variedad de componentes del sistema de control del estrangulador empleado, no es posible de incluir todos los procedimientos de reemplazo de los componentes. Como es el caso con la reconstrucción completa general del carburador, las instrucciones que acompañan el juego de reconstrucción para su carburador particular explicará estos procedimientos.

8   Depurador de aire controlado térmicamente

Refiérase a las ilustraciones 8.3a, 8.3b, 8.3c, 8.3d, 8.7, 8.8 y 8.12

Descripción general

1   El sistema de control de la temperatura del depurador de aire es usado para mantener el aire que entra en el carburador a una temperatura cálida y uniforme. El carburador puede entonces ser calibrado mucho más pobre para la reducción de las emisiones, su calentamiento será más rápido y mejorará su maniobrabilidad.

2   Dos circuitos de paso de aire se usan. Ellos son controlados por diversos vacíos del múltiple de admisión y las válvulas que detectan las temperaturas. Un motor de vacío, que opera una válvula de ducto de calentar (puerta) en el depurador de aire es activada por estos dos anteriormente mencionados.

3   Cuando la temperatura del compartimiento del motor está frío, aire es halado

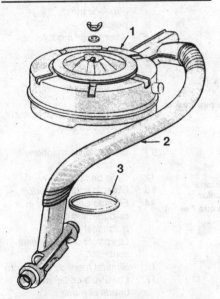

8.3a Depurador de aire típico de tipo más antiguo controlado térmicamente - y componentes relacionados (se muestra un motor 302 V8)

1   Filtro de aire
2   Ducto y válvula
3   Junta

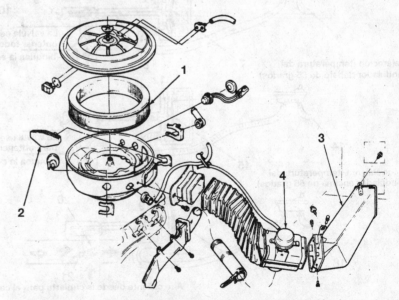

8.3b Depurador de aire típico de tipo más moderno controlado térmicamente y componentes relacionados - vista esquemática

1   Filtro de aire
2   Filtro de la ventilación del cárter
3   Tubo de aire fresco
4   Ducto y válvula

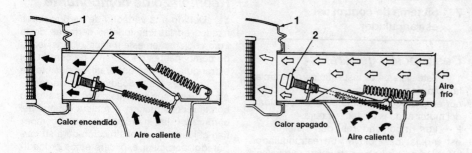

8.3c Operación más antigua del depurador de aire controlado térmicamente

   1   *Filtro de aire*   2   *Termostato*

a tráves de la envoltura que está encima del múltiple de escape, encima hasta el tubo de levantador de calor y en el depurador de aire. Esto provee aire cálido para el carburador, resultará en mejor maniobrabilidad y calentamiento más rápido. Según la temperatura del compartimiento del motor sube, la puerta será abierta por el motor de vacío y el aire que entra en el depurador de aire se remo-

verá atraves del ducto del aire frío. Esto provee una temperatura de aire uniforme de entrada (**vea ilustraciones**).

4   Un aspecto adicional, incorporado en algunos modelos, es el sistema de CTAV (vacío activado por temperatura fría). Es diseñado para seleccionar vacío de puerto del carburador o vacío del orificio EGR del carburador, como una función de temperatura

de aire de ambiente. La fuente selecta de vacío se usa para controlar la unidad del diafragma de avance de vacío del distribuidor.

5   El sistema se compone de un interruptor de temperatura de ambiente, una válvula de solenoide de tres vías, una purga de vacío externo y un relee de cierre.

6   El interruptor de temperatura activa el solenoide, que es abierto a temperaturas debajo de 49 grados F y cierra encima de 65 grados F. Dentro de este rango de temperatura la válvula de solenoide puede ser abierta o cerrada.

7   Debajo de 49 grados F el sistema es inoperable y el diafragma del distribuidor recibe vacío de orificio del carburador, mientras la válvula EGR recibe vacío de orificio EGR (**vea ilustración**).

8   Cuando el interruptor de la temperatura se cierra (encima de 65 grados F) la válvula solenoide de tres vías es activada con energía desde el interruptor del encendido y el vacío del puerto EGR del carburador es suministrado al diafragma de avance del distribuidor así como también a la válvula EGR. El relé de cierre es energizado también por el interruptor de temperatura de cierre, y per-

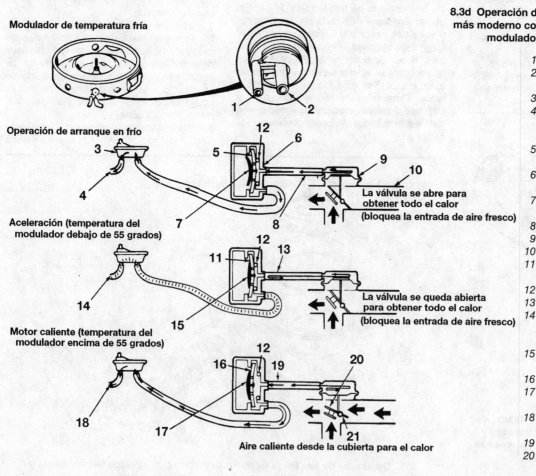

8.3d Operación del depurador de aire de tipo más moderno controlado térmicamente con modulador para tiempo de frío

1   *Hacia el sensor bimetálico*
2   *Hacia la válvula del motor de vacío*
3   *Sensor bimetálico*
4   *El vacío del múltiple está alto (encima de 8 pulgadas)*
5   *Asiento del modulador bimetal*
6   *Modulador para temperatura fría*
7   *La válvula unilateral se abre*
8   *Vacío completo al motor*
9   *Motor de vacío*
10   *Ducto*
11   *El bimetal se mantiene sentado*
12   *Sello de tipo O*
13   *El vacío está atrapado*
14   *El vacío del múltiple está bajo (debajo de 8 pulgadas)*
15   *La válvula unilateral está sentada*
16   *Bimetal fuera de su asiento*
17   *La válvula unilateral se queda sentada*
18   *El vacío del múltiple está encima de 8 pulgadas*
19   *Motor de vacío controlado*
20   *La válvula se sienta para permitir la entrada de aire fresco*
21   *Control de la temperatura normal*

manecerá con energía hasta que el interruptor del encendido se apague, sin considerar si el interruptor de temperatura está abierto o cerrado (vea ilustración).

Chequeo

General

9   Refiérase al Capítulo 1 para el chequeo de control térmico del depurador de aire

Puerta

10   Si la puerta no trabaja como se indica, vea si está oxidada o atorada en una posición abierta o cerrada, intentando de moverla con su mano. Si está oxidada, comúnmente se puede liberar limpiándola y aceitándola. De otra manera reemplácela con una unidad nueva.

Motor de vacío

11   Si el motor de vacío fracasa para abrir la puerta, chequee cuidadosamente por una fuga en la manguera que conduce el vacío. Si ninguna fuga se encuentra, sustituya el motor de vacío con uno nuevo.

Sistema CTAV (vacío activado por temperatura fría)

12   Sin equipo especial los únicos chequeos posibles son solamente las pruebas eléctricas de los circuitos del sistema (vea ilustración). Conecte una terminal de una lampara de 12 voltios de vatio bajo (tal como una lámpara de tablero de instrumentos) a una buena tierra. Conecte la otra terminal al punto B y remueva el conector del punto D. Encienda la ignición. Si la luz se ilumina, sustituya el relé de cierre. Si no hay luz, conecte nuevamente el punto D. Debe haber luz. Si no, chequee el interruptor de temperatura y la parte trasera del cableado en el interruptor del encendido. Con tal que haya una luz, desconecte el punto D nuevamente. Ahora deber haber luz. Si no, reemplace el relé de cierre. Si es posible enfríe el interruptor de temperatura debajo de 49 grados F, chequee que los contactos estén abiertos a o debajo de esta temperatura.

Reemplazo de componente

13   Reemplazo de la puerta y el motor de vacío es realizado destornillando el componente defectuoso, removiendo las líneas de vacío (donde sea apropiado) e instalando el componente nuevo.

---

9   Sistema de regulación de la desaceleración

Refiérase a las ilustraciones 9.1, 9.3 y 9.4

Descripción general

1   Este sistema reduce los contenidos de monóxido de carbón e hidrocarburos de los gases del escape abriendo el acelerador ligeramente durante la desaceleración. En modelos más antiguos, la válvula de desacelera-

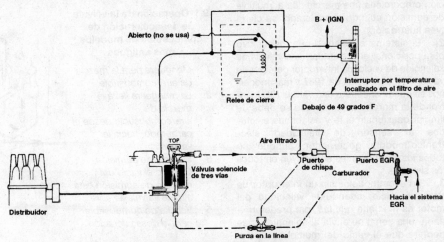

8.7 Operación típica del sistema CTAV debajo de 49 grados F

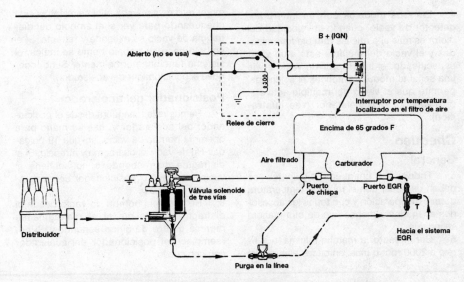

8.8 Operación típica del sistema CTAV encima de 65 grados F

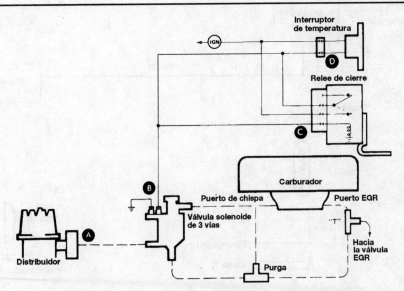

8.12 Puntos de conexión para la prueba del sistema CTAV

ción proporciona una mezcla rica al múltiple de admisión cuando el acelerador se cierra (**vea ilustración**).

2 El sistema consiste de un dispositivo para posicionar el acelerador, una válvula de solenoide de vacío, un interruptor detector de vacío, en los modelos de 1987 y más modernos se puede encontrar una válvula ISC (control de la marcha mínima), que se debe de limpiar ocasionalmente y eslabones eléctricos al sensor de velocidad electrónico/módulo gobernador, aunque no todos los componentes se incluyen en todos los sistemas.

3 En esos modelos sin un interruptor de detectar vacío, cuando la velocidad del motor es más alta que las rpm predeterminada, una señal se envía al solenoide, que permite que el vacío del múltiple active el posicionador del acelerador (**vea ilustración**).

4 En esos modelos con un interruptor detector de vacío, cuando la velocidad del motor es más alta que las rpm predeterminadas y el vacío del múltiple está a un valor especificado, el interruptor de vacío envía una señal al módulo, entonces el solenoide, permite que el vacío del múltiple active el posicionador del acelerador (**vea ilustración**).

Chequeo

General

5 Todos los chequeos siguientes se deben de hacer con el motor a temperatura normal de operación y con todos los accesorios apagados a menos que de otra manera se indique.

6 Con el motor a marcha mínima, acelérelo a 2000 rpm o más, entonces deje que el

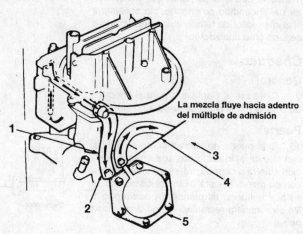

9.1 Operación de la válvula de desaceleración de combustible de modelos más antiguos

1 *Manguera para la mezcla de aire/combustible*
2 *La manguera lleva la mezcla de aire/combustible desde el carburador hacia la válvula*
3 *Múltiple de admisión*
4 *Cuando el vacío del múltiple de admisión está alto, la válvula se abre*
5 *Válvula de combustible para la desaceleración*

La mezcla fluye hacia adentro del múltiple de admisión

motor retorne a marcha mínima mientras está chequeando para ver si el émbolo del diafragma de vacío se extiende y retracta. Si el émbolo hace su trabajo como se indica, el sistema funciona normalmente. Si no, chequee el posicionador del acelerador.

Posicionador del acelerador

7 Remueva la manguera desde el posicionador del acelerador y, use su mano para operar la bomba de vacío, aplique 19 pulgadas-Hg de vacío al diafragma y atrápelo. Si el diafragma no responde o no sostiene el vacío, sustituya el posicionador del acelerador con uno nuevo.

8 Remueva la bomba de vacío desde el diafragma y observe si el diafragma se regresa dentro de cinco segundos. Si no, reemplace el posicionador del acelerador con uno nuevo.

Válvula solenoide de vacío

9 Con el motor en marcha mínima, desconecte la manguera de suplemento de vacío desde la válvula solenoide y verifique que la manguera está suplementando vacío.

10 Desconecte los alambres desde el solenoide y aplique voltaje de batería a ambas terminales, verificando que no hay aumento en la velocidad del motor.

11 Con el voltaje de la batería proporcionado a la terminal, ponga a tierra la otra terminal y verifique que la velocidad del motor aumenta.

12 Remueva la tierra y verifique que el motor regresa a las rpm de la marcha mínima.

13 Si el solenoide fracasa de pasar cualquiera de las pruebas de encima, reemplácelo con uno nuevo.

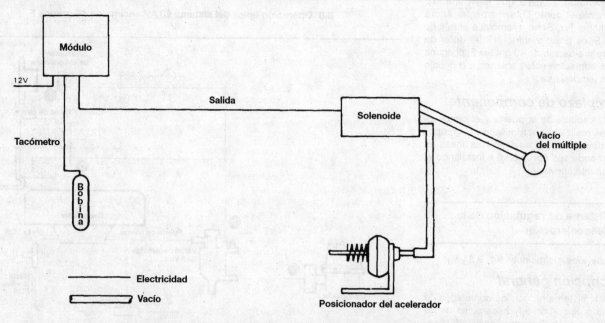

9.3 Esquema del sistema de desaceleración del acelerador sin un interruptor de vacío

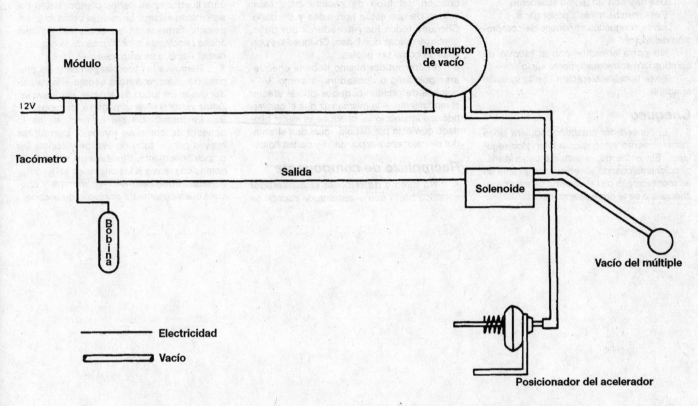

9.4 Esquema del sistema de desaceleración del acelerador con un interruptor de vacío incluido

Interruptor detector de vacío (si está equipado)

14   Desconecte la manguera desde el interruptor de vacío.

15   Instale una bomba de vacío operada a mano.

16   Usando un ohmímetro, verifique que el interruptor está abierto (ninguna continuidad) mientras aplica 19.4 pulgadas-Hg de vacío o menos al interruptor.

17   Aumente el vacío a 20.6 pulgadas-Hg o más y verifique que el interruptor se cierra (continuidad).

18   Si el interruptor fracasa de pasar cualquiera de las dos pruebas de encima, reemplácelo con uno nuevo.

Sensor de velocidad electrónico/módulo gobernador (si está equipado)

19   Si una avería se sospecha en el módulo, debe ser chequeado por el departamento de servicio de su concesionario Ford.

Reemplazo de componente

20   Reemplazo del posicionador del acelerador, válvula de solenoide e interruptor se realizada desconectando los alambres adjuntos y/o mangueras, removiendo el componente defectuoso y sustituyéndolo con uno nuevo.

10   Sistema de control del escape

Descripción general

1   Este sistema es empleado para eliminar la condensación de combustible en las superficies frías de la extensión de admisión durante la operación fría del motor y para proveer mejor evaporación y repartir la mezcla de aire/combustible. El resultado es mejor maniobrabilidad, calentamiento más rápido y una reducción en la liberación de hidrocarburos a la atmósfera.

2   El componente principal de este sistema es la válvula termostato controlada por el escape, que es controlada por o un resorte termostático o un motor de vacío. Se instala entre el múltiple de escape y una sucursal del tubo de escape.

3   La válvula opera quedandoce cerrada cuando el motor está frío, poniendo en ruta los gases de escape caliente al múltiple de admisión hasta el tubo elevador de calor, entonces lentamente se abre según la temperatura del motor aumenta.

Chequeo

4   Refiérase al Capítulo 1 para los procedimientos de chequear la válvula controlada por el termostato del escape.

Reemplazo de componente

5   Reemplazo de la válvula controlada por el termostato del escape se hace destornillando la válvula defectuosa desde su ubicación, limpiando las superficies en el múltiple de escape y el tubo de escape e instalando una válvula nueva. Aceite penetrante puede requerirse en las roscas de la tuerca/espárrago.

11   Convertidor catalítico

Descripción general

1   El convertidor catalítico está diseñado para reducir los contaminantes en el escape HC (hidrocarburos) y CO (monóxido de carbono). El convertidor oxida estos componentes y los convierte en agua y dióxido de carbón.

2   El convertidor se ubica en el sistema de escape y se parece a un silenciador. Algunos modelos tienen dos convertidores, un catalizador de encender, instalado pasado el tubo de múltiple de escape, y un catalizador de oxidación convencional o un catalizador de tipo de tres vías instalado en la parte más baja.

3   **Nota:** *Si las cantidades grandes de gasolina sin quemar entran en el convertidor, pueden recalentarlo y ocasionar un fuego.*

6

Siempre observe las precauciones siguientes:

Use gasolina sin plomo solamente

Evite marcha mínima prolongada

No prolongue los chequeos de compresión del motor

No corra el motor con el tanque de combustible aproximadamente vacío

Evite la desaceleración con la ignición apagada

Chequeo

4   El convertidor catalítico requiere poco mantenimiento y servicios a intervalos regulares. Sin embargo, el sistema debería inspeccionarse cuando el vehículo se levante en un montacargas o si el sistema de escape se chequea o se le otorga servicio.

5   Chequee todas las conexiones en la instalación del tubo de escape para estar seguro de que están apretadas y sin daño. Chequee todos los retenedores por daño, grietas, y grapas que falten. Chequee las perchas de goma por grietas.

6   El convertidor mismo debería chequearse por daño o abolladura (máximo 3/4 - pulgada de profundidad) que puede afectar el rendimiento. A la misma vez que el convertidor se inspecciona, chequee el metal blindado que está por debajo, igual que el aislador de calor encima por daño y partes flojas.

Reemplazo de componente

7   No intente de remover el convertidor catalítico hasta que el sistema de escape se haya enfriado completamente. Vea Capítulo 4 para ilustraciones de los componentes del sistema de escape. Levante el vehículo y respáldelo firmemente en soportes. Aplique aceite penetrante a las roscas de la grapas y permítalas que se empapen.

8   Remueva las tuercas/pernos y las perchas de goma, entonces separe el convertidor desde los tubos de escape. Remueva las juntas viejas si ellas se pegan a los tubos.

9   La Instalación del convertidor es lo opuesto de como se removió. Use juntas nuevas para el tubo de escape y apriete las grapas firmemente. Sustituya las perchas de goma con nuevas si las originales están deterioradas. Ponga el motor en marcha y chequee cuidadosamente por fugas de escape.

Capítulo 7 Parte A
Transmisión manual

Contenidos

Especificaciones

Tipo de lubricante...	Vea Capítulo 1
Engranaje contra eje al movimiento final libre de la transmisión.............	0.004 a 0.018 pulgada
Engranaje de reversa ralenti al movimiento final libre de la transmisión.	0.004 a 0.018 pulgada
Tren de engranaje al movimiento final libre de la	
transmisión (4-velocidades)	0.004 a 0.018 pulgada

Especificaciones para la torsión   Pies-libras

3-velocidades

Chequeo del aceite/tapón relleno	25 a 30
Pernos de la cubierta a la transmisión	12 a 14
Pernos de la transmisión a la campana..	40 a 47
Pernos de la campana a al motor..	22 a 27
Pernos de la transmisión extensión a la transmisión	42 a 50
Pernos retenedores del balero delantero	30 a 36

4-velocidades con sobremarcha

Chequeo del aceite/tapón relleno	10 a 20
Pernos del balero del eje de entrada a la transmisión...........................	19 a 25
Pernos de la extensión a la transmisión	42 a 50
Pernos de la cubierta a la transmisión	20 a 25
Leva de la palanca de cambio externa a al eje	18 a 23
Pernos detén	10 a 15

1   Información general

La transmisión manual usada en modelos de camionetas cerradas son de 3-velocidades o 4-velocidades con sobremarcha. La aplicación de la transmisión depende del año, motor y modelo del vehículo en el cual fue instalada. Si usted tiene duda acerca de cual es la transmisión en su vehículo particular, chequee con su concesionario de la Ford o taller de reparación de transmisiones.

Todos los cambios hacia adelante son sincronizado para producir cambios suaves y silenciosos. Todos los cambios hacia adelante en el eje principal y eje de entrada están en una red constante con los cambios correspondientes en el conjunto del contra eje y están cortados en forma de helicoidal para que funcionen silenciosamente.

El cambio de reversa tiene un engranaje con dientes cortados rectos y maneja la Primera velocidad atraves de un engranaje ralenti deslizador.

Las velocidades están conectadas dentro de la transmisión por tenedores deslizadores. Las velocidades son seleccionadas por una palanca de cambio instalada en la columna de la dirección o el piso, conectada por varillas y palancas a la transmisión. Donde tolerancias muy pequeñas son requeridas durante el ensamblaje de la transmisión, arandelas de presión selectivas y anillos de presión son usados para eliminar movimiento excesivo o meneo. Esto elimina la necesidad de asambleas que hagan juego.

Debido a la complejidad de las transmisiones y porque se requieren herramientas y conocimientos técnicos especiales para realizar una reparación completa. No debe ser intentado por el mecánico del hogar. Dependiendo en el costo de tener una transmisión defectuosa reparada completamente, puede ser una buena idea el considerar reemplazarla con una unidad nueva o reconstruida. Su concesionario local o taller de reparación de transmisiones podrá conseguirle una aun precio razonable. De cualquier manera lo que usted decida hacer acerca de la transmisión defectuosa, el costo puede reducirse si usted la remueve e instala.

1987 y más modernos

Los modelos más modernos pueden estar equipados con una de las dos transmisiones nuevas de 5-velocidades de la Mazda M50D o la S5BZF.

La de la Mazda M5OD, introducida en el 1988, es una transmisión de cambio, totalmente sincronizada, la transmisión manual está equipada con una sobremarcha de quinta. El casco de la transmisión, cubierta superior y extensión están construidas de aluminio.

La transmisión S5BZF de 5-velocidades se caracteriza por un casco de aluminio con un embrague integro.

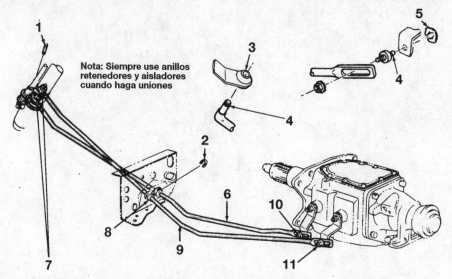

Nota: Siempre use anillos retenedores y aisladores cuando haga uniones

2.1a Componentes de la varilla de cambio (3-velocidades - cambio de columna)

1	Pasador de presión de 1/4 pulgada	7	No empuje la varilla adentro del aislador más del punto de entrada de presión.
2	Anillo		
3	Aisladores		
4	Póngale grasa a las puntas de la varilla	8	Muñón
5	Anillo retenedor	9	Varilla baja - reversa
6	Varilla alta - intermedia	10	A
		11	B

Transmisión de 5-velocidades - rectificación completa

La rectificación completa de una transmisión es un trabajo difícil para hacerlo usted mismo. Involucra el desarme y ensamble de muchas piezas pequeñas. Los numerosos espacios deben cabalmente medirse y, si es necesario, cambiados con espaciadores selectos y anillos de presión. Como resultado, si problemas de la transmisión provienen, puede removerse y ser instalada por un mecánico de hogar competente, pero la reconstrucción completa debería dejarse a un taller de reparaciones de transmisiones. Unidades reconstruidas pueden que estén disponibles - chequee con el departamento de partes de su concesionario y los almacenes de auto parte. De todas formas, el tiempo y el dinero involucrado en una reconstrucción completa es casi seguro de exceder el costo de una transmisión reconstruida.

No obstante, no es imposible de un mecánico novato de reconstruir una transmisión si las herramientas especiales están disponibles y el trabajo ser hecho en una manera gradual de paso por paso de manera que nada se descuide.

Las herramientas necesarias para una reconstrucción completa incluyen alicates para anillos de presión interno y externo, un extractor de balero, un martillo de resbalón, un juego de cinceles con punta, un indicador y posiblemente una prensa hidráulica. Además, un banco de trabajo grande, robusto y una morsa o un estante se requerirá.

Durante el desarme de la transmisión, haga notas de como cada pieza se remueve, donde cada pieza se instala en relación con otras piezas y que la sujeta en su lugar.

Antes de desarmar la transmisión para la reparación, ayudaría si usted tiene alguna idea qué área funciona mal. Algunos problemas seguramente pueden atarse a áreas específicas, que pueden hacer el reemplazo de componente y chequeos más fácil.

2   Unión de la palanca de cambio - ajuste

Refiérase a las ilustraciones 2.1a, 2.1b, 2.1c y 2.5

1   La unión de la palanca de cambio consiste en una palanca y varillas de cambio unidas a la palanca de selección de engranaje en el lado izquierdo de la transmisión. La de 3 velocidades tiene una palanca de cambio instalada en la columna de la dirección, mientras que la de 4-velocidades tiene una palanca de cambio en el piso **(vea ilustraciones)**.

2   El punto donde probablemente se observa más desgaste en la varilla es el buje en las puntas de las palancas de eje hacia abajo o varillas de cambio.

3   Los bujes pueden ser reemplazados removiendo las grapas de resorte y removiendo las puntas de las varillas de cambio.

4   Reemplace los bujes y empuje las puntas de las varillas en su lugar hasta que se tranquen o cierren. Instale las presillas de tipo resorte.

Ajuste - 3-velocidades

5   Par ajustar la varilla de cambio, primero coloque la palanca de cambio en la posición Neutral e instale una varilla de 1/4-pulgada en diámetro atraves de la palanca de la columna de cambio (vea ilustración).

6   Afloje las tuercas A y B y coloque las palancas de cambio en la posición Neutral (vea ilustración 2.1a).

7   Apriete las tuercas A y B a 18 pies-libras. No permita ningún movimiento entre el espárrago y la varilla de cambio.

8   Remueva el pedazo de varilla de las palancas de la columna y chequee por una operación correcta de la varilla. **Nota:** *En algunos modelos, anillos especiales son usados entre las puntas de las varillas de control de cambio y las palancas del eje hacia abajo y una herramienta especial es necesaria para removerlos e instalarlos. Refiérase a la Parte B en este Capítulo para una descripción del procedimiento de remover e instalar y una ilustración de la herramienta.*

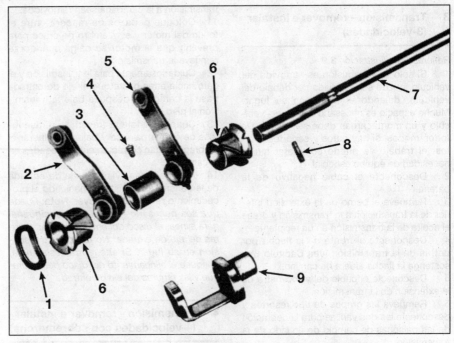

2.1b Tubo de la varilla de cambio hacia abajo y palancas
(3-velocidades - cambio de columna)

1	Arandela a resorte	6	Buje
2	Palanca de cambio baja	7	Tubo de cambio
3	Manga de cruce	8	Pasador de cruce
4	Perno de retención	9	Brazo de retención de la palanca de cambio
5	Palanca de cambio alto		

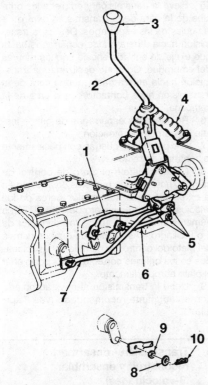

2.1c Componentes de la varilla de cambio
(4-velocidades con sobremarcha - cambio de piso)

1   *Varilla del cambio de reversa*
2   *Palanca*
3   *Botón de empuje*
4   *Bota alta (Ref.)*
5   *Tuercas de cierre*
6   *Varilla de cambio de primera y segunda*
7   *Varilla de cambio de tercera y sobremarcha*
8   *Arandela*
9   *Buje*
10   *Gancho*

Ajuste - 4-velocidades

9   Desconecte las tres varillas de cambio de la asamblea de cambio removiendo las tuercas de cierre.

10   Asegúrese de que las palancas están en

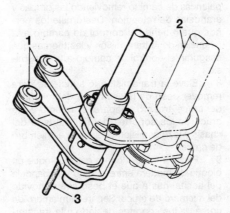

2.5 Inserte la varilla dentro de las palancas de cambio y el soporte como se muestra aquí cuando ajuste la columna de la varilla de cambio de 3-velocidades

1   *Palancas de cambio*
2   *Columna de la dirección*
3   *Varilla de 1/4 pulgada*

la posición Neutral e inserte un pasador de hierro de 1/4-pulgada en diámetro atraves del orificio de alineamiento en la parte baja de la asamblea de cambio.

11   Alinee las tres palancas de la transmisión como sigue: palanca hacia adelante en la posición media (Neutral); palanca trasera en la posición del medio (Neutral); y la palanca del medio gírela en la dirección contraria a las agujas del reloj en la posición Neutral.

12   Levante la parte trasera del vehículo y colóquelo en soportes fuertes.

13   Gire el eje de conducir con la mano para asegurarse de que la transmisión está en Neutro.

14   Mueva la palanca del medio a la posición de Reversa girándola en dirección de las agujas del reloj. Esto causa que el sistema de cierre alinee los rieles de cambio 1-2 y 3-4 en la posición precisa Neutral.

15   Vuelva a instalar las varillas de cambio 1-2 y 3-4 a las palancas de la transmisión y apriete las tuercas de cierre.

16   Gire la palanca del medio en la dirección contraria a las agujas del reloj para regresarla a la posición Neutral e instale la varilla de cambio y tuerca de cierre.

17   Remueva el pasador de alineamiento de la asamblea de cambio.

18   Chequee la unión por una operación correcta y baje el vehículo.

7A

3   Transmisión - remover e instalar (3-velocidades)

Refiérase a la ilustración 3.9

1   Si solo la transmisión es removida del vehículo, puede ser removida por debajo del vehículo, dejando el motor en su lugar. Mucho espacio es necesario debajo del vehículo y un montacargas debe ser usado. De todos modos, si hay gatos y soportes fuertes, el trabajo se puede completar sin la necesidad de equipo especial.

2   Desconecte el cable negativo de la batería.

3   Remueva el perno de la extensión inferior de la transmisión a la transmisión y drene el aceite de la transmisión en un recipiente.

4   Desconecte el frente de la flecha por detrás de la transmisión (vea Capítulo 8) y sostenga la flecha afuera de camino.

5   Desconecte el cable del velocímetro de la extensión de la transmisión.

6   Remueva las grapas de tipo resortes y desconecte las dos varillas para la operación de las palancas de cambio de un lado de la transmisión.

7   Desconecte el cable del interruptor de la luz de retroceso de la transmisión (si está equipado).

8   Coloque un gato debajo de la transmisión y asegure la transmisión al gato con una cadena o mecate.

9   Eleve la transmisión un poco y remueva los cuatro pernos que aseguran el soporte del cruce trasero a los miembros de los lados del chasis. Remueva el perno que asegura la extensión de la transmisión al miembro de cruce **(vea ilustración)**.

10   Baje la transmisión justo lo suficiente para permitir que los cuatro pernos de la

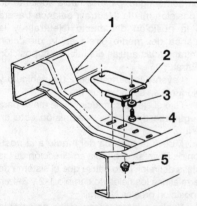

3.9 Detalles del soporte de la transmisión y del miembro de cruce

1   Posición del miembro de cruce para la transmisión manual se muestra (use ranuras largas) posición en reversa del miembro de cruce para la transmisión automática (use ranuras cortas)
2   Asamblea del aisladores y retenedor
3   Arandela de cierre
4   Perno
5   Tuerca

transmisión a la campana sean removidos.

11   Coloque pedazos de madera entre el fondo del motor y el miembro de cruce para prevenir que el motor se caiga cuando se remueva la transmisión.

12   Cuidadosamente hale la transmisión y el gato hacia atrás hasta que el eje de entrada pase la campana, después baje la transmisión al piso.

13   Cuando instale la transmisión, asegúrese de que la palanca y balero de liberar el embrague están correctamente colocados en la campana.

14   Aplique grasa liviana al eje de entrada de la transmisión e instálela haciendo el procedimiento reverso de remover. **Nota:** *Puede que sea necesario rotar el eje del cigüeñal para alinear el disco del embrague y las ranuras del eje de entrada. No fuerce la transmisión en su lugar. Si encuentra resistencia, chequee el alineamiento del disco del embrague y las ranuras del eje de entrada.*

4   Transmisión - remover e instalar (4-velocidades con sobremarcha)

1   Drene el lubricante de la transmisión en un recipiente (vea Capítulo 1).

2   Eleve el vehículo y asegúrelo en soportes fuertes.

3   Remueva el cable del velocímetro de la extensión de la transmisión y colóquelo hacia afuera del camino para evitar dañarlo.

4   Marque la posición en la flecha con relación a la transmisión y el diferencial. Desconecte y remueva la flecha.

5   Inserte la herramienta apropiada dentro de la extensión de la transmisión para prevenir el derrame de lubricante.

6   Soporte la transmisión en un gato. Asegúrese de que la transmisión está fuertemente prensada al gato.

7   Separe las varillas de cambio de las palancas de cambio removiendo las grapas y arandelas de retención. Destornille los pernos que retienen el control de cambio a la extensión de la transmisión y las tuercas que aseguran el control de cambio a la transmisión.

8   Eleve la transmisión lo suficiente para remover peso de la asamblea del miembro de cruce trasero. Separe el miembro de cruce de los soportes del riel del lado del chasis y la transmisión y remueva el miembro de cruce.

9   Eleve el motor con un gato (coloque un bloque de madera entre el gato y la bandeja del aceite) hasta que el peso sea removido del miembro de cruce. Separe el miembro de cruce de los soportes del lado y la transmisión y remueva el miembro de cruce.

10   Remueva los pernos retenedores de la transmisión de la parte trasera de la campana.

11   Despacio remueva la transmisión de la campana, asegurándose de no poner presión innecesaria en el eje de entrada. Una vez que el eje de entrada ha pasado la campana, baje la transmisión y remuévala por debajo del

vehículo. **Caución:** *No presione el pedal del embrague mientras la transmisión está siendo removida del vehículo.*

12   Aplique una pequeña capa de lubricante Ford C1AZ-19590-B o su equivalente a la acoplación de la palanca de liberar el embrague y tenedor. Aplique este lubricante con cuidado, ya que en exceso contaminará el disco del embrague.

13   Asegure la transmisión al gato de la transmisión y elévela al nivel de la cara de la campana. Asegúrese de que el embrague está alineado con una herramienta de alinear si fue removido y reemplazado. Asegúrese de que el balero y el cubo del embrague están en la posición apropiada en el tenedor de la palanca de liberación.

14   Instale guías de espárragos en los orificios de retención de la campana. Estos espárragos se pueden comprar o se pueden hacer de pernos de dos o tres pulgadas de largo. Corte la cabeza de los pernos y lije cualquier bulto. Una cortada tipo ranura al final de cada perno le permitirá enroscarlos con un destornillador.

15   Eleve la transmisión y empiece los orificios de la cara de la transmisión dentro de las guías de los espárragos. Deslice la transmisión hacia afuera en los espárragos hasta que el eje de entrada encaje con las ranuras del embrague. Continúe deslizando la transmisión hacia afuera hasta que la cara de la transmisión haga contacto con la cara de la campana.

16   Remueva los espárragos de guía e instale los pernos de retención.

17   Los pasos que quedan son básicamente lo contrario de remover.

18   Cuando instale el plato de control de cambio, note que los números 6 y 8 están en la extensión de la transmisión cerca de los orificios del perno del plato de control. Estos números indican una aplicación de motor de 6 o 8 cilindros. Asegúrese de que los pernos del plato del control de cambio están colocados en los orificios correctos para posicionar el plato apropiadamente.

19   Llene la transmisión al nivel apropiado con el lubricante recomendado (vea Capítulo 1).

5   Transmisión - desarmar, reconstruir y ensamblar (3-velocidades)

Refiérase a las ilustraciones 5.5, 5.6, 5.8, 5.12, 5.16, 5.25, 5.28, 5.35, 5.37, 5.38a, 5.38b, 5.43, 5.63 y 5.64

1   Coloque la transmisión en su banco de trabajo y asegúrese de tener las siguientes herramientas a su disposición además de las herramientas de mano comunes:

Alicates para anillos de presión (interno y externo)
Martillo de bronce, plomo o cobre (por lo menos 2 libras)
Una selección de cinceles de acero y de bronce

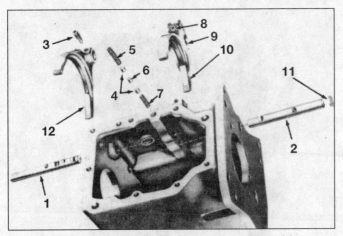

5.5 Tenedores de cambio y rieles - vista esquemática

1	Riel de cambio de 1era y reversa	8	Tornillo
2	Riel de cambio 2nda y 3era	9	Superficie trabajada a maquina
3	Tornillo	10	Tenedor de cambio de 2nda y 3era
4	Tapón de detención	11	Tapón de expansión
5	Resorte	12	Tenedor de cambio de 1era y reversa
6	Tapón de entrecierre		
7	Resorte		

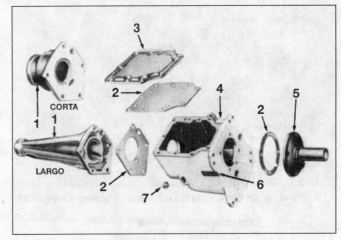

5.6 Casco de la transmisión y componentes relacionados - vista esquemática

1	Extensión de la transmisión	5	Retenedor del balero de frente
2	Junta	6	Plato con el número de serie
3	Cubierta	7	Tapón
4	Transmisión		

Pequeños recipientes

Una morsa grande instalada firmemente en su banco de trabajo

Una selección de ejes de acero o pedazos de tubería

2 Cualquier atento de desarmar la transmisión sin las herramientas y artículos mencionados no es imposible, pero se le hará muy difícil y frustrado.

3 Lea toda la Sección antes de empezar a trabajar.

Transmisión - desarmar

4 Remueva los pernos y remueva el plato de la cubierta y junta de encima de la transmisión.

5 Remueva el resorte y tapón de reten de la apertura en la parte de encima del lado izquierdo de la transmisión **(vea ilustración)**.

6 Remueva los pernos y remueva la extensión de la transmisión de la parte trasera **(vea ilustración)**. Remueva la junta.

7 Remueva los pernos y separe el retenedor del balero y junta del frente de la transmisión.

8 Remueva el tapón del aceite del lado de la transmisión. Usando un martillo y colocando un punzón en la entrada del tapón, remueva el pasador circular que asegura el contra eje a la transmisión **(vea ilustración)**.

9 Usando un punzón plano, cuidadosamente remueva el contra eje de la parte tra-

sera de la transmisión mientras soporta con una mano el grupo de baleros del contra eje.

10 Cuando el eje es removido, baje el engranaje del contra eje y arandelas de presión a la parte baja de la transmisión.

11 Remueva el anillo de presión asegurando el balero del velocímetro al eje de salida (posterior). Deslice el balero del eje y remueva la bola de trancar el balero del eje.

12 Remueva el anillo de presión asegurando el balero trasero al eje de salida y, usando dos destornilladores colocados entre la parte de afuera del anillo de presión y transmisión, cuidadosamente remueva el balero fuera de la transmisión y deslice hacia fuera del eje de salida. **Nota:** Si observa que

7A

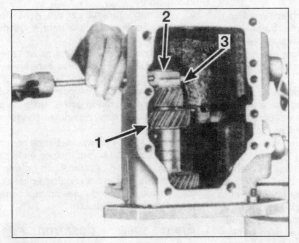

5.8 Remueva el pasador redondo afuera del contra eje

1	Engranaje del contra eje	3	Pasador redondo
2	Contra eje		

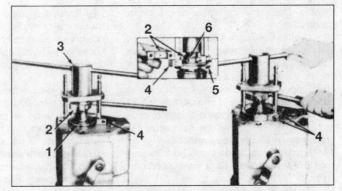

5.12 Una herramienta especial es requerida para remover e instalar el balero del eje de salida

1	Anillo de presión	4	Removedor
2	Bloque de pinza	5	Reemplazador
3	Herramienta - T63P-7025A	6	Ranura del anillo de presión

5.16 Gire el riel de cambio de la 2nda/3era 90 grados y remuévalo

1 Retenes girados 90 grados
2 Riel de cambio de la 2nda y 3era
3 Herramienta - T52T6500-DID

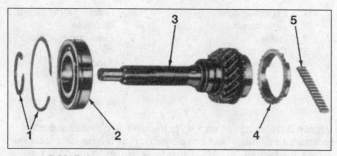

5.28 Baleros y eje de entrada - vista esquemática

1	Anillos de presión	4	Anillo de bloqueo
2	Balero del frente	5	Rodillos del balero
3	Engranaje y eje de entrada		

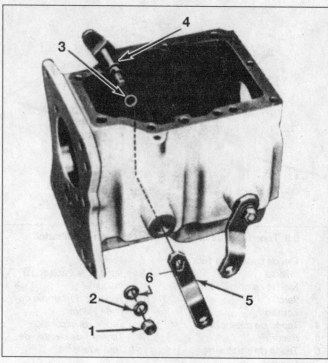

5.25 Las palancas de cambio están unidas a los ejes con arandelas y tuercas

1	Tuerca	4	Eje y palanca
2	Arandela de cierre	5	Palanca de cambio
3	Anillo O	6	Arandela plana

tiene dificultad cuando trata de remover el balero, una herramienta especial (No. T63P-7025-A) es disponible en su concesionario de la Ford **(vea ilustración).**

13 Coloque las dos palancas de cambio de un lado de la transmisión en la posición neutral (centro).

14 Remueva el tornillo asegurando el tenedor de cambio de la 1era/reversa al riel de cambio. Deslice el riel hacia afuera de la transmisión.

15 Deslice el cubo de sincronizar la 1era/reversa hacia afuera tanto como sea posible, gire el tenedor de cambio hacia encima y levántelo fuera de la transmisión.

16 Empuje el tenedor de cambio de la 2da/3ra hacia atrás, a la posición de la 2da velocidad, para ganar acceso al tornillo, después remuévalo. Gire el riel de cambio 90 grados con el alicate **(vea ilustración).**

17 Levante el tapón de cierre **(vea ilustración 5.5)** hacia afuera de la transmisión con un imán.

18 Cuidadosamente golpee la parte de atrás del riel de cambio de la 2da/3ra para remover el tapón de expansión del frente de la transmisión. Remueva el riel de cambio.

19 Remueva el tapón de retención restaste y resorte del orificio de la transmisión.

20 Hale el eje de entrada y balero del frente de la transmisión.

21 Gire el tenedor de cambio de la 2da/3ra y remuévalo de la transmisión.

22 Cuidadosamente levante el eje de salida y engranes afuera de la parte de encima de la transmisión.

23 Deslice el eje del engranaje de la reversa afuera de la transmisión y levante la asamblea del engranaje de ralentí y las arandelas de presión.

24 Levante el grupo de engranaje del contra eje y remueva las arandelas de presión y cualquiera de los baleros de agujas que posiblemente se hayan caído. Note que hay más de 25 baleros de agujas para cada punta del eje.

25 Si es requerido, la palanca de cambio puede ser removida de un lado de la transmisión removiendo las tuercas y separando las palancas y arandelas de los ejes. Deslice los ejes fuera de la transmisión y deseche los anillos **(vea ilustración).**

26 La transmisión debe limpiarse ahora meticulosamente con solvente. Si hay cualquier pedazo de metal y fragmentos en la parte de abajo de la transmisión es obvio que varias partes están severamente desgastadas. Los componentes deben ser examinados cuidadosamente por desgaste, las asambleas de entrada y salida deben ser desmanteladas más como se describe abajo.

Eje de entrada - desarmar y ensamblar

27 La única razón para desarmar un eje de entrada es para instalar un balero nuevo o un eje nuevo.

28 Remueva el pequeño anillo de presión que asegura el balero al eje de entrada **(vea ilustración).**

29 Usando un martillo suave, gentilmente golpee el balero hacia afuera y después remuévalo del eje.

30 Cuando instale un balero nuevo, asegúrese de que la ranura corta está en el filo exterior hacia afuera del engrane. Si un balero es instalado equivocadamente, no le será posible adjuntarlo con el anillo de presión grande el cual retiene el balero a la transmisión.

31 Usando las puntas del alicate como un soporte detrás del balero, golpee en la parte de atrás del eje de entrada con un martillo suavemente para meter el balero en su lugar.

32 Instale el anillo de presión que aguanta el balero al eje de entrada.

Eje de salida - desarmar y ensamblar

33 El eje de salida debe ser desmantelado antes de que los anillos de sincronización sean inspeccionados. Para desarmarlo,

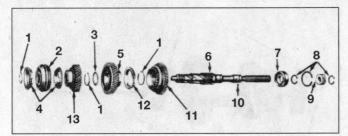

5.35 Componentes del eje de salida - vista esquemática

1	Anillos de presión	8	Anillos de presión
2	Sincronizador	9	Engranaje del velocímetro
3	Arandela de presión	10	Bola de cierre
4	Anillos de bloqueo	11	Engranaje y manga de reversa
5	Engranaje de 1era		
6	Eje de salida	12	Anillo de bloqueo
7	Balero trasero	13	Engranaje de la 2nda

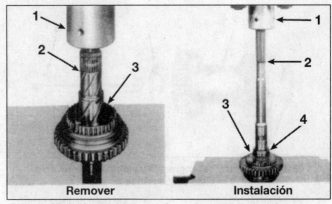

Remover   Instalación

5.37 Para remover e instalar el cubo sincronizador del engranaje de 1era/reversa requiere una prensa hidráulica

1	Rampa de presión	3	Sincronizador
2	Eje de salida	4	Cubo de sincronizar

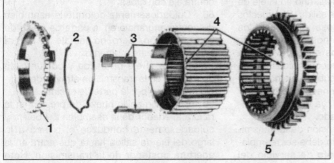

5.38a Componentes del engranaje sincronizador de 1era/reversa - vista esquemática

1	Anillo de bloqueo	4	Marcas de alineamiento
2	Resorte frontal de insertar	5	Manga y engranaje de reversa
3	Insertos		

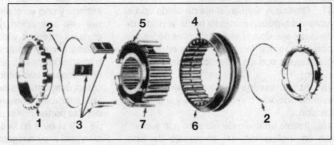

5.38b Componentes del engranaje sincronizador de 2nda/3era - vista esquemática

1	Anillo de bloqueo	5	Cubo y manga
2	Resorte de insertar	6	Manga
3	Insertos	7	Cubo
4	Marcas de alineamiento		

monte la sección del eje en una presa.

34 Al mismo tiempo que cada uno de los componentes son removidos del eje, asegúrese de notar cada una de sus posiciones y después colóquelos en un pedazo de papel limpio en el orden en que fue removido.

35 Remueva los anillos de presión del frente del eje de salida y deslice el anillo de bloquear (si no ha sido removido), el cubo del sincronizador y del 2do balero del eje (vea ilustración).

36 Remueva el anillo de presión siguiente y arandela de presión y deslice el 1er balero y anillo de bloqueo del eje.

37 Remueva el ultimo anillo de presión y presione el eje afuera del engranaje de reversa y la asamblea de la manga de sincronizar (vea ilustración). Caución: No atente de remover el cubo sincronizador del engranaje de 1era del eje con martillazos o presionándolo, ya que esto traerá como resultado que se dañe.

38 Si es necesario desarmar los cubos y mangas del sincronizador, refiérase a las ilustraciones acompañadas antes de comenzar a desarmar. Además, haga marcas de alineamiento en cada uno de los componentes.

39 Hale las mangas fuera de los cubos y remueva las inserciones y los resortes, pres-

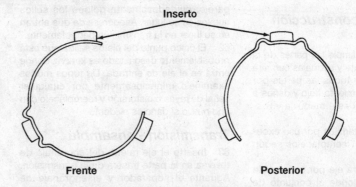

Inserto

Frente   Posterior

5.43 Posiciones instaladas correctamente de los resortes de insertos del sincronizador de la 1era/Reversa

tando mucha atención y anotado como están instalados.

40 No mezcle los componentes del cubo de sincronizar la 1era/reversa con la asamblea del cubo de la 2da/3ra.

41 Para ensamblar el cubo de sincronizar, primero coloque la manga en el cubo asegurándose de que las marcas de alineamiento están alineadas.

42 Instale las tres inserciones y reténgalas en posición con los resortes. Asegúrese de que la punta pequeña de las inserciones no

miran adentro del cubo.

43 En el caso de la asamblea de sincronizar del engranaje de 1ra/reversa, asegúrese de que las inserciones son retenidas por los resortes (vea ilustración).

44 Para reensamblar los engranajes y cubos de sincronizar en el eje de salida, primero lubrique el eje y ranuras con aceite de transmisión limpio.

45 Cuidadosamente presione el engranaje de la reversa y la asamblea de sincronizar en el eje. Asegure el engranaje en su lugar con

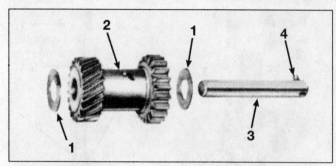

5.63 Componentes del engranaje y eje ralenti de reversa - vista esquemática

1	Arandela de presión	3	Eje del engranaje ralenti
2	Engranaje ralenti de		de reversa
	reversa	4	Pasador de presión

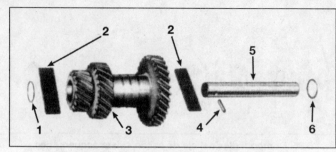

5.64 Componentes de la asamblea del contra eje

1	Retenedor del engranaje	4	Pasador redondo
2	Agujas del balero (25	5	Contra eje
	cada lado)	6	Balero de retención
3	Engranaje ralenti de		
	reversa		

un anillo de presión.

46　Coloque el anillo de bloqueo en la superficie inclinada del engranaje de 1era.

47　Deslice la 1era en el eje de salida con el anillo de bloqueo mirando hacia la parte de atrás del eje. Gire el engranaje si es necesario para enganchar las tres marcas en el anillo de bloqueo con las inserciones del sincronizador.

48　Asegúrese que el engranaje de 1era esté en posición con la arandela y el anillo de presión.

49　Instale un anillo de bloqueo a la superficie en inclinación del engranaje de 2da. Deslice el engranaje de 2da y anillo atraves del eje y asegúrese de que el lado con inclinación del engranaje mira hacia el frente del eje.

50　Deslice el engranaje sincronizador de 2da/3era al final del eje y asegúrelo en su lugar con un anillo de presión.

51　El eje de salida ahora está completamente ensamblado.

Inspección y reconstrucción completa

52　Cuidadosamente limpie las partes de la transmisión con solvente y séquelas con aire comprimido. Chequee todas las partes por uso, distorsión, acoplamiento flojo y daños a las superficies trabajadas a maquina y roscas.

53　Examine los engranajes por uso excesivo y dientes rotos. Reemplácelos según sea necesario.

54　Chequee el contra eje por señales de uso, especialmente donde el conjunto de engranaje de los rodillos del balero del contra eje rota. Si un pequeño borde puede sentirse en cualquier lado del eje, reemplácelo con uno nuevo.

55　Los tres anillos bloqueadores de sincronización pueda que estén muy desgastados y deben ser remplazados con unos nuevos. Anillos nuevos mejorarán la suavidad y rapidez de los cambios considerablemente.

56　Los baleros de agujas de los rodillos localizados entre la nariz del eje de salida y el anulador en la parte trasera del eje de entrada deben de estar bien desgastados y

deben ser rutinariamente reemplazados.

57　Examine la condición de las asambleas de los dos baleros de bolas, uno en el eje de entrada y uno en el eje de salida. Chequéelos por una operación ruidosa, flojo entre los canales internos y externos. Normalmente deben ser reemplazados con nuevos si la transmisión está siendo reconstruida.

58　Si cada uno de los cubos de sincronizar están desgastados será necesario comprar una asamblea completa, ya que no se venden las partes por separado.

59　Si el buje en la extensión de la transmisión está muy desgastado debe ser reemplazado por el departamento de servicio del concesionario de la Ford.

60　Los sellos de aceite de la extensión de la transmisión, el retenedor del balero del eje de entrada y palanca de selección deben ser reemplazados con nuevos. Remueva los sellos viejos con un punzón o un destornillador ancho. Los sellos salen bastante fácil.

61　Con un pedazo de madera aplique peso parejo, cuidadosamente golpee los sellos nuevos en su lugar. Asegúrese de que entran en su lugar en la transmisión perfectamente.

62　El único punto del eje de salida que está probablemente desgastado es la nariz donde entra en el eje de entrada. De todos modos examínelo minuciosamente por cualquier señal de rayas o distorsión y reemplácelo con uno nuevo si daño es evidente.

Transmisión - ensamble

63　Inserte el eje ralenti del engranaje de reversa en la parte trasera de la transmisión. Aguante el separador y el engranaje de reversa en posición (dientes en forma helicoidales mirando hacia el frente de la transmisión) y deslice el eje en posición **(vea ilustración)**.

64　Empuje algo de grasa dentro de cada uno de los lados del conjunto del engranaje del contra eje y cuidadosamente inserte los baleros de rodillos **(vea ilustración)**. Idealmente, un eje impostor del mismo diámetro externo que el contra eje, pero más corto, debe ser colocado dentro del conjunto de engranajes del contra eje para mantener los baleros en su lugar.

65　Insercióne el retenedor de los baleros a cada lado del conjunto de engranajes del contra eje con grasa.

66　Cuidadosamente coloque la asamblea de contra engranaje en la parte de abajo de la transmisión, pero no instale el contra engranaje en este momento.

67　Instale el eje de salida y conjunto de engranajes en la transmisión atraves del orificio de acceso por la parte de encima.

68　Instale un anillo nuevo de presión en la ranura alrededor de la asamblea del balero y cuidadosamente conduzca el balero a lo largo del eje de salida hasta que entre en la apertura posterior de la transmisión. Note que la ranura en el balero debe estar colocada hacia la parte de atrás de la transmisión.

69　Instale un anillo de presión nuevo que retiene el balero en el eje de salida.

70　Asegúrese de que el balero de rodillos está colocado correctamente al final del eje de entrada con grasa.

71　Inserte el eje de entrada, el 3er engranaje y la asamblea del anillo sincronizador atraves del frente de la transmisión y asegúrese de que el final del eje de salida está correctamente instalado en el orificio del balero de rodillos en el eje de entrada.

72　Instale un anillo nuevo de presión en la ranura y golpee ligeramente el balero a lo largo del eje de entrada hasta que llega a la entrada de la transmisión. Cuidadosamente golpee el balero en su lugar hasta que se asiente.

73　Posicione el tenedor del engranaje 2nda/3era el cubo sincronizador del engranaje de 2nda/3era.

74　Refiérase a la ilustración 5.5 e instale el resorte de abajo de la transmisión y el tapón retenedor.

75　Empuje el cubo sincronizador del engranaje de 2nda/3era tan lejos como pueda hacia la parte de atrás de la transmisión (posición de 2nda).

76　Alinee el orificio del tenedor de cambio con la transmisión y empuje el riel del engranaje de cambio de la 2nda/3era hacia adentro del frente. Será necesario empujar el tapón detenedor abajo para permitir que el eje entre en el buje.

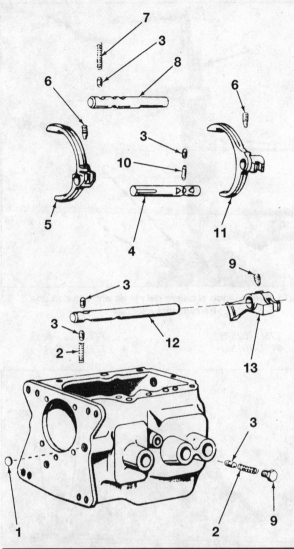

6.5 Tenedores y rieles de cambio - vista esquemática

1. Tapón de expansión
2. Resorte corto
3. Tapón de retención
4. Riel de cambio de tercera y sobremarcha
5. Tenedor de cambio de tercera y sobremarcha
6. Tornillo
7. Resorte largo
8. Riel de cambio de las velocidades de primera y segunda
9. Perno
10. Pasador de entrecierre
11. Tenedor de cambio de las velocidades de primera y segunda
12. Riel de cambio de reversa
13. Tenedor de cambio de reversa

pernos de retención de los baleros y apriéte-los a la torsión especificada.

93 Inserte la bola de cierre del engranaje del velocímetro dentro del orificio en el eje de salida, mantenga la bola en posición y des-lice el engranaje de conducir sobre el. Asegúrelo con un anillo de presión.

94 Coloque una junta nueva sobre la parte trasera de la transmisión e instale la exten-sión de la transmisión.

95 Aplique el sellador tipo RTV a los pernos retenedores de la extensión de la transmisión y apriételos a la torsión especifica.

96 Gire el eje de entrada con la mano y asegúrese de que todas las velocidades pue-dan ser seleccionadas en orden y que los ejes giren suavemente.

97 Instale el tapón de detención restaste y resorte en el buje en la parte de encima de la transmisión.

98 Cubra la junta nueva con sellador, ins-tale la cubierta de encima y apriete los per-nos.

99 Temporalmente instale el tapón del filtro del aceite.

100 Después de que la transmisión esté ins-talada, rellénela con el lubricante especifico (Capítulo 1).

6 Transmisión - desarmar, reconstruir y ensamblar (4-velocidades con sobremarcha)

Refiérase a las ilustraciones 6.5, 6.16, 6.18, 6.22a, 6.22b, 6.25, 6.27, 6.36, 6.40, 6.42, 6.46, 6.47, 6.77, 6.81 y 6.82.

1 Coloque la transmisión en un banco de trabajo y asegúrese de tener las siguientes herramientas a su disposición además de las herramientas de mano comunes:

Alicates para anillos de presión (interno y externo)
Martillo de bronce, plomo o cobre (por lo menos 2 libras)
Una selección de cinceles de acero y bronce
Pequeños recipientes
Una mordaza grande instalada firme-mente en un banco de trabajo
Una selección de tubos de acero o pedazos de tubería

2 Cualquier atento de desarmar la trans-misión sin las herramientas y artículos men-cionados no es imposible, pero se le hará muy dificil y frustraste.

3 Lea toda la Sección antes de empezar a trabajar.

4 Destornille los pernos que aseguran la cubierta a la transmisión y levante la cubierta con la junta.

5 Levante el resorte del tapón de deten-ción (largo) de la transmisión. Usando un imán pequeño, remueva el tapón de deten-ción **(vea ilustración)**.

6 Remueva los pernos que aseguran la extensión de la transmisión a la parte trasera de la transmisión. Levante la transmisión junto con la junta.

7A

---

77 Empuje el eje en su transmisión hasta que el tapón de detención se enganche en la marca delantera (posición de 2nda).

78 Asegure el tenedor al eje con un tornillo y después empuje la unidad de sincronizar hacia afuera en la posición neutral.

79 Instale el tapón de conexión en el buje de un lado de la transmisión de manera de que esté descansando encima del riel de cambio.

80 Empuje el tenedor de cambio 1era/reversa y la unidad de sincronizar com-pletamente hacia adelante a la posición de 1era.

81 Instale el tenedor de cambio de 1era/reversa en la ranura de la unidad de sin-cronizar, gire el tenedor a la posición correcta y deslice el riel de cambio de 1era/reversa adentro de la parte de atrás de la transmi-sión.

82 Empuje el riel (eje) hacia adentro hasta que el orificio del centro (neutro) esté en línea con el buje de detención.

83 Asegure el tenedor al eje con un tornillo.

84 Instale un tapón nuevo de expansión del riel de cambio en frente de la transmisión.

85 Coloque la transmisión en posición ver-tical e inserte el destornillador atraves del ori-ficio del aceite para alinear el buje del engra-naje del contra eje y las arandelas de presión con los bujes en la transmisión.

86 Inserte el contra eje por la parte trasera de la transmisión y gentilmente golpéelo atra-ves del conjunto de engranajes, removiendo el eje impostor.

87 Si un eje impostor no fue usado, inserte el contra eje en la misma manera, pero tenga cuidado de no dislocar ninguna de las agujas de los baleros de rodillos o retenes.

88 Posicione el eje de manera que los orifi-cios estén alineados con el orificio de la transmisión y cuando el eje esté en su lugar, instale un pasador nuevo redondo.

89 Asegúrese que los engranajes del con-tra eje giran suavemente con ninguna dificul-tad que pueda indicar el desalojar de alguna aguja de los baleros.

90 Instale un anillo retenedor nuevo de pre-sión del balero frontal en el eje de entrada.

91 Instale el retenedor del eje de entrada usando una junta nueva.

92 Aplique sellador de junta tipo RTV a los

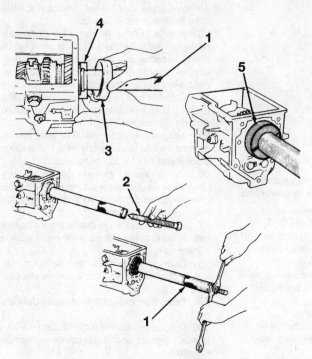

6.16 Una herramienta especial es requerida para remover el balero del eje de salida

1	Tubo de remover/reemplazar (largo)
2	Guía
3	Manga de recoger el balero

4	Balero de recoger
5	Balero y manga de recoger

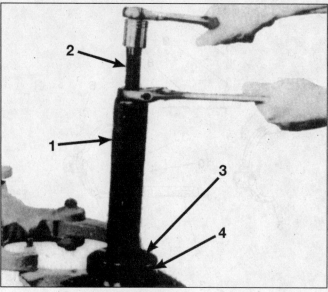

6.18 Removiendo el balero del eje de entrada con una herramienta especial

1	T75L-7025-B	3	T77L-7025-A
2	T75L-7025-J	4	T75L-7025-H

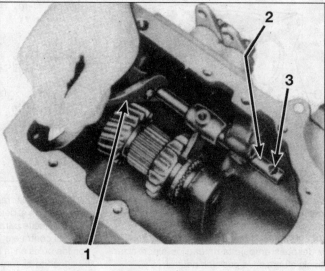

7   Destornille los pernos que aseguran el retenedor del balero. Remueva el retenedor del balero del eje de entrada.

8   Use un gancho de metal para soportar el contra eje, después, trabajando desde el frente de la transmisión, empuje el contra eje hacia afuera de la parte trasera de la transmisión usando un contra eje impostor como un pedazo de madera del mismo tamaño o una vara de hierro. Baje la asamblea del contra eje, en el eje impostor, hacia la parte baja de la transmisión con el gancho. Remueva el gancho de la asamblea.

9   Destornille el tornillo del tenedor de cambio de la 1era y 2nda. Remueva el riel de cambio de la 1era y 2nda velocidad de la parte trasera de la transmisión.

10   Remueva el detenedor de entrecierre de los rieles de cambio entre la 1era/2nda y la 3era/sobremarcha con un imán.

11   Coloque la transmisión en la posición de sobremarcha y remueva los tornillos de los rieles de cambio de la 3era y sobremarcha.

12   Remueva el tornillo retenedor del lado, el tapón retenedor y resorte. Gire el riel de cambio de la 3era y sobremarcha 1/4 de vuelta (90 grados) en el sentido de las agujas del reloj y remuévala hacia afuera de la transmisión usando un punzón y un martillo.

13   Use un imán para remover el pasador de entrecierre de la parte de encima de la transmisión.

14   Desconecte el balero del velocímetro

6.22a El riel de cambio de reversa debe girarse 90 grados con el alicate antes de ser removido

1	Alicate
2	Riel de cambio de reversa
3	Gire el reten 90 grados

del eje de salida removiendo el anillo de presión retenedor. Deslice el balero del eje, después remueva la bola del balero del velocímetro.

15   Remueva los anillos de presión que aseguran el balero del eje de salida al eje y el de afuera al balero del eje de afuera.

16   Usando las herramientas especiales apropiadas, remueva el balero del eje de salida desde el eje de salida **(vea ilustración)**.

17   Remueva el anillo de presión que retiene el balero del eje de entrada y el anillo de presión de la parte de afuera del balero de entrada, después remueva el anillo retenedor del balero.

18   Usando las herramientas especiales apropiadas, separe el balero de entrada del eje de entrada y de la transmisión **(vea**

ilustración).

19   Remueva el anillo bloqueador del eje de entrada del frente de la transmisión.

20   Para ganar espacio para los tenedores de cambio, mueva el eje de salida hacia la derecha de la transmisión. Gire los tenedores de cambio hasta que puedan ser elevados de la transmisión.

21   Cuidadosamente levante la asamblea del eje de salida de la transmisión mientras soporta la arandela de presión y el engranaje de la 1era para que no se deslicen fuera del eje.

22   Destornille el tornillo del tenedor de cambio de la reversa. Gire el riel de cambio 1/4 de revolución (90 grados) y deslice el riel de cambio hacia afuera de la parte trasera de la transmisión **(vea ilustración)**. Remueva el tenedor de cambio de la reversa de la trans-

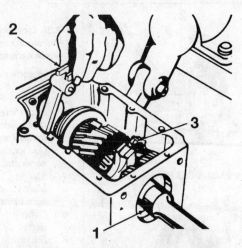

6.22b Remueva los tenedores de cambio de la transmisión después de que el eje de salida se ha removido del camino

1 Eje de salida movido a la derecha de la transmisión
2 Tenedor de cambio de la tercera y sobremarcha
3 Tenedor de cambio de las velocidades de primera y reversa

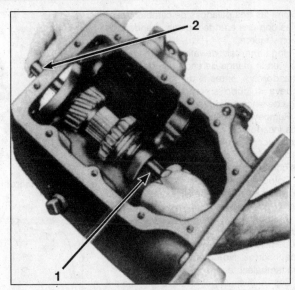

6.25 Inserte un eje impostor atraves del engranaje ralenti de reversa para conducir el eje fuera de lugar

1 Eje impostor
2 Eje del engranaje ralenti de reversa

misión **(vea ilustración)**.
23 Usando un imán remueva el tapón retenedor de la reversa de la transmisión.
24 La asamblea del contra eje puede ahora ser removida con todos sus componentes unidos en el eje impostor. Tenga cuidado de no permitir que ningún balero o el eje impostor se caiga del balero del contra eje.
25 Conduzca el balero de reversa hacia afuera de la transmisión insertando un eje impostor atraves del frente de la transmisión **(vea ilustración)**.
26 Remueva la asamblea de ralenti de reversa de la transmisión. No permita que los baleros o el eje impostor caigan del balero de ralenti de reversa.
27 Deslice el anillo sincronizador de bloque de la 3era y sobremarcha y engranaje del eje de salida después de remover el anillo de presión del frente del eje **(vea ilustración)**.
28 Remueva el anillo de presión próximo y la arandela de presión del engranaje de 2nda del eje de salida. Remueva el engranaje de segunda y el anillo de bloque del eje de salida.
29 Remueva el ultimo anillo de presión.
30 Deslice la arandela de presión, 1er engranaje y anillo de bloqueo de la parte trasera del eje. El cubo sincronizador de la primera y segunda se desliza del eje de salida.
31 Remueva las arandelas y la tuerca retenedora de la palanca de cambio y remueva las tres palancas de cambio.
32 De la parte de adentro de la transmisión, remueva los tres ejes y las cámaras.
33 Remueva los anillos O de cada una de las marcas cuadradas y deshágase de el. Ponga una capa de lubricante limpio en los anillos nuevos O e instálelos en las marcas cuadradas.
34 Instale cada marca cuadrada en su buje respectivo en la transmisión.

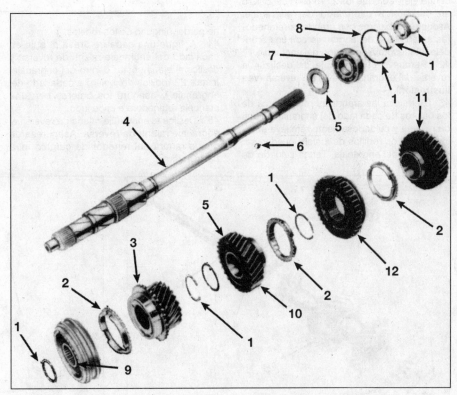

6.27 Componentes del eje de salida - Vista esquemática

1 Anillo de presión
2 Anillo de bloqueo
3 Engranaje de sobremarcha
4 Eje de salida
5 Arandela de presión
6 Bola del engranaje del velocímetro
7 Balero
8 Engranaje del velocímetro
9 Sincronizador de la tercera y cuarta velocidades
10 Engranaje de la segunda velocidad
11 Engranaje de la primera velocidad
12 Sincronizador de la primera y segunda velocidades

7A

35   Una las tres palancas de cambio y asegúrelas con una arandela plana, arandela de presión y tuerca.

36   Haga marcas de alineamiento en el cubo y en la manga de cada uno de los sincronizadores antes de desarmarlos. Remueva el cubo sincronizador de cada manga de sincronizar (vea ilustración).

37   Remueva las inserciones y los resortes de los insertos de cada cubo. Asegúrese de que cada componente de cada asamblea del sincronizador se quedan separados de los otros componentes de las otras asambleas.

38   Coloque el cubo en posición en la manga con las marcas de alineamiento en su posición apropiada.

39   Instale las tres inserciones en el cubo seguido por las inserciones de los resortes. La superficie irregular debe asentarse en uno de los insertos. No coloque los resortes en forma tambaleante.

40   Separe el eje impostor del engranaje del contra eje junto con la arandela retenedora del balero y los 21 rodillos a cada lado del balero (vea ilustración).

41   Aplique una capa de grasa al buje a cada lado del engranaje del contra eje. Inserte el eje impostor en el engranaje del contra eje y coloque los 21 rodillos del balero en posición a cada lado del engranaje. Asegure los baleros con arandelas retenedoras a cada lado del engranaje con una arandela retenedora a cada lado del engranaje.

42   Remueva el engranaje de deslizar la reversa del engranaje ralenti de reversa (vea ilustración).

43   Remueva las arandelas retenedoras de los baleros de cada lado del engranaje ralenti de reversa y cuidadosamente remueva el eje impostor. Los rodillos del balero pueden ser removidos del engranaje. Tenga cuidado de

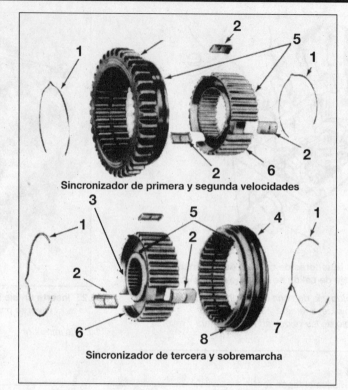

Sincronizador de primera y segunda velocidades

Sincronizador de tercera y sobremarcha

6.36 Componentes del sincronizador - vista esquemática

1   Resorte de inserción
2   Inserto
3   Superficie delgada de fricción hacia el frente - superficie de fricción gruesa hacia atrás
4   Manga
5   Marcas de alineamiento
6   Cubo
7   Bulto
8   Superficie marcada con pasos hacia el frente de la transmisión

no perder ninguno de los rodillos.

44   Aplique una capa de grasa al buje en cada lado del engranaje ralenti de reversa y deslice el eje impostor dentro del engranaje. Instale 22 rodillos del balero a cada lado del engranaje y asegure los baleros con una arandela retenedora a cada lado.

45   Deslice el engranaje ralenti de reversa al engranaje ralenti de reversa. Asegúrese de que la ranura del tenedor de cambio mira hacia afuera.

46   Usando la herramienta especial apropiada, remueva el sello del eje de entrada del retenedor del balero (vea ilustración).

47   Ponga una capa de grasa o aceite en la superficie de sellar en el sello nuevo y métalo dentro del retenedor del balero con la herramienta especial de instalar sellos (Ford T57P-77047-A) (vea ilustración).

48   Aplique una capa ligera de grasa a la superficie del engranaje de fricción del contra eje en la transmisión. Coloque una arandela

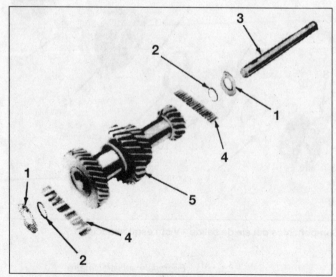

6.40 Componentes del engranaje del contra eje - vista esquemática

1 Arandela de presión	4 Rodillos del balero
2 Arandela retenedora	5 Engranaje del contra eje
3 Contra eje	

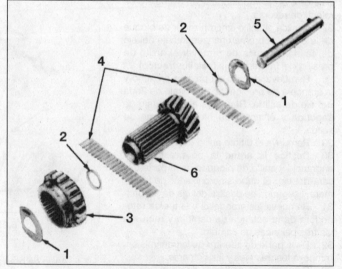

6.42 Componentes del engranaje ralenti de reversa - vista esquemática

1 Arandela de presión	4 Rodillos del balero
2 Arandela retenedora	5 Engranaje del eje de
3 Engranaje deslizante de reversa	ralenti de reversa
	6 Engranaje loco

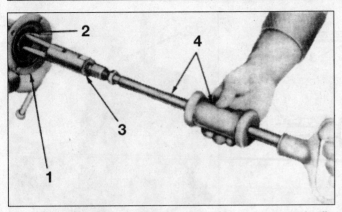

6.46 Una herramienta especial es requerida para remover el sello del eje de entrada del retenedor del balero

1   Retenedor del balero del eje de entrada
2   Sello
3   Unión para el extractor
4   Martillo deslizador de impacto

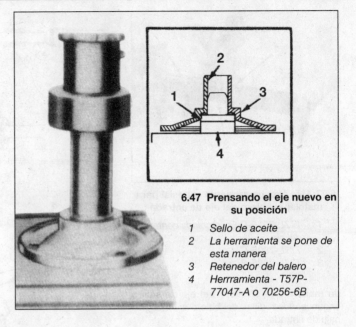

6.47 Prensando el eje nuevo en su posición

1   Sello de aceite
2   La herramienta se pone de esta manera
3   Retenedor del balero
4   Herrramienta - T57P-77047-A o 70256-6B

de presión en posición a cada lado de la transmisión.

49   Coloque el engranaje del contra eje, eje impostor y rodillos del balero en posición dentro de la transmisión. Eleve la transmisión a una posición vertical y alinee los bujes de las arandelas de presión y el buje en el engranaje con el buje del contra eje en su lugar en la transmisión. Inserte el contra eje dentro de la transmisión, desplazando el eje impostor.

50   Acueste la transmisión en una posición horizontal y chequee el espacio libre del contra eje con un medidor de distancias. Si la distancia no está dentro de los limites especificados, las arandelas de presión deben ser reemplazadas con unas nuevas. Cuando el espacio esté correcto, reinstale el eje impostor, removiendo el contra eje fuera de posición. Coloque la asamblea en la parte baja de la transmisión.

51   Aplique una capa fina de grasa a las superficies de acelerar del engranaje ralenti de reversa en la transmisión. Coloque las dos arandelas de presión en posición en la transmisión.

52   Coloque la asamblea de ralenti de reversa en posición en la transmisión. La ranura del tenedor de cambio en el engranaje deslizante debe estar mirando el frente de la transmisión.

53   Alinee los bujes de las arandelas de presión y el engranaje con el buje de la transmisión e inserte el eje de ralenti de la reversa, desplazando el eje impostor.

54   Mida el espacio del eje de ralenti de reversa y compárelo con las tolerancias especificadas. Si el espacio no está entre los limites especificados, las arandelas de presión deben ser reemplazadas por nuevas. Si el juego libre está entre los limites, deje el eje de ralenti de reversa instalado.

55   Posicione el resorte y tapón de retención al riel del engranaje de cambio de reversa en la transmisión. Aguante el tenedor de cambio de la reversa en su lugar en el

engranaje deslizante de ralenti de reversa e instale el riel de cambio en la parte trasera de la transmisión. Instale el tornillo de cabeza para asegurar el tenedor al riel.

56   Una el sincronizador de la 1era y 2nda velocidad hacia el frente del eje de salida. Asegúrese de que la ranura del tenedor de cambio mira a la parte trasera del eje. el cubo sincronizador de la 1era y reversa se desliza en el eje de salida. Posicione el cubo sincronizador con la cara de dientes mirando la parte trasera del eje.

57   Coloque el anillo de bloqueo en posición en el engranaje de 2nda. Deslice el engranaje de 2nda hacia el frente del eje. Asegúrese de que los insertos en el sincronizador se enganchan a las ranuras en el anillo de bloqueo.

58   Instale la arandela de presión para el engranaje de 2nda y el anillo de presión.

59   Coloque el engranaje de sobremarcha en el eje. Asegúrese de que la superficie en forma de cono del sincronizador mire hacia el frente. Instale un anillo de bloqueo en el engranaje de sobremarcha.

60   Una el engranaje sincronizador de 3era y sobremarcha al eje. Asegúrese de que las inserciones del sincronizador se enganchan a las ranuras en el anillo de bloque y la superficie de acelerar mira al engranaje de sobremarcha.

61   Una el anillo de presión al frente del eje de salida.

62   Coloque el anillo de bloqueo en el engranaje de 1era.

63   Instale el engranaje de 1era en la parte trasera del eje de salida, enganchando las ranuras en el anillo de bloqueo con las inserciones del sincronizador.

64   Posicione la arandela de presión para el eje de salida en la parte trasera.

65   Aguante la arandela de presión y el engranaje de 1era fuertemente en el eje de salida y cuidadosamente baje la asamblea del eje de salida en posición en la transmi-

sión.

66   Coloque el tenedor de cambio de 1era y 2nda y el tenedor de cambio de 3era y sobremarcha en posición en su engranaje respectivo y gírelos a su lugar.

67   Instale el tapón de retención y el resorte en el buje de retención. Mueva el riel de la palanca de cambio de reversa en la posición Neutral.

68   Aplique una capa ligera de grasa al pasador inclinado del riel de entrecierre de la 3era y sobremarcha y coloque el pasador en el riel de cambio.

69   Alinee el tenedor de cambio de la 3era y sobremarcha con los bujes del riel de cambio. Deslice el riel de cambio en posición. Asegúrese de que los tres retenedores están mirando la parte de afuera de la transmisión.

70   Coloque el sincronizador del frente en la posición de sobremarcha e instale el tornillo en el tenedor de cambio de la 3era y sobremarcha. Deslice el sincronizador a la posición Neutral.

71   Instale el tapón de retención, resorte y perno al riel de cambio de la 3era y sobremarcha en el lado izquierdo de la transmisión. Instale el tapón de retención (lado con inclinación) en el buje de retención de la transmisión.

72   Posicione el tenedor de cambio de la 1era y 2nda velocidad de manera que se alinean con los bujes de la transmisión e inserte el tenedor del riel en su posición. Instale el tornillo para que retenga el tenedor.

73   Aplique una capa fina de grasa al buje del engranaje de entrada. Posicione los 15 rodillos en el buje del engranaje.

74   Una el anillo de bloqueo del frente al sincronizador de 3era y sobremarcha.

75   Una el balero impostor (herramienta especial No. T77L-7025B) al eje de afuera que aguanta y alinea la asamblea del eje en la transmisión.

76   Cuidadosamente coloque el engranaje del eje de entrada dentro de la transmisión

7A

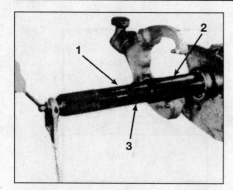

6.77 Use ésta herramienta especial para instalar el balero del eje de entrada

1   T77L-7025-D Ensamblada dentro del eje
2   T77L-7025-C
3   T75L-7025-B

de manera que el piloto del eje de salida enganche los rodillos del balero en el engranaje de entrada.

77   Coloque el balero del eje de entrada en el eje de entrada junto con la grapa, la manga y el eje de reemplazo (herramienta especial No. T77L-7025-D, T75L-7025-K y T77L-7025-C respectivamente). Presione el balero dentro de la transmisión y en el eje **(vea ilustración)**.

78   Remueva las herramientas especiales e instale los anillos de presión en el balero del eje de entrada y el eje de entrada.

79   Instale una junta nueva en el retenedor del balero del eje de entrada. Ponga sellador de rosca a la rosca de los pernos retenedores y apriete los pernos a la torsión especifica.

80   Remueva el balero impostor del eje de salida e instale las herramientas especiales requeridas para presionar el balero adentro del eje de salida. Asegúrese de que el balero del eje de salida está alineado con el buje de la transmisión y que el contra eje no interfiere con la asamblea del eje de salida.

81   Presione el balero del eje de salida en posición en el eje de salida y dentro de la transmisión **(vea ilustración)**. Remueva las

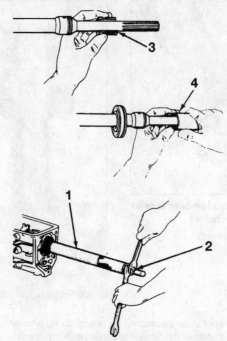

6.81 Instalando el balero del eje de salida con la herramienta especial de fabrica

1   Tubo de remover/reemplazar (largo)
2   Tuerca de fuerce
3   Collar del eje
4   Reemplazo de la manga del eje

herramientas especiales e instale los anillos de presión apropiados en el eje de salida y balero.

82   Coloque el final de la transmisión, en posición vertical, Alinee los bujes de las arandelas de presión y el buje del contra eje con los bujes de la transmisión. Instale el contra eje, removiendo el eje impostor hacia afuera **(vea ilustración)**.

83   Una la extensión de la transmisión a la parte trasera de la transmisión con una junta nueva. Aplique una capa de sellador de rosca a los pernos de montar y apriete los pernos a la torsión especifica.

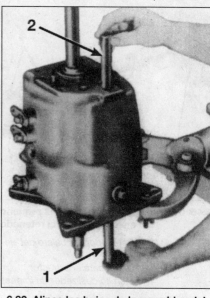

6.82 Alinee los bujes de la asamblea del contra eje con los bujes de la transmisión e inserte el contra eje, removiendo el eje impostor en el proceso

1   Eje impostor/herramienta T64P-7111-A
2   Contra eje

84   Instale el tapón en la transmisión.

85   Gire el eje de entrada y simultáneamente eche lubricante fresco sobre todo el tren de la transmisión.

86   Chequee cada tenedor de cambio para ver si opera apropiadamente en todas las posiciones.

87   Coloque los tapones de retención que quedan y el resorte largo en posición y asegúrelos instalando la cubierta. Asegúrese de usar una junta nueva para la cubierta y de ponerles una capa de sellador de rosca a las roscas de los pernos retenedores. Apriete los pernos a la torsión especifica.

88   Aplique una capa de sellador al buje del riel de cambio de la 3era y sobremarcha e instale un tapón de expansión nuevo.

Capítulo 7 Parte B
Transmisión automática

Contenidos

Especificaciones

Tipo de flúido para la transmisión	Vea Capítulo 1

Especificaciones para la torsión
Pies-libras (como único que se indique de otra manera)

Transmisión AOD
Filtro al cuerpo de válvula	80 a100 pulgadas-libras
Pernos de la cacerola del aceite	12 a 16
Palanca externa de acelerar al eje	12 a 16
Interruptor de seguridad en neutral	7 a 10
Pernos de la transmisión al motor	40 a 50

Todas las demás transmisiones
Pernos del convertidor de torsión al plato de impulsión	23 a 28
Pernos de la caja del convertidor a la caja de transmisión	28 a 40
Pernos de la cacerola del aceite a la transmisión	12 a 16
Pernos de la cubierta del convertidor	12 a 16
Pernos de la transmisión al motor	23 a 33
Tapón del drenaje del convertidor (si está equipado)	20 a 30
Tuerca de la palanca de cambio de reducción al eje	12 a 16
Perno del tubo de llenar al motor	20 a 25
Perno del tubo de llenar a la transmisión	32 a 42
Pernos del interruptor neutral a la caja	55 a 75

1   Información general

Las camionetas cerradas Ford están equipada con una de estas transmisiones C4, C6 o AOD (automática con sobremarcha), dependiendo del modelo, año y motor instalado en el vehículo. Note que la Ford normalmente especifica un grado diferente de flúido para la transmisión que otros fabricantes. Debe ser usado cuando añada flúido o rellene la transmisión (vea Capítulo 1).

Debido a la complejidad de los embragues y del sistema de control hidráulico, así como las herramientas especiales y la experiencia requerida para hacer una reconstrucción completa de la transmisión automática, no debe ser atentado por el mecánico del hogar. Los procedimientos en esté Capítulo están limitados para un diagnostico general, ajustando, removiendo e instalando la transmisión.

Si la transmisión requiere un trabajo mayor de reparación debe ser dejado para el departamento de servicio del concesionario, un taller de reparación de vehículos o un taller de reparación de transmisiones. Usted puede, de todos modos, remover e instalar la transmisión usted mismo y ahorrar en los gastos, aunque el trabajo de reparación sea hecho por un profesional.

Los problemas de la transmisión automática pueden ser causados por cuatro condiciones generales: desempeño pobre del motor, ajustes incorrectos, funcionamiento mal del sistema hidráulico y funcionamiento mal mecánico. Diagnostico de los problemas de transmisión siempre deben empezar por un chequeo de los artículos que son fáciles de reparar: nivel y condición del flúido (vea Capítulo 1) y ajuste de las varillas. Próximo, haga un chequeo mientras conduce para determinar si el problema a sido eliminado. Si el problema persiste después de unos chequeos preliminares y correcciones, diagnósticos adicionales deben ser hechos por el departamento de servicio del concesionario o un taller de reparación automotriz o de transmisión.

2   Varilla de cambio - ajuste

Refiérase a las ilustraciones 2.2a, 2.2b y 2.2c

1   Con el motor parado, coloque la palanca de la transmisión en la posición de Conducir (posición de sobremarcha en las transmisiones AOD) y sosténgala en contra de la parada con un peso de ocho libras al final de la palanca.
2   Afloje la tuerca retenedora de la varilla de cambio (punto A) de un lado de la transmisión **(vea ilustraciones)**.
3   Coloque la palanca de selección de un lado de la transmisión en la posición de Conducir moviendo la palanca hacia atrás lo más que pueda, después hacia delante dos golpes.
4   Aguante la varilla de cambio y palanca estacionaria y apriete la tuerca de 12 a 18

2.2a Detalles de la varilla de cambio (primeras transmisiones C4/C6)

1   Varilla de cambio
2   Punto A
3   Espárrago
4   Retenedor (instalado con el lado cóncavo en contra de la palanca)
5   Palanca de selección
6   Cuadrante de cambio
7   Muñón
8   Palanca de cambio
9   Palanca de la transmisión manual

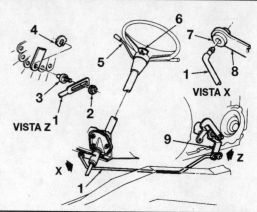

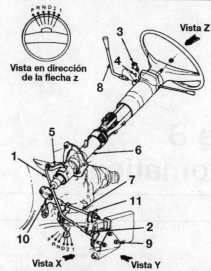

2.2b Detalles de la varilla de cambio (transmisiones posteriores C4/C6)

1   Varilla de cambio
2   Punto A
3   Asamblea del cilindro de cierre
4   Palanca
5   Asamblea de la palanca
6   Asamblea de la columna de la dirección
7   Asamblea de la campana del cigüeñal
8   Palanca de cambio
9   Perno
10   Soporte
11   Palanca

pies-libras. No permita ningún movimiento entre el espárrago y la varilla mientras aprieta la tuerca.
5   Remueva el peso de la palanca de cambio y chequee la operación de la transmisión en todas las posiciones de cambio.

3   Varilla de rebase - ajuste

1   Desconecte el resorte de retorno de la varilla de rebase y mantenga la palanca del tubo de acelerar en la posición completamente abierta.
2   Mantenga la varilla de rebase en contra de la parada de retención del acelerador.
3   Si es necesario, gire el tornillo de reduc-

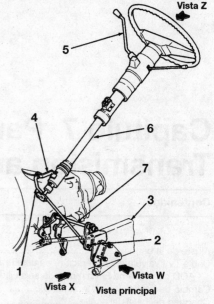

2.2c Detalles de la varilla de cambio (transmisión AOD)

1   Varilla de cambio
2   Riel del lado (ref.)
3   Punto A
4   Brazo
5   Palanca
6   Asamblea de la columna de la dirección (ref.)
7   Asamblea de la campana del cigüeñal

ción para proveer el espacio necesario de 0.060 pulgada entre la punta del tornillo y la marca de la palanca del tubo de acelerar.
4   Reconecte el resorte de retorno de la varilla de rebase.

4   Varilla de control de la TV (válvula de aceleración) - ajuste (transmisión AOD)

Refiérase a las ilustraciones 4.4, 4.5, 4.6, 4.13, 4.15a y 4.15b

Ajuste del carburador

1   Ajuste la velocidad de la marcha mínima a las rpm (revoluciones por minuto) recomendadas.

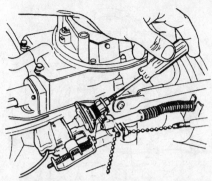

4.4 Destornille el tornillo para el ajuste de la palanca hasta que el tornillo esté al mismo nivel que la cara de la palanca, . . .

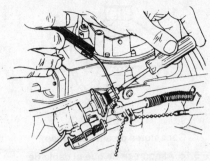

4.5 . . . apriete el tornillo para el ajuste hasta que la distancia entre el tornillo y la palanca de acelerar sea de 0.005 pulgadas, entonces . . .

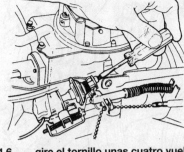

4.6 . . . gire el tornillo unas cuatro vueltas adicionales (dos vueltas mínimo)

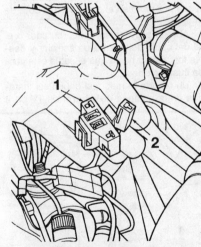

4.13 Del lado del final de la transmisión, afloje el perno en la cruceta deslizante . . .

2   Asegúrese de que la palanca de acelerar **no** está en la posición de marcha mínima rápida en la leva de la marcha mínima rápida.

3   Con el motor apagado, coloque la transmisión en N (Neutro) y aplique el freno de estacionamiento.

4   Gire el tornillo de ajuste de la palanca en la dirección contraria a las agujas del reloj hasta que la punta del tornillo esté al mismo nivel que la palanca **(vea ilustración)**.

5   Gire el tornillo (en la misma dirección de las agujas del reloj) hasta que haya un espacio máximo de 0.005 pulgada entre el final del tornillo y la palanca de acelerar **(vea ilustración)**. Empuje la palanca hacia adelante antes de medir la distancia.

6   Gire el tornillo para el ajuste (en la dirección de las agujas del reloj) unas cuatro vueltas adicionales. Si el movimiento del tornillo es limitado, un mínimo de dos es permisible **(vea ilustración)**.

7   Si la separación inicial no puede ser obtenida o si el tornillo no se puede girar dos

vueltas, la varilla que ser ajustada en la transmisión.

Ajuste en la transmisión

8   Ajuste el marcha mínima a la velocidad especificada.

9   El vehículo debe estar elevado en soportes fuertes para tener acceso a los componentes de la palanca de control TV.

10   Coloque la transmisión en N (Neutro) y aplique el freno de estacionamiento. Apague el motor. Asegúrese de que la palanca de acelerar está en contra de la parada de marcha mínima y no en la posición de marcha mínima rápida o en la marca cuadrada de marcha mínima rápida.

11   Gire el tornillo de ajuste de la palanca hasta aproximadamente el punto medio.

12   Conecte las varillas de control TV a la palanca de unión en el carburador si una asamblea nueva de la varilla de control TV debe ser instalada. **Peligro:** *Asegúrese de que el sistema de escape esté frío antes de continuar con este procedimiento.*

13   Afloje el perno en el bloque de tipo casquillo en la asamblea de la varilla de control TV **(vea ilustración)**. Limpie la varilla, si es necesario, de manera de que la cruceta se deslice libremente en el. Meta el pasador dentro del anillo de la palanca en la transmisión.

14   Asegúrese de que la palanca de unión está firmemente en contra de la palanca de acelerar en el carburador empujando en la parte baja de la varilla de control. Suelte la presión de la varilla de control. La varilla debe mantenerse parada.

15   Empuje en la palanca de control TV en contra de su parada interna con aproximada-

mente cinco libras de presión. Apriete el perno en el bloque de la cruceta mientras empuja en la palanca **(vea ilustraciones)**.

16   Baje el vehículo y chequee que la palanca de acelerar está presionada en contra de la pared de la marcha mínima. Si la palanca no está en contra de la parada de marcha mínima, repita el procedimiento de ajuste en la transmisión (pasos 9 al 15).

5   Cable TV (válvula de aceleración) - ajuste (transmisión AOD con sistema EFI o motor de seis cilindros)

Refiérase a las ilustraciones 5.1a, 5.1b, 5.1c, 5.1d, 5.5a, 5.5b, 5.6, 5.7 y 5.8

1   En motores de seis cilindros, el embolo de ISC (control de la marcha mínima) debe ser retractado antes de que el cable de TV sea ajustado. Localice el conector de auto chequeo y conector de auto chequeo de entrada cerca del orificio del guardafango del lado del pasajero **(vea ilustración)**. Conecte

5.1a Los conectores de auto chequeo y de auto chequeo de entrada están localizados cerca el uno del otro en el compartimiento del motor del lado del pasajero

1   Conector del auto chequeo señal de regreso (tierra)
2   Conector de la entrada del auto chequeo

7B

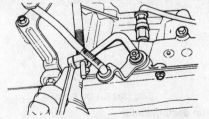

4.15a . . . empuje hacia arriba la parte baja del final de la varilla de control, entonces . . .

4.15b . . . apriete el perno del bloque del casquillo mientras empuja en la palanca de control TV

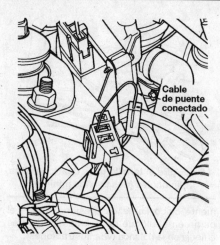

5.1b Conecte un alambre puente entre los terminales de los conectores como se muestra aquí

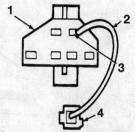

Conectores de auto chequeo

5.1c Asegúrese de que el cable de desviación esté unido al terminal de tierra en el conector de auto chequeo

1 Conector de auto chequeo
2 Alambre de puente
3 Señal de regreso (tierra)
4 Conector STI (entrada de auto chequeo)

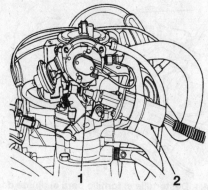

5.1d El embolo del ISC (control de la marcha mínima) (se muestra extendido aquí) se retractara automáticamente

1 Embolo extendido
2 ISC motor DC

un alambre de desviación entre el conector STI y el alambre del conector de auto chequeo **(vea ilustraciones)**. Gire el encendido a la posición de marcha (Run), pero no ponga el motor en marcha. El embolo de ISC se retractara (espere alrededor de 10 segundos para asegurarse de que esté totalmente retractado) **(vea ilustración)**. Apague el motor, remueva el alambre de puente y proceda con el ajuste del cable.

2 Coloque el freno de estacionamiento y la palanca de cambio en la posición Neutral.

3 Verifique de que la palanca de acelerar está en la parada de marcha mínima. Si no lo está chequee por roce e interferencia en la varilla de acelerar. **Caución:** *No atente ajustar la parada de marcha mínima.*

4 Asegúrese de que el cable TV no esté doblado, bajo presión o rozando contra algo. Busque por daño en el cable y en la bota de goma.

5 Abra la proyección del carburador o el final del cable del cuerpo de acelerar y después forzándolo hasta que el cable esté libre **(vea ilustraciones)**.

6 Un resorte (o resortes) deben ser instalados en la palanca de control de TV para

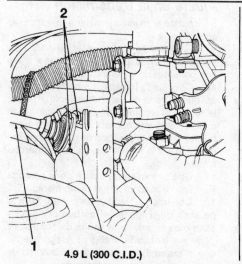

4.9 L (300 C.I.D.)

5.5a La pestaña de cierre puede ser soltada empujando en ella . . .

1 Cable de control
2 Pestaña de cierre (empujando en ella para abrirla)

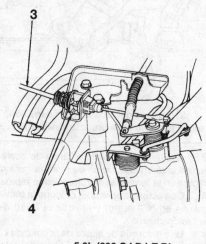

5.0L (302 C.I.D.) E.F.I.

3 Cable de control
4 Pestaña de cierre (empujando en ella para abrirla)

mantenerla en la posición de marcha mínima (lo más hacia atrás que la palanca pueda viajar) con alrededor de diez libras de fuerza.

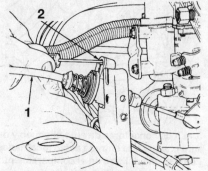

4.9 L (300 C.I.D.)

5.5b . . . y forzándola con un destornillador

1 Cable de control
2 Pestaña de cierre (forzando con un destornillador)

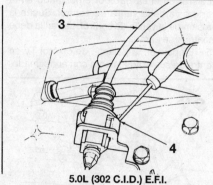

5.0L (302 C.I.D.) E.F.I.

3 Cable de control
4 Pestaña de cierre (forzando con un destornillador)

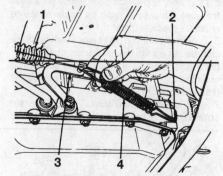

5.6 Una los resortes de la palanca de control TV de la transmisión para mantenerla en la posición de marcha mínima

1 Bota sobre el resorte de regreso
2 Caja de la transmisión
3 Palanca de control TV de la transmisión
4 Resorte(s) de retención

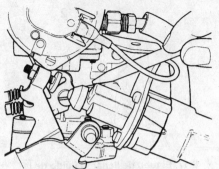

5.7 Asegúrese de que la marca de marcha mínima rápida no afecta la válvula de acelerar del carburador cuando ajuste el cable de TV (motor de seis cilindros solamente)

Enganche el resorte a la palanca de TV de la transmisión y a la caja de la transmisión (**vea ilustración**).

7   En motores de seis cilindros, la leva del carburador (**vea ilustración**). La palanca de acelerar del carburador debe estar en la posición de marcha mínima de anti diesel. Verifique que el resorte de agarre (el final del cable en el carburador) le aplica tensión al cable apropiadamente y que el mecanismo de ajuste no está rozando o pegando. Si el resorte está flojo o hacia abajo, chequee por soportes de los cables doblados.

8   Empuje la proyección de cierre hasta que esté al mismo nivel que con el cuerpo del mecanismo de ajuste (**vea ilustración**).

9   Remueva el (los) resorte(s) instalados en el Paso 5 de arriba.

6   Interruptor del encendido en Neutral - remover, instalar y ajustar

Refiérase a la ilustración 6.8.

1   Bloque las ruedas del frente completamente, levante la parte trasera del vehículo y sopórtelo en soportes fuertes.

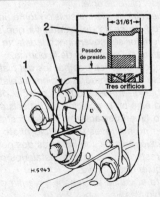

6.8 Detalles del ajuste del encendido del interruptor neutral

1   *Pasador de presión (Barreno No. 43)*
2   *Interruptor del encendido neutral*

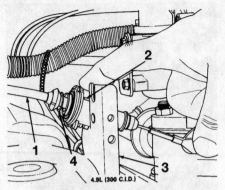

4.9L (300 C.I.D.)

5.8 Empuje la pestaña de cierre para retener el cable de ajustar

1   *Cable de control*
2   *Pestaña de cierre (empujando para cerrarla)*
3   *Soporte de la montura del cable*
4   *Resorte de subida*

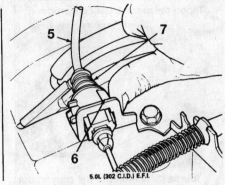

5.0L (302 C.I.D.) E.F.I.

5   *Cable de control*
6   *Pestaña de cierre (empujando para cerrarla)*
7   *Resorte de subida*

2   Trabajando debajo del vehículo, desconecte la varilla de rebase de la palanca de rebase de la transmisión.

3   Aplique un poco de aceite penetrante al eje de la palanca de rebase y tuerca, permítalo que se remoje por algunos minutos.

4   Afloje y remueva la tuerca retenedora de la palanca de rebase de la transmisión y suelte la palanca.

5   Afloje y remueva los dos interruptores del encendido en neutral, después remueva el interruptor.

6   Desconecte el conector de alambres multi del interruptor neutral.

7   Para instalar el interruptor, posiciónelo encima de la transmisión e instale los pernos.

8   Coloque la palanca de selección en la posición Neutral. Gire el interruptor e inserte un barreno No. 43 en el orificio del pasador de presión. Debe de insertarse un total de 0.480 pulgada dentro de los tres orificios del interruptor (**vea ilustración**). Apriete los pernos de la montura del interruptor y remueva

el barreno.

9   Conecte el alambre del alambre del conector del arnés.

10   Asegúrese de que el motor solo se ponga en marcha con la palanca de selección en las posiciones N y P.

7   Varilla de cambio - remover e instalar

Refiérase a la ilustración 7.1.

1   La varilla de cambio está unida a la palanca de la columna de la dirección atraves de un anillo especial impregnado con aceite. El remover e instalar esté tipo de anillo requiere una herramienta especial de la Ford No. T67P-7341-A (**vea ilustración**).

2   Para remover la varilla desde el anillo, coloque la punta de abajo de la herramienta entre la palanca y la varilla. Posicione el pasador de parada en contra del final de la varilla de control y fuerce la varilla afuera del anillo.

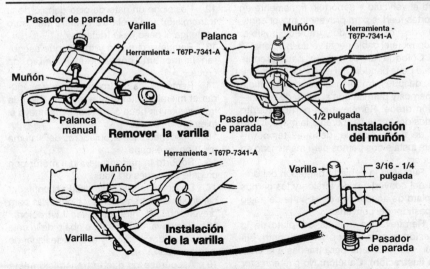

7.1 Una herramienta especial es requerida para reemplazar los muñones de las uniones de cambio

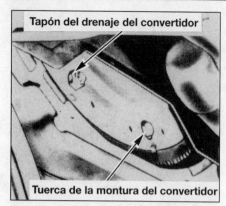

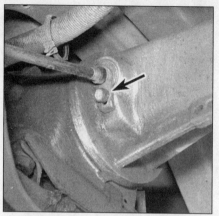

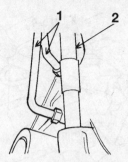

8.4 Localidades de la tuerca de la montura del convertidor y tapón del drenaje

8.7 El cable del velocímetro está unido a la parte trasera de la transmisión con una pinza y un perno (flecha)

8.17 El tubo de llenar el flúido de la transmisión y las líneas del enfriador deben ser desconectadas antes de que la transmisión sea removida

1 Líneas del enfriador
2 Tubo de llenar

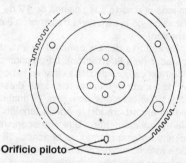

8.21 Asegúrese de que el orificio piloto del plato flexible está en la posición que se muestra cuando se le una el convertidor del par torsión

3   Remueva el anillo de la palanca cortando la parte más larga con un cuchillo.

4   Ajuste el pasador de parada en la herramienta de 1/2 pulgada y aplique lubricante a la parte de afuera del anillo.

5   Posicione el anillo nuevo en el pasador de parada y fuércelo dentro del orificio de la palanca. Gire el anillo para asegurarse de que está asentado correctamente.

6   Reajuste el pasador de parada en la herramienta a la altura que se muestra en la ilustración.

7   Posicione la varilla en la herramienta y fuerce el final de la varilla dentro del anillo hasta que la ranura de la varilla se asiente en el labio retenedor del anillo.

8   Ajuste la varilla de cambio como se describió en la Sección 2.

8   Transmisión - remover e instalar

Refiérase a la ilustraciónes 8.4, 8.7, 8.17 y 8.21

1   Si es posible, eleve el vehículo en un montacargas o colóquelo sobre un sitio alto para inspecciones. Como una alternativa, eleve el vehículo y sopórtelo firmemente en soportes fuertes para proveer la mayor cantidad de espacio de trabajo posible. Desconecte el cable negativo de la batería.

2   Coloque un recipiente para drenaje debajo de la bandeja del aceite de la transmisión, después, trabajando por detrás, afloje los pernos y permita que el flúido de la transmisión drene. Remueva los perno excepto los dos del frente para drenar la mayor cantidad de flúido posible, después temporalmente instale dos pernos para mantenerlo en su lugar.

3   Remueva la cubierta del tapón del drenaje del convertidor de torsión y los pernos del plato de adaptación de la parte de abajo del bastidor del convertidor.

4   Remueva las tuercas del plato de la dirección al convertidor. Gire el contra eje según sea necesario para traerlas a la vista **(vea ilustración)**. **Caución:** *No gire el motor hacia atrás.*

5   Gire el motor hasta que el tapón del dre-

naje del convertidor sea accesible, entonces remueva el tapón, atrapando el flúido en la bandeja de drenaje. Instale y apriete el tapón de drenaje después.

6   Remueva el cardán (Capítulo 8) y ponga una bolsa plástica sobre el final de la transmisión para prevenir que le entre polvo.

7   Suelte el cable del velocímetro de la extensión de la transmisión **(vea ilustración)**.

8   Desconecte la varilla de cambio en la palanca de la transmisión y la varilla de rebase en la palanca de rebase de la transmisión. En transmisiones AOD (transmisión automática con sobre marcha), suelte el brazo de la campana del cigüeñal de la caja del convertidor de torsión destornillando dos pernos.

9   Remueva los pernos de la montura del motor de arranque y coloque el motor a un lado para que esté fuera de camino (sopórtelo para prevenir tensión en los alambres).

10   Desconecte el conector de alambre del interruptor del encendido neutral.

11   Desconecte las líneas del vacío de la unidad del vacío.

12   Posicione un gato de piso debajo de la transmisión y elévela de manera que solo sostenga el peso de la transmisión.

13   Remueva el perno y tuerca que aseguran la montura posterior al miembro de cruce.

14   Remueva los cuatro pernos que aseguran el miembro de cruce al chasis. Eleve la transmisión un poco con el gato y remueva el miembro de cruce.

15   Desconecte los acopladores del sistema del tubo de escape.

16   Soporte la parte trasera del motor con un gato o bloques grandes.

17   Desconecte las líneas desde el enfriador del aceite en la transmisión y bloquéelas para prevenir que les entre polvo **(vea ilustración)**.

18   Remueva los pernos de abajo de la caja del convertidor al motor y el tubo de llenar de la transmisión.

19   Asegúrese de que la transmisión está firme en el gato, después remueva los dos pernos de arriba de la caja del convertidor al

motor y el tubo de la transmisión.

20   Cuidadosamente mueva la transmisión hacia atrás y hacia abajo para separarla del vehículo.

21   Instalación de la transmisión es esencialmente lo contrario del procedimiento de remover, pero los siguientes puntos deben ser notados:

a) *Gire el convertidor para alinear los pernos y el tapón del drenaje con los orificios del plato flexible.*

b) *No permita que la transmisión tome una actitud de caída del frente, ya que el convertidor se moverá hacia adelante y se zafara del engranaje de la bomba.*

c) *Cuando instale los tres pernos del plato flexible al convertidor, posicione el plato flexible de manera que el orificio del piloto esté en la posición de las seis en punto* **(vea ilustración)**. *Primero instale un perno a atraves del orificio piloto y apriételo, prosiga con los otros dos pernos restantes. Nó atente instalarlos de cualquier otra manera.*

d) *Ajuste la varilla de rebase y varilla de cambio (vea Secciones 2 y 3).*

e) *Cuando el vehículo haya sido bajado al suelo, añada flúido de transmisión como se describe en el Capítulo 1 hasta que el nivel esté correcto.*

Capítulo 8
Embrague y línea de transmisión

Contenidos

8

Especificaciones

Embrague

Altura del pedal	Vea Capítulo 1
Juego del pedal	Vea Capítulo 1

Eje trasero

Tipo

Hasta 1977 inclusive	Semi-flotante, portadiferencial removible
1978 en adelante	Ford, semi-flotante, portadiferencial integrado (corona de 8.8 pulgadas), Ford, semi-flotante, portadiferencial removible (corona de 9.9 pulgadas), Dana, semi-flotante y completamente flotante, portadiferencial integrado
Tipo de lubricante	Vea Capítulo 1
Juego final del eje (1978 en adelante)	0.001 a 0.010 pulgada

Especificaciones para el par de torsión

Pies-libras (como único de que sea especificado de otra forma)

Embrague y flecha

Pernos entre el bastidor del embrague y el motor	40 a 50
Pernos entre la transmisión y el bastidor del embrague	37 a 42
Pernos entre el plato de presión y el volante del motor	23 a 28
Pernos del balero central de la flecha	37 a 54

Eje trasero (hasta 1977)

Tuercas del portadiferencial al bastidor	25 a 40
Pernos retenedor del piñón al portadiferencial	30 a 45
Pernos del retenedor de balero del eje	20 a 40
Precarga del balero del piñón (balero nuevo)	20 a 26

Eje trasero (1978 en adelante - Dana)

Tuerca del piñón	250 a 270
Pasador de seguridad del piñón	20 a 25
Pernos entre la cubierta y el bastidor	30 a 40
Pernos de fijación del eje (ejes completamente flotantes)	40 a 50
Tuerca de ajuste de balero de rueda (ejes completamente flotantes)	120 a 140 (retroceda un 1/8 a 1/4 de vuelta en los modelos de 1979 y 1980; de 1/8 a 3/8 de vuelta en los de 1981 en adelante)

Eje trasero (1978 en adelante - Ford 8.8 con eje de portadiferencial integrado)

Perno de seguridad del eje de conexión del piñón (con Locktite)	15 a 30
Pernos de la cubierta posterior	25 a 35

1   Embrague - Información general

El conjunto del embrague consiste de un plato de presión, un disco del embrague y un balero de liberación, que empuja los dedos del plato de presión para efectuar la liberación.

El plato de presión contiene varios resortes que proporcionan una presión continua en la superficie de la cara del plato para efectuar el embrague.

El disco es ranurado y desliza libremente a lo largo del eje de entrada de la transmisión. Un forro de material de fricción está remachado en el disco del embrague. Tiene un cubo amortiguado por resortes para absorber los choques de la línea de transmisión y proveer un acoplamiento suave.

El embrague es accionado por una serie de palancas y manivelas conocida como las varillas del embrague. Estas varillas transfieren el movimiento del pedal del embrague en un desplazamiento del brazo del balero de liberación. Al oprimir el pedal del embrague, el balero de liberación empuja los brazos del conjunto del plato de presión, el cual a su vez retira el disco de fricción del plato de presión hacia fuera del material de forro del disco. Los modelos más recientes vienen equipados con un sistema hidráulico de retracción del embrague.

Al liberar el pedal del embrague, los resortes del plato de presión fuerzan el plato de presión en contacto con el forro en el disco del embrague. Simultáneamente, el disco del embrague viene empujado de una fracción de pulgada hacia adelante en las ranuras de la transmisión por medio de la presión de la placa, la cual engrana el disco con el volante del motor. El disco del embrague se pone sólidamente apretado entre el plato de presión y el volante del motor, y la fuerza del motor se transfiere a la transmisión.

2   Embrague - inspección (en el vehículo)

1   Algunos vehículos vienen equipados con una placa de inspección desmontable en la parte inferior del bastidor del embrague, accesible por debajo del vehículo. Si su vehículo está equipado así, asegúrese de subir el vehículo y de soportarlo seguramente en pedestales, antes de intentar de remover la placa.

2   Remueva los pernos que fijan la placa en el bastidor, y luego remueva la placa.

3   Inspeccione el conjunto del embrague desde la parte inferior del bastidor. Busque por piezas quebradas, flojas o gastadas. Si no se revelan defectos evidentes, compare el espesor del disco del embrague (entre el plato de presión y el volante del motor) con un disco nuevo. Esta comparación le dará alguna idea de cuanta vida útil le queda al disco del embrague y la necesidad de reemplazo.

4   Reinstale la placa.

5   Remueva los pedestales y baje el vehículo.

3   Conjunto del embrague - remover, inspeccionar e instalar

Refiérase a las ilustraciones 3.1, 3.4, 3.13, 3.14a y 3.14b

Remover

1   Remueva la transmisión como se describe en el Capítulo 7. En los vehículos con sistema hidráulico de liberación, desconecte con cuidado el cilindro esclavo de la campana del volante **(vea ilustración)**.

2   Desconecte de la palanca el resorte de retracción y la varilla de empuje de la palanca del balero de liberación.

3   Remueva el motor de arranque (Capítulo 5).

4   Si la campana del volante no está equipada con una cubierta guardapolvo, hay que remover el bastidor. Remueva los pernos de fijación de la campana del volante y remueva el bastidor, luego remueva de la campana del volante la palanca de liberación y el conjunto de cubo y balero de liberación **(vea ilustración)**.

5   Si la campana del volante está equipada con una cubierta guardapolvo, remuévela del bastidor, luego remueva de la campana del volante la palanca de liberación y el conjunto de cubo y balero de liberación.

6   Grabe una marca de referencia en el volante y el conjunto del plato de presión, si el plato de presión va a ser reinstalado. Esto asegurará que los dos componentes se instalen en las mismas posiciones relativas de

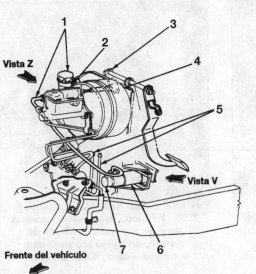

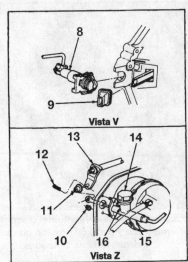

3.1 Componentes típicos del sistema de liberación hidráulico (solamente modelos recientes)

1	Conjunto de control del embrague	9	Protector contra polvo
2	Depósito	10	Tuerca
3	Palanca del pedal del embrague	11	Buje
4	Reforzador	12	Chaveta
5	Tubo de combustible del motor diesel de 6.9 l	13	Palanca del pedal del embrague
6	Cilindro esclavo	14	Conjunto de control del embrague
7	Conjunto de control del embrague	15	Cilindro maestro
8	Conjunto de control del embrague (cilindro esclavo)	16	Depósito

uno al otro.

7   Trabajando en secuencia alrededor de la circunferencia del conjunto del plato de presión, afloje los pernos de fijación poco a poco cada uno. Este procedimiento es necesario para evitar alabear el plato de presión.

8   Remueva el plato de presión y el disco del embrague del volante del motor. Estas

piezas pueden removerse atraves de la abertura en el fondo del bastidor del embrague, en los modelos equipados con una cubierta de guardapolvo.

Inspección

9   Chequee bien el disco del embrague para ver si tiene áreas lustrosas, grietas, resortes débiles, la presencia de aceite o grasa, resortes del cubo quebrados, y desgaste cerca de los remaches del forro. Si existe cualquiera de estas condiciones, sustituya el disco con uno nuevo. Siempre cambie el disco si está instalando un plato de presión nuevo.

10   Chequee el plato de presión por ralladuras, grietas, resortes débiles y marcas de calor (rayas azules en la superficie de fricción). Si existe cualquiera de estas condiciones, sustituya el plato de presión con uno nuevo. Si el embrague estaba traqueteando o áspero al acoplarse durante la marcha, el plato de presión y el disco del embrague deben de ser sustituidos.

11   Chequee la superficie del volante por ralladuras, grietas y marcas de calor. Si existen estas condiciones, sustituya el volante o rectifíquelo (Sección 4). Chequee el balero piloto en esta ocasión.

12   Chequee el balero de liberación por aspereza o desgaste excesivo en el lugar donde la superficie empuja los dedos del plato de presión del embrague. Si existe cualquiera de estas condiciones, sustituya el balero de liberación. Normalmente se puede aconsejar reemplazar el balero de liberación cada vez que se efectúe servicio del embrague, dado que el costo es relativamente pequeño en comparación con el trabajo requerido para poder tener acceso a el.

Instalación

13   Ponga el disco del embrague en el volante con el lado correcto mirando hacia el volante **(vea ilustración)**. Asegúrese de que el disco esté limpio y libre de grasa, aceite u otro contaminante. Límpielo con una solución que se evapore para la limpieza de frenos y embragues. Asegúrese de que la superficie del volante esté limpia y sin daños.

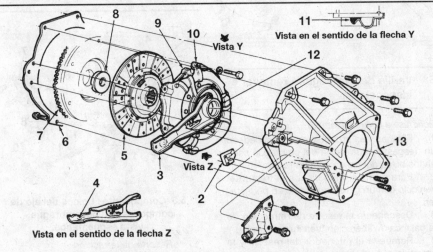

3.4 Componentes típicos del embrague - vista esquemática

1	Protector	8	Balero piloto
2	Asiento de la palanca de liberación	9	Plato de presión
3	Conjunto de la palanca de liberación	10	Conjunto de placa y cubierta
4	Aplique un poquito de grasa en el fondo del asiento del cono de la varilla de ajuste	11	Aplique un poquito de grasa entre las extremidades curvadas de cada resorte de retención y la cara del cubo antes de montarlos en la palanca
5	Disco	12	Conjunto de cubo y cojinete
6	Cubierta	13	Bastidor
7	Volante de motor		

8

3.13 Asegúrese de que el disco del embrague esté instalado con la cara señalada contra el volante

14   Posicione el plato de presión en el disco, emparejando las marcas de referencia hechas en el plato de presión y el volante, si se está utilizando el plato de presión original, y use una herramienta de alineación para mantener el disco del embrague en el alineamiento correcto con el eje del cigüeñal (**vea ilustraciones**).

15   Inicie los pernos de fijación en el volante y apriételos con los dedos. Apriete los pernos lentamente, un poquito cada vez, trabajando en secuencia alrededor de la circunferencia del plato de presión. Apriete los pernos hasta el par de torsión especificado. Retire la herramienta de alineación del embrague.

16   La instalación se hace en el orden inverso al procedimiento de desensamble. Asegúrese de apretar seguramente todos los pernos.

3.14a Instale el conjunto del disco del embrague y plato de presión con las marcas índices alineadas

3.14b Se puede usar una herramienta especial o un eje de entrada de transmisión (mostrado aquí) para centrar el disco del embrague

4   Volante del motor y balero piloto - inspección y reemplazo

Refiérase a la ilustración 4.5

Inspección

1   Antes de inspeccionar el volante y el balero piloto, hay que remover la transmisión, el bastidor del embrague y el conjunto del embrague.

2   Inspeccione visualmente el volante por ralladuras, grietas, alabeo y rajas causadas por calor. Si existen cualesquiera de estas condiciones, hay que remover el volante y sustituirlo, o mandarlo a ser rectificado en un taller mecánico.

3   Si el volante parece alabeado o tiene una desviación excesiva, indicada por áreas altas en la superficie de fricción, instale un indicador de tipo reloj en la parte trasera del bloque del motor. Mantenga el cigüeñal presionado hacia el frente para compensar cualquier espacio libre en el cojinete de empuje del cigüeñal, y gire el motor lentamente a mano una revolución. Observe el valor en el indicador de tipo reloj. Si la desviación excede las Especificaciones (refiérase al Capítulo 2), sustituya el volante.

4   Introduzca cuidadosamente su dedo hacia dentro del guía interior del cojinete piloto, ubicado en el centro de la brida del cigüeñal. Chequee por rebarbas y ralladuras. Gire el cojinete y sienta si hay rudeza de movimiento y juego excesivo. Si existe cualquiera de estas condiciones, sustituya el cojinete de piloto con uno nuevo.

Reemplazo

5   Remueva el balero piloto con la herramienta extractora interior especial diseñada para este propósito (**vea ilustración**). Usted puede comprar una en una tienda de refacciones, o muchas veces están disponibles en las compañías de alquilar equipos.

6   Instale el balero utilizando la herramienta especial.

7   Si hay que reemplazar el volante del motor, refiérase al Capítulo 2.

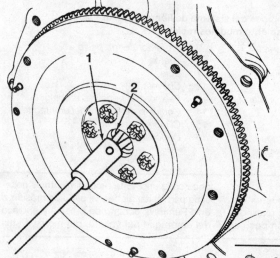

4.5 Se requiere un extractor especial para remover el balero piloto de la extremidad del cigüeñal

1   *Herramienta T58L-101-A*
2   *Herramienta T59L-100-B*

5   Varilla del embrague - remover e inspeccionar

Refiérase a la ilustración 5.3

1   El lugar más probable en que sucedería un desgaste de la varilla del embrague sería en los bujes del eje de compensación.

2   Para remover el eje, suba el frente del vehículo con un gato y sopórtelo en pedestales.

3   Desconecte el resorte de retracción de la palanca de liberación (**vea ilustración**).

4   Remueva el retenedor del resorte y la arandela, y desconecte del eje de compensación la varilla de liberación.

5   Remueva el retenedor del resorte y la arandela desde el filnal de la varilla de relevo y remueva la varilla del eje equilibrador.

6   Remueva las tuercas y los pernos que fijan la ménsula de montaje del eje de compensación en el lado del chasis, y deslice el conjunto de ménsula y eje hacia fuera de la ménsula de montaje de la campana del volante.

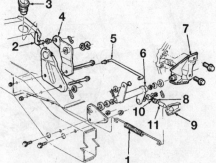

5.3 Componentes típicos del eje de compensación del embrague - vista esquemática

1   *Resorte de retracción*
2   *Varilla auxiliar del embrague*
3   *Funda*
4   *Palanca acodada*
5   *Varilla*
6   *Compensador del embrague*
7   *Ménsula*
8   *Tuercas de ajuste*
9   *Palanca de liberación*
10 *Varilla de liberación*
11 *Prolongado de la varilla de liberación*

6.1 Componentes típicos del pedal de liberación - vista esquemática

1 Pedal de freno
2 Pedal del embrague
3 Bujes
4 Palanca
5 Varilla del embrague
6 Conjunto del interruptor de la señal del freno

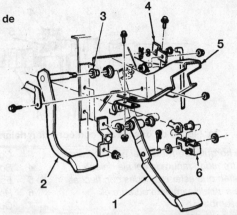

Embrague hidráulico

8 Desconecte del pedal del embrague y su soporte el resorte de retorno del pedal del embrague. Desconecte del pedal del embrague la extremidad arponada de la varilla del interruptor de entrecierre del embrague/arrancador.

9 Remueva la tuerca que fija el pedal del embrague en el eje, y desconecte el pedal del embrague. Remueva el buje del eje.

10 Instale el buje en el eje. Posicione el pedal del embrague en el eje y apriete la tuerca.

11 Instale el resorte de retorno. Asegúrese de que el resorte enganche en las ranuras del pedal y de la ménsula.

12 Introduzca la extremidad arponada de la varilla del interruptor de entrecierre del embrague/arrancador dentro del soporte en el pedal del embrague.

13 Si la presilla de ajuste está fuera de posición en la varilla, remueva ambas mitades de la presilla. Posicione ambas mitades de la presilla más cerca del interruptor y presione las mitades de la presilla juntas en la varilla. Oprima el pedal del embrague hasta el piso para ajustar el interruptor (vea ilustración).

Instale la extremidad arponada dentro del pedal del embrague con el interruptor colgado directamente hacia abajo. Después, gire el interruptor hacia arriba hasta la ménsula e instale el tornillo. Conecte el alambrado.

Si la presilla de ajuste está fuera de posición, ábrala como se muestra, muévala hacia el interruptor y presione la junta de nuevo. Opere el embrague una vez para ajustarla.

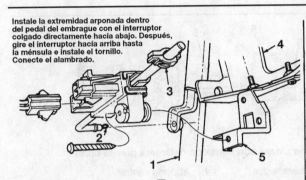

Presilla de ajuste propio mostrada desmontada

6.13 Detalles de ajuste del interruptor de entrecierre del embrague hidráulico/arrancador

1 Pedal del embrague
2 Extremidad arponada
3 Presilla
4 Soporte del pedal de freno
5 Ménsula para el interruptor del embrague
6 Mitad de presilla
7 Mitad de presilla

7 Remueva los bujes del interior de las extremidades del eje de compensación e instale nuevos.

8 Reinstale el eje de compensación y la varilla del embrague invirtiendo el proceso de remoción.

9 Ajuste el embrague como se describe en el Capítulo 1.

6 Pedal del embrague - remover e instalar

Refiérase a las ilustraciones 6.1 y 6.13

Embrague mecánico

1 Desde por debajo del tablero de instrumentos, remueva la presilla de resorte y desconecte la varilla de operación de la palanca del pedal del embrague (vea ilustración). Retire el buje de la palanca.

2 Remueva la tuerca de seguridad que fija la palanca del embrague en el conjunto del eje del pedal del embrague, y remueva la palanca.

3 Remueva el perno de tope, el buje y la arandela de seguridad que sujetan la varilla de empuje del cilindro maestro al pedal del freno.

4 Tire el pedal y eje del embrague hacia fuera y retírelos junto con el pedal del freno y sus bujes.

5 Examine si los bujes y ejes están gastados y sustitúyalos si es necesario.

6 Engrase el eje y los bujes, y reinstale el conjunto de pedales del embrague y freno, usando el procedimiento inverso de como se removió.

7 Ajuste la altura del embrague y pedal como se describe en el Capítulo 1.

7 Flecha - información general

Refiérase a las ilustraciones 7.1, 7.2a y 7.2b

Los modelos Econoline de corta distancia entre ejes vienen equipados con una flecha tubular de una sola pieza, con una unión universal en cada extremidad. La extremidad del frente del árbol tiene una horquilla corrediza que está montada mediante acanaladuras en el eje de salida de la transmisión, mientras la extremidad posterior del árbol está sujetada en la brida del piñón del eje trasero mediante dos pernos en U (vea ilustración).

Los modelos con larga distancia entre ejes vienen equipados con una flecha de dos piezas compuesto de un eje anterior de acoplamiento, un balero central de soporte y un

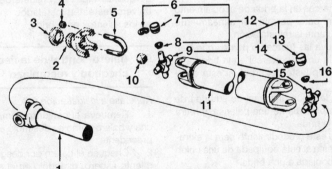

7.1 Componentes del conjunto de la flecha - vista esquemática

1 Horquilla corrediza	7 Cojinete	12 Juego de reparación de unión universal
2 Brida del piñón	8 Sello	13 Cojinete
3 Sello contra polvo	9 Cruceta	14 Anillo de resorte
4 Tuerca	10 Tuerca	15 Cruceta
5 Perno en U	11 Flecha	16 Sello
6 Anillo de resorte		

8

árbol posterior de mando. Si el vehículo está equipado con una transmisión automática, el frente del árbol está conectado a la extremidad trasera del eje de salida de la transmisión mediante una horquilla corrediza acanalada **(vea ilustración)**. En el caso de una transmisión manual, el árbol se sujeta mediante una brida y pernos en U **(vea ilustración)**.

Ciertas flechas disponen de acopladores de engrase en las uniones universales y las horquillas corredizas. Deben de ser lubricados regularmente. El balero central de soporte utilizado en los modelos de larga distancia entre ejes es lubricado y sellado para toda la vida del balero.

La flecha es balanceada durante la fabricación, y se recomienda que se use cuidado al reemplazar las uniones universales, para ayudar a mantener este equilibrio. Es mejor, a veces, dejar reemplazar las uniones universales por una agencia Ford o un taller especializado en este tipo de trabajo. Si usted sustituye las uniones universales por sí mismo, marque cada horquilla en relación a la opuesta para mantener el balance. No deje caer el conjunto durante las operaciones de servicio.

8   Flecha - remover e instalar

Refiérase a la ilustración 8.3
Nota: *Si se trata de una flecha de dos piezas, hay que remover la flecha trasera antes de la flecha delantera.*

1   Suba el vehículo y sopórtelo seguramente en pedestales.
2   Use una tiza o un punzón de trazar para marcar un la relación de las flecha(s) a la brida de acoplamiento. De esta manera se asegurará el alineamiento correcto cuando se reinstale la flecha.
3   Remueva las tuercas o pernos que fijan las abrazaderas de la unión universal en la brida **(vea ilustración)**. Si la flecha tiene una extremidad ranurada (sea en la transmisión o sea al balero central de soporte), asegúrese de poner marcas en la brida de acoplamiento o la flecha para permitir el alineamiento correcto durante la reinstalación.
4   Remueva las tuercas o pernos que fijan las tiras o la unión universal en la brida a la extremidad opuesta del árbol (si está equipado).
5   Retire la unión universal de su brida de acoplamiento mediante una palanca, y retire el árbol de la brida.
6   Repita este procedimiento para la extremidad opuesta si está equipada de una unión universal acoplada a una brida.
7   Si la extremidad opuesta está equipada de una junta corrediza (ranurada), no más deslice la horquilla hacia fuera del eje ranurado.
8   Si la flecha que se remueve es la flecha delantera de una unidad de dos piezas, la parte trasera se liberará removiendo los dos pernos que sujetan el conjunto del balero

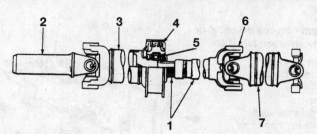

7.2a Flecha de dos piezas con conexión delantera por horquilla corrediza

1   La horquilla corrediza del eje trasero y la extremidad ranurada del eje delantero tienen que estar marcadas con flechas para su alineamiento durante el ensamble
2   Horquilla delantera

3   Conjunto de eje - delantero
4   Soporte central
5   Estas cavidades no se rellenan de grasa
6   Horquilla corrediza de la unión universal
7   Conjunto de eje - trasero

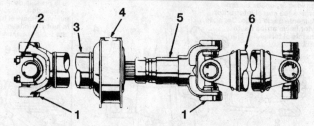

7.2b Flecha de dos piezas con conexión delantera para la brida

1   Los ejes tienen que ser ensamblados con estas horquillas en línea (en fase) como se muestra
2   Horquilla delantera
3   Eje de acoplamiento

4   Soporte central
5   Horquilla corrediza de la unión universal
6   Flecha

central. Una vez más, asegúrese de que ambas extremidades de la flecha hayan sido marcadas para fines de instalación.
9   La instalación se hace en el orden inverso al procedimiento de desensamble. Si no se puede alinear la flecha porque se ha girado el diferencial o la transmisión, ponga la transmisión en Neutro o gire una rueda para permitir lograr el alineamiento original. Siempre apriete las tuercas o pernos de fijación al par de torsión correcto, y asegúrese de que las tapas de cojinete de las uniones universales estén instalados correctamente en los asientos de la brida.

9   Balero central de la flecha - chequeo y reemplazo

Refiérase a la ilustración 9.3
1   Remueva el conjunto completo de flecha y balero como se describió en la Sección precedente.
2   Chequee el balero por desgaste o movimiento áspero, girándolo en el eje. Examine la almohadilla de soporte de caucho por grietas y deterioro general. Si hay cualquier duda en la condición de la asamblea, lo mejor sería reemplazar el balero y el soporte de caucho.
3   Remueva el balero y el aislador de caucho **(vea ilustración)** de la flecha delantera de acoplamiento, sacándolos prensándolos o usando un extractor.

4   Presione el balero y el aislador nuevo en la flecha hasta que estén en contacto con la brida. El balero nuevo está relleno de grasa y no requiere ninguna lubricación.
5   Instale el balero de soporte y las flechas en el vehículo como está descrito en la.

10   Uniones universales - información general

Las uniones universales son acoplamientos mecánicos que contienen dos

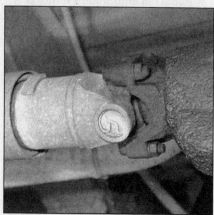

8.3 Las tuercas del perno en U tienen que removerse para separar la flecha de la brida del piñón

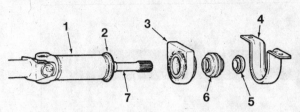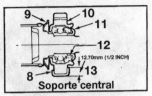

9.3 Componentes típicos del balero central - vista esquemática

1 Eje de acoplamiento
2 Deflector de polvo
3 Aislador de caucho
4 Soporte
5 Protector del balero
6 Conjunto del balero
7 Extremidad ranurada del eje corto

8 Soporte
9 Deflector de polvo
10 Aislador de caucho
11 Protector del balero (retenedor)
12 Componentes del balero
13 Reborde hacía la extremidad del eje corto

12.2 Remoción del anillo de resorte de una copa de cojinete

componentes de rotación que se encuentran una a la otra en ángulos diferentes.

Estas uniones se componen de una horquilla en cada lado conectada por una pieza transversal que se llama cruceta. Copas a cada extremidad de la cruceta contienen baleros de agujas que proporcionan una transferencia suave de las cargas de torsión. Anillos de resorte, sea dentro sea fuera de las copas del cojinete, mantienen el ensamblaje junto.

11 Uniones universales - chequeo y lubricación

1 Refiérase al Capítulo 1 para detalles en la lubricación de las uniones universales. Vea además el programa de mantenimiento regular presentado al principio del Capítulo 1.
2 El desgaste de los baleros de agujas se caracteriza por vibraciones en la transmisión, ruido durante la aceleración y, en casos extremos de falta de lubricación, un rechinamiento metálico y, al fin, ruidos de molienda a medida que los baleros se desintegran.
3 Es fácil chequear si los baleros están gastados cuando la flecha esté en posición,

tratando de girar la flecha con una mano. Use su otra mano para retener la brida del eje trasero mientas chequee la unión universal trasera, y el medio acoplamiento delantero cuando chequee la unión universal delantera. Cualquier movimiento entre la flecha y los acoplamientos indica un desgaste importante. Otro método de chequeo si hay desgaste de la unión universal es de usar una palanca introducida dentro del espacio entre la unión universal y la flecha o la brida. Deje el vehículo engranado y trate de palanquear la unión tanto radial como axial. Cualquier flojedad debe volverse aparente con este método. Una prueba de desgaste final consiste en tratar de levantar la flecha y buscar cualquier movimiento entre las horquillas de las uniones.
4 Si existe cualquiera de las condiciones descritas arriba, sustituya las uniones universales por nuevas.

12 Uniones universales - reemplazo

Refiérase a las ilustraciones 12.2, 12.3a y 12.3b
1 Remueva la flecha.
2 Extraiga los anillos de resorte de las

extremidades de las copas de cojinete (**vea ilustración**).
3 Utilizando dados de llave o pedazos de tubería del diámetro correcto, use una prensa de banco para presionar en la extremidad de una copa a fin de desplazar la copa opuesta hacia dentro del dada o trozo de tubería más ancho. La copa de cojinete no será completamente removida, pues hay que agarrarla con alicates y torcerla hacia fuera de la horquilla (**vea ilustraciones**).
4 Remueva la otra copa de cojinete oprimiendo la cruceta en el sentido opuesto.
5 Limpie la horquilla y chequéela por daños y grietas.
6 Obtenga la unión universal de repuesto correcta.
7 Posicione la cruceta dentro de la horquilla, instale parcialmente la copa opuesta, centralice la cruceta, y luego, usando la prensa de banco, presione ambas copas en su lugar usando dados de diámetro ligeramente menor del de las copas de cojinete. Asegúrese de que los cojinetes de agujas no fueron desplazados y atrapados durante este procedimiento.
8 Instale los anillos de resorte.

12.3a Remoción de las copas de cojinete de la horquilla mediante dados y una prensa grande de banco

12.3b Se puede usar alicates para agarrar la copa y removerla de la horquilla después de presionarla hacia fuera

8

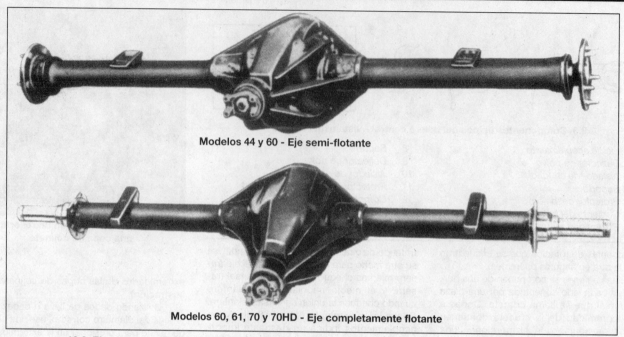

Modelos 44 y 60 - Eje semi-flotante

Modelos 60, 61, 70 y 70HD - Eje completamente flotante

13.2 Ejes traseros Dana semi-flotante (arriba) y completamente flotante (abajo) (modelos recientes)

13   Eje trasero - información general

Refiérase a la ilustración 13.2

El conjunto del eje trasero consiste en una envoltura recta y hueca cubriendo un conjunto de engranaje del diferencial y semiejes.

Los conjuntos de eje empleados en los vehículos tratados por este manual pueden ser de dos diseños diferentes: aquellos con semiejes semi-flotantes y aquellos con semiejes completamente flotantes **(vea ilustración)**. Como regla general, los vehículos con la GVW (peso bruto de vehículo) de menos de 7000 libras usan los semiejes semi-flotantes, mientras aquellos vehículos con clasificaciones superiores a 7000 libras de GVW utilizan el tipo completamente flotante. Los semiejes completamente flotantes no soportan si mismos ninguna parte del peso del vehículo y pueden removerse independientemente de los baleros de rodillos cónicos de las ruedas.

Ambos tipos de diseños de la parte trasera del vehículo usan engranajes de tipo hipoidal con la línea central de la corona debajo de la línea central del semieje. El tipo de eje trasero de servicio más ligero tiene o un diferencial con corona de 9 pulgadas con bastidor de tipo removible o un diferencial con corona de 8.8 pulgadas con portador integral. Los ejes traseros de servicio más pesado son fabricados por Dana y tienen bastidores portadores integrales.

Debido a la necesidad de las herramientas y equipos especiales, se recomienda que las operaciones en estos modelos se limiten a aquellas descritas en este Capítulo. En los casos donde se necesita una reparación o una reconstrucción completa, remueva el conjunto de eje y llévelo a un reconstructor o

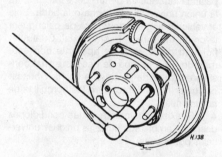

14.3 Remoción de las tuercas de fijación del semieje

cámbielo por una unidad nueva o reconstruida.

Los procedimientos rutinarios de mantenimiento y reparación menor puede efectuarse sin remover el conjunto del diferencial de la envoltura del eje o el conjunto de eje trasero del vehículo. Los semiejes, cubos de rueda, baleros de rueda, sellos de grasa y pernos de rueda pueden ser mantenidos como se describe arriba.

14   Semieje - remover e instalar (tipo portador removible de la Ford)

Refiérese a las figuras 14.3 y 14.4

1   Coloque el vehículo en un piso plano, bloquee las ruedas delanteras, afloje las tuercas de las ruedas traseras del lado en que se va a trabajar (de los dos lados si va a remover los semiejes), y luego suba la parte trasera del vehículo y remueva las ruedas. Posicione pedestales debajo del vehículo.

2   Desenganche el freno de estacionamiento, y luego remueva el tambor de freno.

3   Afloje y remueva los cuatro pernos que

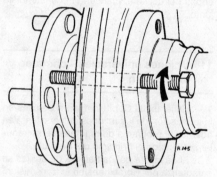

14.4 Se puede usar pernos largos enroscados dentro de la brida del bastidor para expulsar un semieje difícil de remover

fijan el bastidor del balero del semieje en la envoltura del eje. Los pernos pueden alcanzarse mediante un dado de llave montado en una extensión e introducido através de los agujeros en la brida del semieje **(vea ilustración)**.

4   En este momento debe de ser posible remover el semieje simplemente tirando de la brida, especialmente si se usan baleros de agujas cónicas. Si esto falla, desde el lado trasero enrosque pernos largos hacia dentro de dos de los agujeros en la brida de la envoltura del eje, diámetro opuestos uno al otro, y presione el eje hacia fuera apretando los pernos de manera igual **(vea ilustración)**.

5   Los sellos del semieje son de material sintético y son fáciles de dañar. Al retirar el eje, tenga cuidado de no cortar el borde interior del sello con las lengüetas del semieje.

6   La instalación se hace en el orden inverso al procedimiento de desensamble, pero vale repetirlo, tenga cuidado de no dañar el sello.

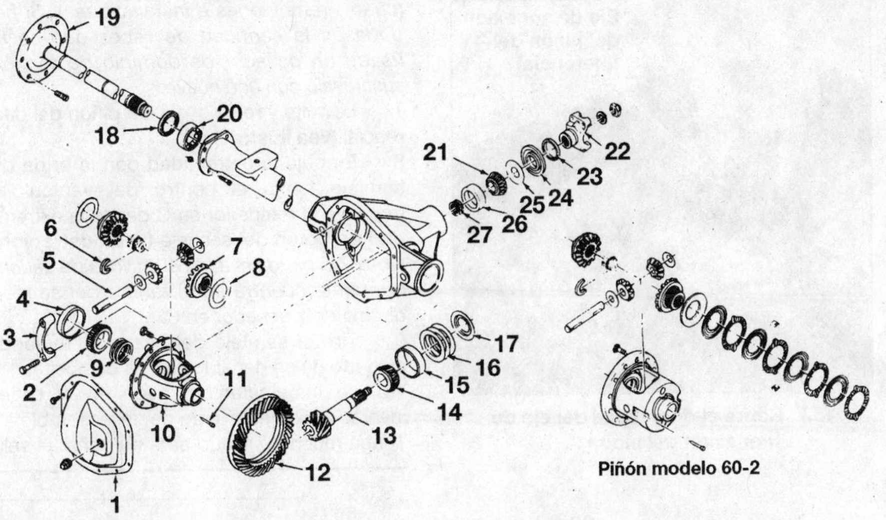

Piñón modelo 60-2

15.6a Componentes del conjunto del eje trasero semi-flotante de Dana - vista esquemática

1	Cubierta	15	Guía
2	Balero	16	Laminillas
3	Casquete de balero	17	Deflector
4	Guía	18	Sello
5	Eje del piñón del diferencial	19	Semieje
6	Presilla en C	20	Balero
7	Rueda dentada lateral	21	Balero exterior del piñón
8	Arandela	22	Horquilla
9	Laminillas	23	Arandela
10	Bastidor	24	Sello del piñón
11	Perno o pasador de seguridad	25	Deflector de aceite
12	Corona	26	Guía
13	Piñón de mando	27	Laminillas
14	Balero interior del piñón		

15 Semieje (tipo semi-flotante) - remover e instalar

Refiérase a las ilustraciones 15.6a, 15.6b, 15.6c, 15.7 y 15.8

Nota: *Este procedimiento se aplica a los diferenciales Ford de 8.8 pulgadas y los de Dana, de los años 1978 en adelante.*

1   Suba la parte trasera del vehículo y póngala seguramente en pedestales.

2   Remueva la(s) rueda(s).

3   Desenganche el freno de estacionamiento y remueva el o los tambores de freno.

4   Drene el lubricante del eje trasero hacia dentro de un recipiente, removiendo la cubierta de la envoltura del eje trasero.

5   Si todavía está en su puesto, remueva y bote la junta.

6   Remueva el pasador de seguridad, o el perno de seguridad, del eje de conexión del piñón del diferencial **(vea ilustración)** y bótelo. **Nota:** *Es posible que algunos ejes flotantes de Dana sean equipados con pasadores de seguridad revestidos con Loctite (o equivalente) o con pasadores de seguridad con rosca especial de dominio de torsión. Los pasadores tratados con Loctite tienen una cabeza hueca hexagonal de 5/32 pulgada, y los pasadores de dominio de torsión tienen una cabeza hueca de 12 puntas. Si el eje viene equipado con un pasador de seguridad revestido con Loctite, no debe utilizare debajo ninguna circunstancia. Si el pasador de seguridad es del tipo de dominio de torsión, puede ser utilizado hasta cuatro veces*

15.6b Componentes del conjunto del eje trasero Ford de 8.8 pulgadas con portadiferencial integrado - vista esquemática

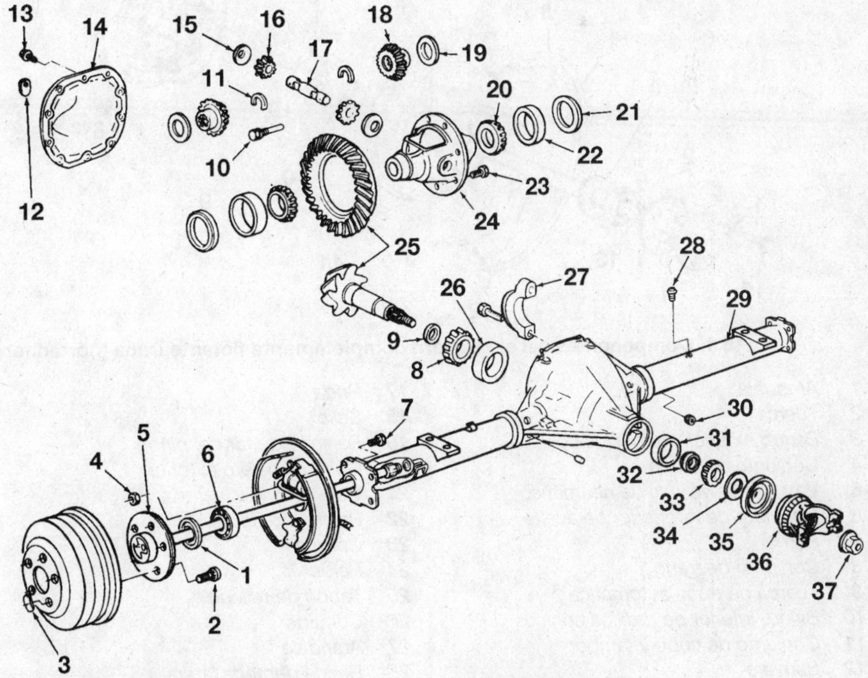

1	Conjunto de sello
2	Perno de rueda
3	Tuerca de resorte de montaje por presión
4	Tuerca de la placa de respaldo de freno
5	Conjunto de semieje
6	Conjunto de balero
7	Perno
8	Balero trasero del piñón
9	Espaciador del piñón
10	Perno de seguridad del eje de conexión del piñón del diferencial
11	Retenedor en C
12	Etiqueta de relación
13	Tornillo de cubierta
14	Cubierta
15	Arandela de empuje
16	Rueda dentada del piñón
17	Eje de conexión del piñón del diferencial
18	Rueda dentada lateral
19	Arandela de empuje3
20	Balero del diferencial
21	Laminillas del diferencial
22	Guía del balero del diferencial
23	Perno de la corona
24	Bastidor del diferencial
25	Juego de engranajes
26	Guía del balero trasero del piñón
27	Casquete de balero con perno
28	Conjunto de ventilación del eje (remoto)

29	Conjunto de envoltura del eje	34	Deflector
30	Tapón de relleno	35	Sello del piñón
31	Guía del balero delantero del piñón	36	Brida
32	Espaciador	37	Tuerca del piñón
33	Balero delantero del piñón		

8

Perno de seguridad del eje de conexión del piñón del diferencial

15.6c Remoción del perno de seguridad del eje del piñón del diferencial

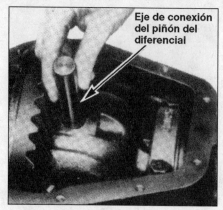

Eje de conexión del piñón del diferencial

15.7 Retire el diferencial del eje de conexión del piñón . . .

(cuatro remociones e instalaciones). Si hay duda en la cantidad de veces que se ha usado un pasador de dominio de torsión, sustitúyalo con uno nuevo.

7   Levante y retire el eje del piñón del diferencial **(vea ilustración)**.

8   Empuje la extremidad con la brida del semieje hacia el centro del vehículo y remueva el retenedor en C desde la extremidad de botón del semieje **(vea ilustración)**. **Nota:** *No pierda ni dañe el anillo O de caucho que se encuentra en la ranura del semieje debajo del retenedor en C.*

9   Tire el semieje del bastidor, teniendo cuidado de no dañar los sellos de aceite.

10   La instalación se hace en el orden inverso al procedimiento de desensamble. Tenga mucho cuidado para no dañar el sello

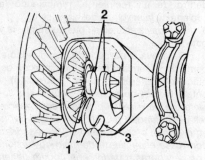

15.8 . . . y luego retire de la extremidad del semieje el retenedor en C

1   *Retenedor en C en el rebajo de la rueda dentada lateral*
2   *Extremidad con botón de los semiejes*
3   *Retenedor en C*

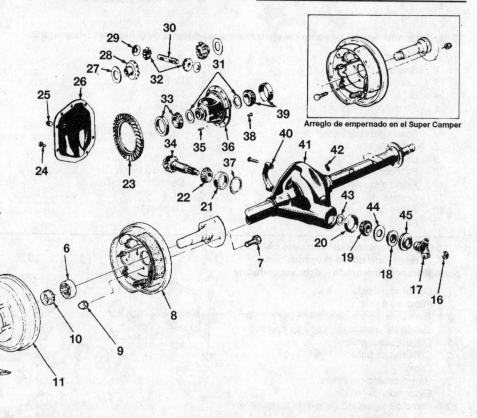

Arreglo de empernado en el Super Camper

16.1 Componentes del eje trasero completamente flotante Dana (portadiferencial integrado) - vista esquemática

1 Arandela	17 Brida	32 Piñón del diferencial
2 Tuerca	18 Sello	33 Balero del diferencial
3 Balero exterior de rodillos cónicos	19 Balero exterior del piñón	34 Piñón de mando
4 Conjunto de rueda	20 Guía del balero exterior	35 Pasador
5 Vástago de válvula de neumático	21 Guía	36 Bastidor
6 Conjunto de retenedor de aceite	22 Balero interior del piñón	37 Laminilla de guía de piñón
7 Perno	23 Corona	38 Perno
8 Conjunto de freno	24 Perno	39 Balero del diferencial
9 Tuerca de traba automática	25 Tapón de relleno	40 Casquete del balero
10 Balero interior de rodillos cónicos	26 Cubierta	41 Bastidor
11 Conjunto de cubo y tambor	27 Arandela	42 Respiradero
12 Semieje	28 Rueda dentada lateral	43 Tuerca de ajuste de la precarga del balero de piñón
13 Cuna de traba	29 Arandela de empuje	44 Desviador
14 Junta	30 Eje de conexión del piñón del diferencial	45 Deflector
15 Perno	31 Laminilla de ajuste de la precarga del balero y de contragolpe	
16 Tuerca de seguridad		

del eje cuando reinstale el semieje (las lengüetas en la extremidad del semieje son afiladas). Apriete el pasador de seguridad del eje de conexión del piñón hasta el par de torsión especificado.

11 La mayoría de las cubiertas de bastidor de eje son selladas con un sellador de caucho de silicona en vez de una junta. Antes de aplicar este sellador (No. Ford D6AZ-19562-B o equivalente), asegúrese de que las superficies labradas a máquina de tanto la cubierta como el portadiferencial están limpias y libres de aceite. Cuando limpie las superficies, cubra el interior del eje con un trapo limpio y libre de pelusa para prevenir contaminación. Aplique un cordón continuo de sellador en la cara del portadiferencial, al interior del círculo de los agujeros para los pernos de la cubierta. Instale la cubierta dentro de 15 minutos después de la aplicación del sellador, y apriete los pernos de forma entrecruzada, cambiando de lado a lado, hasta el par de torsión especificado.

16 Semieje (tipo completamente flotante) - remover e instalar

Refiérase a la ilustración 16.1
Nota: *Este procedimiento se aplica a los vehículos del año 1978 en adelante.*
1 Desenrosque y retire los pernos que sujetan la brida del semieje al cubo **(vea ilustración)**. No hay necesidad de remover la llanta y rueda o de subir el vehículo.
2 Golpee ligeramente la brida con un martillo de cara blanda para aflojar el semieje, y

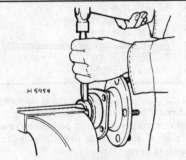

H 5954

18.2 Se puede usar un martillo y un cortafrío para aflojar el retenedor del balero, pero no golpee el semieje con el cortafrío!

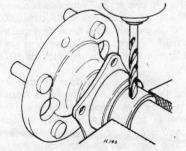

H.146

19.3 Perfore un agujero en el retenedor, y luego use un cortafrío para partir el retenedor y removerlo

luego agarre el reborde en la cara de la brida con alicates de traba. Tuerza ligeramente el semieje en ambas direcciones y luego retírelo del tubo del eje.
3 La instalación se hace en el orden inverso al procedimiento de desensamble, pero sostenga el semieje a nivel a fin de engranar las lengüetas de la extremidad interior con las ranuras de la rueda dentada lateral del diferencial. Use siempre una junta nueva en la brida y mantenga las superficies de contacto de la brida y del cubo libres de grasa y aceite.

17 Sello de aceite del semieje - reemplazo (tipo cojinete de bolas)

1 Remueva el semieje como se describió en la Sección 14.
2 El sello cabe justamente dentro de la extremidad exterior de la envoltura del semieje. Lo mejor sería usar una martillo corredizo para removerlo. Sin embargo, es posible removerlo con un martillo y un cincel, pero tenga mucho cuidado de no dañar la envoltura del eje. Si se daña, el aceite se fugará debajo del borde exterior del sello nuevo.
3 Haga una nota del sentido en qué está ubicado el sello dentro de la envoltura antes de removerlo. Normalmente, el lado de sello encerrado en metal mira hacia fuera, hacia la rueda.
4 Aplique un sellador de juntas en el borde exterior del sello nuevo y fuércelo uniformemente en su lugar con un martillo y pedazo de madera o una sección de tubería del mismo diámetro exterior como el sello. Asegúrese de que esté sentado exactamente en la envoltura.
5 Instale el semieje como se describe en la Sección 14.

18 Cojinete del semieje - reemplazo (tipo cojinete de bolas)

Refiérase a la ilustración 18.2
1 Refiérase a la Sección 14 y remueva el semieje.
2 Usando un martillo y un cortafrío afilado, haga unas cuantas mellas profundas en el anillo de retención del balero **(vea ilustración)**. Esto soltará el asimiento del anillo en el semieje y permitirá su remoción. Si es extremadamente apretado, pártalo con un cortafrío afilado, pero no corte el eje.
3 Ponga el semieje cabeza abajo en una prensa de banco, de manera que el anillo de retención del balero esté encima de las quijadas de la prensa y la brida del semieje esté debajo de ellas, y fuerce el semieje atraves del balero con un martillo de cara blanda. Si esto no sirve, se necesitará una prensa hidráulica. Note en qué sentido está instalado el balero.
4 Posicione la placa de retención y el balero nuevo en el semieje. Asegúrese de que el balero se instale mirando en el mismo sentido como el original.

5 Ponga el semieje verticalmente entre las quijadas de una prensa de banco con la brida mirando hacia arriba. El guía de bolas interior tiene que descansar en la parte superior de las quijadas. Utilizando un martillo de cara blanda, fuerce el semieje atraves del balero hasta que se sienta completamente contra el hombro del semieje.
6 El anillo de retención del balero debe de reinstalarse de la misma manera como el balero. **Caución:** *No intente instalar el balero y el anillo de retención al mismo tiempo.*
7 Rellene el balero con grasa de usos múltiples.
8 Instale el semieje como se describe en la Sección 14.

19 Cojinete y sello de aceite del semieje - reemplazo (tipo cojinete de rodillos cónicos)

Refiérase a las ilustraciones 19.3 y 19.5
Nota: *Debido a que hay que usar una prensa especial para remover y reinstalar este tipo de balero, se recomienda que este procedimiento se efectúe por el departamento de servicio de una agencia Ford o por un taller de reparación de automóviles.*
1 Remueva el semieje como se describe en la Sección 15.
2 Monte el semieje en una prensa de banco equipada con quijadas blandas.
3 Perfore un agujero en el retenedor del balero **(vea ilustración)** y luego remuévalo partiéndolo con un cortafrío. Tenga cuidado de no dañar el semieje durante este procedimiento.
4 Usandó una prensa hidráulica grande, remueva el balero y el sello de aceite.
5 Instale la placa de retención del balero, el balero nuevo (lado de sello dando al diferencial), y un tenedor nuevo de balero **(vea ilustración)** en el semieje.

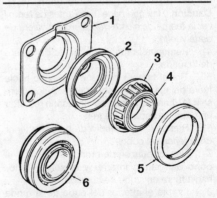

19.5 Componentes del balero de rueda de tipo con rodillos cónicos - vista esquemática

1 Retenedor
2 Sello
3 Anillo con ranura
4 Balero
5 Guía exterior (ranura)
6 Vista ensamblado

8

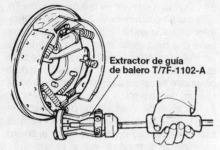

21.2 Se requiere un extractor especial para remover la copa del balero de la envoltura del semieje en un eje trasero de tipo semi-flotante

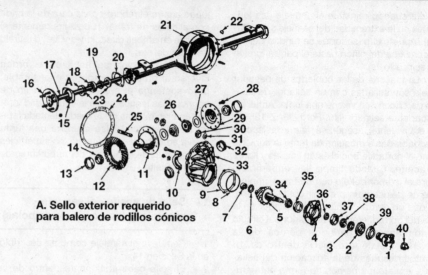

A. Sello exterior requerido para balero de rodillos cónicos

6　Aplique presión solamente en el retenedor, usando una prensa, y asiente los componentes contra el hombro de la brida del semieje.

7　Instale el semieje como se describe en la Sección 14.

20　Cojinete y sello de aceite del semieje - reemplazo (tipo completamente flotante)

Nota: *El procedimiento siguiente de remover e instalar el cubo/tambor de freno (pasos 3 a 5 y 14 a 16) se aplica solamente a los modelos de 1975 y más recientes. Para los modelos de 1974 y más antiguos, refiérase al Capítulo 9 (Sección 11) para remover e instalar los conjuntos de cubo/tambor y ajustar la precarga del balero.*

1　Suba la parte posterior del vehículo y póngala seguramente en pedestales.

2　Remueva las ruedas traseras, y luego remueva los semiejes como se describe en la Sección 16.

3　Remueva la cuña de seguridad desde la ranura de chaveta de la tuerca de ajuste con un destornillador **(vea ilustración 16.1)**. **Caución:** *Hay que hacer esto antes de remover la tuerca de ajuste del balero o siquiera de darle vuelta.*

4　Remueva la tuerca de ajuste del balero de la rueda.

5　Tire el tambor de freno y el cubo hacia fuera del eje. Si el tambor de freno no quiere salir fácilmente, puede ser necesario retractar un poco las zapatas de freno.

6　Remueva el conjunto de balero exterior del interior del cubo.

7　Use un punzón de bronce para forzar el cono del balero interior y el sello interior hacia fuera del cubo de la rueda.

8　Limpie el interior del cubo de la rueda para remover todo el lubrificante del eje y grasa. Limpie el eje.

9　Inspeccione los conjuntos de balero por indicaciones de desgaste, picaduras, excoriación u otro daño. Sustituya los baleros si cualquiera de estas condiciones existe. Inspeccione las guías de bolas por indicaciones de desgaste irregular, excoriación u otro daño. Fuerce hacia fuera las guías de bolas con un cincel de bronce, si éstos necesitan

22.3 Detalles del conjunto de eje trasero del tipo con portadiferencial removible

1	Brida	22	Respiradero
2	Sello	23	Sello
3	Arandela	24	Junta
4	Retenedor de piñón	25	Eje de conexión del piñón del diferencial
5	Piñón de mando	26	Rueda dentada lateral del diferencial
6	Retenedor del cojinete piloto	27	Arandela de empuje
7	Cojinete piloto	28	Perno de fijación de la corona
8	Anillo O	29	Cubierta del bastidor del diferencial
9	Laminilla	30	Rueda dentada del piñón del diferencial
10	Casquete de balero	31	Arandela de empuje
11	Bastidor del diferencial	32	Tuerca de ajuste
12	Corona	33	Portadiferencial
13	Guía de balero	34	Balero trasero del piñón de mando
14	Balero lateral del diferencial	35	Guía de balero
15	Retenedor de balero	36	Espaciador aplastable
16	Brida del semieje	37	Guía de balero
17	Semieje	38	Balero delantero del piñón de mando
18	Balero	39	Deflector
19	Anillo de retención	40	Tuerca del piñón
20	Junta		
21	Envoltura del eje		

ser sustituidos. Instale las guías nuevas con la herramienta especial diseñada para este propósito. Nunca use un cincel o punzón para este procedimiento, porque estas guías tienen que ser asentados correctamente y pueden ser dañados fácilmente.

10　Antes de la instalación, rellene los conjuntos de balero de las ruedas interiores y exteriores con el tipo correcto de grasa para baleros de rueda. Si usted no tiene acceso a una herramienta para empacar baleros, empaque cada uno cuidadosamente a mano y asegúrese de que el balero entero esté relleno de grasa.

11　Instale el balero interior de la rueda, nuevamente rellenado, dentro del cubo del tambor de freno. Instale un sello nuevo interior de cubo con una herramienta de instalación (botador tubular, dado grande, herramienta especial) teniendo cuidado de no dañar el sello.

12　Envuelva la extremidad del eje y el área fileteada con cinta para prevenir daños al sello del balero interior de la rueda durante la instalación.

13　Con mucho cuidado, deslice el conjunto de tambor y cubo en el eje, teniendo mucho cuidado de mantenerlo recto para no tocar el sello con el eje, lo que dañaría el sello. Remueva la cinta.

14　Instale el balero exterior de la rueda. Apriete a mano la tuerca de ajuste del balero de rueda.

15　Mientras da una vuelta al conjunto de tambor y cubo, apriete la tuerca de ajuste de 120 a 140 pies-libras. Retrocede la tuerca lo suficiente para conseguir un juego de 0.001 a 0.010 de pulgada. Esto debe de requerir de 1/8 a 3/8 de vuelta, aproximadamente (de 1/8 a 1/4 de vuelta en los modelos de 1979 y 1980).

16　Posicione la cuña de seguridad en la boca llave y martíllela en posición. **Nota:** *La cuña no debe en absoluto ser forzada a fondo contra el hombro de la tuerca de ajuste cuando esté completamente instalada. La cuña de seguridad y la tuerca de ajuste pueden usarse de nuevo, provisto que la cuña de seguridad corte una ranura nueva en el material retenedor de nilón dentro de los límites* *especificados de aflojamiento de la tuerca. La cuña no debe en absoluto ser presionada en una ranura cortada anteriormente. Si no se puede retroceder la tuerca dentro de los límites especificados, o obtener el juego de extremidad correcto, o alinear el nilón no cortado para forzar en él la cuña de seguridad, bote la tuerca y la cuña, y sustitúyalas con nuevas.*

17   Instale el semieje con una junta nueva de brida de eje, arandelas de seguridad y pernos de fijación de semieje nuevos.

18   Ajuste los frenos si fueron retractados para poder remover el tambor.

19   Instale la rueda, retire los pedestales y baje el vehículo.

21   Cojinete de rueda trasera - reemplazo (tipo semi-flotante)

Refiérase a la ilustración 21.2

1   Remueva el semieje como se describe en la Sección 15.

2   Cuando decida reemplazar el balero de la rueda, hay que reemplazar también la copa del balero, el cual queda normalmente dentro de la envoltura del eje cuando se retire el semieje. Use un extractor con martillo corredizo para removerlo de la envoltura **(vea ilustración)**.

3   Antes de poder reemplazar el balero de la rueda y su sello, hay que remover primero el anillo interior de retención. Nunca use calor para remover el anillo, porque dañaría el semieje.

4   Usando una broca de diámetro 1/4 a 1/2 de pulgada, perfore un agujero en el diámetro exterior del retenedor interior hasta 3/4 del camino, aproximadamente, atraves del anillo. No perfore completamente atraves del anillo de retención, porque la broca dañaría el semieje.

5   Después de perforar el agujero en el anillo de retención, posicione un cortafrío de un lado al otro en el agujero y golpéelo fuertemente para partir el anillo de retención.

6   Debido a la necesidad de una prensa hidráulica y diversos adaptadores para remover el balero de la rueda, usted tiene que llevar el o los semiejes a un taller mecánico de automóvil o a una tienda de refacciones que tenga el equipo requerido para este trabajo. En los vehículos con baleros de rueda de rodillos cónicos, el sello del semieje debe de ser sustituido en la misma ocasión.

7   Después de presionar el balero nuevo en el semieje, instale el eje como se describe en la Sección 15.

22   Portadiferencial - remover e instalar

Refiérase a la ilustración 22.3

1   Para remover el conjunto de portadiferencial, bloquee las ruedas delanteras, suba la parte posterior del vehículo y sopórtela en pedestales. Drene el aceite del eje removiendo el tapón de drenaje (si lo tiene) del diferencial. Remueva las dos ruedas y ambos

tambores de freno, y luego retire parcialmente ambos semiejes como se describió anteriormente en este Capítulo.

2   Desconecte la flecha del diferencial y sopórtelo fuera del camino con un pedazo de alambre o soga.

3   Remueva las tuercas auto trabadoras que fijan el conjunto de portadiferencial en la envoltura del eje **(vea ilustración)**. Si no está instalado un tapón de drenaje, tire el portadiferencial ligeramente hacia adelante y permita que el aceite drene hacia dentro de un recipiente. Ahora se puede desmontar el conjunto de portadiferencial de la envoltura del eje.

4   Antes de la instalación, limpie cuidadosamente las superficies de contacto del portadiferencial y de la envoltura del eje para remover todo el resto de la junta vieja. Asegúrese de usar una junta nueva cuando instale el portadiferencial. Las tuercas que fijan el conjunto del portadiferencial en la envoltura del eje debían de ser apretadas de forma entrecruzada, cambiando de lado a lado, hasta el par de torsión especificado.

23   Conjunto del eje trasero - remover e instalar

1   Bloquee las ruedas delanteras, suba la parte posterior del vehículo y sopórtela en pedestales colocados debajo de las secciones traseras del bastidor.

2   Remueva la ruedas, los tambores de freno y los semiejes como se describió antes en este Capítulo.

3   Desconecte la flecha del diferencial y sopórtelo fuera del camino con un pedazo de alambre o soga.

4   Desconecte la envoltura del eje de las extremidades inferiores de los amortiguadores.

5   Remueva el tubo de ventilación del freno (si lo tiene) de la unión de las líneas de

freno y su abrazadera (vea el Capítulo 9).

6   Remueva las líneas de freno de las presillas que las sujetan en el eje, pero no desconecte ninguno de los acopladores.

7   Remueva las balatas, plato de soporte para las balatas y sopórtelas con alambre para evitar que se estiren las líneas de freno de caucho que todavía están conectadas (vea el Capítulo 9).

8   Soporte el peso del eje en un gato de piso, y remueva las tuercas de los pernos en U del resorte. Remueva las abrazaderas inferiores de las placas.

9   Baje el conjunto de eje con el gato y retírelo hacia la parte posterior del vehículo.

10   La instalación se hace en el orden inverso al procedimiento de desensamble. Apriete el perno en U y las tuercas de los amortiguadores hasta el par de torsión especificado (Capítulo 10).

24   Sello de aceite del piñón - reemplazo

Refiérase a la ilustración 24.5

1   Suba la parte posterior del vehículo y sopórtela en pedestales. Bloquee las ruedas delanteras para que el vehículo no ruede.

2   Remueva las ruedas traseras y los tambores de freno.

3   Desconecte la flecha desde el diferencial y sopórtela fuera del camino con un pedazo de alambre o soga.

4   Usando una llave de torsión (pulgadas-libras), chequee y anote el par de torsión requerido para dar vuelta al piñón del diferencial (excepto el tipo Dana).

5   Mantenga inmóvil la brida del piñón de mando mediante una herramienta apropiada, y remueva la tuerca grande de seguridad **(vea ilustración)**.

6   Remueva la arandela, la brida de mando y el deflector de polvo, y luego palanquee el sello de aceite para removerlo. *No palanquee*

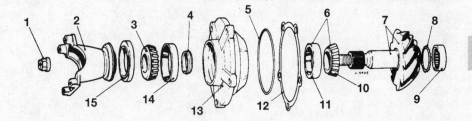

24.5 Engranaje del piñón y componentes relacionados (tipo con portadiferencial removible) - vista esquemática

1	Tuerca de seguridad	9	Balero piloto
2	Brida	10	Cono y rodillos
3	Balero delantero	11	Guía
4	Espaciador	12	Laminilla
5	Anillo O	13	Retenedor
6	Balero trasero	14	Guía
7	Piñón	15	Sello
8	Retenedor del balero piloto		

8

apoyándose en las lengüetas del eje del piñón durante este procedimiento.

7   Introduzca el sello nuevo de aceite golpeándolo ligeramente con un martillo, usando un trozo de tubo. No golpee la extremidad del eje del piñón.

8   Instale la brida de mando del piñón y la tuerca. Si se trata de un eje Dana, apriete la tuerca del piñón desde 250 a 270 pies-libras y proceda al paso 9. Si se trata de un eje Ford, apriete la tuerca del piñón poco a poco, girando de vez en cuando el piñón y chequeando el par de torsión de la rotación con una llave (pulgadas-libras). Continúe a apretar y a chequear hasta llegar al par de torsión original anotado (paso 4). Agregue 3 pulgadas-libras al par de torsión de la rotación para compensar por el sello nuevo. Si la tuerca del piñón viene apretada demasiado, no puede ser aflojada para corregir el par de torsión de rotación del eje del piñón. Esto se debe al hecho de que el espaciador del piñón ha sido comprimido. Habrá de tener que instalar un espaciador nuevo y repetir el procedimiento.

9   Instale los tambores de freno, la flecha, las ruedas trasera, y luego baje el vehículo.

25.2 Se puede usar una prensa de banco grande y un dado para presionar el perno prisionero de la rueda en su lugar dentro de la brida

25   Perno prisionero de rueda - reemplazo

Refiérase a la ilustración 25.2

1   Un perno prisionero de rueda se sustituiría normalmente si las roscas han sido dañadas o si el perno a sido quebrado (causado normalmente por haber apretado demasiado las tuercas de la rueda). Para reemplazar un perno prisionero de rueda, remueva primero el conjunto del semieje. Usando un martillo y un punzón o cincel grande, fuerce el perno viejo atraves de la brida, hacia el balero.

2   Para instalar un perno prisionero nuevo, colóquelo en el agujero desde el lado trasero de la brida, y posicione un dado en el agujero en el lado del frente del perno. Use una prensa de banco para oprimir el perno hacia dentro del agujero **(vea ilustración).**

Capítulo 9   Frenos

Contenidos

Especificaciones

General

Tipo de sistema	Antes de 1974 - frenos de tambor en las cuatro ruedas 1974 y posteriores - frenos de disco en las ruedas delanteras y frenos de tambor en las ruedas traseras
Sistema hidráulico	Doble línea, cilindro maestro tandem con asistencia de potencia
Tipo de flúido para frenos	Vea Capítulo 1

Frenos de disco delanteros

Tipo	
Modelos E100 y E150	Mordaza deslizante, un pistón
Modelos E250 y E350	Mordaza flotante, dos pistones
Espesura mínima del rotor	
Mordaza de tipo deslizante	1.12 pulgadas
Mordaza de tipo flotante	0.94 pulgada
Espesura mínima del forro de las pastillas	Vea Capítulo 1

Frenos de tambor (delanteros y traseros)

Diámetro	
Modelos E100	10 pulgadas
Modelos E200	11 pulgadas
Modelos E300	12 pulgadas

Frenos de tambor (traseros solamente)

Diámetro	
Modelos E150	11 pulgadas
Modelos E250	12 pulgadas
Modelos E350	12 pulgadas
Espesura mínima del forro de la balata	Vea Capítulo 1

Cilindro maestro

Tipo	Tandem
Agujero cilíndrico	0.938 pulgada

9

Especificaciones del torque

Pies-libras (como único de que sea especificado de otra forma)

Pernos de ensamblaje del freno de estacionamiento	13 a 25
Pernos del cilindro maestro..	13 a 25
Pernos del cilindro de las ruedas	5 a 7
Tuercas y pernos de montaje de la válvula de presión diferencial.........	7 a 11
Tuercas y pernos del plato de respaldo trasero...................................	9 a 11
Tuercas y pernos de montaje del amplificador de freno (aumentador)...	13 a 25
Pernos del freno de estacionamiento..	20 a 25
Tuercas del balero de las ruedas traseras (1974 y anteriores con eje de ruedas flotante completo)	
Tuercas de ajuste (internas)	50 a 80 (retrocédala 3/8 de vuelta)
Tuerca de seguridad (externa)..	90 a 110

1   Información general

Todos los modelos Econoline construidos antes del 1974 están equipados con frenos de tambor en las ruedas delanteras y traseras. El sistema hidráulico tiene un doble cilindro maestro y circuitos de tuberías separadas para los frenos delanteros y traseros. El amplificador de freno de vacío, el cual provee potencia para la acción del freno de pedal, es opcional en todos los modelos.

Las camionetas cerradas construidas después de 1974 están equipadas con frenos de disco en las ruedas delanteras. Los modelos E100 y E150 tienen mordazas de trabajo liviano y de un solo pistón, mientras que los modelos E250 y E350 están equipados con mordaza de trabajo pesado y doble pistón. Tanto los frenos de disco como los frenos de tambor se ajustan solos. La unidad de apoyo de poder es equipo típico de los vehículos con frenos de disco. El cilindro maestro doble contiene dos pistones hidráulicos (primario y secundario) alimentados por depósitos de flúidos separados. La válvula de presión diferencial y la varilla son parte integral del circuito del cilindro maestro.

En caso de que el sistema de frenos delanteros o trasero falle, lo suplementará otro sistema y continuará funcionando con menos eficiencia en los frenos. Una luz de aviso se encenderá en el tablero para indicar que uno de los sistemas de frenos está fallando.

Se provee un sistema independiente de freno de estacionamiento el cual se opera con un pedal que se encuentra en la cabina del lado del conductor. El freno de estacionamiento opera los frenos de las ruedas de atrás por medio de un sistema de cables.

2   Sistema hidráulico - purgar

1   Es esencial remover el aire del flúido hidráulico en el sistema de frenos para que el mismo funcione adecuadamente. Chequee el nivel del flúido como se describe en el Capítulo 1, antes de comenzar el proceso de purga.
2   Chequee las tuberías y conexiones de los frenos por fugas y asegurarse de que las mangueras de goma estén en buenas condiciones.

3   Si las condiciones de la mordaza o del cilindro de la rueda están dudosas, chequee si hay marcas de fugas de flúido alrededor de los sellos.
4   Si existe la posibilidad de que se haya utilizado el flúido equivocado en el sistema de frenos, desagüe todo el flúido y lave el sistema de frenos con flúido limpio para frenos. Reemplace todas las partes de los frenos que sean de goma porque han sido afectadas y pudieran fallar bajo presión.
5   Obtenga un frasco limpio, una manguera transparente de 12 pulgadas de largo que quepa estrechamente sobre las válvulas de purgar, y una botella de flúido de frenos recomendado.
6   Tanto el sistema hidráulico de frenos primario (delantero) y secundario (trasero) son sistemas individuales que se deben purgar separadamente. Siempre purgue la línea más larga primero.
7   Para purgar el sistema secundario (trasero) limpie el área alrededor de la válvula de purgar y empiece en el lado derecho del cilindro de la rueda.
8   Remueva la tapa de goma que está encima del final de la válvula de purgar. Ponga el final del tubo en el frasco limpio con suficiente flúido para mantener la punta del tubo sumergido durante el proceso de purga.
9   Abra la válvula de purgar aproximadamente 1/4 de vuelta con una llave y pídale ayuda a una persona para que presione el pedal del freno completamente.
10   Cierre la válvula de purgar y permita que el pedal del freno regrese a su posición original.
11   Continúe este proceso hasta que no hayan burbujas de aire en el tubo. Pise el pedal del freno dos veces más para asegurarse que la línea no tiene aire, después apriete la válvula de purgar (asegúrese de que el tubo permanezca sumergido en el flúido hasta que la válvula este cerrada).
12   Durante el proceso de purgación y a intervalos regulares asegúrese de que el depósito esté lleno, de lo contrario entrará aire al sistema. No vuelva a usar el flúido que ha sido purgado del sistema.
13   Repita todo el proceso para el lado izquierdo del freno trasero.
14   Para purgar el sistema primario de frenos (delantero) comience con el lado derecho delantero y termine con el lado izquierdo delantero. El procedimiento es idéntico al de

los frenos traseros. **Nota:** *Algunos modelos tienen una válvula de purga incorporada en el cilindro maestro. En estos casos el cilindro maestro debe ser purgado antes de las líneas de frenos. El proceso de purga es idéntico al proceso anteriormente descrito.*
15   Llene el cilindro maestro hasta 1/4 del tope del depósito, asegúrese de que el diafragma de tipo junta esté correctamente colocado en la tapa y después instale la tapa.

3   Válvula de presión diferencial - centrar

1   Después de cualquier reparación o operación de purgue, es posible que la luz de aviso del freno doble se encienda debido a que la válvula de presión diferencial todavía esté en la posición apagada del centro.
2   Para centrar la válvula primero pase el interruptor del encendido a la posición de Prendido o Accesorio.
3   Presione varias veces el pedal del freno de esta manera el pistón se centrara por si mismo ocasionando que la luz de aviso se apague.
4   Ponga la varilla del encendido en apagado.

4   Mangueras flexibles - remover, inspeccionar e instalar

Refiérase a la ilustración 4.3

1   Chequear en que condiciones se encuentran las mangueras hidráulicas de cada uno de los frenos delanteros y la que está adelante del eje de la rueda trasera. Si estas se encuentran estiradas, dañadas o raspadas tienen que ser remplazadas.
2   Limpie el tope del depósito del cilindro maestro del freno y remueva la tapa. Coloque un pedazo de plástico de poliestireno sobre el tope del depósito e instale la tapa. Esto es para detener que el flúido hidráulico se remueva con succión durante los procesos subsiguientes.
3   Para remover la manguera flexible limpie la unión y cualquier soporte, para remover así cualquier residuo de polvo, y remueva las tuercas de las uniones que se encuentran al final de las líneas de metal **(vea ilustración)**.

4   Afloje y remueva las tuercas de seguridad y las arandelas asegurando cada manguera flexible en el soporte y despegue las mangueras flexibles.

5   Para instalar las mangueras nuevamente tiene que hacer el proceso contrario. Asegúrese de purgar el freno del sistema hidráulico como se ha descrito en la Sección 2. Si solo se ha removido una sola manguera entonces se tiene que purgar el sistema hidráulico del freno delantero o el sistema hidráulico del freno trasero.

5   Pastillas de los frenos de disco (mordaza deslizante) - reemplazo

Refiérase a las ilustraciones 5.2, 5.3, 5.4, 5.5, 5.9, 5.11, 5.13, 5.15, 5.16, 5.17, 5.20a, 5.20b, 5.21, 5.22 y 5.28

Peligro: *Siempre se debe de reemplazar las pastillas en ambas ruedas al mismo tiempo - nunca reemplace las pastillas en una sola rueda. Además, el polvo que se encuentra en los sistemas de frenos contienen amianto (asbesto), el cual es muy insalubre. No se debe de usar el aire comprimido para eliminarlo del sistema, y no se debe aspirar (inhalar). Tampoco se debe usar gasolina o solventes a base de petróleo para eliminar este polvo. Sólo se debe de usar solventes para sistemas de frenos o alcohol desnaturalizado. Un mascara aprobada se debe de usar siempre que esté trabajando en los frenos. Siempre use nombres de partes que sean reconocidas nacionalmente.* **Peligro:** *Siempre que se reemplacen las pastillas de los frenos, el retracto y los resortes se deben de reemplazar. Debido al cambio de calor/frío continuo de que están sujetos los resortes, estos pierden su tensión sobre un periodo de*

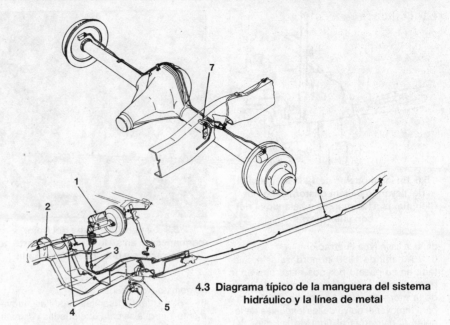

4.3 Diagrama típico de la manguera del sistema hidráulico y la línea de metal

1   Ensamblaje del cilindro maestro
2   Ensamblaje de la manguera
3   Unión
4   Soporte
5   Ensamblaje de la manguera
6   Sujetador
7   Ensamblaje de la manguera

tiempo y puede que permitan que los frenos hagan fricción en el rotor y que se desgasten a una velocidad más rápida de lo normal.

1   Bloque las ruedas traseras y aplique el freno de estacionamiento, afloje las tuercas del taco de retención de la rueda delantera, levante la parte delantera del vehículo y sosténgalo con estantes. Remueva los neumáticos.

Mordaza de pistón sencillo

2   Antes de remover la mordaza utilice una prensa grande en forma de C para empujar el pistón hacia el agujero cilíndrico. Coloque la cabeza del tornillo contra la pastilla exterior y el final del marco contra el cuerpo de la mordaza, después lenta y cuidadosamente apriete el tornillo de la abrazadera. El pistón se debería de mover hacia el agujero cilín-

drico para proveer espacio para las pastillas gruesas y nuevas **(vea ilustración)**. Si encuentra resistencia es porque el pistón debe estar pegado - no aplique fuerza indebida porque puede dañar la mordaza. A medida que va haciendo esto, chequee el nivel del flúido de freno en el cilindro maestro. A lo mejor se tendrá que remover con succión parte del flúido para evitar que se sobre llene el deposito.

3   La mayoría de los modelos están equipados con una llave y un resorte agarrados por un perno, los cuales están localizados en la parte de abajo de la mordaza. Remueva el perno para desprender la llave de soporte de la mordaza **(vea ilustración)**.

4   Cuidadosamente y utilizando un martillo y un punzón golpee la llave y el resorte del plato de anclaje para así removerlos. No

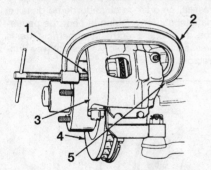

5.2 Se puede usar una grapa C grande para comprimir el pistón en el lado de la mordaza, para proporcionar suficiente espacio para las pastillas gruesas y nuevas

1   Final del tornillo contra la pastilla externa
2   Prensa C
3   Mordaza
4   Rotor
5   Punta de la prensa contra la mordaza

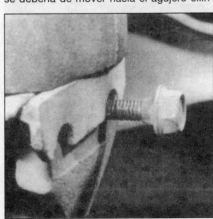

5.3 La llave de soporte de la mordaza es aguantada en su puesto con un perno que enrosca el soporte de la mordaza

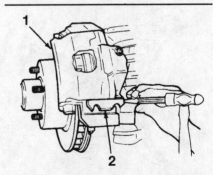

5.4 Se pueden usar un martillo y un punzón para remover la llave de soporte de la mordaza, si está obstruida

1   Mordaza
2   Llave de soporte de la mordaza

9

5.5 En los modelos de 1986 remueva el riel llevando con un destornillador las lengüetas a las ranuras y halando el riel con unas pinzas

5.9 La pastilla interna del freno permanecerá en su lugar en el soporte de la mordaza y deberá ser levantada separadamente

5.11 No descuide el retenedor anti vibración que está pegado de la pastilla

dañe la llave **(vea ilustración).**

5   A partir de 1986 la mordaza está sujetada en su puesto por dos rieles uno en la parte de arriba y el otro en la parte de abajo de la mordaza. Use un cepillo de alambre para remover el polvo de las lengüetas de los rieles (localizadas al final de las clavijas). Usando un martillo y un punzón golpee el riel de arriba hasta que haga contacto con el plato de anclaje. Inserte la punta de un destornillador en la ranura de atrás de cada lengüeta en el final de adentro del riel. Al mismo tiempo, comprima la parte de afuera del riel con las pinzas de punta de aguja y hálelo hasta que las lengüetas caigan en las ranuras **(vea ilustración).** Hale el riel hacia afuera o golpéelo con un martillo y un punzón. Repita este procedimiento para el riel de la parte de abajo.

6   Empuje la mordaza hacia abajo y gire la parte de arriba hacia arriba y hacia afuera para separar la mordaza del plato de anclaje. La pastilla de la parte de adentro del freno permanecerá en el plato de anclaje, mientras que la pastilla de afuera se quedara en la mordaza.

7   Cuelgue de una parte del chasis con un pedazo de alambre el ensamblaje de la mordaza. **Peligro:** *No estire o tuerza la manguera*

de goma de los frenos.

8   SI se van a usar las pastillas nuevamente, márquelas para que puedan ser instaladas en su posición original. Estas no deben ser intercambiadas.

9   La pastilla puede ser removida del plato de anclaje. Los retenedores anti vibración probablemente se saldrán cuando se remueva la pastilla **(vea ilustración).** Fíjese como están instalados los retenedores anti vibración - estos deben ser colocados de la misma manera cuando se reinstalen.

10   Limpie la mordaza, el plato de anclaje y el ensamblaje del disco (rotor) y chequee si el flúido se está fugando y si alguna pieza está gastada o dañada. El área del plato de anclaje que choca con la mordaza debe estar limpia y lisa para que la mordaza deslice libremente sin ningún roce. Mida el grosor del forro de la pastilla. Si el forro ha sido gastado y está por debajo de las medidas especificas debe ser reemplazado con uno nuevo. La pastilla de reemplazo es un poquito diferente que la original. La pastilla de reemplazo tiene lengüetas en la pestaña en la orilla de abajo y la separación entre las lengüetas de arriba y

las pestañas de abajo es menor para proveer un choque de deslizamiento apropiado.

11   Coloque un retenedor anti vibración nuevo en la parte de abajo de la pastilla interna **(vea ilustración).** Asegúrese que la lengüeta en el retenedor está puesta correctamente y que el retenedor está completamente fijo. El resorte en forma de circulo en el retenedor debe estar opuesto al rotor. Las instrucciones de instalación que traen las pastillas nuevas deben contener dibujos detallados que muestran la posición correcta del retenedor anti vibración.

12   Si se van a utilizar de nuevo las pastillas viejas se deben instalar en la misma posición en que estaban instaladas anteriormente. Coloque la pastilla interna y el retenedor anti vibración en el plato de anclaje con el retenedor en contra el metal. Oprima el retenedor y deslice la pastilla externa en su posición.

13   Coloque la pastilla externa en la mordaza y presione las tabletas en posición. Si es necesario utilice una prensa C para fijar la pastilla, pero tenga cuidado de no dañar el material del forro (coloque pedazos pequeños de madera entre la superficie de la prensa y la superficie de la pastilla) **(vea ilustración).**

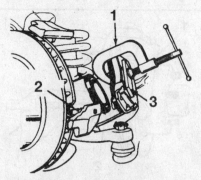

5.13 Se puede necesitar una prensa C para fijar la pastilla externa en la mordaza

    1   Prensa C
    2   Retenedor anti vibración
    3   Utilice pastillas de protección

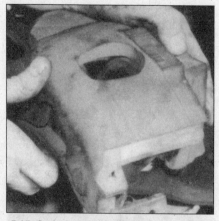

5.15 Cuando esté instalando la mordaza tenga cuidado de no forzar la manguera del freno o dislocar las pastillas de los frenos

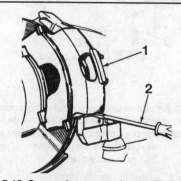

5.16 Se puede usar un destornillador grande para aguantar la mordaza en su puesto, cuando se están instalando la llave de soporte y el resorte

    1   Mordaza
    2   Destornillador

5.17 Asegúrese de que la llave y el resorte estén colocados con las lengüetas encima de las puntas de la llave

14 Separe la mordaza del alambre.

15 En los modelos de 1975 a 1985 coloque la mordaza en el plato de anclaje de pivote el mismo alrededor de la superficie de montura. Tenga cuidado de no romper la balata cuando deslice encima de la pastilla interna **(vea ilustración)**.

16 Utilice un destornillador largo para sostener la mordaza contra el plato de anclaje **(vea ilustración)**.

17 Inserte cuidadosamente la llave y el resorte de la mordaza **(vea ilustración)**.

18 Remueva el destornillador y golpee suavemente la llave de la mordaza hasta que se encuentre en posición.

19 Instale el perno que sostiene la llave de la mordaza y apriételo hasta que llegue de 12 a 20 pies-libras.

20 En modelos de 1986 aplique grasa de frenos de disco de alta temperatura (ESA-M1C72-A o equivalente) a la mordaza y a las ranuras del plato de anclaje, después instale la mordaza y ponga en posición el riel, con las lengüetas adyacentes a las ranuras **(vea ilustración)**. Golpee las clavijas hasta que lleguen a su lugar hasta que las tabletas de retención de la parte interna se salgan de las ranuras y estén contra el costado de la placa de base. No golpee los rieles muy adentro o las tabletas externas de retención se meterán en las ranuras (las lengüetas al final de cada riel deben estar libres para hacer contacto con los lados de la placa de base) **(vea ilustración)**.

Mordaza de pistón doble

21 Remueva la llave que sostiene el perno. En la mayoría de los modelos la llave está en la parte de arriba de la mordaza, pero en los modelos de 1983 y los modelos siguientes la llave está en la parte de abajo **(vea ilustración)**.

22 Utilizando un punzón y un martillo, remueva la llave fuera de la mordaza y del plato de anclaje. En las mordazas que tiene la llave y el resorte arriba meta la llave para remover la mordaza **(vea ilustración)**. En las mordazas que tienen la llave y el resorte en la parte de abajo remueva la llave (de la parte

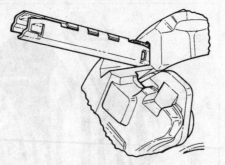

5.20a En los modelos de 1986, las lengüetas del riel deben entrar en la ranura del plato de anclaje, como se muestra en esta ilustración

de adentro). Comenzando en 1986, la mordaza es sostenida en su lugar por dos rieles, uno en la parte de arriba y el otro en la parte de abajo de la mordaza. Use un cepillo de alambre para remover el polvo de las lengüetas de los rieles (localizadas al final de los retenedores). Usando un punzón y un martillo golpee el riel de arriba hasta que haga contacto con el plato de anclaje. Inserte la punta de un destornillador en la ranura de atrás de cada lengüeta de la parte de adentro del riel. Al mismo tiempo, con unas pinzas de punta fina oprima la parte de afuera del riel y hálelo hasta que las lengüetas salgan de las ranuras **(vea ilustración 5.5)**. Hale el riel con las pinzas o golpéelo hacia afuera con el martillo y el punzón. Repita este proceso para los rieles de la parte de abajo.

23 Gire la mordaza hacia afuera y aléjela del rotor halándola por la punta de la llave. Libere el lado opuesto de la mordaza deslizando el soporte hasta que la mordaza libere el rotor. Aguante el ensamblaje de la mordaza con un alambre agarrado de una parte

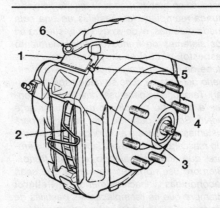

5.21 En la mayoría de los modelos la llave está localizada en la parte de arriba de la mordaza

1 Llave
2 Resorte anti vibración
3 Mordaza
4 Eje y rotor
5 Resorte
6 Perno de retención
   de la llave

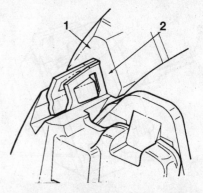

5.20b Las lengüetas en cada punta del riel deben hacer contacto con el lado del plato de anclaje y prevenir que el riel se deslice fuera de lugar

1 Lado de la base
2 Después de instalado revise que las lengüetas del retenedor estén libres para hacer contacto con el lado del plato de anclaje

de suspensión. **Peligro:** *Tenga cuidado de no torcer o estirar las mangueras flexible de goma del freno.*

24 Después de asegurarse como está todo instalado, remueva el resorte anti vibración de la balata del freno.

25 Remueva de la mordaza, las pastillas de freno internas y externa.

26 Limpie la mordaza y los lados del pistón para remover el polvo y los residuos acumulados. El área del plato de anclaje que toca la mordaza debe estar limpia y lisa para que los lados de la mordaza se deslicen sin ninguna dificultad.

27 Para evitar que se derrame el flúido del freno cuando los pistones de la mordaza estén presionados contra los orificios cilíndricos, remueva una parte del flúido de freno del deposito (conectado a los frenos delanteros) y deshágase del flúido removido.

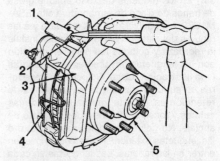

5.22 En los modelos con la llave en la parte de arriba de la mordaza, la llave debe ser golpeada de afuera hacia adentro para ser removida

1 Llave
2 Resorte
3 Mordaza
4 Resorte anti vibración
5 Eje y rotor

9

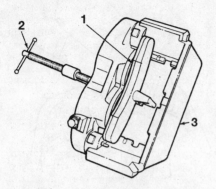

5.28 Utilice la pastilla vieja y una prensa C para empujar los pistones de la mordaza en los orificios cilíndricos

1 Pastilla interna
2 Prensa
3 Mordaza

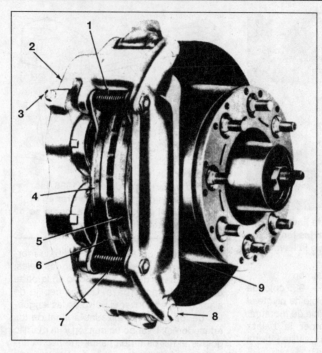

6.2 Componentes de la mordaza flotante del freno de disco

1 Resorte anti vibración
2 Muesca del cilindro
3 Tornillo purgante
4 Balata interna del freno
5 Balata externa del freno
6 Rotor
7 Clavija de montaje de la balata del freno
8 Retenedor de montaje de la mordaza
9 Mordaza

28 Use una prensa C para comprimir los pistones en los orificios cilíndricos (**vea ilustración**). **Peligro:** *Si las dos mordazas han sido removidas, bloque el lado opuesto de los pistones para prevenir que se salgan durante este proceso.*

29 Instale las pastillas nuevas y el resorte anti vibración.

30 Instale el ensamblaje de la mordaza en el plato de anclaje y sobre el rotor.

31 En los modelos antes de 1986, coloque el resorte entre la llave y la mordaza con la espiga del resorte por encima de la punta de la llave. A lo mejor usted necesitará un destornillador o una herramienta para ajustar frenos para aguantar la mordaza y comenzar a poner el resorte y la llave en posición.

32 Usando un martillo y un punzón golpee la llave y el resorte en posición hasta que la ranura en la llave esté alineada con el orificio del perno de retención.

33 Instale el perno y apriételo de 12 a 20 pies-libras.

34 En los modelos de 1986 aplique grasa de frenos de disco de temperatura alta (ESA-M1C72-A o equivalente) a la mordaza y a las ranuras del plato de anclaje, después instale la mordaza y coloque los rieles en posición con las lengüetas adyacentes a las ranuras (**vea ilustración 5.20a**). Golpee los retenedores en su lugar hasta que las lengüetas de retención en la parte interna salgan de las ranuras y rocen contra los lados del plato de anclaje. No golpee los rieles muy adentro o las lengüetas exteriores de retención pueden entrar en las ranuras. Las lengüetas en cada punta del riel deben estar libres para hacer contacto con los lados del plato de anclaje (**vea ilustración 5.20b**).

Todas las mordazas

35 Repita el proceso para las mordazas restantes. Presione el pedal del freno varias veces para fijar las pastillas y el centro de la mordaza en sus puestos, después chequee el nivel del flúido de freno como se describe

en el Capítulo 1.

36 Instale los neumáticos, baje el vehículo y chequee la operación de los frenos antes de poner el vehículo en trafico. Trate de evitar aplicar los frenos fuertemente hasta después de que los frenos hayan sido aplicados suavemente varias veces para así, acentuar las pastillas.

6 Pastillas de los frenos de disco (mordaza flotante) - reemplazar

Refiérase a la ilustración 6.2
Peligro: *Siempre se debe de reemplazar las pastillas en ambas ruedas al mismo tiempo - nunca reemplace las pastillas en una sola rueda. Además, el polvo que se encuentra en los sistemas de frenos contienen amianto (asbesto), el cual es muy insalubre. No se debe de usar el aire comprimido para eliminarlo del sistema, y no se debe aspirar (inhalar). Tampoco se debe usar gasolina o solventes a base de petróleo para eliminar este polvo. Sólo se debe de usar solventes para sistemas de frenos o alcohol desnaturalizado. Un mascara aprobada se debe de usar siempre que esté trabajando en los frenos. Siempre use nombres de partes que sean reconocidas nacionalmente.* **Peligro:** *Siempre que se reemplacen las pastillas de los frenos, el retracto y los resortes se deben de reemplazar. Debido al cambio de calor/frío continuo de que están sujetos los resortes, estos pierden su tensión sobre un periodo de tiempo y puede que permitan que los frenos hagan fricción en el rotor y que se desgasten a una velocidad más rápida de lo normal.*

1 Remueva los neumáticos delanteros como se describe en el primer paso de la Sección anterior.

2 Remueva las tuercas de las clavijas de

montaje de la pastilla del freno y retire los retenedores y el resorte embobinado anti vibración (**vea ilustración**).

3 Utilizando una pinza de punta fina, remueva del ensamblaje de la mordaza las dos pastillas de los frenos.

4 Con limpiador de frenos o alcohol desnaturalizado limpie la parte de adentro de la mordaza y remueva todo el polvo y tierra de los lados del pistón. **Peligro:** *Bajo ninguna circunstancia limpie ninguna parte del sistema de frenos con solventes a base de petróleo.*

5 Empuje los pistones en los orificios cilíndricos de la mordaza, usando un pedazo de madera como palanca. Tenga cuidado de no atorar los pistones en los orificios cilíndricos. A medida que vaya haciendo este proceso, chequee el nivel de flúido de frenos en el cilindro maestro. Se puede remover con succión un poco de flúido para prevenir que se derrame el flúido del deposito.

6 Coloque las pastillas nuevas en el ensamblaje de la mordaza e inserte los dos retenedores de montaje y los resortes anti vibración. Asegúrese de que las lengüetas de los resortes reposen en los orificios del plato de la pastilla.

7 Instale las tuercas que sostienen los retenedores y apriételas de 17 a 23 pies-libras.

8 Repita este proceso para las otras mordazas, después instale los neumáticos y baje el vehículo. Apriete firmemente las turcas del taco de retención.

9 Bombee varias veces el pedal del freno para fijar las pastillas. Chequee el nivel de flúido del freno como se describe en el Capítulo 1 y chequee como trabajan los frenos antes de poner el vehículo en trafico. Evite el usar los frenos bruscamente hasta que los haya utilizado varias veces suavemente para así asentar las pastillas.

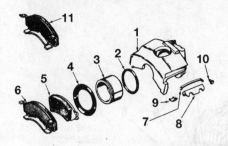

7.4 Componentes de la mordaza de piston sencillo - vista esquemática

1 Muesca de la mordaza
2 Sello
3 Pistón
4 Cubierta de polvo
5 Balata y forro interno
6 Balata y forro externo
7 Resorte de soporte de la mordaza
8 Llave de soporte de la mordaza
9 Resorte anti vibración
10 Tornillo que sostiene la llave
11 Servicio de reemplazo de la balata y forro externo

7 Mordaza del freno de disco (un pistón) - mantenimiento

Refiérase a la ilustración 7.4
Nota: *Si está fugando el flúido de freno en la mordaza, se deben necesitar sellos nuevos. Es indicación de que los sellos están fallando si el flúido del freno está saliendo por un lado del neumático o si se forma un pozo de flúido de freno al lado del neumático o si el nivel del flúido de freno en el cilindro maestro baja bruscamente. Asegúrese de comprar un equipo de reparación de la mordaza de freno antes de comenzar este proceso.*

1 Refiérase a la Sección 5 y remueva la mordaza, luego despegue la manguera flexible de goma (vea Sección 4). Limpie el exterior de la mordaza con limpiador de frenos, con alcohol desnaturalizado o con flúido de freno limpio. **Peligro:** *Bajo ninguna circunstancia utilice solventes a base de petróleo para limpiar los componentes de los frenos.* En una mesa de trabajo limpia, desarme la mordaza.
2 Drene la mordaza de cualquier resto de flúido, después coloque dentro de la mordaza al frente del pistón un pedazo de madera o una toalla de trabajo. Para remover el pistón del agujero cilíndrico aplique aire comprimido a través del puerto de la mangueras. **Peligro:** *Cuando aplique el aire comprimido nunca ponga los dedos delante del pistón para tratar de agarrarlo o protegerlo - podría traer como resultado lesiones severas.*
3 Si el pistón está atascado en el agujero cilíndrico golpee cuidadosamente alrededor del pistón mientras este aplicando aire con presión. Recuerde que el pistón puede salir con una fuerza considerable.
4 Remueva del ensamblaje de la mordaza

la cubierta de polvo de goma **(vea ilustración)**.
5 Remueva cuidadosamente, con una herramienta de madera o de plástico, el sello de goma del pistón que se encuentra en el agujero cilíndrico. No utilice un destornillador u otra herramienta de metal porque puede dañar el agujero cilíndrico.
6 Limpie con limpiador de frenos todas las partes y séquelas con aire comprimido. Durante el ensamblaje se deben utilizar sellos de goma nuevos los cuales deben de ser lubricados antes de instalarlos con flúido de freno limpio.
7 Revise si el pistón y el agujero cilíndrico están desgastados, rayados o dañados. Si se nota algún daño se necesitará un ensamblaje de mordaza nuevo.
8 Para reensamblar la mordaza primero coloque el sello del pistón de la mordaza nueva en la ranura del agujero cilíndrico de la mordaza. El sello no debe estar torcido.
9 Instale una cubierta de polvo nueva y asegúrese de que la pestaña esté exactamente en la ranura exterior del agujero cilíndrico de la mordaza.
10 Inserte cuidadosamente el pistón en el agujero cilíndrico. Cuando haya entrado alrededor de tres cuartos, extienda la cubierta de polvo en el pistón y presiónelo en el agujero cilíndrico hasta que entre.

11 El ensamblaje está completo y la unidad está lista para ser instalada en el vehículo.
12 Después de instalar en el vehículo la mordaza y las pastillas, purgue los frenos como se describe en la Sección 2.

8 Mordaza del freno de disco (doble pistón) - reemplazo

Refiérase a la ilustración 8.2
Nota: *Si el flúido de freno de la mordaza está fugando, se necesitan sellos nuevos. Si el flúido de frenos está chorreando por el lado del neumático, si se forma un pozo de flúido de freno al lado del neumático o si el nivel de flúido del cilindro maestro baja bruscamente significa que los sellos están fallando. Asegúrese de comprar un equipo de reemplazo de mordaza antes de comenzar este procedimiento.*
1 Refiérase a la Sección 5 o 6, remueva las pastillas y desconecte de la mordaza las mangueras flexibles de goma (mordaza flotante) o remueva la mordaza (mordaza de tipo deslizante).
2 En las mordazas de tipo flotante remueva las tuercas retenedoras y retire las dos clavijas asegurando el ensamblaje de la mordaza al plato de montaje **(vea ilustración)**. Separe la mordaza del disco.

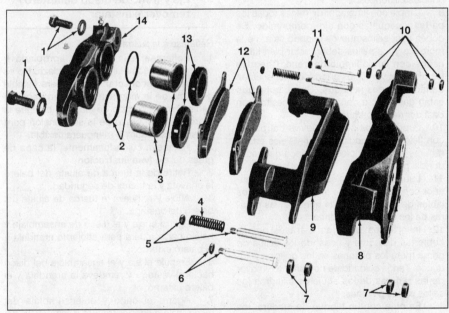

8.2 Componentes de la mordaza de doble pistón - vista esquemática (se muestra mordaza flotante)

1 Pernos y arandelas de montaje de la mordaza a la muesca del pistón
2 Sellos del pistón 1
3 Ensamblaje del pistón
4 Resorte anti vibración
5 Clavija y tuerca de montaje de la balata del freno
6 Clavija y tuerca de montaje de la mordaza
7 Ensamblaje de clavijas de buje del montaje de la mordaza
8 Plato de anclaje (soporte de la mordaza)
9 Mordaza
10 Ensamblaje de clavijas de buje del montaje de la mordaza
11 Clavija y tuerca de montaje de la mordaza
12 Ensamblaje de la balata de frenos y del forro
13 Cubiertas del pistón 1
14 Muesca del pistón de la mordaza

9

3   Limpie la parte externa de la mordaza con limpiador de frenos, alcohol desnaturalizado o flúido limpio de frenos. **Peligro:** *Bajo ninguna circunstancia utilice solventes a base de petróleo para limpiar cualquier componente de los frenos.* Desarme la mordaza en una mesa de trabajo limpia.

4   Deshágase del flúido restaste de la mordaza, después coloque un bloque de madera o una toalla dentro de la mordaza al frente de los pistones. Aplique aire comprimido al puerto de la manguera para remover los pistones del agujero cilíndrico. **Peligro:** *Nunca ponga los dedos delante de los pistones para tratar de agarrarlos o protegerlos cuando esté aplicando el aire - puede traer como resultado heridas severas.*

5   Si los pistones están obstruidos en los orificios cilíndricos golpéelos alrededor suavemente mientras aplica aire comprimido. Recuerde que los pistones pueden salir con fuerza.

6   Remueva los pistones y el bloque de madera, después remueva los pernos y separe la mordaza de la muesca del pistón.

7   Remueva y deshágase de las cubiertas de gomas del pistón.

8   Remueva cuidadosamente los agujero cilíndrico, los sellos de goma del pistón con una herramienta de madera o plástico. No use un destornillador porque puede dañar los orificios cilíndricos.

9   Limpie con limpiador de frenos todas las partes y séquelas con aire comprimido. Se deben usar sellos nuevos cuando se arme la mordaza y los sellos deben estar bien lubricados con flúido limpio de freno. Chequee los pistones y orificios cilíndricos por si están dañados o desgastados. Si se nota que están gastados o dañados se necesitará un bastidor de pistón nuevo.

10   Lubrique los sellos nuevos del pistón con flúido de freno limpio e instálelos en las ranuras de los orificios cilíndricos del bastidor del pistón.

11   Lubrique los orificios cilíndricos del bastidor con flúido de freno limpio y coloque los labios de las cubiertas de goma en las ranuras de los agujeros cilíndrico.

12   Inserte los pistones a través de las cubiertas de goma y pasando los sellos de goma meta los pistones en los orificios cilíndricos. Tenga cuidado de no dañar o remover de las ranuras de los agujeros cilindros los sellos de los pistones.

13   Empuje con un bloque de madera, los dos pistones hasta que entren en los orificios cilíndricos.

14   Junte con los pernos el bastidor del pistón y la mordaza y apriete los pernos de 155 a 185 pies - libras.

15   Pegue la mordaza al ensamblaje del eje e instale los retenedores y las tuercas de retención (mordaza flotante).

16   Instale las pastillas de los frenos y pegue las mangueras flexible de goma al ensamblaje de la mordaza.

17   Purgue los frenos como se describe en la Sección 2.

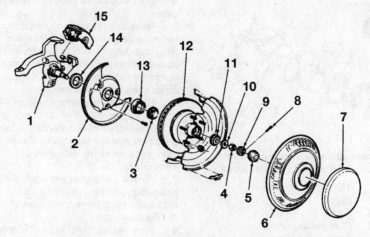

9.2 Componentes del disco y eje delantero (típico) - vista esquemática

1	Ensamblaje del vástago del neumático	8	Chaveta
2	Protector	9	Tuerca de seguridad
3	Balero interno	10	Arandela
4	Tuerca de ajuste	11	Balero exterior
5	Tapa	12	Ensamblaje del disco y cubo
6	Cubierta del neumático	13	Sello de grasa
7	Tapa del eje	14	Junta
		15	Ensamblaje de la mordaza

9   Eje y freno de disco delantero - remover e instalar

Refiérase a la ilustración 9.2

1   Refiérase a la Sección apropiada y remueva el ensamblaje de la mordaza. No es necesario desconectar la manguera flexible de goma de la mordaza si esta no necesita nada. Con un pedazo de alambre cuelgue la mordaza en el brazo de la suspensión para evitar que se estire la manguera flexible.

2   Remueva cuidadosamente, la capa de grasa del eje **(vea ilustración)**.

3   Retire de la tuerca de ajuste del balero la chaveta y la tuerca de seguridad.

4   Afloje y remueva la tuerca de ajuste del balero del vástago.

5   Agarre el eje y el disco de ensamblaje y hálelo hacia afuera para aflojar la arandela y el balero externo.

6   Empuje el eje y el ensamblaje del disco hacia el vástago y remueva la arandela y el balero externo.

7   Agarre el cubo y el ensamblaje del disco, hale cuidadosamente y remuévalo del vástago del neumático.

8   Haciendo palanca remueva el sello de grasa y remueva el balero rodillo interno de la parte de atrás del ensamblaje del eje.

9   Limpie el eje y lave los baleros con solvente. Asegúrese de que la grasa o el solvente no entren en el freno de disco.

10   Limpie el disco con limpiador de frenos y revise si hay alguna marca o está desgastado. Si el disco está dañado se puede rectificar en un garaje mecánico, pero el grosor mínimo del disco no puede ser menor que el grosor especifico.

11   Para armarlo nuevamente llene los baleros con la grasa recomendada (vea Capítulo 1). Trabaje la grasa hacia la jaula y rodillo del balero.

12   Para armar el eje, instale el balero interno y después con un martillo y un bloque de madera golpee gentilmente un sello de grasa nuevo en el eje. Nunca use de nuevo un sello viejo. El labio debe estar mirando hacia adentro del eje.

13   Instale el eje y el ensamblaje del disco en el vástago manteniéndolo centrado, para así evitar daños al sello de grasa interno y a la rosca del vástago.

14   Coloque el balero exterior y la arandela plana sobre el vástago.

15   Enrosque la tuerca de ajuste del balero en el vástago y apriételos con los dedos de manera de que el eje y el disco puedan girar libremente. Ajuste los baleros como se describe en el proceso de empacar del Capítulo 1.

16   Separe la mordaza y el plato de anclaje del brazo de suspensión y guíe las asambleas hacia el disco. Tenga cuidado de no estirar o torcer la manguera de goma del freno.

17   Refiérase a la Sección apropiada para instalar la mordaza.

10   Balatas delanteras y traseras del freno de tambor (modelos E100 y E150) - inspeccionar, remover e instalar

Refiérase a las ilustraciones 10.1, 10.6, 10.8, 10.11, 10.15 y 10.31
Peligro: *El polvo del sistema de los frenos*

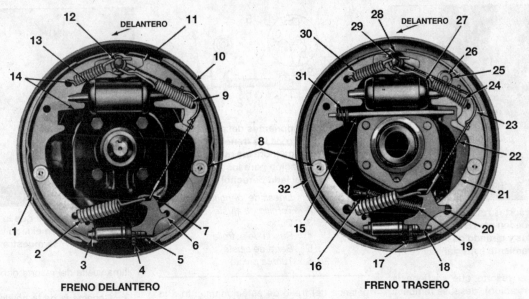

FRENO DELANTERO   **FRENO TRASERO**

10.1 Componentes del freno de tambor delanteros y traseros (modelos E100 y E150)

1	Balata primaria y forro	13	Cilindro del freno	24	Resorte de retención
2	Resorte de ajuste automático	14	Resorte retractor	25	Arandela
3	Tuerca pivote	15	Anillo del freno de estacionamiento	26	Retenedor de la barra del freno de estacionamiento
4	Tornillo de ajuste	16	Muesca de retención del cable del freno de estacionamiento	27	Cilindro del freno
5	Cubo	17	Tornillo de ajuste	28	Clavija de anclaje del plato
6	Gancho pivote	18	Barra de ajuste	29	Clavija de anclaje
7	Gancho del cable	19	Cable del freno de estacionamiento	30	Resorte de retención
8	Resorte sostenedor de la balata	20	Gancho pivote	31	Anillo del resorte del freno de estacionamiento
9	Resorte retractor	21	Barra del freno de estacionamiento	32	Balata primaria y forro
10	Balata secundaria y foro	22	Cable		
11	Clavija de anclaje del plato del	23	Guía del cable		
12	Clavija de anclaje				

contiene asbesto, que es dañino a su salud. Nunca lo sople con aire comprimido y no aspire ninguna de estas partículas. NO use gasolina o solventes para remover el polvo. Use alcohol desnaturalizado o un filtro especial para el sistema de frenos solamente!

1   Los frenos de tambor delanteros y traseros utilizados en los modelos E100 y E150 son diseñados virtualmente idénticos. La diferencia principal es que el freno trasero incorpora el mecanismo del freno de estacionamiento **(vea ilustración)**.

2   Levante la parte delantera o trasera del vehículo, según sea necesario, y sopórtela con estantes. Remueva los neumáticos.

3   Si va a trabajar en los frenos delanteros, haga palanca en la tapa de polvo desde el centro del cubo. Remueva la chaveta, la tuerca de seguridad, la tuerca y hale el cubo y el tambor.

4   En el caso de los frenos traseros, remueva el retenedor del tambor (tuerca retenedora) y hale el cubo y el tambor.

5   Si el tambor no quiere salir remueva la tapa de goma del plato de refuerzo del freno e inserte un destornillador fino a través de la ranura. Desenganche la palanca de ajuste del tornillo de ajuste.

6   Mientras mantiene la palanca de ajuste separada del tornillo, empuje hacia atrás el tornillo con otro destornillador o con una

herramienta de ajustar los frenos **(vea ilustración)**. Tenga cuidado de no hacer rebarba, astillar o dañar de alguna manera las hendiduras del tornillo.

7   Las balatas de los frenos deben ser reemplazadas si están gastadas por debajo de los limites específicos o antes del próximo

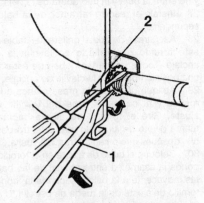

10.6 Si el tambor no sale de las balatas de los frenos, retírelos como se muestra en está ilustración (modelos E100 y E150)

1   *Mueva la manilla hacia arriba para retirar las balatas de los frenos*
2   *El tapón de goma ha sido removido*

de chequeo de rutina (vea como chequear el grosor del foro de las balatas en el Capítulo 1).

8   Para remover las balatas de los frenos, encoja el resorte, despegue y remueva la balata secundaria **(vea ilustración)**.

9   Encogiendo el resorte despegue y remueva la balata primaria.

10   Desenganche del retenedor del anclaje el ojo del cable de ajuste.

10.8 Remueva del poste y de la balata el resorte retractor de la balata secundaria

10.11 Los resortes retenedores de la balata pueden ser removidos apretándolos y girándolos con una herramienta especial

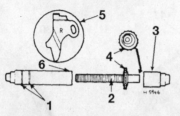

10.15 Componentes del ajustador automático de los frenos - vista esquemática (note las marcas de identificación para los frenos del lado derecho)

1   Líneas de identificación
2   Tornillo de ajuste
3   Cubo
4   Rueda de estrella
5   Barra de ajuste
6   Tuerca pivote

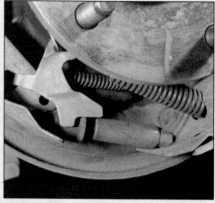

10.31 Asegúrese de que la barra de ajuste está instalada en el lado correcto como se muestra

11   Remueva el resorte que sostiene la balata **(vea ilustración)**, después remueva las balatas, el tornillo de ajuste, la tuerca pivote, el cubo y las partes de ajuste automático.

12   Remueva el anillo y el resorte del freno de estacionamiento. Desconecte el cable del freno de estacionamiento de la palanca.

13   La palanca del freno de estacionamiento debe ser despegada de la balata, después de que la balata secundaria haya sido removida.

14   No desarme los dos frenos del mismo eje al mismo tiempo. Esto es debido a que los tornillos de ajuste de las balatas no se pueden intercambiar y si se confunden pueden terminar trabajando al revés, aumentando el espacio libre entre la balata y el forro cada vez que el vehículo retroceda.

15   Para prevenir confusiones el final del cubo del tornillo de ajuste está marcado con una R o una L. Las tuercas de pivote de ajuste pueden ser identificadas mediante el número de ranuras marcadas alrededor del cuerpo de la tuerca. Dos ranuras en la tuerca indican rosca hacia el lado derecho y una ranura indica rosca hacia el lado izquierdo **(vea ilustración)**.

16   Si los frenos se van a dejar desarmados por mucho tiempo, coloque una etiqueta de peligro en el volante, ya que si se presiona el pedal del freno accidentalmente se forzaran los pistones a salir del cilindro de la rueda.

17   Limpie, con limpiador de frenos todo rastro de polvo en las balatas, en el plato de refuerzo y en los tambores de los frenos. **Peligro:** *No utilice un compresor de aire para soplar el polvo.*

18   Asegúrese de que los pistones están libres en el cilindro y que los forros de las cubiertas de polvo no estén dañados y estén en posición. Chequee si el flúido de freno se está fugando.

19   Antes de reensamblar, aplique un rastro de grasa blanca a las pastillas de soporte de la balata, a los pivotes de la balata del freno y al tornillo estrella de ajuste de la cara y rosca de la rueda.

20   Para reensamblar los frenos, pegue la palanca del freno de estacionamiento a la balata secundaria y asegúrela con una arandela de resorte y un retenedor.

21   Coloque las balatas en el plato de refuerzo e instale los resortes retenedores.

22   Instale solamente en los frenos traseros el anillo del freno de estacionamiento y el resorte. Hale hacia atrás el ajuste del freno de estacionamiento y conecte el cable a la palanca del freno de estacionamiento.

23   Coloque el plato guía de la balata (clavija de anclaje) en la clavija de anclaje (si se utiliza).

24   Ponga el ojo del cable sobre la clavija de anclaje con el lado rizado hacia el plato de refuerzo.

25   Instale el resorte retractor de la balata primaria.

26   Coloque la guía del cable en la nervadura de la balata secundaria con la pestaña de agujero en el agujero de la nervadura de la balata secundaria. Enrosque el cable alrededor de la ranura de la guía. Es muy importante que el cable esté colocado en la ranura y no entre la guía y la nervadura de la balata.

27   Instale el resorte retractor de la balata secundaria.

28   Asegúrese de que el grillete del cable no esté torcido o enrollado en la clavija de anclaje. Todas las partes deben de estar en una posición plana en la clavija de anclaje.

29   Aplique un poco de grasa blanca a las roscas y al cubo del tope del tornillo de ajuste. Gire el tornillo de ajuste hacia la tuerca pivote de ajuste lo más adentro posible, después gírelo hacia atrás 1/2 vuelta.

30   Coloque el cubo de ajuste en el tornillo y ponga la asamblea entre el final de las balatas, adyacente a la balata secundaria, con el tornillo de ajuste de la rueda de estrella.

31   Inserte el gancho del cable dentro del agujero en la palanca de ajuste. Las palancas de ajuste están marcadas con una R o una L para indicar en cual de los ensamblaje de los frenos van instaladas **(vea ilustración)**.

32   Coloque en el agujero grande de la nervadura de la balata primaria, la punta del resorte de ajuste que está enganchada. La

ultima vuelta del resorte debe estar al borde del agujero.

33   Conecte la parte hojalata del resorte a los agujeros de la barra de ajuste.

34   Hale hacia abajo y hacia atrás la barra de ajuste, el cable y el resorte de ajuste automático para engranar el gancho pivote en el agujero grande de la nervadura de la balata secundaria.

35   Después de reensamblar, chequee la acción del ajuste halando la sección del cable entre la guía del cable y la clavija de anclaje, hacia la nervadura de la balata secundaria, lo suficiente para levantar la barra pasando un diente en el tornillo de ajuste de la rueda de estrella.

36   La palanca debe de calzar en su posición detrás del próximo diente, y al soltar el cable debe causar que el resorte de ajuste regrese la palanca a su posición original. Este movimiento de regreso de la palanca girará un poco el tornillo de ajuste.

37   Si al halar el cable no se produce la acción deseada, o si la acción de la palanca es lenta en vez de positiva y puntuada, chequee la posición de la palanca en el tornillo de ajuste de la rueda de estrella. Con la unidad de freno en una posición vertical (clavija de anclaje arriba), la palanca debe hacer contacto con la rueda de ajuste a 0.180 +/- 0.030 pulgadas encima de la línea central del tornillo.

38   Si el contacto es por debajo de este punto la palanca no calzará en los dientes del tornillo de ajuste de la rueda de estrella y el tornillo no girará cuando la barra sea activada por el cable.

39   Si la acción es incorrecta, chequee lo siguiente:

a)   *Chequee el cable y los acopladores. El cable debe llenar completamente o extenderse un poco después de la sección rizada de los acopladores. Si esto no lo hace el cable, el ensamblaje del cable debe ser reemplazado con uno nuevo.*

b)   *Chequee la longitud del cable. El cable debe medir 8.400 pulgadas desde la punta del cable del anclaje hasta la punta del gancho del cable.*

c) *Inspeccione la guía del cable por si está dañada. La ranura del cable debe estar paralela a la nervadura de la balata, y el cuerpo de la guía debe reposar de forma plana contra la nervadura. Cambie la guía si está dañada.*

d) *Inspeccione el gancho pivote en la palanca. Las superficies del gancho deben estar alineadas al cuerpo de la palanca para una acción correcta de pivote. Reemplace la palanca si el gancho está dañado.*

e) *Asegúrese de que el cubo del tornillo de ajuste esté correctamente apoyado en la hendidura de la nervadura de la balata.*

40 Repita todo el proceso para los otros ensamblajes del freno, después instale los tambores de los frenos y los neumáticos, baje el vehículo al suelo y chequee la operación de los frenos.

11 Balatas de los frenos de tambor delanteros y traseros (modelos E250 y E350) - inspeccionar, remover e instalar

Refiérase a las ilustraciones 11.1, 11.3, 11.4, 11.5, 11.6, 11.7, 11.9 y 11.13

Nota: *El proceso de remover e instalar el freno de tambor trasero que se describe aquí, solamente se aplica a los modelos de 1974 y años anteriores. Refiérase al Capítulo 1 para remover e instalar el freno de tambor trasero y ajustar los baleros existentes en los modelos de vehículos con eje de rueda flotante de 1975 y después de 1975.*

1 Frenos de tambor de trabajo pesado son utilizados en los modelos E250 y E350. Aparte del mecanismo del freno de estacionamiento usado en los frenos traseros, tanto los frenos delanteros como los traseros tienen un diseño similar **(vea ilustración)**.

2 Si se va ha trabajar en los frenos delanteros, levante el vehículo y remueva el tambor de los frenos como se describe en los Párrafos 2 y 3 de la Sección anterior.

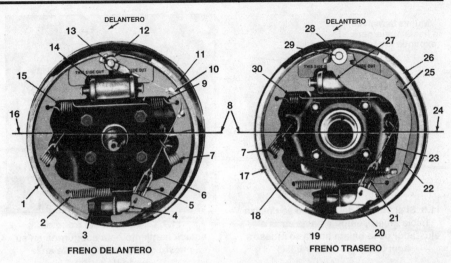

DELANTERO

FRENO DELANTERO

FRENO TRASERO

11.1 Componentes de los frenos de tambor delanteros y traseros (modelos E250 y E350)

1	Balata primaria y forro	
2	Resorte retractor	
3	Tornillo de ajuste	
4	Cubo del tornillo de ajuste	
5	Resorte de exceso de juego	
6	Gancho del cable	
7	Resorte sostenedor de la balata	
8	Punto de contacto de la herramienta de ajuste de los frenos	
9	Resorte retractor	
10	Guía del cable	
11	Balata secundaria y forro	
12	Cable de ajuste del acoplador del anclaje	
13	Retenedor del resorte	
14	Cilindro del freno	
15	Resorte retractor	
16	Punto de contacto de la herramienta de ajuste de los frenos	
17	Balata primaria y forro	
18	Cable del freno de estacionamiento	
19	Ranuras del tornillo de ajuste	
20	Palanca de ajuste	
21	Resorte de exceso d juego	
22	Palanca del freno de estacionamiento	
23	Cable	
24	Punto de contacto de la herramienta de ajuste de los frenos	
25	Guía del cable	
26	Balata secundaria y forro	
27	Cilindro del freno	
28	Clavija de anclaje del plato	
29	Perno de ensamblaje de la barra del freno de estacionamiento	
30	Resorte retractor	

3 Para remover los tambores de los frenos traseros, remueva los ocho pernos y retire el eje y la junta **(vea ilustración)**. Refiérase al Capítulo 8 para tener información más detallada de como remover el eje.

4 Remueva la tuerca de seguridad grande y haga palanca hacia arriba en la rosca de la arandela de seguridad **(vea ilustración)**. Para remover la tuerca se necesitará un cubo grande y una palanca ruptora.

5 Remueva la arandela de seguridad, la tuerca de ajuste y el balero externo y retire el eje y el tambor del freno **(vea ilustración)**.

6 Si el tambor delantero o trasero se pega

11.3 El eje se debe de remover en algunos modelos para remover el tambor de los frenos

11.4 Se puede usar un destornillador largo para hacer palanca en la arandela de seguridad para poder remover la tuerca de ajuste

11.5 Después de remover la tuerca de ajuste y los baleros, el tambor del freno se deslizará hacia afuera fácilmente

9

Mueva la manilla hacia abajo para expandir las balatas

El tapón de goma ha sido removido

11.6 Si el tambor del freno no se desliza hacia afuera, empuje hacia atrás el ajustador de la balata como se muestra aquí (modelos E250 y E350)

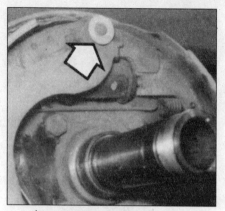

11.7 La palanca del freno de estacionamiento está asegurada en su puesto con un perno pivote en la parte de arriba

11.9 Removiendo los resortes retenedores de las balatas (modelos E250 y E350)

a las balatas, remueva el tapón de goma de la parte de atrás del plato de refuerzo del freno y empuje el ajustador hacia atrás **(vea ilustración)**.

7   En los frenos traseros destornille la tuerca del la parte de atrás del plato de refuerzo, remueva el perno pivote y despegue la palanca del freno de estacionamiento **(vea ilustración)**.

8   Desconecte de la clavija de anclaje, el cable de ajuste y la palanca de ajuste. Desenganche y remueva los resortes retractores de las balatas.

9   Desenganche del plato de refuerzo los resortes sostenedores de las balatas y despegue las balatas y las asambleas de ajuste **(vea ilustración)**.

10   Refiérase al proceso descrito desde el párrafo 14 al párrafo 19 de la Sección 10.

11   Para comenzar a reensamblar pegue la clavija de retracción a las dos balatas y después colóquelas en su puesto en el plato de refuerzo, con las hendiduras del engranaje de las balatas en las ranuras del cilindro del pistón de la rueda.

12   Instale los resortes retenedores de las balatas.

13   Instale la asamblea de ajuste. Asegúrese de que el tornillo de ajuste esté mirando hacia la balata primaria **(vea ilustración)**.

14   Instale el resorte retractor de abajo, el resorte de la palanca de ajuste y la palanca de ajuste.

15   Conecte el cable de ajuste con la palanca de ajuste. Asegúrese de que el cable engrane en las ranuras de la guía del cable, después conecte la parte de arriba del cable a la clavija de anclaje.

16   En los frenos traseros, conecte el cable del freno de estacionamiento a la palanca del freno de estacionamiento y pegue la palanca a la clavija de anclaje. Enrosque la tuerca de la parte de atrás del plato de refuerzo para mantener la palanca del freno de estacionamiento en su puesto.

17   Para el resto de los pasos a seguir para instalar y ajustar las balatas, refiérase a los Párrafos 35 al 39 de la Sección 10.

18   Cuando esté reinstalando el eje/tambor en los modelos con ejes de rueda flotantes anteriores a 1974 y de 1974, apriete la tuerca de ajuste del balero (la tuerca interna) de 50 a 80 pies-libras mientras se gira el tambor.

19   Afloje la tuerca 3/8 de vuelta, después cubra con lubricante de eje de rueda la arandela nueva de seguridad e instálela con el lado liso hacia afuera.

20   Instale la tuerca de seguridad y apriétela de 90 a 100 pies-libras. El tambor debe girar libremente con un juego final de 0.001 a 0.0010 pulgada (el neumático debe de estar instalado para poder girar el tambor fácilmente). Esta especificación es importante - chequéelo con un indicador de reloj si tiene uno. Los baleros no deben tener precarga o serán dañados.

21   Si el juego final es adecuado y el neumático gira libremente, doble hacia adentro dos de las lengüetas de las arandelas de seguridad, sobre la tuerca de ajuste, y doble hacia afuera dos de las lengüetas de la arandela de seguridad, sobre la arandela de seguridad, para asegurar las tuercas en su lugar.

22   Repita todo el proceso para el resto de los ensamblajes de frenos, después instale los neumáticos, baje el vehículo al piso y chequee el funcionamiento de los frenos.

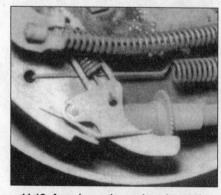

11.13 Asegúrese de que la palanca de ajuste haga contacto con la rueda como se muestra aquí (modelos E250 y E350)

12   Cilindro de la rueda del freno de tambor - remover e instalar

1   El tipo de cilindro de rueda y la manera de removerlo es básicamente la misma en todos los modelos.

2   Refiérase a las Secciones 10 u 11 y remueva las balatas.

3   Destornille los acopladores de la línea de frenos de la parte trasera del cilindro. No hale la línea de metal del cilindro porque se doblara y se hará difícil la instalación de la misma.

4   Afloje y remueva los dos pernos que aseguran el cilindro de rueda al plato de refuerzo del freno.

5   Despegue el cilindro de rueda y sepárelo de la línea del freno.

6   Inserte el final de la línea del freno para así evitar que el flúido se vote.

7   La instalación se hace en el orden inverso al procedimiento de desensamble. Asegúrese de purgar los frenos como se describe en la Sección 2.

13   Cilindro de rueda del freno de tambor - inspección y reemplazo

Refiérase a la ilustración 13.2

Nota: *Compre dos equipos de reconstrucción del cilindro de rueda antes de comenzar esté proceso. Nunca reconstruya solo un cilindro de rueda - siempre reconstruya los dos al mismo tiempo.*

1   Remueva el cilindro de rueda como se describe en la Sección anterior.

2   Para desarmar el cilindro de rueda, primero remueva la cubierta de goma de cada uno y empuje hacia afuera los dos pistones, los sellos de las tapas y el resorte de retorno **(vea ilustración)**. Bote las partes de goma y utilice las partes nuevas que vienen en el equipo de reconstrucción cuando vaya a armar el cilindro de rueda.

3   Inspeccione los pistones para ver si están raspados o rayados. Si están marcados o rayados los pistones deben ser reemplazados con unos nuevos.

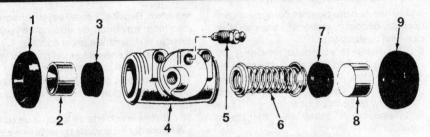

13.2 Componentes del cilindro de rueda - vista esquemática

1	Balata	5	Válvula de purgar	7	Tapa
2	Pistón	6	Resorte de retorno	8	Pistón
3	Tapa		y ensamblaje de la	9	Balata
4	Cilindro		tapa de expansión		

4   Examine la parte de adentro del agujero cilíndrico por si está rayado o corroído. Si está marcado o corroído se recomienda reemplazarlo, pero se puede rectificar un poco para restaurarlo.

5   Si el cilindro está en buenas condiciones límpielo con limpiador de frenos, con alcohol desnaturalizado o flúido limpio de frenos. **Peligro:** *No use bajo ninguna circunstancia, solventes a base de petróleo para limpiar las partes del freno.*

6   Remueva la válvula de purgar y asegúrese que el agujero esté limpio.

7   Lubrique las tapas nuevas de goma con flúido de frenos e inserte una de las tapas en el agujero cilíndrico, seguida de un pistón. Asegúrese de que el labio en la tapa de goma esté mirando hacia adentro.

8   Coloque el resorte de retorno en el agujero cilíndrico y empújelo hasta que haga contacto con la primera tapa.

9   Instale el resto de las tapas y pistón en el agujero cilíndrico.

10   Instale las dos cubiertas de goma.

11   El cilindro de rueda está listo para ser instalado.

14   Plato de refuerzo del freno de tambor - remover e instalar

Nota: *Refiérase al Capítulo 10 para remover el plato de refuerzo del freno delantero.*

1   Refiérase al las Secciones 10 y 12 y remueva del plato de refuerzo de las balatas de los frenos y el cilindro de rueda.

2   Desconecte del cable la palanca del freno de estacionamiento.

3   Refiérase al Capítulo 8 y remueva el eje.

4   Desconecte del plato de refuerzo, el cable retenedor del freno de estacionamiento.

5   El plato de refuerzo y la junta pueden ser despegadas del final de la muesca del eje.

6   La instalación se hace en el orden inverso al procedimiento de desensamble. Asegúrese de purgar el sistema de freno como se describe en la Sección 2. No se olvide de subir el nivel de aceite del eje trasero, si es necesario.

15   Balatas de los frenos de tambor - ajuste

1   Los frenos de tambor incluyen ajustadores automáticos. Estos trabajan cuando el vehículo retrocede y se para. Si el vehículo no se retrocede con frecuencia y el movimiento del pedal a aumentado, entonces se necesita ajustar los frenos de la siguiente manera.

2   Maneje el vehículo en reversa y aplique el pedal del freno fuertemente.

3   Repita este ciclo hasta que se obtenga el movimiento del pedal de freno que se desee. Si esto no sucede, será necesario remover los tambores e inspeccionar el mecanismo de ajuste como se describe en la Sección 10.

16   Cilindro maestro del freno - remover e instalar

1   Por razones de seguridad desconecte el cable del lado negativo de la batería.

2   Desconecte los cables del interruptor de la luz de los frenos que se encuentran locali-

zados adyacentes al pedal del freno.

3   Remueva la tuerca y el perno mordaza que aseguran la varilla de empuje del cilindro maestro al pedal del freno. **Nota:** *Si el vehículo es equipado con frenos de potencia no es necesario remover el interruptor o la varilla de empuje del pedal del freno.*

4   Destornille las líneas de los frenos de los puerto de salida primarios y secundarios del cilindro maestro. Enchufe las puntas de las líneas para frenar la entrada de polvo. Tome precauciones para colectar el flúido de frenos cuando las líneas sean despegadas del cuerpo del cilindro maestro.

5   Afloje y remueva los dos pernos que aseguran el cilindro maestro al tablero o al amplificador del freno.

6   Hale hacia adelante el cilindro maestro y levántelo para removerlo. No permita que el flúido de freno toque ninguna área pintada o las arruinará.

7   La instalación se hace en el orden inverso al procedimiento de desensamble. Asegúrese de purgar el sistema de frenos como se describe en la Sección 2. Si se está instalando un cilindro maestro nuevo, lubrique los sellos antes de instalarlo (cuando estos son instalados originalmente tienen una capa protectora). Remueva los tapones de los puertos de las líneas de freno, vierta un poco de flúido de freno limpio en el cilindro maestro y opere la varilla de empuje varias veces para distribuir el flúido a todos los componentes internos y todas las superficies.

17   Cilindro maestro del freno - reemplazo

Refiérase a las ilustraciones 17.2 y 17.5
Nota: *Compre un equipo de reconstrucción del cilindro maestro antes de comenzar esté proceso. El equipo contiene todas las partes de reemplazo necesarias. Las partes de*

9

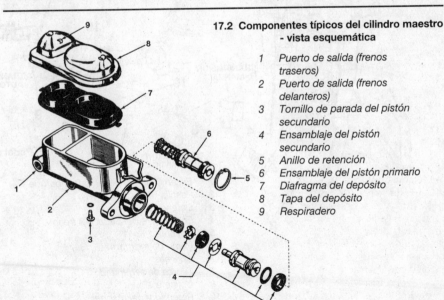

17.2 Componentes típicos del cilindro maestro - vista esquemática

1	Puerto de salida (frenos traseros)
2	Puerto de salida (frenos delanteros)
3	Tornillo de parada del pistón secundario
4	Ensamblaje del pistón secundario
5	Anillo de retención
6	Ensamblaje del pistón primario
7	Diafragma del depósito
8	Tapa del depósito
9	Respiradero

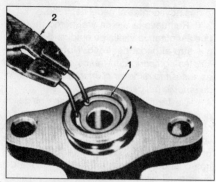

17.5 Utilice unas pinzas de anillo de retención para remover el anillo de retención que retiene el ensamblaje del pistón del cilindro maestro en el agujero cilíndrico

1   Anillo de retención
2   Pinzas de anillo de retención

goma, particularmente los sellos, son la llave del control de flúido en el cilindro maestro. Debido a eso es muy importante instalarlas correctamente. Tenga cuidado de no dejarlas tocar ningún solvente a base de petróleo o ningún lubricante.

1   Limpie el exterior del cilindro maestro con limpiador de frenos y séquelo con un trapo que no suelte hilos.

2   Remueva del tope del depósito la tapa y el diafragma **(vea ilustración)**, y vote cualquier flúido restaste.

3   Afloje y remueva del cuerpo del cilindro maestro el tornillo de reten del pistón secundario.

4   Afloje y remueva el tornillo purgador.

5   Prense el pistón primario y remueva de

la ranura en la parte de atrás del agujero cilíndrico del cilindro maestro, el anillo de retención **(vea ilustración)**.

6   **No** remueva el tornillo retenedor del resorte de retorno primario, el resorte de retorno, la tapa y protección primaria en el pistón primario. Esto ha sido puesto por el fabricante y no se debe tocar.

7   Remueva el ensamblaje del pistón secundario.

8   **No** remueva del cuerpo del cilindro maestro los puestos de salida de las líneas, las salidas de la válvula de chequeo y la salida del resorte de chequeo.

9   Examine cuidadosamente el agujero cilíndrico del cilindro por si tiene alguna raya o raspón. Si se encuentra en buena condición se pueden instalar sellos nuevos. Si en cualquier caso hay alguna duda en la condición del agujero cilíndrico se debe instalar un cilindro maestro nuevo.

10   Si los sellos de goma de los pistones están estirados o flojos, sospeche de que hay contaminación de aceite en el sistema. Aceite ocasionará que los sellos de goma se hinchen. Si un sello está hinchado se debe asumir que los sellos del sistema de freno necesitan atención.

11   Limpie todas las partes con limpiador de frenos, alcohol desnaturalizado o flúido de freno limpio. **Peligro:** *Bajo ninguna circunstancia use solventes a base de petróleo para limpiar los componentes del freno.*

12   Todos los componentes deben ser ensamblados mojados después de haberlos sumergidos en flúido de freno nuevo.

13   Inserte completa y cuidadosamente el pistón secundario y el ensamblaje del resorte de retorno en el agujero cilíndrico del cilindro

maestro. Repose los sellos en el agujero cilíndrico, cuidando de que no se rueden. Empuje el ensamblaje hacia adentro.

14   Inserte el ensamblaje del pistón primario en el agujero del cilindro maestro.

15   Deprima el pistón primario e instale el anillo de retención en la ranura del agujero del cilindro.

16   Instale la cubierta de la varilla de empuje y el retenedor en la varilla de empuje e inserte el ensamblaje en el final del pistón primario. Asegúrese de que el retenedor esté puesto correctamente y esté seguramente sosteniendo la varilla de empuje.

17   Coloque el final interno de la cubierta de la varilla de empuje en la ranura retenedora del cuerpo del cilindro maestro.

18   Instale el tornillo de parada y el anillo O del pistón secundario en el fondo del cuerpo del cilindro maestro.

19   Coloque el diafragma en la tapa, asegúrese de que está colocado correctamente e instale la tapa. Asegúrela en posición con el resorte retenedor.

18   Pedal del freno - remover e instalar

Refiérase a la ilustración 18.1

1   En los vehículos equipados con transmisión manual el pedal del freno opera en el mismo eje del pedal del embarque. Los dos pedales se remueven como se describe en el Capítulo 8. Refiérase a la ilustración de la vista explosiva de los componentes del pedal del freno que acompaña al Capítulo.

2   En los modelos con transmisión automática, desconecte la varilla de empuje del

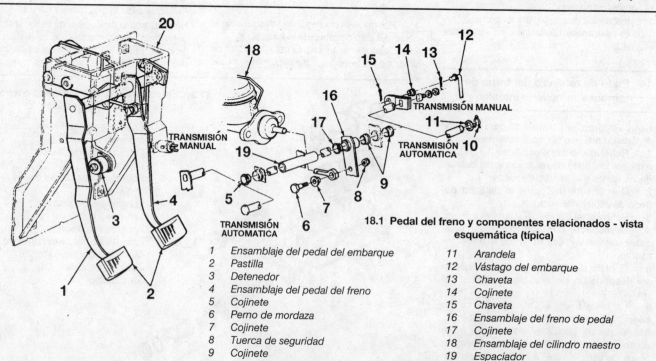

18.1 Pedal del freno y componentes relacionados - vista esquemática (típica)

1   Ensamblaje del pedal del embarque
2   Pastilla
3   Detenedor
4   Ensamblaje del pedal del freno
5   Cojinete
6   Perno de mordaza
7   Cojinete
8   Tuerca de seguridad
9   Cojinete
10   Retenedor del resorte

11   Arandela
12   Vástago del embarque
13   Chaveta
14   Cojinete
15   Chaveta
16   Ensamblaje del freno de pedal
17   Cojinete
18   Ensamblaje del cilindro maestro
19   Espaciador
20   Soporte del pedal del freno

20.1a Componentes del sistema de freno de estacionamiento - típico (modelos E100 y E150)

1 Perno
2 Tuerca soldada
3 Ensamblaje de control
4 Conexiones
5 Equilibrador
6 Vástago
7 Tuerca de seguridad
8 Ensamblaje del cable
9 Retenedor
10 Tornillo
11 Ensamblaje de extensión
12 Retenedor
13 Tornillo
14 Soporte
15 Tuerca
16 Retenedor
17 Perno
18 Retenedor
19 Ensamblaje del cable
20 Palanca
21 Retenedor

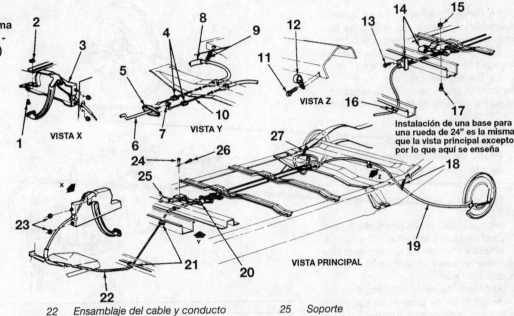

VISTA X

VISTA Y

VISTA Z

VISTA PRINCIPAL

Instalación de una base para una rueda de 24" es la misma que la vista principal excepto por lo que aquí se enseña

22 Ensamblaje del cable y conducto
23 Tuerca
24 Abrazadera de la clavija

25 Soporte
26 Chaveta
27 Retenedor

cilindro maestro, luego afloje hacia la derecha el perno mordaza hasta que el pedal del freno y los cojinetes del pedal puedan ser removidos.

3   Reemplace los cojinetes (si están gastados) e instale el pedal y la varilla de empuje utilizando el proceso de remover al revés.

19   Ensamblaje de la válvula de presión diferencial - remover e instalar

1   Desconecte del interruptor de la luz de peligro el conector de la luz de peligro del freno.

2   Desconecte las líneas delanteras y traseras del ensamblaje de la válvula. Enchufe los finales de las líneas para prevenir pérdida de flúido de freno o que entre polvo.

3   Remueva los pernos y tuercas que aseguran el ensamblaje de la válvula al chasis.

4   Despegue el ensamblaje de la válvula y el soporte. No permita que el flúido se derrame en las superficies pintadas o se arruinarán.

5   El ensamblaje de la válvula no puede ser reparado o reconstruido. Si está dañado debe ser reemplazado con uno nuevo.

6   La instalación se hace en el orden inverso al procedimiento de desensamble. Asegúrese de purgar el sistema como se describe en la Sección 2.

20   Ensamblaje del freno de estacionamiento - remover e instalar

Refiérase a las ilustraciones 20.1a y 20.1b

1   Afloje en el igualador del cable el ajustador de la tuerca de seguridad (**vea ilustraciones**).

2   Trabajando debajo del guardafango delantero del lado izquierdo, remueva las tuercas que aseguran el ensamblaje del control del freno de estacionamiento al tablero.

3   En los modelos E250 y E350 solamente, remueva la tuerca y el perno que aseguran el soporte del freno de estacionamiento a la

20.1b Componentes del sistema de freno de estacionamiento - típico (modelos E250 y E350)

1 Perno de 1/4 - 20
2 Tuerca soldada
3 Ensamblaje del control
4 Tuerca de 5/16 - 18
5 Tuerca de 5/16 - 18
6 Ensamblaje del control
7 Ensamblaje del cable
8 Retenedores
9 Tornillo de 1/4 -14
10 Tornillo de 1/4 - 20
11 Retenedor
12 Ensamblaje del cable (R.H.)
13 Equilibrador
14 Resorte
15 Ensamblaje del cable (L.H.)
16 Retenedor
17 Ensamblaje del cable (R.H.)
18 Tuerca de 5/16 -24

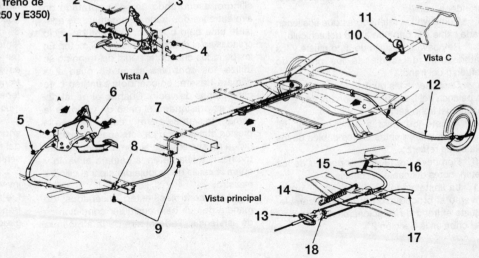

Vista A

Vista C

Vista principal

9

pestaña de abajo del tablero de instrumentos.

4   Remueva el final de la bola del cable del ensamblaje del control del estribo de sujeción y, si es usado, el retenedor del cable.

5   Remueva del vehículo el ensamblaje del control del freno de estacionamiento.

6   La instalación se hace en el orden inverso al procedimiento de desensamble. Chequee el cable de ajuste como se describe en la Sección 21.

21   Freno de estacionamiento - ajuste

1   Refiérase a la Sección 15 y ajuste los frenos.

2   Bloquee los neumáticos delanteros, levante el vehículo y sopórtelo con estantes.

3   Suelte el freno de estacionamiento completamente y mueva la palanca de velocidad a la posición Neutro.

4   Apriete lentamente la tuerca de ajuste en el equilibrador del cable hasta que los frenos traseros comiencen a arrastrar.

5   Eche para atrás la tuerca de ajuste hasta que los frenos traseros se desprendan.

6   Baje el vehículo y chequee el movimiento libre de la palanca del freno de estacionamiento.

22   Cable del freno de estacionamiento - remover e instalar

1   Bloquee los neumáticos delanteros, levante la parte de atrás del vehículo y sopórtelo con estantes. Remueva los neumáticos.

2   Refiérase a la Sección 10 u 11 y remueva los frenos de tambor traseros.

3   Desprenda el freno de estacionamiento y eche hacia atrás la tuerca de ajuste.

4   Remueva el cable del equilibrador.

5   Apriete los dientes del retenedor y hale el cable hacia la parte de atrás, a través de los soportes del cable, lo suficiente para desprender el cable.

6   Remueva los retenedores que sostienen cada cable a la parte de abajo del vehículo.

7   Remueva el resorte de auto ajuste y los retenedores del cable de los platos de refuerzo del freno.

8   Desconecte las puntas de los cables de la palanca del freno de estacionamiento en la balata del freno secundario.

9   Apriete los dientes del retenedor del cable y hale las puntas de los cables de los platos de refuerzo.

10   Remueva las tuercas y pernos de los retenedores del cable del chasis.

11   La instalación se hace en el orden inverso al procedimiento de desensamble. Ajuste el freno de estacionamiento como se describe en la Sección 21.

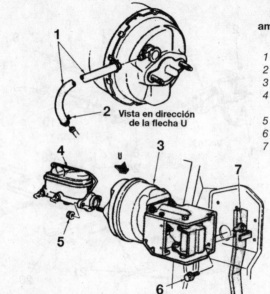

Vista en dirección de la flecha U

24.4 Detalles típicos del amplificador de los frenos de potencia

1   *Manguera de vacío*
2   *Grapa de la manguera*
3   *Ensamblaje del aumentador*
4   *Ensamblaje del cilindro maestro*
5   *Tuerca de 3/8 - 16*
6   *Perno de 3/8 - 16*
7   *Varilla de empuje del pedal del freno*

23   Amplificador de freno (aumentador) - información general

1   Un amplificador de potencia (aumentador) es incluido en el circuito de frenos para proveer asistencia al conductor cuando este presione el pedal del freno. Este reduce el esfuerzo que necesita el conductor para operar los frenos en cualquier situación que se necesiten.

2   La unidad opera al vacío. El vacío es obtenido del múltiple de admisión y está básicamente compuesto por un diafragma amplificador y una válvula de chequeo. El esfuerzo de frenado es transmitido a través de otra varilla de empuje al aumentador del pistón y su sistema incorporado de control. El aumentador del pistón no encaja estrechamente en el cilindro, pero tiene un fuerte diafragma que le ayuda a las orillas a hacer contacto constantemente con las paredes del cilindro, asegurando un sello apretado de aire entre las dos partes. La cámara de adelante está bajo unas condiciones de vacío creadas en el múltiple admisión del motor. En los períodos cuando el pedal del freno no se utiliza, los controles abren un paso a la cámara trasera, colocándola también bajo condiciones de vacío. Cuando el pedal del freno es presionado el paso de vacío de la cámara trasera se cierra y esta se abre a la presión atmosférica. La consecuente precipitación de aire empuja el aumentador del pistón hacia adelante en la cámara al vacío y opera la varilla de empuje principal al cilindro maestro.

3   Los controles están diseñados de manera de que bajo cualquier condición se dé asistencia. Todo el aire de la atmósfera

que entra en la cámara trasera pasa a través de un filtro de aire pequeño.

4   Bajo condiciones normales de operación el aumentador dará un servicio sin problemas por un tiempo largo. Si, en cualquier caso, se sospecha de un problema, tal como, que se requiere una fuerte presión del pie para aplicar los frenos, el aumentador debe ser reemplazado con uno nuevo. No se debe intentar reparar el aumentador viejo ya que este es una pieza que no se le puede otorgar servicio.

24   Amplificador del freno (aumentador) - remover e instalar

Refiérase a la ilustración 24.4

1   Remueva el interruptor de la luz del freno y varilla de actuación del pedal del freno como se describe en la Sección 18.

2   Trabajando bajo el capó, remueva el limpiador de aire del carburador y la manguera de vacío del aumentador.

3   Remueva el cilindro maestro de adelante del aumentador y retírelo lo suficiente para poder remover el aumentador. **Nota:** *No es necesario desconectar las líneas de los frenos del cilindro maestro, pero se debe tener mucho cuidado para no doblarlas mucho.*

4   Remueva los pernos que aseguran el soporte del aumentador al compartimiento del motor y levante el aumentador fuera del vehículo **(vea ilustración)**.

5   La instalación se hace en el orden inverso al procedimiento de desensamble. Si fue necesario desconectar las líneas de los frenos, el sistema de frenos debe ser purgado como se describe en la Sección 2.

Capítulo 10
Sistemas de dirección y suspensión

Contenidos

Especificaciones

Suspensión delantera

Tipo	Ejes gemelos de tipo viga en I con resortes espirales y amortiguadores telescópicos
Convergencia	0.125 pulgada
Ángulo de inclinación del eje delantero	5 grados
Ángulo de la combado	0.5 grado

Suspensión trasera

Tipo	Resortes de hoja semi-elípticos y amortiguadores telescópicos

Dirección (manual)

Tipo	Pelotas circulantes
Proporción	24:1
Número de vueltas de tope a tope	6
Capacidad de lubricante	
Hasta 1977	0.87 libra
1978 en adelante	11 + 1 onza

Tipo de lubricante

Hasta 1977	C3AZ-19578-A
1978 en adelante	ESW-M1C87A o equivalente
Precarga del balero del tornillo sin fin (1978 en adelante)*	3 a 8 pulgadas-libras
Carga total de engrane de la caja de la dirección con la dirección centrada (de 1978 en adelante)	Máximo de 16 pulgadas-libras
Carga total de engrane con la caja centrada en exceso de la precarga del balero (de 1978 en adelante)**	10 a 16 pulgadas-libras
Espacio libre en el extremo del ajustador de juego	0.000 a 0.002 pulgada

*Par de torsión requerido para hacer girar el eje de entrada una vuelta y media más allá del centro (con el brazo Pitman desconectado)

**Par de torsión requerido para hacer girar el ensamblaje del tornillo sin fin y eje de entrada más allá del punto alto central

10

Dirección (de poder)

Tipo	Pelotas circulantes con pistón y válvula de control integrales
Tipo de bomba	Ford-Thompson con receptáculo integral, accionado por una banda del motor
Proporción	16:1
Número de vueltas de tope a tope	4
Capacidad de flúido	2.44 pinta US
Tipo de flúido	Vea Capítulo 1

Neumáticos

Tamaño y presión de aire	Refiérase al cartel de información ubicado en el frente del pilar de la puerta izquierda

Especificaciones para los pares de torsión

Pies-libras (como único de que sea especificado de otra forma)

Suspensión delantera

Eje al soporte del pivote	120 a 160
Brazo radial al eje	180 a 220
Brazo radial al soporte trasero	75 a 125
Pasador de traba del perno del vástago	40 a 55
Soporte de montaje inferior del amortiguador	40 a 60
Soporte de montaje superior del amortiguador	15 a 20

Suspensión trasera

Tuercas de los pernos en U (E100 - E200)	45 a 60
Tuercas de los pernos en U (E300)	150 a 200
Tuercas del retenedor delantero del resorte	75 a 100
Tuercas del retenedor trasero del resorte	55 a 90
Soporte de montaje superior del amortiguador	40 a 60
Soporte de montaje inferior del amortiguador	45 a 60

Dirección (modelos previos a 1978)

Caja de la dirección al chasis	55 a 75
Brazo Pitman a la caja de la dirección	170 a 230
Pernos de retención de la columna de la dirección	8 a 20
Tuercas de la articulación de rótula	50 a 75
Tuerca del volante	30 a 40

Dirección (modelos de 1978 en adelante)

Pernos de la tapa del sector	30
Tornillos de la grapa de las guías de pelotas	18 a 42 pulgadas-libras
Contratuerca del tapón de ajuste de la precarga	85
Eje del sector al brazo Pitman	170 a 230
Contratuerca del tornillo de ajuste de la presión de engrane	25
Espárrago del eslabón de espárrago	50 a 75
Espárragos de la barra de conexión de los vástagos	50 a 75
Grapas de la barra de conexión de los vástagos	29 a 41
Brazos de soporte de la bomba de la dirección de poder	30 a 45

1   Información general

El sistema de suspensión delantero empleado en los modelos Econoline de camionetas cerradas a los que este manual se refiere consiste de ejes gemelos tipo viga en I. El extremo del vástago de la rueda, o sea el extremo exterior, de cada eje está ubicado por un brazo radial y soporta al vehículo por medio de un resorte espiral y un amortiguador telescópico. El extremo interior de cada eje está afianzado a un pivote de soporte ubicado en el lado opuesto del vehículo.

El eje trasero está soportado por resortes de hojas semi-elípticos afianzados al chasis por medio de grilletes y soportes suspensores. Los resortes están montados en el eje por medio de pernos en U. Para amortiguar la suspensión trasera se usan amortiguadores telescópicos.

La caja de la dirección es del tipo de pelotas circulantes. Dirección de poder es opcional en todos los modelos.

El eje de la dirección gira en dos baleros para el impulso y en un balero en el extremo hacia el volante. El eje del sector está soportado por bujes y tiene un sello en su extremo inferior. El extremo superior del eje del sector engrana con una cremallera integrada con la tuerca de pelotas.

El ajuste de los baleros del eje de la dirección está controlado por un tornillo de ajuste grande en la caja de la dirección y por otro tornillo de ajuste en la tapa del eje del sector.

2   Vástagos de las ruedas delanteras - remover e instalar

Refiérase a la ilustración 2.6

1   Eleve la parte delantera del vehículo y apóyela en soportes adecuados.

2   Soporte el peso del eje del lado donde va a trabajar en estantes y desmonte la rueda.

3   Remueva el tambor del freno (o el disco) y el cubo de la rueda como está explicado en el Capítulo 1.

4   En los modelos E100 y E150, remueva la placa de apoyo del freno y el brazo de la dirección del ensamblaje del vástago.

5   En los modelos 350, desconecte la articulación de rótula de la barra de la dirección del brazo de la dirección con un extractor de

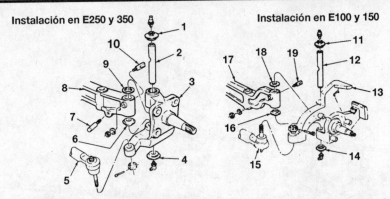

Instalación en E250 y 350

Instalación en E100 y 150

2.6 Vástago y componentes relacionados - vista esquemática (típica)

1　*Tapón*	11　*Tapón*
2　*Clavija del vástago*	12　*Clavija del vástago*
3　*Ensamblaje del vástago*	13　*Ensamblaje del vástago*
4　*Tapón*	14　*Tapón*
5　*Ensamblaje de barra y eslabón*	15　*Ensamblaje de barra y eslabón*
6　*Cojinete*	16　*Cojinete*
7　*Tapón de tope de la dirección*	17　*Eje*
8　*Eje*	18　*Sello*
9　*Sello*	19　*Clavija de traba*
10　*Clavija de traba*	

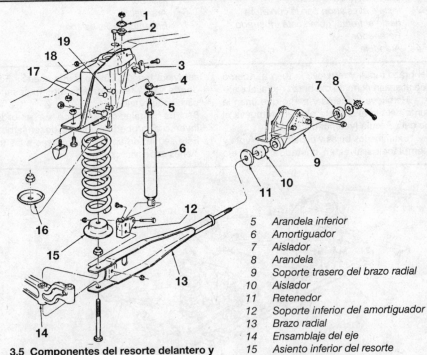

3.5 Componentes del resorte delantero y del brazo radial - vista esquemática

1　*Arandela superior*
2　*Aislador*
3　*Retenedor superior del resorte*
4　*Aislador*
5　*Arandela inferior*
6　*Amortiguador*
7　*Aislador*
8　*Arandela*
9　*Soporte trasero del brazo radial*
10　*Aislador*
11　*Retenedor*
12　*Soporte inferior del amortiguador*
13　*Brazo radial*
14　*Ensamblaje del eje*
15　*Asiento inferior del resorte*
16　*Retenedor inferior del resorte*
17　*Asiento superior del resorte*
18　*Chasis*
19　*Este remache se usa solamente en los modelos E-250 y E-350*

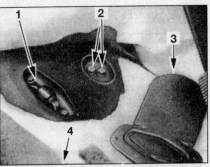

3.4 Los pernos superiores del resorte delantero y los pernos de montaje superiores del amortiguador son accesibles a través de aberturas en el piso dentro del vehículo

1　*Soporte superior del amortiguador*
2　*Pernos de montaje del retenedor superior del resorte delantero*
3　*Placa de cobertura*
4　*Alfombra*

eje. Rellene de grasa el balero para el impulso e insértelo en el vástago por abajo. Asegúrese que el lado con reborde apunte para abajo, hacia el vástago.

12　Alinee la muesca en la clavija del vástago con el agujero en el eje e inserte la clavija en el vástago y en el eje, martillándola ligeramente hasta que la muesca esté alineada con el agujero en el eje.

13　Con cuidado, inserte una clavija de traba nueva en el agujero en el eje y asegúrela con la tuerca y arandela correspondientes. Apriete la tuerca e instale los tapones para la grasa en ambos extremos de la clavija.

14　Asegúrese que el vástago se mueva uniformemente de tope a tope sin juego libre. Instale el brazo de la dirección, la placa de apoyo, el cubo de la rueda y el ensamblaje del tambor o disco del freno, siguiendo en reverso el procedimiento para removerlos.

15　Engrase el ensamblaje del vástago, instale la rueda y haga chequear la convergencia por un taller de alineación o por el taller de su concesionario.

3　Resorte delantero - remover e instalar

Refiérase a las ilustraciones 3.4 y 3.5

1　Eleve la parte delantera del vehículo y apóyela en soportes adecuados.

2　Soporte el peso del eje en su extremo exterior y desmonte la rueda.

3　Desconecte el extremo inferior del amortiguador de su soporte.

4　Despegue la alfombra cuidadosamente, remueva la placa de cobertura y desconecte los pernos del retenedor superior del resorte **(vea ilustración)**.

5　Remueva la tuerca que afianza el retenedor inferior del resorte al asiento del resorte **(vea ilustración)**, baje el eje lo más posible y remueva los retenedores y el resorte.

6　La instalación se hace en el orden inverso al procedimiento de desensamble.

engranajes grande.

6　Remueva la tuerca y la arandela de la clavija de traba de la clavija del vástago y extraiga la clavija de traba **(vea ilustración)**.

7　Remueva los tapones para la grasa del extremo inferior y del extremo superior de la clavija del vástago, extraiga la clavija hacia arriba y remueva el ensamblaje del vástago.

8　Remueva el sello para la grasa y los bujes del ensamblaje del vástago usando un martillo y un punzón.

9　Vea si la clavija del vástago está gastada y reemplácela con una nueva si lo fuera necesario.

10　Obtenga bujes, sellos y un cojinete para el impulso nuevos e instale los bujes en el ensamblaje del vástago.

11　Coloque el ensamblaje del vástago en el

10

4   Brazo radial - remover e instalar

1   Eleve la parte delantera del vehículo y apóyela en soportes adecuados.

2   Coloque un gato bajo el extremo exterior del eje y desmonte la rueda.

3   Desconecte el extremo inferior del amortiguador de su soporte.

4   Remueva el resorte haciendo referencia a la Sección apropiada.

5   Remueva el asiento inferior del resorte del brazo radial y remueva la tuerca y perno que afianzan el frente del brazo radial al eje **(vea ilustración 3.5)**.

6   Remueva la tuerca, la arandela y el aislador de goma de la parte trasera del brazo radial.

7   Empuje el frente del brazo radial para apartarlo del eje y extraiga el brazo de su soporte trasero.

8   Remueva el retenedor y aislador de goma y extraiga, si las hay, las láminas para ajustes.

9   La instalación se hace en el orden inverso al procedimiento de desensamble. Asegúrese que los aisladores de goma sean instalados en el orden correcto. Apriete con la torsión especificada el perno conectando el brazo radial con el eje y asegúrelo con una chaveta. Apriete la tuerca trasera a la torsión especificada.

10   Una vez que el brazo radial haya sido instalado, haga chequear los ángulos de la dirección y la convergencia por el taller de reparación de su concesionario o por un taller de alineación.

5   Barra estabilizadora - remover e instalar

Refiérase a la ilustración 5.2

1   Levante la parte delantera del vehículo y apóyela en soportes adecuados.

2   Desconecte ambos extremos de la barra estabilizadora de los eslabones afianzados a los soportes del eje **(vea ilustración)**.

3   Remueva los soportes que unen la barra con el chasis y remueva la barra y los eslabones del vehículo.

4   Reemplace los bujes gastados e instale la barra siguiendo el procedimiento reverso de la instalación. Asegúrese de instalar los eslabones con la curvatura hacia el frente.

6   Eje delantero - remover e instalar

Refiérase a la ilustración 6.6

1   Levante el frente del vehículo, apoyándolo en soportes adecuados.

2   Remueva el vástago del eje delantero según se detalla en la Sección 2.

3   Remueva el resorte siguiendo las instrucciones de la Sección 3.

4   Remueva la barra estabilizadora, si se usa, según se explica en la Sección previa.

5   Remueva el asiento inferior del resorte

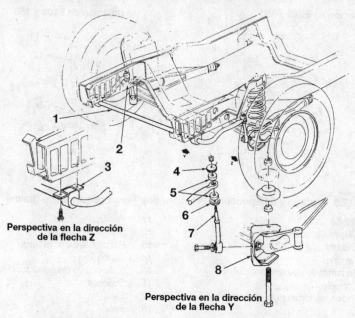

Perspectiva en la dirección de la flecha Z

Perspectiva en la dirección de la flecha Y

5.2 Barra estabilizadora y componentes relacionados - vista esquemática

1	Ensamblaje de la barra	5	Aislador
2	Instale el eslabón con la curvatura hacia el frente, como está mostrado	6	Arandela
3	Retenedor	7	Ensamblaje del eslabón
4	Arandela	8	Soporte

del brazo radial y remueva la tuerca y perno que afianzan el frente del brazo radial al eje.

6   Remueva la tuerca y perno que unen la punta del eje al soporte pivote y remueva el eje del vehículo **(vea ilustración)**.

7   Examine los bujes y el perno del pivote y reemplácelos si están gastados. Si el eje estuviera torcido, llévelo a una agencia Ford donde van a tener los aparatos necesarios para enderezarlo.

8   La instalación se hace en el orden inverso al procedimiento de desensamble. Este seguro de apretar las tuercas a las torsiones especificadas.

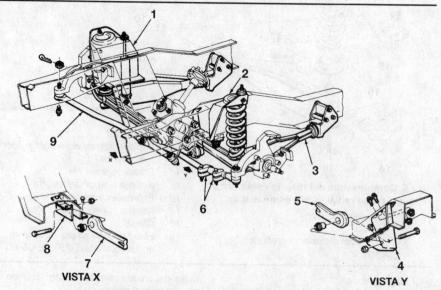

VISTA X

VISTA Y

6.6 Pivotes de los ejes delanteros - vista esquemática

1	Asiento del resorte derecho	6	Nota: las grapas deben instalarse en la posición mostrada más o menos 45 grados
2	Asiento del resorte izquierdo		
3	Brazo radial		
4	Soporte del pivote del eje derecho	7	Ensamblaje del eje izquierdo
5	Ensamblaje del eje derecho	8	Soporte del pivote del eje izquierdo
		9	Ensamblaje de barra y eslabón

7 Amortiguador delantero - remover e instalar

1 Bloquee las ruedas traseras, aplique el freno de estacionamiento, afloje las tuercas de las ruedas delanteras, levante el frente del vehículo y apóyelo en soportes adecuados. Remueva las ruedas.

2 Remueva la tuerca, la arandela y el buje de la parte superior del amortiguador.

3 Remueva la tuerca y el perno que unen el extremo inferior del amortiguador al soporte inferior.

4 La instalación se hace en el orden inverso al procedimiento de desensamble. Asegúrese de apretar las tuercas a las torsiones especificadas.

8 Resorte de hojas de la suspensión trasera - remover e instalar

Refiérase a las ilustraciones 8.2a y 8.2b

1 Bloquee las ruedas delanteras, levante la parte trasera del vehículo y apóyela en soportes adecuados. Soporte el eje trasero con un gato.

2 Desconecte el extremo inferior del amortiguador del eje **(vea ilustraciones)**.

3 Remueva los dos pernos en U y la placa de retención y haga bajar el eje.

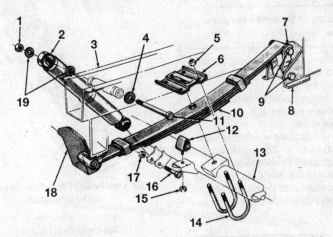

8.2a Componentes de la suspensión trasera - vista esquemática (modelos E100 - E200)

1	Contratuerca	11	Perno
2	Amortiguador	12	Almohadilla
3	Fondo del chasis	13	Eje
4	Arandela lisa	14	Perno en U
5	Tuerca	15	Tuerca
6	Placa 5798	16	Perno
7	Grillete	17	Tuerca
8	Retenedor	18	Retenedor
9	Perno	19	Arandela lisa
10	Resorte		

4 Remueva las tuercas, los pernos inferiores y superiores del grillete trasero. Extraiga el grillete trasero del soporte y también del resorte.

5 Remueva la tuerca y el perno del soporte delantero del resorte y remueva el resorte.

6 Si el buje delantero debe ser reemplazado, hágalo hacer por el taller de reparación de su concesionario Ford ya que se necesita una herramienta especializada para extraer el buje gastado y para insertar uno nuevo. Si usted es muy ingenioso, puede también hacerlo utilizando una prensa grande y una selección de trozos de tuberías de varios diámetros.

7 Cuando se reemplazan los resortes traseros, la compañía Ford recomienda descartar todas las tuercas y pernos usados, reemplazándolos con unos nuevos. Siempre hay que reemplazar los resortes traseros en pares, si reemplaza uno debe reemplazar el otro.

8 Para instalar el resorte, primero conecte la parte delantera, pero no apriete las tuercas completamente.

9 Monte el grillete en su soporte y luego monte la parte trasera del resorte en el grillete, pero no apriete las tuercas todavía.

10 Levante el eje con el gato hasta que el perno en el medio del resorte entre en el agujero en la caja del eje.

11 Instale la placa de retención y los pernos en U, pero no apriete las tuercas por el momento.

12 Conecte el amortiguador a su soporte en el eje.

13 Levante el vehículo con el gato hasta que las ruedas traseras no toquen más el suelo y ahora apriete todas las tuercas delanteras y traseras a las torsiones especificadas.

14 Monte las ruedas y baje el vehículo.

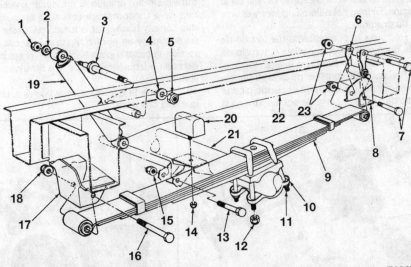

8.2b Componentes de la suspensión trasera - vista esquemática (modelos E300)

1	Contratuerca	13	Perno
2	Arandela exterior	14	Tuerca
3	Espárrago	15	Tuerca
4	Arandela lisa	16	Perno
5	Tuerca	17	Soporte
6	Grillete	18	Tuerca
7	Perno	19	Amortiguador
8	Soporte trasero	20	Almohadilla
9	Resorte	21	Eje trasero
10	Tapa	22	Miembro lateral
11	Perno en U	23	Tuerca
12	Tuerca		

10

9 Amortiguador trasero - remover e instalar

1   Bloquee las ruedas delanteras, levante la parte trasera del vehículo y aguántela en soportes adecuados.

2   Remueva la tuerca del extremo inferior del amortiguador y separe el amortiguador de su soporte en el eje.

3   Remueva la tuerca en el extremo superior del amortiguador del espárrago y extraiga el amortiguador del espárrago.

4   La instalación se hace en el orden inverso al procedimiento de desensamble. Asegúrese de apretar las tuercas a las torsiones especificadas.

10 Caja de la dirección - remover e instalar

Refiérase a la ilustración 10.3

1   Use el volante para alinear las ruedas rectas hacia el frente y trabe la dirección con la llave de la ignición.

2   Bloquee las ruedas traseras, aplique el freno de estacionamiento, afloje las tuercas de las ruedas delanteras, levante el frente del vehículo y apóyelo en soportes adecuados. Remueva las ruedas.

3   Remueva los pernos de la mitad inferior del acoplamiento flexible **(vea ilustración)**.

4   Usando un extractor de engranajes grande o la herramienta Ford No. 3290-C, desconecte el brazo Pitman del eslabón de arrastre.

5   Soporte el peso de la caja de la dirección, remueva los tres pernos de montaje y remueva la caja de la dirección del vehículo.

6   La instalación se hace en el orden inverso al procedimiento de desensamble. Asegúrese que el eje de entrada esté centrado (aproximadamente a tres vueltas de cada

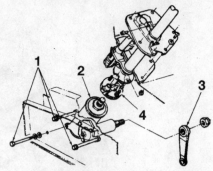

10.3 Detalles del montaje de la caja de la dirección

1   *Pernos de montaje de la caja*
2   *Caja de la dirección*
3   *Brazo Pitman*
4   *Acoplamiento flexible*

tope) y que el brazo Pitman esté colocado sobre el eje del sector apuntando hacia abajo.

11 Caja de la dirección - reconstrucción

Refiérase a las ilustraciones 11.2, 11.8, 11.19, 11.23, 11.24, 11.26, 11.28, 11.41 y 11.51

Hasta 1977

1   Centre el eje de la dirección y márquelo con respecto a la caja de la dirección.

2   Remueva la contratuerca grande y desenrosque la tuerca de ajuste del eje de la dirección. Extraiga el balero superior y la taza **(vea ilustración)**.

3   Remueva la contratuerca del tornillo de ajuste del eje del sector y afloje el tornillo de ajuste aproximadamente una vuelta.

4   Remueva los tornillos de la tapa del eje del sector y remueva la tapa haciendo girar el tornillo de ajuste hacia la derecha. Extraiga la

lamina para ajustes del tornillo de ajuste.

5   Extraiga el eje del sector de la caja.

6   Extraiga cuidadosamente el eje de la dirección y el ensamblaje de la tuerca de pelotas. Remueva el balero inferior.

7   Chequee la condición del tornillo sin fin en el eje de la dirección así como la de la tuerca de pelotas. Si la tuerca gira con aspereza o el tornillo sin fin está carcomido, reemplace ambos con piezas nuevas, ya que desgaste en el uno va a causar desgaste en el otro.

8   Chequee el estado del balero del eje del sector. Si estuviera gastado, extráigalo de la caja usando un martillo y un punzón o la herramienta especializada No. T62F-3576A **(vea ilustración)**.

9   Limpie el ensamblaje de la caja y reemplace con piezas nuevas los dos baleros y tazas de la caja de la dirección.

10   Para reensamblar la caja de la dirección, comience por instalar un sello nuevo en el extremo del balero del eje del sector. Aplique aceite de engranajes alrededor del balero.

11   Instale el balero inferior en la caja.

12   Lubrique el tornillo sin fin y la tuerca de pelotas e insértelos en la caja.

13   Coloque el balero superior en el eje de la dirección.

14   Apliquele a la rosca de la tuerca de ajuste un sellador que no sea afectado por el aceite e instálela en la caja, pero no la apriete. Instale la contratuerca con el lado liso hacia la tuerca de ajuste.

15   Para ajustar la precarga del balero del tornillo sin fin, aplique al eje de la dirección una llave torsiométrica calibrada en pulgadas-libras y haga girar la tuerca de ajuste en un sentido y en el otro hasta que el par de torsión necesario para hacer girar el eje a la derecha e izquierda sea de 4 a 5 pulgadas-libras.

16   Apriete la contratuerca y vuelva a chequear la precarga.

11.2 Componentes de la caja de la dirección - vista esquemática (típica de modelos más antiguos)

1   *Sello para el aceite*
2   *Balero*
3   *Caja*
4   *Tornillo de ajuste d la presión del engrane*
5   *Lámina para ajustes*
6   *Contratuerca*
7   *Ensamblaje de la tapa de la caja*
8   *Guía de retorno de las pelotas*
9   *Pelotas*
10   *Eje del sector*
11   *Grapa*
12   *Eje de la dirección*
13   *Tuerca de ajuste*
14   *Contratuerca*
15   *Sello del eje*
16   *Tuerca de pelotas*
17   *Balero*
18   *Taza del balero*

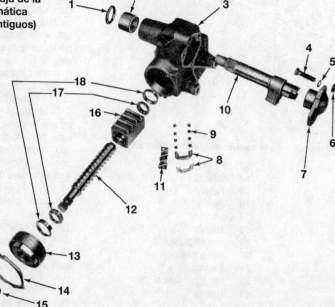

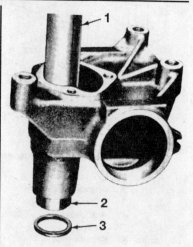

11.8 Extracción del balero del eje del sector

1   *Herramienta*
2   *Balero*
3   *Sello*

17　Haga girar el eje de la dirección hasta que los dientes de la tuerca de pelotas puedan engranar con el sector en el eje del sector. Lubrique el eje del sector e insértelo en la caja.

18　Llene la caja con la cantidad de lubricante especificado e instale la tapa y una junta nueva. Asegúrese que la cabeza del tornillo de ajuste engrane correctamente con el extremo superior del eje del sector.

19　Aplique una llave torsiométrica calibrada en pulgadas-libras a la punta del eje del sector y haga girar el tornillo de ajuste hasta un par de torsión de 9 a 10 pulgadas-libras sea necesario para hacer girar al eje (**vea ilustración**). Apriete la contratuerca y vuelva a chequear el ajuste.

20　La caja de la dirección puede ahora instalarse en el vehículo.

De 1978 en adelante

21　Remueva el ensamblaje de la caja de la dirección según es explicado en el Capítulo 11. Monte el ensamblaje firmemente en una prensa, afianzándolo por medio de una de las lengüetas de montaje. La mesa de trabajo debe estar absolutamente limpia y gran cuidado debe ejercerse en no ensuciar ninguna de las piezas.

22　Con el eje de tornillo sin fin en posición horizontal, hágalo girar hasta que quede exactamente a mitad de camino con respecto a los topes, así centrando la guía.

23　Destornille los pernos de la tapa del sector (**vea ilustración**).

11.19 Ajuste de la precarga del eje del sector

1　Llave torsiométrica calibrada en pulgadas-libras
2　Tornillo de ajuste del eje del sector

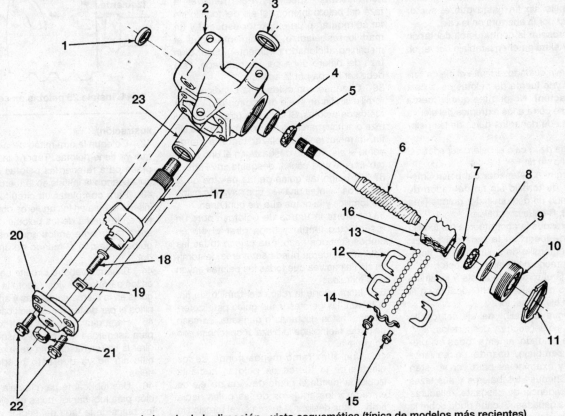

11.23 Componentes de la caja de la dirección - vista esquemática (típica de modelos más recientes)

1　Sello del eje de tornillo sin fin
2　Caja
3　Sello del eje del sector
4　Taza del balero superior del eje de tornillo sin fin
5　Balero superior del eje de tornillo sin fin
6　Eje de tornillo sin fin
7　Retenedor del balero inferior
8　Balero inferior del eje de tornillo sin fin
9　Taza del balero inferior del eje de tornillo sin fin
10　Tapón de ajuste del eje de tornillo sin fin
11　Contratuerca
12　Guías de las pelotas
13　Pelotas
14　Grapa para las guías de las pelotas
15　Tornillos de la grapa
16　Tuerca de pelotas
17　Eje del sector
18　Tornillo de ajuste de juego libre
19　Lámina para ajustes
20　Ensamblaje de la tapa del sector con buje
21　Contratuerca del tornillo de ajuste
22　Pernos de la tapa del sector
23　Buje del eje del sector

10

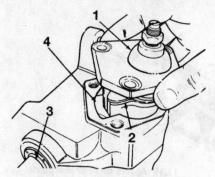

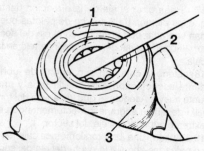

11.24   Extraiga el ensamblaje del eje del sector de la caja

1   *Tapa del sector*
2   *Eje del sector*
3   *Eje de tornillo sin fin*
4   *Tuerca de pelotas*

11.26   Cuidadosamente extraiga el eje del tornillo sin fin y la tuerca de pelotas de la caja

1   *Mantenga el ensamblaje horizontal para evitar que la tuerca de pelotas se corra hasta el extremo del eje de tornillo sin fin*

11.28   Despegando el retenedor del balero inferior del tapón de ajuste del eje del tornillo sin fin por medio de un destornillador grande

1   *Retenedor*
2   *Balero inferior*
3   *Tapón de ajuste*

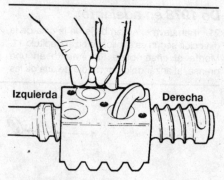

11.41   Instale 25 pelotas en cada circuito

24   Con un martillo de cara blanda, golpetee ligeramente en la punta del eje del sector, extrayendo la tapa del sector y el ensamblaje del eje del sector de la caja **(vea ilustración)**. Es posible que sea necesario hacer girar el eje de tornillo sin fin hasta que el sector pueda pasar por la abertura en la caja.

25   Desenrosque la contratuerca del tapón de ajuste y extraiga el ensamblaje del tapón de ajuste.

26   Remueva cuidadosamente el eje de tornillo sin fin y la tuerca de pelotas de la caja **(vea ilustración)**. No permita que la tuerca de pelotas se corra a los extremos del eje, ya que esto puede dañar las guías de las pelotas.

27   Extraiga de la caja el balero superior del eje de tornillo sin fin.

28   Despegue el retenedor del balero inferior del eje de tornillo sin fin del tapón de ajuste, usando un destornillador grande **(vea ilustración)**. Remueva el balero.

29   Desenrosque la contratuerca del tornillo de ajuste de juego en la tapa del sector. Haga girar el tornillo de ajuste hacia la derecha para extraerlo de la tapa del sector.

30   Extraiga el tornillo de ajuste y la lamina para ajustes a través de la hendedura en el extremo del eje del sector.

31   Despegue los sellos del eje del tornillo sin fin y del eje del sector y descártelos.

32   Limpie cuidadosamente todas las piezas del ensamblaje, usando un solvente apropiado y examínelas para ver si están gastadas. Chequee los baleros y sus tazas buscando evidencia de desgaste, ralladuras o superficies dañadas. Si cabe duda sobre la condición de algunas de estas piezas, éstas deben reemplazarse con piezas nuevas.

33   Chequee que el eje del sector calce bien en la tapa del sector y en la caja. Examine el ensamblaje del eje de tornillo sin fin para ver si está torcido o exhibe algún otro daño.

34   Ubique en sus respectivas posiciones a los sellos nuevos en ambos ejes, asentándolos por medio de un casquillo de tamaño adecuado o de la herramienta especial No. T75T-35527-A.

35   Si el buje del eje del sector o el buje del eje del tornillo sin fin deben ser reemplazados, se recomienda otorgarle la tarea a una agencia de la Ford ya que tal tarea requiere herramientas especiales. Para remover la taza del balero inferior del eje del tornillo sin fin se requieren un extractor especial y un martillo resbaladizo, herramientas que el mecánico aficionado raramente posee. Si la taza del balero debe ser reemplazada, ésta debe ser hecha por la agencia.

36   Chequee con cuidado la condición del tornillo sin fin en el eje de la dirección y de la tuerca de pelotas. Si la tuerca gira con aspereza o si hay marcas u hoyos en el tornillo sin fin, lo mejor es reemplazar tanto la tuerca como el eje, ya que desgaste en el uno inevitablemente va a causar desgaste en el otro.

37   Extraiga las guías de las pelotas de la tuerca de pelotas una vez que haya removido los tornillos y la grapa que las contienen.

38   Invierta la tuerca de pelotas sobre un receptáculo limpio y haga girar el eje en ambos sentidos hasta que caigan todas las pelotas. La tuerca puede separarse del tornillo sin fin una vez que todas las pelotas hayan sido extraídas.

39   Inspeccione la rosca del tornillo sin fin, la tuerca, las pelotas y sus guías para determinar si están gastadas o dañadas. En caso de duda, reemplace la pieza sospechosa con una nueva.

40   Con el extremo menos hondo de los dientes de la tuerca de pelotas hacia la izquierda (desde el punto de vista del eje de entrada) y los agujeros de las guías hacia arriba, haga deslizar la tuerca en el tornillo sin fin. Mirando atraves de dichos agujeros, alinee los surcos del tornillo con los de la tuerca.

41   Separe las pelotas en dos grupos de 25 pelotas cada uno. No permita que el tornillo gire cuando esté instalando las pelotas. Empuje 20 pelotas en uno de los agujeros de la guía con un punzón apropiado. Apoye sobre la mesa de trabajo una de las mitades de las guías de pelotas, con el surco hacia arriba, e inserte las otras cinco pelotas **(vea ilustración)**.

42   Coloque la otra mitad de la guía sobre la que ya tiene pelotas. Taponé las puntas con grasa para retener las pelotas dentro de la guía cuando la instale en la tuerca.

43   Para completar un circuito de pelotas, inserte la guía en los agujeros correspondientes en la tuerca de las pelotas. Si la guía no entra fácilmente en los agujeros, puede ser golpeteada con el mango de un destornillador.

44   Ensamble el otro circuito según descrito en los párrafos previos. Monte la grapa de las guías en la tuerca de pelotas y apriete los tornillos al par de torsión especificado.

45   Haga girar la tuerca en el tornillo sin fin para asegurarse que no se atasque. No haga girar la tuerca hasta el fin de la rosca del tornillo sin fin ya que esto puede dañar las guías.

46   Use lubricante para la caja de la dirección para lubricar los bujes del eje del sector, los bujes de la tapa del sector y los baleros del eje de tornillo sin fin.

47   Monte firmemente la caja de la dirección en una prensa, con la tapa del sector hacia arriba y el agujero del eje de tornillo sin fin en posición horizontal. Asegúrese que los sellos nuevos hayan sido instalados en ambos ejes y que las tazas de los baleros del eje de tornillo y los bujes del eje del sector estén instaladas en la caja.

48   Ubique el ensamblaje del balero superior del eje de tornillo en dicho eje e instale el

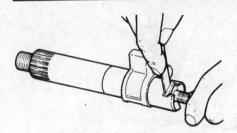

11.51 Midiendo el espacio libre en el tornillo de ajuste con un calibrador palpador

eje y la tuerca de pelotas en la caja, haciendo pasar la punta del eje a través de la taza y sello del balero superior.

49 Instale el ensamblaje del balero inferior del eje de tornillo en la taza del balero en el tapón de ajuste y, con un casquillo adecuado, empuje en posición al retenedor estampado.

50 Operando desde la parte inferior de la caja, instale el tapón de ajuste y la contratuerca hasta eliminar casi todo el juego libre del extremo del eje de tornillo sin fin. Al mismo tiempo, guíe cuidadosamente el extremo de dicho eje dentro del balero.

51 Instale el tornillo de ajuste de juego libre y la lámina para ajustes en el extremo hendido del eje del sector y mida el espacio libre **(vea ilustración)**. Si el espacio libre excede el limite especificado, una lámina de otro grosor debe ser instalada.

52 Instale 11 onzas de lubricante para la caja de la dirección y haga girar el eje del tornillo sin fin hasta que la tuerca de pelotas llegue al límite de su movimiento. Instale la mayor cantidad posible de lubricante en la caja, pero sin permitir que un exceso escape por la abertura para el eje del sector. Haga girar el eje de tornillo sin fin hasta que la tuerca de pelotas llegue al otro extremo de su movimiento y empaque lubricante en la otra abertura.

53 Ubique la tuerca de pelotas en el medio de su recorrido haciendo girar el eje de tornillo sin fin. Chequee que el eje del sector y la tuerca de pelotas engranen correctamente, con el diente central del sector dentro del espacio correspondiente en la tuerca de pelotas.

54 Instale el eje del sector, sin la tapa del sector, en la caja de manera que el diente central del sector penetre en el espacio para el diente central en la tuerca de pelotas. Ponga parte del lubricante en el agujero para el buje en la tapa y empaque el resto del lubricante en la caja. Emplace una junta nueva para la tapa del sector en la caja.

55 Coloque la tapa en el eje del sector. Inserte un destornillador a través de la tapa y haga girar el tornillo de ajuste del juego libre hacia la izquierda hasta que el tornillo toque fondo. Haga girar el tornillo de ajuste media vuelta hacia la derecha.

56 Manteniendo la tapa separada de la tuerca de las pelotas, instale los pernos de la tapa del sector, apretándolos a la torsión especificada.

57 Instale una contratuerca nueva en el tornillo de ajuste, pero no la apriete hasta no haber ajustado el espacio libre del eje del sector según las características especificadas. Apriete la contratuerca al par de torsión especificado.

58 Haga girar el eje de tornillo sin fin desde su punto medio a ambos extremos, contando el número de vueltas. Asegúrese que hayan tres vueltas del centro a cada extremo y seis vueltas de tope a tope.

12 Sistema de dirección de poder - información general

1 El sistema de dirección de poder que puede obtenerse en vehículos Econoline utiliza una bomba tipo Ford-Thompson activada por el cigüeñal por medio de una banda para dirigir flúido al servo asistido en la caja de la dirección de pelotas circulantes.

2 Un pistón conectado al extremo del eje de tornillo sin fin suministra la servo - asistencia. El nivel de asistencia está controlado por una válvula de carretel conectada al eje de entrada de la dirección.

3 La bomba de la dirección de poder incluye un receptáculo integral para el flúido.

4 Considerando lo complejos que son sus componentes y las herramientas especiales que se necesitan para repararlos o reconstruirlos, la bomba y la caja de la dirección a poder no deben ser desarmados. Si estas unidades no funcionan bien, reemplácelas con unidades nuevas o reconstruidas por la fábrica.

13 Sistema de dirección de poder - purgar

1 El sistema de dirección de poder solo requiere ser purgado si es que hubiera entrado aire en el sistema debido a un nivel insuficiente del flúido, pérdidas y/o cuando las líneas han sido desconectadas.

2 Levante el capó y chequee el nivel del flúido en el receptáculo de la bomba. Llévelo a nivel, si lo fuera necesario, con el tipo de flúido especificado.

3 Si agrega flúido, espere dos minutos y haga marchar el motor a aproximadamente 1,500 revoluciones por minuto. Dé vueltas al volante lentamente, de tope a tope, y continúe chequeando el nivel del flúido, añadiendo más si lo fuera necesario hasta que el nivel se estabilice y no aparezcan más burbujas en el receptáculo.

4 Limpie e instale la tapa del receptáculo.

14 Bomba de la dirección de poder - remover e instalar

1 Afloje los pernos de montaje y de ajuste de la bomba.

2 Empuje la bomba hacia el motor y remueva la banda.

3 Desconecte las líneas hidráulicas de la bomba, recogiendo el flúido en un recipiente adecuado.

4 Use tapones o cinta adhesiva para tapar las líneas, así evitando que les entre basura.

5 Si lo fuera necesario, remueva la banda o correas del alternador como está descrito en el Capítulo 5.

6 Remueva los pernos que afianzan la bomba a su brazo de soporte y remueva la bomba. **Nota:** *En algunos tipos de instalación va a ser necesario remover la bomba y el soporte juntos.*

7 La instalación se hace en el orden inverso al procedimiento de desensamble. Lleve el flúido a su nivel correcto con el tipo de flúido especificado, ajuste la tensión de la banda (vea Capítulo 1) y purgue el sistema como está descrito en la Sección 13.

15 Caja de la dirección de poder - remover e instalar

El procedimiento a seguir para remover le caja de la dirección de poder es similar al descrito en la Sección 10, requiriéndose además el desconectar las líneas hidráulicas. La instalación se hace en el orden inverso al procedimiento de desensamble. Lleve el flúido al nivel correcto con el flúido especificado, ajuste la tensión de la banda (vea Capítulo 1) y purgue el sistema como está descrito en la Sección 13.

16 Columna de la dirección - remover e instalar

Refiérase a la ilustración 16.1

1 Apunte las ruedas delanteras rectas hacia el frente y marque el eje de la dirección y el acoplamiento flexible con tiza o pintura para asegurar una alineación correcta durante la reinstalación **(vea ilustración)**.

2 Remueva el volante como está descrito en el Capítulo 12.

3 Remueva los dos tornillos que afianzan el panel de cubierta en la columna de la dirección y remueva el panel (solamente en modelos más recientes).

4 Desconecte de la columna el conector del cable del interruptor de la ignición y de los cables de los interruptores de retroceso y de poner en marcha en Neutral.

5 Desconecte la barra de cambios de la palanca de cambios en la columna como está descrito en el Capítulo 7.

6 Remueva las dos tuercas que afianzan el eje de la dirección al acoplamiento flexible.

7 Remueva los tres pernos que afianzan la placa de cubierta de la columna de la dirección a la parte interior del tablero.

8 Remueva los pernos que afianzan el soporte superior de la columna al brazo de soporte del freno.

9 Extraiga el ensamblaje completo de la

10

columna a través de la abertura en el tablero, hacia el interior del vehículo.

10   Si los baleros de la columna de la dirección deben ser reemplazados, extraiga la clavija de retención de la palanca de cambios y remueva la palanca.

11   Remueva la palanca y el interruptor del señalador de vueltas como está descrito en el Capítulo 12.

12   Remueva el cierre de resorte del balero superior, empuje el eje de la dirección hacia abajo y extráigalo junto con el balero inferior.

13   Remueva el balero superior del eje del extremo superior de la columna.

14   Instale baleros nuevos en el ensamblaje de la columna e inserte el eje de la dirección por el extremo inferior de la columna.

15   Inserte el eje en los baleros, superior e inferior, e instale el cierre de resorte del balero superior.

16   Instale la palanca de cambios y el interruptor del señalador de vueltas, luego instale el ensamblaje de la columna de la dirección en el vehículo siguiendo un procedimiento opuesto al del desmontaje.

---

17   Acoplamiento de la dirección - remover e instalar

Refiérase a la ilustración 17.2

1   Levante el frente del vehículo y apóyelo en soportes adecuados.

2   Remueva las chavetas y las tuercas de las dos articulaciones de rótula de la barra de conexión y luego extráigalas de los brazos del vástago con un extractor **(vea ilustración)**. Remueva la barra de conexión por debajo del vehículo.

3   Remueva las chavetas y tuercas de las dos articulaciones de rótula del eslabón de arrastre. Use un extractor para desconectar el eslabón de arrastre del brazo del eje del sector y del brazo del vástago. Remueva el eslabón de arrastre.

4   Las articulaciones de rótula del eslabón de arrastre no pueden reemplazarse. Si están gastadas hay que instalar un eslabón nuevo.

5   Para reemplazar las articulaciones de rótula de la barra de conexión, afloje los pernos de las grapas y destornille las articulaciones de la barra, contando cuidadosamente el número de vueltas necesario para remover cada articulación. Note que este número no va a ser exactamente el mismo para la articulación de la derecha y para la de la izquierda.

6   Atornille las articulaciones nuevas en la

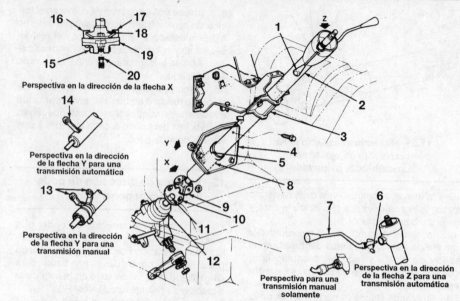

Perspectiva en la dirección de la flecha X

Perspectiva en la dirección de la flecha Y para una transmisión automática

Perspectiva en la dirección de la flecha Y para una transmisión manual

Perspectiva para una transmisión manual solamente

Perspectiva en la dirección de la flecha Z para una transmisión automática

16.1 Componentes típicos de la columna de la dirección - vista esquemática

1   Palanca del señalador de vueltas
2   Ensamblaje de la columna de la dirección
3   Soporte superior de la columna
4   Ensamblaje de la placa de cubierta y sello
5   Coloque la grapa con la abertura en la lengüeta
6   Clavija de retención
7   Palanca de cambios manual
8   Grapa inferior
9   Pestaña del eje de la dirección
10 Acoplamiento flexible

11 Clavija de seguridad
12 Ensamblaje de la caja de la dirección
13 Palancas de cambios inferiores
14 Palanca de cambios inferior
15 Perno que afianza el acoplamiento a la guía
16 Clavija de seguridad
17 Clavija de seguridad
18 Pestaña del eje de la dirección
19 Acoplamiento flexible
20 Eje de tornillo sin fin (eje de entrada) de la caja de la dirección

---

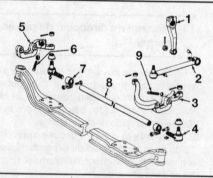

17.2 Componentes del acoplamiento de la dirección - vista esquemática

1   Brazo del eje del sector
2   Eslabón de arrastre
3   Brazo del vástago
4   Extremo de la barra de conexión
5   Brazo del vástago
6   Tope del brazo del vástago
7   Grapa
8   Tubo de la barra de conexión
9   Tope del brazo del vástago

---

barra de conexión usando el mismo número de vueltas que fueron requeridas para destornillar las usadas. Apriete los pernos y tuercas de las grapas.

7   Instale el acoplamiento de la dirección

en el vehículo usando un procedimiento opuesto al del desmontaje.

8   Haga chequear la convergencia de las ruedas delanteras por el taller de reparación de su concesionario Ford.

Capítulo 11   Carrocería

Contenidos

1   Información general

La carrocería de la camioneta Econoline es una unidad de acero soldada, montada en un chasis independiente. El chasis consiste de dos miembros longitudinales principales conectados por medio de vigas transversales. Esto resulta en un chasis en escalera que es extremadamente fuerte.

En caso de daño mayor, las dimensiones del chasis deben ser chequeadas y restauradas por un taller de carrocerías.

La camioneta Econoline puede obtenerse con una puerta lateral y con varias disposiciones de las ventanas satisfaciendo los requerimientos de todo cliente. También pueden obtenerse asientos traseros para pasajeros y, en modelos más recientes, asientos delanteros giratorios.

2   Carrocería - mantenimiento

1   La condición de la carrocería de un vehículo es de mayor importancia, ya que de ella dependerá principalmente el precio a obtenerse en la reventa. Una carrocería descuidada es mucho más difícil de reparar que componentes mecánicos. Las partes ocultas de la carrocería, tal como la parte inferior de los guardafangos, el chasis y el compartimiento del motor son de la misma importancia, aunque evidentemente no requieren atención tan frecuente como la pintura a plena vista.

2   Una vez al año o cada 12,000 millas conviene hacer limpiar al vapor el chasis y la parte inferior de la carrocería. Esto va a remover toda traza de mugre y aceite lo que permitirá inspeccionar el fondo del vehículo en busca de oxido, líneas hidráulicas dañadas, cables eléctricos raídos y problemas similares. La suspensión delantera debe

11

lubricarse una vez completada esa tarea.

3   Al mismo tiempo, el motor y el compartimiento del motor deben limpiarse al vapor o por medio de un solvente a base de agua.

4   La parte inferior de los guardafangos requiere una atención especial ya que el revestimiento aislador bituminoso fácilmente se despega de allí, permitiendo que piedras y barro impulsados por las ruedas piquen y remuevan la pintura lo que ocasionará la formación de oxido. Si encontrara oxido, remuévalo hasta que el metal quede limpio y aplique una pintura anti corrosiva.

5   Lave el exterior del auto con una esponja y un detergente suave, enjuagándolo de inmediato con agua limpia. Vehículos operando cerca de la costa, o donde sal o productos químicos son usados en las carreteras, deben lavarse más a menudo para evitar daño al acabado. No lave el vehículo en el sol directo o cuando el metal está caliente. Para remover brea, insectos o savia use un solvente para brea en vez de un cuchillo u otro objeto afilado los cuales podrían rayar l pintura.

6   Una capa de cera o líquido para lustrar es la mejor protección contra los elementos. Use un líquido para lustrar de buena calidad o una cera apropiada para un acabado sintético de alta calidad. Evite usar ceras o líquidos para lustrar que contengan una gran proporción de abrasivos, ya que estos rayarán el acabado.

7   Las piezas cromadas pueden protegerse con cera o con un preservativo para el cromo. Durante el invierno o en regiones litorales aplique una capa mas gruesa o, si fuera necesario, use un producto anti corrosivos tal como vaselina. No use limpiadores abrasivos, detergentes fuertes o productos como lana de acero en superficies cromadas o de aluminio adonizado, ya que ello puede dañar el barniz protector y causar decoloración o deterioro de dichas superficies.

8   Las superficies interiores pueden limpiarse con un paño húmedo o con limpiadores compuestos específicamente para uso en los tapizados interiores. Lea atentamente las instrucciones del fabricante y pruebe el producto primero en una porción del tapizado que no quede a la vista. Use un aspirador de polvo para limpiar las alfombras, las cuales pueden ser protegidas con esterillas.

9   El limpiar los componentes mecánicos del vehículo tiene dos propósitos. Primero, llama la atención a componentes que pueden estar empezando a fallar, permitiendo repararlos o reemplazarlos antes de que causen problemas. Segundo, es mucho más agradable trabajar con piezas limpias que con piezas sucias. Usted se ensuciará de todos modos cuando emprenda reparaciones mayores, pero el resultado no será tan extremo. Las superficies grandes deben cepillarse con detergente, dejándolas remojar por unos 15 minutos antes de enjuagarlas cuidadosamente. Proteja la ignición y el carburador con plástico para impedir que la humedad penetre estos componentes vitales.

3   Tapizado y alfombras - mantenimiento

1   Cada tres meses remueva las alfombras o esterillas y limpie el interior del vehículo (con más frecuencia si fuera necesario). Use un aspirador de polvo para remover el polvo y toda basura suelta.

2   Si el tapizado estuviera sucio, aplique un quitamanchas con una esponja húmeda, repasándolo con un paño limpio y seco.

4   Reparación de la carrocería - daños menores

Refiérase a la serie de fotografías

Reparación de ralladuras menores

La reparación es simple si la ralladura es superficial y no penetra hasta el metal. Frote ligeramente el área rayada con un pulidor fino para remover pintura suelta y toda traza de cera. Enjuague el área con agua limpia.

Aplique pintura de retocar en la ralladura, usando un pincel pequeño. Siga aplicando capas finas hasta que la pintura en la ralladura quede a nivel con la superficie adyacente. Permita que la pintura se endurezca por lo menos dos semanas y entonces empareje la con la superficie adyacente frotándola con un pulidor muy fino. Termine aplicando una mano de cera al área afectada.

Hay que usar un método distinto cuando la ralladura penetra la pintura, exponiendo el metal que va así a herrumbrarse. Remueva todo el oxido de la ralladura usando un cortaplumas u otra herramienta adecuada. Aplique pintura anti corrosiva para impedir que se forme oxido nuevo. Use un aplicador de goma o de nilón para cubrir el área de la ralladura con un relleno de tipo vidrioso. Si lo fuera requerido, diluya el relleno con solvente para obtener una pasta más aguada con la que rellenar ralladuras más finas. Antes de que el relleno se endurezca, envuelva la punta de un dedo en un pedazo de tela de algodón suave. Humedezca la tela con solvente y pásela rápidamente sobre la ralladura. Esto va a resultar en que la superficie del relleno dentro de la ralladura sea ligeramente cóncava. La ralladura puede entonces pintarse como explicado más arriba.

Reparación de abolladuras

Cuando el vehículo haya sido abollado, lo primero que hay que hacer es jalar la abolladura hacia afuera hasta que el área afectada aproxime su forma original. No hay objeto en tratar de restaurar la superficie completamente ya que el metal dañado ha sido estirado por el impacto y no es posible restituirlo a su contorno original. Lo mejor es nivelar el metal a más o menos 1/8 de pulgada debajo de la superficie adyacente. Si la abolladura es muy superficial no valdrá la pena tratar de jalarla hacia afuera.

Si la parte de atrás de la abolladura es accesible, use un mazo con cabeza de madera o plástico para martillarla delicadamente hacia afuera. Cuando lo haga, use un bloque de madera para empujar firmemente el frente de la abolladura para evitar estirar el metal aún más.

Si la abolladura está en una sección de chapa doble, o si otro factor impide acceso a la parte de atrás, hay que emplear un método de reparación diferente. Taladre varios agujeros pequeños en el área dañada, especialmente en las partes mas hondas de la abolladura. Atornille en los agujeros tornillos auto-taladrantes largos hasta obtener buen asimiento en el metal. Jale la abolladura hacia afuera jalando en los tornillos con tenazas o alicates con traba.

El próximo paso consiste en remover la pintura de la abolladura y de aproximadamente una pulgada del área adyacente. Lo más fácil es usar un cepillo de alambre o un disco de lija en un motor de taladro, aunque también puede hacerse a mano con papel de lija. Para completar la preparación previa al relleno, raye la superficie del metal expuesto con un destornillador o el borde de una lima (o taladre agujeros pequeños en el área afectada). Esto resultará en buena adhesión entre el material de relleno y el metal. Para completar la reparación vea la Sección sobre relleno y pintura.

Reparación de tajos y de perforaciones con oxido

Remueva toda traza de pintura del área afectada y de aproximadamente una pulgada del área adyacente por medio de un cepillo de alambre o un disco de lija montado en un motor de taladro. Si éstos no estuvieran disponibles, unas pocas hojas de papel de lija también darán buen resultado. Una vez removida la pintura, la severidad de la corrosión puede ser establecida y, en base a ello, puede decidirse si el panel debe ser reparado o reemplazado. Los paneles de carrocería nuevos no son tan caros como muchos piensan y es a menudo más rápido instalar un panel nuevo que tratar de reparar áreas dañadas extensas.

Remueva las molduras del área afectada (excepto aquéllas que puedan servir de guía para el contorno original de la parte dañada, tal como luces delanteras, armazones, etc.). Remueva el metal suelto y el metal muy herrumbrado usando tijeras para metal o una hoja de sierra para cortar metal. Con un martillo, doble los bordes de la perforación hacia adentro, así formando una ligera depresión que va a contener el material de relleno.

Use un cepillo de alambre para remover toda traza de oxido de la superficie. Si la parte de atrás del panel es accesible, cúbrala con pintura anti corrosiva.

Antes de aplicar el relleno, va a ser necesario bloquear el agujero de un modo u otro, lo que puede hacerse remachando o atornillando una lámina de metal de contorno apropiado o, para agujeros más pequeños, rellenándolos con tela metálica. Una vez

bloqueado, el agujero o tajo puede ser rellenado y pintado como descrito en la próxima
Sección.

Rellenado y pintura

Hay muchos tipos de relleno para carrocería. Los utensilios de reparación que incluyen pasta de rellenar y un tubo de endurecedor de resina son los mejores para este tipo
de reparación. Un aplicador ancho y flexible,
de goma o de nilón, debe usarse para dar un
contorno liso a la superficie del material de
relleno.

Mezcle una pequeña cantidad de relleno
sobre un pedazo de madera o cartón limpio
(use una cantidad muy moderada del endurecedor). Siga las instrucciones del fabricante
para asegurar que el relleno se endurezca
correctamente.

Usando el aplicador, aplique relleno en
el área afectada. Pase el aplicador por la
superficie del relleno para obtener el contorno deseado, nivelando la superficie con
respecto al metal adyacente. En cuanto
obtenga un contorno que aproxime al contorno original, permita de manipular la pasta.
De lo contrario, la pasta va a empezar a
pegarse al aplicador. Continúe aplicado
capas delgadas de pasta, a intervalos de 20
minutos, hasta que la superficie del relleno
exceda un poquito a la del metal adyacente.

Una vez que el relleno se haya endurecido, remueva el exceso con una lima adecuada. De ahí en adelante, use papel de lija o
esmeril, de asperezas cada vez más finas.
Empiece con papel de aspereza número 180
y termine con esmeril de tipo mojado o seco
de número 600. Envuelva el papel de esmeril
en un bloque de madera o de goma para
obtener una superficie plana. Durante esta
operación, enjuague a menudo el papel de
esmeril en agua limpia. Esto asegurará el
obtener una superficie muy lisa.

A este punto, el área reparada va a estar
rodeada por una zona de metal, la que a su
vez estará rodeada por una zona donde la
pintura original ha sido lijada hasta que la
superficie de su borde quede al nivel de la
superficie del metal. Enjuague el área con
agua para remover toda traza de polvo.

Pulverice el área con una capa fina de
pintura de base. Esto va a revelar imperfecciones en la superficie del relleno. Repare
esas imperfecciones con pasta de relleno
fresca o con relleno vidrioso y vuelva a alisar
la superficie con papel de lija. Repita el proceso de pulverizar y rellenar hasta eliminar
toda imperfección. Enjuague el área con
agua y déjela secar completamente.

Ahora va a estar listo para pintar. La pul-
verización de la pintura debe tener lugar en
un ambiente tibio, seco, sin viento y sin
polvo. Estas condiciones pueden obtenerse
cuando el vehículo pueda ser ubicado en el
interior de un edificio adecuado. Si no tiene
más remedio que trabajar a la intemperie,
deberá esperar hasta que el tiempo sea favo-
rable. Si puede trabajar adentro, moje el piso
para ayudar a asentar el polvo. Si va a pintar
solamente un panel, proteja las superficies

adyacentes con cinta de aislar y papel. Esto
va a ayudar a atenuar el efecto de una
pequeña diferencia entre el color de la pintura original y la que está usando. Molduras
tales como tiras de cromo, o las manijas de
las puertas, deben ser cubiertas o removidas.
Use cinta de aislar y varias hojas de papel de
periódico para proteger las superficies.

Antes de pulverizar, agite muy bien la
lata de pintura. Empiece pulverizando una
superficie de ensayo hasta desarrollar una
técnica satisfactoria. Cubra el área afectada
con una capa gruesa de pintura de base. El
espesor debe obtenerse por medio de varias
manos livianas y no por una mano gruesa.
Una vez que la pintura base se haya secado,
lije la superficie con papel de esmeril tipo
mojado o seco, número 600, hasta que la
superficie quede muy lisa. Enjuague con
agua frecuentemente tanto el papel de esmeril como la superficie que está puliendo.
Permita que la pintura base se seque bien
antes de aplicar capas adicionales.

Pulverice entonces la pintura, una vez
más obteniendo el espesor deseado por
medio de varias manos ligeras. Empiece a
pulverizar en el centro del área de reparación
y, moviéndose en círculos, extiéndase hacia
afuera hasta haber cubierto la superficie
dañada más unas dos pulgadas de la pintura
original. Remueva la cinta de aislar y el papel
protector 10 o 15 minutos después de aplicar
la última mano de pintura. Permita que la pintura se endurezca por lo menos dos semanas, entonces use un líquido pulidor para
armonizar los bordes de la pintura nueva con
la pintura original. Para terminar, aplique una
capa de cera.

5   Reparación de la carrocería - daños mayores

1   Los daños mayores deben ser reparados por un taller de reparación de chasis y
carrocerías que posea equipo de soldadura y
aparatos hidráulicos para enderezar el chasis.
2   Si el chasis ha sido afectado, es muy
importante hacer chequear la alineación de la
estructura ya que ésta puede afectar el control del vehículo. Una alineación incorrecta
también puede resultar en otros problemas,
tales como desgaste excesivo de los neumáticos y desgaste de la transmisión y de la
dirección.

6   Bisagras y cerraduras - mantenimiento

Cada 3000 millas o cada tres meses, las
bisagras del capó y de todas las puertas
deben lubricarse con unas gotas de aceite.
También deben lubricarse todas las cerraduras con un lubricante de grafito seco. Aplique
una ligera capa de grasa a las placas del precutor de las puertas para reducir su desgaste
y asegurar que funcionen correctamente.

7   Puertas - ubicar y eliminar traqueteos

1   Chequee que las bisagras de la puerta
no estén flojas y que el pestillo asegure la
puerta firmemente. La puerta debe quedar
alineada con la abertura de la carrocería.
2   Si las bisagras no están asentadas firmemente o la puerta no queda alineada
correctamente, las bisagras deben montarse
de nuevo.
3   Si el pestillo retiene a la puerta correctamente, ésta debe quedar herméticamente
cerrada y bien alineada con la carrocería. Si
eso no es el caso, vuelva a ajustarla. Si el
pestillo queda suelto, alguna parte de la
cerradura debe estar gastada.
4   Otros traqueteos de la puerta pueden
ser causados por desgaste o aflojamiento del
mecanismo de la ventana, las canaletas o las
fajas de antepecho del vidrio o el botón y
mecanismo de la cerradura.

8   Vidrio del parabrisas - remover e instalar

Refiérase a la ilustración 8.11
1   Si va a remover un parabrisas roto,
cubra las ventanas para los respiraderos
antes de empezar. Puede aplicar papel o tela
adhesiva a la superficie exterior del parabrisas para ayudar a remover áreas extensas de
vidrio astillado.
2   Remueva los brazos del limpiaparabrisas (Refiérase al Capítulo 12 si fuera necesario).
3   Si el parabrisas estuviera en una pieza,
va a necesitar un asistente. Despegue el burlete de goma de la carrocería deslizando la
punta de un destornillador aplastado a lo
largo del burlete, afuera y adentro del vehículo. Esto eliminará la adhesión del sellador
original. Cuide de no dañar la pintura o cortar
el burlete.
4   Haga que su asistente levante el
reborde interior del burlete de la pestaña de
la carrocería. Una vez que el burlete empiece
a despegarse, el parabrisas puede empujarse
hacia afuera cuidadosamente, haciendo presión suave con las manos. La persona que
trabaja de afuera debe soportar el peso y
extraer el parabrisas, incluyendo el burlete y
la moldura de metal.
5   Si se trata de un parabrisas roto,
remueva toda traza de sellador y vidrio roto
tanto del burlete como de la pestaña de la
carrocería.
6   Ahora debe remover todos los pedazos
de vidrio. Use un aspirador para remover lo
más posible. Prenda el motor del calentador
y ponga el control en Deshielo. Tenga cuidado ya que pedazos de vidrio pueden ser
expulsados de los conductos.
7   Examine cuidadosamente el burlete
para ver si está agrietado o deteriorado.
8   Para instalar el parabrisas, comience
por colocar el burlete en el parabrisas con la
junta en el borde inferior.

11

Estas fotografías ilustran un método para la reparación de abolladuras sencillas. Se incluyen como un suplemento a la *Reparación de la carrocería - daños menores* en este Capítulo y no deben considerarse como instrucciones únicas para reparar la carrocería de estos vehículos.

1 Si no tiene acceso a la parte de atrás del panel para martillar la abolladura hacia afuera, jálela con un extractor de tipo martillo resbaladizo. Taladre o perfore agujero(s), separados por lo menos por una pulgada, en la parte más honda de la abolladura o a lo largo del doblez . . .

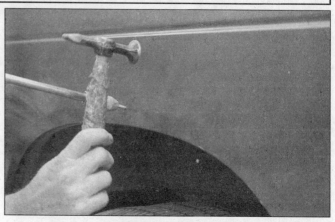

2 . . . y atornille el martillo resbaladizo en el agujero y hágalo funcionar. Golpetee con un martillo cerca del borde de la abolladura para ayudar a restaurar el metal a su contorno original. Cuando termine, la abolladura debe aproximarse al contorno original quedando a más o menos 1/8 de pulgada debajo de la superficie del metal adyacente

3 Use papel de lija áspero para remover toda la pintura del metal. Lijar a mano da buen resultado, pero la lijadora de disco mostrada en la fotografía es más rápida. Use un papel más fino (aproximadamente de aspereza 320) para alisar la pintura hasta por lo menos una pulgada de la abolladura

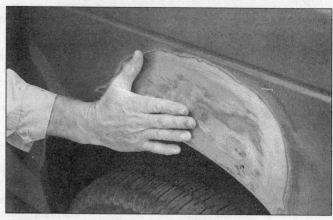

4 Cuando la pintura haya sido removida, el tacto es mejor que la vista para determinar si el metal está parejo. Martille las partes altas y jale las partes bajas si fuera necesario. Limpie el área de la reparación con un solvente para la cera o el silicón

5 Siguiendo las instrucciones en la etiqueta, prepare una mezcla de pasta de relleno y endurecedor. La proporción de relleno a endurecedor es crítica y, si la mezcla no es correcta, no se va a endurecer bien o se endurecerá demasiado rápidamente (sin darle tiempo a limarla y lijarla para obtener el contorno deseado)

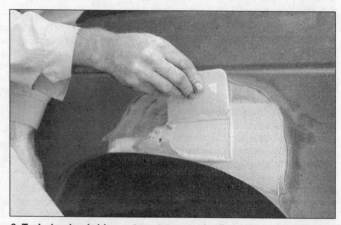

6 Trabajando rápidamente antes que el relleno se endurezca, use un aplicador de plástico para empacar el relleno firmemente en el metal, asegurando una buena adhesión. Dé al relleno la forma original, pero de manera que quede un poquito más alto que el metal que lo rodea

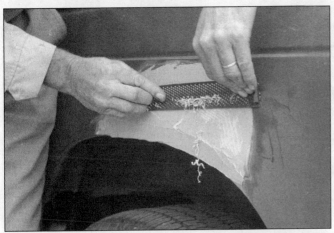

7 Permita que el relleno se endurezca hasta que apenas pueda marcarlo con la uña. Use una lima para carrocería o una herramienta Surform (mostrada aquí) para impartir una forma aproximada al relleno

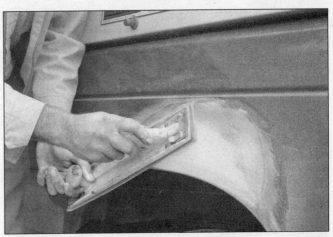

8 Use lija áspera en un bloque de goma o madera para emparejar y alisar la superficie. Continúe con lijas cada vez más finas - usando siempre el bloque - y terminando con lija de aspereza número 360 o 400

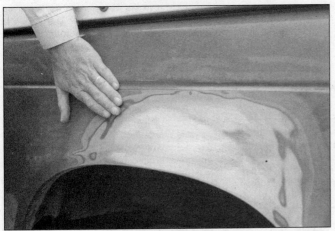

9 No debe sentirse ninguna irregularidad en la transición del relleno al metal o del metal a la pintura original. Cuando la superficie sea lisa y uniforme, limpie el polvo y proteja los paneles adyacentes y las molduras

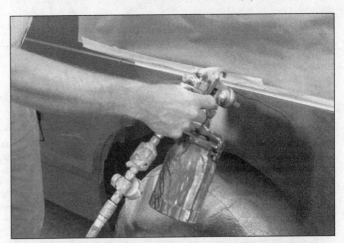

10 Aplique varias manos de pintura de base. No pulverice la pintura de base en capas gruesas para evitar que la pintura se corra, y espere a que cada mano se seque antes de aplicar la próxima. Se muestra el uso de un soplete de pintura profesional, pero latas pulverizadoras tipo aerosol pueden obtenerse a precios moderados en casas de venta de repuestos para automóviles

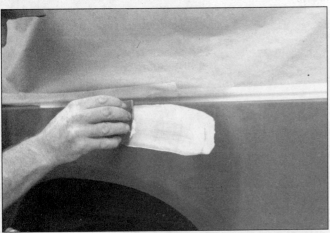

11 La pintura de base va a revelar imperfecciones o rasguños. Cúbralos con relleno vidrioso. Siga las instrucciones en la etiqueta y lije el área con papel número 360 o 400 hasta que quede lisa. Repita el proceso de aplicar relleno vidrioso, lijar y pulverizar hasta que la superficie quede perfectamente terminada.

12 Lije la pintura de base con papel muy fino (número 400 o 600) para remover todo exceso de pintura de base. Lave el área con agua y déjela secar. Use tela pegajosa para terminar de levantar el polvo y aplique la pintura de terminación. No frote o encere la pintura nueva hasta que se haya secado completamente (por lo menos dos semanas)

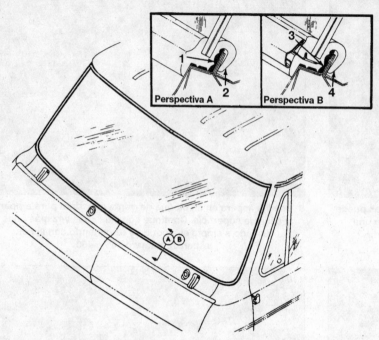

8.11 Burlete del parabrisas y detalles de su instalación

1 Sellador	2 Burlete	3 Sellador	4 Burlete

9 Inserte una soga gruesa en la canaleta del burlete, con cada punta extendiéndose por lo menos 12 pulgadas más allá del centro de la parte superior del burlete.

10 Aplique sellador (tipo C5AZ-19554-A) en la canaleta para el vidrio en el burlete.

11 Coloque el parabrisas en posición frente a la abertura y, con su asistente presionando firmemente el burlete contra una punta de la soga, haga montar el reborde del burlete sobre la pestaña de la carrocería todo alrededor del parabrisas (vea ilustración).

Mantenga la soga paralela al parabrisas. Haga presión en el parabrisas, desde afuera, con las palmas de las manos para ayudar a hacer pasar el reborde del burlete sobre la pestaña y así asentar el parabrisas en la abertura.

12 Para asegurar que la junta sea hermética, aplique sellador entre el burlete y el metal y comprima el burlete contra la carrocería todo alrededor del parabrisas.

13 El exceso de sellador debe ser removido con un trapo empapado en solvente.

9 Panel de moldura de las puertas - remover e instalar

Refiérase a las ilustraciones 9.1a, 9.1b, 9.2 y 9.4

1 Remueva los tornillos y el apoya brazos del interior de la puerta (vea ilustraciones).

2 Remueva las dos tuercas de la manija interior de la puerta y remueva la manija y la moldura cóncava (vea ilustración).

3 Si el vehículo tiene radio, remueva los cuatro tornillos y extraiga la parrilla.

4 Remueva el tornillo de la manija de regulación de la ventana y remueva la manija, la arandela y el espaciador (vea ilustración).

5 Remueva el panel de moldura, despegando con cuidado los broches que lo afianzan a la puerta.

6 La instalación se hace en el orden inverso al procedimiento de desensamble.

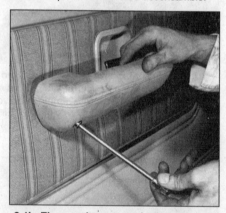

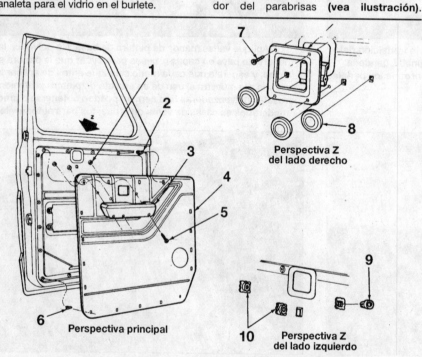

9.1a Componentes del panel de moldura de la puerta (típico)

1 Tuerca (se requieren 3)	6 Broche (se requieren 7)
2 Broche (se requieren 11)	7 Tornillo (se requieren 4)
3 Ensamblaje del apoya brazos	8 Tapón (se requieren 3)
4 Ensamblaje del panel	9 Tuerca (se requieren 3)
5 Tornillo (se requieren 3)	10 Sellador

9.1b El apoya brazos está afianzado a la puerta con dos tornillos

9.2 Manija interior de la puerta y moldura cóncava

10   Pestillo de la puerta delantera - remover e instalar

Refiérase a las ilustraciones 10.2, 10.3 y 10.4

1   Remueva el panel de moldura como descrito en la Sección previa.

2   Remueva el panel de acceso de la puerta (**vea ilustración**).

3   Desconecte los eslabones de control del ensamblaje del pestillo (**vea ilustración**).

4   Remueva los tres tornillos afianzando el ensamblaje del pestillo a la puerta y extraiga el pestillo (**vea ilustración**).

5   Si fuera necesario, la manija exterior puede desmontarse removiendo las dos tuercas del interior de la puerta.

6   El cilindro de la cerradura puede removerse extrayendo el broche de retención.

7   La instalación se hace en el orden inverso al procedimiento de desensamble. Asegúrese de ajustar la carrera del botón exterior con respecto a la placa operadora de la cerradura. Asegúrese que la hoja de

9.4 Removiendo la manija del regulador de la ventana

plástico detrás de panel de moldura esté en buena condición y debidamente colocada.

8   Chequee que la puerta cierre bien. Si fuera necesario, ajuste la posición de la placa

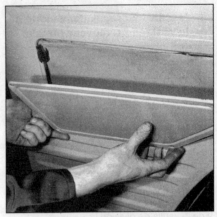

10.2 Removiendo el panel de acceso de la puerta

del precutor en el pilar de la puerta hasta que la puerta se cierre sin ruido excesivo y quede cerrada firmemente y a nivel con la superficie de la carrocería.

10.3 Detalles del ensamblaje del pestillo de la puerta delantera

1   *Botón*
2   *Ensamblaje del pestillo*
3   *Línea de control*
4   *Ensamblaje de control remoto*
5   *Varilla del cilindro de la cerradura*
6   *Ensamblaje del botón*
7   *Ensamblaje del pestillo*
8   *Retenedor*
9   *Eslabón de control*
10   *Almohadilla*
11   *Almohadilla*
12   *Manija exterior de la puerta*
13   *Ensamblaje del botón*
14   *Espaciador*
15   *Manija interior de la puerta*
16   *Moldura cóncava*
17   *Manija interior de la puerta*

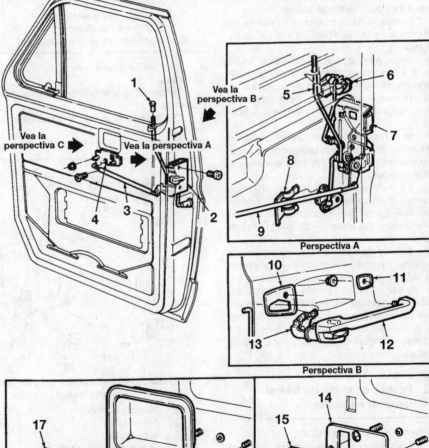

Vea la perspectiva B
Vea la perspectiva C
Vea la perspectiva A

Perspectiva A
Perspectiva B
Perspectiva C

Con panel de moldura
Sin panel de moldura

10.4 Removiendo el cerrojo de la puerta a traves del agujero de acceso

11

11 Mecanismo regulador y vidrio de la ventana - remover e instalar

Refiérase a la ilustración 11.2

1   Remueva el panel de moldura de la puerta según descrito en la Sección 9 y remueva el panel de acceso.

2   Remueva los tres tornillos que afianzan el ensamblaje de la ventanilla de ventilación a la parte superior delantera de la puerta **(vea ilustración)**.

3   Remueva el tornillo que afianza el retenedor de la vía delantera y el soporte de la varilla de división a la puerta.

4   Deslice la vía delantera de su retenedor y de la varilla de división.

5   Desabroche y extraiga el burlete de la puerta.

6   Instale la manija del regulador y baje el vidrio. Remueva los dos tornillos que afianzan el retenedor de la vía trasera al borde de la puerta y baje los retenedores traseros al fondo de la puerta.

7   Incline hacia atrás la ventanilla de ventilación y el ensamblaje de la varilla de división y separe la ventanilla del retenedor de la vía delantera y de la varilla de división.

8   Remueva de la puerta la ventanilla, el retenedor de la vía delantera y la varilla de división.

9   Haga girar el frente del vidrio hacia abajo y remueva el vidrio y la canaleta, deslizando la canaleta del rodillo del regulador.

10   Remueva los tornillos de montaje del ensamblaje del regulador y extraiga el regulador.

11   Si el resorte del mecanismo regulador estuviera roto o si otros componentes estuvieran rotos o dañados, reemplace el ensamblaje completo.

12   La instalación se hace en el orden inverso al procedimiento de desensamble. Lubrique ligeramente la canaleta en la parte inferior del vidrio antes de ubicarla en el rodillo.

13   Suba y baje la ventana, de extremo a extremo, y ajuste los tornillos de los soportes de las vías de manera que el movimiento del vidrio sea derecho, parejo y no requiera esfuerzo excesivo, sin embargo asegurando que las vías ejerzan una fricción suficiente para impedir que el vidrio caiga de golpe cuando la manija se da vuelta para bajar la ventana.

12 Pestillo de la puerta lateral - remover e instalar

Refiérase a la ilustración 12.2

1   Remueva el panel de moldura y el panel de acceso.

2   Remueva las dos tuercas interiores de la manija y remueva la manija **(vea ilustración)**.

3   Remueva los tres tornillos del soporte del control remoto. Desconecte el eslabón del control remoto y remueva el eslabón y el control juntos.

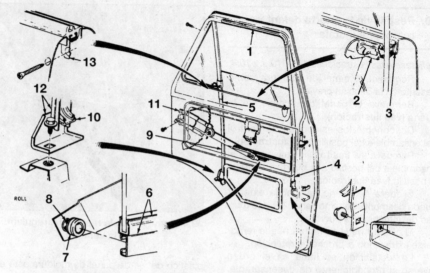

11.2 Mecanismo regulador de la ventana de la puerta delantera

1	Vía trasera	9	Retenedor de la vía delantera y varilla de división
2	Burlete	10	Vía delantera
3	Burlete	11	Regulador de la ventana
4	Retenedor de la vía trasera	12	Retenedor de la vía delantera y varilla de división
5	Vía trasera	13	Ventanilla de ventilación
6	Canaleta para el vidrio		
7	Rodillo del regulador		
8	Broche de retención del rodillo		

4   Destornille y remueva el botón de la cerradura.

5   Desconecte la varilla del cilindro de la cerradura.

6   Desconecte la varilla de la manija exterior.

7   Remueva los tres tornillos de montaje

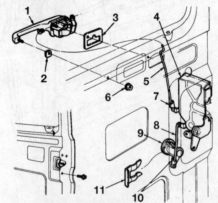

12.2 Detalles del ensamblaje del pestillo de la puerta lateral

1   Manija exterior
2   Almohadilla
3   Almohadilla
4   Ensamblaje del pestillo
5   Varilla
6   Tuerca
7   Retenedor de la varilla
8   Varilla
9   Cilindro de la cerradura
10   Retenedor de la varilla
11   Retenedor

del pestillo y extraiga el pestillo de la puerta.

8   Si estuviera defectuoso, reemplace el ensamblaje del pestillo con uno nuevo.

9   La instalación se hace en el orden inverso al procedimiento de desensamble.

13 Pestillo de la puerta trasera - remover e instalar

Refiérase a la ilustración 13.2

1   Remueva el panel de moldura.

2   Remueva los tres tornillos que afianzan el pestillo superior a la puerta **(vea ilustración)**.

3   Desconecte el broche de la varilla de la cerradura, remueva la varilla del pestillo superior y extraiga el pestillo superior de la puerta.

4   Para remover el pestillo inferior, remueva los cuatro tornillos y desconecte la varilla del pestillo. Extraiga el pestillo.

5   La instalación se hace en el orden inverso al procedimiento de desensamble.

14 Puertas con bisagras - remover e instalar

Refiérase a las ilustraciones 14.2a y 14.2b

1   El procedimiento para remover, instalar y ajustar las puertas del frente, del costado y de atrás es básicamente el mismo.

2   Remueva las tapas de las aberturas de acceso de la bisagra superior y de la bisagra inferior **(vea ilustraciones)**.

3   Remueva los pernos que unen la bisagra inferior a la puerta.

4   Haga que un asistente soporte el peso de la puerta y remueva los pernos que unen

13.2 Pestillo de la puerta trasera y componentes relacionados

1   Ensamblaje de control remoto
2   Varilla del pestillo inferior
3   Tornillo (se requieren 3)
4   Buje
5   Varilla del pestillo superior
6   Botón
7   Varilla del cilindro de la cerradura
8   Broche de la varilla de la cerradura
9   Tornillo (se requieren 3)
10 Broche de la varilla de la cerradura
11 Tornillo
12 Soporte del control remoto
13 Tuerca (se requieren 2)
14 Manija interior de la puerta
15 Tornillo (se requieren 3)
16 Ensamblaje del control remoto
17 Tornillo (se requieren 3)
18 Gancho
19 Tornillo (se requieren 2)
20 Ensamblaje del pestillo superior
21 Cubeta de la varilla del pestillo
22 Varilla del pestillo superior
23 Buje
24 Varilla del pestillo inferior
25 Tornillo (se requieren 4)
26 Tornillo (se requieren 2)
27 Gancho
28 Ensamblaje del pestillo inferior
29 Ensamblaje del control remoto
30 Buje
31 Tuerca
32 Varilla del cilindro de la cerradura
33 Almohadilla
34 Manija de la puerta
35 Cilindro de la cerradura
36 Broche
37 Almohadilla
38 Tornillo (se requieren 3)
39 Retenedor
40 Buje
41 Varilla de la cerradura inferior
42 Ensamblaje del control remoto

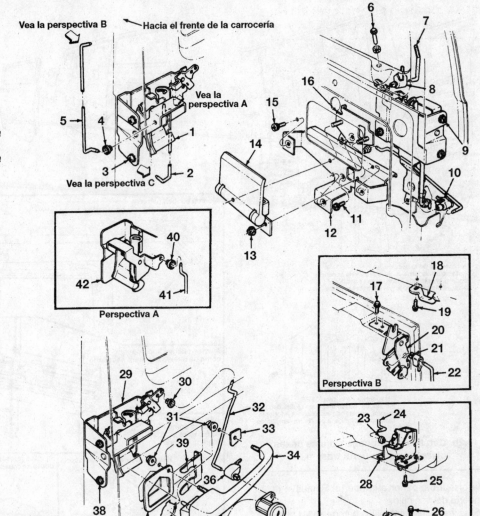

14.2a Detalles del montaje y ajuste de las bisagras de la puerta delantera

1   Perno
2   Bisagra superior
3   Perno
4   Bisagra inferior
5   Perno
6   Placa de refuerzo
7   Bisagra inferior

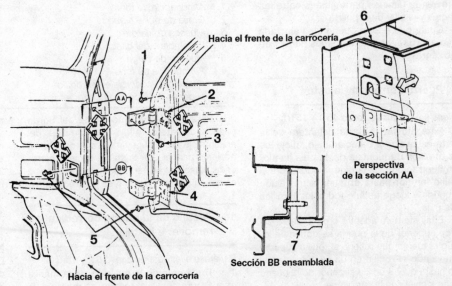

11

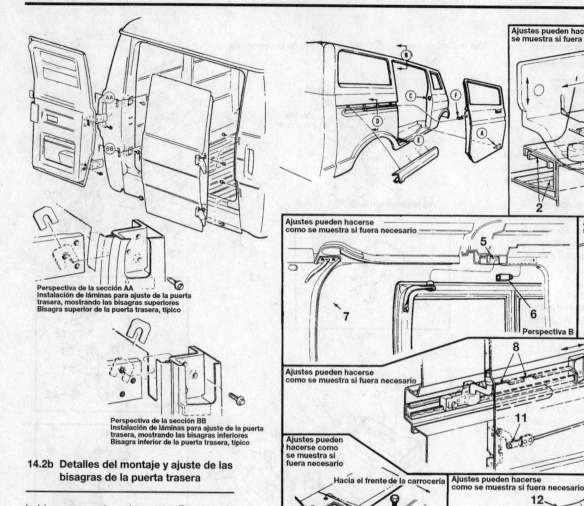

Perspectiva de la sección AA
Instalación de láminas para ajuste de la puerta trasera, mostrando las bisagras superiores
Bisagra superior de la puerta trasera, típico

Perspectiva de la sección BB
Instalación de láminas para ajuste de la puerta trasera, mostrando las bisagras inferiores
Bisagra inferior de la puerta trasera, típico

14.2b Detalles del montaje y ajuste de las bisagras de la puerta trasera

la bisagra superior a la puerta. Remueva la puerta del vehículo.

5   Instale la puerta y los pernos de las bisagras, pero no los apriete del todo por ahora.

6   La posición vertical de la puerta se ajusta aflojando los pernos de las bisagras y moviendo la puerta en la dirección deseada. El movimiento de la puerta hacia atrás o hacia adelante se consigue añadiendo o removiendo láminas para ajustes entre las bisagras y el pilar de la puerta.

7   Cuando la puerta quede bien ajustada en su abertura, apriete todos los pernos de las bisagras.

15   Puerta corrediza - ajuste

Refiérase a las ilustraciones 15.1 y 15.3

1   Para ajustar la parte delantera de la puerta hacia arriba o hacia abajo, afloje los tres tornillos de montaje del la guía inferior **(vea ilustración)**. Haga girar la guía sobre el tornillo inferior hasta obtener la ubicación requerida y luego apriete todos los tornillos de la guía.

2   El ajuste para adentro o para afuera del borde superior de la puerta se obtiene aflojando la tuerca que retiene el rodillo superior y moviendo el rodillo en un sentido o en el otro hasta que el borde superior de la puerta quede a nivel con la carrocería.

15.1 Detalles del ajuste de la puerta corrediza

1	Almohadilla de tope	8	Muescas de carga
2	Grasa de poliestireno	9	Tope del lado de la carrocería
3	Muesca de carga	10	Ensamblaje de varilla que opera el pestillo trasero del lado de la carrocería
4	Ensamblaje del gancho		
5	Muesca de carga		
6	Almohadilla de tope	11	Desconecte para ajustar
7	Ajuste del ensamblaje del rodillo superior del lado de la carrocería	12	Ensamblaje de la bisagra

3   Para hacer el mismo ajuste del borde inferior delantero, afloje los tornillos del ensamblaje de la guía y mueva la guía hacia adelante para ajustar la puerta hacia la carrocería, o hacia atrás para ajustar la puerta hacia afuera en el área del pilar **(vea ilustración)**.

16   Pestillo de la puerta corrediza - remover e instalar

Refiérase a las ilustraciones 16.2 y 16.5

1   Tome nota de la posición de la manija interior y remueva el tornillo de montaje, la manija y el panel de moldura.

2   Remueva el broche de retención de la manija exterior y extraiga la manija y el eje en una pieza **(vea ilustración)**.

3   Remueva los tornillos que unen la manga al pestillo y extraiga la manga.

4   Remueva el ensamblaje de la varilla que opera el pestillo trasero del mismo.

5   Remueva la varilla de la cerradura del cilindro y desconéctela del brazo del pestillo **(vea ilustración)**.

6   Desconecte la varilla de tope del pestillo delantero.

7   Remueva los tres tornillos que retienen

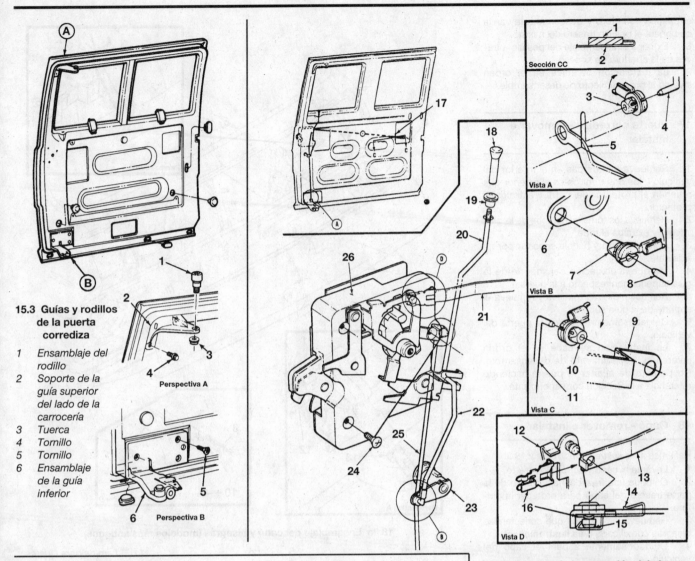

15.3 Guías y rodillos de la puerta corrediza

1　Ensamblaje del rodillo
2　Soporte de la guía superior del lado de la carrocería
3　Tuerca
4　Tornillo
5　Tornillo
6　Ensamblaje de la guía inferior

Perspectiva A

Perspectiva B

Sección CC

Vista A

Vista B

Vista C

Vista D

16.5 Detalles de la operación del cierre de la puerta

1	Cinta	15	Cerrojo
2	Panel de la carrocería	16	Retenedor
3	Retenedor	17	Cinta
4	Varilla	18	Pestillo
5	Guía inferior	19	Arandela de goma
6	Cerrojo	20	Varilla
7	Retenedor	21	Varilla
8	Varilla	22	Varilla de empuje
9	Cerrojo	23	Cerrojo
10	Retenedor	24	Tornillo y arandela
11	Varilla	25	Varilla
12	Cerrojo	26	Cerrojo
13	Varilla		
14	En posición		

11

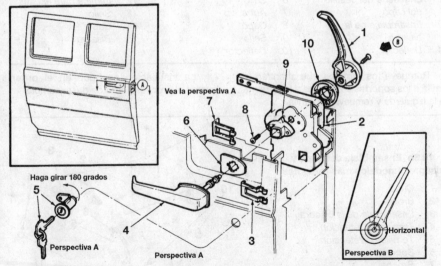

Vea la perspectiva A

Haga girar 180 grados

Perspectiva A

Perspectiva A

Horizontal

Perspectiva B

16.2 Ensamblaje del pestillo de la puerta corrediza - vista esquemática

1　Manija interior
2　Ensamblaje del pestillo
3　Retenedor
4　Ensamblaje de la manija exterior
5　Cerradura y llaves
6　Almohadilla
7　Retenedor
8　Tornillo
9　Manga
10　Escudo

el pestillo delantero y desconecte la varilla que opera el pestillo trasero del mismo.

8   Extraiga el ensamblaje del pestillo a través de la abertura de acceso.

9   La instalación se hace en el orden inverso al procedimiento de desensamble.

17   Puerta corrediza - remover e instalar

1   Remueva las tuercas en el interior del vehículo y los dos tornillos en el exterior que retienen el protector del carril y extraiga el protector.

2   Remueva los tornillos del tope de la guía inferior y extraiga el tope.

3   Abra la puerta y hágala soportar por un asistente.

4   Marque la ubicación del soporte de la guía superior con respecto a la puerta.

5   Remueva los tres tornillos y remueva el soporte de la guía superior.

6   Cuidadosamente extraiga la puerta del vehículo.

7   La instalación se hace en el orden inverso al procedimiento de desensamble. No permita de ajustar la puerta haciendo referencia a la Sección correspondiente.

18   Capó - remover e instalar

Refiérase a las ilustraciones 18.3a y 18.3b

1   Levante el capó y sopórtelo abierto.

2   Coloque una frazada vieja debajo de la parte trasera del capó para proteger la pintura.

3   Remueva los tornillos que conectan las bisagras con el capó **(vea ilustraciones)**.

4   Cuidadosamente separe el capó del vehículo.

5   La instalación se hace en el orden inverso al procedimiento de desensamble.

6   Para ajustar la posición del capó después de instalarlo, afloje los tornillos de las bisagras y mueva el capó a la posición deseada. Cuando el capó esté ajustado correctamente, apriete los tornillos de las bisagras.

19   Parrilla del radiador (hasta 1973) - remover e instalar

Refiérase a la ilustración 19.3

1.   Levante el capó y sopórtelo en esa posición.

2   Remueva las cubiertas de los faros delanteros, los faros y los ensamblajes de anillos (vea Capítulo 12).

3   Remueva los cinco tornillos que afianzan el borde inferior de la parrilla al frente de la carrocería **(vea ilustración)**.

4   Remueva el tornillo que une el soporte del pestillo del capó al borde superior de la parrilla.

5   Desenchufe los conectores de las luces de estacionamiento.

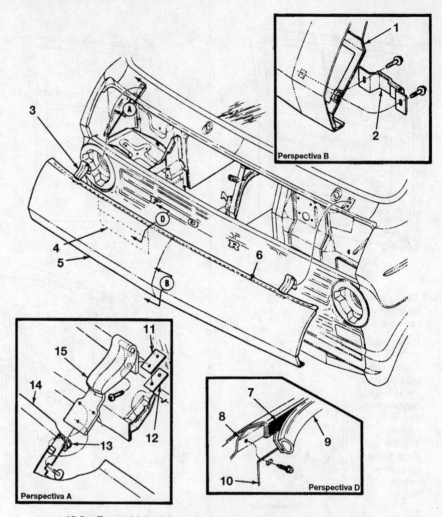

18.3a Ensamblaje del capó y bisagras (modelos más antiguos)

1	Capó	5	Capó	11	Lámina para ajustes
2	Enganche del pestillo del capó	6	Sello	12	Lámina para ajustes
3	Ensamblaje de la bisagra	7	Adhesivo	13	Sello
		8	Capó	14	Capó
4	Deflector	9	Sello	15	Bisagra
		10	Deflector		

6   Remueva los tornillos que afianzan la parrilla a los soportes superiores a la derecha y a la izquierda y remueva la parrilla.

7   La instalación se hace en el orden inverso al procedimiento de desensamble.

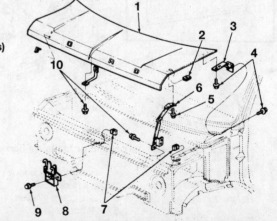

18.3b Ensamblaje del capó y bisagras (modelos más recientes)

1   Capó
2   Broche
3   Ensamblaje de la bisagra
4   Tornillo de retención
5   Tornillo de retención
6   Soporte
7   Broche
8   Pestillo
9   Retenedor
10   Tornillo del retenedor

19.3 Parrilla del radiador - modelos antiguos

1   Resorte de asistencia del capó
2   Soporte del pestillo del capó
3   Soporte superior de la parrilla
4   Tornillo
5   Broche de la varilla de soporte
6   Varilla de soporte
7   Tuerca y retenedor
8   Parrilla
9   Tornillo
10 Soporte superior de la parrilla

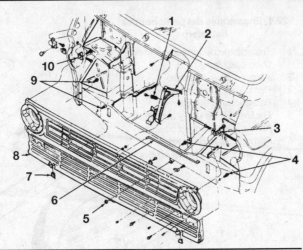

20 Parrilla del radiador (de 1974 en adelante) - remover e instalar

Refiérase a la ilustración 20.2

1   Levante el capó y sopórtelo abierto
2   Remueva los dos tornillos centrales que afianzan la parrilla al soporte (**vea ilustración**).
3   Remueva los seis tornillos de la parte inferior de la parrilla.
4   Remueva los nueve tornillos de la pestaña superior de la parrilla, que está afianzada al soporte superior y codos del radiador.
5   Remueva la parrilla.
6   La instalación se hace en el orden inverso al procedimiento de desensamble.

21 Guardafangos delanteros (modelos más recientes solamente) - remover e instalar

Refiérase a la ilustración 21.4

1   Los guardafangos delanteros de los modelos Econoline más recientes están montados por medio de pernos y son bastante fáciles de remover si es que los pernos no están excesivamente corroídos. Si lo estuvieran, habría que cortarlos con un cortapernos o con un martillo y un formón templado.
2   Empiece por remover la parrilla del radiador según descrito en la Sección anterior.
3   Remueva el parachoques delantero como descrito en la Sección 22.
4   Remueva los tornillos que afianzan el frente del guardafangos al panel inferior de la parrilla (**vea ilustración**).
5   Remueva los tres tornillos que afianzan el borde inferior del guardafangos a la cubierta de la rueda.
6   Remueva los tornillos y láminas para ajuste de la parte trasera inferior del guardafangos.

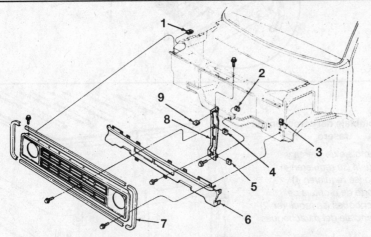

20.2 Parrilla del radiador - modelos más recientes

1   Tuerca con resorte
2   Tuerca en U
3   Tuerca en U
4   Tuerca en U, una por cada uno
5   Tuerca en U

6   Panel inferior para la abertura para la parrilla del radiador
7   Ensamblaje de la parrilla del radiador
8   Soporte exterior de la parrilla del radiador (se requieren 2)
9   Tuerca en U

21.4 Guardafangos delanteros montados por medio de pernos en modelos recientes - vista esquemática

1   Lámina para ajustes (máximo de 2)
2   Tuerca en U
3   Lámina para ajustes (máximo de 2)
4   Tornillo superior trasero del guardafango
5   Tornillo inferior trasero del guardafango
6   Lámina para ajustes (las que se requieran)
7   Tuerca en U (una de cada lado)
8   Guardafango delantero izquierdo
9   Tornillo (3 de cada lado)
10 Tuerca en U (2 de cada lado)
11 Cubierta de la rueda
12 Tuerca en U
13 Tornillo (uno de cada lado)
14 Tornillo (2 de cada lado)
15 Panel inferior para la abertura para la parrilla del radiador
16 Soporte del radiador
17 Tuerca en U
18 Guardafango delantero derecho
19 Tornillo
20 Almohadilla del capó

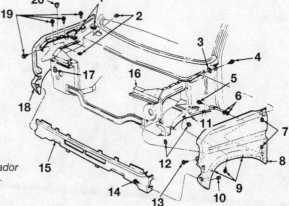

11

7   Abra la puerta delantera y remueva los tornillos y láminas de la parte trasera superior.

8   Remueva los dos tornillos del frente del guardafangos al soporte del radiador.

9   Remueva los tres tornillos y láminas restantes que unen la parte superior del guardafangos a la carrocería y remueva el guardafangos.

10   La instalación se hace en el orden inverso al procedimiento de desensamble.

22 Parachoques delantero y trasero - remover e instalar

Refiérase a las ilustraciones 22.1 y 22.3

1   Para remover el parachoques delantero, remueva los cuatro pernos y tuercas que afianzan el parachoques al extremo delantero del chasis y remueva el parachoques **(vea ilustración)**.

2   Si el vehículo está equipado con protectores para los parachoques, ellos están montadas por medio de pernos en la parte de atrás del parachoques.

3   El parachoques trasero se desmonta removiendo los cuatro pernos que afianzan el parachoques a los soportes de montaje **(vea ilustración)**.

4   La instalación se hace en el orden inverso al procedimiento de desensamble.

22.1 Ensamblaje del parachoques delantero

1   *Ensamblaje de tuerca y arandela (2 de cada lado)*
2   *Parachoques delantero*
3   *Perno de cabeza hexagonal*
4   *Parachoques delantero*
5   *Ensamblaje de uña y almohadilla para el parachoques delantero*
6   *Perno (2 de cada lado)*
7   *Extremo delantero del chasis*

22.3 Ensamblaje del parachoques trasero

1   *Ensamblaje de tuerca y arandela (se requieren 4)*
2   *Perno (se requieren 4)*
3   *Soporte de montaje del parachoques (se requieren 2)*
4   *Ensamblaje del parachoques*

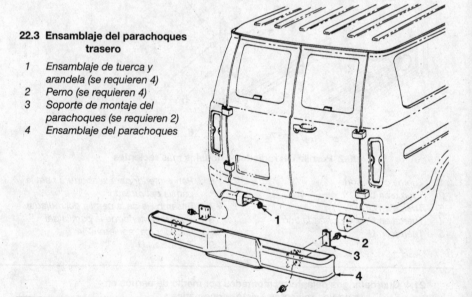

Capítulo 12
Sistema eléctrico del chasis

Contenidos

Especificaciones

Fusibles e interruptores de circuito

Circuito	Ubicación	Protección del circuito
Faros	Integral con interruptor de iluminación	IC (interruptor de circuito) de 18 amperios
Bocinas y luces de cola, indicadoras, de matrícula y de estacionamiento	Integral con interruptor e iluminación	IC de 15 amperios
Luces de señal de viraje y de retroceso	Panel de fusibles	Fusible de 15 amperios
Sistema del limpiaparabrisas	Panel de fusibles	IC de 17,5 amperios
Luces de aviso de peligro y de parada	Panel de fusibles	Fusible de 120 amperios
Luces de entrada	Panel de fusibles	Fusible de 15 amperios
Calentador y/o acondicionador de aire	Panel de fusibles	Fusible de 30 amperios
Luces del tablero de instrumentos	Panel de fusibles	Fusible de 3 amperios
Calentador auxiliar (el mismo fusible que el calentador)	Panel de fusibles	Fusible de 30 amperios
Radio	Panel de fusibles	Fusible de 7,5 amperios
Acondicionador de aire	Panel de fusibles	Fusible de 30 amperios y enlace fusible
Acondicionador de aire auxiliar (el mismo fusible que el calentador)	Panel de fusibles	Fusible de 30 amperios
Luces de aviso de bus escolar	Panel de fusibles	IC de 20 amperios
Tanque de combustible auxiliar	Panel de fusibles	Fusible de 7,5 amperios
Control de velocidad	Cartucho de fusible en línea	Fusible de 5 amperios
Batería auxiliar	Panel de fusibles	Fusible de 20 amperios

Características técnicas de las bombillas

Descripción de la luz	B (Bujías) o W (wataje)	Número comercial
Luz de retroceso	32B	1156
Luz de carga	12B	105
Reloj	2B	1895
Luz de techo	12B	105
Luz de niebla ámbar	35W	4415A
Interruptor de luz de niebla ámbar	1.5B	53X
Señal de viraje y luz de estacionamiento delantera	32B	1157
Señal de freno de mano	2B	1895
Indicador de desenganche del freno de estacionamiento	1B	257
Luz de placa de matrícula	4B	1155 o 57
Luz piloto de la radio	1.9B	1891
Señal trasera de cola/parada/viraje	32B	1157
Luz de parada (4.4 de diámetro)	30B	4405

Características técnicas de torsión

	Pies-libras
Tuerca del volante	30 a 40

1   Información general

El sistema eléctrico del chasis es un sistema negativo de conexión a tierra de 12 voltios. Una batería de plomo/ácido suministra energía a las luces y a todos los accesorios eléctricos. Esta batería se carga mediante el alternador (vea Capítulo 5).

Este Capítulo cubre los procedimientos de reparación y servicio para las diferentes luces y componentes eléctricos que no están directamente asociados con el motor. El Capítulo 5 incluye información sobre la batería, el alternador, el regulador de voltaje y el motor de arranque.

Se debe enfatizar que, cada vez que se trabaje en el sistema eléctrico del chasis, el cable negativo de la batería se debe desconectar de éste.

2   Localización de fallas eléctricas - información general

Un circuito eléctrico típico consta de un componente eléctrico, de todos los interruptores, relés, motores, etc., relevantes para ese componente y del cableado y los conectores que conectan los componentes tanto al acumulador como al chasis. Al final de este Capítulo se incluyen diagramas de cableado completos, como una ayuda para la localización de un problema en cualquier circuito eléctrico.

Antes de abordar ningún circuito eléctrico que presente dificultades, primero estudie detenidamente los diagramas apropiados, a fin de obtener una comprensión completa de lo que compone ese circuito en particular. Por ejemplo, las zonas con problemas a menudo se pueden reducir observando si otros componentes relacionados con ese circuito están funcionando adecuadamente o no. Si fallan a la vez varios componentes de un circuito, es probable que la falla esté en la conexión al fusible o a tierra, puesto que a menudo se enruta varios circuitos a través de las mismas conexiones al fusible o a tierra. Esto se puede confirmar consultando en este Capítulo los diagramas de distribución de la caja de fusibles y de la conexión a tierra.

A menudo, los problemas eléctricos se derivan de causas simples, tales como conexiones sueltas o corroídas, un fusible o un enlace fusible fundido. Antes de localizar cualquier falla eléctrica, siempre chequee visualmente la condición de los fusibles, cables y conexiones del circuito con problemas.

Si se van a utilizar instrumentos de pruebas, use los diagramas para planear por anticipado dónde se harán las conexiones necesarias, a fin de identificar con precisión el circuito con problemas.

Las herramientas básicas necesarias para la localización de fallas eléctricas incluyen un probador de circuito o voltímetro (también se puede usar una bombilla de 12 voltios con un juego de conductores de prueba), un probador de continuidad (que incluye una bombilla, una batería y un juego de conductores de prueba) y un alambre de cierre de circuito, de preferencia con un interruptor de circuito incorporado, que se puede usar para eludir componentes eléctricos.

Si un circuito no funciona adecuadamente, se debe chequear los voltajes. Conecte un conductor de un probador de circuito ya sea al terminal negativo de la batería o a una tierra que esté buena. Conecte el otro conductor a un conector del circuito bajo prueba, de preferencia el más próximo a la batería o fusible. Si se enciende la bombilla del probador, el voltaje llega hasta ese punto, lo que significa que la parte del circuito que está entre ese conector y la batería está libre de problemas. Siga chequeando a lo largo del circuito de la misma forma. Cuando llegue a un punto donde el voltaje no esté presente, el problema se encontrará entre ese punto y el último punto de prueba correcto. La mayoría de las veces, el problema se debe a una conexión suelta. Recuerde que algunos circuitos solamente reciben voltaje cuando la llave del encendido está en la posición Accessory o Run.

Un método para encontrar cortocircuitos en un circuito es remover el fusible y conectar en su lugar una luz de prueba o un voltímetro a los terminales del fusible. No debe haber carga en el circuito. Mueva el grupo de cables de un lado a otro, mientras observa la luz de prueba. Si la bombilla se enciende, hay un cortocircuito a tierra en alguna parte de esa área, probablemente donde se ha dañado el aislamiento de un cable. La misma prueba se puede realizar en otros componentes del circuito, incluyendo al interruptor.

Se debe chequear la conexión a tierra para ver si un componente está conectado a tierra adecuadamente. Desconecte la batería y conecte un conductor a una luz de prueba con energía propia, tal como un probador de continuidad o una tierra que esté buena. Conecte el otro conductor al cable o a la conexión a tierra bajo prueba. Si la bombilla se enciende, la tierra no está buena.

Un chequeo de continuidad se realiza para ver si un circuito, sección de circuito o componente individual conduce electricidad adecuadamente. Desconecte la batería y conecte un conductor de una luz de prueba con energía propia, tal como un probador de continuidad, a un extremo del circuito bajo prueba y el otro conductor al otro extremo del circuito. Si la bombilla se enciende, existe continuidad, lo que significa que el circuito conduce adecuadamente la electricidad. Los interruptores se pueden chequear de la misma manera.

Recuerde que todos los circuitos eléctricos se componen básicamente de electricidad que va desde la batería, por los cables, interruptores, relés, etc., hasta el componente eléctrico (bombilla eléctrica, motor, etc.) Desde allí debe ir a la carrocería del auto (tierra), donde se devuelve a la batería. Cualquier problema eléctrico es básicamente una interrupción en el flujo de electricidad desde la batería al componente y de vuelta a la batería.

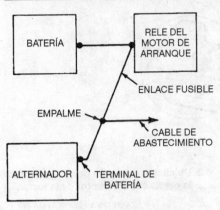

3.1 Ubicación del enlace fusible

4.1 Remoción del reborde del faro (modelo antiguo)

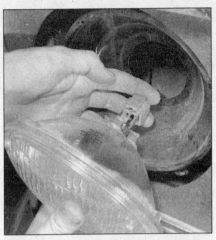

4.4 Desconexión de los cables desde la unidad de faro sellado

3   Enlace fusible - pruebas, remoción e instalación

Refiérase a la ilustración 3.1

1   Un enlace fusible se usa para proteger de sobrecargas al alternador. Se encuentra en el grupo de cables que conecta el relé del motor de arranque y el terminal de la batería en el alternador **(vea ilustración)**.

2   Si se produce un problema con el alternador, primero asegúrese de que la batería esté completamente cargada y que los terminales estén limpios.

3   Usando un voltímetro, chequee el voltaje en el terminal de la batería, en la parte trasera del alternador. Si no hay lectura, significa que probablemente se ha quemado el enlace fusible. Chequee visualmente el enlace (busque aislamientos quemados, hinchados y fundidos).

4   Para instalar un nuevo enlace fusible, desconecte de la batería el cable a tierra.

5   Desconecte el terminal de ojete del enlace fusible desde el terminal de la batería en el relé del motor de arranque.

6   Corte el enlace fusible y los empalmes desde los cables a los que está conectado.

7   Empalme y suelde el nuevo enlace fusible al cable desde el que se cortó el enlace antiguo. Envuelva el empalme con cinta aislante.

8   Vuelva a conectar el terminal de ojete al terminal de la batería en el relé del motor de arranque.

9   Vuelva a conectar el cable a tierra de la batería.

4   Faro sellado - remoción e instalación

Refiérase a las ilustraciones 4.1 y 4.4

Hasta 1977

1   Remueva los dos tornillos que sujetan el reborde del faro al guardafango y luego desprenda el reborde del faro **(vea ilustración)**.

2   Remueva los dos tornillos que sujetan el anillo de retención de la unidad de faro sellado al anillo de ajuste.

3   Haga girar el anillo de retención para soltarlo de los tornillos de ajuste.

4   Tire hacia afuera el faro sellado y desconecte el enchufe del grupo de cables **(vea ilustración)**.

5   El faro sellado está ahora libre.

6   La instalación es a la inversa de la remoción. Se recomienda chequear la alineación de los faros cada vez que se cambie la unidad de faro sellado. La Sección 5 ofrece más información.

1978 y posteriores

7   Los vehículos de modelos posteriores tienen un faro rectangular en vez de uno redondo. El procedimiento anterior es correcto, pero observe que, en los últimos modelos, el anillo de retención se conecta con cuatro tornillos, todos los cuales se deben remover para desprender el anillo.

5   Alineación de los faros

Refiérase a la ilustración 5.7

1   Los faros se deben alinear en un taller que cuente con equipo óptico especial, pero se puede usar el siguiente procedimiento para alinearlos temporalmente, hasta que puedan ser chequeados por un profesional.

2   Coloque el vehículo sobre un terreno nivelado, a 10 pies de una pared o tablero oscuro. La pared o tablero debe estar en ángulo recto con el eje longitudinal del vehículo.

3   Trace una línea vertical en el tablero o pared, alineada con el eje del vehículo.

4   Balancee el vehículo, para asentar los componentes de suspensión. Luego mida la altura entre el suelo y el centro de los faros.

5   Trace una línea horizontal en el tablero o pared a esta altura medida. En esta línea horizontal, haga una línea vertical a cualquiera de los lados del eje vertical, igual a la distancia entre el centro de cada luz y el centro del vehículo.

6   Remueva los rebordes de los faros y cambie los faros a haz alto.

7   Mediante un cuidadoso ajuste de los tornillos de ajuste horizontal y vertical en cada luz **(vea ilustración)**, alinee el centro de cada haz con la línea vertical previamente marcada sobre la línea horizontal (las marcas en forma de cruz deben estar al centro de cada haz).

8   Balancee nuevamente el vehículo sobre su suspensión y chequee que los haces vuelvan a las posiciones correctas. Al mismo tiempo, chequee el funcionamiento del interruptor reductor. Luego, instale los rebordes de los faros.

5.7 Ubicaciones de los tornillos de ajuste del haz del faro (modelos antiguos)

1   *Apriete el tornillo para levantar el haz. Suelte el tornillo para bajar el haz.*

2   *Apriete el tornillo para mover el haz a la derecha. Suelte el tornillo para mover el haz a la izquierda.*

3   *Tornillos de retención de la bombilla*

12

6   Interruptor de faros - remoción e instalación

Refiérase a la ilustración 6.2

1   Desconecte el cable negativo de la batería.

2   Trabajando a través del agujero de acceso en la parte inferior del tablero de instrumentos, oprima el botón de desenganche usando un pequeño destornillador **(vea ilustración)** y remueva la perilla y el eje del interruptor.

3   Remueva la tuerca de seguridad y remueva el cuerpo del interruptor desde detrás del tablero de instrumentos. Desconecte el grupo de cables con su conector.

4   La instalación es a la inversa de la remoción.

7   Interruptor reductor de faros - remoción e instalación

1   Desconecte el cable negativo de la batería.

2   Tire cuidadosamente hacia atrás el tapiz alrededor del interruptor de faros, removiendo los tornillos del adorno del capó del salpicadero y la placa de rozamiento, si es necesario.

3   Remueva los dos tornillos que sujetan el interruptor reductor al soporte de montaje.

4   Mueva hacia adelante el interruptor y desconecte el conector del grupo de cables desde la parte trasera del interruptor.

5   La instalación es la inversa de la remoción.

8   Luces señalizadoras frontales de estacionamiento y viraje - reemplazo de bombillas

Refiérase a la ilustración 8.2

1   Remueva los dos tornillos de montaje y desprenda el lente.

2   Remueva la bombilla desde su soporte empujándolo y haciéndolo girar en el sentido

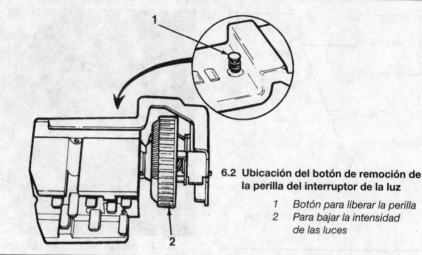

6.2 Ubicación del botón de remoción de la perilla del interruptor de la luz

    1   *Botón para liberar la perilla*
    2   *Para bajar la intensidad de las luces*

contrario a las agujas del reloj **(vea ilustración)**.

3   Al instalar el lente, no apriete en exceso los tornillos.

9   Luces indicadoras delanteras y traseras - reemplazo de bombillas

Refiérase a la ilustración 9.1

1   Remueva los dos tornillos de montaje y retire el lente desde el cuerpo sólo lo suficiente para desenganchar el soporte de la bombilla **(vea ilustración)**.

2   Reemplace la bombilla si es necesario y coloque el soporte de la bombilla en el lente.

3   Conecte el lente al cuerpo. No apriete en exceso los tornillos.

10   Grupo de luces traseras - remoción e instalación

Refiérase a las ilustraciones 10.1, 10.2 y 10.4

1   Remueva los dos tornillos de montaje y tire hacia afuera la unidad de lente **(vea ilustración)**.

2   Tuerza los soportes de bombilla para

desengancharlos desde la unidad de lente **(vea ilustración)**.

3   Reemplace las bombillas quemadas e instale los soportes de bombilla y la unidad de lente.

4   La bombilla de la luz trasera de placa de matrícula está ubicada dentro de la puerta izquierda trasera y se puede reemplazar simplemente tirando el soporte de la bombilla hacia afuera del ensamble de luces **(vea ilustración)**.

8.2 Remoción de la bombilla delantera de señal de estacionamiento/viraje

9.1 Remoción de un lente lateral indicador y del soporte de la bombilla

10.1 Remoción del lente del grupo de luces

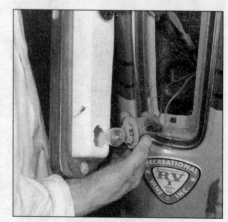

10.2 Desenganche del soporte de la bombilla desde la caja de la luz trasera

10.4 Remoción del soporte de la bombilla de placa de matrícula

11 Interruptor de luz de parada - remoción e instalación

Refiérase a las ilustraciones 11.2 y 11.5

1   Desconecte el cable negativo de la batería.
2   Desconecte los cables del conector del interruptor.
3   Retire el clip gancho de pelo y deslice hacia fuera del pedal de freno el interruptor de luz de parada, la varilla de empuje, las arandelas de nylon y los bujes.
4   Ahora puede apartar el interruptor.
5   La instalación es a la inversa de la remoción. **Nota:** *En los modelos antiguos el interruptor de luz de parada está atornillado al soporte del pedal de freno **(vea ilustración)**.*

12 Interruptor de señal de viraje - remoción e instalación

Refiérase a las ilustraciones 12.4, 12.5, 12.6, 12.7 y 12.8

1   Desconecte el cable negativo de la batería.

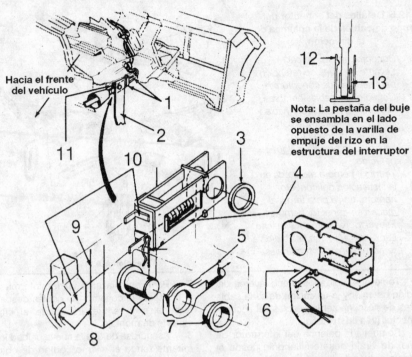

Hacia el frente del vehículo

Nota: La pestaña del buje se ensambla en el lado opuesto de la varilla de empuje del rizo en la estructura del interruptor

11.2 Componentes del interruptor de luz de parada - vista esquemática

1	Parte del ensamble de cables	
2	Pedal de freno	
3	Arandela de nylon	
4	Ensamble interruptor de luz de parada	
5	Varilla de empuje através del tablero de instrumentos hacia el cilindro maestro	
6	Mecanismo de bloqueo del conector en el interruptor con terminales laterales	
7	Arandela de nylon	
8	Parte de ensamble del cableado	
9	Pedal del freno	
10	Mecanismo bloqueador del conector	
11	Ensamble interruptor	
12	Hoyuelo	
13	Pestaña	

2   En los modelos antiguos, remueva el botón de la bocina desde el centro del volante. En los últimos modelos, remueva los dos tornillos desde la parte posterior del cojín de la bocina, desprenda el cojín y desconecte los cables.
3   Marque el cubo y el eje del volante de modo que se pueda volver a instalar el

volante en la misma posición en el eje. Remueva la tuerca de retención del volante y saque el volante de su eje con un tirador. **Nota:** *No martillee el extremo del eje para remover el volante.*
4   Remueva la cubierta del grupo de cables desde la columna de dirección **(vea ilustración)**.

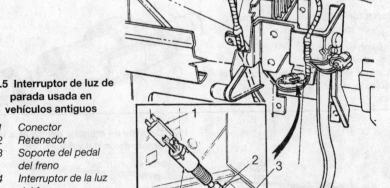

11.5 Interruptor de luz de parada usada en vehículos antiguos

1   *Conector*
2   *Retenedor*
3   *Soporte del pedal del freno*
4   *Interruptor de la luz del freno*

12.4 Remoción de la cubierta del grupo de cables de la columna de la dirección

12.5 Detalles del conector del grupo de cables de la columna de la dirección

1   Conector macho de cable
2   Levante la orejas de retención para separar los conectores
3   Conector de cables hembra
4   Presione el espaciador hacia adentro y hacia arriba para removerlo desde el topo usando una presilla o algo parecido
5   Terminal hembra mostrada en la instalación del conector hembra, típica para terminal macho en conector hembra
6   Espaciadores hembra y macho
7   Lanza de retención flexible para remover o instalar terminales

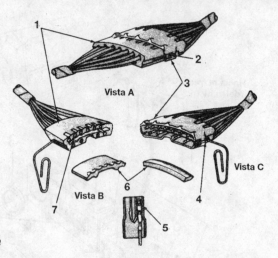

Vista A

Vista C

Vista B

6

4

7

5

Sección A-A

12.6 Desatornillado de la palanca de señal de viraje

5   Tome nota cuidadosamente acerca del código de color y la ubicación de cada cable antes de desconectar los cables del enchufe conector **(vea ilustración)**.

6   Remueva la palanca del interruptor de señal de viraje desatornillándolo desde el interruptor **(vea ilustración)**.

7   Remueva los tornillos que sujetan el interruptor a la columna de dirección **(vea ilustración)**.

8   Separe el interruptor de señal de viraje y aviso de peligro desde la columna de dirección **(vea ilustración)**.

9   El interruptor no es reparable y se debe reemplazar por uno nuevo si presenta defectos.

10 La instalación es a la inversa de la remoción. Asegúrese de apretar la tuerca del volante con la torsión especificada.

13   Unidad intermitente de señales de viraje - remoción e instalación

1   La unidad intermitente de señales de viraje está ubicada detrás del tablero de instrumentos, que se debe remover en primer lugar (refiérase a la Sección apropiada).

2   Para reemplazar la unidad intermitente, desconecte el conector de cables desde los terminales y remuévalo desde el clip o soporte de montaje.

3   Asegúrese de que la nueva unidad intermitente tenga el mismo código de color y número de parte que la original.

14   Unidad de luz intermitente de aviso de peligro - remoción e instalación

La unidad de luz intermitente de aviso de peligro está montada en forma adyacente a la unidad de señal de viraje y el procedimiento de remoción e instalación es igual al descrito en la Sección anterior.

15   Cable del velocímetro - remoción e instalación

Refiérase a las ilustraciones 15.1 y 15.3

Cable interior

1   Trabajando detrás del tablero de instrumentos, desconecte el cable desde la parte

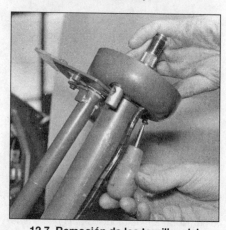

12.7 Remoción de los tornillos del interruptor de señal de viraje

trasera del cabezal del velocímetro **(vea ilustración)**.

2   Tire cuidadosamente hacia afuera el cable interior desde el extremo superior del cable exterior.

3   Si el cable interior está roto, levante el vehículo y, trabajando bajo él, remueva el perno que sujeta el clip de montaje del cable del velocímetro a la transmisión **(vea ilustración)**.

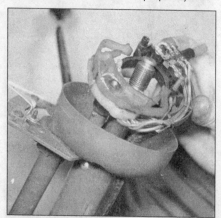

12.8 Retirada del ensamble del interruptor de señal de viraje desde la columna

15.1 Conector del cable del velocímetro de modelo reciente

1   Ensamble de cables
2   Eje del velocímetro
3   Presione la superficie plana y saque el cable del cabezal

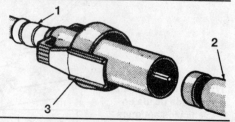

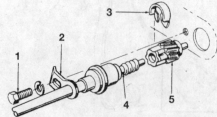

15.3 Detalles de montaje del cable a la transmisión del velocímetro

1   Perno de montaje
2   Clip de montaje
3   Retén del engranaje accionado del velocímetro
4   Cable del velocímetro
5   Engranaje accionado del velocímetro

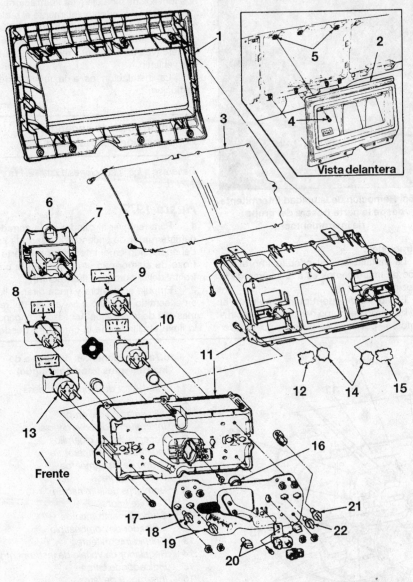

16.2b Remoción de los tornillos de
retención del grupo de instrumentos

16.5a Después de sacar del tablero el
grupo de instrumentos, se puede
desprender el conector del intermitente

10 Empuje el cable exterior y la arandela protectora a través de la abertura del tablero.
11 Levante el vehículo y, trabajando bajo él, desprenda el cable de todos los clips de retención.
12 Desconecte el cable de la transmisión como se describe anteriormente y retírelo desde debajo del vehículo.
13 La instalación del cable interior es a la inversa de la remoción.

16.2a Grupo de instrumentos de modelos recientes - vista esquemática

1	Bisel del grupo	12	Freno
2	Ensamble del grupo de instrumentos	13	Indicador de temperatura
3	Lente del grupo	14	Indicadores de señal de viraje
4	Tornillos (se necesitan 7)	15	Ajustarse los cinturones
5	Vista frontal	16	Luz de haz alto
6	Indicador de haz alto	17	Tablero de circuitos
7	Velocímetro	18	Luz de freno
8	Amperímetro	19	Luz indicadora de viraje derecha
9	Indicador de presión de aceite	20	Luces generales de iluminación
10	Indicador de combustible	21	Ajustarse los cinturones
11	Caja del grupo	22	Luz indicadora de viraje izquierda.

16 Grupo del tablero de instrumentos - remoción e instalación

Refiérase a las ilustraciones 16.2a, 16.2b, 16.5a, 16.5b, 16.5c, 16.7a, 16.7b, 16.9 y 16.10

1 Desconecte el cable negativo de la batería.
2 Remueva los tornillos que sujetan el ensamble del grupo de instrumentos al tablero **(vea ilustraciones)**.
3 Retire el tablero sólo lo suficiente para permitir la desconexión del cable del velocímetro desde la parte trasera del tablero.
4 Desconecte el conector de enchufes múltiples del grupo de cables y desprenda el grupo del tablero de instrumentos.
5 Desabroche la unidad intermitente del regulador de voltaje y el conector de radio desde la parte trasera de la cubierta **(vea ilustraciones)**.

4 Remueva el engranaje accionado y el eje del cable del velocímetro desde la transmisión.
5 Remueva del cable el retenedor del engranaje accionado y el engranaje accionado y eje.
6 Remueva la parte inferior del cable interior roto desde el extremo del cable exterior.
7 La instalación del cable interior es a la inversa de la remoción.

8 Lubrique ligeramente el cable interior e insértelo en el cable exterior. Cuando haya entrado casi totalmente, hágalo girar para asegurar que el extremo cuadrado enganche con el engranaje accionado del velocímetro.

Cable exterior

9 Trabajando detrás del tablero de instrumentos, desconecte el cable desde la parte trasera del cabezal del velocímetro.

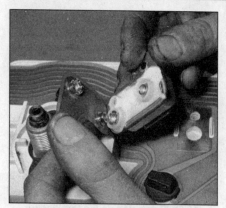

16.5b Desconexión del regulador de voltaje desde la parte trasera del grupo de instrumentos

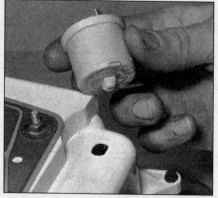

16.5c Remoción de la unidad intermitente desde la parte trasera del grupo de instrumentos

los tornillos de montaje (**vea ilustración**).

10   Para remover completamente el tablero, desconecte los conectores de cableado desde la parte trasera de los interruptores del tablero (**vea ilustración**) y remueva el tablero del vehículo.

11   La instalación es a la inversa de la remoción.

---

17 Interruptor de encendido - remoción e instalación

Refiérase a las ilustraciones 17.1, 17.11a y 17.11b

Hasta 1977

1   Para remover el cilindro de la cerradura del interruptor de encendido, inserte la llave del encendido en el interruptor e inserte un trozo de alambre en el agujero en la parte frontal del cilindro (**vea ilustración**).

2   Empuje el alambre y haga girar la llave en el sentido contrario a las agujas del reloj, más allá de la posición Accessory, enganche la llave el cilindro de la cerradura desde el

6   Remueva las tuercas que sujetan los indicadores al tablero de circuitos y remueva los indicadores.

7   Remueva todos los soportes de indicadores y de bombillas de luz desde la parte trasera de la caja, haciéndolos girar en el sentido contrario a las agujas del reloj (**vea ilustraciones**).

8   La instalación del circuito impreso y grupo de instrumentos es a la inversa de la remoción.

9   El tablero de interruptores, ubicado al lado izquierdo del grupo del tablero de instrumentos, se puede retirar después de remover

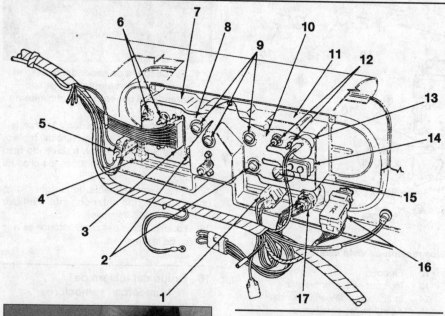

16.7a Componentes del grupo de instrumentos (modelo antiguo)

1   Interruptor del limpiaparabrisas
2   Señal de viraje
3   Alimentación del grupo
4   Intermitente de emergencia
5   Encendedor de cigarrillos
6   Indicador de temperatura
7   Grupo de instrumentos
8   Circuito impreso
9   Bombillas de iluminación
10   Circuito impreso
11   Grupo de instrumentos
12   Indicador de combustible
13   Unidad intermitente
14   Regulador de voltaje de instrumentos
15   Indicador de carga
16   Interruptor de faros
17   Interruptor de encendido

16.7b Remoción de una bombilla del grupo de instrumentos

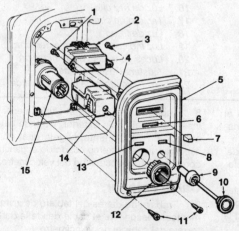

16.9 Componentes del ensamble del panel de interruptores - vista esquemática (últimos modelos)

1   Tornillo
2   Ensamble interruptor del limpiaparabrisas
3   Tornillo
4   Clip de retención
5   Tablero de terminación
6   Lavaparabrisas
7   Perilla
8   Luces
9   Bisel
10   Perilla
11   Tornillos
12   Bisel
13   Encendido
14   Interruptor del farol
15   Interruptor de encendido

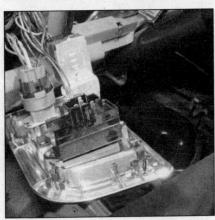

16.10 Remoción de los conectores del enchufe desde la parte trasera del panel de interruptores (últimos modelos)

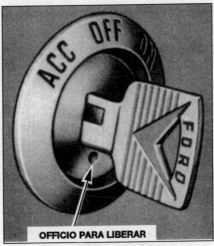

OFFICIO PARA LIBERAR

17.1 Agujero de desenganche de la cerradura de encendido (modelos antiguos)

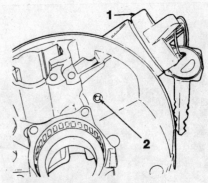

17.11a Ubicación de la espiga de retención del cilindro de la cerradura en una columna de dirección no inclinable

1 Cilindro de puesta en marcha en posición "On"
2 Espiga de retención

ensamble del interruptor.

3 El cilindro de la cerradura no es reparable y se debe reemplazar por uno nuevo si presenta defectos.

4 Para instalar el cilindro de la cerradura, inserte la llave y hágala girar hasta la posición Accessory.

5 Empuje el cilindro y la llave en el ensamble del interruptor hasta que se asiente por completo y luego haga girar la llave hasta la posición Lock. Remueva el alambre y haga girar la llave para chequear el funcionamiento de la cerradura y del interruptor.

6 Para remover todo el ensamble del interruptor desde el tablero de instrumentos en los modelos antiguos, remueva la tuerca de seguridad que sujeta el interruptor al tablero, retire el interruptor desde la parte trasera del tablero y desconecte el grupo de cables desde la parte trasera del interruptor.

7 En los últimos modelos, se puede remover el interruptor después de retirar el tablero de instrumentos, como se describe en la Sección anterior.

1978 y posteriores

8 En los últimos modelos, el interruptor está conectado a la columna de dirección. Desconecte el cable negativo de la batería.

9 Remueva el volante como se describe en la Sección 12.

10 Inserte la llave en el interruptor y hágala girar hasta la posición On. En los modelos de transmisión automática, coloque la palanca de cambios en Park.

11 Oprima la espiga de retención de la cerradura con un pequeño punzón o con una broca de 1/8 de pulgada y tire hacia afuera el cilindro de la cerradura. En las columnas de dirección no inclinables, la espiga está cerca de la base del cilindro de la cerradura (vea ilustración). En la columnas de dirección inclinables, la aguja de retención está adyacente al interruptor de aviso de peligro (vea ilustración).

12 Para instalar el interruptor, haga girar el cilindro hasta la posición On y oprima la espiga de retención. Luego, inserte el cilindro en la caja en la pieza fundida con la pestaña.

13 Asegúrese de que esté completamente asentado y alineado en la arandela de enclavamiento antes de hacer girar la llave hasta la posición Off, lo cual permite que la espiga de retención se extienda dentro del agujero de vaciado del cilindro.

14 Haga girar la llave a todas las posiciones para comprobar que funciona correctamente.

15 Los pasos faltantes de la instalación son a la inversa de la remoción. Cuando termine la instalación, chequee que el motor se ponga en marcha en Park y Neutral y no en Drive o Reverse.

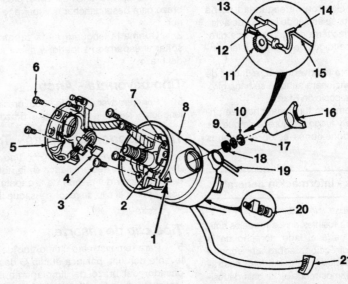

17.11b La espiga de retención del cilindro de la cerradura en las columna de dirección inclinables está adyacente al interruptor de aviso de peligro

1 Para soltar el cilindro de la cerradura inserte una espiga de alambre en el agujero (llave en posición On y palanca de cambios en estacionamiento)
2 Aro de resorte
3 Tornillo de montaje del vaciado de cubierta (se requiere 4)
4 Interruptor del intermitente de peligro
5 Interruptor de señal de viraje
6 Tornillo de montaje (se requiere 2)
7 Espiga de bloqueo del volante
8 Vaciado de la cubierta superior
9 Cojinete
10 Aro de resorte
11 Engranaje accionado
12 Actuador superior
13 En una instalación correcta el último diente del engranaje debe calzar en la última muesca del actuador
14 Actuador inferior
15 Varilla del encendido
16 Cilindro de la cerradura
17 Clip de resorte
18 Engranaje accionado
19 Varilla del encendido
20 Ensamble de retención de tornillo allen (se requiere 3)
21 Acoplador rápido

12

19.1 Ubicación del panel de fusibles (se muestra un modelo antiguo)

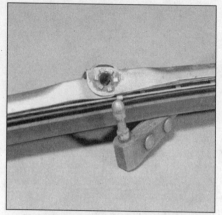

20.5 Desprendimiento de la hoja del limpiaparabrisas (se muestra un tipo reciente)

21.3 Reemplazo del brazo del limpiaparabrisas (se muestra un tipo reciente)

18 Sistema de enclavamiento de cinturón de seguridad/motor de arranque - información general

1   Este sistema está instalado en los últimos modelos, y está diseñado para impedir la operación del vehículo a menos que se hayan abrochado los cinturones de seguridad delanteros.

2   Si uno de los asientos delanteros está ocupado y el cinturón de seguridad no ha sido abrochado, se enciende una luz de aviso y suena una chicharra cuando se hace girar la llave del encendido a la posición II (encendido).

3   Si se ignora la advertencia, el motor de arranque no funcionará aunque se haga girar la llave hasta la posición Start.

4   Si el sistema no funciona, chequee primero el fusible y luego asegúrese de que los cables y las conexiones estén en buenas condiciones.

19 Fusibles - información general

Refiérase a la ilustración 19.1

1   El panel de fusibles en los modelos antiguos está ubicado al lado derecho de la columna de dirección, sobre un soporte conectado al soporte del pedal **(vea ilustración)**. En los últimos modelos, la caja de fusibles está al lado izquierdo de la columna de dirección, debajo del tablero de instrumentos.

2   La mayoría de los circuitos eléctricos están protegidos con fusibles. Si se funde un fusible, trate siempre de encontrar la causa y de corregirla antes de instalar otro fusible. **Caución:** *Nunca cortocircuite un fusible con un trozo de alambre u otros objetos metálicos. Puede producirse un serio daño al circuito.*

20 Hojas del limpiaparabrisas - remoción e instalación

Refiérase a la ilustración 20.5

Las hojas del limpiaparabrisas pueden ser de uno de dos tipos. En el tipo bayoneta,

la zapata de la hoja se desliza sobre el extremo del brazo y se engancha mediante un espárrago de bloqueo. En el tipo de pasador de zapata, un pasador en el brazo indica hacia el costado de la zapata de la hoja y engancha un clip accionado por resorte en la zapata.

Tipo bayoneta - Trico

1   Para remover una hoja Trico, presione el brazo para desenganchar el espárrago superior.

2   Oprima la lengüeta de la zapata para soltar el espárrago superior y sacar la hoja del brazo.

Tipo bayoneta - Anco

3   Para remover una hoja Anco, presione la lengüeta y saque la hoja desde el brazo.

Tipo pasador de zapata - Trico

4   Para remover una hoja Trico tipo pasador, inserte un destornillador en la abertura del disparador del resorte de la zapata de la hoja, oprima el clip de resorte y saque la hoja del brazo.

Tipo clip de resorte

5   Para remover este último tipo de hoja, levante con una palanca el clip C desde el pasador del brazo del limpiaparabrisas y remueva la hoja **(vea ilustración)**.

21 Brazo del limpiaparabrisas - remoción e instalación

Refiérase a la ilustración 21.3

1   Antes de remover un brazo del limpiaparabrisas, encienda y apague el interruptor del limpiaparabrisas para comprobar que los brazos están en la posición normal detenida, paralelos a la parte inferior del parabrisas.

2   Para remover el brazo, gírelo separándolo del parabrisas, oprima los clips de resorte en el henchimiento del brazo del limpiaparabrisas y saque el brazo del husillo.

3   Al instalar el brazo, colóquelo en la

posición detenida y empuje el henchimiento en el husillo **(vea ilustración)**.

22 Mecanismo del limpiaparabrisas - localización y reparación de fallas

1   Si el limpiaparabrisas no funciona, o funciona muy lentamente, chequee si en los terminales del motor hay conexiones sueltas y compruebe que la aislación de los cables no está agrietada o rota, causando un cortocircuito. Si los cables están en buenas condiciones, chequee la corriente que llega al motor, conectando un amperímetro en serie en el circuito y encendiendo el interruptor del limpiaparabrisas. La toma de corriente debe estar entre 2.3 y 3.1 amperios.

2   Si no pasa corriente por el motor, compruebe el correcto funcionamiento del interruptor.

3   Si el motor del limpiaparabrisas toma demasiada corriente, compruebe la libertad de movimiento de las hojas del limpiaparabrisas. Si están libres, chequee si hay daños en la cubierta de la caja de cambios y en el ensamble del mecanismo.

4   Si el motor consume muy poca corriente, compruebe que la batería esté completamente cargada. Revise el mecanismo de las escobillas y vea si éstas se apoyan sobre el conmutador. Si no es así, chequee la libertad de movimiento de las escobillas y, si es necesario, reemplace los resortes tensores. Si las escobillas están muy gastadas, se deben reemplazar.

23 Motor del limpiaparabrisas - remoción e instalación

1   Desconecte el cable negativo de la batería.

2   Desconecte los cables de alimentación del motor del limpiaparabrisas en el conector principal del cableado.

3   Remueva el clip que sujeta el brazo de

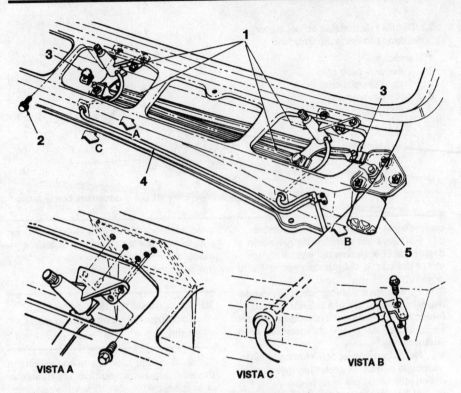

VISTA A

VISTA C

VISTA B

24.2 Motor y enlace del limpiaparabrisas

1   Ensamble del eje de pivote y brazo
2   Tornillo y arandela
3   Clip
4   Manguera
5   Motor del limpiaparabrisas

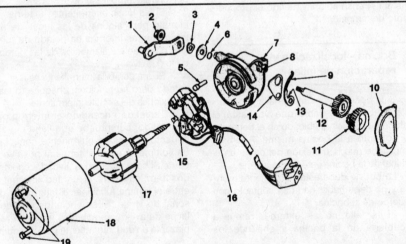

26.1 Componentes del motor del limpiaparabrisas - vista esquemática

1   Brazo de salida
2   Tuerca de retención del brazo de salida
3   Arandela de resorte
4   Espiga del interruptor de estacionamiento a la palanca de estacionamiento
5   Arandela espaciadora
6   Anillo "O"
7   Caja del engranaje
8   Resorte plano del extremo de la armadura
9   Palanca del interruptor de estacionamiento
10   Cubierta del engranaje
11   Engranaje intermedio y piñón
12   Eje y engranaje de salida
13   Cursor de leva
14   Placa de la palanca del interruptor de encendido
15   Ensamble de interruptor y placa de 3 escobillas
16   Manga aisladora
17   Armadura
18   Caja del motor y ensamble del magneto
19   Pernos de conexión de la caja del motor

mando del motor al brazo de enlace y desconecte el motor del enlace.

4   Remueva los pernos de montaje del soporte y levante el ensamble del motor y el soporte. Si se debe desarmar el motor, remueva el soporte.

5   La instalación es a la inversa de la remoción. Observe que el brazo de mando se debe conectar al motor en la posición detenida: en dirección opuesta a la conexión al chasis.

24 Ejes de pivote y ensamble de enlaces del limpiaparabrisas - remoción e instalación

Refiérase a la ilustración 24.2

1   Remueva los brazos y hojas del limpiaparabrisas como se describe en la Sección 21.
2   Trabajando desde debajo del tablero de instrumentos, debajo del vehículo, remueva los seis tornillos que sujetan los ensambles de ejes de pivote **(vea ilustración)**.
3   Remueva el clip que sujeta el brazo de enlace al motor y retire el enlace y los ejes de pivote desde el vehículo.
4   La instalación es a la inversa de la remoción. Lubrique todas las partes móviles con aceite ligero.
5   En los últimos modelos, compruebe que las tuberías del lavaparabrisas estén correctamente instaladas sobre los ejes de pivote.

25 Interruptor del limpiaparabrisas - remoción e instalación

1   En los primeros modelos Econoline, remueva el pequeño tornillo de retención al costado de la perilla de control del limpiaparabrisas y tire la perilla.
2   Remueva la tuerca de seguridad que sujeta el interruptor al tablero de instrumentos, retire el interruptor desde la parte trasera del tablero y desconecte los cables.
3   En los últimos modelos, remueva el panel del interruptor desde el tablero principal de instrumentos como se describe en la Sección 16.
4   Retire el panel lo suficiente para remover los dos tornillos de retención del interruptor del limpiaparabrisas, tire la perilla de control y remueva el interruptor.
5   La instalación de cualquiera de los tipos de interruptor es a la inversa de la remoción.

26 Motor del limpiaparabrisas - desmontaje, inspección y montaje

Refiérase a la ilustración 26.1

1   Remueva los tornillos de retención de la cubierta del mecanismo y desprenda el terminal de conexión a tierra y la cubierta **(vea ilustración)**.
2   Remueva cuidadosamente el engranaje intermedio y el retén del piñón.

12

3   Levante el engranaje intermedio y el piñón y recupere la arandela de empuje.

4   Remueva los dos pernos largos que pasan por el motor y separe la caja, la manga aisladora del terminal del interruptor y la armadura.

5   Marque la posición del brazo de salida con respecto al eje, para asegurar un montaje correcto.

6   Remueva la tuerca de retención del brazo de salida, el brazo de salida, la arandela de resorte, la arandela plana, el ensamble del eje del engranaje de salida, la arandela de empuje y la palanca y arandela del interruptor de estacionamiento, en ese orden.

7   Remueva las escobillas y los resortes de las escobillas.

8   Remueva el ensamble de placa de escobillas e interruptor y retire la espiga de la palanca de contacto a estacionamiento del interruptor desde la caja del mecanismo.

9   Limpie completamente todas las partes y luego inspeccione si hay grietas, deformaciones o daños en la caja del mecanismo.

10   Chequee cuidadosamente si hay signos de arañazos y daños en los ejes, escobillas y engranajes.

11   Si las escobillas están gastadas, reemplácelas por escobillas nuevas.

12   Cualquier problema serio con la armadura, tal como una ruptura en la aislación, significa que se requiere un motor nuevo.

13   El montaje es a la inversa del desmontaje.

27   Surtidores del lavaparabrisas - ajuste

Para ajustar los surtidores del lavaparabrisas, incline cuidadosamente el surtidor en la dirección requerida con unas pinzas de puntas de aguja. No apriete demasiado fuerte el surtidor, a fin de no estrecharlo hasta que quede cerrado.

28   Depósito y bomba del lavaparabrisas - remoción e instalación

Refiérase a la ilustración 28.3

1   Remueva el enchufe del conector de

28.3 Detalles de instalación del motor del depósito del lavaparabrisas

1   Depósito
2   Lubricante seco aquí
3   Ensamble del motor
4   Anillo de retención
5   Alinee

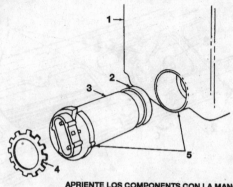

APRIENTE LOS COMPONENTS CON LA MANO

cableado y la manguera del lavaparabrisas.

2   Remueva los tornillos de retención y desprenda el ensamble del lavaparabrisas y motor del zócalo del guardafango del lado izquierdo.

3   Para remover el motor de la bomba del depósito, levante con una palanca el anillo de retención y tire cuidadosamente el motor hacia afuera del hueco del depósito **(vea ilustración)**.

4   No es posible reparar el ensamble del motor y la bomba. Si presentan defectos, se deben reemplazar por otros nuevos.

5   Al instalar el motor en el depósito, compruebe que la proyección en el cuerpo del motor esté alineada con la ranura en el depósito.

6   Presione el anillo de retención del motor e instale el ensamble invirtiendo el procedimiento de remoción.

29   Bocina - localización y reparación de fallas

1   Si la bocina suena mal o falla por completo, chequee el cable que va hasta el enchufe de la bocina, ubicado en el panel del cuerpo junto a la bocina misma. Además, compruebe que la conexión del cable en el terminal de la bocina esté limpia y firme.

2   La bocina debe estar firmemente montada y no debe haber nada en contacto con el cuerpo de la bocina.

3   Si la falla no es externa, remueva la cubierta de la bocina y chequee los

conductores dentro de ésta. Si están en buen estado, chequee los contactos. Si están quemados o sucios, límpielos con una lima fina y mójelos con limpiador de contacto.

30   Circuito de señales de viraje - localización y reparación de fallas

1   Si la unidad intermitente no funciona, o destella demasiado lenta o rápidamente, chequee el circuito de señales de viraje antes de suponer que la unidad intermitente está defectuosa.

2   Examine si hay filamentos rotos en las bombillas de luz de señal de viraje, tanto delanteras como traseras.

3   Si las luces intermitentes externas funcionan, pero alguna de las luces de aviso intermitentes internas ha dejado de funcionar, chequee los filamentos de las bombillas de luz de aviso.

4   Si una bombilla intermitente está en buen estado pero no funciona, chequee todas las conexiones del circuito intermitente.

5   Teniendo encendido el interruptor de encendido, compruebe que llega el voltaje correcto a la unidad intermitente, conectando un voltímetro entre el terminal positivo y la tierra. Si hay voltaje en la unidad, conecte los dos terminales de la unidad intermitente entre sí y haga funcionar el interruptor de la señal de viraje. Si se enciende una de las luces de aviso intermitentes, se debe reemplazar la unidad intermitente por otra nueva.

Componente	Ubicación
Acondicionador de aire	
Motor del ventilador	H-34
Interruptor de control de	E-34
embrague y motor del ventilador	
Solenoide del embrague	J-35
Relé del ventilador alto	G-36
Resistor del motor del ventilador	G-34
Interruptor del termostato	E-35
Alternador	C-11
Indicador del alternador	B-10
Regulador	G-11
Interruptor del sensor ambiental	D-14
Amperímetro	D-13
Luces de retroceso	K-27
Interruptor de luces de retroceso	F-27
Batería	C-2
Solenoide del carburador	J-17
Luz de carga	J-54
Luz de iluminación del encendedor	E-42
de cigarrillos	
Encendedor de cigarrillos	E-53
Luces de iluminación del grupo	F-43
Regulador de voltaje constante	D-21
Distribuidor	J-2
Luz de techo	H-54
Interruptores de puerta	
izquierda delantera	G-53 y C-57
derecha delantera	G-53 y H-57
derecha delantera (carga)	F-57 y F-53
derecha trasera	53 y E-57
Luz de aviso de freno doble	H-18
Interruptor de aviso de freno doble	J-18
Válvula solenoide de vacío ESC	K-13
Modulador de dist. electrónica	G-13
Intermitente de aviso de emergencia	D-53
Interruptor de aviso de emergencia	C-51
Interruptor de temperatura del motor	J-20
Indicador de combustible	E-21
Emisor de combustible	J-21
Faros	
Interruptor reductor	E-40
Luz indicadora de haz alto	F-40
Interruptor	C-41
izquierdo	J-41
derecho	J-42
Calentador	
Auxiliar	J-31
Interruptor auxiliar	E-31
Motor del ventilador	D-30
Resistor del motor del ventilador	E-30
Interruptor del termostato	D-32
Interruptor	H-30
Bocina	
Normal	J-44
Interruptor	J-44
RPO	J-45
Relé	G-44
Bobina de encendido	F-3
Interruptor de encendido	C-20
Luz de matrícula	J.51
Luces indicadoras	
izquierda delantera	J-47
derecha delantera	J-48
izquierda trasera	J-50
derecha trasera	J-53

Componente	Ubicación
Interruptor de puesta en marcha neutra	C-16
Interruptor de luz de retroceso y partida neutra	F-28
Presión del aceite	
Indicador	E-22
Emisor (indicadores)	J-22
Interruptor (luces)	J-23
Luces de aviso	E-23
Luces de señal deestacionamiento y viraje	
izquierda	J-46
derecha	J-49
Receptor de radio	F-32
Micrófono de radio	H-32
Luces de aviso de bus escolar	
izquierda delantera	K-56
derecha delantera	K-57
izquierda trasera	K-59
derecha trasera	K-58
Sensor del velocímetro	J-11
Relé del motor de arranque	C-5.
Motor de arranque	H-5
Interruptor de luz de parada	D-48
Luces de señal de parada y viraje	
izquierda	J-51
derecha	J-52
Condensador de supresión	G-9 y G-12
Válvula solenoide de vacío TRS	K-15
Indicador de temperatura	E-20
Interruptor del sensor de transmisión	K-14
Intermitente de señal de viraje	S-53 y C-27
Luces indicadoras de señalde viraje	
izquierda	F-50
derecha	F-50
Interruptor de señal de viraje	C-50
Luces de aviso	
Intermitente	C-59
Relé	A-59
Interruptor	A-57
Parabrisas	
Bomba del motor del lavaparabrisas	H-25
Motor del limpiaparabrisas	J-24
Interruptor del limpiaparabrisas	D-24
Interruptor del lavaparabrisas	E-25

**Colores primarios
claves de color del cableado**

Negro	BK
Pardo	BR
Rojo	R
Rosa	PK
Anaranjado	O
Amarillo	Y
Verde	G
Azul	B
Gris	GY
Blanco	W
Violeta	V

12

Clave de diagramas de cableado - sólo modelos hasta 1974

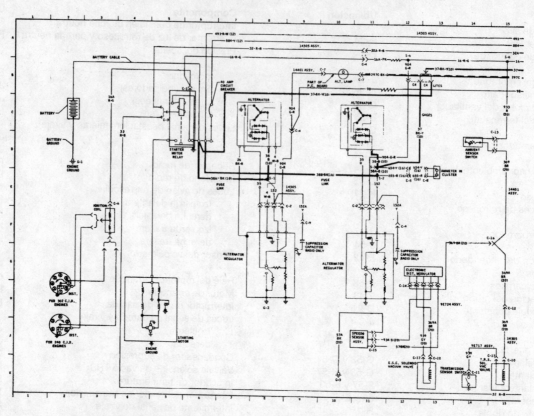

Diagrama de cableado - motor y componentes relacionados (modelos hasta 1974)

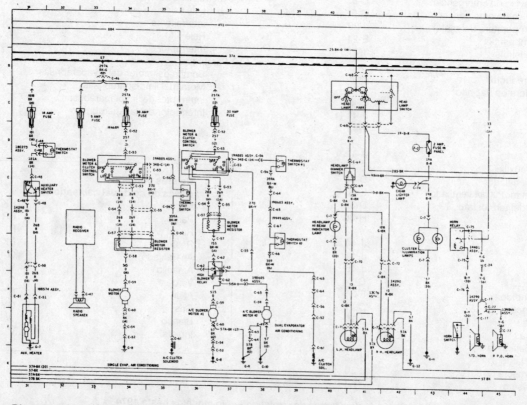

Diagrama de cableado - radio, calentador, sistema de aire acondicionado y luces (modelos hasta 1974)

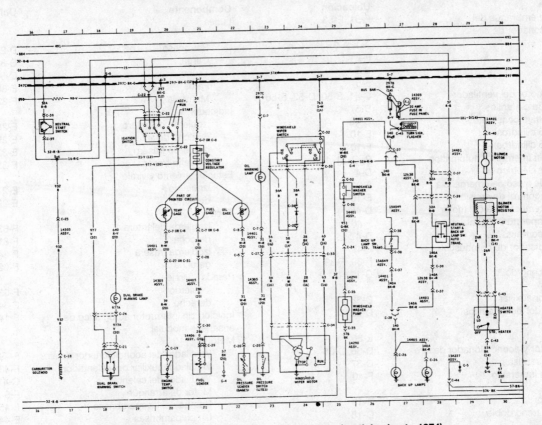

Diagrama de cableado - tablero de instrumentos (modelos hasta 1974)

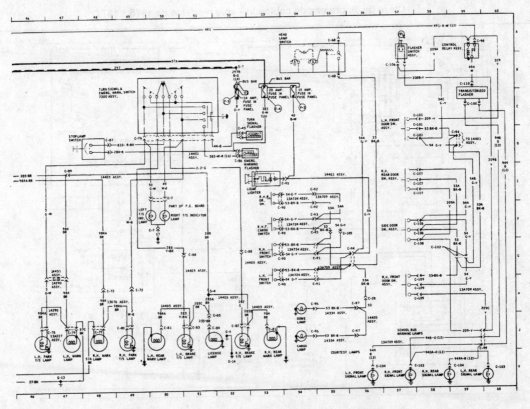

Diagrama de cableado - luces (modelos hasta 1974)

Componente	Ubicación	Componente	Ubicación
Solenoide del embrague del acondicionador de aire	F-51, E-53	Luces	
Alternador	A-1, A-3	Retroceso	D-23, F-23
Regulador	F-2	Carga	C-60
Amperímetro	B-8	Techo	C-59
Batería	E-5	Faros	E-30, E-31
Resistor del motor del ventilador	C-41, E-50, D-52, E-56	Matrícula	F-32
Encendedor de cigarrillos	B-57	Indicador	
Unidad de voltaje constante	C-46	izquierdo delantero	E-28
Distribuidor (6 cilindros)	E-10	derecho delantero	E-29
Distribuidor (6 cilindros)	F-10	izquierdo trasero	E-33
Distribuidor sin interruptor automático	B, C-14, 15	derecho trasero	E-35
Estrangulador eléctrico	D-4	Estacionamiento y viraje	
Intermitente de aviso de emergencia	F-21	izquierdo	E-27
Solenoide de control de emisión	E-16	derecho	E-29
Indicador de temperatura del motor	D-46	Techo	
Emisor de temperatura del motor	F-46	izquierda delantera	F-63
Indicador de combustible	D-47	derecha	F-61
Emisor del indicador de combustible	F-47	izquierda trasera	F-64
Bocina	E-39, F-39	derecha	F-62
Bobina de encendido	C-13	Parada y viraje	
Iluminaciones		izquierdo	F-33
Ventilador auxiliar	D-38	derecho	F-34
Encendedor de cigarrillos	D-35	Ignición sin interruptor automático de ensamble modular	F-14
Grupo	E-36	Motores	
Calentador y acondicionador de aire	D-36, D-38	Ventilador del acondicionador de aire	F-49, E-52, F-56
Limpiaparabrisas	D-37	Ventilador auxiliar del calentador	F-43
Calentador de inmersión	F-40	Ventilador del calentador	C-41
Indicadores		Motor de arranque	F-6
Alternador	B-19	Bomba del lavaparabrisas	F-45
Aviso de freno doble	D-18	Limpiaparabrisas	E-44
Haz alto	E-31	Condensador de supresión de ruido	F-4
Aviso de aceite	D-18	Indicador de presión de aceite	D-48
Señal de viraje	E-25, E-26	Emisor de presión de aceite	F-47

Clave de diagramas de cableado - sólo modelos de 1975 a 1977

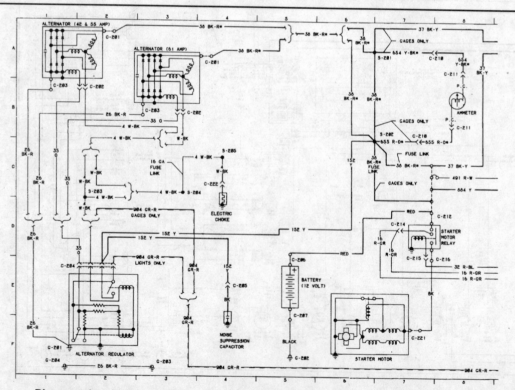

Diagrama de cableado - sistemas de carga, encendido y puesta en marcha (modelos de 1975 a 1977)

Componente	Ubicación
Radio	C-49
Estrangulador de supresión de radio	C-46
Micrófono de radio	D-49
Relés	
Ventilador alto del acondicionador de aire	C-54
Bocina	B-39
Luz de techo	B-63
Motor de arranque	D-7
Interruptores	
Ventilador del acondicionador de aire	C-51, B-53, B-56
Sensor ambiental	C-43
Luz de retroceso	D-22
Batiente de puerta	
Delantera izquierda	E-59, B-60
Delantera derecha	E-57, F-60
Lateral	D-57, E-60
Trasera	C-57, C-60
Aviso de freno doble	F-18
Faro	B-33
Reductor de faro	B-30
Ventilador auxiliar del calentador	D-43
Ventilador del calentador	E-41
Bocina	D-40
Encendido	D-19
Intermitente de luz de aviso	A-60
Presión de aceite	F-48
Parada/enclavamiento y retroceso	C-21
Luz de parada	F-20
Sensor de temperatura	D-51, D-53
Termostato	C-43
Señal de viraje y emergencia	B-26
Limpia y lavaparabrisas	B-44
Intermitente transistorizado	C-64
Intermitente de señal de viraje	E-26
Válvula solenoide de vacío	D-17

Colores primarios claves de color del cableado	
Negro	BK
Pardo	BR
Tostado	T
Rojo	R
Rosa	PK
Anaranjado	O
Amarillo	Y
Verde oscuro	DG
Verde claro	LG
Azul oscuro	DB
Azul claro	LB
Púrpura	P
Gris	GY
Blanco	W
Mezcla	(H)
Punteado	(D)

Clave de diagramas de cableado - sólo modelos de 1975 a 1977 (continuación)

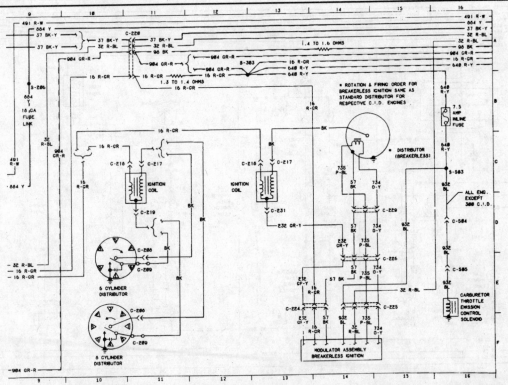

Diagrama de cableado - sistema de encendido sin interruptor automático (modelos de 1975 a 1977)

12

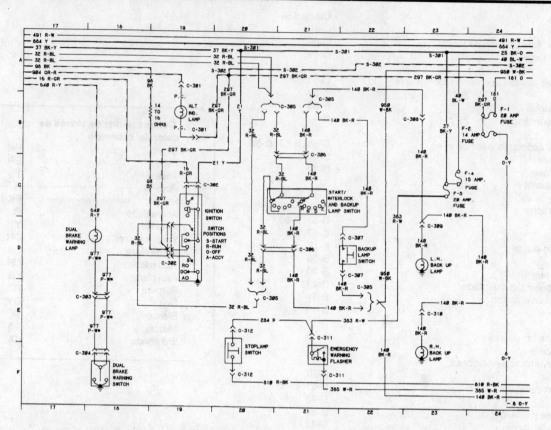

Diagrama de cableado - interruptor de encendido, interruptores y luces (modelos de 1975 a 1977)

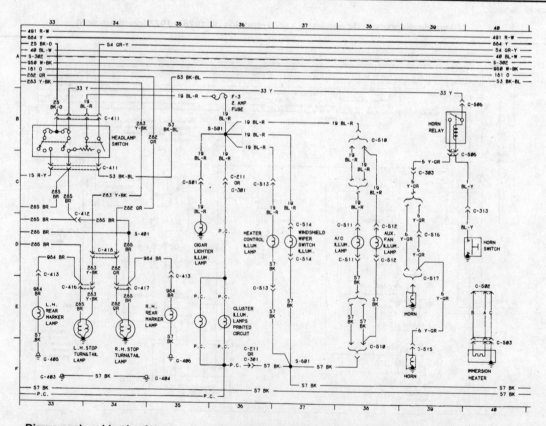

Diagrama de cableado - interruptores y luces del tablero de instrumentos (modelos de 1975 a 1977)

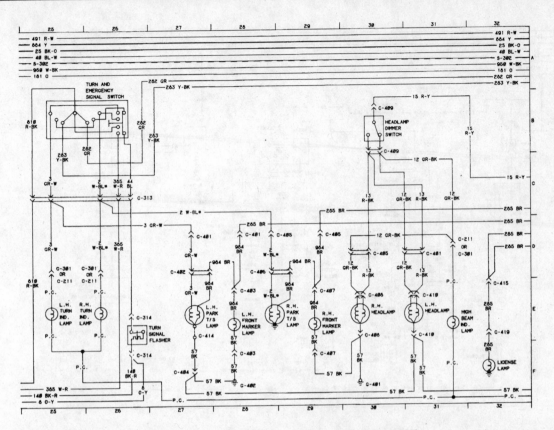

Diagrama de cableado - luces (modelos de 1975 a 1977)

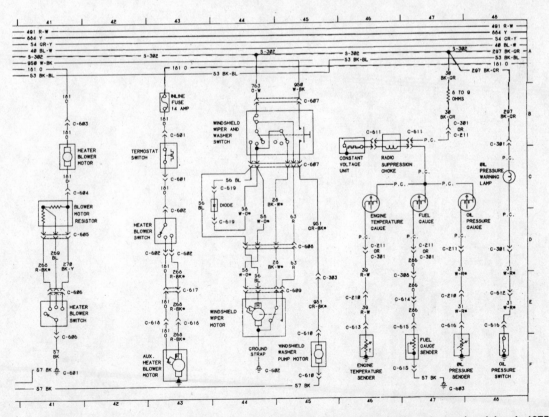

Diagrama de cableado - sistema de limpiaparabrisas y calentador, indicadores y unidades emisoras (modelos de 1975 a 1977)

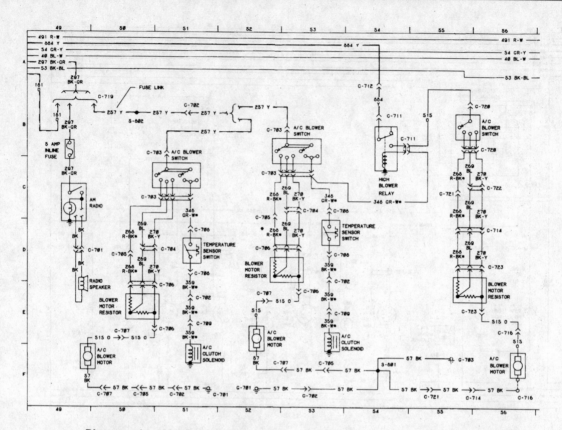

Diagrama de cableado - sistema de radio y aire acondicionado (modelos de 1975 a 1977)

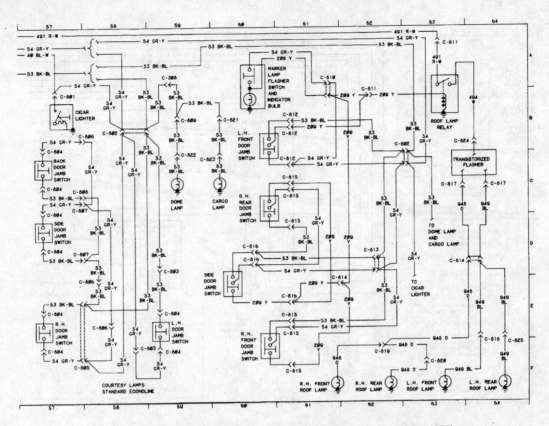

Diagrama de cableado - luces e interruptores (modelos de 1975 a 1977)

Código de color de los diagramas de cableado	
Negro	BK
Azul	BL
Pardo	BR
Gris	GY
Verde	GR
Anaranjado	O
Púrpura	P
Rojo	R
Blanco	W
Amarillo	Y

Se entiende una capa primaria
sin código de color

12

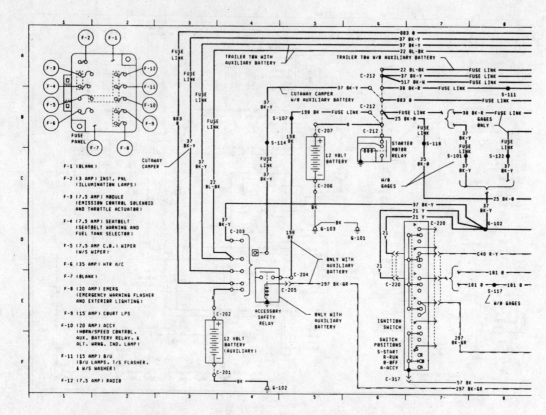

Diagrama de cableado - distribución de energia (1978 y posteriores - típico) 1 de 2

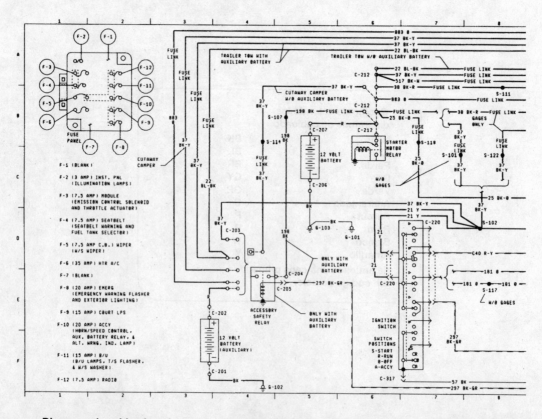

Diagrama de cableado - sistema de calentadoe y aire acondicionado (1978 y posteriores - típico)

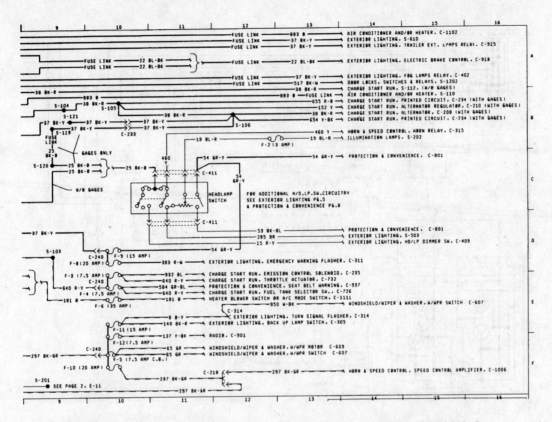

Diagrama de cableado - distribución de energía (1978 y posteriores - típico) 2 de 2

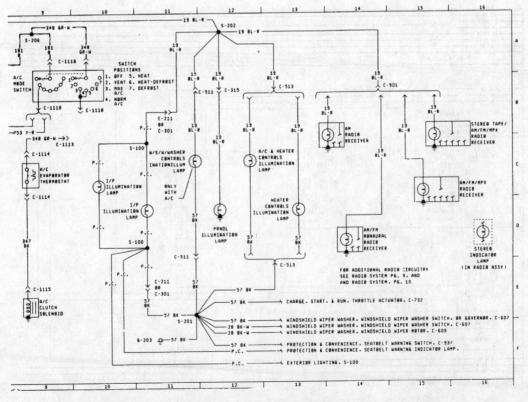

Diagrama de cableado - luces del tablero (1978 y posteriores - típico)

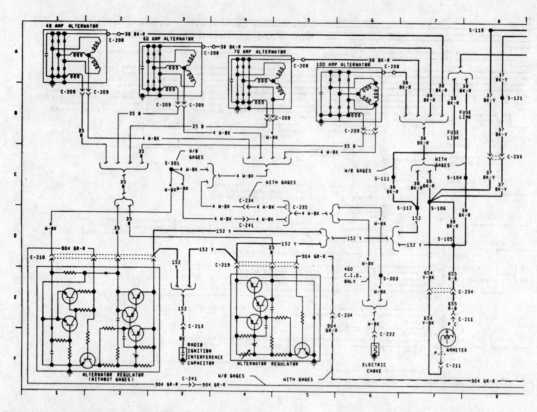

Diagrama de cableado - sistemas de carga, puesta en marcha y encendido (1978 y posteriores - típico) 1 de 6

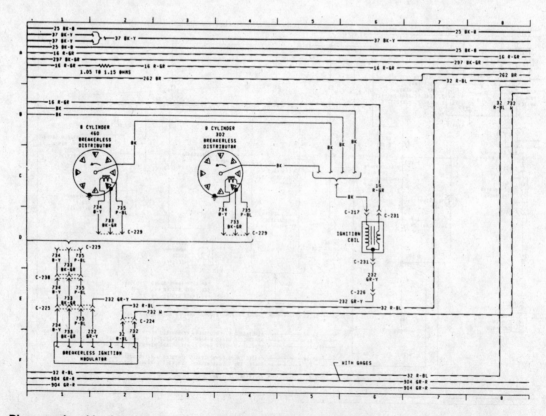

Diagrama de cableado - sistemas de carga, puesta en marcha y encendido (1978 y posteriores - típico) 3 de 6

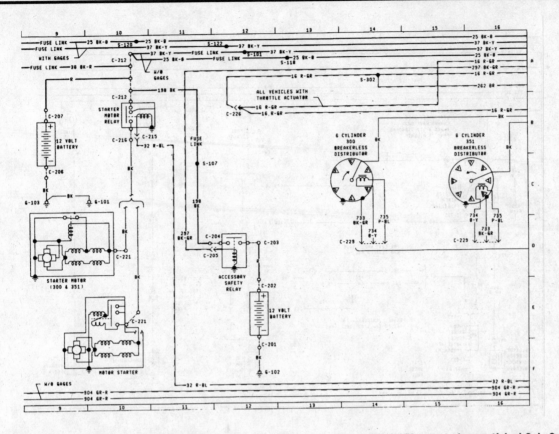

Diagrama de cableado - sistemas de carga, puesta en marcha y encendido (1978 y posteriores - típico) 2 de 6

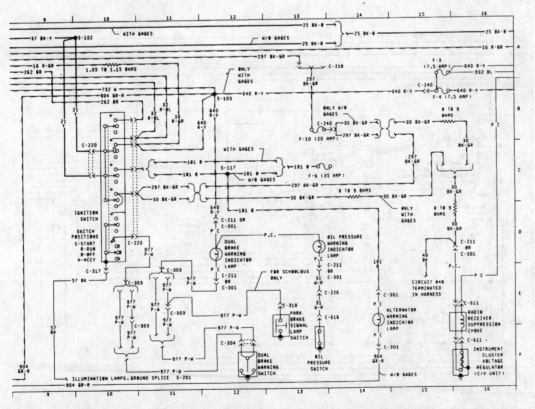

Diagrama de cableado - sistemas de carga, puesta en marcha y encendido (1978 y posteriores - típico) 4 de 6

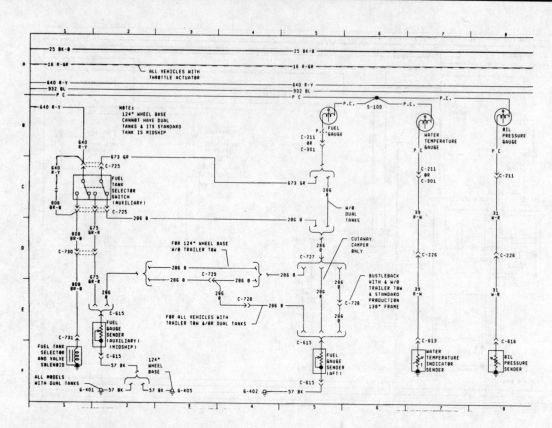

Diagrama de cableado - sistemas de carga, puesta en marcha y encendido (1978 y posteriores - típico) 5 de 6

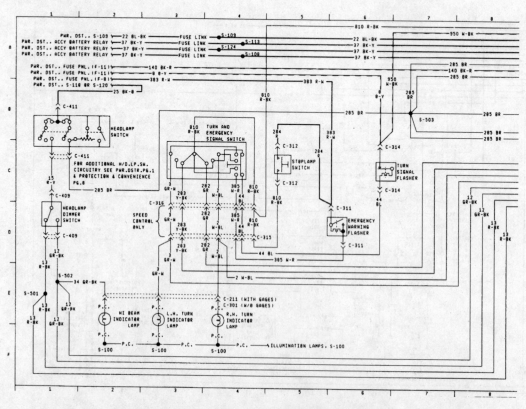

Diagrama de cableado - luces exteriores (1978 y posteriores - típico) 1 de 4

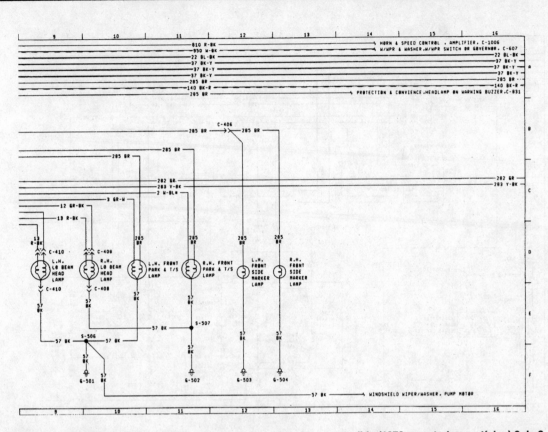

Diagrama de cableado - sistemas de carga, puesta en marcha y encendido (1978 y posteriores - típico) 6 de 6

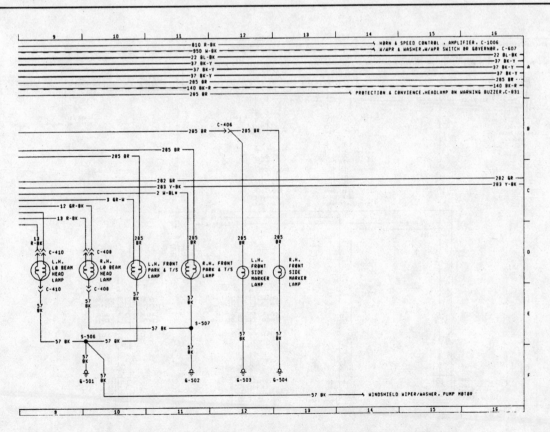

Diagrama de cableado - luces exteriores (1978 y posteriores - típico) 2 de 4

12

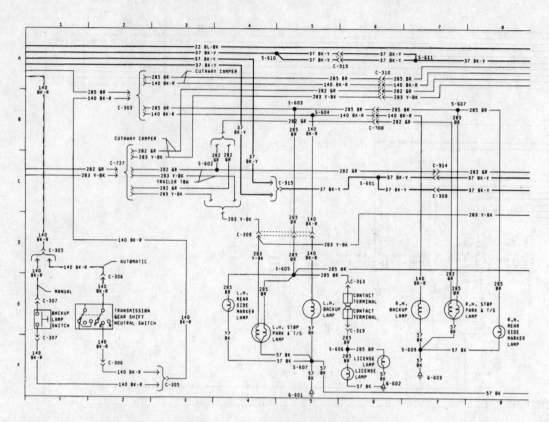

Diagrama de cableado - luces exteriores (1978 y posteriores - típico) 3 de 4

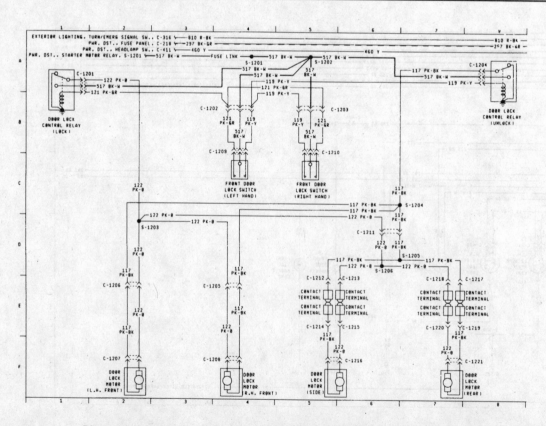

Diagrama de cableado - cerraduras automáticas de puerta (1978 y posteriores - típico)

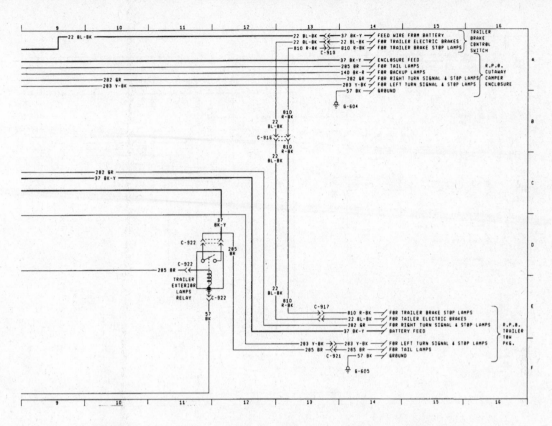

Diagrama de cableado - luces exteriores (1978 y posteriores - típico) 4 de 4

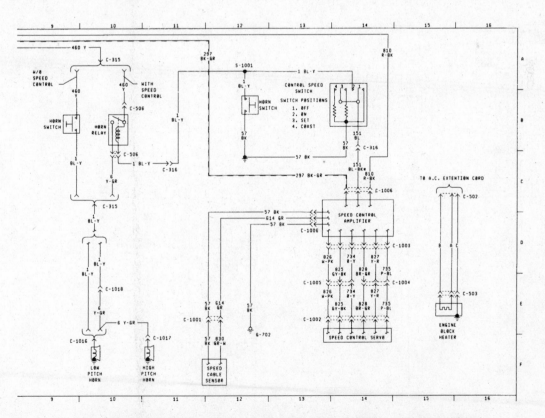

Diagrama de cableado - bocina y control de velocidad (1978 y posteriores - típico)

12

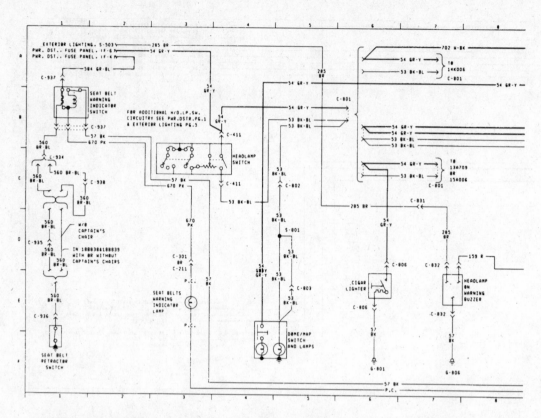

Diagrama de cableado - dispositivos de protección y utilitarios (1978 y posteriores - típico) 1 de 2

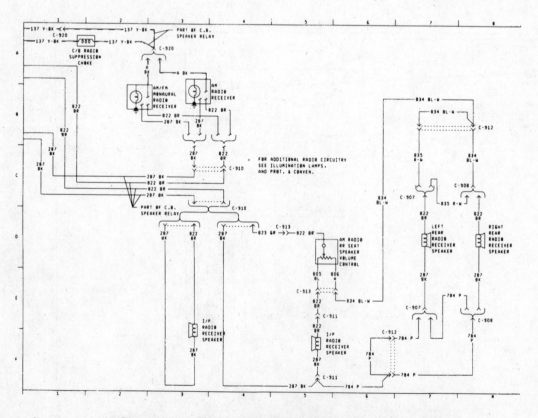

Diagrama de cableado - radio estándar (1978 y posteriores - típico)

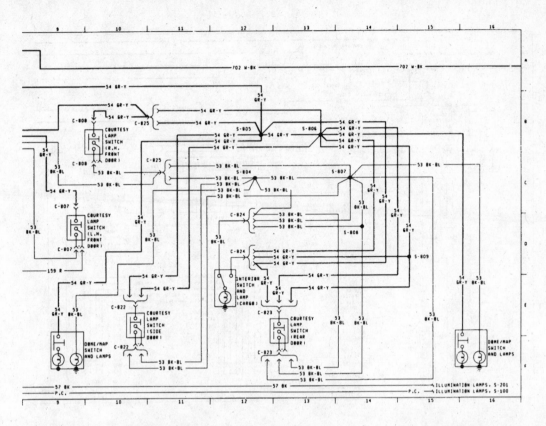

Diagrama de cableado - dispositivos de protección y utilitarios (1978 y posteriores - típico) 2 de 2

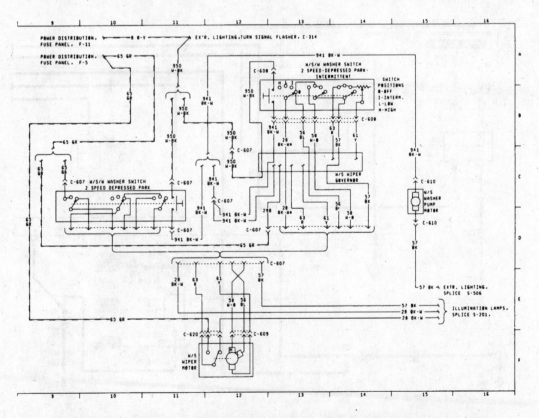

Diagrama de cableado - sistemas de limpia y lavaparabrisas (1978 y posteriores - típico)

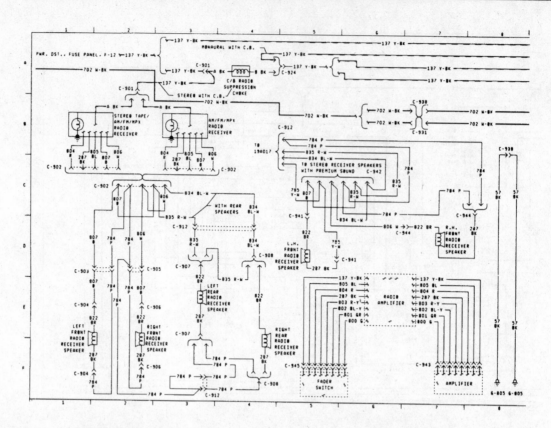

Diagrama de cableado - sistema opcional estéreo (1978 y posteriores - típico) 1 de 2

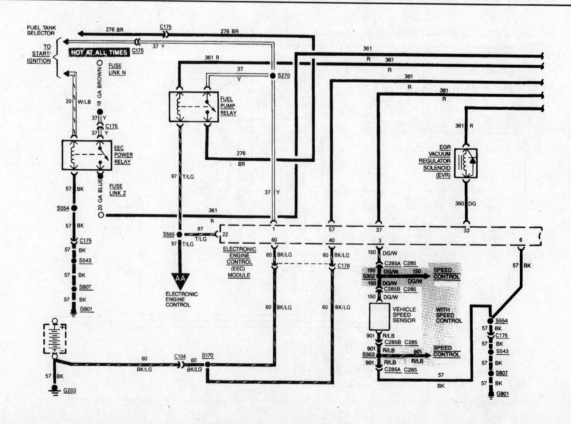

Diagrama del alambrado para el control electrónico del motor - motores de 4.9L - 1987 en adelante (1 de 4)

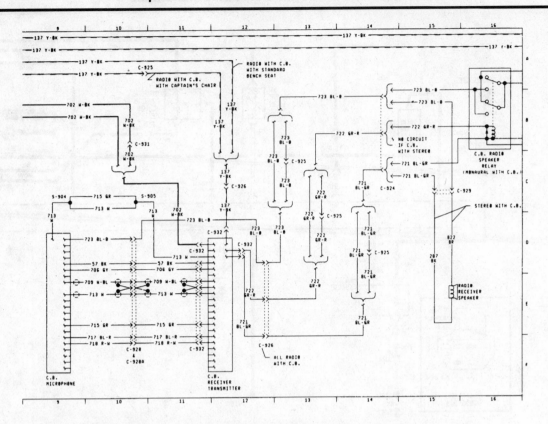

Diagrama de cableado - sistema opcional estéreo (1978 y posteriores - típico) 2 de 2

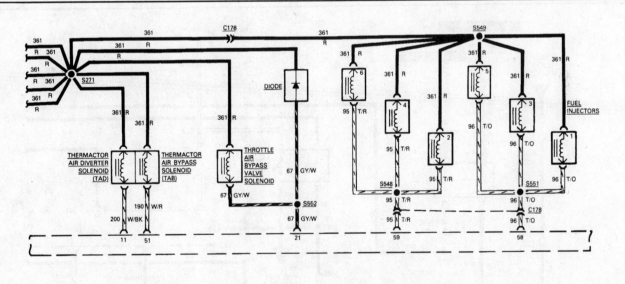

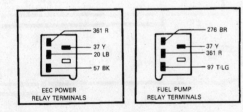

Diagrama del alambrado para el control electrónico del motor - motores de 4.9L - 1987 en adelante (2 de 4)

12

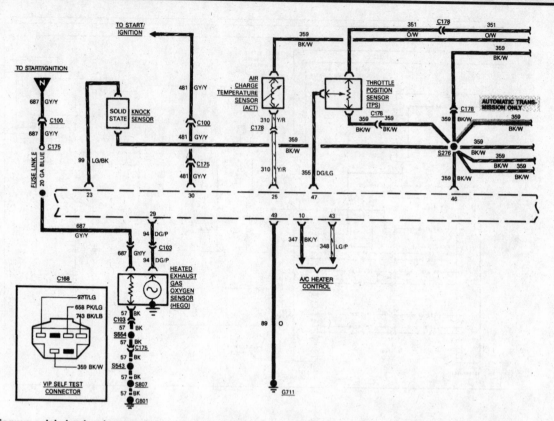

Diagrama del alambrado para el control electrónico del motor - motores de 4.9L - 1987 en adelante (3 de 4)

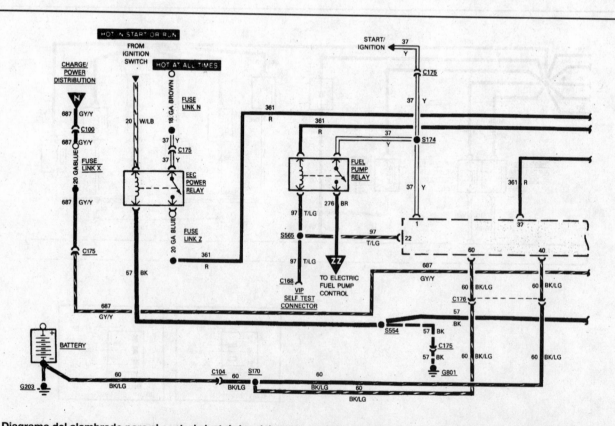

Diagrama del alambrado para el control electrónico del motor - motores de 5.0L, 5.8L y 7.5L - 1987 en adelante (1 de 4)

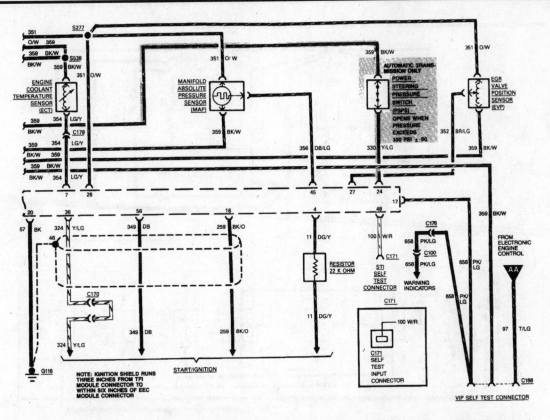

Diagrama del alambrado para el control electrónico del motor - motores de 4.9L - 1987 en adelante (4 de 4)

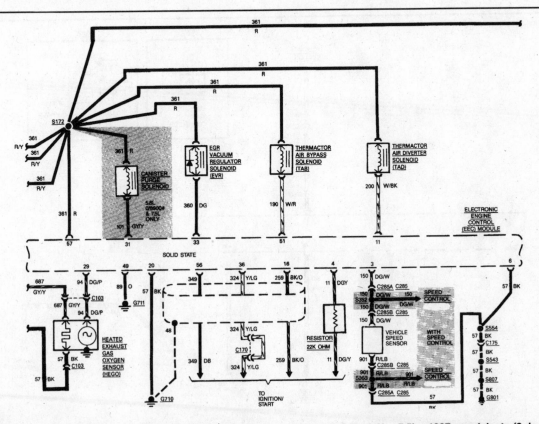

Diagrama del alambrado para el control electrónico del motor - motores de 5.0L, 5.8L y 7.5L - 1987 en adelante (2 de 4)

12

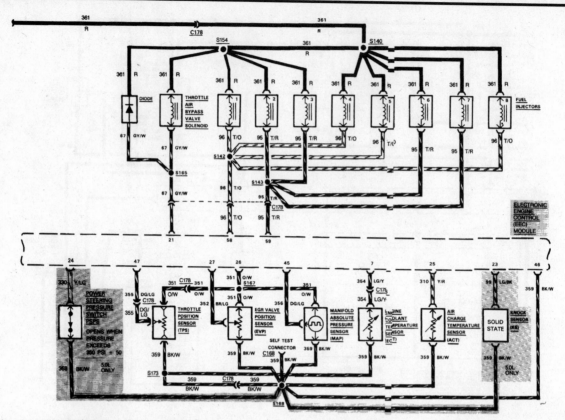

Diagrama del alambrado para el control electrónico del motor - motores de 5.0L, 5.8L y 7.5L - 1987 en adelante (3 de 4)

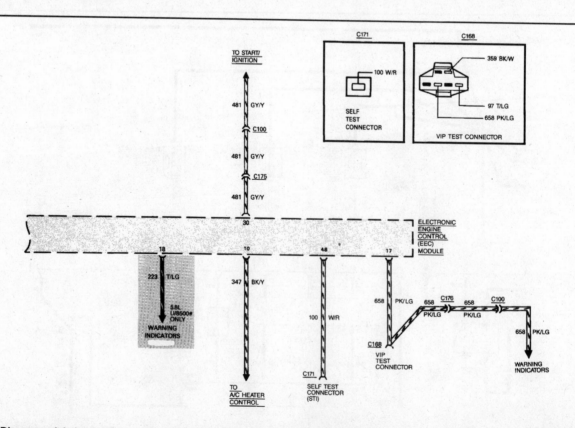

Diagrama del alambrado para el control electrónico del motor - motores de 5.0L, 5.8L y 7.5L - 1987 en adelante (4 de 4)

Índice

IND

IND

Manuales automotrices Haynes

NOTA: Manuales nuevos son agregados a esta lista en una base periódica. Si usted no puede encontrar su vehículo en esta lista, consulte con su distribuidor Haynes, para información de la producción más moderna.

ACURA
*1776   **Integra** '86 thru '89 & **Legend** '86 thru '90

AMC
    Jeep CJ - see JEEP (412)
694   Concord/Hornet/Gremlin/Spirit '70 thru '83
934   **(Renault) Alliance & Encore** '83 thru '87

AUDI
615   **4000** all models '80 thru '87
428   **5000** all models '77 thru '83
1117   **5000** all models '84 thru '88

AUSTIN
    Healey Sprite - see MG Midget (265)

BMW
*2020   **3/5 Series** '82 thru '92
276   **320i** all 4 cyl models '75 thru '83
632   **528i & 530i** all models '75 thru '80
240   **1500 thru 2002** except Turbo '59 thru '77

BUICK
    Century (FWD) - see GM (829)
*1627   **Buick, Oldsmobile & Pontiac Full-size (Front wheel drive)** Buick Electra, LeSabre and Park Avenue; Oldsmobile Delta 88 Royale, Ninety Eight and Regency; Pontiac Bonneville
1551   **Buick Oldsmobile & Pontiac Full-size (Rear wheel drive)** Buick Estate '70 thru '90, Electra '70 thru '84, LeSabre '70 thru '85, Limited '74 thru '79, Oldsmobile Custom Cruiser '70 thru '90, Delta 88 '70 thru '85, Ninety-eight '70 thru '84, Pontiac Bonneville '70 thru '81, Catalina '70 thru '81, Grandville '70 thru '75, Parisienne '83 thru '86
627   **Mid-size Regal & Century** '74 thru '87
    Regal - see GENERAL MOTORS (1671)
    Skyhawk - see GENERAL MOTORS (766)
    Skylark '80 thru '85 - see GM (38020)
    Skylark '86 on - see GM (1420)
    Somerset - see GENERAL MOTORS (1420)

CADILLAC
*751   **Cadillac Rear Wheel Drive** '70 thru '93
    Cimarron - see GENERAL MOTORS (766)

CHEVROLET
*1477   **Astro & GMC Safari Mini-vans** '85 thru '93
554   **Camaro V8** all models '70 thru '81
866   **Camaro** all models '82 thru '92
    Cavalier - see GENERAL MOTORS (766)
    Celebrity - see GENERAL MOTORS (829)
24017   **Camaro & Firebird** '93 thru '96
625   **Chevelle, Malibu, El Camino** '69 thru '87
449   **Chevette & Pontiac T1000** '76 thru '87
    Citation - see GENERAL MOTORS (38020)
*1628   **Corsica/Beretta** all models '87 thru '96
274   **Corvette** all V8 models '68 thru '82
*1336   **Corvette** all models '84 thru '91
1762   **Chevrolet Engine Overhaul Manual**
704   **Full-size Sedans** Caprice, Impala, Biscayne, Bel Air & Wagons '69 thru '90
    Lumina - see GENERAL MOTORS (1671)
    Lumina APV - see GM (2035)
319   **Luv Pick-up** all 2WD & 4WD '72 thru '82
626   **Monte Carlo** all models '70 thru '88
241   **Nova** all V8 models '69 thru '79
*1642   **Nova/Geo Prizm** front wheel drive '85 thru '92
420   **Pick-ups** '67 thru '87 - Chevrolet & GMC, all V8 & in-line 6 cyl, 2WD & 4WD '67 thru '87; Suburbans, Blazers & Jimmys '67 thru '91
*1664   **Pick-ups** '88 thru '95 - Chevrolet & GMC, all full-size models '88 thru '95; Blazer & Jimmy '92 thru '94; Suburban '92 thru '95; Tahoe & Yukon '95
*831   **S-10 & GMC S-15 Pick-ups** '82 thru '93
24071   **S-10, Gmc S-15 & Jimmy** '94 thru '96
*1727   **Sprint & Geo Metro** '85 thru '94
*345   **Vans** - Chevrolet & GMC, V8 & in-line 6 cylinder models '68 thru '96

CHRYSLER
25025   **Chrysler Concorde, New Yorker & LHS, Dodge Intrepid, Eagle Vision,** '93 thru '96
2114   **Chrysler Engine Overhaul Manual**
*2058   **Full-size Front-Wheel Drive** '88 thru '93
    K-Cars - see DODGE Aries (723)
    Laser - see DODGE Daytona (1140)
*1337   **Chrysler/Plym. Mid-size** '82 thru '95
    Rear-wheel Drive - see DODGE (2098)

DATSUN
647   **200SX** all models '80 thru '83
228   **B - 210** all models '73 thru '78
525   **210** all models '79 thru '82
206   **240Z, 260Z & 280Z** Coupe '70 thru '78
563   **280ZX** Coupe & 2+2 '79 thru '83
    300ZX - see NISSAN (1137)
679   **310** all models '78 thru '82
123   **510 & PL521 Pick-up** '68 thru '73
430   **510** all models '78 thru '81
372   **610** all models '72 thru '76
277   **620 Series Pick-up** all models '73 thru '79
    720 Series Pick-up - see NISSAN (771)
376   **810/Maxima** all gas models, '77 thru '84
    Pulsar - see NISSAN (876)
    Sentra - see NISSAN (982)
    Stanza - see NISSAN (981)

DODGE
    400 & 600 - see CHRYSLER Mid-size (1337)

FORD *(continued)*
*723   **Aries & Plymouth Reliant** '81 thru '89
1231   **Caravan & Ply. Voyager** '84 thru '95
699   **Challenger/Plymouth Saporro** '78 thru '83
    Challenger '67-'76 - see DODGE Dart (234)
610   **Colt/Plymouth Champ** '78 thru '87
*1668   **Dakota Pick-ups** all models '87 thru '96
234   **Dart, Challenger/Plymouth Barracuda & Valiant** 6 cyl models '67 thru '76
*1140   **Daytona & Chrysler Laser** '84 thru '89
    Intrepid - see Chrysler (25025)
*545   **Omni & Plymouth Horizon** '78 thru '90
912   **Pick-ups** all full-size '74 thru '93
*30041   **Pick-ups** all full-size models '94 thru '96
*556   **Ram 50/D50 Pick-ups & Raider and Plymouth Arrow Pick-ups** '79 thru '93
2098   **Dodge/Ply./Chrysler RWD** '71 thru '89
*1726   **Shadow/Plymouth Sundance** '87 thru '94
*1779   **Spirit & Plymouth Acclaim** '89 thru '95
*349   **Vans** - Dodge & Plymouth '71 thru '96

EAGLE
    Talon - see Mitsubishi Eclipse (2097)
    Vision - see CHRYSLER (25025)

FIAT
094   **124 Sport Coupe & Spider** '68 thru '78
273   **X1/9** all models '74 thru '80

FORD
10355   **Ford Automatic Trans. Overhaul**
*1476   **Aerostar Mini-vans** '86 thru '96
268   **Courier Pick-up** all models '72 thru '82
2105   **Crown Victoria & Mercury Grand Marquis** '88 thru '96
1763   **Ford Engine Overhaul Manual**
789   **Escort/Mercury Lynx** '81 thru '90
*2046   **Escort/Mercury Tracer** '91 thru '96
*2021   **Explorer & Mazda Navajo** '91 thru '95
560   **Fairmont & Mercury Zephyr** '78 thru '83
334   **Fiesta** all models '77 thru '80
754   **Ford & Mercury Full-size,** Ford LTD & Mercury Marquis ('75 thru '82); Ford Custom 500,Country Squire, Crown Victoria & Mercury Colony Park ('75 thru '87); Ford LTD Crown Victoria & Mercury Gran Marquis ('83 thru '87)
359   **Granada & Mercury Monarch** '75 thru '80
773   **Ford & Mercury Mid-size,** Ford Thunderbird & Mercury Cougar ('75 thru '82); Ford LTD & Mercury Marquis ('83 thru '86); Ford Torino,Gran Torino, Elite, Ranchero pick-up, LTD II, Mercury Montego, Comet, XR-7 & Lincoln Versailles ('75 thru '86)
357   **Mustang V8** all models '64-1/2 thru '73
231   **Mustang II** 4 cyl, V6 & V8 '74 thru '78
*654   **Mustang & Mercury Capri** incl. Turbo Mustang, '79 thru '93; Capri, '79 thru '86
*36051   **Mustang** all models '94 thru '97
788   **Pick-ups and Bronco** '73 thru '79
*880   **Pick-ups and Bronco** '80 thru '96
649   **Pinto & Mercury Bobcat** '75 thru '80
1670   **Probe** all models '89 thru '92
*1026   **Ranger/Bronco II** gas models '83 thru '92
*36071   **Ford Ranger** '93 thru '96 &
    Mazda Pick-ups '94 thru '96
*1421   **Taurus & Mercury Sable** '86 thru '95
*1418   **Tempo & Mercury Topaz** '84 thru '94
1338   **Thunderbird/Mercury Cougar** '83 thru '88
*1725   **Thunderbird/Mercury Cougar** '89 thru '96
344   **Vans** all V8 Econoline models '69 thru '91
*2119   **Vans** full size '92 thru '95

GENERAL MOTORS
*10360   **GM Automatic Trans. Overhaul**
*829   **Buick Century, Chevrolet Celebrity, Olds Cutlass Ciera & Pontiac 6000** all models '82 thru '96
*1671   **Buick Regal, Chevrolet Lumina, Oldsmobile Cutlass Supreme & Pontiac Grand Prix** front wheel drive '88 thru '95
*766   **Buick Skyhawk, Cadillac Cimarron, Chevrolet Cavalier, Oldsmobile Firenza Pontiac J-2000 & Sunbird** '82 thru '94
38020   **Buidk Skylark, Chevrolet Citation, Olds Omega, Pontiac Phoenix** '80 thru '85
1420   **Buick Skylark & Somerset, Olds Achieva, Calais & Pontiac Grand Am** '85 thru '95
38030   **Cadillac Eldorado & Oldsmobile Toronado** '71 thru '85, Seville '80 thru '85, Buick Riviera '79 thru '85
*2035   **Chevrolet Lumina APV, Oldsmobile Silhouette & Pontiac Trans Sport** '90 thru '95
    General Motors Full-size
    Rear-wheel Drive - see BUICK (1551)

GEO
    Metro - see CHEVROLET Sprint (1727)
    Prizm - see CHEVROLET (1642) or TOYOTA (1642)
*2039   **Storm** all models '90 thru '93
    Tracker - see SUZUKI Samurai (1626)

GMC
    Safari - see CHEVROLET ASTRO (1477)
    Vans & Pick-ups - see CHEVROLET

HONDA
351   **Accord CVCC** all models '76 thru '83
1221   **Accord** all models '84 thru '89
2067   **Accord** all models '90 thru '93
*42013   **Accord** all models '94 thru '95
160   **Civic 1200** all models '73 thru '79
633   **Civic 1300 & 1500 CVCC** '80 thru '83
297   **Civic 1500 CVCC** all models '75 thru '79
1227   **Civic** all models '84 thru '91

2118   **Civic & del Sol** '92 thru '95
*601   **Prelude CVCC** all models '79 thru '89

HYUNDAI
*1552   **Excel** all models '86 thru '94

ISUZU
*1641   **Trooper** '84 thru '91, **Pick-up** '81 thru '93
    Hombre - see CHEVROLET S-10 (24071)

JAGUAR
*242   **XJ6** all 6 cyl models '68 thru '86
*49011   **XJ6** all models '88 thru '94
*478   **XJ12 & XJS** all 12 cyl models '72 thru '85

JEEP
*1553   **Cherokee, Comanche & Wagoneer Limited** all models '84 thru '96
412   **CJ** all models '49 thru '86
*50025   **Grand Cherokee** all models '93 thru '95
*50029   **Grand Wagoneer & Pick-up** '72 thru '91
*1777   **Wrangler** all models '87 thru '95

LINCOLN
2117   **Rear Wheel Drive** all models '70 thru '96

MAZDA
648   **626** (rear wheel drive) '79 thru '82
*1082   **626 & MX-6** (front wheel drive) '83 thru '91
370   **GLC** (rear wheel drive) '77 thru '83
757   **GLC** (front wheel drive) '81 thru '85
*2047   **MPV** all models '89 thru '94
    Navajo - see FORD Explorer (2021)
267   **Pick-ups** '72 thru '93
    Pick-ups '94 on - see Ford Ranger
460   **RX-7** all models '79 thru '85
*1419   **RX-7** all models '86 thru '91

MERCEDES-BENZ
*1643   **190 Series** 4-cyl gas models, '84 thru '88
346   **230, 250 & 280 6** cyl sohc '68 thru '72
983   **280 123 Series** gas models '77 thru '81
698   **350 & 450** all models '71 thru '80
697   **Diesel 123 Series** '76 thru '85

MERCURY
    See FORD Listing

MG
111   **MGB** Roadster & GT Coupe '62 thru '80
265   **MG Midget & Austin Healey Sprite Roadster** '58 thru '80

MITSUBISHI
*1669   **Cordia, Tredia, Galant, Precis & Mirage** '83 thru '93
*2097   **Eclipse, Eagle Talon & Plymouth Laser** '90 thru '94
*2022   **Pick-up** '83 thru '96, **Montero** '83 thru '93

NISSAN
1137   **300ZX** all models incl. Turbo '84 thru '89
*72015   **Altima** all models '93 thru '97
*1341   **Maxima** all models '85 thru '91
*771   **Pick-ups** '80 thru '96, **Pathfinder** '87 thru '95
876   **Pulsar** all models '83 thru '86
*982   **Sentra** all models '82 thru '94
*981   **Stanza** all models '82 thru '90

OLDSMOBILE
    Achieva - see GENERAL MOTORS (1420)
    Bravada - see CHEVROLET S-10 (831)
    Calais - see GENERAL MOTORS (1420)
    Custom Cruiser - see BUICK (1551)
*658   **Cutlass** '74 thru '88
    Cutlass Ciera - see GM (829)
    Cutlass Supreme - see GM (1671)
    Delta 88 - see BUICK Full-size RWD (1551)
    Delta 88 Brougham - see BUICK Full-size: FWD (1551), RWD (1627)
    Delta 88 Royale - see BUICK (1551)
    Firenza - see GENERAL MOTORS (766)
    Ninety-eight Regency - see BUICK Full-size RWD (1551), FWD (1627)
    Omega - see GENERAL MOTORS (38020)
    Silhouette - see GENERAL MOTORS (2035)
    Toronado - see GM (38030)

PEUGEOT
663   **504** all diesel models '74 thru '83

PLYMOUTH
    Laser - see MITSUBISHI Eclipse (2097)
    Other PLYMOUTH titles, see DODGE

PONTIAC
    T1000 - see CHEVROLET Chevette (449)
    J-2000 - see GENERAL MOTORS (766)
    6000 - see GM (829)
    Bonneville - see Buick (1627, 1551)
    Bonneville Brougham - see Buick (1551)
    Catalina - see Buick Full-size (1551)
1232   **Fiero** all models '84 thru '88
555   **Firebird V8** models except Turbo '70 thru '81
867   **Firebird** all models '82 thru '92
    Firebird '93 thru '96 - see CHEVY (24017)
    Full-size FWD - see BUICK FWD (1627)
    Full-size RWD - see BUICK RWD (1551)
    Grand Am - see GM (1420)
    Grand Prix - see GM (1671)
    Grandville - see BUICK (1551)
    Parisienne - see BUICK (1551)
    Phoenix - see GM (38020)

    Sunbird - see GENERAL MOTORS (766)
    Trans Sport - see GM (2035)

PORSCHE
*264   **911 Coupe & Targa** models '65 thru '89
239   **914** all 4 cyl models '69 thru '76
397   **924** all models incl. Turbo '76 thru '82
*1027   **944** all models incl. Turbo '83 thru '89

RENAULT
141   **5 Le Car** all models '76 thru '83
    Alliance & Encore - see AMC (934)

SAAB
247   **99** all models including Turbo '69 thru '80
*980   **900** including Turbo '79 thru '88

SATURN
*2083   **Saturn** all models '91 thru '96

SUBARU
237   **1100, 1300, 1400 & 1600** '71 thru '79
*681   **1600 & 1800** 2WD & 4WD '80 thru '89

SUZUKI
*1626   **Samurai/Sidekick/Geo Tracker** '86 thru '96

TOYOTA
1023   **Camry** all models '83 thru '91
*92006   **Camry** all models '92 thru '95
935   **Celica Rear Wheel Drive** '71 thru '85
*2038   **Celica Front Wheel Drive** '86 thru '93
1139   **Celica Supra** all models '79 thru '92
361   **Corolla** all models '75 thru '79
961   **Corolla** rear wheel drive models '80 thru '87
*1025   **Corolla** front wheel drive models '84 thru '92
*92006   **Corolla & Geo Prizm** '93 thru '96
636   **Corolla Tercel** all models '80 thru '82
360   **Corona** all models '74 thru '82
532   **Cressida** all models '78 thru '82
313   **Land Cruiser** all models '68 thru '82
*1339   **MR2** all models '85 thru '87
304   **Pick-up** all models '69 thru '78
*656   **Pick-up** all models '79 thru '95
*2048   **Previa** all models '91 thru '95
2106   **Tercel** all models '87 thru '94

TRIUMPH
113   **Spitfire** all models '62 thru '81
322   **TR7** all models '75 thru '81

VW
159   **Beetle & Karmann Ghia** '54 thru '79
238   **Dasher** all gasoline models '74 thru '81
*96017   **Golf & Jetta** '93 thru '97
*884   **Rabbit, Jetta, Scirocco, & Pick-up** gas models '74 thru '91 & Convertible '80 thru '92
451   **Rabbit, Jetta, Pick-up** diesel '77 thru '84
082   **Transporter 1600** all models '68 thru '79
226   **Transporter 1700, 1800, 2000** '72 thru '79
084   **Type 3 1500 & 1600** '63 thru '73
1029   **Vanagon** air-cooled models '80 thru '83

VOLVO
203   **120, 130 Series & 1800 Sports** '61 thru '73
129   **140 Series** all models '66 thru '74
*270   **240 Series** all models '76 thru '93
400   **260 Series** all models '75 thru '82
*1550   **740 & 760 Series** all models '82 thru '88

TECHBOOK MANUALS
2108   **Automotive Computer Codes**
1667   **Automotive Emissions Control Manual**
482   **Fuel Injection Manual, 1978 thru 1985**
2111   **Fuel Injection Manual, 1986 thru 1996**
2069   **Holley Carburetor Manual**
2068   **Rochester Carburetor Manual**
10240   **Weber/Zenith/Stromberg/SU Carburetor**
1762   **Chevrolet Engine Overhaul Manual**
2114   **Chrysler Engine Overhaul Manual**
1763   **Ford Engine Overhaul Manual**
1736   **GM and Ford Diesel Engine Repair**
1666   **Small Engine Repair Manual**
10355   **Ford Automatic Transmission Overhaul**
10360   **GM Automatic Transmission Overhaul**
1479   **Automotive Body Repair & Painting**
2112   **Automotive Brake Manual**
2113   **Automotive Detailing Manual**
1654   **Automotive Eelectrical Manual**
1480   **Automotive Heating & Air Conditioning**
2109   **Automotive Reference Dictionary**
2107   **Automotive Tools Manual**
10440   **Used Car Buying Guide**
2110   **Welding Manual**
10450   **ATV Basics**

SPANISH MANUALS
98903   **Reparación de Carrocería & Pintura**
98905   **Códigos Automotrices de la Computadora**
98910   **Frenos Automotriz**
98915   **Inyección de Combustible 1986 al 1994**
99040   **Chevrolet & GMC Camionetas '67 al '87**
99041   **Chevrolet & GMC Camionetas '88 al '95**
99042   **Chevrolet Camionetas Cerradas '68 al '95**
99055   **Dodge Caravan/Ply. Voyager '84 al '95**
99075   **Ford Camionetas y Bronco '80 al '94**
99077   **Ford Camionetas Cerradas '69 al '91**
99083   **Ford Modelos de Tamaño Grande '75 al '87**
99088   **Ford Modelos de Tamaño Mediano '75 al '86**
99095   **GM Modelos de Tamaño Grande '70 al '90**
99118   **Nissan Sentra '82 al '94**
99125   **Toyota Camionetas y 4-Runner '79 al '95**

Los modelos que muestran un (*) indican los modelos cubiertos en el momento de esta impresión. Estos títulos serán periódicamente cambiados para incluir modelos de años más modernos - consulte con distribuidor Haynes para mayor información.

`Sobre 100 manuales de motocicletas también están incluidos`

5-97